JOSÉ LANDOWSKY

Médico al servicio del Jefe

de la Policía Soviética

SINFONÍA

EN

ROJO MAYOR

Traducción de

MAURICIO CARLA VILLA

"MAURICIO KARL"

OMNIA VERITAS

JOSÉ LANDOWSKY

SINFONÍA
EN
ROJO MAYOR

Publicado en
Madrid en 1952

Publicado por Omnia Veritas Ltd

OMNIA VERITAS

www.omnia-veritas.com

Tabla de contenidos

XXXIII

XXXIV

XXXV

XXXVI

XXXVII

XXXVIII

XXXIX

XL

XIL

I

ELLOS LLAMAN A MI PUERTA

Sonó un golpe en la puerta de mi habitación.

Un hecho tan trivial constituye siempre en la U.R.S.S. un traumatismo psíquico. La llamada es nuncio de lo desconocido; provoca sobresalto y angustia, porque con frecuencia es el Espanto quien llama a la puerta de nuestro hogar. Sólo abriendo puede uno cerciorarse de quién es el visitante; de si es un contrabandista de sacarina o manteca, un miembro del Partido que llega para "invitaros" a una nueva suscripción, un familiar que regresa o cualquiera de las mil personas que pueden necesitaros. Todo esto no justificaría los momentos de angustia, que se no "antojan siglos, transcurridos desde que oímos la, llamada hasta decidirnos a abrir y el visitante nos expone el motivo de su visita. Pero la posibilidad de que sea un agente de la G.P.U. acelera las pulsaciones de todo" los habitantes de Rusia, cualquiera que sea su categoría, estado o condición, cada vez que el eco de un golpe dado en su puerta llega al tímpano.

Una precaución común ha sido tomada por todas las familias. Cada uno llama de un modo especial.' Así es identificado el visitante cuando es pariente próximo o amigo íntimo, pues todos cuidan mucho de usar la "clave" convenida.

Pero aquel día no era ningún conocido. Aquel golpe seco, que interpreté como imperioso, me sobresaltó particularmente.

Eché una mirada instintiva en torno mío. Por la puerta, sin puerta, de mi habitación (dispongo de dos piezas, una para toda la familia, somos cinco, y otra como "estudio") vi a mi hija María, la mayor, sobre el fogoncíllo, envuelta en una nube de humo, y a Elena, la menor, "gateando" un viejo abrigo con trozos de papel, estropajo, estopa y las cosas más dispares, que cosía entre dos telas de percal descoloridas, que había "sido cortina", colcha, toalla y no sé qué más, y que ahora pasaban a ser forro del abrigo de Nicolás, mi hijo.

Creo que el intervalo entre ambas llamadas duró sólo segundos.

Dos golpes secos, autoritarios, impacientes, conmovieron las maderas.

Mis dos hijas se quedaron quietas, interrogándose e interrogándome coa la mirada. Yo avancé hacia la puerta, en tanto que María descolgaba el icono de la Virgen de Iberia, ocultándolo en el pecho.

Abrí.

— ¿Doctor Landowsky?...

— Sí. ¿Qué desea?,..— Yo había entornado tras de mí la puerta, disimuladamente. Aquel hombre, que vestía una pelliza de cuero negro, en buen estado, extrajo del bolsillo izquierdo un carnet, que me mostró. "¡N.K.V.D.!" adiviné más que leí. Debí ponerme pálido. Sonrió, y quise ver que no lo hacía irónicamente.

— Nada tema; se trata de utilizar sus servicios técnicos. Debe acompañarme.

Quería creer lo que me decía, pero sin conseguirlo. Podía ser una mentira.

— ¿Puedo hablar con mis hijas, hacerles unos encargos? ...

— Desde luego, como quiera...

Esto me tranquilizó más. Y queriendo ser cortés, invité al agente:

— ¿Quiere pasar?... Les diré que es un empleado del Laboratorio Central..., ¿le parece?...

— Bien, muy bien..., como quiera.

Entramos. Mis dos hijas me miraron llenas de angustia. Puse el rostro más tranquilizador que me fue posible. Ambas estaban de pie, juntas, diríase que en actitud defensiva.

— Es un momento, hijas mías. Un análisis muy urgente; he de marchar. Aquí— y señalé al chekista—, un camarada del laboratorio.

Tomé el abrigo. Besé a mis dos hijas tranquilamente, sin poner la emoción que me llenaba en la despedida. Salí, di unos pasos en la habitación inmediata. No pude resistir al deseo de volverme; allí estaban ambas, recortándose en la claridad azulada del marco de la puerta; juntas, muy juntas, la boca sonriente, los ojos en muda alarma. Así debía verlas hasta el último instante de mi vida... Mi esposa y mi hijo no se hallaban en casa.

El vecino que ocupaba la habitación que atravesábamos, trabajador nocturno del Metro, se incorporó en su lecho, nos miró con ojos soñolientos y estúpidos y dio media vuelta, mascullando no sé qué.

Descendimos a la calle. Sorpresa. Un automóvil me esperaba: un automóvil para personas, no un siniestro camión de los usados para transportar detenidos.

El portero— perdón, el "camarada responsable de la casa"— nos esperaba en la acera. Aquel aire de superioridad y suficiencia que tanto me molestaba lo había abandonado. Saludó a su "colega"— todo portero es sólo por serlo, si no tiene otros méritos, servidor de la G.P.U. —, pero, caso insólito, también a mí me obsequió con un saludo más cordial, no exento de ceremonia. ¿Me creería ingresado en la "institución"?...

Penetramos en el coche. Arrancó veloz. Mi compañero, con una sonrisa amable, buscó algo en su bolsillo. Yo le observaba disimuladamente. Igual podía sacar el pañuelo que una pistola. No fue ni lo uno ni lo otro:

extrajo una cajetilla y me ofreció un cigarrillo, un auténtico inturíst, de cinco rublos la unidad, sólo asequible a comisarios, chekistas, delegados extranjeros y demás gente distinguida. Lo acepté encantado; empedernido fumador, casi no recordaba desde cuándo no había saboreado un cigarrillo fumable. La atención no dejó de confortarme. ¿Iría yo a ser un personaje?

Por los empañados cristales creí distinguir les perfiles de la calle Lubianka, bien grabados en mi memoria, aunque desde antes de la revolución no había pasado por ella. Nada extraño; raro será el ciudadano de Moscú que no sea capaz de reconocerla al primer vistazo, tanta es la frecuencia con que acude a su imaginación, bien sea en sueños o despierto.

El automóvil viró; dio un pequeño salto y su interior se tornó más oscuro. Comprendí que habíamos entrado en alguna parte; en el patio de la Lubianka, seguramente. Frenó el coche y se detuvo. Se apeó mi acompañante.

— Hemos llegado.

Descendí; estábamos ante una puerta relativamente grande. Dos centinelas de raza asiática, no sé si chinos o mongoles, montaban la guardia, calada la bayoneta. No se movieron; parecían congelados. Traspuse el dintel, siguiendo a mi amable conductor.

Parada en el portal. Mi compañero se da a conocer, mostrando su carnet, aunque se advierte que es bien conocido del sujeto que se halla tras la mesa. Yo debo llenar la misma formalidad, identificándome con mi pasaporte interior. Consultan unos papeles. Podemos pasar. Recorremos un corto pasillo solitario. Llegamos a otra puerta pequeña, también custodiada por dos guardianes; es la del ascensor, en el cual entramos.

Ascendemos durante unos instantes. Se detiene el aparato y salimos. Otros dos centinelas. Otro pasillo, más iluminado que el anterior. A su final, más centinelas, una mesa, un par de hombres de paisano. Hacia allá nos dirigimos. Mi guía, delante. Se identifica nuevamente. Lo vuelvo a, hacer yo. Consultan un libro. Adelante. La puerta se abre. Una habitación de regulares dimensiones. Allí hay otros dos hombres; están sentados y bostezan aburridos. Se levantan perezosamente al vernos entrar.

— Aproxímese, camarada— me indica el agente.

Aquellos dos hombres se acercan a mí. Tienden sus manos y creo que van a sujetarme. Me alarmo. Pero me tranquiliza mi compañero.

— Una pequeña formalidad, camarada. Hay que "cachearlo"...

Lo permito, lanzando un suspiro de satisfacción; las trazas de aquellos dos tipos no eran tranquilizadoras.

Con agilidad de expertos, no dejan rincón ni costura de mi ropa que no palpen, registren y huelan. Deben darse por satisfechos, pues me dejan en paz. Sólo queda en su poder un tubito de pomada boricada para mi afección nasal. Ignoro qué peligrosidad pueden haber hallado en él.

Me dan la espalda mis registradores y sigo al agente. Otra puerta y otro pasillo. Otro par de vigilantes se distinguen al fondo. Debo aguardar en la pieza, que custodian.

— Espere aquí. No se alarme si tardo un poco; el "jefe" puede estar ocupado y acaso tarde en recibirle. Tome, distráigase en tanto— diciéndolo, arrojó su cajetilla sobre la mesa que había en el centro y salió sin más ceremonia. Oigo cómo dan vuelta a la llave y la retiran de la cerradura; precaución que no comprendo, pues los consabidos centinelas deben continuar allí clavados.

¿Quién soy yo? ¿Qué hago aquí?

Miro en torno. La habitación no tiene ventanas y está iluminada por luz artificial. Hay una mesa en su centro, cuatro sillas y el imprescindible retrato de Stalin. Lo miró y él también a mí, con ese guiño de ojos estereotipado en todos sus retratos; no hay ruso capaz de decir si va a reírse o se dispone a morder.

Con tan "grata" y vínica compañía, me siento. Mis nervios se distienden un tanto, pero al tomar un cigarrillo noto que mi mano está algo febril. Fumo y experimento cierta placidez. Apuro el pitillo; comprendo que no debe haber pasado, mucho tiempo, pero se me hace largo. Espero inmóvil en la silla. Ni un ruido. Pasan los minutos. Solo oigo un crujido precedente de la puerta. ¿Será que vienen a buscarme? No; vuelve el silencio. Otro crujir. Estaré siendo observado?, me pregunto. No; por fin, interpreto aquel ruido. Son las suelas de los centinelas, que gimen, sin duda, .cada vez que uno — de ellos crea el peso sobre diferente pie.

No sé el tiempo eme permanecí allí, sabido es que el reloj es un lujo inasequible en la Unión Soviética. ¡Todo sea por la "industria pesada"! ... Los pies de los vigilantes, cansados, crujieron muchas veces. Me fumé cuatro cigarrillos, pero me hubiera fumado los nueve con que me obsequió el simpático chekista. Sin embargo, me contuve; pensé en lo bien que me sabrían los cinco restantes, allá en mi casa, ya pasado felizmente aquel trance.

Oí pasos que se— aproximaban. No había oído otros hasta aquel momento. Deduje que mi asunto debía ser muy importante cuando en aquella colmena de la Lubianka me habían llevado a sitio tan tranquilo y reservado. Chirrió la llave y se abrió la puerta. Era mi acompañante, a quien brindé uní de mis mejores sonrisas. Me invitó a salir con un ademán.

— El "jefe" le espera, sígame.

Recorrimos el pasillo. Advertí en la nueva habitación en que penetramos mayor refinamiento, cierto lujo, denotado por la calidad de los muebles y por una buena alfombra. Tampoco faltaban, no obstante, los consabidos centinelas. Advertí que no eran soldados ordinarios; vestían zamarras de cuero negro, muy limpias, casi brillantes; llevaban gorra y se ceñían con cinturones muy anchos; de ellos pendían sendas pistolas con desmedidas culatas, porque las alargaba un inmenso cargador. Su catadura era verdaderamente siniestra;: por ella podía adivinarse la categoría del personaje que me dispensaba el honor de recibirme. En un ángulo de la habitación se sentaba un diminuto personajillo, cuya cabeza partía una pulcra raya en dos mitades; su rostro era todo lentes y se inclinaba atento sobre unos folios. Debía ser muy importante aquella insignificancia biológica. Mi compañero no se atrevió a dirigirle la palabra; simplemente se estiró y oí el chocar ordenancista de sus tacones. Quedó quieto, expectante. Se notaba que aquel mequetrefe había adivinado nuestra presencia, pero no se consideró obligado a mirarnos. Seguía con la nariz metida en los papeles; sin duda, los ojos eran miopes, y el documento, importantísimo.

Paso un segundo, Por fin, la irisación de aquellos lentes de incalculables dioptrías nos hirieron la vista como dos reflectores del Olimpo. Elevó su abundante nariz con suficiencia y arqueó las cejas. De repente, tomó un lápiz y trazo misterioso signo en una especie de clave cuadriculada que había estado examinando absorto. La satisfacción se reflejó en su exiguo semblante.

"Endiablada clave"— pensé para mis adentros...

Yo llevaba ya mi pasaporte en la mano. Alargó la suya aquel hombrecillo Se lo entregué, pero no sin advertir que sus uñas habían merecido la sabia atención de una buena manicura. Lo examinó, como si totalmente ignorase mi presencia; el rito burocrático era cumplido con toda pulcritud. Yo me atreví a dirigir una mirada al intrigante documento que había abandonado junto a su carpeta. ¡Oh, desencanto!... Era un crucigrama, recortado y pegado en un folio timbrado con las armas soviéticas.

Me devolvió el pasaporte. Se levantó y traspuso la puerta guardada por los centinelas. Se oyó abrir otra inmediata y luego cerrarse. La gravedad de mi acompañante denotaba perfectamente que nos hallábamos respirando casi el mismo aire de un alto jefe. Pero, ¿cuál?..., me preguntaba yo ansioso.

El hombrecillo reapareció. Quedó en la misma puerta: y dirigiéndose a mí, me indicó con un ademán que avanzara. Lo hice; él puso su mano en el picaporte de una puerta cerrada muy inmediata a la primera, y antes de abrir, con una voz potente, grave, que nadie creería salida del esmirriado cuerpo sin verlo desinflarse como una bolsa de trapo, dijo:

— El camarada Yagoda espera...

Abrió la puerta empujándola y me dejó paso franco. No tuve tiempo de desmayarme al oír aquel nombre, y maquinalmente di unos pasos en la estancia. Creo que la puerta se cerró tras de mí. No lo sé, porque me sentí atontado y casi en la inconsciencia.

Debió ser sólo un segundo lo que tardé en reponerme, pero se me antojó un siglo. La habitación me pareció grande, gigantesca; estaba en penumbra la parte donde me encontraba. Frente a mí, unos focos eléctricos rompían la penumbra con luz viva, arrancando destellos al níquel de los objetos que había sobre la gran mesa. Pero todo esto fue un relámpago. Lo que atrajo mi vista fue la figura que se recortaba inmóvil sobre el fondo luminoso. Era "él"; sin duda, era él.

Estaba de pie. Inmóvil, una mano apoyada en la esquina de su mesa y el brazo derecho, en ángulo, doblado a su espalda. La mirada se perdía en dirección a unos cortinajes laterales. Napoleón redivivo no adoptaría pose más imperial ante los reyes vencidos. Mi idea sobre las actitudes de un Mussolini o de un Hitler encontraba en él su encarnación perfecta.

Avancé en dirección a la estatua. Avancé sintiendo hundirse mis pies en la blandura de aquella alfombra y haciendo más esfuerzos que si cruzase una calle próxima al Moskva en pleno deshielo.

Ya estaba ante "él". Se movió la figura. Giró un tanto hasta casi darme frente.

Lenta y casi solemnemente me tendió su mano, al mismo tiempo que me saludaba:

— Bien venido, ciudadano Landowsky.

Estreché la mano en silencio, sin poder contener una inclinación "antiguo régimen", que me reproché como herética, pero que no debió desagradar al fabuloso personaje. Me dispensó algo que debía ser para él sonrisa indicándome con un ademán la silla frontera. Me dio la espalda para dirigirse a su sillón, y yo me mantuve sin sentarme hasta que él lo hizo. Naturalmente, le agradó la cortesía, y volvió afable a ordenarme que tomase .siento.

Estimo que debo decir algo; aún no he despegado mis labios. Hago un esfuerzo...

— Estoy a la disposición ... de su... de usted, comisario Yagoda...— he estado a pique de soltar un "su excelencia"; tal es mi confusión y el aire del ambiente. La sangre se me ha subido a la cara. Pero advierto, eso sí, que mi interlocutor acusa sobrada complacencia por todo esto. Más vale así.

Me mira en silencio, para dejarse admirar. Toma en sus manos una plegadera y apoya la punta en la carpeta.

— Ciudadano Landowsky, he de encargarle una misión...

Hice un ademán, indicando que obedecerle en lo que se dignase ordenarme sería la más grande alegría y la más alta honra para mí. Al menos, esto quise indicar. Yagoda continuó:

— Siento mucho no haber tenido antes noticia de su capacidad en la especialidad que cultiva. Nada sabía de su existencia. Inconvenientes de no pertenecer al partido...

— No es cosa fácil— interrumpí; y creyendo haberme excedido, añadí —: acaso mis merecimientos..., mi edad, mi formación...

— Acaso, pero el hecho es que su valía, que todos mis informes me confirman, ha pasado inadvertida para mí ..., para mí, el hombre más informado de la U.R.S.S.— sonrió con suficiencia— . Su nombre no ha aparecido jamás en nuestra prensa, ni siquiera en el más insignificante boletín científico... ¡Lamentable! ¡Lamentable!...

Yo estaba despistado en absoluto. ¿Se me acusaba de no ser popular? No podía adivinar adonde iban aquellos reproches. De todos modos, patentizaba mi asentimiento con monosílabos, impaciente por llegar al fondo de la cuestión.

— Yo me intereso mucho por la química— continuó—; la N.K.V.D. tiene sus laboratorios particulares; pero no estoy satisfecho del espíritu de iniciativa de nuestros técnicos. Son rutinarios, sin audacia. Necesitaríamos hombres como usted, inventivos, investigadores, amantes de lo desconocido en su especialidad. Usted se ocupa d estupefacientes, narcóticos, ¿no?

— Efectivamente— confirmé.

— Creo que nos entenderemos. Naturalmente, siempre que usted supere algunos prejuicios pequeño-burgueses, restos de su pasado, que aún le aquejan, pero creo que será cosa fácil, tratándose de un hombre inteligente y ponderado, como lo es usted, Landowsky...

— Estoy dispuesto a todo en el terreno científico, puede estar seguro.

— Bien, bien ..., entremos en el fondo del asunto. Ante todo, una consulta previa al especialista. ¿Cree usted, camarada Landowsky, posible y fácil dormir a un paciente durante veinticuatro horas sin gran trastorno físico y sin ulterior quebranto de sus facultades?

— Ya lo creo; es algo demasiado elemental; una práctica diaria en cualquier clínica.

— Omitamos la circunstancia de la clínica. Podría tratarse de anestesiar al paciente dentro de circunstancias relativamente anormales. Supongamos que se trata de un demente; de un hombre que se resiste, al que debe anestesiarse contra su voluntad..., ¿me comprende?..., sin que se dé cuenta.

— ¡Comisario Yagoda!— interrumpí— . ¡Usted conoce mis trabajos! Se sonrió halagadoramente.

— Sí— dijo— algo sé de sus trabajos, que tanto engrandecerán su nombre... Recuerde que soy el hombre mejor informado de la U.R.S.S.

Casi sollocé de gozo. Por fin, el enigma se esclarecía. Más, ¿era posible que mis trabajos tenaces, pero silenciosos, hubiesen llegado a los oídos de Yagoda? Desde hace años procuro encontrar un anestésico en el que al efecto sedante del ion bromo se asocie la hipnosis casi natural de los barbitúricos y la rapidez de acción de los compuestos afines al cloruro de etilo, con parálisis incluso de las funciones vegetativas, que pueden ser mecánicamente suplidas. Esto resolvería muchos problemas quirúrgicos, entre ellos el shock psíquico— estoy convencido de que todo shock es un ochenta por ciento shock psíquico— y permitiría operar enfermos sin que ellos lo supiesen siquiera. He conseguido sustancias prácticamente atóxicas, de acción casi instantánea, por vía parenteral. Pinchando hábilmente, el sujeto siente como si un insecto le hubiese picado, y al cabo de dos minutos— tratándose de un hombre vigoroso, se entiende— duerme con toda tranquilidad.; Irá Yagoda a ofrecerme sus laboratorios para continuar mis investigaciones?

Le explico todo esto atropelladamente, loco de alegría; me escucha sonriendo con la mayor benevolencia, y luego hace jugar una palanquita que hay a su izquierda. Una voz lejana se deja oír por un círculo que debe ser un altavoz:

— Central, a la escucha...

— Con B. 01— ordena Yagoda.

— A la orden B. 01.

— Asunto Landowsky. ¿Concluido?

— Sí, jefe; marchan para Crimea.

— Nada más— y Yagoda pulsó en sentido inverso la palanquita.

Yo quedé estupefacto. Mi apellido, mis narcóticos y Crimea no tenían para nada relación en mi mente. Quedé en suspenso y en muda interrogación.

— Ciudadano Landowsky— Yagoda dio a sus palabras cierta solemnidad— ciudadano Landowsky, va usted a conocer en este momento lo que casi podríamos llamar un "secreto de estado". Creo que su cultura le dará idea de la responsabilidad que adquiere en este instante. Si no fuera capaz de ello... no importa; ya he tomado mis precauciones. Escuche: en el momento internacional por que atraviesa la U.R.S.S. — vísperas de acontecimientos. decisivos — determinadas personas, determinados enemigos del pueblo soviético, insignificantes en sí, hasta ridículos, que nos han preocupado muy poco hasta hoy, pueden adquirir peligrosidad, pueden llegar a ser temibles, Silos nada son, nada valen, pero si en determinada, circunstancia de la política internacional llegasen a ser potenciados per la fuerza de ciertos estados burgueses, podrían ser temibles Ellos nada son, nada valen pero si en determinada circunstancia de la política internacional llegasen a ser potenciados por la fuerza de ciertos estados burgueses, podrían ser temibles.. Naturalmente, que está en nuestra mano eliminarlos rápida y radicalmente. Nos sobran medios y poder. Pero no se trata de eso tan elemental. A un hombre, sobre todo si es mediocre, se le suprime, pero sólo se gana entonces el escándalo. Más que la desaparición de esos hombres, nos interesa conocer lo que ellos saben. En asuntos de este tipo sólo es el jefe quien conoce a sus cómplices. Las potencias extranjeras tratan con una sola persona, y siempre en el terreno verbal; escribir algo está siempre prohibido por elemental precaución. En concreto: hay una persona en el extranjero que hoy nos interesa; es el jefe de una organización antisoviética; adopta muchas precauciones para su seguridad, y es necesario, que la tengamos en la U.R.S.S. Eso es todo. Naturalmente, que legue a nuestro poder vivo, en perfecto estado intelectual y físico. Tal es nuestro problema. Parte de él ha de ser resuelto por usted, camarada Landowsky.

Quise comprender. La moderación en el lenguaje de Yagoda no dejaba de ser lo suficientemente transparente para mí. Algo digno de su persona, de su fama, se perfilaba en el período que acababa de dirigirme. Me sentí molesto; una opresión indefinible me embargaba. Intenté salir del círculo peligroso que sentía cerrarse en torno mío.

— Comisario Yagoda — empecé — tengo cincuenta y seis años; mi vida, mis aficiones, no han hecho de mí un hombre dinámico precisamente. Por lo que intuyo, para el asunto a que se refiere, aparte de unos conocimientos. científicos más o menos grandes, se requieren ciertas dotes, agilidad, perspicacia, destreza..., ciertamente, mucho para mí, ayuno de tales cualidades. Comisario, creo que se ha formado una desmedida idea sobre mis facultades. Queriendo, como deseo, probar mi fervorosa adhesión al régimen soviético, estimo que intentar salirme de servicios de carácter científico y teórico para llegar a la acción, sería tanto- como exponerme a un fracaso perjudicial. Agradeciendo al honor de sus confidencias, creo que lo más prudente es declinar.

Yagoda me cortó. Se puso en pie y se inclinó- hacia mí, apoyándose con sus dos manos sobre la mesa. Me miró fijo; sus labios se separaron sin, reír, pero dejando ver un diente grande y oblicuo, bajo su bigotillo hitleriano. Hasta entonces me pareció que no había visto a Yagoda; aquel que tenía mirándome ahora respondía plenamente al de la leyenda. No dijo nada hasta enderezarse; pero luego habló rápido, cortante, nervioso, subrayando ron mímica muy viva de sus manos cada sílaba y cada palabra.

— No, señor Landowsky (aquel señor", dicho por primera vez, adquiría en sus labios un timbre especial; igual hubiera dicho "cadáver"), está usted Perfectamente equivocado. Yo no me equivoco; no puedo equivocarme. Aquí no se elige; se obedece. Una vez que yo he hablado, nadie puede volver atrás. Ya le advertí que había tomado precauciones. No le ofrezco la posibilidad de elegir entre su vida y su servicio..., aún hay románticos o estúpidos, me consta. Óigame bien; se trata de su mujer, de sus hijos...

Me levanté instantáneamente; quedé rígido, mi médula y mi cerebro se transformaron en hielo. Yagoda había abandonado su sitio; me dio la, espalda y anduvo unos pasos. Luego se volvió de medio lado, con las manos en los bolsillos, dirigiéndome una mirada oblicua.

— ¿Qué quiere decir?... Mi esposa..., mis hijos...

Guardó unos instantes silencio, recreándose en mi angustia y sonriendo irónico.

— -¡Ah, ah!... Su mujer, su querida esposa; sus hijos amados... ¡Nos entenderemos, nos entenderemos, ciudadano!... No se alarme; por ahora, no se alarme. Su mujer y sus hijos viajan; simplemente viajan. Alégrese, viajan hacia el más benigno clima: hacia Crimea...

— Pero...

— ¿Aun no comprende?... La cosa es simple, fácil de adivinar... El ciudadano Landowsky pasa a ser personaje importante para el Estado soviético; su familia, como la del más alto embajador de la U.R.S.S., esperará su regreso en cierto establecimiento de descanso, frente al sol y al Mar Negro; un lugar encantador, se lo aseguro... Todo ciudadano de la U.R.S.S. sueña con unas vacaciones allí. Le aseguro que su familia se sentirá encantada. He querido que por ese lado pueda estar el camarada tranquilo y satisfecho. No debe hallarse turbado por la cuestión del bienestar de su familia en tanto se ocupe de su importante misión. Le doy mi palabra de honor. Naturalmente, lo habrá adivinado, su negativa o su traición será igual a la firma de su sentencia de muerte..., la suya, y, naturalmente, la de usted. No creo- que necesite meditar mucho su resolución definitiva. Adivino ya su conformidad..., ¿no es así, Landowsky?...

Sin darme cuenta había vuelto a sentarme. Las piernas no me sostenían, presa del temblor. Se había desplomado mi tono nervioso. Mi cuerpo era trapo. 'Mi espíritu también. Sólo puede balbucear:

— Usted me manda.

— Perfectamente. Entremos en detalles... ¿Fuma, camarada?...

Sin esperar respuesta, como si lo adivinase, puso ante mí una caja de marquetería china conteniendo cigarros y cigarrillos de las mejores marcas extranjeras. Tomé y encendí un pitillo "Craven".

— ¡Ah!.. Un pequeño estimulante. Permítame...

A su izquierda, invisible, debía haber algún pequeño mueble, pues en su mano apareció una botella de whisky, luego otra de soda, dos copas al fin, todo con presteza, queriendo mostrar soltura y elegancia.

— No se moleste, yo... ¡Vamos, vamos!... Buena marca..., estos endiablados burgueses...— me Sirvió y se sirvió

— .¿Qué tal?.. Con estas y tantas cosas han de degenerar, se ablandan...; ellos hicieron una guerra para poder suministrar opio a los chinos, pero se reservaron para sí el whisky, el cine y muchas cosas más... Ya casi están maduros...

Rió queriendo ser irónico y espiritual. Advertía yo, desde el primer momento, que aquel Yagoda intentaba por todos los medios expresarse con elegancia, tener ademanes delicados, mostrarse brillante, cínico y fino a la vez. Diríase que alguna ambición germinaba en aquella cabeza. Todo aquello era superfino en un comisario del pueblo para la N.K.V.D. Acaso se veía en un futuro brillar ante los diplomáticos extranjeros, alternar con damas, esgrimir dialécticamente con políticos y aristócratas burgueses. Algunos detalles de su atuendo, de insólito refinamiento en los medios soviéticos, como el pañuelo, finísimo; el planchado de su cuello, brillante como un espejo, eran indicios elocuentes. Sobre todo me llamó la atención su reloj; magnífico de veras, pero más aún, un dije, que habitualmente permanecía oculto en el bolsillo, formado por una perla negra, auténtica, perfecta, que aprecié bien, y con la cual jugaba, acariciándola disimuladamente, mientras hablaba, sin olvidarse una sola vez de ocultarla en el bolsillo cuando empleaba sus manos en otra cosa. Todo esto quedaba disimulado por la especie de chaqueta militar, abotonada, a lo Stalin, que vestía; cualquiera diría que "a lo Stalin", pero corte y color (era castaña y con aire militar) denotaban que a quien quería parecerse no era a su dueño y señor, sino a Hitler, a quien yo recordaba bien por haberle visto en un insultante noticiario exhibido en los cines de Moscú poco antes. En los estados de tensión nerviosa— y la mía se hacía tremenda— se adquiere una extraña lucidez para la apreciación de detalles, para formular las más extrañas deducciones; diríase que embargado el ánimo absolutamente en una porción importante de sus facultades, quedan absolutamente libres otras que adquieren así más agudeza y vigor. Todas estas apreciaciones las hice en el instante que él empleó en servir el whisky, pero no por ello dejé de sentir la congoja de la tremenda amargura que el peligro de mi esposa e hijos me producía.

Antes de reanudar de nuevo la conversación bebí dos grandes sorbos. Lo necesitaba mi fortaleza. Y Yagoda siguió el hilo de su charla.

— Se trata del ex general Miller. ¿Usted lo ha conocido?...

— Acaso de cuando era coronel; pero no podría identificarlo ahora.

— Bien, es igual. Él está en París. Tendrá usted que ir allá. Su papel es bien sencillo ...

¿Habla usted francés, según creo?

— Con bastante corrección... acaso mi acento sea un poco duro.

— Sí, mis informes coinciden. No es inconveniente lo del acento. Su personalidad lo justificará... Pero, como le decía, su misión es muy sencilla, sin peligro, sin compromiso, salvo accidente imprevisto naturalmente. Sólo ha de intervenir cuando Miller se halle ya en nuestro poder... Usted lo anestesiará, y cuidará de él hasta el momento en que sea conveniente despertarlo. Unas horas, no muchas, según creo.

Yo seguía bebiendo el whisky maquinalmente. Hacía ya horas que no tomaba alimento; la de mi cena había pasado hacía ya tiempo, no podría decir cuánto, pero mi estómago lo delataba por su desfallecimiento; los erectos del licor en estado de ayuno eran deplorables; la euforia, sin perder; la consciencia del instante, me llevaba a los límites de la embriaguez. Yo mismo me admiraba de la naturalidad con que escuchaba los detalles del crimen en que debía tomar parte. Aquella naturalidad con que Ya doga hablaba de los detalles, cual si se tratara de la cuestión más normal, no llegaba a producir en mí reacción alguna. Si acaso, la atenta curiosidad del técnico.

Aún habló cierto tiempo. No podría reproducir con exactitud el resto de su discurso. Renuncio a ello. Yo le oía, y asentía de vez en vez, pero sin, hilar perfectamente sus palabras, que llegaban hasta mí como desdibujadas a través de la neblina alcohólica que envolvía mi cerebro.

Por fin se levantó. Lo imité; llegó conmigo hasta la puerta, siempre hablando. La abrió, y yo me fui apartando de, él, sin darle la espalda. Abrí la otra puerta no sé cómo. Quedó Ya doga en el marcó de la primera. Creo que reía. El secretario de las gafas apareció a mi lado.

—Que espere el ciudadano un momento — dijo, dirigiéndose al hombrecillo —. Hasta la vista, ciudadano Landowsky; suerte, y ya nos veremos a su regreso. Tengo grandes proyectos sobre usted.

Sin más, cerró la puerta. El "importante" secretario cambió de actitud. Me invitó a sentarse; me ofreció un pitillo. Sin duda, las palabras de su jefe le hacían prever que este mal trajeado de Landowsky podía ser personaje importante próximamente.

No habría pasado un cuarto de hora cuando salieron del despacho de Ya doga dos hombres. Uno era el que ya -conocía; el otro, que salió delante, debía ser de mayor importancia, pues no hizo zalema al secretario. Sin hacerle caso, se dirigió a mí:

— Ciudadano Landowsky, el jefe! me encarga de su asunto. Podemos marcharnos cuando quiera.

Salimos de aquella pieza, acompañados hasta la puerta por el secretario, que se despidió con su repulsiva afectuosidad.

Desandamos los pasillos que había recorrido a mi llegada. Hubimos de identificarnos en los mismos lugares y ante los mismos funcionarios dos veces. Con más premura y con menos formalidades. Me fue devuelta mi pomada nasal. Otro automóvil, más confortable aún, nos esperaba en el mismo lugar donde nos dejó el que nos trajo. Penetramos en él. Antes de dar la orden de partir, mi nuevo acompañante me preguntó:

— ¿Tendrá necesidad de volver a su domicilio?... Lo digo por si necesita tomar algún instrumento, poner en orden sus documentos o cesa por el estilo.

— Naturalmente que debo volver, camarada.

— Mironov; camarada Mironov.

— Supongo que no emprenderemos el viaje ahora mismo, camarada.

— El viaje, el largo viaje, no; pero sí hemos de hacer unas verstas aún esta noche. Usted dirá.

— Sí, sí debo ir a mi casa...

Mironov dio órdenes al conductor y partimos. Yo no sabía para qué iba a mi casa. Pero sentía una necesidad invencible de ver aquellas habitaciones, aquellos muebles que habían presenciado la partida de todos mis seres queridos. Algo me delataría el estado de su espíritu en aquel momento; algo suyo podría ver y conservar. En mi abstracción no me di cuenta de que habíamos llegado hasta que paró el coche. Descendimos de él y trepamos por la escurridiza escalera. El portero estaba en su puesto y bien alerta; salió al zaguán a recibirnos con la más rendida de sus zalemas; aquel personaje con traje nuevo y botas de señor debió imponerle respecto y veneración. Pero éste ni le miró siquiera.

Empujamos la puerta del piso; penetramos en el recibidor, domicilio del obrero del Metro; el pobre hombre estaba vistiéndose para salir, en figura bastante ridícula.

— Salga inmediatamente de aquí— le increpó Mironov.

El hombre cogió una bota y se sentó, con ademán de ir a calzársela.

— ¿Qué hace?... ¡Le he dicho que salga! En el acto, como esté...

El agente se dirigió hacia él; pero no le dio tiempo a llegar. Antonov se dirigió en su lamentable estado hacia la puerta, todo lo ligero que le permitían sus pantalones caídos por bajo de sus rodillas, y desapareció por la puerta de la escalera.

Entramos en mi cuarto. Nada importante advertí. Su soledad me impresionó. Allí, sobre una silla sin respaldo, estaba aún el "proyecto" de abrigo guateado que María confeccionaba. Sobre el fogón, ya apagado, la olla con la sopa de mijo helada. Pero no vi señales de desorden ni de violencia. Únicamente un antiguo retrato mío había desaparecido. Un cajón de tablas, que servía de baúl para la escasa ropa de todos, estaba vacío; sólo quedaba en él mi otra camisa verdosa, bien recosida días antes por mi pobre Katia. La tomé y me quedé mirando la prenda, sin saber a punto fijo qué hacer. Ni me daba cuenta de la presencia de mis dos acompañantes.

— ¿Qué hace, camarada?...

— Recojo alguna ropa; me será necesaria en el viaje... Se rió jocosamente Mironov, coreado por el agente.

— No se preocupe, camarada; su equipaje completo le aguarda...; no pensará pasearse con esa facha por el boulevard...

No supe ya qué hacer. Entré en mi "estudio-alcoba". Me siguieron, curiosos. Hice una pila con algunos papeles, tomados sin elegir; los uní a algunos cuadernos de notas y fórmulas, por hacer algo. Yo quería dilatar mi estancia en la casa; me parecía hallarme cerca de los míos; hasta imaginaba inconscientemente que en cualquier momento se abriría la puerta para dar paso a mi buena Katia, seguida de mi pequeño Nicolás, de- María, Ana y Elena. Di varias vueltas, sin buscar nada. Advertí la impaciencia de mis acompañantes. Por fin, tomé torpemente el paquete de papeles y cuadernos entre mis manos; debía atarlos, y busqué con la mirada algo con qué hacerlo. Allá, en un rincón, en el respaldo de una silla coja, advertí la cinta blanca con. que sujetaba su melena rubia y ensortijada mi diminuta Elena. Sentí una necesidad incontenible de llevármela. Llegué hasta ella, la tomé entre mis dedos y estaba mojada, fría; en su extremo, pendiente de un hilo, se balanceaba una gota de agua...; se me antojó perla o lágrima, acaso .ambas cosas a la vez, dejada allí por mi pequeña Elena para mí...; quise guardarla y la tomé entre mis dedos; sentí su frialdad por un instante, y luego se deshizo, dejando en ellos su líquida huella...; sentí deslizarse, queda, una lágrima auténtica por mi febril mejilla, y al atraparla con vergüenza se unió a la que yo imaginaba ser de mi hija, que aún humedecía la punta de mi dedo.

No resistí más. Salí sin decir una palabra. Salieron tras de mí los dos esbirros. Ellos mismos cerraron con llave la puerta de mi cuarto; con mi prisa, me distanciaba de ambos, ocultando emoción y dolor, profanados por ellos.

Me siguieron aprisa. Oí cómo daban órdenes al portero, ordenándole cuidado y atención con mi piso; que nadie entrara en él antes de mi regreso, y menos que alguien se atreviese a ocuparlo.

Salimos a la calle. Entramos en el auto los tres y, rápidos, partimos. Di la dirección de la clínica donde yo trabajaba.

¡Con qué tristeza vi aquella habitación en que, a solas con gatos y perros y con algún enfermo que me había servido de ayudante, empajara yo el carro de las experiencias!

— Recoja, usted todo lo que pueda necesitar, camarada.

Miré en torno mío. ¡Qué previsora es la G.P.U.! Dos hombres entraban, portadores de un baúl.

— ¿Habrá bastante?

Me quedo estupefacto. ¿Qué es eso de "lo que pueda necesitar"? Yagoda debe de haberme explicado detalladamente lo que voy a hacer, pero no lo he oído o no lo recuerdo. Maquinalmente, voy recogiendo mis frascos. ¿Lösung 219", "Lösung 220","Lösung 221". Recuerdo que la 221 provocó en los conejos, por vía subcutánea, un extraño choque anafiláctico, sin asomos de albúmina! ¡Qué horizonte de investigación! "Lösung 222", "Lösung 223". La 223 es lo más eficaz que hasta ahora he conseguido. "Lösung 224". Es la 223, con adrenalina; no mejoró la tolerancia; con la 223 había observado algunos fenómenos hipotensivos...

— Vamos, camarada Landowsky. ¿No puede usted abreviar?

Una docena de frascos hay ya en el baúl. ¿Para qué, Dios mío?

II

EN EL LABORATORIO DE LA N.K.V.D.

Nuestro automóvil ha pasado los suburbios de Moscú. No puedo reconocer fácilmente por qué lado nos hallamos; la visión es muy escasa, pues el humo de nuestros cigarros y la respiración de los tres han empañado mucho los cristales. Sólo el resplandor del alumbrado público se refleja en el interior del coche de vez en vez. Cuando han desaparecido totalmente las luces, aun debemos correr velozmente más de una hora. De pronto, el coche vira y se detiene. Alguien se aproxima a cada ventanilla. Uno de mis acompañantes baja el cristal, y la silueta de un hombre, que se cubre con una, gorra de orejeras, hace funcionar una linterna, enfocándonos. Mironov muestra su carnet y aquel hombre saluda respetuoso y subordinado. Se retira, y se oye su voz. dando órdenes. Chirría una verja, y el automóvil avanza. El cristal aun bajado, me permite ver árboles corpulentos. Nueva y ligera identificación ante un centinela que hace plantón a la puerta de un edificio, que se me antoja, por lo poco que puedo ver, de dimensiones más que medianas, Debe tratarse de algo así como una quinta de recreo. La puerta es de buena arquitectura, adornada con dos columnas y un escudo que se adivina sobre ella.

El paso nos es franqueado por alguien que debe estar en el interior, después de que el centinela ha llamado de forma particular.

Avanza Mironov delante, yo tras él y, siguiéndonos, el agente, que queda en el hall, subiendo nosotros solos la escalera.

Un hombre nos espera ya en el rellano del primer piso. Debe ser encargado del régimen interior de la misma, pues mi compañero le interroga:

— Está todo dispuesto?...

— Sí, camarada Mironov; hemos recibido órdenes de la Central hace horas. Sus habitaciones están dispuestas; la cena, también.

— Y el equipaje del camarada, ¿Está?

—Sí, camarada; ya llegó hace más de una hora.

— Bien; llévenos a nuestras habitaciones. Supongo que la mía será la de costumbre, ¿no?...

—La misma; pueden seguirme los camaradas.

Echó delante y nos internamos en un pasillo al que daban varias puertas. Abrió una, aquella especie de intendente.

— La de usted, camarada Mironov— y siguió hasta la inmediata, agregando—; la del camarada ...

— Landowsky; José Landowsky.

Quedó a la puerta el empleado, entró delante Mironov y yo le seguí, Era una pieza confortable, con aire de cuarto de hotel. Buena cama y sábanas limpias. Se comunicaba con otra pieza de parecidas proporciones, que por su mobiliario cómodo y elegante, antiguo con toda seguridad, podía servir de gabinete y cuarto de trabajo. Sobre la cama y dos sillas se hallaba un equipo completo.

— Su ropa— me ilustró Mironov— . Yo le dejo unos instantes. Puede vestirse y hasta bañarse si lo desea. ¿Le gusta? ¡Agua caliente!

— Mañana lo haré, si le parece.

— De ningún modo. Su ropa se la retiraremos ahora mismo. No está en estado adecuado de limpieza para esta casa; además, cuanto antes se habitúe a su nuevo indumento, mejor. Debe adquirir soltura, su antigua elegancia, si es posible; no debe encontrarse dentro de estos trajes como un maniquí. Y no disponemos de mucho tiempo para todo esto. No se preocupe por las medidas; la ropa ha sido hecha especialmente para usted; nuestros sastres poseen sus medidas, como las de miles de ciudadanos, y no trabajan mal del todo. Le dejo; llame cuando esté dispuesto para la cena.

Quedé solo. Tenía hambre; recordé lo dicho por mi acompañante sobre la cena. Me empecé a desnudar rápidamente. Pensé que una ducha me sentaría muy bien. Desde el verano no me había bañado, y debía hacerme mucha falla. Lo hice. Me vestí luego un traje oscuro que me sentaba admirablemente. El espejo me devolvió la imagen del antiguo profesor Landowsky; más flaco y más viejo, pero derecho aún. Un buen corte de pelo y un afeitado me dejarían hecho otro hombre. Me miré a los ojos. Era otro hombre...

¡Y tan otro!

Me di los últimos toques y llamé con el timbre.

El intendente acudió. Salimos juntos en dirección al comedor1; la cena estaba servida, según me dijo.

Ya me esperaban Mironov otro que no conocía; apuraban unas copas antes de sentarse.

Fui presentado:

— José Maximov Landowsky, doctor en ciencias químicas y en medicina, Aquí— dijo señalando al desconocido— Lévin Lev Grigoriévitch, a quien conocerá de nombre, colega suyo.

Nos estrechamos la mano. Analicé aquel tipo un instante. Si su patronímico no lo indicase claramente, aunque hubiese cambiado o disfrazado su nombre, su pura raza judía estaba típicamente impresa en cada una de sus facciones, en cada uno de sus movimientos. Era comedido, cortés; nada podía reprocharse a sus maneras, pero había en él un algo de viscoso y repulsivo.

Nos sentamos a la mesa. Ya hacía años que no tenía ante mí un banquete parecido. Le llamo banquete, aunque nada de aparatoso había sobre el mantel; se veía bien claro que era, una comida normal de la casa. Los entremeses hubieran bastado para que mi familia comiera durante una semana, en cuanto a cantidad sólo, pues en lo que se refiere a calidad, podía considerarse que tenían más proteínas que todos nosotros ingeríamos durante un mes. Mis anfitriones se sirvieron en abundancia, bebiendo un vinillo blanco, seco, que identifiqué como francés, aunque sin llegar a conocer su marca. Ellos comían con soltura, como habituados a aquellos manjares. Yo tenía un apetito tremendo, y hube de hacer esfuerzos inauditos para contenerme. Sabía muy bien, el desentreno de mi estómago, y no quería exponerme a un trastorno serio aquella noche. Ellos; me animaban, pero yo me mantuve sobrio. No lo lamenté, pues cuando llegamos al café y a los licores, sus lenguas estaban más sueltas que la mía, y pude saber y adivinar muchas cosas. No es que me considerasen ya como "uno de la casa", pero debían conocer mi situación de "fidelidad", y ello no les coartaba mucho la conversación.

El doctor Lévin, dándose mucha importancia, me hizo saber que era médico oficial de la N.K.V.D.; recordó sus tiempos en que había cuidado de la preciosa salud de Dzerjinski y Menjinski, gloriándose de haber prolongado durante mucho tiempo los latidos de aquellos quebrantados corazones; refutó los tratamientos que otros médicos quisieron imponerles, defendió calurosamente el suyo, abundando en teorías y términos científicos, como si quisiera justificarlo ante mí, que, desconociendo el caso, no podía argüirle. Ahora cuidaba de Yagoda, de cuya amistad y confianza se gloriaba. Habló luego de sus viajes al extranjero; había viajado en unión de Gorki, de quien había sido médico de cabecera. Recordaba su estancia en Italia, en Capri. Luego, su visita a París, en 1934; a destiempo, se dolió con grandes extremos del fallecimiento de Máximo Gorki y de su hijo; parecía como, si su muerte fuera la de familiares próximos. Me explicó con todo detalle las características de sus enfermedades; el alcoholismo del hijo, la tuberculosis del padre... "¡Ah, qué desgracia para mí!¡Seres tan queridos y entregarse a mis cuidados médicos en tal estado! ¡Verdaderos cadáveres, estimado colega! ¡Hube dé hacer casi milagros para prolongarles la vida!...

Pasó luego a inquirir de mí noticias técnicas sobre mi especialidad. Yo salí del paso como pude; estaba verdaderamente rendido por aquel día de emociones y movimientos. Mironcv lo advirtió; propuso la última copa, y, bebida, nos separamos.

Llegué a mi cuarto; empecé a desvestirme; naturalmente, había cerrado la puerta; cuando me desataba un zapato, noté que daban vuelta a la llave. Era evidente que quedaba encerrado, preso; algo que ya no me extrañó sabiendo que estaba en manos de la G.P.U.

III

EL DR. LEVIN, CIENTÍFICO DE LA TORTURA

Será necesario que diga algo sobre mi persona. Soy hijo del coronel Máximo Landowsky; descendemos de una antigua familia polaca, enlazada, en tiempos de mis abuelos, con otra rusa. Mi padre ya había perdido todo afecto por la desaparecida nación de sus antepasados; también a mí me era indiferente Polonia; quiere esto decir que mi progenitor era un perfecto ruso, leal al Zar y militar valiente y pundonoroso. Se distinguió en la guerra, fue ascendido una vez y condecorado varias. Murió sin gloria. De ideas extremadamente conservadoras, se sumó a Korniloff, y fue fusilado, según supimos mucho más tarde mi madre y yo. Ella, ya muy quebrantada de salud, no le sobrevivió más que algunos meses; pocos, pero los suficientes para presenciar en San Petersburgo la toma del poder por los bolcheviques; murió sin que yo pudiera estar a su lado. Incorporado a la Sanidad Militar del Ejército, yo había quedado en Kiev; sólo dos meses después de su fallecimiento pude enterarme, al regresar; supe por mi mujer, que la atendió abnegadamente, de su dolor por no verme a su lado, al que me llamaba prenunciando constantemente mí nombre. Yo me había casado con Katia el año 1914, ya terminados mis estudios y doctorado. Sólo pude gozar de la luna de miel dos meses, pues estalló la guerra y tuve que incorporarme como médico militar. Durante ella nació mi hija María, que contaba veintiún años cuando los acontecimientos que aquí refiero; la siguió Ana, que tenía dieciocho ¡luego vino Nicolás, y después, Elena, con quince y nueve años cada uno. No he de narrar nuestra penosa vida. Hijo de un coronel fusilado por contrarrevolucionario, me fue retirada toda licencia para ejercer mi profesión. Era condenarme a perecer de hambre. Pasé los primeros años haciendo de todo, alquilando mis brazos y mi actividad en los menesteres más bajos; pero como la suerte, de ganar trabajando unos rublos no era muy frecuente, me refugiaba en el estudio. Por fortuna, los libros de química eran enigma indescifrable para la turba; conservé la mayor parte de los míos; muchos otros los encontré en los montones de basura. Luego logré entrada en la Biblioteca. El ascetismo forzado parecía dar mayor potencia a mis facultades. Puedo decir, sin jactancia, que casi llegué a ser un sabio. Con un buen laboratorio a mi disposición, creo podría haber hecho algún descubrimiento sensacional. Hasta mucho más tarde no logré poner los pies en ninguno. Mis antiguos compañeros, aun los que estaban dentro del régimen, no se atrevían a favorecerme, a utilizar mi colaboración, por temor a hacerse sospechosos. Hasta después del año 1925 no pude entablar relaciones científicas con nadie. Después, aunque extraoficialmente, mi antiguo camarada Iwanov se decidió a colocarme como mozo en el laboratorio central del Comisariado de Combustibles. Este empleo, propio de un obrero, le permitía utilizar mis conocimientos y colaborábamos en estudios y experiencias. Yo, profundamente agradecido, le brindaba mis trabajos, mis intuiciones, mis monografías, que, con mi consentimiento, él daba a conocer como suyos en conferencias y en trabajos que aparecían en las revistas científicas. Su fama aumentó; creció por ello su autoridad, y hasta ascendió, lo que le permitió aumentar su protección hacia mí, reflejándose en mi posición económica. No es que llegase a ser brillante, ni mucho menos; pero el paria que yo era pudo comer, y ya era mucho, como comían los obreros no calificados. Muy poco, pero lo suficiente para no morirme de hambre. Ya fue mayor suerte todo esto para mis hijos. Mi amigo Iwanov pudo, con menos peligro, protegerlos a medida que iban teniendo la edad adecuada, haciéndoles matricularse en las escuelas y universidades. Mi hija mayor estudiaba Química, para ya que mostraba vocación y aptitud; Ana, la segunda, Ciencias Naturales; Nicolás cursaba aún la segunda enseñanza, y prometía, por su talento y aplicación, llegar muy alto; quería ser ingeniero. Sus comidas en los centros de enseñanza, su ración de estudiantes, unida a la mía, administradas en junto milagrosamente por mi buena Katia, nos permitía sostenernos, lo que ya era mucho, teniendo en cuenta nuestra situación política".

Luego, un cirujano de la Wratchkine me permitió usar el laboratorio adjunto al quirófano, que venía empleándose para guardar escobas. Allí fueron desplegándose mis soluciones anestésicas, y hasta me fue dado iniciar las experiencias humanas. Me creía ignorado de todos, a solas con la ciencia y con mis ilusiones. Pero la G.P.U. vigilaba.

¡Dios mío, que podría ser una organización como la G.P.U., destinada a combatir las dolencias humanas, y no a multiplicarlas!

Cierta ventaja tenía mi condición de "apestado burgués": no me veía en la tragedia de tantos y tantos como yo conocía. Muchos, enemigos del bolchevismo, con víctimas asesinadas en su familia, de convicciones religiosas arraigadas, "camouflándose" de mil distintos modos, lograron ingresar unos en el Partido, en los Sindicatos los más, consiguiendo así salvarse y vivir mejor. Pero era horroroso para ellos que el "camouflage" les obligase a educar en el ateísmo a sus hijos, a los que veían en las filas del Komsomol, blasfemando y adquiriendo las libres costumbres y vicios que allí les inculcaban. Y lo que empezó por "camouflage" llegó a ser horrible realidad en sus seres más queridos. La esperanza de descubrirles la verdad de su creencia y de sus ideas cuando tuviesen uso de razón, no pudo ser jamás realidad. Porque, con los años, la educación comunista hacía de aquellos jóvenes fanáticos, capaces de inmolarlo todo a la idea...; y sus padres retrocedían atemorizados, sin atreverse a pronunciar una palabra, guardándose de sus propios hijos, .porque veían la trágica perspectiva de morir en Siberia o con el tiro en la nuca en la cheka, denunciados por aquellos seres a quienes habían dado el ser. Yo no llegué a tanto. No es que tuviera el valor de instruir a mis hijos en las ideas en que habíamos sido formados su madre y yo. Sólo me mostré indiferente, pero jamás apologista del Soviet; mi situación, cuya injusticia conocían ellos por sí mismos, fue formándoles un sentido de repulsión, agudizó su crítica y mantuvo su callada hostilidad. Estoy bien seguro de que jamás llegarían a sacrificar el menor afecto familiar en holocausto del régimen inicuo. Yo me cuidaba bien de exaltar sus disposiciones; temía por la inexperiencia de su juventud y por los muchos lazos que el espionaje estudiantil les tendería. Sólo mi hija mayor, María, conocía a fondo mis convicciones, y en secreto las compartía totalmente; pero era de carácter muy entero, reservada en extremo, ya que su educación en la desgracia la había formado así. Sólo ella se sabía bautizada, sólo ella había sido iniciada por mi mujer en prácticas religiosas formales. Los demás aún ignoraban todo, hasta su bautismo, y sólo por imitación a su madre, que no siempre pudo ocultar sus signos cristianos, repetían algunos, sin conocer a punto fijo su significado. El tiempo y su conducta nos aconsejaría lo que con los tres hijos deberíamos hacer. Su madre, cristiana siempre, pera agudizado el sentimiento por el dolor, hasta rayar en mística, hacía esfuerzos inauditos por reprimir su celo. Yo debía luchar con ella; y, resignada, se limitaba a una continua predicación de moral natural con su palabra y con su ejemplo.

Así, hasta el momento en que el golpe dado por el chekista en mi puerta puso punto final a este gran capítulo de mi vida. Heme aquí, incorporado en este lecho, dentro de una habitación desconocida, totalmente en manos de la G.P.U., la terrorífica institución soviética; con el cerebro en ebullición, en el que luchan las escenas vividas la víspera con las imágenes de pesadilla que han atormentado mi agitado sueño durante está larga noche.

Pienso que es momento de meditar serenamente. Enciendo un cigarro para despejarme. Mi situación va perfilándose en mi mente con gran precisión. Yagoda, pienso, me ha elegido para tomar parte en un crimen. No sé aún en qué grado será mi participación, pero eso es igual; la realidad es que he de ser un criminal, un asesino. Vuela mi pensamiento hacia la víctima; veo allá; no sé dónde, al general Miller; la imaginación me lo reproduce con su gran atuendo de legendario caudillo del ejército blanco, ¡de aquel ejército del que un día esperé mi liberación. "No; ¡tú no harás nunca eso!", me grita mi conciencia ... Pero hay una mutación instantánea en mi pantalla imaginativa; mi mujer y mis cuatro hijos se me aparecen implorando; veo a los esbirros que se aproximan con sus trazas siniestras para asesinarlos ... Doy un salto en la cama, estremecido de pavor. He de hacer un gran esfuerzo, con la cabeza entre mis manos, para serenarme. He de imponerme a mis nervios; he de pensar fríamente la conducta que debo seguir Bebo un gran vaso de agua, que está muy fría, El problema parece querérseme plantear en sus términos justos. Procuro fijarlo bien. De un lado, simplificando, veo una muerte, una muerte horrorosa, es cierto: la del general Miller; al otro, cinco asesinatos: los de mi mujer y mis cuatro hijos. Matemáticamente resuelto el problema, no tiene duda: uno es menos que cinco. Me asombro yo mismo de la frialdad y el automatismo con que llego a la conclusión. Llego a ella sin otra consideración de tipo moral, sin tener en cuenta que son mis amados seres los que pesan en trágica balanza, en cuyo otro platillo está el general blanco, un casi desconocido para .mí. Pero esta misma consideración me sugiere la pregunta de si el problema no es de orden matemático y sí moral ..., en cuyo caso las razones aritméticas nada tienen que hacer.

"No matarás"; sin más condicional ni atenuante, llega a mí el dictado del código supremo de la moral. "No matarás", repite y repite algo muy íntimo allá dentro de mi pecho. Trato de discutir con aquella voz inflexible, y no logro acallarla. No razona, dicta; y sin razones tiene más razón que toda lógica...

Soy humano, soy un pobre hombre. Abrumo a aquella voz de razones y más razones; será inútil el sacrificio de los míos; otros, muchos otros, obedecerán gustosos y comentarán el crimen... ¿No me ha dicho Yagoda que la vida del general está en sus manos?... ¿Qué importancia tiene que sea yo u otro el homicida?... Estas y mil otras razones del mismo orden acudían en tropel, cayendo en avalancha sobre aquella voz para sofocarla; pero en vano, la voz flotaba sobre el cúmulo de razones, y su "No matarás" ¡resonaba más y más fuerte en mi cerebro, hasta llegar a tener los broncíneos acentos de la trompetería bíblica de Jericó...

Así hubiera seguido horas y horas. Pero oí dar vuelta a la llave en la cerradura, y después unos golpes discretos.

— Adelante.. .— contesté.

— ¿Está enfermo el camarada?— dijo una voz, sin que se abriera la puerta—; son las once. Le esperan ...

— Salgo al momento.

Unos pasos se alejaron. Yo me tiré de la cama precipitadamente. En medio minuto me di una ducha fría. Ya enjuto, me sentí con nuevo vigor, pues realmente mi lucha interior me había dejado muy decaído. Me vestí con toda rapidez. En tanto lo hacía, llegó a mi mente una idea confortadora... ¿Cómo no se me habría ocurrido antes?... Simplemente: traicionar a Yagoda, impedir el crimen... ¿De qué modo?... ¡Ah, ya veríamos!... Los sucesos aconsejarían mis actos.

Me sentí radiante...; todo me parecía ya fácil. La cosa me saldría bien. Yagoda no se daría cuenta. Empecé a mirar con superioridad a Yagoda y a toda su perfecta organización del crimen.

Bajé la escalera silbando alegremente. Hasta tal punto me hacía optimista mi bella idea.

Mironov me esperaba ya en el comedor. Me saludó cordial comunicándome que Levin estaba a punto de llegar; además, fijándose en lo crecido de mi barba, me indicó que en la casa se disponía de los servicios de un peluquero chino, a quien debía recurrir para completar mi arreglo.

Desayunamos fuerte: un par de huevos, jamón y café con leche. Algo exquisito, que mi paladar casi no recordaba en su verdadero sabor, pues, las rarísimas veces que podía adquirirse un huevo no podía freírse bien por no haber manteca; cuando cada dos años se podían adquirir unos gramos de café, se carecía de azúcar; el jamón ..., bueno, del jamón no recordaba exactamente ni el color. Pero, por lo visto, aún había en Rusia quien disponía de tales excelencias, y en primera línea debía contarse la G.P.U.; y debía ser en cantidades considerables a juzgar por la naturalidad y abundancia con: que se gozaban.

Terminado el desayuno, y fumando ya, llegó Levin. Venía jovial; según me comunicó inmediatamente, había hablado con el jefe ...

— Estoy al tanto de todo..., camarada— dijo palmeándome en el hombro con campechanía

— ¡Gran misión! ... ¡Cómo le envidio! ... Hubiera querido encargarme de ese magnífico asunto. Al pronto creí que se trataría de alguna misión en el interior ..., encargarse de prolongar la vida de algún traidor de categoría, ..., servicio ordinario ... ¡Pero ir allá!...

¡Oh, magnífico!... ¡Sencillamente magnífico! Ponga sus cinco sentidos, camarada, y tendrá un porvenir brillante ..., ¡se lo aseguro! ... ¡Cuántos le envidiarán su trabajo! ¡Ahí es nada... empezar así!... Cuente para todo conmigo, camarada, disponga de mí...

Poniéndome a tono, agradecí rendidamente los buenos deseos de aquel “criminal diplomado”; hasta me permití corresponder obsequiándole con otras tantas palmadas en los hombros.

Se sintió halagado.

— Vamos a trabajar ..., el camarada Mironov nos permitirá que dejemos su grata compañía, si es que no quiere aburrirse con nosotros en el laboratorio.

Marchamos escaleras arriba los des. Llegamos al tercero y último piso. La puerta, cerrada, la guardaba un hombre vestido de paisano; pero con la misma seriedad y continente que si vistiera uniforme. Levin sacó una llave del bolsillo y abrió. Una nave muy amplia, orientada al mediodía, comprendía todo un ala del edificio. Grandes ventanas, con dobles cristales, la iluminaban perfectamente; al exterior, una malla de hierro o acero, hacía las veces de reja.

Al aproximarse a la primera mesa que hallamos, situada junto a un ventanal, Levin me advirtió:

— No se le ocurra abrir y tocar la malla; está conectada con la alta tensión.

Mi primera impresión ante aquello fue de envidioso asombro. El laboratorio, era colosal. Larguísimas mesas de mármol blanco al pie de las ventanas, vitrinas en el centro con infinidad de material, espacio amplísimo. para todo, y una sensación de orden y limpieza como no la he experimentado en toda la U.R.S.S. Tabiques de cristal dividían la sala en departamentos. No pasé por lo pronto del primero, pues Levin me hizo detenerme allí. Era el de Farmacología, y sobre un taburete se hallaba el baúl, aun cerrado, en que habían empaquetado mis "Lösung". El judío me señala una hilera de frascos colocados en una vitrina, junto a tubos de ensayo probetas, matraces y buretas.

— Vea usted— me dijo— algo completamente nuevo. Extractos de cannabis perfeccionados por Lumenstadt.

— ¿Trabaja aquí Lumenstadt?

— Sí Lleva quince días de vacaciones, y volverá dentro de otros quince. Luego tomó en la mano uno de los frascos, de tapón parafinado, conteniendo un líquido rojizo y extremadamente fluido.

— ¿No lo conoce?— me preguntó con entusiasmo— . No puede conocerlo, claro está. Pero le gustaría probarlo. Es el medio de placer más refinado que se conoce. ¡Y fuera de la U.R.S.S. se ignora! Una fracción de centímetro cúbico por vía hipodérmica, y el hombre que la recibe disfruta de los goces más embriagadores que puedan soñarse. Visiones; alucinaciones. Vivencias de una belleza y atractivo sin igual. ¿Usted no ha probado el hachich?

— No, no camarada.

— Pues éste es el hachich empleado por los sultanes árabes, por los persas, por todos los pueblos antiguos desde el Mediterráneo a Arabia y la India. Lumenstadt ha logrado cultivar en las repúblicas del Sur el cáñamo indiano, seleccionar sus razas y extraer sus alcoholes en el estado de mayor concentración y pureza. La revolución le cogió en estas investigaciones. Tuvo que interrumpir sus estudios, pero la N.K.V.D. le ha dado todos los medios de trabajo precisos, y el grado de perfección alcanzado no tiene igual. Jamás ha contado la humanidad con drogas que le proporcionen placeres comparables a los que despiertan estos elixires. Imagínese usted: ¡la sabiduría de los siglos refinada por la química más nueva y poderosa!

Yo estaba estupefacto. ¿La N.K.V.D. empleando medios de placer? ¿Me había yo vuelto loco? ¿O deliraba el médico judío?

— Y— pregunté tímidamente— ¿para qué quiere la Policía política esta clase de sustancias?

— Forman parte del aparato de tormento— fue. la increíble respuesta.

— ¿He entendido bien? ¿Cómo dice usted?

Dejó el frasco en su sitio y se encaró conmigo, sonriéndose.

— ¡Querido amigo! Nosotros estamos haciendo una humanidad nueva, temo usted debe saber. La humanidad cristiana ha complacido, ha gozado, se ha revolcado en todas las cosas disfrutando de ellas como una manada de cerdos disfruta del fango. Pues bien: lo que hasta aquí ha sido placer para unos pocos pasará ahora a ser un instrumento para la edificación de la vida de la comunidad.

— No acabo de comprender...

— ¿El qué? ¿Adónde voy? Siga escuchándome, y no se impaciente. Quiere fumar? Tengo el encargo de darle a usted las lecciones de política superior que le sean necesarias.

Encendimos unos pitillos, y el judío siguió instruyéndome en política Superior de esta manera:

— Hasta aquí, todos los Estados han utilizado el dolor policialmente— recuerde las

"Inquisiciones" de los diversos países medievales— para arrancar las confesiones, las declaraciones precisas a los enemigos, y también para intimidar a las gentes, para asustarlas y conservar su sumisión. Nosotros— yo, ¡yo mismo!— hemos ideado utilizar el dolor y el placer. Supóngase un detenido de los que se resisten a confesar. Supóngase usted que se le atormenta, y que aguanta los suplicios, incluso aquellos que ponen en peligro su vida. Todo es inútil. No cabe entonces hacer más según los medios conocidos, porque se está expuesto a matarle ¡sin haber conseguido nada útil. Ahora bien, querido colega: si a este hombre se le proporciona un placer, se le hace gustar un placer como nunca ha sentido, entonces su voluntad se ve tensada al máximo, sometida a un esfuerzo doble. Se lo explicaré matemáticamente.

Fue a la pizarra y trazó rayas y letras nerviosamente. Designó por V una línea horizontal.

— Esta es la línea de la vida. De la vida corriente, neutral, sin grandes; sufrimientos ni goces notables. La vida, en fin, de los seres humanos. Supóngase usted que tomamos a un hombre— a un reo político, a un enemigo del pueblo— y le desviamos de esta trayectoria. R es el reo. Le desviamos de la línea de la vida (V) hacia, abajo, es decir, hacia el sufrimiento. En una palabra, le atormentamos, con objeto de forzar su voluntad. Su voluntad se agarra, naturalmente, a la vida; nosotros la vamos tensando, atirantando cada vez más, como indican las líneas de puntos, por medio del tormento, sucesivamente, de y a y' a y", etc. Ahora bien: si su voluntad, estirada hasta la magnitud y" por un suplicio máximo (R"') resiste todavía, no podemos ya aumentar el tormento, porque llegaríamos al nivel M, el nivel de la muerte. ¿Comprende?

Sí, yo comprendía y me horrorizaba ante aquel atroz trazado geométrico, Levin debió notar mi impresión en el rostro, porque volvió a sonreírse y continuó con mayor entusiasmo:

— Supóngase ahora que nosotros no nos limitamos a "tirar" de este hombre hacia abajo. Sino que le ponemos por encima de la vida; le proporcionamos, no ya dolor, sino un placer tan delicioso como nunca soñó. Represento este placer por P. Preparamos al hombre haciéndole sufrir. Luego le hacemos gozar, es decir, lo levantamos repentinamente desde el nivel de vida corriente hasta el nivel de la dicha, como indica esta línea ascendente que señalo con trazo grueso. Ahora, sin transición, le aplicamos el tormento en su máxima intensidad. La voluntad del hombre, amigo mío, ya no se ve sometida al esfuerzo y", que vale dos. sino al esfuerzo a, que vale coma cuatro, o como diez, o como veinte. ¿Eh? ¿Qué me dice?

Había dibujado en la pizarra con grandes movimientos del brazo, había hablado a gritos, cómo poseído de un entusiasmo sobrenatural. Y se quedó cansado. Dejóse caer en un taburete y habló en tono menor, con los brazos cruzados.

— Ya sabe usted. De siempre, las organizaciones de defensa social atormentan a un hombre. Cuando ya no puede resistir más, le dicen: "Si declara lo que nos interesa, te libraremos de este infierno". Pero nosotros hacemos mucho más: "Si declaras lo que nos interesa, te sacaremos de este infierno y te llevaremos a aquel paraíso que te hemos permitido gozar durante un minuto." ¿No comprende usted que este método mío es infinitamente más eficaz que los métodos tradicionales?

Yo estaba suspenso ante aquella hiena. De pronto, se enfrió su mirada y me dijo casi con, hostilidad:

— ¿No se entusiasma? Creo que posee usted un flojo espíritu científico. Pues ¿sabe una cosa? Que mi método, con esquemas matemáticos como el que ve usted, ha sido ofrecido por la N.K.V.D. a nuestro glorioso camarada Stalin. Y que Stalin lo ha aprobado con todos los honores. ¿No sabe que poseeré la orden de Lenin? Además, repare usted que mi esquema (la línea de la vida, horizontal; espacio superior, campo de signos positivos, el placer; espacio inferior, campo de signos negativos, el dolor) responde a la más pura ortodoxia marxista, a las directrices materialistas más científicas en el campo de la Psicología ... ¡Vamos! ¿No me dice nada?

— Que estoy pasmado...— opiné sinceramente— . Todo me parece extraordinario, increíble. No tenía la menor idea de ...

— Sí, comprendo que pierda usted el uso de la palabra. Su educación es burguesa, tímida. Hasta hoy no ha existido en el mundo una verdadera audacia científica.

— ¿Y aquí no hay más ..., cosas por el estilo?

— Mire, le confieso que las otras cosas son inferiores. En las demás, no intervengo directamente. Pero esto.., ¡esto es mío, obra mía, mío solo!

— Pues ... ¿Lumenstadt?

— Lumenstadt está loco. No sabe lo que hace. Yo me he encargado de que trabaje como un autómata. Tuve la imprudencia de decirle para qué le necesitaba, y se asustó. Era un burgués también. La primera autoridad del mundo en materia de alcaloides, pero un burgués. Yo le hago trabajar... ¡bien! Lo he mandado de vacaciones porque se me iba a morir.

— Entonces, usted, camarada, ¿se ocupa sólo de las drogas?— Sí. Estoy encargado de la Farmacología. Aquí mismo hemos logrado sustancias orgánicas muy útiles para evitar el sueño. Simpaticomiméticos muy eficaces. Puedo hacer que un detenido no cierre los ojos en una semana,' sucédale lo que le suceda; y esto, con unos sencillos comprimidos, o bien con inyecciones intraglúteas. Un procedimiento mucho más eficaz y mucho más fácil que los anticuados focos de luz, campanas enloquecedoras, etcétera. Exactamente lo contrario de lo que usted hace, ¿verdad? Usted, camarada,, los duerme, yo los despierto.

¡Tiene gracia!

Rió a carcajadas su chiste. Y aun hube de aguantar toda la mañana y hasta mostrarme complacido de la presencia de aquel monstruo que cultivaba la ciencia con el exclusivo fin de hacer a la humanidad más desventurada de todo lo que ella misma pueda concebir.

Lo curioso es que el judío era un tipo de rara elegancia. La presencia, agradable; la mirada amable, penetrante y efusiva; la voz, cálida; los modales fáciles, y suaves. Me pareció un estupendo espécimen de su raza, aristocrática en cierto modo.

Fuera de escuchar su, charla, no hice sino empaquetar y ordenar mis frascos en una vitrina. ¡220, 221y223, queridos míos! ¡Cómo os acariciaron furtivamente mis manos, hijos de mi inteligencia que habíais nacido para el bien, como las creaciones de Lumenstadt, y que habíais caído como las suyas, en manos del diablo!

Cuando abandonamos el laboratorio, a la hora del almuerzo, mis ideas habían ganado amplitud respecto a la G.P.U. Levin me había hecho conocer nuevas e insospechadas dimensiones del terror; más profundas de iniquidad tal, que ni las imaginaciones de un Poe o un Wells, dedicadas a crear un nuevo orbe de crimen y perversidad, servidas por la ciencia, podrían aproximarse un poco a la realidad espantosa.

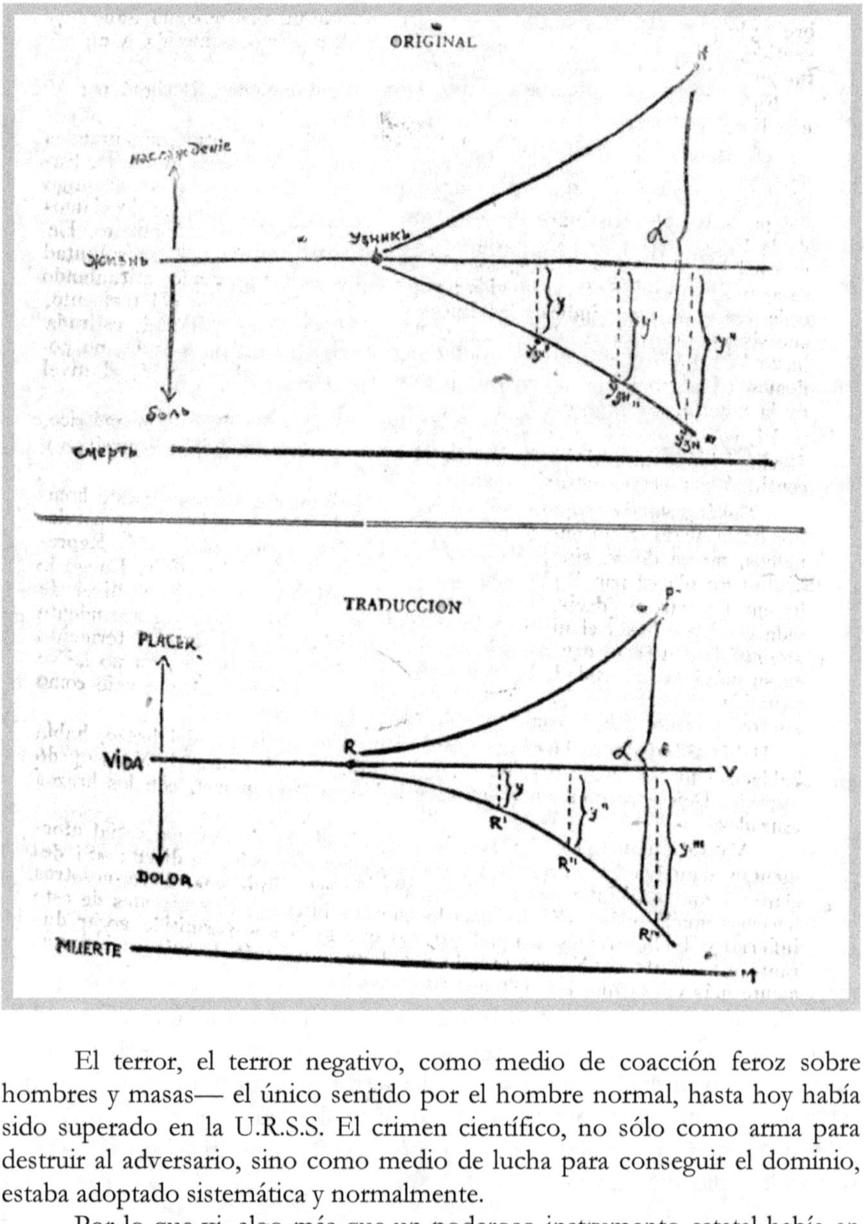

El terror, el terror negativo, como medio de coacción feroz sobre hombres y masas— el único sentido por el hombre normal, hasta hoy había sido superado en la U.R.S.S. El crimen científico, no sólo como arma para destruir al adversario, sino como medio de lucha para conseguir el dominio, estaba adoptado sistemática y normalmente.

Por lo que vi, algo más que un poderoso instrumento estatal había en aquella casa. Refinamientos de discreción y enmascaramiento, detalles insospechados, imponderables también, me decían que no todo lo que allí había y se fraguaba era en servicio de Stalin. Mucho de todo ello era superfino; aquellos procedimientos refinados, aquellos camouflages de la muerte, no rimaban con la brutalidad de que hacía alarde en sus venganzas el dictador rojo. Stalin podrá mentir en su acusación, podrá hacer que se confiese culpable un inocente, utilizará todos los trucos, por sangrientos que sean, para lograr el éxito de su empresa personal; pero, sobre todo esto, su placer estriba en deshonrar y asesinar públicamente a sus enemigos. Aquel refinamiento y aquella sutileza en la eliminación del hombre no rimaban con la psicología total de Stalin, que si es cauto y astuto para atrapar a su víctima, no se priva de ufanarse públicamente en su destrucción. Acaso, pensaba yo, la mayor parte de todo esto sea destinado al extranjero, ya: que el crimen político requiere allí precauciones singulares, y de ello tenía ya la prueba con el caso que a mí mismo se me encomendaba. Podía ser que Stalin, fingiendo una ortodoxia marxista, no quisiera emplear el sistema terrorista individual, clásicamente anarquista, condenado por la doctrina, y utilizase aquellos medios científicos para, sin contradecirla, ejecutar los magnicidios, disimulándolos bajo las apariencias de "muerte natural". Era posible, pero no tenía yo noticias de muchos casos en que cupiera la sospecha. Sin desechar esas posibilidades, y aun aceptándolas para casos aislados, la sensación que me daba aquel establecimiento dedicado al "asesinato legal", al "asesinato como obra de arte", era la de algo permanente, sistemático, con un orden y una finalidad; y esta apreciación fundamental me llevaba a la conclusión de que "aquello" formaba parte de un todo terrible, oscuro, ambicioso en grado tremendo.

Así discurrí durante el almuerzo, sufriendo distracciones que me advirtieron mis dos compañeros. Las achaqué a cálculos y fórmulas que la visión del laboratorio suscitaban en mí. Y por la tarde me refugié en mis bien sanados frascos. Tenía que filtrar, neutralizar, isotonizar. Pero lo que tenía que hacer realmente era evadirme por los caminos, de la imaginación del mundo pavoroso en que estaba sumergido.

IV

UN ASESINATO POR MUERTE "NATURAL"

Estuve desvelado gran parte de la noche. Aquel cúmulo de ideas que me suscitó el adentrarme en-un mundo nuevo y tenebroso me llenaba el cerebro de cosas contradictorias, que trataba de ordenar y razonar. Por si fuera poco, alternaba en mi mente, con todo eso mi confuso proyecto de traición. Era tal mi estado febril, que el recuerdo de los míos sólo me llegaba de tarde en tarde, y hasta aquella obsesión de su peligro, que me atenazó hasta entonces, casi había desaparecido por completo.

No sabría decir a qué hora caí dormido con un sueño tan pesado; sin duda, debido al agotamiento. Hubo de entrar el intendente y zarandearme para que me despertase, ya muy entrada la mañana.

Bajé corriendo al comedor, pidiendo a Mironov mil disculpas. Había órdenes, me dijo. La marcha la emprenderíamos aquella misma noche. Debía arreglar mi equipaje cuanto antes; podía haber orden de anticipar la salida. Acaso el jefe desease hacer algunas recomendaciones antes.

No hubo novedad alguna. Mironov debió salir para Moscú inmediatamente después del desayuno, y no volvió a la hora del almuerzo. Levín no almorzó tampoco en la casa; lo hice completamente sólo. Intenté cambiar conversación con el intendente y con el servidor de la mesa, pero sólo conseguí arrancarle algún monosílabo.

Hube de resignarme a pasear un rato por el comedor de lado a lado y después a encerrarme en mi habitación. La impaciencia me hacía sentir muy largas aquellas horas; por fin, pude abreviarlas conciliando el sueño.

Me despertaron con un recado de Levin. Cuando llegué al primer piso, advertí que él subía unas escaleras, las cuales debían .proceder del sótano; cerró él mismo aquella puerta y me dijo: .

— Vengo de echar un vistazo a los cobayas de allá abajo.

— Quisiera que me mostrase sus experiencias en vivo, camarada no tengo que nacer y me aburro aquí solo y encerrado...

—A su regreso, colega, a su regreso; aún es muy pronto.

Suponía que el viaje lo emprenderíamos aquella misma noche Pidiéndome disculpas y prodigándome palabras agradables, me rogó le trajera de París algunas chucherías. Me pidió corbatas, que describió por su dibujo y color; debía de sentir por ellas tremenda debilidad, aunque su gusto lo estimé pésimo, a no ser que él, más al tanto de la moda, superase mi anticuada autoridad en la materia. Además, un poco azorado, rogome le trajese una faja de goma para su señora; me indico marca y número, delatando éste, por lo elevado, que su compañera era abundosa en grasas; lo que confirmé por añadirme el encargo de un perfume antisudoral, famoso según él, cuyo secreto poseía cierta tienda de no sé qué boulevard. No se quedó corto; pidió otras cosas para sí y para sus vástagos. Pero me prometió darme a cambio de mis francos gastados muchos rublos, muchos más de los que permite el cambio legal.

Alegando la ignorancia natural, le pregunté si yo dispondría de dinero y libertad para comprar. Me afirmó que sí; era costumbre conceder en estos casos medios y libertad.

* * *

Dentro de lo extraordinario de aquel período de mi vida, las horas casi resultaban monótonas. Nada sobresaliente turbó está casi placidez de preso.

Pero, lo recuerdo bien, era el 18 de septiembre. Mironov llegó agitado y con prisa; me hizo tomar precipitadamente el sombrero y el abrigo y subir al coche que él había traído, dirigiéndonos a Moscú. Sin casi formalidades, me vi nuevamente en presencia de Yagoda. .Serían las once de la mañana. Advertí en él huellas de insomnio: sus ojos, un tanto oblicuos, estaban congestionados y hundidos. No mostraba la presencia y empaque de la primera entrevista. Me hizo sentar en un sillón frente a él y, sin mucho preámbulo, como quien tiene prisa, me dijo:

— Camarada Landowsky: He pensado enviarle solo al extranjero, aunque sea contradiciendo las normas habituales hasta ahora en esta clase de asuntos, estoy casi resuelto a permitirle que se lleve a su mujer y a sus hijos ...

Vea usted.

Tomó de su mesa un sobre, extrajo de él una especie de librito, que me entregó: era un pasaporte ... un pasaporte a nombre de todos los míos, cuyos retratos, nombres y circunstancias, figuraban en él, .así como sellos, firmas, etcétera, etc. Todo lo necesario para pasar la frontera. Me quedé mirándolo atónito.

— Vea esto también.

Dos papeles más vinieron a mis manos. Uno grande, mi nombramiento de médico en la Embajada Soviética de París. Otro muy pequeño, un cheque de cien mil francos, contra el Credit Lyonnais.

Un relámpago de indescriptible alegría corrió por mi columna vertebral, pero fue por el espacio de unos segundos. La elegante, presencia de Yagoda emitía una especie de radiación de crueldad, y, además, yo tenía noticias muy directas, muy objetivas y personales de esta crueldad. Así es que, rápidamente, se me volvió a ensombrecer el alma. Seguro era que pretendían de mí algo más en la ejecución de lo que pensaban encargarme, o tal vez un crimen nuevo.

— Le escucho— dije— Comisario Yagoda.

— Verá usted— explicó, reclinándose en el respaldo y juntando sus dedos por las puntas— . Yo comprendo que usted servirá mucho más lealmente y mucho más eficaz a nuestra Patria soviética, si se le permite marchar con los suyos. Ahora bien, necesito cerciorarme de ello. Necesito, para hablar con más exactitud, poseer pruebas de su adhesión.

Intentaba dominarse, pero tenía un no sé qué de nerviosismo. Se volvió a inclinar sobre la mesa y, haciendo oscilar la plegadera, continuó:

— Actualmente, la U.R.S.S. tiene necesidad de un pequeño servicio técnico. Es algo extraordinariamente sencillo, algo que cualquiera puede realizar. De modo que no voy a poner a prueba su saber técnico, sino sólo su reserva y fidelidad. ¿Me comprende? Le ruego que se fije en mis palabras.

— Entiendo— dije— que usted, camarada, no va a poner a prueba mi saber técnico, sino sólo mi reserva y fidelidad ...

Ya sabía yo que al temperamento dictatorial de Yagoda había de agradarle esta puntual repetición de sus consignas.

— Excelente— dijo volviendo a retreparse— . Excelente. Se ha descubierto, camarada. Landowsky, que uno de nuestros más famosos generales, uno con bien ganado prestigio en las guerras civiles, es un traidor. Está al servicio del fascismo, de Hitler, precisamente. Fusilarlo de manera fulminante sería lo normal, después de un Consejo de guerra sumarísimo. Las pruebas son aplastantes. Pero, ¿conviene esto a la Patria? ...

¿Qué pensarían en el extranjero de nuestra potencia militar sí saben que uno de los más altos responsables de ella se ha vendido, ha saboteado y ha entregado al enemigo nuestros planes de movilización, nuestros cuadros de armamento? ¿Qué pensarían? ... Que el momento de la agresión contra Rusia ha llegado. Tendrían que atacar inmediatamente antes de que fueran cambiados nuestros planes de Estado Mayor ... Nuestro glorioso camarada Stalin se ha decidido por la muerte, "natural" ...

¿Entiende?... No es usted comunista, camarada Landowsky; pero yo apelo a su calidad de ruso, a su patriotismo ... Es más, precisamente por no ser comunista, por ser un hombre desconocido, insignificante políticamente, he pensado en usted. No hay peligro de que usted se halle en la conspiración de ese general traidor (no lo oculto, ya ve que hay una extensa conspiración). Creo que le estoy hablando demasiado claro; en. fin, voy a hablarle claro del todo: ¿Sabe usted lo que supone ese pasaporte, ese nombramiento y ese dinero? Suponen su libertad absoluta. Que, seamos francos, doctor Landowsky. es su sueño dorado. Espero su contestación.

— Camarada comisario del Interior— respondí: usted sabe que puede disponer como le plazca de mis servicios técnicos. También sabe usted, camarada comisario, que deseo ganar el derecho de reunirme con mi familia ...

— Bien, vamos a abreviar: ¿qué procedimientos hay para producir la muerte "natural" de un general que) ha traicionado a la U. R. S. S,?. Usted tiene la palabra.

— Pues ... un tiro en la nuca me parece así, de primera impresión, un procedimiento adecuado ... Basta con impedir que luego le autopsien, le examinen, etc.

— Creo— dijo Yagoda gravemente— doctor Landowsky, que no pretende usted burlarse de mí ...

—De ningún modo, camarada Yagoda. Analizo sistemáticamente. Los hombres de ciencia tenemos el hábito del razonamiento sistemático. Puesto que particular de que se trata, analizaremos por otro lado. Hay muchas maneras de usted me da a entender que el traumatismo no es aceptable en el caso para intoxicar que resultan discretas hasta cierto punto. El óxido de carbono, los cianuros ...

— ¿Y la autopsia?

Esta interrupción era precisamente la que yo aguardaba. Necesitaba saber si Yagoda estaba preparando un crimen de Estado o un asesinato particular. Cuando el comisario del Interior experimentaba semejante miedo a la autopsia del cadáver, no hacía sino confirmar en cierta medida mis sospechas de que algo ilegal, algo personal, jugaba en todo aquello. Hablé reposadamente.

— Comisario Yagoda: hasta ahora no me había indicado usted que la autopsia del cadáver la iban a hacer médicos ... indisciplinados. Por eso se me ocurría el procedimiento de la intoxicación. Un tiro en la nuca lo reconoce cualquiera. Pero un envenenamiento sólo puede ser advertido por un médico experto, provisto de medios de análisis químicos y ... no decidido previamente a callar los resultados que obtenga.

Yagoda había fruncido la frente. Temí que descubriese mi juego, que se diese cuenta que yo, con mis dilaciones, no hacía sino sonsacarle. Procuré impedirlo, pasando con rapidez a otra cosa.

— Ahora bien, camarada comisario— dije afirmando y acelerando mi voz cuanto era posible—: no crea usted que se acaban aquí los medios que la ciencia posee. Existen otros muchos, más discretos quizá, pero quizá menos adecuados al caso particular de que se trate.

— Diga usted— dijo silabeando— todos los medios con que la medicina cuenta para producir una muerte con todas las apariencias de la muerte natural. Dígame todos y yo elegiré.

— Es cuenta larga— mostrándome sereno— . ¿Puede darme un cigarrillo?

—Desde luego.

Yo estaba jugando con fuego, pero me pareció que exponerlo todo era la única manera de defenderme. Mi pobre mujer, mis hijos, yo mismo, todo lo que me interesaba en el mundo me exigía ser valiente, y estaba resuelto a serlo aunque mi voluntad tuviera que luchar con mis nervios a brazo partido. En esta lucha me ayudó algo que repentinamente me había venido a la memoria: yo había oído hablar de que Yagoda, que sentía ciertas veleidades bonapartistas, aspiraba a ser el jefe supremo de las Repúblicas Soviéticas; para serio, dada la resuelta inclinación bonapartista de José Vissariomovitch (llamado Stalin) tendría que eliminar al que entonces ejercía la jefatura. ¿Pensaba Yagoda envenenar a Stalin?, Si yo lograba descubrir esto, Yagoda estaba en mi poder. Y me he resolví a descubrirlo.

El comisario del Interior me ofreció la preciosa cajita de marquetería china.

Encendí pausadamente, como si meditara.

— Abrevie, camarada Landowsky— Yagoda estaba agitado e inquieto—; le daré también un whisky.

Comencé a hablar, fumando voluptuosamente, mientras él servía la bebida:

Una vez que hemos, rechazado, porque no interesan, el trauma y la intoxicación, queda la infección. Una Infección mortal puede inocularse por varias vías. Veamos: ¿es posible administrar una inyección al hombre de quien se trata? La septicemia sería fulminante. La muerte, cuestión de horas.

Meditó unos minutos.

— No— dijo por fin— quizá convenga obrar más discretamente. En fin, dígame, como le ordené antes, todos los medios de que dispone.

— Bien. Por una parte, la inyección que, como le he dicho, supone una muerte rapidísima. En segundo lugar puede utilizarse la vía digestiva. El botulismo puede pasar por una infección casual. ¿Podemos obligar a ese general traidor a que se coma unas salchichas, o una carne preparadas de modo especial?

Esperé la respuesta. Yagoda comenzaba a encontrar sospechosas mis interrogaciones. Pronunció silabeando, como antes:

— No pregunte nada. Le he dicho que me explique todos los medios.

Pues bien, camarada comisario. Ya tenemos, para elegir, entre el sistema de la inyección y el sistema de la comida. Después, queda la vía— adrede lo expresé de la manera más complicada— la vía rinolaringotraqueobronconeumónica...

— ¿Cómo?— interrumpió Yagoda según lo previsto— . Dígame qué es eso de la vía rinolarin..., lo que .sea.

— Verá, camarada. Hay bacterias, de bacilos de Koch,[1] como usted sabe, que penetran en el organismo habitualmente a través de la respiración. No huelen, ni se ven, ni pueden percibirse de ninguna manera. De modo que es factible conseguir que un hombre respire, sin enterarse siquiera, una cantidad de ellas suficiente para matar a un centenar de caballos.

— ¿Sin que el individuo se dé cuenta? ¿Sin que se dé cuenta nadie?

— Sí, camarada comisario.

— ¿Y la muerte es segura?

— Completamente segura. Sólo que ...

— ¿Qué?

— Que en caso de suerte, la víctima puede morir de una infección aguda en un plazo de días. Pero si la suerte no acompaña, tardará más en morirse. Aunque la enfermedad sea mortal, desde luego.

Ahora fue descuidadamente. Había hecho estas consideraciones con la .misma intención que las que anteceden. Lo que ahora dijese Yagoda me iluminaría decisivamente respecto a sus planes. Meditó un instante, y dijo:

— ¡Bien! Me conviene eso de los bacilos. Es más, si tarda algunas semanas en morirse ... mejor. Eso le da más naturalidad a la muerte ... ¿Tres meses, por ejemplo? Está bien, está bien... ¡Me conviene! Prepare usted lo necesario.

Me asombré.

— Imposible, camarada Yagoda— dije— . No puedo preparar lo. necesario sin saber una serie de detalles imprescindibles. No crea que quiero ser indiscreto. No voy a preguntarle algunos datos respecto al lugar donde va a infectársele ... Porque, por supuesto, al aire libre no puede realizarse la operación. ¿Cómo es la habitación donde se halla de costumbre ese general?

Yagoda se quedó mirándome seriamente, pero advertí su aprobación... Debía pensar que la observación era perfectamente lógica. Le vi levantarse y examinar el aposento. Reflexionó. Luego dio unos pasos y llegó al lado de la mesa. Surgió el frasco de whisky; me sirvió y se sirvió uno bien cargado. Se lo agradecía sinceramente; mis nervios necesitaban un buen tónico.

— Me parece que lleva usted razón— contestó al fin Yagoda, chasqueando. la lengua y después sorbiéndose con el labio inferior la humedad de whisky que había quedado en su bigotillo.

---

[1] En el original no se menciona el bacilo de Koch; Landowsky habla de otro más virulento, cuya infección es más segura, casi infalible, y, sobre todo, es un bacilo mucho más fácil de obtener; además, no necesita ir encerrado en ampollas de cristal. No sería moral divulgar el sencillo procedimiento de intoxicación por vía pulmonar en estos tiempos de amplia criminalidad. Por ello, se suplanta el bacilo que indica el doctor ruso por el de Koch, ya que Bajanov y Trotsky lo señalan en sus obras como empleado en el Kremlin con frecuencia. En adelante, se adapta el texto al sistema de intoxicación con que se sustituye el del original. —(N. del T.)

Dio un par de paseos, las manos en los bolsillos, a lo largo de la habitación. Se paró a unos metros de mí. Hizo como si recordase imaginativamente otro lugar, midió el espacio con sus brazos y miradas ...

— Sí— murmuró— será una cosa así ... Mire, camarada: la habitación será poco más o menos como ésta ... Sí, sí; hay aquí una entrada (señaló la que se hallaba a la derecha de su escritorio), un balcón grande, parecido a ése, un techo a tres metros y medio de altura aproximadamente ...

— ¿Muebles?

— Hay una gran mesa de despacho..., como ésta vendrá a ser. Un sillón de este tamaño... Un par de butacas...

— ¿Alfombra?— pregunté— . ¿Hay alfombra?

— Sí, desde luego, la hay.

Me levanté, reflexioné tomando aires de experto. Llegué al otro lado de la mesa, cerca del sillón que Yagoda había ocupado y pregunté rápido, pero con naturalidad:

— La alfombra, ¿llega hasta aquí?— señalaba debajo de su propio sillón

— Sí, llega hasta aquí. Pero ¿por qué? ...

— Es muy importante — afirmé — es muy importante, porque podría darnos la solución.

Cavilé, después de tomar otro sorbo. Estábamos ambos de pie, a los lados Se su sillón. Empujé el mueble hacia atrás, me arrodillé y levanté la alfombra. Saqué del bolsillo del chaleco el tubo de mi pomada nasal, lo puse en el suelo, lo cubrí con la alfombra, y, levantándome coloqué el sillón en su sitio habitual.

— Pase a su sitio, camarada Yagoda, haga el favor— ordené sonriendo con suficiencia. Hizo lo que le indicaba un tanto receloso.

— Perdone ... ¿otro whisky, camarada, por favor?... Mi esfuerzo mental.

Me lo sirvió; yo estaba asombrado de mi audacia y de su condescendencia. Parecía por un, momento que los papeles les habíamos trocado. Bebí ampliamente y le dije, con cierto aire de prestidigitador:

— La cosa ..., debe estar ya hecha. Permítame. Salga de ahí un momento.

— Dejándole mirar, repetí la operación de antes. Retiré el sillón y la alfombra e incorporándome, le señalé el suelo ...

— ¿Qué es eso?...

— Eso es ... todo— respondí.

Se inclinó.

— Sólo veo unos cristales rotos. ¿Qué es eso? ...

— Todo lo necesario; mi solución del problema.

— Pero explíqueme.

— Esos cristales que ve ahí eran un tubo.. „ Usted mismo, camarada Yagoda, lo ha roto inadvertidamente. Ha podido ser su muerte ...

— ¡Cómo!

— Ha podido ser su muerte, digo, si ese tubo hubiera contenido, por ejemplo, gérmenes patógenos de...

Yagoda no pudo ocultar su satisfacción. Me puso su mano en el hombro; me miró intensamente.

— Camarada— dijo— es usted un hombre de talento ... No esperaba tanto de usted. Haga lo que ha ensayado, y su fortuna, es hecha. Mi palabra de honor.

Estaba tan encantado que no podía reflexionar. Yo, al ver su entusiasmo, tampoco. Entre las nieblas de los repetidos whiskys, y en la laxitud consiguiente a mi tensión nerviosa, me parecía tener en mis manos al comisario del Interior de la Unión Soviética. Además, yo podía reflexionar ulteriormente, en la soledad del laboratorio.

— Pues bien — dije — bebiendo por última vez — comisario Yagoda: espero que Levin me dará los medios necesarios...

— ¡No! ¡Levin no debe enterarse! En otro caso, se lo habría encargado a él...

— Tampoco .es imprescindible que se entere. Yo puedo pedirle lo preciso sin que él sepa de qué se trata...

— Eso sí. Usted me manda el tubo con el producto en cuestión...

— Y mis instrucciones para el empleo. ¿Cuándo debo enviárselo?

— Lo más pronto posible. Esta noche.

— Pero ... no hay tiempo de preparar unos cultivos virulentos para esta noche. No sé si Levin los tendrá.

— -Seguramente. Levin tiene de todo. Pero tampoco es, en realidad, inaplazable. Lo que me hace falta es tenerlo en mi poder, para que pueda ser utilizado en el momento preciso. Envíemelo con la mayor rapidez que pueda, un todo caso, prepárelo urgentemente. Yo se lo pediré por teléfono. Me lo manda con Mironov ... Naturalmente, ni Mirónov ha de saber de qué se trata. Dígaale, por ejemplo, que es un producto para el catarro que yo he pedido ...

— ¿Y mi familia, camarada? ¿Puedo...?

— ¡Ah! Su familia ..., no se preocupe. Ya están bien, pero telegrafiaré para recomendarlos aún más. Su nombramiento, su cheque y sus pasaportes estarán a su disposición en la Embajada, y le serán entregados en el momento en que comience el asunto Miller... Su familia saldrá para allá en cuanto resulte la experiencia ...

Me acompañó hasta la puerta de su despacho. Y aun tuvo tiempo de decirme:

— Encargaré a Mironov que en el viaje le surta del dinero preciso; podrá usted satisfacer todos sus caprichos... ¿Quiere algo más?...

Regresé al laboratorio siempre acompañado de Mironov.

En todo el trayecto no cruzamos la palabra. Si siempre era tétrica la cara del chekista, aquel día la adornaba su más fúnebre gesto. Pensé si aquel trabajo de mi custodia le aburriría, si sentiría la nostalgia de unas sesiones de tormento; cuando me miraba de través, quise adivinar que se recreaba con mi garganta, imaginando el placer de estrangularme: tanto se retorcía los dedos.

Sumidos en tan agradables pensamientos, llegamos. Pregunté por Levin, pero no estaba. Rogué a Mironov que me facilitase la entrada en el laboratorio, ya que necesitaba hacer la medicina para el jefe. Contra lo que yo suponía, él tenía su llave particular. Me acompañó hasta arriba, y me franqueó la entrada.

Al fin, pude reflexionar a gusto. Pedí por el teléfono interior que me sirvieran café. Quería meditar bien despierto sobre el extraordinario acontecimiento de aquel día.

Lo que más llenaba mis pensamientos era el cambio advertido en el temible Yagoda. No parecía el mismo. Un no sé qué se desprendía de toda su persona: abatimiento, cansancio, recelo..., iba a decir temor, pero ¡era absurdo!... ¡Temor él, el hombre más temido del mundo!...

Reflexioné mucho sobre la extraña proposición de Yagoda. Todo aquello era inmensamente lógico, quiero decir, enteramente dentro de la "línea" bolchevique. Pero la rara videncia que me asistía al hallarme delante de aquel hombre, con todos mis nervios en tensión, me avisaba que en todo aquello había algo oscuro, peligroso, difícil. Para reflexionar con orden me decidí a preguntarme antes que nada: ¿a quién se trata de asesinar?

Primera posibilidad: Existe, efectivamente, un general traidor, y es preciso eliminarlo sin escándalo. A favor de esta solución está el hecho de que la víctima suele hallarse en un cuarto muy parecido al de Yagoda, lo cual no tiene nada de extraño, porque los despachos de los altos jefes se parecen unos a otros. En contra está el nerviosismo de Yagoda, impropio de un hombre que obra de acuerdo con el Estado y con el partido, ejerciendo las funciones de su cargo y en defensa de la U.R.S.S. Segunda posibilidad: Se trata de asesinar a Stalin. El atentado encaja muy dentro de la mentalidad bonapartista de Yagoda. En estos momentos, es muy verosímil que si Stalin desaparece, el comisario del Interior ocupa su puesto, o al menos quede en las mejores condiciones para ocuparlo. Esto explicaría perfectamente el secreto que Yagoda exige incluso respecto a Levin y Mironov. Explica también su nerviosismo. Explica que me haya dicho: Le escojo a usted porque su apartamiento de la política me garantiza que no se halla dentro de ningún complot ..." Explica el dato del despacho: no he estado nunca en el despacho de Stalin, pero es muy de suponer que se parezca al de Yagoda.

Tercera posibilidad: Se me piden medios para realizar un asesinato puramente particular, una venganza. Entonces, la actitud de Yagoda, habituado a asesinar, quizá con sus manos, no se comprende. Ni sus requerimientos. Ni sus ofrecimientos.

Última posibilidad, que me inquieta más que las otras: Se trata de probar mi adhesión y mi obediencia; si preparo lo que me han pedido, se fiarán de mí para el asunto del rapto. Si no lo hago.

Este elenco de posibilidades me interesaba en extremo. Pero algo me interesaba todavía más: ¿Qué debía hacer yo?

Procuré meditar sobre esto con la lógica más fría. En pago de mi trabajo se me había ofrecido la libertad completa, la mía y la de los míos, y nuestro alejamiento de la U.R.S.S. ¿Era verosímil este ofrecimiento? En el caso de que yo tomara parte en el asesinato de un general, el Gobierno de la U. R. S. no podía permitir de ninguna manera que yo marchase al extranjero, donde cualquier día podría sentirme tentado de revelar un secreto tan importante. Si la víctima era el propio Stalin, y éste caía, estoy seguro de que Yagoda, por sí mismo, me habría asesinado para borrar la única prueba posible de su crimen. La posibilidad de que fuese un crimen particular y la de qué quisieran tan sólo someterme a una "prueba de fidelidad" la había descartado.

Confieso que sólo en último término se me ofrecieron razones de carácter moral. Es decir, sólo después de pensar "qué me convenía", me puse a pensar "qué debía hacer". Participar en un asesinato real no mejoraba en nada mi situación, ni la de mi familia, ni la de Rusia porque era agradable, desde luego, contribuir a la muerte del tirano Stalin; pero ¿sería mejor la tiranía de Yogoda? Y en cuanto a la idea de ayudar a la muerte de un general que se jugaba la vida luchando contra el Soviet me espantaba.

¡Yo defensor del comunismo!:

Resolví no preparar el instrumento de crimen que se me había pedido.

Y tomada esta resolución, me quedé mucho más tranquilo, gracias a las dos últimas reflexiones. La primera, que si Yagoda pretendía probarme, al dar la prueba resultado negativo, me haría morir; mi familia, entonces, podría quedar en libertad. La segunda reflexión me acariciaba con una luz de esperanza y optimismo: si "Yagoda pretendía asesinar a Stalin, y yo frustraba el crimen, era posible que éste cumpliera las promesas falaces que me había hecho aquél; no sólo por agradecimiento, sino porque mi testimonio acerca del atentado que contra él se preparaba le fortalecía y le daba prestigio ante los comunistas del mundo.

Prepararía, pues, mis ampollas con un poco de agua ...

En el departamento de bacteriología encontré bacilos de la peste. ¿Para qué los tendrían allí? Un cultivo difícil de obtener, peligroso de manejar ... ¿A qué los destinaría la G.P.U.? Después de haber oído a Levin su teoría matemática del sufrimiento, premiada con la Orden de Lenin, estaba dispuesto a los descubrimientos más inverosímiles. Pero aún no sé por qué se hallaban en algunas estufas de cultivo unos tubos con gérmenes tuberculosos.

Con objeto de cubrir las apariencias, pedí algunos cavias e inyecté emulsión bacilar en el peritoneo. En caso preciso, el análisis de sus. cadáveres sería una prueba de que yo había hecho algo por complacer a Yagoda. Dejé cargada una bureta con emulsión bacilar.

A la hora de comer me extrañó que no compareciese Levin. Sin duda lo habrían alejado; pero no me hice muchas preguntas respecto al particular ni apenas hablé con Mironov. El cual, por cierto, tampoco mostró el menor deseo de conversación. De cuando en cuando me miraba con una especie de curiosidad, como si descubriera algo desconocido en mí o como si me viese por vez primera. Sin embargo, yo estaba seguro de no llevar nada sorprendente en el rostro. No había de tardar mucho en saber el porqué de aquellas miradas.

Aquella misma tarde llené de emulsión seis ampollas por completo y las cerré a la lámpara. En seguida las tindalicé concienzudamente hasta estar seguro de que sólo contenían inofensivos cadáveres bacterianos. De este modo, llegado el caso, podría atribuirse su ineficacia a algún involuntario defecto de preparación. Además, tuve buen cuidado de dejar en la bureta la emulsión no utilizada con bacilos en plena virulencia.

Aún durante dos días continué pasando mis horas encerrado en el laboratorio— Levin no aparecía por ningún sitio y sólo de cuando en cuando me visitaba Mironov silenciosamente—, fingiéndome ocupado. Al tercer día mi vigilante me preguntó, de parte de Yagoda, si tenía ya confeccionada la medicina en cuestión.

— No es posible— dije— prepararla en tres días. Es una cosa complicada, y trabajo yo solo...

En realidad me habría gustado entregar aquello inmediatamente. Me habría gustado que Yagoda me diera prisa, porque también esto podría ser mi coartada. Si le urgía demasiado, debería comprender que yo no tenía tiempo de comprobar la virulencia de los cultivos, que tal vez estuviesen estropeados, etc. Por eso me alegré cuando, por la noche, Mironov me trajo un nuevo recado del comisario:

— Abrevie cuando le sea posible, camarada. El camarada Yagoda necesita su encargo.

— Trabajaré esta noche. Procuraré que esté concluido mañana.

En cambio, al día siguiente no se me molestó. Pero a las once de la noche cuando me habían encerrado con llave, como de costumbre, y me disponía a dormir, Mironov se coló en mi cuarto.

— ¡Oiga!— me dijo bruscamente— . Es preciso que ahora mismo me dé usted el encargo del camarada Yagoda. Lo necesita y tengo que llevárselo sin falta.

La hora había sonado. Me levanté sin mirar a mi carcelero, y le dije:

— Acompáñeme al laboratorio. Le prometí tenerlo hoy, puesto que corría prisa, y ya está hecho. Sepa, camarada, que cuando prometo algo no suelo faltar.

Envolví las ampollas- en camisas de algodón, las guardé en una cajita que cerré y lacré y que puse en manos del chekista, procurando reunir mi energía para decirle severamente:

—Advierta al camarada Yagoda que encargos de esta índole deben hacerse con más anticipación. La ciencia no es omnipotente y preparaciones como ésta exigen su tiempo.

Mironov me miró no sé si con desprecio, ironía o amenaza y salió en busca del automóvil, cuyo motor oí zumbar camino de Moscú.

Eran exactamente las once y diecisiete, de la noche.

En seguida se me encerró de nuevo. Y no sabría explicar por qué me dormí casi instantáneamente.

Me despertaron idas y venidas de pasos precipitados; miré hacia la ventana para adivinar la hora que podría ser. Por entre la tupida reja alambrada entraba una luz viva. Supuse que el día era ya muy entrado. Los fuertes pasos continuaban alejándose y aproximándose continuamente. No podía adivinar a qué se debía tal agitación. No intenté salir, porque me sabía encerrado. Por lo que pudiera suceder, decidí levantarme. Me bañé y me vestí con toda tranquilidad. Las idas y venidas continuaban también en el piso superior, en el laboratorio. Pero nadie parecía acordarse de mí.

Pasaron algunas horas. Debía ser tarde. Mi estómago, perdida ya la costumbre del ayuno, protestaba. ¿No comíamos aquel día?... Debía de ser ya la hora. No quería llamar con el timbre, pues siempre que me había retrasado el intendente me llamó con toda exactitud. Esperé; afortunadamente, tenía pitillos, y fumé para entretener el hambre y la espera.

Anochecía ya cuando la llave giró en la cerradura. No llamaron, como era costumbre. Entraron de repente tres hombres, a los que acompañaba: el intendente. Me miraron en silencio, tanto a mí como a la, habitación; una miró en el gabinete contiguo y en el baño. Marchó v volvió al poco tiempo.

— Acompáñenos— dijo. Parecía el más caracterizado en el mando.

Entre ellos descendí al piso bajo. Fui conducido a una habitación en la que no había entrado nunca. Era un amplio despacho con chimenea blasonada. Tras la mesa había un hombre, que debía mandar en todos ellos. Otro estaba dé pie al lado y un tercero escribía a máquina rápidamente. Los que me habían acompañado salieron, dejándome con aquellos tres sujetos.

Sin preámbulos, me preguntaron nombre y circunstancias personales.

— ¿De qué se le acusa?...— me preguntó el que se hallaba sentado, jefe-de todos con seguridad.

— No soy ningún acusado, camarada— contesté con firmeza.

— ¿Por qué está encerrado aquí?

— No entiendo su -pregunta.

— ¿Usted no lo sabe?...

— El camarada comisario de Asuntos Interiores podrá decirles cuanto a-mí se refiere.

— El camarada comisario no sabe nada. Tenga la seguridad.

¿Cómo?... ¿Qué el camarada Yagoda no sabe nada? Si hace sólo tres días hablé...

—¡Ah!, sí! El camarada Yagoda... Sí, naturalmente, usted no sabe nada ...— miró al que escribía, hablando como para sí, y luego ordenó al que estaba en pie: — Traiga a Mironov. Salió el enviado apresuradamente y volvió con mi carcelero. Venía éste más serio y contristado que nunca, con mirada de perro cogido entre puertas.

El jefe le dijo autoritariamente:

— Diga a Landowsky la orden que el camarada Yagoda le había dado sobre él.

Me miró Mironov con ojos inexpresivos y, sin la menor alteración en su voz, respondió:

— Liquidarlo ... Liquidarlo esta noche.

Quedé como idiota.

— Puede retirarse, Mironov— indicó el jefe.

Volví a quedar con los mismos tres. No comprendía una palabra.

— ¿Ha escuchado usted, camarada? ... Ahora piénselo bien; necesito que me hable con entera verdad, si es que no quiere que la orden del camarada Yagoda se ejecute.

Pensé que estaba descubierta mi trampa; sin duda habían sido analizadas las ampollas.

— Ignoro mi delito, camarada— dije—; así me es imposible defenderme.

— No se trata de eso; simplemente refiérame todo lo que con usted haya hablado el camarada Yágoda.

— Imposible, camarada; si él no le informa yo no puedo hacerlo. No entiendo que usted, sin duda subordinado suyo, se atreva a pedirme tal cosa... Sin autorización del camarada Yágoda no hablaré.

Volvía a darme lucidez el peligro. Fuese lo que fuese me interesaba demostrar que yo era un hombre seguro, capaz de guardar un secreto... Dije con energía:

— Sólo hablaría antes el camarada Stalin.

Mi interlocutor no se enfadó; pareció no disgustarle mi actitud. Pasó la mano por la barbita con que adornaba su rostro, una barbita a lo Radek. Meditó un momento.

— Bien; creo que hablará usted cuando sepa esto: Yagoda no es comisario del Interior... Ha sido nombrado comisario de Correos.

Le miré fijamente; aunque matizaba con acento de verdad aquellas palabras, estimé más prudente seguir en mi papel y apurarlo.

— Pueden ser verdaderas sus afirmaciones. Pero ¿qué pensaría de uno de sus subordinados que se dejase sorprender por un desconocido? Sólo con una prueba concluyente de lo que dice usted puedo obedecerle y hablar... ¿No le parece, camarada? Supóngase que se trata de secretos de Estado...

— ¿Qué prueba?

Medité unos instantes. Se me ocurrió pedir una prueba que quizá me diese alguna luz sobre la situación. Lo hice:

—Camarada, ¿podría ver el decreto, que habrá aparecido en la Pravda?

Quedó suspenso el jefe, porque se veía en un aprieto, sin duda. Se levantó y dio unos paseos por la habitación, en tanto que, maquinalmente, llenaba su pipa; la encendió y, a la luz del fósforo, pude ver una tremenda cicatriz que empezaba en la oreja, de la que faltaba el lóbulo, y se perdía en la sotabarba. Se aproximó a la mesa y tomó el teléfono. Me hizo salir en compañía del que estaba a la máquina. Ya de espaldas oí que decía:

— Póngame con la Central..,;

Se cerró la puerta tras nosotros y no pude enterarme de más.

Después de un corto rato se me hizo entrar nuevamente.

— ¿Me responde usted, camarada, de que sus asuntos con Yagoda eran, importantes? ... ¡Guárdese de engañarme!

— Se lo garantizo, camarada... Son importantes.

— De ello me responde; téngalo bien entendido..., si me hace víctima de una broma a mí y a, bueno, a quien manda más que yo, le aseguro que no lo pasará muy bien...

¿Comprendido?... Aún está a tiempo de rectificar.

— He dicho la verdad, esté seguro.

— Pues en marcha— dijo, tomando una pelliza que había sobre una silla— Ven con nosotros, Malclakoff.

Salimos los tres. Un potente coche nos esperaba a la puerta. Nos aposentamos en él y el jefe ordenó al chófer:

— A la Central; muy de prisa.

El automóvil devoró la carretera; muy pronto penetrábamos en Moscú..

Llegamos a la Lubianka. Hicimos el recorrido que ya había hecho dos veces. Pero en ésta, sin duda, había órdenes y fuimos dispensados de los repetidos trámites de entrada.

En la secretaría estaba el mismo tipo aquel del "crucigrama". Sólo hube de esperar un, poco.

Pronto me hicieron entrar en el despacho del comisario. Aguardaba encontrar en su imperial sillón al temible Yagoda, quizá satisfecho por mi fidelidad, pero tal creencia se disipó en el acto. Miré hacia la mesa, iluminada por una sola luz baja, que no estaba antes. No vi a nadie y me detuve en- aquella penumbra del primer término.

— Adelante ... ¿Qué espera? — dijo una voz con timbre entre chillón y metálico, desconocida para mí,

Automáticamente avancé mirando hacia donde la, voz procedía; pero seguí sin distinguir ninguna figura. Pronto me lo expliqué; yo miraba a la semioscuridad del ángulo de que partió la voz, pero a la altura a la que un hombre normal tiene la cabeza, y, efectivamente, a esa altura no había nada. Sólo más abajo, mucho más bajo, pude distinguir un bulto, que me pareció el de alguien que estaba sentado ...; Pero no, no estaba sentado, porque avanzó hacia mí. ¡Qué extraña manera de andar— pensé— anda de rodillas!

— ¿Es usted Landowsky? — me preguntó aquel hombre extraño.

— Sí, yo soy.

Había entrado en la zona luminosa, y me convencí de que no andaba de rodillas; simplemente tenía las piernas muy arqueadas, piernas en paréntesis, como las de un chico raquítico, y su, estatura era casi enana. Me daba la espalda en este momento; llegó hasta la mesa, entre los dos sillones, apoyó sus hombros en el filo, y me ordenó:

— Siéntese.

No me excusé ni esperé a que él se sentara; aquel hombrecillo hablaba todo con acento imperativo, y no se me ocurría desobedecerle ni por cortesía.

— Puede hablar... Dígame lo tratado con Yagoda.

Dudé un momento... ¿Podría llegar a tanto una farsa? ¿Qué pasaba allí? .¿Por qué habían quitado a Yagoda? La esperanza de haber frustrado un atentado contra Stalin me aceleró el corazón. Sea como fuera estimé conveniente seguir en mi papel unos instantes más.

— Camarada, ¿querría decirme a quién tengo el placer de hablar?

Me miró, como miramos a un insecto, desde el .plano superior donde se veía en aquel momento; pues, estando él de pie y yo sentado, su frente fija hallaba medio palmo más alta que la mía. El hacía uso de esta ventaja.

— ¿No me conoce?...— y en su acento había la misma extrañeza que pudiera mostrar un duque a quien su "válet" no reconociera.

— No tengo ese honor, camarada.

— Soy el comisario de Asuntos Interiores de la U.R.S.S. ¿Pertenece al partido? ¿No?... No me conoce entonces. Soy Iéjov, del Comité Central Ejecutivo, del Comité de Control...

¿No ha oído hablar de mí?... ¿Le gustará Ver mis papeles?

Le debía de hacer alguna gracia la cosa. Abrió un cajón y me alargó un papel grande, doblado a lo largo, y un carnet, forrado de piel: Un decreto del presidente de la U.R.S.S., refrenado por Molotov, presidente del Consejo de Comisarios, nombrando a Nikolai Ivanovítch Iéjov Comisario del pueblo para Asuntos Interiores. Maquinalmente miré también el carnet, allí estaba su fotografía y se le acreditaba como miembro de la Comisión Central de Control. Ensayé mi actitud más respetuosa:

— Camarada Comisario, quedo a sus órdenes. Le pido perdón por el cumplimiento de lo que era mi deber, lamentando haberle hecho perder unos minutos de su tiempo, tan precioso para la causa del proletariado...

No debió comprender bien la última parte, porque se levantó e inclinándose sobre la mesa, 'furioso, profirió con voz sorda y concentrada:

— ¡Con que perder el tiempo!... ¿Nada tiene que decir?...— y fue a oprimir un timbre del cuadro que había sobre la mesa.

— No, no, camarada...; he de hablarle de cosas importantes; es que no me he sabido expresar bien.

Quedó mirándome con unos ojos de pupilas mate, como si tuvieran encima una tenue capa de ceniza.

— ¡Hable sin más preámbulos!...— y al decirlo saltaba, como si sus torcidas piernas fueran dos flejes de acero.

Un relámpago cruzó por mi imaginación; me levanté, puse una mano sobre el filo de la mesa y, con ademán de "iluminado", tendí hacia él mi brazo derecho, rematado por mi dedo índice en recta...

— Sí, Nikolai Ivanovitch Iéjov ..., era para usted; era para usted...

Retrocedió unos centímetros ante mi dedo... y hasta me miró, creyéndome loco...; su mano, instintivamente, fue a buscar algo bajo su chaqueta.

—Camarada, si no me engaño, ha corrido usted un peligro horroroso...— y sin dejarle reponerse continué, mientras daba la vuelta hacia su sitio:

— Veamos, camarada, si el crimen ha sido intentado...; permítame que examine; haga el favor de pasar un poco más allá...; sí, así, un poco más, por favor.

Obedeció, dejando libre el sillón. Yo, inclinado, no podía ver la expresión de su cara, pero debía ser singular.

Aparté el sillón; levanté la alfombra hasta la mesa y ... aparecieron cuatro vedijas de algodón aplastadas, los trocitos de vidrio saliendo entre .sus hilos.

— ¡Estaba cierto!... ¡Aquí están!... ¡Mire, camarada Comisario!..., Me miró y miró los algodones que yo le señalaba, sin comprender una palabra de la escena.

— ¿Quiere explicarse, Landowsky?... ¿Qué quiere decir y qué es todo .esto? Me levanté lentamente, con toda solemnidad. Me retiré unos pasos y hablé:

— Comisario Iájov; el asunto requiere tiempo para su explicación completa; se la daré con todo detalle. Pero sepa que lo que ve ahí, esos inofensivos algodones y esas partículas de cristal que brillan sobre el suelo, eso es para su antecesor, Yagoda, que los ha colocado aquí, millones y millones de bacilos de Koch... destinados a matarle en breve tiempo.

Sus ojos brillaron espantados. Retrocedió; quiso salir por el otro extremo de la mesa, sin ver que se lo impedía la pared... Por fin, como quien pasa por encima de un reptil dormido, alargó su pierna sobre el lugar del descubrimiento, sin perder de vista los algodones, y vino hacia mí:

— Venga; venga, camarada...; pasemos a otra habitación. Habrá que avisar, habrá que desinfectar esto.

Hice un ademán tranquilizador a aquel hombrecillo que casi temblaba. No cambiaría por nada aquella escena; ver aterrorizado a uno de los más grandes aterrorizadores del Universo no es cosa vista por todos. ¡Cómo aprecian su vida estos monstruos que sacrifican fríamente millares de vidas ajenas!...

— No se intranquilice, camarada. Esas bacterias han sido criadas por mí...; me conocen bien. ¡No hay cuidado!...

— ¿Cómo dice?... ¿Y los bacilos?...

— Sí, camarada; bacilos muertos, rotos, inofensivos. -

— ¿Está seguro?... Explíquese.

— Estoy seguro; ahora que su antecesor Yagoda debe estar gozándose a estas horas con lo que él cree; pues él cree que yo puse ahí, en esas ampollas, la muerte para usted.

— Siéntese, camarada; sentémonos y hábleme. No disponía de tanto tiempo, pero creo que lo escucharé todo lo necesario.

Empecé mi relato desde el momento en que hablé con Yagoda por primera vez. No omití detalle alguno. Le referí punto por punto cuanto tratamos en la segunda conversación y cuanto yo hice y me sucedió hasta aquel momento.

Iéjov se había tranquilizado por completo. Sus ojos eran más cenicientos que antes. Me miraba como sin verme. Sólo sus uñas sucias, nunca quietas, pellizcándose, arañándose, rascándose, denotaban que vivía y sentía. Al llegar al momento en que yo explicaba que había decidido no suministrar a Yagoda los bacilos, me interrumpió secamente:

— Y usted, sabiendo que solicitaba ese medio para castigar a un traidor..., por necesidad del Estado soviético, ¿se negó a facilitarlos?...

Si me hubiera cogido de improviso su observación habría sido mortal de necesidad. Pero estaba preparado, y de la mejor manera, porque tenía para respuesta una auténtica verdad.

— Camarada Iéjov, debo hacer justicia a la perspicacia y a la convicción bolchevique contenidas en su pregunta. En el momento que en mi larga exposición ha surgido algo con indicio de "oposición" al Estado soviético, el camarada Comisario ha saltado como un resorte de acero, sin detenerlo la consideración de que yo lo he librado de una muerte horrorosa.

Me miró más fijo, diciendo:

— Y si no me explica satisfactoriamente su acto, le fusilo. Me encontraba muy sobre mí; el momento era precioso, si lo aprovechaba. No me precipité para contestar. Hasta silueté una sonrisa.

— Cumpliría con su deber, camarada Iéjov ... Y permítame expresar una idea previa, algo sincero en un hombre de ciencia, que, aun sin pasión política, tiene el hábito de la dialéctica; permítame decirle, repito, que el camarada Stalin ha dado una muestra más de su genio al poner en sus manos, camarada Iéjov, la seguridad de toda la U.R.S.S.

Se agitó en su butacón, como si le pincharan alfileres, pero no denotó de otro modo satisfacción ni sentimiento alguno, y sólo me respondió:

— Bien; pero conteste, ¿por qué no quiso facilitar los bacilos sabiendo que eran para ejecutar a un traidor?

— Esa pregunta, esa acusación, camarada Iéjov, no la habría escuchado si yo fuera un poco más vanidoso. Una omisión es el origen de que pueda pensar el camarada Comisario que yo me habría negado a prestar tal servicio al Estado soviético. Me explicaré, puesto que no hay más remedio. Cuando, como ya he contado, pedía a Yagoda detalles sobre la topografía y circunstancias que rodeaban al presunto general traidor, cuando él simulaba que el despacho oficial del militar tenía características similares al suyo, a éste donde nos hallamos, yo seguía creyendo de buena fe en la existencia de ese general traidor. Así me esforcé por imaginar el medio de contagiarle en una forma insospechable, pero segura. Le he referido el examen que hice de ese sitio, de la alfombra, etc,: pero he omitido que sin reserva mental alguna, pregunté a Yagoda si la alfombra del general "llegaba-hasta aquí"..., cuando yo señalaba el límite de la suya, y él me contestó, sin titubeo, inconscientemente, "sí"...; esto fue para mí un rayo de luz. Ignorando él, no habiendo podido imaginar siquiera qué medio utilizaría yo, pues hasta aquel momento no se lo había dicho, era extraordinario que él supiese exactamente hasta dónde llegaba la alfombra en el despacho del supuesto general traidor. Esto fue una deducción mía instantánea; deducción que conservé para un examen ulterior más detenido. Medité mucho sobre ello, allá en mi aislamiento forzoso; pero no pude hallar más que una sola conclusión lógica. Y fue ésta: la rara e inconsciente respuesta de Yagoda no podía referirse a la habitación ocupada por otra persona; si existía esa habitación en que debía realizarse el hecho, el detalle mínimo de la situación de la alfombra, del sitio hasta donde cubría, no podía conocerlo, él y hubiera confesado su ignorancia; y cuando yo le expuse la forma en que debían colocarse las ampollas, cuando pudo darse cuenta de la necesidad de saber si el sitio de colocación estaba cubierto por una alfombra, debió ordenar a quien fuese que se informase y entonces, sólo entonces, decírmelo. En conclusión, vi perfectamente claro que el sitio donde pensaba colocar las ampollas era éste, en su propio despacho, en el lugar que él se sentaba..., "el lugar donde él se sentaba" fue para mí el descifre del enigma, porque donde él se sentaba nadie más que él se sentaría; era absurdo pensar en que pretendía suicidarse por medio tan raro. Luego, en el lugar donde él se sentaba debía sentarse otro, y ese otro no podía ser más que su sucesor...

— Perfecto, camarada Landowsky... Se ha salvado.

— Naturalmente, Comisario Iéjov. Por fortuna no soy una máquina; por fortuna para usted precisamente. Yo debía obedecer a Yagoda en tanto fuese Comisario del Pueblo, no obedecerle para cuando dejase de serlo...

Iéjov se puso en pie y yo le imité. Pude observar que en las comisuras de su boca había trazas de resaca sanguinolenta. Diríase que se había mordido los labios hasta hacerse sangre... Mi exaltada imaginación se representó a sus pulmones carcomidos por la infección que su amigo Yagoda le preparaba. No estimé prudente hacerle ninguna observación.

El añadió a manera de final:

— Bajo la más severa responsabilidad, ni una palabra a nadie. Ya he podido observar que sabe guardar un secreto, pero se lo advierto. Vuelva al lugar donde se encontraba... Supongo que estará bien tratado; no repare en solicitar de mí si necesita alguna cosa. En lo que se refiere al asunto de París, merece mi aprobación; pero he de estudiarlo en detalle; no podré hacerlo hasta pasar estos primeros días, en que he de hacerme cargo de todo esto... Supongo que los preparativos serán acertados y que necesitaré de sus servicios. En ese caso irá usted hacia allá en las mismas condiciones. Creo que ha de poner todo su interés en la feliz realización del hecho..., porque yo no soy menos duro que mi querido antecesor. Ya comprende... Sea así, camarada Landowsky, y no se arrepentirá. Creo que sus servicios y su inteligencia serán útiles al Estado proletario.

Sin más efusiones, quedó en la puerta. Yo salí y esperé en el umbral de la otra.

Hizo una seña para que se aproximase el que me había acompañado.

— El camarada Landowsky vuelve al laboratorio con usted; recibirá el mismo trato que hasta aquí, que se atienda a sus necesidades con todo esmero, que se le faciliten los medios de estudio que desee. Yo daré ordenes en su momento para lo que ha de hacerse en el asunto que le afecta.

Volvió la espalda', cerrando la puerta con fuerza. Salimos sin esperar más.

V

"DUVAL", MI SIMPÁTICO JEFE

Me había vuelto a instalar en -k casa del laboratorio. Nada en absolut" parecía haber cambiado para mí. Desde que me dejó Mironov no volví a verlo. Tampoco recibí nuevas visitas de Levin.

Pasaron días. Sólo me trataba con el silencioso "mayordomo", que se limitaba a sus funciones, y con el cual fracasé reiteradamente en mis1 intentos de entablar conversación.

Tuve amplio tiempo para meditar. Todo parecía indicarme que se habían olvidado de mí por completo. Frecuentemente venía a mi mente la figura de Yagoda. Lo suponía "liquidado" fulminantemente. Pero no podía comprobarlo por ningún conducto. Mi aislamiento era total. Aquella casa parecía no interesar en lo más mínimo a la nueva dirección de la G.P.U.; pues aunque escuchaba muy atentamente no pude oír la llegada de ningún coche ni de ningún visitante. La puerta sólo se abría dos veces, a hora fija, muy de mañana, y debía ser para que saliera el "mayordomo" en busca de las provisiones del día; lo llamé en el intervalo, después de buscar una excusa para pedirle algo, y se me indicó que no podía venir, que lo haría dentro de un par de horas, y así lo hizo; pocos minutos después de yo haber oído que la puerta se volvía a abrir y cerrar. En tales nimiedades invertía el tiempo que dedicaba al descanso, pues pasaba largas horas en el laboratorio en ensayos y lecturas.

Nada de interés puedo registrar de aquellos días.

Bastantes pasaron. Pero, por fin, bien entrada una mañana, pude oír el característico ruido de un motor. A los pocos minutos era convocado al despacho donde se había verificado mi interrogatorio, el que precedió a la visita hecha a Iéjov. El mismo hombre se sentaba tras la mesa, aquel de la cicatriz. Esta vez estaba solo, y su gesto, en lo posible, era mucho más amistoso hacia mí que en la primera entrevista. Nos saludamos, pero sin llegar a estrecharnos la mano.

— Camarada Landowsky— -empezó—; el jefe dispone que continúe la misión que le habían encomendado. ¿Tiene dispuesto todo lo necesario?

Hice un signo afirmativo.

— Bien — prosiguió — creo que no será preciso advertir nuevamente las condiciones en que ha de realizar el servicio ... las recuerda, ¿no? Es molesto hablar de ciertas cosas. Sepa únicamente que nada ha variado. Las mismas medidas que tomaría Yagoda las hemos adoptado nosotros. Los rehenes siguen en nuestro poder; igualmente responden de su conducta... ¿Comprende?... Naturalmente, el camarada Iéjov ha de portarse a su regreso mucho mejor que Yagoda ... Así me ha encargado que se lo participe. En cuanto a los pormenores técnicos de la operación, por ahora nada. Ya en París conocerá perfectamente el papel que debe desempeñar.

Llamaron a la puerta. Dio autorización mi interlocutor con una fuerte voz. El mayordomo anunció la llegada del "camarada Duval". Autorizada su entrada, apareció el anunciado. Sospeché que se trataría de un francés. Pero su acento ruso era perfecto. Era joven — como de unos veintiséis años — moreno, sonriente, hermoso y hasta podría pasar por simpático a primera vista si una- frecuente risa en la que mostraba su perfecta y blanca dentadura, no le diera cierto aire de ironía y menosprecio. Vestía refinadamente. Pude advertir inmediatamente que su ropa era occidental y cortada por tijera de primera clase.

— El camarada Rene Duval — presentó el chekista— . Y refiriéndose a mí:

— El doctor, a quien ya conoces perfectamente por nuestras referencias.

El recién llegado me saludó con una inclinación y su mejor sonrisa. Y el hombre de la cicatriz continuó:

— Es su compañero de viaje, doctor Landowsky, su nuevo guía. Como podrá advertir, su compañero es muy gentil; espero que sean los mejores amigos. Todo marchará bien, estoy seguro; pero, doctor, las buenas apariencias y finos modales no han de engañarle; el camarada Duval sabe muy bien su oficio; nos lo tiene perfectamente demostrado. Una traición, una simple desobediencia ... significaría su total perdición, doctor.

Interrumpió Duval:

— ¡Por Dios, camarada! ... No haga caso, querido doctor. Esas advertencias no son para usted. Me precio de buen psicólogo; leo en su cara que es Incapaz de nada feo.

¡Seremos grandes amigos! ¡Charlaremos! ... No es frecuente tener por compañero de misión a un hombre de ciencia, a un sabio ... A mí me interesa la química... ¿Un cigarrillo, querido doctor?...

Lo acepté. Me lo encendió con un diminuto mechero. Advirtiendo mí curiosidad, me lo entregó para que lo examinara.

—¿Precioso, no? ... Ya le proporcionaré uno cuando estemos allá...

El tipo de la cicatriz se levantó del sillón y, dirigiéndose a tomar su magnífica pelliza de cuero, se. despidió diciendo:

—Celebro que inauguren sus relaciones tan amistosamente. Ya sabe, doctor, el camarada Iéjov espera el feliz desenlace de su misión. Tiene grandes proyectos respecto a usted, hasta tal punto que ha hecho todo lo posible por buscarle un sustituto en su viaje, pero no lo ha logrado. Vuelva pronto y éxito. Lo necesita a usted para otra cosa muy importante. ... Y para eso que solo usted puede servirle.

Animado por tan buenas disposiciones me atreví a formular un ruego:

—Camarada—dije—, me sería posible hacer que lleguen a mi familia unas líneas? ... Agradecería mucho al camarada Iéjov.

El hombre se quedó suspenso un minuto y algo confuso mientras yo lo miraba con ansiedad. Pero él repuso al momento:

— ¿Su familia? ... Claro, claro ... ¿Qué desea?...

— Sólo unas líneas...; hacerles llegar unas líneas.

— Sí, sí; .., desde luego. Yo me encargaré de ello. No hay inconveniente. Escríbales... Camarada Duval, mándeme esa carta cuando la escriba nuestro doctor.

Se despidió, pero advirtiéndome que la partida sería al día siguiente.

Quedé solo con el nuevo personaje. Era hombre ameno. Bebía fuertemente, pero sin advertírsele la menor alteración. Me invitó a jugar al ajedrez. Soy buen jugador, pero él lo era mucho mejor. Me ganó todas las partidas" menos una, que me parece debió regalármela.

Me habló de Europa. En su conversación había desaparecido todo lugar común soviético. No matizaba la palabra "capitalista" con el obligado "canalla", ni la de "fascista" con el necesario "asesino". Debía llevar bastantes años en las naciones occidentales, si es que no había nacido en alguna de ellas. Las frecuentes palabras francesas con que esmaltaba sus períodos las prenunciaba con la misma corrección que un natural del país; pero, sin embargo, su ruso era también perfecto, como el de cualquier nativo.

Durante el almuerzo hizo ascos de la comida, de aquella comida que a mí me parecía exquisita. Casi no comió nada. Elogió entre plato y plato la cocina francesa y los vinos de Francia. Debía ser un entendido. Sus cigarrillos que me prodigaba eran dignos de un duque, muy largos, con una gran boquilla. Al fumar, sus movimientos eran elegantísimos; advertí entonces la pulcritud de sus uñas brillantes y sonrosadas. La manera con que abría y cerraba su pitillera la envidiaría cualquier aristócrata.

El día me resultó muy entretenido. Ni la menor alusión a nuestro asunto. Parecíamos dos turistas que por casualidad nos hubiéramos conocido en un hotel de lujo y que, para matar un día, nos dedicásemos a conversar sobre banalidades.

No nos separamos hasta muy entrada la noche.

Yo dormí mal, despertándome sin haber llegado a dormirme del todo. Estaba muy nervioso con la perspectiva del viaje al día siguiente.

Sobre las nueve me llamaron, precisamente, cuando debía de hacer poco tiempo que me había quedado dormido. Me bañé y vestí apresuradamente. Desayuné con Duval y al poco llegó un coche para conducirnos a Moscú, donde debíamos tomar el tren Mi equipaje, ya hecho desde hacía tantos días, lo debían haber llevado a la estación antes. He de advertir que mis preparados iban en él y que se me había dicho que no me alarmase si no los encontraba luego; llegarían a París por camino más seguro.

Todo para mí fue fácil, pues de nada tenía que ocuparme, ni de billetes ni de pasaportes, ni de nada. Así es que ningún detalle puedo contar.

Me instalaron en un departamento, reservado para mí y Duval. Nadie nos interrumpió en todo el trayecto. Advertí, no obstante, que no viajábamos solos y desamparados. Dos tipos nos hicieron centinela durante el recorrido, sin duda, eran subordinados de mi acompañante. No salimos del departamentó ni para desayunar ni para almorzar; Duval traía abundantes provisiones en fiambres y bebidas en una gran caja de madera.

Me enteré de la llegada de Niegoreloie porque me lo indicó Duval. Tampoco aquí hube de molestarme en trámites aduaneros o de policía; todo estaba resuelto de antemano.

El tren avanzó, después de su larga parada; al poco volvió a pararse. Por la ventanilla vi cómo se apeaban soldados y policías del servicio de fronteras. Estábamos en el mismo límite de la U.R.S.S. Mi corazón latió más aceleradamente ante hecho tan trascendental.

Nuevo avance. Nueva parada. Veo una casita completamente aislada; en torno a ella un pelotón de soldados. Me parecen soldados franceses de la guerra del 14; llevan el casco francés, que yo recordaba bien por las fotografías de las revistas ilustradas. Otros individuos de uniforme, seguramente oficiales, llevan una gorra con el "plato" cuadrado y una gran visera, lo que les da cierta semejanza con grandes pájaros. Estas gentes me parecen de otro planeta. Veo a todos moverse aproximándose a las ventanillas. Deben de haber subido, y así es, pues al poco ya los veo venir por el pasillo pidiendo pasaportes. Se me ha entregado el mío y yo lo entrego al primer hombre de aquellos, que me lo demanda en un francés durísimo. Evidentemente, estamos ya fuera de la U.R.S.S.; estamos en Polonia.

Nueva parada del tren. Es la primera estación polaca: Stolpce. Es una estación pulcra, muy distinta a las soviéticas.

Un poco lejos, chozas, con la misma silueta y traza que las soviéticas. En esto no veo que Polonia haya adelantado mucho sobre su vecina. Los caminos enfangados que traen a la estación también se parecen mucho a los soviéticos Si no fuera por el contraste de las ropas que visten media docena de burgueses polacos, verdaderamente buenas y elegantes, con las de los campesinos, muy parecidos en sus fachas y andrajos a los soviéticos, me creería aún en Rusia.

También la parada es larga. Hemos de descender con nuestros equipajes para que sean revisados en la Aduana. La policía nos hace un pequeño interrogatorio, mucho más breve que a otros que también llegan de la U.R.S.S. porque nuestro pasaporte indica que sólo entramos en Polonia en tránsito para Alemania.

Al fin todo termina. El tren vuelve a arrancar. No desarrolla una velocidad mucho mayor que en Rusia, pero marchamos más a prisa. Mis ojos no se apartan del paisaje; al fin, pienso en mis adentros, este es mi verdadero y lo acaricio mentalmente, pues mi raza, mi verdadera raza, es aquí donde vive desde siglos. Cierta emoción me llena ante tal pensamiento. En lugar del horizonte que contemplo deben hallarse huesos de mis antepasados; de tantos de ellos que murieron peleando contra ártaros, rusos y cosacos. Si un azar político y luego lazos de amor pudieron lograr que algunos de mis antepasados se sintieran rusos, hoy ni mi mujer, también tres cuartos polaca, ni yo nos sentimos ligados por ningún lazo afectivo a la U.R.S.S. Más aún el débil afecto que diéramos haber heredado ha muerto bajo el peso de un odio callado pero salvaje, a la República de los soviets, engendro artificioso de nación, creado por los que odian ese nombre, por los revolucionarios apátridas, que nos atan a ella como los antiguos romanos ataban a sus carros a los vencidos y prisioneros de guerra.

Una ternura que fue haciéndose infinita me llegaba de las entrañas. Hube de ocultar los ojos con la mano para que su humedad no fuera advertida por mi acompañante, el chekista. Anochecía; aquí y allá, casas aisladas de labriegos se difuminaban en la creciente sombra. El rectángulo áureo de una ventana encristalada, la llama del hogar, allá en un interior oscuro, las sombras humanas confiadas, la canción melancólica que de lejos llegaba, la luna. blanca, naciendo bajo el dosel azul en cuna de verde y plata, todo ello lo sentía "patria"..., y me vi, por arte de magia, en una casita igual, aislada, feliz, confiado al calor de una fogata, rodeado de los míos, distendida el alma; como un peregrino, después de mil jornadas sobre el desierto de hielo, que descansase por fin al calor de su hogar y su familia.

Me sentí polaco. Y al mismo tiempo, en mi alma un odio y rabia que me quemaban. Me hubiera puesto en pie; hubiera gritado mi tragedia y me hubiera arrojado al cuello de Duval y lo hubiera estrangulado... Salí al pasillo, porque mis nervios saltaban; me agarré al marco de la ventana con mis dedos crispados y apoyé mi frente en brasas sobre el cristal helado.,., y así permanecí, rígido, insensible, alucinado, no sabré cuánto tiempo.

VI

MOSCÚ - VARSOVIA - BERLÍN

Henos en Varsovia.

Descendemos en la estación, Duval y yo juntos; pero no vamos solos, nos siguen dos sujetos que ya había visto en el vagón; no los mismos que nos habían acompañado por territorio ruso, sino otros dos nuevos. Pronto me doy cuenta de que Duval sigue a otro tipo, que debía hallarse esperándonos. Él nos conduce fuera de la estación y, disimuladamente, le señala un magnífico "Packard", en el que nos acomodamos los dos solos. Sin más orden, el chófer arranca velozmente. Por la mirilla posterior advierto que un coche nos sigue, como dándonos escolta. Así marchamos cierto tiempo; estamos ya casi a las afueras de la ciudad, por el extremo opuesto a la estación, y entonces el coche modera la marcha, vira y advierto que entra en un recinto cerrado; frente a nosotros hay una edificación, más que chalet, sin llegar a palacio.

Nos apeamos a su puerta, donde ya nos espera uno con apariencias de mayordomo. Penetramos; la casa es casi elegante. No encontramos a nadie, y el criado aquel, que habla perfectamente el ruso, nos señala nuestros aposentos.

No hablaré de la casa, pues ninguna falta hace. Nada importante me sucede en ella. Duval me instruyó que permaneceremos en Varsovia varios días, tres o cuatro. Que ellos serán suficientes para que me haga cargo del ambiente de la ciudad, pues he de cambiar de personalidad en la frontera alemana. Me muestra mi nuevo pasaporte, es el del doctor Miguel Zielinsky, de Varsovk. En unas cuartillas me entrega un resumen de sus datos personales; el que me llama la atención es que el médico, cuya personalidad usurpo, está casado con una rusa emigrada: Juana. Tengo todos los detalles precisos y con un poco de ingenio puedo pasar por el doctor Zielinsky, siempre que el interlocutor no lo conozca de vista y no esté al tanto de muchas intimidades. Naturalmente, yo hablo el polaco, pues, habiéndolo aprendido desde mi cuna, lo he usado siempre con mi mujer. Sin duda, los de la G.P.U. conocían bien este dato.

La inesperada mutación me hizo sospechar que mi intervención en el asunto del rapto de Miller debería ser más amplia de lo que yo suponía. Aún no se me habían dado detalles, pero la adopción de esta nueva personalidad inducía a creer que yo debía entenderme previamente con alguien para algo relacionado con el hecho.

Duval telefoneó; después de hacerlo me dijo que dentro de unos minutos me presentaría a un camarada polaco, el cual había de acompañarme durante aquellos días por la ciudad; no me preguntaría lo más mínimo sobre el motivo de mi viaje, ni yo debía aludirlo. Sólo por la noche era necesario que regresase para pernoctar en aquella casa. Me entregó dinero polaco, diciéndome que me comprase un reloj, ropas, maleta, etc., es decir, todo el equipaje con el fin de que las marcas y la calidad de todo denotasen por sí solos mi origen.

No había terminado de darme esas instrucciones, cuando anunciaron a un tipo elegante, como de unos cuarenta y cinco años. Me fue presentado coma el "camarada Wladimir Perm"; por lo que deduje después, su nombre debía ser falso, pues varias veces, sin ser sordo precisamente, no me atendió cuando lo llamaba por tal nombre.

Nos dispusimos a salir; pero Duval me llamó aparte un instante.

— Camarada— me dijo— creo que no estará de más una advertencia. ¡Nada de tonterías!..., no crea que estará solo en ninguna parte. El menor conato de huida le costará un balazo de nuestras pistolas con silenciador..., naturalmente; aparte de lo que ya sabe en relación con los suyos.

Le miré a los ojos fijamente. En ellos no había ninguna señal de duda o de mentira. Los tenía tan impasibles como cuando me ofrecía un pitillo. Sólo le contesté con un gesto tranquilizador y le volví la espalda.

Otro coche nos aguardaba. En él partimos aquel Wladimir y yo. También, a los pocos momentos, advertí que éramos escoltados.

La G.P.U. derrochaba cuidados con mi humilde persona.

Aquel compañero que me tocó en suerte charlaba por los codos. Advertí muy pronto que era un judío, aunque lo disfrazaba lo mejor que podía. Me habló de lo divino y lo humano en tanto hacía mis compras; él debía ser ducho en aquellos menesteres, o acaso sabía de antemano lo que tenía que adquirir, pues invertimos muy poco tiempo. Entre compra y compra me invitaba a tomar whiskys que, naturalmente, pagaba siempre yo.

Me habló de la situación política; del último escándalo administrativo; de las obras teatrales estrenadas en la temporada; de política internacional polaca; de las maniobras militares y de no sé cuántas cosas más. El hombre cumplía a la perfección su papel de instructor.

Así pasamos tres días. Yo hubiera podido ya escribir unas cuantas crónicas sobre las más variadas cuestiones de la vida varsoviana; mi barniz polaco resultaba bastante perfecto.

Pero, de todo ello, sólo una observación importante había hecho por mil cuenta. No visitaba Polonia desde el año 1912, y si apartaba lo que aquellos años suponían en ciertos adelantos materiales, que podía ser advertido en las calles, automóviles, modas, etc., en el aspecto social, Varsovia se me aparecía sin variación alguna; era la -misma ciudad que conocí bajo el poder de los zares. Si muchos uniformes vi entonces, tantos o más vi ahora, y casi tan anacrónicos y vistosos como los de antes; la aristocracia de la sangre y del dinero se mostraba tan soberbia como entonces y no menos distante de las demás clases; los pobres, ciertamente, no llegaban a superar en miseria a los pobres de Rusia, pero a primera vista parecían aún más miserables, ya que el contraste con el lujo surgía a cada paso; porque allí no se disimulaba ni se ocultaba, como en Rusia, sino que se hacía alarde de él, un alarde insultante. Las modas francesas, exageradísimas, tenían en el escaparate soberbio de las polacas un fausto oriental.

Me hirió mucho tanto contraste. Comprendí que aquella sociedad burguesa no había aprendido nada con el espectáculo que se le deparaba al otro lado de su propia frontera. Desafiaba estúpidamente a los obreros andrajosos y a las campesinas descalzas, que soñarían, dormidas, en la propaganda roja, con próximas revanchas. Sin saber que sólo cambiarían de tiranos y que en lugar de aquellos tipos con abrigos de pieles, que ni los miraban, tendrían por amos al enjambre de judíos astrosos que por tedas partes infectaba la ciudad.

* * *

Silencio el viaje Varsovia-Berlín. Casi todo él fue por la noche y lo pasé durmiendo. Ningún incidente. Salvo el de haber cambiado oficialmente de personalidad de una frontera a la otra. Entré en Alemania como un perfecto Miguel Zielinsky.

Nos apeamos en la estación Friedrichstraße. Pasé allí sólo unas horas. Ya advertido, no tuve que ocuparme ni de mi equipaje ni de nada. Duval desde que entramos en Alemania, se distanció de mí; pasamos como dos desconocidos, y sospecho que él también había cambiado de personalidad.

Me indicó antes de salir para la estación de Varsovia que no me aproximase a él ni tratase de entablar conversación, pero que no por eso supusiese que iba solo, que aun cuando más discretamente, iría tan escoltado como hasta allí.

Siguiendo sus instrucciones, salí de la estación berlinesa, tomé un taxi, cuya matrícula me había dado por escrito, y que llegó a recogerme a la acera, sin yo hacer ninguna indicación, el cual me condujo a un café de la Kurfurstendamm, ante el cual se paró, sin que yo le dijera nada. Me apeé y entré en el establecimiento. Ya experto en la cuestión, pronto advertí que una pareja de bien portados mozos me seguía. Con su exagerada, elegancia, diríase que trataban de disimular su condición de bandidos. Sin mostrarme enterado, me senté junto a una mesa, pegada a una ventana, desde la que me recreé contemplando la magnífica calle y el espectáculo del público que por ella transitaba.

Pedí café, pero moka, según me hizo distinguir el mozo. Llevaba cigarrillos buenos, comprados en Varsovia, y me recreé fumándome uno. El ambiente confortable, la elegancia y limpieza de la sala, así como la calidad del moka, me hicieron sentirme verdaderamente plácido y feliz.

Reflexioné que nadie del público que me rodeaba podría imaginarse que este pacífico y complacido ciudadano, entretenido en ver subir el humo de su cigarro, era un preso, un preso que si intentaba huir, hablar con algún policía o hacer cualquier maniobra fuera de programa, podía ser acribillado a balazos allí mismo; y sin saber por quién, porque la pareja de bandoleros se había perdido de vista. Acaso fuera el encargado de dispararme ese señor gordo que se había sentado frente a mí y que se enfrascaba en la lectura del Volkischer Beobachter a través de unos cristales que servirían para el periscopio de algún submarino. Igual podía ser uno de ellos aquel tipo delgado y de traza ascética que aquella púdica dama, de fuertes y hombrunos zapatos, que mimaba a un perrito escandalosamente feo. Sospeché luego de dos ingleses o americanos que tomaron asiento a, mi espalda y cuyos yes me llegaban nítidamente; les observé y hasta vi cómo se burlaban de dos corpulentos uniformados, con la svástica al brazo, que pasaron muy marciales. Renuncié a mi pesquisa. No hallaba manera de adivinar quiénes pudieran ser mis posibles asesinos. Pedí otro café, esta vez con crema. Estaba riquísimo. Ciertamente, aquella Alemania nacionalsocialista consumía un café y una nata exquisita. La calefacción era espléndida. La sala, suntuosa y amueblada con buen gusto. Había mirado mucho tiempo a la calle sin lograr percibir a un andrajoso ni a un pordiosero. El pavimento, asfaltado, limpio; en-todo lo que mi vista alcanzaba no pude descubrir un papel, una punta de cigarrillo tirada. Diríase que la ciudad estaba "esterilizada". Todo esto me resultaba desagradable, incómodo. Al menor descuido yo resultaría sucio y grosero. Era molesto; me desagradaba. Yo no leía mucho la Prensa soviética. pero durante tantos años no podía haber dejado de leer alguna de las habituales secciones dedicadas a la Alemania "nazi" ¿Dónde estaban aquellos oficialotes prusianos, fusta en puño, dando de latigazos al obrero que les rozaba en la acera? ¿Y las famélicas hijas del proletariado ofreciéndose en la calle por un pedazo de pan al extranjero?... ¿Y los trabajadores recogidos en el arroyo, aquí y allá, muertos de hambre?... ¿Y las escuadras del partido saqueando a todos en los cafés con cuestaciones en forma de atraco?

Miré mi reloj. Faltaba poco para las doce. Pensé que los proletarios no pasarían a esa hora por calles tan céntricas. Había leído en la Prensa rusa que Alemania estaba en pleno rearme, por lo tanto, los obreros estarían en las fábricas y talleres. Esperé a que dieran las doce para ver al desgraciado proletariado alemán. Y dieron las doce. Efectivamente, la calle se animó mucho, iban y venían infinidad de personas, muchas formando grupos, charlando animada y jovialmente. Pero obreros, lo que pudiera considerarse obreros, no vi ninguno. Y la verdad es que en una, media hora pasarían ante mí, miles de personas. No pude explicarme el fenómeno.

Se me había indicado que almorzase en un restaurante próximo. Pagué lo que había tomado; miré en mi nota de itinerario, aunque recordaba perfectamente el nombre del establecimiento. Me levanté despacio v lentamente me dirigí a la puerta. No advertí que me siguieran, pero no había dado muchos pasos por la terraza cuando me vi enmarcado por dos tipos que marchaban uno delante y. otro detrás de mí. No cambiaron el orden, y sólo tuve que seguir al delantero para llegar al restaurante. Entré en él, igualmente enmarcado. Aún no había mucha pude; pude elegir mesa y ellos dos tomaron asiento en las dos más inmediatas a la mía.

Hice caso omiso de su presencia. Me propuse, sí podía, darme un pequeño banquete. Al pasar había visto en una larga vitrina una variedad de entremeses verdaderamente abundante y deslumbradora. Pensé en el racionamiento; lamenté que la mala situación alimenticia de Alemania, las exportaciones de alimentos para obtener materias primas para la industria guerrera—según sabía por la Pravda— no me permitirían más que una parte infinitesimal de alimentos, ¡Y con el hambre que me habían despertado aquellos deslumbradores entremeses! Me senté resignado.

Un mozo se aproximó solícito.

He de advertir que yo leo y traduzco el alemán, pero lo hablo con una dificultad extraordinaria. Mi alemán sólo lo he ejercitado en libros científicos, en los que me valgo bastante bien. Temí que mi idioma fuera demasiado confuso para el mozo y que mi ración, por mala interpretación, sufriera dolorosa merma.

Le pregunté si hablaba francés. Me contestó negativamente, y con muestras de cierta confusión, daba vueltas entre sus manos al menú. Miró, en esto, a un señor que llegaba, sombrero en mano, por el pasillo que dejaban las mesas desde la entrada. Salió a su encuentro, habló con él, señalándome. Se aproximaron ambos. Y el que llegaba, con reverencia, me dijo en correcto francés:

— Soy con usted al momento.

Me quedé sorprendido. Sin duda, pensé, debe ser el dueño, que, en su afán de agradar a un cliente extranjero, vendrá a ayudarme en la confección del menú.

A los dos o tres minutos el camarero estaba de nuevo junto a mí y empezó a traducirme en francés. El dueño se había disfrazado de camarero para servirme él mismo; no podía ser otra cosa, pues era el mismo señor a; quien antes habló el sirviente. Le agradecí la molestia que se había tomado, aunque me parecía excesiva. Me miró atónito. Se quedó con la boca abierta mirándome.

Total, se aclaró todo: ¡era un camarero también!...

Yo me callé, sin querer explicarle mi coladura..., sólo propia de aquel ruso que yo había dejado de ser. El doctor Zielinsky, de Varsovia, quien ya era, no podía incurrir en tamaño lapsus.

Cuando casi había salido de mi asombro, entré en otro. Podía pedir los platos que se me antojasen! ...¡Ah, sí!... ¡Pues vería la Pravda ahora! ...

— Tengo un hambre feroz, camarada; perdón, caballero. ¿Qué me recomienda?...

Realmente el camarero era un gorman; me hizo un menú de príncipe ruso ... avant-guerre... Había regresado de París hacía un par de meses, pensaba volver cuando su mujer le hiciese padre por quinta vez, según me comunicó un poco ruboroso. Inquirí de él si es que aquí, en Berlín, ganaba poco. Me dijo que no; que su plan era lograr una plaza en no sé qué hotel de primer orden, y que sin perfeccionarse en el oficio, aprendiendo a servir extranjeros, no lo conseguiría.

¿De manera que aquel obrero podía salir y entrar en Alemania a su gusto?... Me volví a acordar de la Pravda ...

Hice una comida casi pantagruélica. A cada dentellada me acordaba de la Prauda... Y comía, comía, y bebía, bebía con el placer de vengarme del periódico oficial soviético. ¡Qué dulce venganza! ...

Me despedí de aquel agradable y obsequioso camarero. Me prometí in mente— si algún día lograba mi libertad— darme allí mismo un banquete con los míos.

Salí y marché otra vez al café. En el trayecto me fijé: el obrero alemán, seguía brillando por su ausencia. Entre la muchedumbre que transitaba en aquella hora no vi a ninguno. El caso del camarero que tomé por burgués. despertó en mí cierta sospecha.

Con estas cavilaciones penetré en el café. Tomé dos, siempre vengándome de la Pravda; y para colmar mi venganza, pedí una copa de coñac francés, para ver lo que pasaba. Pensé que la "autarquía" no me permitiría aquel lujo, pero me engañé. El mozo me recitó media docena de marcas para que eligiera.

Optimista con el licor galo, al que hice el honor de una repetición, me recreé con la contemplación de la masa cosmopolita que en la sala se apiñaba. Verdaderamente había una colección de mujeres elegantes y guapas; diríase, reunida allí por un milagro de la organización del turismo alemán, como atracción para los viajeros de toda Europa. Yo, conociendo bien el ruso el francés, el polaco, en pocos minutos percibí conversaciones en los tres idiomas, casi todas sostenidas por elegantes muchachas, ciertamente nada tristes. Indudablemente, pensé, la bárbara tiranía de los nazis debe ser muy benigna para ellas.

Pedí un periódico. El mozo me indicó un arco, al fondo del café. Me levanté y fui hacia allá, algo receloso, porque aquello no estaba en el programa predictado.

Allí, en salón independiente, había una larga mesa, y sobre ella gran-número de periódicos y revistas. En los ángulos, magníficos sillones en torno a unas mesitas. Todo elegante, sólido, cómodo; el suelo, encerado, parecía un espejo. Me aproximé. No eran sólo alemanes: la colección comprendía los mayores y mejores rotativos y revistas de Europa y América.

¿Era posible que el régimen nazi tolerase que se le comparara con el resto del mundo? ... No comprendí tamaña estupidez.

Me senté con el mismo placer que me había sentado en el restaurante. Aquel era para mí un nuevo y exquisito banquete. Banquete para mi vista. idéntico al que se daría paseando por las arterias más céntricas y lujosas des-una ciudad moderna un preso que hubiera permanecido incomunicado con el resto del mundo durante veinte años. Tal era mi caso.

No leía; devoraba con los oídos fotografías y más fotografías...

Sin duda, había yo perdido la noción del tiempo; todo el que estaba a mi disposición debí de pasarlo allí. Pero algo se encargó de sacarme de mi enajenación. Un codo chocó con el mío; vi una manga de la que salía una mano, que tenía entre sus dedos un lápiz... y que escribía estas cifras: 18,30.

Di una sacudida. Me levanté v salí; pero muy aprisa.

Pegado a la acera se hallaba el mismo taxi de la mañana. Entré en él. Sobre el asiento había un sobre que contenía el billete de ferrocarril.

Las luces empezaban a encenderse. La circulación era muy grande; automóviles de todos los tipos formaban un verdadero hormiguero. Mi taxi avanzaba lentamente, haciendo muchas paradas en obediencia a las señales luminosas de la circulación. A veces pasábamos junto a los tranvías. Mucha gente, es verdad; pero nada de aquellos racimos humanos de los tranvías de Moscú. Aquí había más vehículos por lo visto. Yo seguía a la busca y captura del obrero alemán. Trataba de identificarlo en los que subían y bajaban en los tranvías, suponiendo proletarios estos vehículos. Pero hombres y mujeres tenían un subidísimo aire burgués. Sombreros, abrigos, brillantes zapatos. ¿No estaría al alcance de su mísero jornal tan modesto medio de locomoción?— me preguntaba— . Y volvía la vista hacia las aceras, fijándome mejor cuando mi coche se aproximaba: los mismos burgueses y burguesas...

Con tales cavilaciones llegué a la estación del Zoolëgischer Garten. En el mismo sobre había un talón de equipaje. Marché, con los billetes en la mano, hacia el interior. Atravesé un amplio hall ... Aquí sí— pensé— aquí, en una estación, he de ver a los obreros alemanes, por lo menos en las "colas" de las taquillas; pero no había obreros y ni siquiera "colas"... ¿Y los campesinos?... ¡Al fin!... Allá lejos vi un grupo de ellos. Pero ¡esa!..., ... ¡No podía ser!... Debía tratarse de una representación teatral para atracción turística. Una docena de..., iba a decir aldeanos, vestidos con pintorescos y ricos trajes— bordados, almidonados y con encajes— todos de brillantes colores; pero nuevos, brillantes, impecables. ¡Coro de alguna ópera, preparado por el "Inturist" alemán. Entraron delante de mí en el andén; los vi subirse alegres, con saltos y risotadas en un vagón limpio, casi elegante... Su representación "turística" era perfecta.

¡Siempre tan ingenuos los alemanes! ... ¿A quién querrán engañar?... Seguí a un mozo uniformado que me tomó amablemente el billete y talón. Verdaderamente estaba magnífico lo hubiera tomado por un mariscal soviético. Me acomodé en un compartimentó de coche-cama; le entendí que esperara y marchó. Al poco llegó trayendo en una carretilla, movida eléctricamente, mis dos maletas. A todo esto, Duval había comparecido; solo, haciéndose el distraído, se paseaba por el andén, al lado del vagón. Ni me dirigió la más leve mirada.

Mis maletas fueron depositadas con todo cuidado en el departamento. Di dos marcos al mozo, que me los agradeció con el más correcto saludo militar.

Arrancó el tren a la hora en punto. Duval subió a mí mismo vagón; llevaba la cama inmediata.

Aprecié la sobria elegancia y, sobre todo, la limpieza del coche. Algo para príncipes. ¡Ah, la U.R.S.S. es rica!

Me entretuve en mirar el paisaje.

Vi en el primer trayecto chimeneas y más chimeneas. Aquello, indudablemente, debían ser fábricas... Pero, ¿y los obreros?... Luego las altas chimeneas se hicieron más raras, y por su buena y temprana iluminación pude recrearme en ver innumerables chalets, todos con jardín, cuidados, brillantes de pintura, como acabados de hacer. Después, muy juntos, pueblos y pueblos. Aquí sí que debía de ver obreros y campesinos. Pero el tren no se detenía y sólo alcanzaba a percibir los militarizados empleados de las estaciones.

Un aviso escrito de Duval me ordenó desplazarme al restaurante. Cené muy bien. Me senté en una mesa de cuatro, siendo mis compañeros de mesa un matrimonio con su hija, una rubia como una llama. ¡Qué salud, qué encanto había en todo su ser!...

Cenando, el tren se detuvo. Era una estación no muy importante, al parecer. Miré hacia afuera. "Aquí o jamás— pensé, tozudo— aquí veré obreros alemanes." Imposible, siempre la misma masa de burgueses.

— ¿Habla usted francés?— pregunté a mi vecina de mesa.

— ¡Oh, ya lo creo! ¿Usted no sabe alemán? ¿Puedo servirle en algo?

— Verá... Quisiera saber si no ha .... proletarios entre esa gente.

— ¿Proletarios? Bueno, quiere decir trabajadores. Sí, hay muchos. Casi todos esos que pasan al pie de la ventanilla son obreros.

Miré, quizá escépticamente, y señaló con su dedo rosa.

— Todos, todos esos. Fíjese. Son metalúrgicos. Cerca de aquí hay fábricas de acero.

— Creí que... No soy del país. Me parecían burgueses.

— ¿De dónde viene usted?

— De la ... de Polonia.

— Muchos judíos en Polonia.

Observados más atentamente sí tenían aquellos hombres las señales físicas del trabajo manual. Esa mirada simple, esos rasgos gruesos, esa corpulencia, esas manos tendí neas y dedos anchos de los que se esfuerzan; físicamente. Pero eran alegres, vitales, reían y miraban con la cabeza alta; . Me quedé mirándolos, y la muchacha, que los miraba también, dijo:

— ¡Proletarios!... Esa es una palabra muy fea. En Alemania no tenemos proletarios. Eso era antes. Estos son deutscher Arbeiter, ¿comprende? Trabajadores alemanes.

Este diálogo me hizo pensar intensamente. En la U.R.S.S. se considera la palabra "proletario" como la más elevada de todos. Sí de alguien se dice "es un verdadero proletario" ya no cabe alabarlo más. Yo, químico y doctor en Medicina, no he llegado a conseguir que se me estime como un "proletario" de veras y se me mira mal. En cambio, una chica alemana encuentra fea la palabra "proletario". Los obreros en Rusia viven sucia y turbiamente, con hambre, escasez y tristeza, sin más que ese consuelo repugnante de que se les adule, de que los trabajadores no manuales sufran peor suerte y más humillaciones. Para ver trabajadores que visten bien, que viven con limpieza y alegría es preciso alejarse de la "patria del proletariado" ...

El tren arranca; el grupo se queda y se pierde. Yo quedo abstraído, latente en mi mente la visión nunca imaginada...

Me marcho, después de un saludo cortés.

Me alcanza Duval en el trayecto que lleva hacia nuestro coche. Y, aprovechando el ruido y el paso del fuelle, me interroga incisivo:

— ¿De qué hablaban?

Me río ...

— Aquellos burgueses pretendían que tomase por obreros a otros burgueses ...

Y él también se ríe. ¡Oh, imbécil!

Me metí en la cama, que ya estaba dispuesta. Me encierro. Recuerdo el cuadro invernal del obrero soviético, andrajoso, famélico, humillado si no es del partido o si su desencanto y pereza no le permiten emular a Stajanov....

El obrero polaco; el campesino descalzo, el obrero sucio, con odio en los ojos y barro en la frente, que mira hostil al "Páckard"— ¡soviético!— que le ha salpicado.

Y el obrero alemán, cuya presencia rechaza el nombre de "proletario". No estoy tan ayuno de noticias como para no saber que este pueblo sigue reducido al espacio que Versalles le asignó, que soportó castigos económicos, barreras y competencias comerciales. Que se pudría en el paro de millones y millones. ¿Qué ha pasado?... ¿Qué Ha cambiado?...

VII

PARÍS - EMBAJADA SOVIÉTICA

Me despertó la llamada del mozo. Había dormido de un tirón. Ni siquiera me molestaron las formalidades fronterizas; mi pasaporte quedó en poder del empleado alemán y me lo devolvió otro francés. Por cierto, al abandonar el coche este empleado se me aproximó sonriente y con la mano tendida; deposité en ella diez francos, siguió con ella en la misma posición, busqué y puse otros diez y el mismo resultado; pensé si padecería alguna parálisis. Pero su dolencia sanó cuando hubo en su palma cincuenta o sesenta. Entonces se llevó la mano a la gorra.

Gare du Nord, leí en un gran letrero.

Duval se aproximó más, yo le seguí. Un verdadero cortejo nos circunda. Se veía que la discreción no era tan necesaria en París como en Berlín.

Tomamos dos hermosos coches que nos esperaban a la puerta. Partimos con rumbo para mí totalmente desconocido.

Estamos— pensé— en París, escenario del acto culminante del drama en que tomo parte. Mi curiosidad crecía, mi nerviosismo también. Aquí debo empezar a desarrollar el plan de Yagoda. Y el plan mío, del que aún no tengo la menor idea.

Aquí he de correr el peligro desconocido.

Por lo poco que veo, no reconozco nada de París. A los diecisiete años hice dos cursos aquí, en La Sorbona. Pero el tiempo, es otro y yo apenas tengo nada que ver con lo que he sido "en la edad antigua". Veo que entramos en alguna parte. Descendemos en una especie de túnel. Nos trasladamos a otro coche que hay delante.

El coche luce una banderita soviética en una varilla, junto al capot.

Se abre ante nosotros una puerta en el extremo opuesto al que entramos. La luz del día vuelve a iluminarnos. Recorremos .varias calles céntricas y aristocráticas. Identifico la de Grenelle, por haberla frecuentado en mis tiempos, cuando iba a la Embajada Imperial. A los pocos segundos entra el coche en el patio de la Embajada, y tras él, se cierran las puertas de la verja.

Aún pude reconocer la topografía del edificio en sus corredores. Pasé con Duval, y escoltada por cuatro desconocidos, con dirección a la parte posterior. Simulaba madera, pero su movimiento era tan pesado como si fuese de hierro macizo. Se cerró tras de nosotros, quedando la escolta fuera.

El nuevo "territorio soviético" me oprimió fuertemente, como si me hubiese sumergido en una atmósfera de plomo. Al cerrarse la pesada puerta esta sensación aumentó. Mi acompañante seguía andando de prisa, sin permitirme dedicar mucho tiempo a estas dolorosas reflexiones.

Una nueva puerta y un nuevo centinela.

— Diga al camarada Prassaloff que ha llegado Duval.

El centinela no respondió ni casi se movió. Pero la puerta se abrió a los pocos momentos. También debía de ser acorazada.

— Bien venido, camarada Duval. El jefe le espera.

Avanzamos por una habitación pequeña, especie de oficina o secretaría, que debía comunicarse con varias, pues conté hasta cuatro puertas.

En tanto daba aquellos pasos, sentí un estremecimiento de frío. Me iba sintiendo cada vez más torpe. Sin duda los días pasados en ambiente civilizado habían aflojado mis nervios, y aquel en que de repente me metían sin casi transición, producía en mi sistema un efecto letal. No había podido por menos de recordar las fugaces escenas, percibidas a través de las ventanillas del coche, de un París risueño y despreocupado. Ninguna de aquellas parejas juveniles, estrechándose, los ojos en los ojos, bebiéndose mutuamente sus risas, imaginaba que sólo a unos metros existía todo un mundo de crimen y misterio.

Aquellos pensamientos míos fueron sólo un relámpago. La realidad circundante tiraba demasiado de mi atención.

Nos había recibido un hombrecillo esmirriado, parapetado tras unas gafas tremendas, mentadas en gruesos cercos negros. Debía conocer bien a mi acompañante. Le saludó muy efusivamente, hablando un ruso que identifiqué como ucraniano. Sin duda era un pequeño judío; su cabello lo delataba por la escalerilla de su rizado, aunque trataba de estirarlo todo lo posible con un cosmético que se lo abrillantaba mucho.

Las puertas que daban a la secretaría tenían su correspondiente número. Pude leer el 80, 81, 82 y 83. Mi acompañante fue introducido por la 83, previa autorización obtenida a través de un teléfono interior, que, con otros aparatos, había sobre la mesa del secretario.

— Doctor, espere aquí; tenga la bondad— me indicó Duval, con su permanente corrección.

Allí pasé tres cuartos de hora o más. El secretaria no me miró siquiera, enfrascado en ordenar papeles en su mesa. De cuando en cuando atendía llamadas telefónicas; pero, aunque hablaba en ruso o en francés indistintamente, sus respuestas no me permitieron adivinar el tipo de asuntos de que trataba; seguramente hablaba con conocidos y se entendían por medias frases y palabras de significado convenido:

Al fin, apareció Duval en la puerta y, con un ademán, me invitó a pasar. Lo hice, y él cerró inmediatamente. Me hallé en un despacho de medianas proporciones. Como todas las habitaciones aquellas, estaba iluminada con luz artificial. Sólo un individuo se hallaba allí; pude percibir su cabeza sobresaliendo un tanto del respaldo de un sillón. Me pareció al pronto que tenía unas orejas disformes, erectas, de animal. Pronto comprendí de qué se trataba; aquel hombre tenía colocados sobre sus oídos los auriculares de algún aparato telefónico o de radio. Rodeamos el sillón, situándonos frente a él; debía hallarse muy abstraído en su recepción, porque pasaron unos minutos sin que hiciera el menor gesto referente a nosotros. Luego, pausadamente, se quitó los grandes auriculares, se levantó, y, recogiendo el hilo que de ellos pendía y continuaba por el pavimento, los dejó sobre su mesa. Se inclinó sobre un dictáfono y dijo en voz alta:

— Mucha atención; abandono la escucha— . Cerró la palanquita del aparato y se volvió a nosotros.

Duval me presentó:

— El doctor Landowsky.

Aquel hombre me miraba fijo, pero no se sintió para nada obligado a corresponder.

Se trataba de un sujeto de aspecto corriente, sin ningún rasgo característico.

Vestía un traje gris y un jersey negro, cerrado.

Se sentó en la misma butaca de cuero que ocupaba antes y, con un ademán, indicó que lo hiciéramos también.

— Me informan, doctor, que su comportamiento ha sido correcto durante el viaje. Sólo aquella conversación del coche restaurante constituye una falta, debió eludirla. Espero que lo tenga muy en cuenta para no reincidir, Pero, en fin, por ahora no correremos ese peligro. Será usted nuestro huésped hasta el momento de actuar— . Y dirigiéndose a Duval, agregó: — Ocupará la habitación contigua a la suya, la 37. Está inmediata al laboratorio; supongo, doctor, que tendrá que utilizarlo...

— Acaso— contesté—; pero mis preparados supongo que habrán llegado, ¿no?

— Sí; han llegado ... Pero si tiene que efectuar alguna verificación, algún ensayo para comprobar que todo está en orden puede hacer uso del laboratorio. Y pasemos al asunto principal, ¿Se considera capacitado para representar el papel del doctor Zielinsky? ...

— Sólo poseo sobre él una información verbal, recibida en Varsovia; supongo que será demasiado superficial si he de usar de su personalidad ante quien tenga de él amplias referencias.

— Efectivamente; ya tenía previsto eso. En su habitación encontrará un gran rapport sobre tal doctor polaco; amplios datos familiares, memoria detallada sobre sus actividades científicas, copias de cartas suyas, tanto familiares como profesionales; tarjetas de visita auténticas, etc. También hallara una colección de Prensa polaca para que se capacite un poco sobre cuestiones políticas interiores. Como el médico lee habitualmente Le Temps, allí tiene una colección de este diario del presente año, y lo recibirá usted diariamente. En fin, pida lo que estime necesario a este importante aspecto. Cuando se crea capacitado, dígalo y pasaremos a la segunda fase del asunto. Nada más por hoy.

Se levantó y lo imitamos. Nos volvió la espalda y se dirigió hacia su mesa para volver a tomar sus auriculares. Ya con ellos en la mano, y dirigiéndose a Duval, le dijo simplemente:

— Venga luego, a las cinco.

Abandonamos el despacho inmediatamente.

El secretario seguía atareado sobre su mesa. Al vemos salir, inquirió de Duval si el jefe continuaba a la escucha; al contestarle afirmativamente hizo un elocuente gesto de desesperación blandiendo los puñados de papeles y se sentó desalentado.

Desandamos el camino. Duval marchaba delante. Franqueamos la puerta acorazada, previa petición de permiso, con dos llamadas de timbre. Torcimos a la derecha. Mi compañero debía conocer perfectamente el camino. Recorrimos un largo pasillo, muy débilmente iluminado: sólo algunos puntos luminosos, como sucede en los cines durante la proyección, guiaban en aquella penumbra. Duval llegó ante una puerta cerrada y oprimió un botón. Se abrió al poco la mitad de la misma y un sujeto se recortó en el cuadrado que estaba iluminado. No hubo necesidad de pedirle nada.

— Ahí tiene, camarada, habitación 37 y 38. Bien venido, camarada— . Y volvió a cerrar su celda.

Anduvimos unos pasos más y doblamos otra esquina del pasillo. Duval abrió; una de aquellas puertas.

Entramos. En aquella habitación sólo había lo indispensable. Cama, armario, lavabo, una mesa, no muy grande, y un par de sillas. Sin llegar a estar sucia la estancia, tenía ese aire de descuido de que adolecen las habitaciones que son atendidas en su aseo por hombres. La ventilación debía ser pésima, sólo por el montante de la puerta podía entrar algo de aire. El cristal de la trampilla del montante estaba semiabierto, pero advertí que estaba guarnecido el hueco por unos barrotes de hierro verticales. La puerta, además, era de madera, pero muy resistente. Total, aquello era una celda de un preso. Todo esto lo aprecié de una ojeada. Duval se despidió pronto, ofreciéndose por si necesitaba algo perentorio.

— Ahí tiene su teléfono interior, puede llamar para lo que necesite tanto a los ordenanzas como a mí. Es posible que yo no me halle en la casa en el momento de su llamada, pero haga tomar nota de ella en la central telefónica, y yo acudiré cuando regrese.

Se despidió, retirándose luego. La puerta quedó cerrada al tirar de ella; advertí que por la parte interior no podía abrirse. Estaba otra vez preso.

Al otro lado de la mesa, y apoyados al muro, había unos enormes librotes y, junto a ellos, unas carpetas voluminosas. Como supuse se trataba de la colección del corriente año de Le Temps, encuadernada por trimestres, y las carpetas estaban llenas de papeles referentes a mi doctor Zielinsky.

Habría pasado algo más de una hora, que la llené dando un vistazo a las colecciones de periódicos, cuando el sonido de la llave en la cerradura me distrajo. Era el almuerzo. Lo traía un hombre sin traza alguna de camarero: un chekista. No me dirigió la palabra ni yo intenté entablar conversación. Dispuso el cubierto de cualquier manera y se marchó. Por fortuna, la-comida no era mala. Había vino y café. Repuestas mis fuerzas, me sentí mejor.

Atendiendo al consejo de Duval, me enfrasqué en el estudio de los dossiers. Mi doble era un médico polaco con bastante buena clientela. Por sugestión de su mujer prestaba algunos servicios a los "blancos" y, hombre de una sana fortuna personal, contribuía con sumas relativamente elevadas al sostenimiento de la organización del

"ejército blanco". Admiré lo completo de la información que los agentes de la G.P.U. habían acumulado sobre; la persona y trabajos del médico polaco.

Físicamente se me parecía, sobre todo una vez que habían hecho desaparecer mis canas y aumentado mi bigote. Diríase que aquel hombre, en sus costumbres cosméticas, se había arreglado de manera que fuese fácil contra-hacerle: gran melena, lentes de forma vulgar, cejas hoscas, pobladas, vestido descuidado y vulgar. Padecía un tic nervioso, intermitente, del ojo izquierdo y una inquietud de la mano del mismo lado, cuyos dedos hacía jugar continuamente con el bolsillo del chaleco y con unas tijeritas plegables que llevaba en él. Ya había encontrado yo estas tijeritas en todos los chalecos de que se me había provisto, y durante la tarde entera me entregué a habituarme a estos ademanes tan puntualmente descritos por el informe, así corno a aprender la lista e historia de "mis" parientes, a quienes debía; recordar en las conversaciones que se me presentasen. Evidentemente, no se trataba de un personaje de primer orden; pero la atención desplegada sobré él me dio una idea del intenso trabajo que la policía soviética debía ejecutar cuando se tratase de personalidades muy destacadas, de asuntos en los que entrase en juego la propia existencia de la U.R.S.S. Saltaba a la vista menos experta que la organización "blanca" estaba plagada de traidores. Esto se advertía perfectamente por el tipo de detalles, por su precisión e intimidad. Sólo quienes poseyesen la confianza de los generales "blancos" podían llegar a saber cesas tan nimias. También me chocó en un informe la clase de ideas políticas qué dominaban entre los generales y aristócratas. Nunca lo hubiese sospechado. En Rusia, sin otra fuente de información que la propaganda oficial, considerábamos a Hítler y Mussolini como los enemigos uno y dos de la U.R.S.S. Era lógico que yo supusiese que los "bláncos" simpatizasen con les fascistas y que fueran estos regímenes sus sostenedores y le proporcionasen todo el auxilio necesario. A los "blancos" los considerábamos cómo la vanguardia rusa del fascismo. Nada más lejos de. la verdad. Según pude deducir fragmentariamente, los "blancos" sentían una simpatía profunda por los Estados democráticos, principalmente por Francia e Inglaterra. Una simpatía invencible delataban ciertas cartas recibidas por el médico polaco que superaba la amarga historia, de traición de que habían sido víctimas los "blancos" en sus campañas contra los rojos. No me lo explicaba. Aquellas gentes seguían cifrando todas sus esperanzas en Francia e Inglaterra, aun con el Frente Popular triunfante en la primera. Como no tenía elementos de juicio suficientes para comprender todo aquello, eliminé tales pensamientos y seguí mí labor. Tenía muchos deseos de ver el sol y París y, según la promesa de Duval, lo conseguiría en el momento que me capacitase para representar a mí "doble".

Nada me distrajo durante toda la tarde. La cena me la trajeron puntualmente. Seguí después de cenar durante varias horas estudiando. Luego me acosté y pronto quedé profundamente dormido.

Me desperté sobresaltado. Un desconocido me tocada en el hombro. La luz iluminaba mi cuarto.

No, me había despertado el ruido de la puerta. ¡Con tanta suavidad funcionaban aquellas complicadas cerraduras!

— Vístase, doctor. Tiene usted que ver a un enfermo.

Hice, semiinconsciente, lo que me mandaba, y en su seguimiento bajé varios tramos de escalera; antes de llegar al piso bajo me hizo recorrer un pasillo y descender luego por otra interminable escalera. Evidentemente, estábamos en un sótano. Nuevos corredores iluminados por alguna tétrica bombilla, con puertas herméticas a los lados. El hombre abrió una. de ellas y me hizo entrar delante. Era una habitación estrecha y alargada, partida en* dos por una pesada cortina; al fondo se abría una puerta de dobles cristales a través de la cual podía verse un recinto no mayor de dos por tres metros,. brillantemente iluminado. Había allí tres- personas.

En el testero opuesto a la .entrada, una mujer. Una mujer que parecía un muñeco, colgada del muro por dos argollas que rodeaban sus hombros; pude ver que estas argollas podían deslizarse y ser fijadas, a la altura conveniente; entonces lo estaban de modo que sólo las puntas de los pies de la mujer llegaban al suelo. Pendía la cabeza sobre el pecho, exánime, y los cabellos le caían como el ala de un ave muerta. Los hombros, tumefactos por la presión, se descubrían entre la ropa desgarrada.

A la derecha de la mujer, un hombre en mangas de camisa, sentado en un taburete, roncaba estentóreamente, caído contra el rincón; era un tipo con aire de catedrático, calvo, grueso, con lentes, bigote y barba grises.

Al otro lado, Duval aguardaba en pie, fumando con su elegancia acostumbrada.

Me saludó:

— Buenas noches, doctor. Siento haber tenido que despertarle. Hay que atender a esta pobre muchacha, que, como usted ve, está sin conocimiento.

Sin decir nada, me volví al tipo con cara de catedrático. Duval me explicó:

— Es médico también. Un hombre inteligente y hábil que atiende muy bien a los detenidos Pero esta noche está algo cansado... y, además, se empeña en reanimarse con brandy. Ya ve. No se puede contar con él para nada, de momento. Por eso me he permitido molestarle. Usted me dispensará...

¡Qué voz tan cálida! En aquella habitación de espanto, el habla dulce, y amable de Duval parecía borrar las otras impresiones. Imaginé que su éxito entre las mujeres debía de ser extraordinario. Se acercó a la pobre criatura y alzó suavemente la cabeza para enseñarme su rostro:

— -Delicada muchacha, ¿no es cierto, doctor? Es preciso que usted la haga volver en sí. Ahí tiene todo lo necesario.

Con un movimiento de cabeza, me señaló una vitrina que había cerca de la puerta. Frasquitos, ampollas, jeringas, algún material de pequeña cirugía y paquetes de gasa. Tomé la muñeca de la muchacha.

— Vea usted— dije— no tiene pulso en la radial. Lo primero es descolgar de aquí a esta criatura.

— ¿Descolgarla? No, doctor; creo que no me ha comprendido. Por el momento se trata de que la despierte usted.

— Pues por eso.

— Dispénseme que, aun ajeno a la profesión, le diga que no parece, que no suele ser imprescindible. Creo que estos enfermos no tienen pulso en la radial porque las argollas les comprimen la humeral. ¿Digo bien? Al menos, esto he oído a su colega. El utiliza en algunos casos una inyección aquí — señalaba la nuca de la desventurada— en la duramadre, según tengo entendido. Aun sin pulso en la radial, los enfermos se reaniman rápidamente.

Yo miraba y escuchaba todo aquello con el mayor asombro. Duval, cuando alzaba la cabeza inerte, cuando la hacía oscilar a un lado y otro y apartaba los cabellos para indicarme el sitio de la punción suboccipital, maniobraba con una delicadeza, con una afectuosidad, con un mimo acariciante. Su comportamiento me parecía el de una persona cariñosa con un ser querido.

— Comprendo a qué se refiere usted, amigo Duval — le dije, contagiado de su frialdad amable—; pero no me atrevo a realizar esa operación. Tengo noticias de que se practican punciones en el cuarto ventrículo; pero yo no lo he hecho nunca. Temo que mi punción ventricular signifique la muerte instantánea de esta muchacha. Sería... ¿Comprende?

— Ya sé que es muy peligroso para uno que no lo ha practicado nunca pero debe hacerlo. Le ruego que lo intente... ¿Se niega usted?

— No. Le recomiendo solamente que me permita usar con ella los medios que conozco.

— Es una gran ocasión para que usted se ejercite. Hágalo.

— No— repliqué resueltamente— no acepto semejante responsabilidad.

— Sea como quiera usted. La descolgaremos.

Aflojó las argollas y pusimos en el suelo el cuerpo de la mujer. Unas inyecciones de lobelina y de cardiotónicos y una paciente respiración artificial la fueron volviendo poco a poco a la vida. Cuando entreabrió los ojos inexpresivos advertí una miosis increíble: las pupilas habían prácticamente desaparecido. ¿Qué clase de tóxicos estarían circulando por sus venas? Conseguí hacer un pulso algo más vigoroso y su respiración más amplia, La voz, que parecía; venir de otro mundo, se deslizó débilísima a través de los labios. Una voz inefable, humilde, triste, suplicante.

— Faites moi mourir..., faites moi.. mourir.

— Delira— dijo Duval palmeteándola las mejillas—; qué lástima, ¿verdad? Cómo ha sufrido esta chica!

Por mi parte, busqué algunas palabras de consuelo.

¡Vaya, pobrecita! Despierte usted. Ya todo ha pasado.., ¡Ea, anímese!

Advertí que sus ojos no veían. Miraban a ninguna parte, vagamente. El hombre dormido se rebulló y luego se puso en pie, tambaleante.

— ¿Eh? ¡Ah! La palomita, todavía; bien...

Duval, mirando al suelo, pronunció, helado y tranquilo:

¿Despierta usted, doctor? Temo que la vez próxima no despertará cree que esta aquí para emborracharse?

— Yo, yo, ...

— Usted ha abandonado su obligación. No me importa que beba hasta morir cuando no está de servicio. Eso es asunto suyo. Pero ya ve .usted que ha sido preciso llamar a otro, y esto ya es grave. ¿Comprende?

Mi colega parecía comprender demasiado. Estaba completamente despierto y me miró con odio.

— ¿Qué? Bueno, no es nada. Ya estoy aquí. ¿Ha cantado la palomita?

El silencio de Duval le dio la respuesta. No. No había cantado. El médico se enfureció:

— Pues— exclamo— ¡a continuar! ¡Vamos! ¡Ayúdenme!

Recogió a la muchacha por las axilas y la levantó contra la pared.

— ¡Vamos! ¡Pongan los anillos! ¡Ahora no se duerme!

La chica, sin movimiento, dejaba hacer, los ojos perdidos. Osé oponerme;

— ¡No! Van a matarla ustedes. ¿No ven que no puede resistir?

El médico se encaró conmigo.

— Usted aquí no pinta nada. Puede marcharse. Y si se queda, cállese.

Mudo de estupor y disimulando la indignación que me mordía, les vi instalar otra vez a la muchacha en el aparato de tormento. Mi colega, con una fiebre profesional, exploraba el pulso, palmeteaba el rostro de la infeliz, le puso en las ventanas nasales un algodón empapado en alguna cosa que tomó de un frasquito. Minutos después la víctima estaba enteramente despierta, aunque la expresión del rostro era abstraída, desvariante. Duval respiró, la frente fruncida, al verla nuevamente en el uso de sus facultades. Puso las manos en los hombros de ella y habló con la mayor dulzura:

— ¿Ve usted, pequeña? Ya está mejor, ¿verdad? Más animada, claro. Necesita usted dormir, le conviene un buen descanso. Un día entero de descanso, en su cama, con los visillos corridos, muy poquita luz, mucho silencio, nadie que la moleste. Es lo que usted necesita, créame. Ande: terminemos pronto para que usted pueda irse a descansar.

Dígame dónde está Werner y vayase a la cama, ¿eh?

Una pausa. El médico abofeteó a la muchacha desaforadamente.

— ¡Vamos! ¿No oye? ¡Dígame dónde está Werner! ¡Rápido!

— Ño diré nada— pronunció ella, cansadísima—; pueden ustedes continuar.

— ¡Pues vamos a continuar!— gritó él doctor.

— Un momento— rogó Duval suavemente— . ¿Espera usted que su colega no nos sea ya necesario?

— ¡No hace ninguna falta!

— Bien, pues...

A un signo suyo, el hombre que me había hecho bajar me tocó en el hombro y me condujo- de nuevo a mi habitación. Duval me dijo amablemente al despedirme:

— Dispense, doctor, esta molestia y este espectáculo. No ha sido por mi voluntad. Usted comprenderá. . Perdón, otra vez.

Cuando me .acosté, él silencio era absoluto. Pero ya me fue imposible conciliar el sueño. Me arrepentía de no haber matado a aquella mujer de algún modo; no habría hecho más que abreviar la muerte dantesca que la estaban sometiendo, abreviar el suplicio. Un suplicio que Duval no había querido que presenciase yo. ¡Cómo sería!

Tuve muchas pesadillas. Y cuando me creía dormido, mil bocas agónicas me suplicaban sin aliento:

— Faites-moi mourir, docteur, faites-moi mourir...

Era el gesto de la desventurada mil veces repetido. Duval inclinaba la cabeza de la mujer para enseñarme la nuca, y yo veía allí dibujado el cadáver de mi hija, que me decía tranquilamente: "No, papá; sin pulso en la radial se puede vivir muy bien; hay que pinchar en el cuarto ventrículo..." Y de nuevo, como la marea de un océano:

— Faites-moi mourir..., faites-moi mourir...

Al cabo de varias horas de duermevela, me levanté. Alguien había hecho entrar mi desayuno sin que me diese cuenta de ello.

Comí aprisa, pero con poco apetito. Para ahuyentar las imágenes de aquella madrugada, me entregué a la lectura de papeles y periódicos.: Fumé mucho y me tomé dos cafés completos. Debía ser muy entrada la mañana cuando sentí fatiga. Me lavé, sin querer dormirme, pues pensaba hacerlo después el almuerzo.

Pasadas unas horas, recibí la visita de Duval. Venía flamante con un traje de lana muy claro; al brazo traía un abrigo sport. Me obsequió con una caja de bombones y unos comprimidos aromáticos para quemarlos en pebetero.

— Siento mucho que tuviese que intervenir anoche; su sensibilidad habrá sufrido, ¿no?... En fin, no hablemos más de ello. Le he traído esas pequeñeces... ¿Le agradan los bombones? Por mi parte, soy un maniático de los perfumes. A usted, si no recuerdo mal, le gustan los bombones, los perfumes y los pájaros. También los licores raros. ¿No?

Resultaba un tipo interesante aquel Duval. En su alusión a la tragedia nocturna no advertí en él ni el menor signo de repugnancia o protesta; su gesto y tono me recordaban a los cirujanos cuando hablan entre sí de una operación desgraciada. Parecía como si aquel hombre hubiera logrado una separación absoluta entre su misión oficial y su personalidad privada. Ya había reflexionado antes sobre tan extraño caso psicológico. (En Rusia no se ven tipos así. En Rusia no existe la personalidad privada.) Me inclinaba a creer que el hábito u otros factores que desconocía lo habían dotado de una ética singular. Un poco semejante a la que deben tener los verdugos en los países civilizados, ejecutores ciegos de la ley, sin que en ellos quepa preguntarse si su víctima es justa o injustamente condenada. Estaba seguro de que aquel hombre, que desde que me conoció me guardaba todo género de atenciones y cumplía para conmigo todas las reglas de la más perfecta urbanidad, me habría asesinado, sin que un solo músculo de su rostro se contrajera, sin que un solo nervio se conmoviese, sin el menor estremecimiento mental. Yo veía a través de la sonrisa que frecuentemente asomaba a su boca, que él estaba ya de vuelta de las dudas en que se debate todo hombre cuando le envuelve la tragedia.

¿Cómo habría llegado a un "restado" as´? ... ¿Qué vida tan extraordinaria sería la suya desde el punto de vista psicológico? ... ¿Qué feroces aventuras habrían matado su sensibilidad?

— ¡Efectivamente— le dije apartando mis pensamientos—; poseo gustos un poco barrocos, morbosos quizá. Me gustan los licores exóticos y los pájaros que cantan bien. No conozco esta marca de perfume que usted me ofrece.

— ¿Y los bombones?

— Le confieso que los bombones no son para mí una voluptuosidad, sino una debilidad. Hidratos de carbono de fácil digestión. ¿Comprende?

— ¿Alta higiene?

— Un poco de miedo a mi hígado. Cuando uno gusta de cuidarse, debe cuidarse.

¿Comprende?

— Óigame, doctor Zielinsky. ¿El hígado enferma sin previo aviso? Tengo entendido que cuando se sospecha de él, ya es tarde.

— Señor Duval, de estos extremos podríamos hablar en mi consulta o en su alcoba. Como prefiera. En mi consulta le resultaría menos incómodo.

— ¿Menos incómodo?

— Sí. Cien, francos menos.

Duval, sonriendo, expresó su satisfacción:

— Muy bien, doctor Zielinsky. Hace usted honor a su reputación de hombre ingenioso, cínico y ... económico. Sus "¿Comprende?" son irreprochables. No crea, también yo he tenido que estudiarme la figura que usted va a desempeñar.

Seguimos hablando de banalidades, a las que tan aficionado era él y que tanto me convenía aprender a mí. Estaba sentado en la silla; muy inclinado hacia atrás, con una pierna sobre la otra; pero sin descomponer su habitual postura elegante. Con sus magníficos ojos seguía la tenue cinta azul del humo de su cigarro perfumado. ¿Cuántas veces su fina figura se habría recortado sobre el azul del mar, rodeado de las estilizadas siluetas de millonarias y duquesas?...

— Querido doctor Zielinsky: ¿qué tal si cenásemos fuera esta noche?

— ¡Estupendo!— respondí — Es decir ... Permítame que recuerde. Sí, esta noche soy libre.

— Bien, pues vuelvo al momento,

Salió. Yo me puse inmediatamente a afeitarme. Vestí un traje oscuro. Estaba haciéndome el nudo de la corbata cuando entró Duval de nuevo.

— ¿Dispuesto?

Tomé mi abrigo y salimos. Por los pasillos, como habitualmente, nadie. Transpusimos las distintas puertas. Los centinelas, en su sitio, con su mala traza de siempre. Llegamos a la parte "oficial" de la Embajada. ¡Qué diferencia!... Los suntuosos espejos, que reflejaron a príncipes y ministros, a embajadores y grandes duquesas, a todo el gran mundo, con la misma indiferencia recogían las imágenes de este inframundo soviético, de los esbirros de la G.P.U.; sin duda, más de una vez vieron la cara espantada de una víctima conducida a los espeluznantes sótanos o la "maleta diplomática" donde, en sopor, iba un trotskista expedido a la Lubianka...

Ya casi en la puerta, Duval me advirtió que me subiera el cuello de mi abrigo,

"Hace cierto fresco" justificó.

VIII

MI ÁNGEL EXTERMINADOR

Anduvimos un corto trayecto por la acera. Algunos transeúntes nos adelantaban, otros estaban parados, hablando entre sí. Yo no podía distinguir nadie que nos diese escolta y vigilancia, pero, sin duda, más de uno tendría esta misión.

Mi amigo me invitó a entrar en un taxi que se hallaba parado. Partimos.

— ¿Daremos una vuelta por los Campos? ... Verá cómo está todo aquello.

Efectivamente, una verdadera invasión de automóviles corría, mejor dicho andaba muy despacio por la magnífica avenida. Eran miles. El espectáculo no podía hablar con más elocuencia sobre el poderío .de aquella civilización. No podía dejar de comparar aquel alarde de pujanza y lujo con las tristes calles de Moscú: transeúntes andrajosos, colas, niños famélicos y sucios y algún automóvil oficial, veloz, despreciativo y siempre siniestro para el ciudadano de abajo. Las mujeres, realmente, me producían una impresión extraordinaria: hermosas, las más llevaban sobre sí productos de los cinco continentes, desde la pluma tropical a la piel hiperbórea, desde el diamante arrancado a las entrañas de la tierra a los tintes de la más complicada química; sedas, bordados, encajes, aderezos, zapatos de mil raras formas ... Mi mentalidad, formada, o deformada, por la prosa soviética, se evadía sin ya pretenderlo, dedicándose a pensamientos bien extraños. ¿Cuántas jornadas de trabajo llevaría sobre sí cada mujer de aquéllas? ¿Y aquellos automóviles, verdaderas joyas por su lujo y complicación? Los chóferes y lacayos iban en la delantera, tiesos, solemnes ... Se entreveían camareros afanados en servir a una suntuosa clientela. Pero..., ¿tendrá Francia tantos tanques como la U. R. S. S.? ¿Tendrá tantos cañones y aviones? ... Arrastrado por aquel río de lujo fluyente sentía que todos íbamos deslizándonos a flote hasta los diques, hasta las turbinas, hasta los engranajes del Soviet. La fascinación de París era un velo traidor ante la catástrofe, pura morfina. ¿Quién desde aquí podrá siquiera el desfile del 1,° de mayo en la Plaza Roja de Moscú, los rectángulos grises, pausados, inmensos, potentes, exhalando, gases de motores que gritan la Internacional?: .. No, de ninguna manera,. Y menos aún que muy cerca, en la rue Grenelle, en las entrañas mismas de la metrópoli, se está cargando la mina que va a volarlo todo ... mientras canta París por todas sus lámparas:

"¡Danzad, locos, danzad!"

— Mire eso, doctor— me indicaba Duval— . Acostúmbrese a ver estas cosas.

Estábamos en una de las frecuentes paradas de la circulación; al lado del nuestro, un coche estupendo, iluminado interiormente, encerraba a una mujer maravillosa, un verdadero estallido de belleza y lujo, joven, dorada, en traje de soirée y con un manto de armiño que la envolvía casi por completo. No miraba a nadie ni a nada; sin duda, su misión no era mirar, sino dejarse admirar.

— ¡Extraordinario!...— pude articular.

Nos adelantó aquel coche. Por la mirilla posterior aún nos deslumbró el brillo de la diadema.

— ¿Qué le parece si nos dirigimos a cenar? Verá otras mujeres así. Quizá hablará con ellas.

— Soy poco simpático con las mujeres.

— Eso precisamente iba a advertirle. Me alegro de que lo sepa. Zielinsky es para las mujeres un ogro.

Dio una orden al conductor. El coche viró hacia la derecha. No puse atención ni en la calle ni en el título del restaurante.

— No es un local muy lujoso, doctor. Tenga en cuenta que es un ensayo. Todo se andará. Pero le respondo de la cocina y de los vinos.

El maître nos condujo sin consultarnos siquiera, Parecía haber sido elegida la mesa de antemano. Unas columnas bajas la separaban, casi ocultándola, del resto del saloncillo. No lejos, una monumental chimenea nos enviaba su calor hogareño y su alegría. Ardían en ella enormes troncos secos jovializando los rostros de los que ocupaban las mesas próximas.

Tomamos asiento. El maître nos entregó la carta. Duval me explicó los más importantes platos y pidió de los necesarios para que yo los conociera. Me deleité con los manjares y bebidas, pero no tanto que no pudiera observar por entre las columnas a la concurrencia. No había ni una mesa libre. La mayoría de los franceses podían distinguirse por su seriedad y devoción en el acto de comer. Diríase que constituía para ellos un rito en el que se ofrendaban a sí mismos el más grato sacrificio. Esta observación ya la había hecho yo cuando estudiante, pero la "devoción" francesa se había enfervorizado mucho.

Mi acompañante comió bien; pero, menos francés que los franceses, comer le permitía hablar. Mantuvo conmigo una conversación ligera, en la que participé con bastante acierto. Giró la mayor parte de ella sobre las particularidades de nuestros platos y vinos; diríase un hipercivilizado aprobador, pero no embriagado con los refinamientos que nos circundaban. De sobremesa hizo traer un delicioso coñac, y sólo

.entonces, sirviéndome la segunda copa, deslizó:

— ¡Qué lástima, doctor, que tengamos que volver allá abajo! ... ...

Tanto podía referirse al "sótano" como a Rusia, pues su ademán fue indefinido.

Quedé un momento suspenso, sin saber contestar. No hizo falta. El prosiguió:

— Quisiera ver aquí a algunos de los jefes centrales. ¿Cree usted que su rigidez ideológica resistiría el espectáculo de París? Y, sobre todo, el de esta mesa?....

Su sonrisa cortaba como un vidrio roto. Yo debía decir algo;

— Ya sabe, estimado Duval, que no pertenezco a su partido. Odio la política. Creo que ustedes quieren librarse de ella a fuerza de hablar de ella, ¿Comprende?

— Puede prescindir de sus paradojas, doctor. Su examen ha resultado satisfactorio. Por el momento, puede ser de nuevo Landowsky. Ya sé que Landowsky no es de los

"nuestros"...

— Pues, efectivamente, Landowsky tampoco ama la política. Sólo un cúmulo de circunstancias, la fatalidad acaso, le han puesto en contacto momentáneo ...

— ¿Momentáneo? ... ¿Usted cree?...

— Así se me aseguró; no tengo motivos para...

— No se haga el ingenuo, doctor. ¿Piensa que una vez "dentro" se sale fácilmente...? Sí, se puede salir; pero de muy distinta manera de como imagina...

Su rostro había tomado instantáneamente otra expresión de esfuerzo, de gravedad. De un solo trago vació la copa que tenía delante. Yo, con verdadero asombro, escuchaba su voz sorda:

— Es muy difícil, señor, hallar en mi medio una persona honrada; una persona honrada a quien no haya que perseguir o asesinar... Sé muy bien quién es usted y cómo nos odia; pero creo firmemente que es honrado. Incapaz de faltar a su palabra de honor, por ejemplo. ¿Sabe lo que es "palabra de honor"? ¿Lo recuerda?

— Lo recuerdo— respondí.

— Bien— . Y con cierta solemnidad añadió, después de un corto silenció—: ¿Tiene usted inconveniente en darme su palabra de honor de no utilizar nada de cuanto le diga? ... Bien entendido que usted queda en completa libertad de obrar, salvo en esto, como le parezca...

— Tiene usted mi palabra de honor.

— No creo engañarme si pienso que su concepto sobre mí es muy distinto del que tiene formado sobre los hombres que ha conocido en nuestro medio, ¿no?... No quiero decir que pueda creerme un hombre bueno, de ninguna manera; pero sí que ha visto en mí cosas extrañas, cosas que desdicen de lo que usted sabe que soy yo. ¿Estoy en lo cierto?...

— Efectivamente.

— Aventurándome más, hasta podría decirle que usted, médico, ha percibido en mí algo que se despega ... Cierta incógnita.

Sí. Es usted interesante.

— Búrlese, no importa. En seguida va usted a ponerse serio; le daré un guión de mi vida. Tengo veintinueve años; hace doce que pisé la tierra soviética. Soy chileno; viví en París desde los diez años. Mi madre, viuda muy joven y rica, me trajo en su compañía aquí, queriendo que recibiera la más exquisita educación. Nada ahorró para que así fuera; a los diecisiete años estaba dispuesto para ingresar en Oxford. No había estado interno en ningún colegio: Liceo, profesores particulares, libros, presentaciones... Mi madre no habría tolerado separarse de este hijo. Pensaba trasladarse a principios de otoño a Inglaterra conmigo, ¡Qué tranquila y confiada estaba! Sólo un Secreto había yo guardado durante dos años; un secreto increíble para ella, ya que me comporté siempre de manera ejemplar. Pues amo a mi madre sobre todas las cosas. El secreto era que yo me había afiliado a la juventud comunista, que yo había llegado a ser secretario de la célula" del Liceo.

— Espléndida precocidad.

— Sí, morbo literario. ¿Sabe usted de lo que es capaz la literatura rusa en el cerebro de un muchacho rodeado de comodidades? Muchos de aquellos literatos se hallan proscritos en la Unión; ellos o sus libros, es igual; pero nunca sabrán los bolcheviques que se lo deben todo; mucho más que a Lenin, el brutal; más que a Stalin, el analfabeto; más que a Trotsky, el diabólico judío ... ... ¡Cómo me siento inquisidor contra los Tolstoy, los Andreiev los Dostoiewsky! ...

Hizo una pausa; me sirvió más coñac, encendió un cigarrillo y, a la luz del mechero, vi su rostro contraído; una vena, insospechada hasta entonces, le cruzaba en ramalazo su siempre pálida y tersa frente. Yo, sin saber qué terreno pisaba ahora, le imité maquinalmente; fumé y bebí. El prosiguió, con más duro acento:

— Perdone, no es posible contener estos relámpagos... Sepa que fui elegido, me cupo ese inmenso honor, para ir a Moscú a cursar mis estudios en la Escuela. No fui a Oxford ni Cambridge; fui a la Escuela del Crimen. Pero, ¡qué hermosos eran mis sueños! Me creía entonces elegido para redentor de la Humanidad, nada menos. ¡Como si yo no hubiera abandonado a mi madre! ... ... El primer curso transcurrió; mi fanatismo y mi fe pudieron superar todo lo que en aquella vida comunista hay de repugnante y bestial, todo lo que en aquellas centenas de "elegidos" hay de refinada hipocresía, de envidia y de resentimiento, que, además, es cultivado científicamente por la sádica perfidia de un profesorado descendiente directo de Caín, encargado de la inversión de lo que de sagrado y noble tiene el hombre; de trocar el amor en odio, la humanidad en bestialidad, la mentira en virtud, la verdad en estupidez, el asesinato en heroísmo. Perdonar es allí cobardía, patriotismo es traición y traición es patriotismo. ¿No tiene ningún hijo en el Konsomol? ¿Conocerá, al menos, algún joven comunista? Pues eso es sólo un reflejo de la formación que se nos da a los "elegidos"..., a los destinados a héroes y dirigentes de la revolución mundial. Mi alma parecía posar sobre un nido de espinas...; pero nada bastaba para hacerme abandonar mi sueño de inmolarme al frente de una masa hambrienta en el asalto a las Bastillas de la burguesía podrida, injusta y viciosa...

Una pausa, una nueva copa y Duval continuó:

— Fue primero una insinuación, como algo muy difícil de alcanzar; luego, la cosa se fue precisando: se haría conmigo una singular excepción, visto mi entusiasmo y conducta proletaria. ¡Podría ver cuando quisiera a mi madre! Aún recuerdo aquella sonrisa del "profesor" que yo no supe interpretar entonces; aún me hiela la sangre en las venas, "Su madre, camarada ..., puede venir ... Naturalmente, conocemos sus ideas y formación y no queremos que sufra por ver nuestra sociedad socialista en construcción. Se ha pensado en todo: os reuniréis, si ella quiere, allá en el mejor balneario de Crimea, en el mismo que toman su reposo los comisarios de la Unión y los jefes de la Kommtern." Yo quedé estupefacto... ¡Qué honor se me dispensaba!... Podría ver muy de cerca a muchos de aquellos viejos bolcheviques de Smolny, a los íntimos de Lenin, a aquellos mismos que había visto en la lejanía sobre el mausoleo del jefe durante el gran desfile..., y hasta presentarles a mi madre, a la que acogerían con su sonrisa indulgente y bondadosa viéndola, pobre señora, llena de prejuicios burgueses... Aquella noche le escribí una larga carta. Le pedía perdón por mi abandono, le contaba mi vida, más exacto, le mentía mi vida; le mentía sobre el comunismo, sobre Rusia, sobre todo aquello que la Prensa podía haberle dicho sobre la Unión. Creía más a la propaganda que a la experiencia. Y lo hacía sin remordimiento, todo me parecía bien para lograr tenerla a mi lado unos cuantos días; nada me hacía dudar de que vendría. Entregué la carta aquella misma noche y pasaron muchos días sin saber nada; días que se me antojaban eternidades. Mi "fortaleza comunista" me prohibía solicitar noticias de mis jefes...

Duval pidió un café bien cargado; parecía haberse olvidado de quién era yo.

Prosiguió después:

— Todo llega en la vida. Una tarde se me avisó que mi madre llegaría antes de dos horas. Salté de alegría; me atildé lo mejor que pude. Quería hacerle buena impresión. Llegué a la estación una hora antes; el tren, por no ser menos, llegó dos horas después de lo debido. La avalancha de viajeros no me permitió verla en los primeros instantes; luego sí, allá lejos vi su carita pálida y sus grandes ojos negros mirando ansiosa al gentío desharrapado que pululaba en el andén. Grité, gesticulé. Se fueron al diablo mis propósitos del estoicismo y de frialdad, pues bien sabía que estas expansiones familiares harían bajar mi crédito de "proletario consciente" cuando fueran reflejadas en el informe que a mis jefes diera el espía de turno. Por fin la tuve en mis brazos, cubriéndola de besos. Ya no vi ni gente, ni estación, ni Moscú, ni Rusia. La llevé casi en brazos para defenderla de los empujones y piojos de la grosera y sucia masa que nos circundaba. Ya fuera de la estación" nos alcanzó una empleada del "Inturist", que nos condujo al hotel Savoy, uno de los destinados a los turistas. Pude estar con ella hasta muy entrada la noche: cenamos juntos. Volví luego a mi cuartel-escuela. Llevaba una porción de regalos que me había traído. Los más hube de dejarlos en el hotel, porque eran objetos de lujo que hubieran provocado burlas de mis camaradas y alguna agresión por mi parte. Con los ojos y la imaginación llenos de mi madre, regresé a la escuela. No me encontré más que con los empleados de servicio; todos los camaradas dormían hacía rato. Cuando estuve en mi cama recordé que no me había sido necesaria ninguna de las mentiras del extenso repertorio que llevaba preparado. Mi madre no vio nada de Rusia ni del comunismo; todo debía haber pasado inadvertido ante sus ojos, llenos de ansia por verme, durante el viaje; llenos de mí en cuanto me pudo ver. Durante las horas que pasó conmigo ni me preguntó nada ni siquiera hizo la menor observación ajena a mí; pero, en cambio, creo que no quedó una costura de mi ropa que no analizase y palpase; sobre mi alimentó, sobre mis estudios, sobre el frío, sobre el calor; sobre todo lo que me pudiese afectar preguntó y preguntó insaciable. Los cinco días que pasamos en Moscú se me fueron como un soplo. Me habían dispensado de todo trabajo en la escuela y pasaba el día entero a su lado, salvo las horas de sueño, pues seguía pernoctando en la escuela. A los cinco días salimos para Crimea. El viaje fue delicioso para mí; ni que decir tiene que para mi madre también. No la vi mostrar curiosidad ni un momento por las gentes ni por el paisaje. Seguía mirándome y mirándome insaciable. Oiga, Landowsky: ¿sabe usted lo que es eso? ¡Ande, ande, dígame sus paradojas!

Aferraba la copa, y de tal modo chispearon sus ojos que miré a mí alrededor.

— No, no se alarme— dijo suavemente—; sé muy bien lo que hago. Ahora me escuchará hasta el fin, y lo hará con tanta naturalidad como yo.

En efecto, su actitud era de una naturalidad desconcertante. Quien no le oyese, quien no viera de cerca sus ojos creería que Duval hablaba con su mundanidad de siempre.

— Nos instalaron en una dacha limpia y sencilla— continuó—; allí pase diez días. Me parecía que todo había desaparecido para mí. Ni; mis estudios, ni mi fanatismo comunista, ni el mismo Stalin me importaban una futesa. No duró mucho el encanto. A los diez días fui llamado a Moscú. Me extrañó la indicación de que debía hacer el viaje solo. "Su madre—me dijeron— continuará ahí; usted volverá en breve". Me presenté en Moscú. Visité inmediatamente al director de la escuela; nada me dijo de particular, sólo que esperase órdenes sin salir del edificio. La orden llegó aquella tarde; un automóvil me condujo a la Lubianka. Yo iba tranquilo; pero en el fondo no podía reprimir cierto estremecimiento al aproximarme al edificio cuyo nombre hace temblar a todo ciudadano soviético. Algo me tranquilizaba el que las maneras usadas conmigo no eran las acostumbradas con un preso. Pasando por los trámites que usted conoce, me llevaron ante Artusoff, el famoso jefe de la División Extranjera de la G.P.U. ¡Es el momento en que mi tragedia empieza! ... Abreviaré: mi madre había sido traída como rehén; yo debía entrar desde aquel instante en la policía estatal, afecto a la División Extranjera. No he de referirle los argumentos que me dieron ni el porvenir que me pintaron. Yo estaba atónito; realmente no me di cuenta hasta más tarde de la realidad ignominiosa en que me habían obligado a meterme. Mi madre, me comunicaron entonces, había entrado en la U.R.S.S., al igual que yo y que todos los alumnos de la escuela, con pasaporte soviético, con nombre falso, de manera que ninguna reclamación podría hacer nadie sobre ella. Había firmado y hecho todo lo que quisieron, creo que sin darse cuenta de lo más mínimo. Yo acepté todo; comprendí desde el primer instante que cualquier resistencia sería peor, hasta tuve serenidad para mostrar cierta alegría pareja de la amable suavidad con que me insinuaban estas cosas. Salí de la Lubianka medio atontado; vagué por calles y plazas sin rumbo. Sólo muchas horas después pude reflexionar fríamente. Mi fe comunista no se había derrumbado aún; era mucha la propaganda que me habían metido hasta los tuétanos. Si la idea de renegar cruzó en algún momento por mi cabeza, la deseché, porque me parecía que tocaba los bordes del vacío. Más allá no había nada para mí: creencias, ideas de todo orden estaban aventadas; sólo un amor había sobrevivido en mí, el de mi madre..., y él me ataba ahora como a un forzado su grillete. Pero ¿acaso no debía formar mi madre en las filas de la redención universal? Ellos tenían razón. A medida que mis pensamientos avanzaban, el de mi madre se hacía más terrible y contradictorio. Sí. Las madres deben estar junto a los hijos para la salvación del mundo. Las madres deben estar con los proletarios, con los jóvenes, con las muchachas, con la humanidad que quiere hacerse dueña del destino, con la masa que rechina los dientes y aprieta los puños... Y, sin embargo, mi pobre corazón se rebelaba. En mí latía aún eí pequeño burgués, los siglos, los prejuicios... Pero a mi madre no le importa nada todo esto, mi madre me quería a mí. Ella no había hecho mal a nadie ... Mi pecho era un volcán. Y sólo flotaba sobre todo la voluntad de que ella no supiese nada, no sospechase nada. Le mentiría, echaría mano de todos los recursos de mi imaginación para que el cambio radical de su vida fuera lo menos doloroso posible. Me permitieron volver a verla. Marché de nuevo a Crimea, y allí estaba, tan perfectamente feliz. Pasaron días sin que yo discurriera cómo comunicarle la catastrófica noticia. Yo me había esforzado— si esforzarse puede decirse— en pedirle que prolongara su estancia todo el mayor tiempo posible. Ella me acariciaba la cabeza sin oponerme el menor reparo, ella no suscitaba ningún inconveniente; creo que había perdido la noción del tiempo. Los recursos que empleé tuvieron éxito. Llegó a decirme que, si me lo permitían mis profesores, estaba dispuesta a permanecer en Rusia el año que yo le había, dicho que me faltaba por estudiar. Mi primer triunfo estaba conseguido. Luego hube de superar la dificultad de la separación; esto ya era mucho más difícil. Eché mano de más argumentos. Ella debía quedar allí, el clima, las enfermedades y mil inconvenientes más impedían que viviera en Moscú, donde yo debía volver. En esto era irreductible; se empeñaba en vivir donde yo viviera. Hube de decirle que muy pronto saldríamos de viaje de estudios para Siberia, que allí no podría acompañarme... En fin, doctor; mi madre quedó en Crimea. Yo volví a Moscú T sólo pude escribirle una carta diciendo que el "viaje de, estudios a Siberia" se había adelantado y que partía al día siguiente. Para donde partí fue para Berlín, donde debía empezar el ejercicio de mi nueva profesión. Pero nos estamos quedando solos, doctor, nos marchamos. ¿Le parece?...

Pidió la cuenta. Advertí una extraña maniobra en tanto la traían. Duval extrajo un montoncito de billetes de su cartera; cuando llegó el camarero depositó en la bandeja un billete americano. Los demás los había tirado al rinconcillo tras la base de la columna. El criado partió, volviendo a poco con una gruesa cantidad de francos. Duval dejó en la bandeja una propina principesca, que el otro supo agradecer con su mejor sonrisa y su más profunda reverencia, retirándose en seguida. Ya de pie, a mi amigo se le cayó el pañuelo precisamente en el rincón donde antes tirara los billetes arrugados; recogió las dos cosas con limpieza de prestidigitador.

Ya en la calle me atreví a preguntarle por su maniobra.

— No creí que se diera cuenta, doctor. Satisfaré su curiosidad, ya que estamos en plan de confidencias. He pagado con un billete de cien dólares falso.

Y al ver mi gesto de extrañeza:

—Son consignas superiores, amigo mío. Los camaradas de servicio en el exterior debemos utilizar todo el dinero falso que nos sea posible.

—¿Cómo? ¿Por órdenes de arriba?

— ¡Naturalmente!

— ¿Quizá para crear problemas financieros a las naciones burguesas?

— Sí, en parte. Pero, sobre todo, para resolver nuestros .propios problemas financieros. Debe usted saber que los zares llegaron a Stalin una excelente maquinaria de fabricar billetes. Esta maquinaria ha producido cantidades fantásticas de rublos. Pero resulta que la cotización internacional de la moneda soviética es cero...

— Queda el oro.

— En efecto, la U.R.S.S. quizá sea, hoy el primer país productor de oro del planeta. Los yacimientos sobran. La mano de obra es barata e inagotable: la G.P.U. proporciona tantos miles de forzados como sean precisos. El oro es la base tradicional de las transacciones internacionales.

— ¿Entonces?

— Entonces ... Sería absurdo, sería contradictorio y desleal para la clase obrera que nuestro gran padre de los pueblos exportase su oro para alimentar al capitalismo enemigo. No. En cuanto nos es posible vivimos de moneda falsificada, de divisas hechas en Rusia. ¡Ah! Esto forma parte de los "quinquenales"...

— ¡Estupendo! Pero ¿no exagera usted, Duval?

Mi amigo rió brevemente.

— ¿Exagerar?... Más del cincuenta por ciento de lo que la G.P.U. gasta en el extranjero lo gasta en dólares y libras ilegales. Los fabricamos perfectos; sólo un experto de primera clase, con ayuda del aparatos adecuados, puede identificar los falsos billetes. Nadie en operación de cambio corriente, ni siquiera en la ventanilla de un Banco americano, se daría cuenta. Menos aún en cualquier otra nación. No le ocultaré que ha habido contratiempos. Allá por 1927 se identificaron 19.000 dólares en Nueva York, transferidos por una casa de banca berlinesa, de la que éramos dueños; pero fue una casualidad: los billetes tardan tiempo en ser transferidos y cuando llegaron a una importante banca neoyorquina los yanquis habían puesto en circulación otros nuevos, un poquitín más pequeños, retirando rápidamente los antiguos. Se entregaron los nuestros a los expertos y se descubrió el fraude. Hubo su buen lío, porque la policía americana se puso de acuerdo con la alemana y llegaron a conocer la trayectoria de los billetes, y su origen: Moscú ..., Le podría citar unos cuantos fracasos, pero ya digo, sin importancia, y casi siempre en los propios, Estados Unidos. No hay miedo, si no se abusa y se guardan las reglas..., que prescriben, entre otras cosas, lo que usted ha presenciado: quien usa moneda ilegal ha de cuidar de que, en caso de registro, no le ocupen más que el billete falso cambiado; debe llevar otros legítimos, de procedencia limpia y demostrable..! Así no hay miedo. ¿Está claro...? Pues ahora le propongo que tomemos una botella en algún cabaret, a la salud de Moloch. Además, será para usted un espectáculo nuevo.

— No crea, Duval; en mis tiempos de estudiante...

— ¡Ah, me olvidaba!... ¡El cancán!... Todavía el cancán salta por París. Recordará, sus buenos tiempos. No estarán las chicas tan nutridas como entonces; pero quizá sean más alegres aún. ¡Taxi!

Tomamos el coche. Duval dio la dirección y se sentó a mi lado, clavándome su sonrisa indefinible.

— No extrañará mi asombro, amigo Duval ... Lo que ha empezado a contarme es tan extraordinario...

— ¿Qué?... ¿Lo de los billetes?...

— Eso y lo demás... Es asombroso lo que me cuenta y asombroso que me lo cuente a mí. No lo creo tan débil que necesite descansar su conciencia en un desconocido. Creo que también conocerá usted lo peligroso que es hablar de ciertas cosas...

— Mi querido doctor Landowsky, — dijo— poniendo su mano en mi rodilla—: con usted sé que puedo permitirme la confidencia y hasta la fanfarronería. No piense que me deslizo ni que he bebido hasta perder el control. Los locos y borrachos no suelen alcanzar mis años de servicio en la casa donde servimos ... ¿No?

Intenté interrumpirle, pero no me dejó:

— Dígame, doctor Landowsky: ¿Recuerda lo que hace usted cuando se halla en la cama, antes de dormirse?... Le aconsejo que, desde hoy, lo haga con la cara tapada con la sábana, y mejor que no lo haga; todo lo más, mentalmente, sin mover la mano...

¿Entiende?

Me dejó estupefacto. Yo me santiguaba a la hora de acostarme...

— ¿Cómo ha podido usted?...

— ¡Ah!... Soy un técnico, no lo olvide. Por otra parte, puede usted reflexionar. Moscú, sabiendo que usted es un adversario, le tiene aquí, en esta capital del placer capitalista, para cooperar a un servicio de importancia. Nadie le impide dar un grito por esa ventanilla, detener el taxi, denunciarme a mí y denunciarnos a todos, mover el gran escándalo. Pero ellos saben que usted no lo hará. ¿Quiere meditar sobre esto?

Hizo una pausa, como si me dejase meditar, y concluyó:

— Señor, aprende uno a mover las marionetas sin más que tirar de unos pocos, delgados, elegantes hilos. Usted aprenderá también en cuanto, sepa guardarse su antigua honradez y su ingenuidad de siempre dentro de la suela de los zapatos. Para mayor seguridad, casi le recomendaría que hiciese usted una bolita con su ingenuidad y su honradez y la echase al ... ¿entiende? Luego, no hay más que tirar de la cadena, y... hemos llegado, doctor.

Entramos. El hall, en blanco y dorado, era esplendoroso. Una inscripción indicaba: "Se ruega dejar los abrigos y las tristezas en el guardarropa." Ya en el palco que Duval había, pedido pude contemplar la sala. Había mucha gente. Se bailaba en un círculo muy brillante situado en el centro, iluminado desde abajo por les bordes. Estaba la luz dispuesta de manera que las siluetas femeninas se perfilasen a través de los vestidas de noche. Nos sentamos en una especie de palco, aislados de la concurrencia, y muy pronto apareció un camarero mostrándonos una botella cubierta de polvo.

— ¿La desean los señores con más telarañas?— preguntó jovialmente.

Hizo saltar el tapón, y el ruido del gollete contra las copas y el del propio vino derramado fue como una exhortación a la alegría. Bebimos.

Duval me ofreció un pitillo y, al mismo tiempo, habló:

— ¿Habíamos quedado?... ¡Ah, sí, en Berlín. Era por entonces Berlín, con su flamante república, nuestro centro principal de acción para la Europa central y occidental. Por un lado, el izquierdismo republicano y su saturación de legalidad y, por otro, la forzada, simpatía de los medios militares alemanes, que sólo veían en, la U.R.S.S. un posible aliado contra Versalles, nos brindaban un clima de impunidad que sabíamos aprovechar perfectamente. Se centralizaba en nuestra embajada berlinesa el mando de toda la acción ilegal de la Internacional. Realmente me colocaron en una magnífica escuela de aprendizaje. Pronto me di cuenta del porqué de mi elección. Los cuadros de la G.P.U. estaban bien nutridos de asesinos, de terroristas acreditados, hasta podía contarse con algunos idealistas dispuestos al sacrificio; pero, salvo muy contadas excepciones, todos eran gente grosera, sin más cultura que la adquirida en la cárcel. Es cierto que abunda el hombre con título en nuestras filas y hasta el intelectual; pero son muy raros los que de esta extracción pueden utilizarse fuera de Rusia. Habrá usted respirado, por muy lejos que esté del partido, la desconfianza, rayana en desprecio, con que miramos al intelectual, aunque, por otra parte, le cebemos bien. No es sólo odio de clase; es que sabemos perfectamente su formación "pequeño burguesa", deficientemente disimulada por la demagogia verbal. Nunca, llegan a revolucionarios y son una auténtica cantera de defecciones. Sólo las excepciones, Lenin, Trotsky y la plana mayor del partido podrían aducirse como prueba en contrario. Aun Lenin y Trotsky, no es un secreto para nadie, eran capaces de mandar la mayor atrocidad, pero no de ejecutarla por sus propias manos. Stalin ya es otra cosa; ese sí, ese es capaz de todo. Pero me alejo. Mi elección la dictaba la falta absoluta de hombres con educación social, con maneras, con finura, etc., pero dispuestos a todo. El que un "hijo de buena casa", un millonario como yo ingresase en el partido, que abandonase todo para internarme en Rusia, era caso extraordinario; único, mejor dicho.

— ¡Oh. Rene!

Una voz de; gatita encantadora sonó a mi derecha al propio tiempo que se colaba en nuestro palco una muchacha, casi una niña, al parecer, da grandes ojos inocentes. Rodeó el cuello de Duval con sus brazos desnudos, le besó en la sien y luego se quedó mirándome con su carita apretada contra la de mi amigo. No sé si él hizo algún gesto de desagrado.

— Doctor Zielinsky— pronunció.

La chiquita me! tendió la mano, echándose a reír.

— ¡Ja, ja! Me había usted asustado un poco. Parece que está serio. ¿Sufre? Le pondré en su copa el secreto de la alegría.

Se había sentado en el brazo del silloncito de Duval, y, con una gracia atolondrada, increíble, se quitó uno de los pendientes y lo dejó caer en mi copa. Tintineó contra el cristal y luego, del fondo, se levantaron unas burbujitas pequeñas, deliciosas.

— ¡Beba, beba, doctor! ¡Beba corriendo!

Exclamaba ella con una ansiedad tal que bebí rápidamente. Su risa sonora hizo juego con la sonrisa inteligente de Duval.

— ¡Beba hasta lo último! Así.

Le devolví el pendiente, sonriendo con toda la mundanidad que pude” Esto le produjo un mohín.

— iAh, doctor! Los eslavos son ustedes muy particulares. ¿Sabe usted lo que me dijo su amigo la primera vez que eché en su copa el secreto de la alegría? Pues me dijo:

“Señorita, ¿me permite que me quede con su pendiente? Así podré ser dichoso también los demás días.” Se lo llevó, y a la otra noche me trajo dos pendientes de verdad. ¿Te acuerdas, Rene? No se moleste, doctor. Es que los españoles son de otra manera.

Envidié con toda mi alma a los españoles y al chileno Rene Duval. Pero a él no parecían conmoverle los afectos de aquella chiquilla. Sin dejar de sonreír, me dijo en ruso:

— Vamos, doctor; recuerde que para las mujeres es usted un ogro. Despídala.

Debí tener un aire paternal.

— Mire, pequeña, ¿podría dejarnos? Tenemos que hablar de asuntos.

Se fue como una reina agraviada.

— En Berlín, por entonces— prosiguió tranquilamente Duval— entrar en círculos elevados no era difícil, dada la penuria económica que se reflejaba hasta en las clases altas; pero lograr sostenerse y ganar amistades y confianza era empresa superior a las posibilidades de quienes no sabían trinchar un faisán ni distinguir una marca de champagne.

¿Comprende?...

Me sirvió una copa hasta los bordes. El también, pero se limitó a probarla.

En aquel momento irrumpía en la pista un chansonnier. La sala quedó en penumbra y los focos proyectaron sus haces luminosos sobre aquel petrimetre. Yo no entendía bien lo que cantaba o hablaba, pues igual podía ser lo uno u otro; sólo distinguí el estribillo, que coreó el auditorio, y que era una cosa así:

¿Oh? La, la, la..., la, la, la.
¿Voici...? ¡Voilá!
¿L’amour..,? ¡Partout!
¿Voici...? La, la, la...

Se retiró el tipo. Lo aplaudieron, y la gente volvió a bailar.

—Como le decía— Continuó Duval— allí mandaba por entonces un judío, el adiposo Goldenstem. Tuve un buen maestro. Me acogió bien, caía como llovido del cielo. Sólo disponía de una docena de judíos alemanes y polacos que supieran hacerse el nudo de la corbata; pero eran inútiles para penetrar en círculos militares o aristocráticos. Le república, con tanto ministro judío, no era capaz de imponer trato de igualdad a las clases prusianas con sus hermanos de raza; es más; entonces se agudizó el desprecio del alemán por el semita. Pude ser en Alemania un aristócrata español, rico y desenvuelto, que venía a estudiar a la Universidad de Berlín, pero que no estudiaba: Enamoré a viejas generalas. Hice la corte a linajudas chicas, privadas por la inflación de su automóvil, que de su, grandeza sólo conservaban sus suntuosas casas. El campo estaba sin, explotar; logré saber secretos de índole militar y de alta política. Los primeros ponían contentísimo a Goldenstein y sobre todo, a otro jefe, Lanovitch, tanto por su importancia como porque hacían quedar mal al Servicio Militar. Empecé fingiendo interés por la aviación, simplemente como un medio más para lograr informes, y terminé por adquirir una afición loca. Aprendí a volar. Muchos oficiales alemanes, "ases" de la guerra, trabajaban en casas constructoras y en las líneas aéreas y también como profesores. Fui popular en ese círculo de jóvenes audaces, un poco locos y un mucho desesperados; la crisis económica pesaba sobre ellos como sobre todo el pueblo alemán. Mis prodigalidades, la simpatía que les inspiraba el español— no en vano España era una de las pocas naciones que no les declaró la guerra— me hacían su niño mimado. Aprendí a volar, y aprendí bien. Soy capitán-piloto del Ejército Rojo; todos los años, si algo importante no lo impide, tomo parte en las maniobras..., y hasta me permito dar lecciones acerca de las últimas novedades sobre la aviación que capto por Europa. Ya sabe usted que la aviación es el sueño de la juventud soviética. Recuerdo que uno de mis trabajos en Berlín tuvo cierto parecido con el que nos ha hecho compañeros ahora. Era a finales de 1929; se trataba de raptar al general blanco Kutiepoff; me dieron un cometido del cierta importancia. Tenía que representar el papel de joven hijo de un general ruso, amigo suyo, que le decidiera a venir a Berlín. Me trasladé a París— fue mi primer viaje aquí en "servicio"— y lo logré. Kutiepcff vino conmigo a Berlín. El bruto de Hugo Eberlein lo estropeó; el general hubo de sospechan muy pronto y se volvió a París sin que se diera cuenta siquiera de mi personalidad. Recuerdo sus ojos de asombro cuando un mes después me identificó en la esquina de las calles Rouselet y Oudinot. Yo estaba allí para marcarlo a los dos falsos agentes de policía, que lo detuvieron, y al falso sargento municipal, que les ayudó La cosa salió mal; el general se les quedó en las manos. Entre el cloroformo que le administraron aquellos bestias y la casi sofocación que le produjeron, hubo de ser introducido en la embajada en volandas, casi muerto ya. Goldenstein, que lo esperaba en la 83, no pudo ni siquiera interrogarle, falleció inmediatamente. Se pensaba haber hecho cera él un proceso monstruoso. Hubiera testimoniado en Moscú sensacionales acusaciones contra el Estado Mayor Francés, contra Tardieu, Chiappe, el Comité de Forges, etc., etc. Toda la izquierda francesa hubiera atacado basándose en las declaraciones del general; estaba magníficamente dispuesto. ¡Hubo consternación general! ... Los fracasados temían la ira de Menjínski y la de Yagoda. Se decidió mandan el cadáver a Moscú. Aún no se disponía en la embalada del horno moderno que hoy funciona. Creo que entonces se les ocurrió instalarlo con vistas al porvenir. Enterrar un; cadáver en los sótanos suponía, en caso de guerra, dejar allí, a disposición del enemigo, la prueba del crimen. Por eso se instaló el horno de oxígeno, que reduce un cadáver a un puñado de cenizas en muy poco tiempo.

Me sirvió una copa. No dejé de apreciar cómo me miraba Duval; quería, sin duda, darse perfecta cuenta del efecto que sus palabras causaban en mí. Yo creo que no debía de tener muy buena cara. Afortunadamente la luz se apagó. Empezaba otro número. Una bailarina española entraba en la pista al compás de una marcha viva y ruidosa.

Noté que los largos dedos de Duval llevaban el compás sobre la barandilla del palco. Terminó el baile con la mujer rendida, como tronchada, en el centro de la pista. Hubo una ovación. Ella saltó como un resorte, marchándose sin saludar. Duval apuró la copa, hizo sonar un timbre y pidió cigarrillos. La muchacha que los trajo era alta, rubia, delgada y sin gracia, luciendo unas piernas estupendas. Los pocos centímetros de su falda resultaban grotescos comparados; con la estupenda falda española de la "gitana". Le tiró Duval un billete de cien francos sobre la bandeja.

— Comprenderá, doctor, qué ahora con Miller se apuren todas las precauciones. Si le digo que desde hace seis meses más de veinte hombres se ocupan exclusivamente en la preparación del asunto se asombrará; pero tenga en-cuenta que ninguno de ellos ha de tomar parte activa en el hecho. Eso queda para otros; para nosotros, por ejemplo. ¿Se trabaja bien, no cree?

— Todo eso me parece ... excesivo. Folletinesco, quizá. No veo por ninguna parte serias posibilidades de que los blancos puedan encender una acción de masas en la U.R.S.S. Ni como terroristas merecen la menor atención; los embajadores y personajes soviéticos se han paseado y se pasean por toda Europa sin ningún contratiempo. Y no por la protección del Estado soviético; pues allí está el caso Trotsky, no sólo sin protección, sino perseguido por Stalin. Ni uno solo de los miles de "blancos" a quien mató, padre, hermanes, hijos o esposa se ha sentido con coraje para alojarle una bala en el cráneo. Creo que si Stalin no quiere asesinarle, morirá de viejo en su cama.

— Se halla usted muy alejado de las entrañas de la política staliniana.

— Pero el caso Kutiepoff, el caso Miller ... ¿Qué trascendencia pueden tener para Stalin o para la U.R.S.S.?

— Se puede hallar algún fundamento, aunque no se vea su relación directa, en lo que hace unos meses se ha iniciado en el Comisariado de Justicia. Conocerá usted al menos la versión oficial del proceso Zinoviev-Kamenev ... No han terminado los procesos espectaculares; otros importantísimos personajes comparecerán ante Vichinskv ... ¿No sería de un efecto grandioso ja aparición del general Miller ante el tribunal declarando que políticos, generales, etc., estaban de acuerdo con él, con Alemania, con el

Japón y con quien fuera para destruir la U.R.S.S., asesinar a Stalin y producir catástrofes apocalípticas? No me niegue que, como recurso teatral, resultaría de primer orden...

— Pero ¿sólo por amor al arte escénico?... Me parece demasiado.

— No. Sólo por eso. no. Aparte de satisfacer su odio, Stalin es el único dictador que nunca se dormirá, en los laureles. Todos los sufrimientos que soporta el pueblo ruso recaerían sobre Stalin si él no hallase siempre a quién culpar. Ya han cargado Kamenev y Zinoviev y sus compañeros con feroces culpas; otros les seguirán y se responsabilizarán de muchas atrocidades. Son ex gobernantes de la U.R.S.S., son los hombres que en Congresos, Ministerios, Prensa y discursos se han atribuido la paternidad de las leyes y de los planes de ejecución de toda la política seguida hasta aquí... Por lo tanto, el pueblo los creará culpables y traidores; se confesarán ellos mismos..., y el genial padre de los pueblos quedará inmaculado.

— Comprendo.

— Por otra parte, Stalin se prepara para lanzarse al gran juego. Acontecimientos decisivos y próximos están a punto de producirse. En breve lo veremos; hagamos lo posible por presenciarlos. Mejor..., seamos capaces de provocarlos y hasta de dominarlos. ¿No lo considera magnífico, doctor?... Lanzar una vida mediocre y atormentada como una flecha hacia las cimas de lo heroico. Por eso he sido comunista.

¡Por eso soy lo que soy!

Sus ojos chispearon y se transfiguró de momento. Al mirarme, miraba más allá de mí. ¿Se había emborrachado aquel hombre? Creí que sí, porque quiso beber más y la botella, estaba vacía. Llamó ruidosamente. Confieso que yo me encontraba, un poco por encima del globo terráqueo.

Nos sirvieron, bebimos; en la pista se bailaba un vals. Duval miraba, pero estoy seguro de que no veía nada.

Yo meditaba en la medida de mis fuerzas. Cada vez me parecía más extraordinaria la actitud de Duval. ¿Qué pretendía?... ¿Dónde iba a parar? Ardía de inquietud, alarma y curiosidad.

— Realmente, me habla usted como a un igual; pero tenga en cuenta que...

— Descuide. Estoy acostumbrado a beber. Usted también debe acostumbrarse. Si no se intoxica, nunca será civilizado, doctor. No pretendo lograr de usted una comprensión total; pero fío en que su inteligencia, y sobre todo su corazón, se recobren, vuelvan a ser quien fueron..., ¿comprende?... Una oportunidad, acaso la única, se nos brinda a los dos. Ser o no ser. ¿Seremos asesinos de nuestro auténtico yo?...

¿Quién era aquel hombre?... ¿Qué se proponía?

—Ser quien se es..., he aquí la meta de toda nuestra vida— sentencié, intentando ponerme a tono.

— A pesar de todos y de todo! ... He ahí el auténtico heroísmo.

— Por lo que intuyo, heroico es lo que se propone o intenta más, ¿no será fugaz relámpago de una noche que brota del vino y la juventud? Adivino claramente que se atreve a entablar una lucha contra el genio del mal y su hueste infinita... Y se atreve usted, que como pocos ha de conocer la inmensidad de su poder. ¡Asombroso!...

— No es omnipotente mí enemigo. Es sólo hombre, téngalo bien presente. Al fin, todo se reduce a duelo de hombre a hombre. Despejemos las incógnitas y, al fin, el problema es: hombre por hombre. Pero no divaguemos. La noche avanza y hemos de llegar al punto principal.

— Así lo espero y lo deseo.

— Stalin, ya lo he dicho, se lanza ahora al gran juego. Hasta hoy fue medroso como la raposa; en este instante se transforma en lobo...; si los otros siguen siendo estúpidos, lo verán tal cual es: lo verán tigre...

— ¿No le parece que divagamos un poco, Duval?...— me permití decirle.

— ¿Y qué mejor, doctor?... Es, un placer del que todo "comunista consciente" se ve privado. ¡Es mucho tormento el de vigilarse tan estrechamente a sí mismo! Y en el mundo, ¡qué ignorancia tan absoluta hay sobre nuestro "intramundo"!... ¡Desde cuándo no he podido yo hablar con la sinceridad y profundidad que hoy lo hago!...

— Y conmigo... ¿por qué?...

— Porque usted tiene que hacer algo. Lo sabrá ahora mismo. No he hecho más que una introducción a mi plan. ¿Quiere oírlo?

— Escucho.

— Ante' todo, hemos de plantearnos un problema previo. El problema de nuestra libertad. Tanto usted como yo, igual que tantos, nos hallamos encadenados a la N.K.V.D. por los rehenes familiares. Desde que Trotsky empleó por primera vez el procedimiento, se ha convertido en sistema. Si hemos de volver a ser hombres hay que romper esa cadena que nos ata, ¿Está dispuesto?

— Lo estoy— respondí con toda mi firmeza.

— Si sólo se tratase de lograr la fuga de mi madre y de los suyos, creo que, con un elevado tanto por ciento de probabilidades, lo conseguiríamos no mucho tiempo después de nuestro regreso a Rusia. Todo está en nuestra decisión. Con que la suya sea la cuarta parte que la mía, el éxito es seguro. Podrá usted vivir con los suyos en Europa, o en América, en absoluta libertad. Podrá dedicarse a sus investigaciones, a lo que quiera. Será usted libre de Stalin. Tendrá medios de vida en abundancia.

Yo procuraba no dejarme llevar por aquella esperanza mareante, por aquel peligroso cuento de hadas.

— Mire, Duval, puede usted jugar conmigo, pero le suplico que no lo haga. Hábleme de hechos.

— ¿Duda usted? Doctor, yo soy rico. Tengo todo lo que mi madre tenía en París y en América, ignorado por la N.K.V.D. Tengo el treinta por ciento de los billetes falsos cambiados. Realmente, en nuestra organización no es difícil enriquecerse. Cuando se registra la caja fuerte de un Consulado para recuperar papeles de interés, con frecuencia se encuentra una algún mazo de billetes, y hasta resulta recomendable llevárselos, para que el robo tape los motivos, políticos del acto. Cuando se pierde una valija diplomática, en ella suelen ir sobres con divisas que viajan de contrabando; como es natural, los dueños no suelen denunciarlo, por la cuenta que les trae. ¿No cree que estos son hechos?

— Bien, y... ¿para qué quiero yo sacar a mi familia de Rusia?

Me miró lleno de indignación. Pero se contuvo para replicarme:

— Usted ha oído ciertas historias. Sí, son ciertas. La N.K.V.D. tiene montados muchos

"negociados" de fuga... Todo ciudadano soviético a quien se le supone con deseos de huir, recibe más o menos pronto al hombre seguro, al "contrarrevolucionario" que pertenece a cierta organización liberadora... Aquí mismo, en París, tenemos montado él tinglado. A él acuden muchos con parientes, en la U.R.S.S. en busca de lograr su libertad... Esto cuesta dinero; se les estafa todo lo que se puede. Se les extraen los datos precisos para identificar a la persona buscada. Los que con mil disfraces han logrado pasar desapercibidos durante tantos años, han de sen localizados para poderles liberar. Su "liberación" les conduce fatalmente a la Lubianka. La misma sección se encarga de fingir "organizaciones blancas" en la U.R.S.S., de relacionarlas con las que funcionan en el extranjero; de introducir enlaces blancos en Rusia, donde asisten a reuniones conspiradoras, que sólo son "teatro", y muchos vuelven con papeles, informes, claves...; todos los hombres que intervienen en la maniobra son agentes de la N.K.V.D.. El asunto es muy importante; el jefe de toda esa maquinaria provocadora es nada menos que Agabekov..., ¿no recuerda este nombre?...

Recordé que Agabekov sonó entre los asesinos de la familia imperial.

— Es el mismo. Pasa largas temporadas en París; el "negocio" le ha producido gran rendimiento. Vive como un príncipe..., como él cree que viven los príncipes, si hemos de ser exactos. Ahora mismo hace una tournée por España... Creo que quiere organizar también el "negociado de fugas". Supongo que realizará allí un negocio fantástico, porque él garantizará a los fugitivos que pueden pasar la frontera con todo su oro, sus títulos, sus divisas y sus joyas..., ¡figúrese!..., se quedarán sin nada; no salvarán ni sus muelas de oro y, como es lógico, ni la vida. Y la Policía del Gobierno de Madrid le quedará muy agradecida. Y Stalin también, porque Agabekov es un gran devorador de trotskistas.

— Todo es diabólico.

— Lo es, doctor, lo es..., y tenga en cuenta que hay todo un orbe que usted desconoce por completo. Más volvamos a lo importante. Yo proyecto que un hombre de confianza, usted precisamente, me ayude a sacar mi madre del territorio ruso. El procedimiento será el siguiente: mi madre y los suyos están en Crimea; usted, al volver, podrá reunirse con ellos, sobre todo si tenemos éxito en el asunto Miller, que lo tendremos. Mi madre, ahora, no está en ningún hotel. Yo he logrado una casita en la costa para ella; un pequeño bungalow que se construyó algún aristócrata que había pasado largos años en la India; el hombre debió querer reproducir allí alguna mansión de allá que tuviera recuerdos para él, y lo hizo con toda propiedad. No sé de dónde las traería, pero el bungalow está construido en gran parte por gruesas cañas de bambú. Esto fue lo que me decidió principalmente a tomarlo, aparte de su situación. Hallará usted allí, en la parte posterior de la .casa, algo que hace las veces de valla; pero si se fija, advertirá que puede servir de balsa insumergible. No conté entonces con que debiera transportar tan numerosa familia; pero cañas no faltan en la casa y podrá obtener usted el poder sustentador necesario. He pensado que sería conveniente, para disminuir el peso y el relieve sobre el agua, hacer una modificación ingeniosa. Practicará en el centro de la balsa varios orificios, de la dimensión necesaria para que quepan en ellos una o dos personas, de rodillas o sentadas. Unos sacos impermeables que hay en casa y otros que llevaremos les adaptará a esos orificios, sujetándolos a los bordes por la parte superior de la balsa. Introducidas todas o parte de las persona en esas bolsas, su desplazamiento excederá de su peso, ganándose en seguridad y estabilidad.

¿Comprende?... No creo necesarias más explicaciones para usted en este detalle. Sólo se trata ya de que cierta noche, que fijaremos previamente, teniendo en cuenta las previsiones del tiempo y la luna todos se embarquen en la balsa y naveguen unas tres millas.

Dios mío, ¿cómo era posible que con el solo fin de engañarme, de probar mi fidelidad, aquel hombre montara un aparato imaginativo de tan complicados detalles? El fiel de mi voluntad se inclinó resueltamente a la confianza, mientras él continuaba exponiendo su plan.

— Está prevista la fatiga del remero. La balsa tendrá propulsión.

— ¿Motor?...

— Motor, aunque de lo más rudimentario.

— No será ruidoso.

— Al contrario, muy silencioso. A la parte inferior de la balsa se pueden unir unos tubos metálicos, de regular capacidad. Los encontrará enterrados en el jardín; tienen unos tres metros de largo cada uno y un diámetro de dieciséis centímetros. Hay que atarlos a la balsa. Los colocará de forma que el extremo donde tienen unas llaves de paso vaya en la parte de la balsa que debe hacer de popa. Bastará que, una vez a flote, dé vuelta usted a las llaves. Los tubos están llenos de aire comprimido; al escaparse, como van sumergidos, empujan por reacción a la balsa. Está bien calculado, sin más ayuda, puede hacerse un recorrido de unas tres millas. Allí he tenido mis dificultades para conseguir todo esto; pero aquí, en cierta parte de la costa francesa, le mostraré un modelo de balsa idéntico; haremos unas pruebas y le daré unas lecciones. Yo lo tengo todo comprobado,,

¿Qué le parece?...

De buena fe, estudié mentalmente el proyecto.

— Aún falta algo. Alejarse unas millas de la costa rusa no es todavía conseguir la libertad.

— Un momento. Ya le he dicho que soy aviador. ¿Qué me impide adquirir un hidra, un Savoia italiano, por ejemplo, y amarar fuera de las aguas jurisdiccionales rusas, o dentro, si está lo suficientemente oscuro?...

— ¿Un hidra?... ¿Puede usted adquirir un hidra?...

— Naturalmente. ¿Es que la, N.K.V.D. no me dota de todas las personalidades que sean necesarias?... Para algo tenemos en la rue de Grenelle una fábrica de pasaportes y de documentos muy perfecta.

— Quedan los guardacostas soviéticos. Creo, y usted lo -sabrá mejor que yo, que la vigilancia en las costas es muy estrecha.

— Regular. Pero no dudará que he estudiado el terreno y esa cuestión, muy detalladamente. El sitio donde tomaré agua es una bahía que tiene un arco aproximado de tres millas. Los guardacostas cruzan un par de veces cada noche mar afuera, de cabo a cabo de la bahía, trazando la cuerda del arco; lo más seguro es que me pose más. allá de la línea que va de cabo a cabo. Es hasta conveniente para la orientación de usted; si es usted diestro y sabe navegar en línea recta, obedeciendo a la brújula durante tres millas, tenga la seguridad que llegará al punto que yo esté. Podrá usted fijar una brújula que hallará en casa, sobre mi mesa, en la balsa. Yo le indicaré, pues lo tengo apuntado, el grado que ha de seguir. Si rectifica el rumbo con el pequeño remo que puede ajustarse a la popa de la balsa con regular precisión, espero que no pase, a más de cincuenta metros del hidro, y a esa distancia hemos de vernos. Los factores esenciales son el rumbo y la hora. Si no variamos cien metros ni treinta minutos, casi respondo del éxito...

— Supongo que habrá pensado en la alarma que producirá el ruido de su motor...

— Antes; de amarar sólo oirán un ruido muy lejano, como de un avión que pasa a bastante distancia; volaré todo lo alto que pueda y descenderé planeando, a motor parado...; luego, cuando arranquemos, ¡qué importa!...

— No se me ocurren de momento más objeciones de orden técnico. Supongo que usted habrá pensado sobradamente en todas.

— Entonces..., ¿decidido?...

— Decidido— respondí con firmeza; pero aún me asaltó una última duda— . Oiga, Duval— dije— . ¿Por qué me ha escogido a mí para esta aventura?

— No está dicho todo, doctor. A poco que lo reflexione, comprenderá que usted, cargado de familia— que dificulta más la empresa— no es el patrón ideal para mi navío. Lo que específicamente espero de usted sólo usted, puede ejecutarlo; de ahí que los inconvenientes que le indico no hayan sido obstáculo para decidirme a contar con su colaboración.

— No puedo adivinar nada.

— Amigo mío, usted ha sido escogido para el asunto Miller en su calidad; de especialista en anestésicos. No sé si usted se ha dado cuenta de que no hacía falta tanta complicación para un sencillo rapto. Además, la G.P.U. cuenta en caso preciso con anestesistas de sobra. En realidad, quien necesitaba de usted era yo. No me era fácil dar con médico de tan rara especialidad y que, además, no fuera comunista...; creo que me perdonará el que haya tenido cierta parte en que Yagoda le eligiera precisamente a usted; si le sirve de consuelo, debo decirle que su elección tuvo acreditados competidores. Dos médicos, por cierto judíos, con buenos servicios a la G.P.U. uno de ellos de cuando era Cheka, hube de eliminar...

— ¿Cómo se arregló?...

— Al sugerir yo los anestésicos para este caso y mirar ficheros hubieran surgido ellos y era segura su elección. Sin saberlo, eran oposicionistas a mi candidato, a usted. No sabía cómo hacer para que fuera usted llamado; pero la idea dé "oposición", unida a sus nombres en mi pensamiento, me dio la solución. ¿Oposicionistas?... ¡Pues serán

"oposicionistas"! Y a las pocas horas llegaban sobre ellos sendos informes probando su

"trotskismo"... Creo que deben estar ya en la isla "de Solovesky.

— ¿Fue usted capaz de eso?... ¿Eran inocentes?...

— ¿Inocentes de qué?... ¿De trotskismo?... Uno sí y el otro no. Pero, ¿qué más da?... Tenga la seguridad de que no era la deportación lo que merecían, sino la horca. Claro que no por hechos condenados en el Código soviético, sino por algunos que suelen merecer cualquier condecoración..., ¡Ardides de guerra!

¡Qué expresión se pintó en su rostro!... La sonrisa aquella oblicua que yo había visto desde el primer momento en su boca, que podía ser amarga, irónica y hasta sádica, en este instante se corrió a todas sus facciones; diríase que un invisible antifaz se le había caído y todo su rostro mostraba una luz diabólica... No pude menos de comentar:

— Es admirable su preparación para él.,., el...

— ¿Para el que?— me cortó mirándome fijamente a los ojos— . ¿Para el crimen quiere usted decir?...

— No.— articulé apenas—; precisamente...

— Sí, diga, diga... ¿No quería decir eso?... No me asustan las palabras, doctor. Por algo no debí alterar mi programa; mi preámbulo debió abarcar los puntos que tenía previstos. Contaba con la existencia de sus prejuicios, morales. No podría usted comprenderlo todo en una noche. ¿Por qué había de ser su forma diferente a su formación? Usted, y millones como usted, aceptan la guerra, pero una guerra con reglas, uniformes, código, derecho de gentes, etc., etc. Bien, nada tengo que oponer... Pero cuando el enemigo, ignora todas esas cosas y las pisotea sistemáticamente..., cuando el enemigo, ha fraguado su estrategia a base del respeto que los demás tienen por esos preceptos...

¡Entonces, vacilar es aceptar la derrota, es traicionar la patria o la idea que se defiende!

¡Es todo un suicidio!

Había venido no sé por qué a mi mente aquel Duval del sótano de la. Embajada; el sádico torturador de la mujer aquella, y sin mucha consciencia, hube de lanzarle:

— No, no; mis escrúpulos quizá no sean cuestión de doctrina, sino cuestión de sensibilidad. La escena de esta madrugada... Usted había martirizado a la joven aquella, usted estaba tan frío, tan correcto como siempre... Para mí, esto era mucho más... sobrecogedor que si hubiera encontrada allí a un energúmeno.

No pude continuar. La garganta, se me había secado; de repente me di cuenta de mi audacia..., yo había olvidado mi situación. El recuerdo feroz,. con la complicidad del champán, me había incitado al atrevimiento. Y ahora mi guardián me miraba reconcentradamente, con ira y desprecio, al tiempo que parecía reflexionar lo que debía contestarme, hinchada la vena de la frente. Me sentí sacudido por una alarma general. Y él me disparó:

— ¡No, no comprenderá usted! Yo no torturaba a aquella muchacha doctor. No era yo, sino el corresponsal de turno, con la ayuda del colega de usted. Yo no quise más que salvarla, pero no encontré la ayuda de usted, ¿No lo sabe? ¿No lo ve?

Yo no veía nada, sino la silueta del espanto, más allá de todo lo comprensible.

— Ante la borrachera del médico— le van fallando los nervios, y los mantiene con alcohol y morfina— me llamaron; entonces recurrí a usted. ¿No, recuerda que casi le exigí una punción suboccipital? ¿No recuerda que usted se negó? Debiera haberlo hecho, Landowsky, si es verdad que ama usted a sus semejantes, si realmente tiene esa sensibilidad compasiva. Su aguja se hubiera hundido más de lo necesario, habría usted pinchado en el bulbo y la chica habría dejado de existir, o sea, habría dejado de sufrir.

¿Por qué no hizo usted eso, doctor Landowsky, en vez de reanimarla, en vez de devolverla a la tortura?

— Pero usted no me ordenó categóricamente...

— ¡Yo no podía ordenarle nada! ¡Entonces habría resultado yo culpable de la muerte, y a mí me habría castigado la N.K.V.D.— ¡Ah! ¿Prefería usted que fuese para mí el castigo? — No. Si usted la hubiera matado, la responsabilidad habría caído sobre el médico borracho que no estuvo en disposición de cumplir con su deber. La chica, muriendo, habría dejado de .sufrir. Y el monstruo aquel quizá habría dejado para, siempre de atormentar. En cuanto yo informase sobre su grave falta...

— Entonces, ¿usted nunca...?

— ¿Qué quiere decir?... ¿Que si yo he torturado? Naturalmente; es una prueba a la que no escapa ningún hombre de fuste en la N.K.V.D..; Una de tantas, ¿sabe?... He torturado tipos de todas clases; quince o veinte, acaso más. Los que se me ordenó. Pues bien, cosa singular, me he portado técnicamente bien con los antiguos comunistas..., recuerdo al famoso Riutin y podría citarle muchos más; quiero decirle que han confesado todo lo confesable. ¡Si usted hubiera visto una sesión mía con el famoso Kamenev! Me invitaron a ella unos amigos de la Lubianka, y yo, amateur, conseguí lo que no habían logrado ellos en varias sesiones... Pero el fenómeno extraordinario está en que las contadas veces que han puesto en mis manos auténticos enemigos de los Soviets, verdaderos anticomunistas, mi furor o torpeza han sido tan grandes, que han sobrevivido entre mis manos durante muy poco tiempo... ¡Una desgracia!..., ¿no cree?

Requirió un tono de voz distinto para explicar:

— Esto, doctor, es lo que en estos países llaman eutanasia. O sea, abreviar la vida del; enfermo que va a morir,, para que sus sufrimientos sean menores. Los moralistas de estas latitudes discuten mucho si es aceptable o no acortar la vida de un hombre para que no le torture la enfermedad. ¡Lo que no discuten todavía es si puede abreviarse la vida de un hombre para que no le atormente otro hombre!

— Mas la mujer de anoche...

— Murió— respondió con naturalidad—; pero no se apene demasiado, creo que no sufrió. Hubiera querido tener en aquel momento toda su ciencia para poder decirle ahora que estaba seguro de que no sufrió en absoluto...

— Pero, ¿habló?... ¿Dijo lo que le preguntaban?

— No, doctor; no habló... Quiero hacerle una consulta científica... Recuerdo un caso singular; fue de los primeros que presencié. Se trataba de un joven polaco; un hombre que había cometido el delito de ocultar a dos conspiradores sin siquiera conocerlos; simplemente, por caridad y compasión. Le llevaron a la, Lubianka; querían que confesase el nombre y señas personales de uno de ellos que había huido; el otro murió de un tiro al ser capturado. Pero no hubo medio. Había mucho interés; aquellos, dos hombres se suponía que tenían organizado un atentado de importancia, eran Anarquistas; algunos suponían que pretendían matar a Stalin o Molotov por ello se emplearon los "últimos adelantos"..., algo horroroso, créame. La experiencia de la Lubianka es grande; los expertos, que estudian a conciencia los casos, no recordaban que nadie hubiera resistido sin claudicar algo parecido. Yo, por entonces, aún flotaba en las dudas. El Comunismo aún tenía fuerza sobre mí, hasta tal punto que la canallada cometida conmigo y con mi madre aún no me había hecho romper los últimos lazos. Yo presenciaba el tormento de aquel hombre. Era en mis primeros tiempos, y sólo fui espectador. En frío, mero testigo, advertía con curiosidad todos los signos que aquel hombre mostraba. Su rostro no se contraía como los de los otros reos; cuando el dolor subía al extremo más alto, brotaba el sudor, las venas se hinchaban; nada de espasmos, gritos o contorsiones. Una dulzura escalofriante. Sus ojos, cuando se abrían para mirar a lo alto, diríase que nos ignoraban a todos. Y así expiró. Un sufrimiento infinito, que parecía resbalar sobre él como agua templada, sin provocar ni un gesto.

— No me explico... ¿Nada más advirtió?

— Sí. Advertí que aquel hombre rezaba.

Una música bárbara cortó el vocablo. Simultáneamente quedó la sala sumida en tinieblas. Sólo un círculo rojo marcaba el lugar de la pista. Una pareja de negros apareció de un salto en el centro. Diríase que habían caído de un cocotero, como dos simios. La banda atacó una melopea estridente; ignoro en qué papel pautado podría escribirse la selvática algarabía que suscitaba en la imaginación escenas de antropófagos. Los dos negros, macho y hembra, se lanzaron a un baile de contorsiones salvajes. Y luego, una epidemia psíquica terrible, alucinante, imprevisible, se fue extendiendo delante de mi vista. La concurrencia, que se mantenía en la penumbra, empezó a secundar a aquellos simios con sus alaridos y gritos; se lanzaron a la pista algunas parejas, con sus refinados vestidos de gala; al momento, muchas más. Todos imitaban a la pareja negra. La cosa terminó haciendo un círculo los "civilizados", que se agarraron unos a otros por la parte inferior de la espalda, cerrando así el anillo; pero sin perder el ritmo, agachándose y levantándose como pieles rojas en torno del poste de tortura. No sé de dónde surgió gran cantidad de globos, que fueron capturados en su mayoría, con gran algazara. Muchos estallaron entre los puños de los caballeros y las nalgas o cabezas de las señoras. Los músicos, negros también, bajaron a la pista y se mezclaron con los danzantes. ¡Se divertían mucho! Advertí que los más jubilosos eran los viejos. Un cálculo me permitió apreciar que las calvas estaban en un setenta y cinco por ciento. La música cesó y las luces volvieron a encenderse. Las respetables personas regresaron a sus mesas sudando de satisfacción.

— ¿Qué es esto?— pregunté a mi compañero.

— Es la "hora negra"..., una importación americana. Veo que no está al tanto de los progresos de la civilización...

Y ante mi gesto de hostil asombro, anticipándose a mi réplica: — ¡Oh!..., si el mundo fuera esto...— observó, negligente, mirando un globo amarillo que vacilaba por nuestra mesa— si el mundo fuera esto, merecería...

Acercó su cigarrillo al globo, que estalló instantáneamente.

* * *

A las dos de la mañana había cierta animación en torno del cabaret, más allá, la circulación y los transeúntes eran mucho más escasos que a nuestra llegada. Rodábamos en busca de algún sitio donde debíamos tomar la cena fría sin la cual es pecado acostarse. Aquí y allá puertas y ventanas iluminadas, establecimientos de recreo, y de vez en cuando una ráfaga de música o canción que se arrastraba vagamente por el suelo, como las gotas de una lluvia fina que había empezado a caer. París parecía envuelto en brillante encaje.

Llegamos pronto a no sé dónde. Descendimos. El establecimiento, sin gran apariencia, era sólido, pequeño, confortable. Algún restaurante anti...(ilegible) Duval habló con el maître, que nos condujo a un saloncillo interior. Tenía un zócalo de roble y en la chimenea ardía un alegre fuego. Unas pechugas; con grosella, caviar, guindas, y todavía Borgoña o Sauternes, todo en dos mesitas individuales. La servidumbre operó y desapareció rápidamente. Discreto. Exquisito. Inesperado.

— Nadie como los franceses— ironizó Duval— para proteger el amor. Estamos en un tierno nido señor Landowsky... No, no proteste usted. Estos señores no se interesan por los asuntos privados de nadie. Allá cada cual con sus inclinaciones sentimentales. Lo que importa es que aquí podremos hablar tranquilamente.

¡Exponía aquel hombre las peores cosas con una amabilidad...!

— Nuestra literatura de propaganda nos ha hecho creer que en estos ambientes suntuosos se crían grandes revolucionarios. No haga caso. Aquí sólo hemos podido obtener un confidente..., y en la cocina: un lavaplatos. Los camareros, inabordables; son auténticos burgueses; obtienen ingresos espléndidos, de los que desearía algún Mariscal de Francia... ¡Figúrese qué amigos tendremos entre ellos! Los ídolos de estos proletarios se llaman Poincaré o Maurras...

De pronto se interrumpió para decirme muy serio:

— ¿Sabe usted que me estoy poniendo pesado? Bueno, es que usted no sabe nada de nada; invita a hablarle. Charlo y charlo para usted como si charlase para este estúpido mundo que está ciego, tonto, sordo y dormido. Aguante lo que digo y cállese. Modestia aparte, he logrado categoría en el servicio. Sobre todo, desde agosto acá... Recuerde que en agosto comparecieron los dieciséis ante Vichinsky. Yo entonces, frente a Kamenev, Zinoviev, Smirnov y compañía, pude demostrar mis dotes. Aunque el asunto ha pasado a la historia con el nombre de "proceso dé los dieciséis", fueron muchos más...

— ¿Conspiraban por cuenta de Alemania, como se dijo oficialmente?

— ¡No, jamás!... Conspiraban, pero a favor de los enemigos de Alemania, de la Alemania hitleriana.

— Y Stalin lo sabía?...

— Mejor que nadie...; pero como resultaba que esos enemigos de Alemania, oficialmente, eran amigos y hasta aliados de la U.R.S.S., "oficialmente" también, debían morir como fascistas absolutos... ¿Comprende?

— Ni una palabra, si he de ser franco.

— La conspiración, dirigida por Trotsky, tenía la finalidad de derribar a Stalin; los conspiradores obtenían el poder y sus aliados del extranjero la seguridad de una alianza militar..., seguridad que, aun cuando la firme siete veces Stalin, no pueden tener...

— Es decir, ¿que esos procesos tienen una vinculación estrecha con esa guerra europea de que se habla?

— Exactamente; con esa guerra no europea, sino mundial, que estallará cualquier día. Esté seguro.

— ¿Qué naciones hay detrás de esos conspiradores?

— ¿Naciones? Nación, ninguna; más bien fuerzas, partidos, gobiernos y hasta supergobiernos... Las naciones pagan en dinero y sangre todo esto, como es su obligación... En primera línea están los Gobiernos de Inglaterra y Francia.

— ¿Pero no es Blum aliado de los comunistas?..., ¿no han ido juntos socialistas y comunistas a las elecciones para derrotar a las derechas?...

— La alianza electoral se hizo, bien entendido, bajo condición de obtener; la sincera alianza militar... Pero unos y otros iban decididos a engañarse. Los ingleses y franceses lo sacrificaban todo a la ayuda militar soviética contra el fascismo; Stalin accedía a todo, pero era sólo para organizar la revolución europea en su propio beneficio. En contrapartida, franceses e ingleses, aliados con los conspiradores trotskistas de la U.R.S.S., querían derribar a Stalin, como éste soñaba con derribarlos a ellos, previa la provocación de la guerra europea, pues la guerra de España es eso: provocación de la guerra europea.

— ¡Es estupendo que Stalin fusile a lòs espías de sus aliados acusándolos de espías de Hítler y del Mikado!...

—Lo estupendo del caso es que unos y otros están en el secreto... Habrá usted observado, al leer los comentarios del proceso, cómo protestan los políticos ingleses y franceses de la calumnia contra Kamenev, Zinoviev y Trotaliy... "¡No son espías alemanes ni japoneses!", gritan. ¿Cómo saben que no, están con Hítler?... La deducción es sencilla, porque están con ellos. En fin, conocer es ya casi dominar. Uno debe saber luchar contra esta gente, puesto que ha luchado a sus órdenes. ¿Recuerda el asunto Dowgalewski?

— Me parece recordar ese nombre; ¿quién era?...

—Uno de nuestros embajadores aquí... Se llevaron a la patria su cadáver con todos los honores para incinerarlo. ¿No recuerda? Dowgalewski, bajo su apariencia de intelectual indolente, era un fanático: pudiendo eludir su tarea se complacía en proporcionar víctimas a la G.P.U., especialmente eligiéndolas entre el personal que estaba destinado a sus órdenes o que, por cualquier asunto, pasaba por la Embajada. Yo creo que le incitaba a esta miserable tarea su propia mujer, vengativa en extremo, enemiga feroz y para toda la vida de quien no la adulara y complaciese. Lo que voy a contarle es que provocaron, valiéndose creo que de Ellert, la venida de Roisseman, el antiguo agente de la Cheka, que en aquel entonces era inspector del personal diplomático en el extranjero. Parece que había una acusación contra el primer consejero de la Embajada, Bessedowsky, tachándole de estar en relaciones con el segundo Bureau. Ignoro qué pruebas aportarían contra él, pero lo cierto es que se decidió su transporte forzoso a Rusia. El día en que llegó el "inspector", cuando el consejero quiso salir de la Embajada, cuatro porteros se apoderaron de él. Pero tuvo cierta serenidad; se dejó conducir pacíficamente. Alegando no sé qué motivo, consiguió que lo acompañasen al primer piso, antes de penetrar en la "Cité Interdite", como llamamos a la parte que usted conoce. Se descuidaron algo sus cuatro guardianes y Bessedowsky se lanzó por una ventana cayendo en el jardín de la finca próxima. No sé cómo no se mató. Se armó el escándalo natural. La mujer del consejero había quedado en poder de los chekistas. Yo me hallaba en el ochenta y tres, donde me habían dejado a la "escucha" durante el episodio. Por la "escucha" pude darme cuenta de lo que pasaba. Y se me ocurrió la idea original de inventar y apuntar una conversación sostenida por voz femenina desde el aparato número uno, el particular del embajador, con el número del gabinete de Chiappe..., ¿sabe?, el prefecto. Tuve la suerte de que la Policía se presentase en la Embajada, sin duda avisada por el consejero fugado. Yo dejé que las cosas discurrieran con toda lógica. Horas después, creo que Ahrens, al hacer las comprobaciones de los números vio la llamada a Chiappe, al que la voz femenina había pedido "varios ramos de flores urgentemente"... Resultado: la querida esposa del embajador fue invitada a ir a Moscú para imponerle una condecoración o algo así; pero se la pusieron en la nuca...

¡Divertido!, ¿no?...

— Es decir, que usted liquidó a Powgalewski ...

— Como usted quiera, señor fiscal. Pero yo no le estaba hablando de crímenes, sino de la universidad del siglo veinte, del Siglo Primero de nuestra Era de la Redención del Proletariado. Uno tiene mentalidad de novelista; en otros tiempos habría escrito novelas, ahora las hago. En esta universidad se aprende imaginación y audacia. Poco a poco, uno adquiere la infalibilidad precisa. La cuestión es tener en cuenta veinte factores, y no cuatro ni seis. Cuando empezó la lucha decisiva entre Stalin y el trotskismo, cuando él se sintió con fuerzas para liquidar la "vieja guardia" de la Revolución del diecisiete, a mi "técnica" se le abrió un campo infinito, mis posibilidades se multiplicaron prodigiosamente. ¿De qué se trata?, me pregunté; se trata de una lucha a muerte entre dos concepciones revolucionarias opuestas, servidas por hombres de igual catadura moral, con los mismos instintos y formación;

tanto ellos como sus fines me son odiosos; intrínsecamente, "oposición" y "stalinismo" son el mismo ataque a la Humanidad. Si la "oposición" quiere que la dictadura mundial la ejerzan ciertos judíos, sirviéndose de los comunistas para lograrlo, Stalin quiere la dictadura ejercida por él, sirviéndose de otros judíos.

— Mera inversión de factores y, en verdad, una lucha vil por el poder.

— En efecto; lucha por el poder... ¿Pero es otra cosa toda la Historia Universal? Ahora bien: jamás hubo situaciones más contradictorias, ni mayor brutalidad unida a tal sutileza e hipocresía... Debe usted recordar los acuerdos del séptimo Congreso de la Internacional. Las tesis aprobadas fueron del más ortodoxo "trotskismo"... al mismo tiempo que se condenaba nuevamente a Trotsky. Dimitrov, un hombre "doble", proclamó que introducirían el "caballo de Troya" en los países capitalistas. El "caballo de Troya" o "política de la mano tendida" era el Frente Popular, la alianza con los burgueses..., para destruir a los burgueses. No sospechaba el Amo que sus aliados, sin anunciarlo, ya tenían su propio "caballo" dentro de la U. R. S. S, para derribarlo. Y precisamente cuando él y sus aliados se lanzan a la primera empresa de su común cruzada antifascista, la de España..., es descubierto el "caballo de Troya" trotskista. Recuérdelo bien..., fue en agosto de mil novecientos treinta y seis. Las principales cabezas del caballo o del "anticaballo", si lo prefiere, caen: Zinoviev, Kamenev, Smirnov ... ¡Providencial!..., ¿no?...

— Es una coincidencia reveladora, efectivamente— dije, confesándome en los repliegues recelosos de mi interior que aquel hombre no estaba borracho sino que era más inteligente que yo. El proseguía:

— El susto de Stalin fue tremendo. No crea que aquello ha dado fin. La "purga" gigantesca continuará. Iéjov es el brazo ejecutor. Dentro de muy poco tiempo habrá otro proceso monstruo. Radek figurará en cabezal..., ¡seguirán muchos otrosi Todas las primeras figuras de la Revolución! La cosa será maravillosa... Nada igual en materia de Terror habrá conocido el mundo. ..; será liliputiense todo aquello de la Revolución francesa. ¡Los procesados declararán las cosas más fantásticas y se echarán encima las más monstruosas acusaciones! Verá! Verá cómo resulta que todos los jefes de la Revolución, sus héroes y "santos", confiesan que han sido siempre y que siguen siendo espías, asesinos, saboteadores a las órdenes de Hitler y del Mikado... Lo de Kamenev y Zinoviev resultará poco espectacular, resultaré de una palidez clorótica. ¡Qué oportunidad para mí, querido amigo!... Yá tengo en todo ello puestas mis manos; llegaré a batir mi propio record,..

— ¿Desde aquí?— le pregunté extrañado.

— ¿Y desde dónde mejor?... Las pruebas de su traición nefanda ¿dónde han de ser más abundantes que en el extranjero?... Fíjese, mi triunfo más preciado, hasta hoy, lo he logrado ya. Usted sabe quién era Radek, ... ¿Quién no conoce al que fue jefe supremo de la revolución en Alemania?..., El hombre que más propaganda se ha hecho a sí mismo en la U.R.S.S.; el imprescindible, el inagotable, el infalible. Pues bien, ha caído... No era presa fácil, se lo aseguro.

— Sería trotskista, al menos...

— Ni eso. Radek era ya incapaz de ser algo, por la sencilla razón de haberlo sido todo. Un hecho le revelará su condición moral. Visitó a Trotsky en Constantinopla un íntimo amigo de Radek, el famoso chekista Blumkin; un judío que mató en tiempos al Conde Mirbach, el primer embajador alemán en Moscú, por lo cual se fingió su ejecución por el gobierno soviético. Tanto Radek como Blumkin estaban en la conspiración trotskista, y con ella se relacionaba la visita que al desterrado Trotsky había hecho Blumkin. Portador de instrucciones del jefe, se presentó a Radek. Este le dejó hablar, y cuando lo supo todo, dijo con toda tranquilidad a su amigo: "Lo siento; ayer mismo he abjurado del trotskismo y me he separado de la oposición". Blumkín escapó, pero avisada la G.P.U. por Radek, fue detenido aquella noche. Blumkin fue fusilado; esta vez "de verdad". Radek se despidió de su amigo y hermano de raza con estas palabras: "Ahora cuenta todo lo que me has dicho, porque yo voy a redactar mi declaración ahora mismo". ¿Creerá usted que Radek obraba por sincero arrepentimiento?... No, jamás. Luego siguió conspirando, alternando la conspiración con la denuncia de sus compañeros. Simplemente, cada vez que se sentía espiado, cada vez que temía ser descubierto, entregaba un compañero a la G.P.U.; el mejor medio de disipar todo peligro para él. Ahora comprenderá que no era cosa fácil atraparle, porque en todo momento se "vacunaba" contra la delación en contra suya. He tenido que ingeniarme mucho ...

Mi intriga y curiosidad rebasaban todos los límites.

— ¿Cómo pudo perder a Radek?

— Simplemente le hice que se "vacunara" nuevamente denunciando a Molotov. Llegaron a sus manos "pruebas muy serias" sobre las traiciones del Presidente de los Comisarios, que entregó a Stalin inmediatamente..., pero habían llegado antes otras "pruebas" demostrando que Sedov había "fabricado" pruebas contra Molotov, aquí, en París, remitiéndolas a Rusia para perder al Presidente ..., se ignoraba quién pudiera ser su destinatario, se ignoraba quién pudiera ser el traidor en Rusia, cómplice de Sedov, el traidor en Francia. ¿Y Radek, qué ha hecho?... Se ha "vacunado" por última vez... Sólo con verse ante dos buenos muchachos en la Lubianka se ha delatado a sí mismo. Ha confesado todos sus crímenes; los que ha cometido y los que ha inventado..., y si eso ha hecho con él mismo, figúrese lo que habrá vomitado aquella su boca sardónica, de rana... ; ya nos lo dirá el pomposo Bujarin...

— ¡A Bujarin llegará también!

— Ya le he dicho que será cosa inaudita. Cosa que nadie jamás habrá soñado ... Creo que todo lo que soy, lo que pueda valer, tendrá en los años venideros la máxima eficacia...

— Un momento, Duval; no le entiendo. Me dijo antes, o yo lo he soñado,. que solicitaba mi ayuda para sacar de la Unión a su madre y a mi familia; que lo haríamos lo más pronto posible...

— Algo tiene que ver lo uno con lo otro.

— Rescatada su madre, usted abandonará sus servicios..., su misión, naturalmente.

—Al contrario: cuando usted me interrumpió con sus escrúpulos, y hube de explicarle extensamente su misión, iba yo a decírselo. Recuerde que le hablaba sobre los motivos de recurrir a usted, qué no eran precisamente sus aptitudes marineras para patronear mi balsa. Brevemente: ¿sería usted capaz de provocar en una persona durante el tiempo necesario apariencias auténticas de muerte?... ¿Esa famosa "catalepsia" de las personas a quienes entierran vivas?

El mundo daba vueltas como una pelota en manos del extraordinario chileno. Me había llevado a los laboratorios del placer occidental, luego a los sótanos horripilantes de la calle Grenelle, después a las intimidades del organismo estatal y kominteriano, y ahora me traía de golpe a los campos de mi especialidad, dando a todo una luz deslumbrante. Si Stalin contaba con muchos agentes tan eficaces, con muchas personalidades tan fulgurantes como Duval, nada se. le opondría en el mundo. Quizá un jefe no necesite en sí mismo aspecto atractivo, gesto simpático, palabra grata y voluntariosa, categoría humana, en fin; pero lo necesita en sus subordinados. Y Duval era un caso raro de categoría humana. Digo esto, porque mi pobre imaginación sumisa como una esclava ardorosa, se precipitó sobre el tema que se le ofrecía. Hablé a Duval sobre mis experiencias y reflexiones, sobre sistemas vegetativos, de relación, sobre Vida, Conciencia y Locura, sobre todos los problemas; en fin, entre cuyas llamas he vivido siempre. Sí. Yo era capaz de suspender todos los signos de la vida, sin interrumpir las subterráneas palpitaciones que mantiene a los órganos quietos, inmóviles, pero dispuestos a despertar. Yo era capaz de decir "¡chist!" a los procesos biológicos y sujetarlos por algún tiempo. Yo había de dejar a la ciencia el legado magnífico de este camino nuevo, por el que se puede ir inconcebiblemente lejos. Todo consiste en saber marchar, como sobre zancos, avanzando ahora una pierna la Farmacología, y ahora otra, la Psicoinfluencia, es decir, la Hipnosis por vía semática y la Hipnosis por vía psíquica. Hablé con entusiasmo, quizá me excedí un poco. Duval me hacía objeto de todo su interés, y al final me dijo tranquilamente:

— Bien, doctor. Todo eso va usted a hacerlo con mi madre.

Esto me volvió a la realidad del momento.

— Pero..., ¡está usted loco!

— La muerte "oficial" de mi madre, con la ignorancia de su resurrección, impide en absoluto toda sospecha sobre su fuga. ¿No es evidente?... Bien, con ello, nada estorba que yo continúe, aunque me falte el rehén, siendo este magnífico agente de Stalin que soy. ¿Comprende ahora?...

El último resto de mi capacidad para el razonamiento se gastó en una última objeción:

— Y ¿para qué quiere usted seguir siendo agente de Stalin?

Se puso en pie y apoyó en mi hombro la punta de su dedo índice, mientras con la otra mano tenía la copa.

— ¿Aún no me ha conocido?... ¡Qué sobra de razón tiene usted y qué falta de imaginación!..., La lucha entre trotskistas y stalinistas es para mí una cosa singular: destrucción del Comunismo, muerte..., ¡y qué muerte! ... de los más peligrosos comunistas. Yo no desertaré; yo destruiré, y mataré, haciendo que los comunistas se maten entre sí...; soy su discípulo, ellos me han educado y me han formado; cuanto sé, cuanto soy, el odio infinito que metieron en mí contra los demás hombres, lo vuelvo contra ellos: crimen contra criminales, asesinato contra asesinos... ¿Hay nada más bello?... Durará lo que dure tan feroz y sublime deporte; pero lo que me atrae fascinado es un final de apoteosis. Recuerde, doctor Landowsky, el último Primero de Mayo en Moscú. El formidable silencio del pueblo cuando bajo el, zumbido de los tanques y de los aviones entonaban una "Internacional" monorrima impresionante. Las máquinas desfilaron junto al mausoleo de Lenin. Y en su tribuna los mariscales soviéticos. Kalinin, el ridículo viejo presidente. Los Comisarios del Pueblo, en pleno. Molotov, Kaganovitch, Yagoda. Y por fin, Stalin.

Se interrumpió para beber el último sorbo:

— Yo soy capitán aviador. Desfilo siempre, con mi avión de bombardeo pesado. No es preciso que mi aparato vaya cargado de bombas. ¿Imagina usted lo que es un avión en el cielo? Una embriaguez de poder, una locura furiosa, un formidable desprecio del planeta y de sus asquerosos crímenes minúsculos, de sus bailes negroides, de sus Repúblicas Soviéticas. Piense usted un bombardero pesado, así, así, cerniéndose a la, altura de las nubes, alzando el pico ronco hacia el sol, encabritándose, picando luego hacia el centro de la tierra, como un dardo, como un rayo, como lo que usted quiera..., en línea recta hasta la tumba de Lenin, ¡que aquel día será también la de Stalin!

Tenía los brazos abiertos y "picaba" hacia mí. Había muerto su sonrisa en el rostro, que de pronto era hirsuto, tenso y duro como el pico de un águila. Y los brazos, casi alas. ¡Arcángel rebelde! ¡Contra Dios y contra Lucifer!

IX

YO, DENUNCIANTE

Creo que he cumplido mi deber al referir aquí tan puntualmente como me ha sido posible mi conversación de aquella noche con Duval. Es curiosa que ahora recuerde sus palabras con toda perfección y fidelidad, y en cambio poco después de oídas no habría podido recordarlas. Ellas quedaron entonces en los entresijos de mi entendimiento, donde han ido fermentando como la cebada, soltando su amargo licor de cosa cierta. Fueron las primeras noticias que llegaron a mí sobre la forma, el fondo y el trasfondo de la fuerza soviética, y me llegaron en medió del encantador desconcierto de París, entre vapores de vinos exquisitos.

Volvimos a la Embajada andando. Había cesado la lluvia, y el fresco me desató la lengua. Me declaré resueltamente a las órdenes de Duval. Le pedí instrucciones.

¿Debería yo, por lo tanto, sabotear el asunto Miller? ¿O bien ganarme aún más la, confianza de los jefes mediante una actuación "correcta"? Desde luego, si se me volvía a reclamar para la práctica de punciones suboccipitales, yo estaba resuelto a hacer eutanasia. Habría que buscar manera de ir a la costa para ensayar la navegación con cañas de bambú. Y ejercitarse un poco en el remo, por si acaso.

En cuanto yo tomé la palabra, Duval, tan elocuente hasta entonces, se calló.

Parecía entregado a otras reflexiones, que comprendí más adelante.

Eran las cuatro de una madrugada neblinosa cuando embocamos la calle Grenelle. Desde que adiviné el edificio de la Embajada, sentí el malestar e inquietud de las personas a quienes falta el aire. Nos aproximábamos; ya. se advertía la mancha más oscura de la puerta. Pasado el portal, la diferencia de temperatura me pareció como si un vago aliento de cárcel o evacuatorio público se me entrase por boca y nariz, denso, acre, viscoso... Transpusimos los muros de la cité interdite. Sólo vimos a los guardianes en sus puestos, velando día y noche, plegamos a mi habitación, Duval me pidió fuego para encender su pitillo. Intenté decirle algo:

— Mañana...

— Hasta mañana, doctor Que descanse bien.

— Hasta mañana.

Cerró la puerta, quedó todo en silencio y pude oír sus pisadas que se alejaban, más débilmente cada vez, hasta que se apagaron por completo.

Empecé a desvestirme. Ya sereno y más tranquilo, se fueron abatiendo sobre mi cabeza, como silenciosas aves nocturnas, todas las ideas e imágenes vistas o suscitadas en aquella noche, para mí tan decisiva. Abstraído en mis pensamientos, me metí en la cama y apagué la luz. Recordé confusamente que no debía santiguarme, y no lo hice. Contra lo que yo esperaba, debí quedar dormido muy pronto.

No sé si minutos u horas estuve en sueños. Me desperté! de golpe, bajo la impresión de un gran pellizco, de una descarga eléctrica. Quedé en el acto completamente lúcido, con esa lucidez que sentimos ciertas veces al despertarnos de ese, modo. Sin duda, nuestras ideas van y vienen, tejen y destejen mientras nosotros dormimos. Como un rayo se me resumieron en una sola todas las escenas vividas y soñadas la noche anterior... La idea sobrevino como un mazazo, pero sin turbar mi juicio; al contrario, haciendo brotar como una chispa la verdad nítida, perfecta, absoluta ...

"Estoy perdido". Tal fue el pensamiento que se adueñó de mí, imperativo y total, sin que nervio, músculo ni célula escapase a esa convicción evidente, a la saturación de la evidencia.

Salté de la cama como una ballesta. Encendí la luz. Quedé en pie ante el espejo, que daba mi imagen sorprendentemente incambiada, como si yo fuese el mismo. Esto me dejó perplejo unos instantes. Todo era electricidad. Mi vista tropezó con la puertecilla del aparato telefónico, en el muro. La idea "estoy perdido"-, "ESTOY PERDIDO" no era ya un choque, no era ya un martillazo, sino una caricia que bañaba mi cuerpo igual que si me frotasen con terciopelo suavemente. Y de golpe, la descarga. La urgencia de salvarme tremoló en el vértice de mi cráneo, como una de esas chispas que saltan entre las bolas de latón de las primitivas máquinas eléctricas experimentales. Agarré febril el auricular, me aproximé mucho, hasta tocar casi con mis labios la boquilla; en las piernas, la sensación que recibimos cuando el ascensor desciende. El débil cordón era lo único que me podía sostener en aquel instante al empezar a naufragar el pavimento. Al fin me di cuenta de que había circuito. Pero nadie atendía. Pasaron segundos, muchos segundos. Tosí; nada. Tosí más fuerte; el mismo resultado. Quise hablar, pero tenía la garganta hecha cartón. Busqué saliva, estrujando la lengua entre los dientes. "¡Aló, aló!"..., pude al fin articular con una voz que no era, por cierto, mía. ¡Nada! Aquel teléfono estaba roto o abandonado. Fui a desistir; pero una feroz crispación me sacudió entero. Moví febril la palanquita. ¡Silencio!... ¡Silencio absoluto!... Obseso, no me separaba del aparato. Suspendiendo la respiración, ponía toda mi vida en la escucha. Me pareció que oía el fino y débil ruido de abrir una puerta próxima, y hasta pasos rápidos, como de alguien que marchara de puntillas... "¡Aló, aló!"..., gritéj ya sin contenerme, a voces. Jadeaba; mi corazón galopaba feroz, arrítmico.., ¡Aló!... ¡Perdido!.. ¡¡Aló!!...

¡¡Perdido!!... ¡¡¡Aló!!!... ¡¡¡Perdído!!!... ¡Al fin!..., un ruido áspero— ¡pero qué agradable!— me hurgó en el tímpano. La clavija debió meterla el rudo telefonista como si diera una puñalada a su más odiado enemigo.

— ¡Aló!...

— ¡Un momento..., espere!...

Al otro lado de la línea hablaban.

— Sí, camarada; entregaré en el momento que llegue ...

— Ponga la hora..., sí, así..., firme...

— Salud, camarada...

Al fin pude intervenir yo.

— ¿El jefe?... Póngame con el jefe.

— Imposible.

— ¿Por qué, camarada? Es asunto urgente...

— Porque no está en la, casa...

— Pues necesito hablar con él inmediatamente...

— ¿Tan urgente es?...

— Urgentísimo...

— No tengo autorización para llamarle si no es por algo de "arriba"... ¿No puede entenderse con otro?... Aquí ha estado uno ahora mismo...

— No, no; ha de ser con él precisamente.

— Pues hasta más tarde, sobre las diez o las once creo que vuelva... Vea usted.

— Entonces— yo no sabía qué hacer— ¿podrá avisarme cuando llegue?...

¡Ah! ¿Puedo contar con usted por si necesito que diga la hora en que he intentado hablar al jefe?...

— Desde luego, camarada.

Colgué. Estaba anonadado. Hube de sentarme en el borde de la cama; mis rodillas temblaban y hasta me vi obligado a sujetarlas con ambas manos. Creo fue aquél uno de mis peores momentos; hasta entonces, las peligrosas incidencias por qué había pasado no me privaron del control de mí mismo. Creo que, aparte del peligro en sí, me sentía exánime por la mutación tajante de mi estado. Yo, sinceramente, había entrado en la Embajada eufórico, casi optimista; eso sí, cansado; la sorpresa, lo inaudito de las revelaciones de Duval, debieron requerir de mí un desgaste nervioso mayor de lo normal. ¡Y tanto vino! ¿Por qué me habían emborrachado? Luego, repentinamente, la seguridad de que había caído en la trampa, de que estaba perdido..., todo muy superior a mis reservas de energía. Ahora, en el momento que escribo esto, puedo analizar con cierta serenidad mi estado; entonces, totalmente imposible.

Seguía sentado y temblando. Tenía frío, pero no pensé en ponerme abrigo alguno y, seguía en pijama Al contrario, cuando vi brillar el grifo del lavabo frente a mí, me pareció un descubrimiento prodigioso. Llené un vaso y bebí sujetándolo con los dientes, exponiéndome a desportillarlo. Me sentí mejor; se aquietaron mis nervios, Me puse la bata y las zapatillas. Hasta pude encender un cigarrillo. Pero mi mejoría sólo era fisiológica; casi diría que se agudizó mi alarma. Hasta entonces sólo vagamente había acudido a mi desorbitada imaginación los espectros de los míos. Ahora llegaron nítidos, con raro relieve y precisión en sus fisonomías. La feroz angustia de aquellos rostros amados no sería capaz de copiarla nadie, ni tampoco la lucidez en que yo veía todo desde el borde de mi cama. Punto raya punto, raya, raya, punto raya, raya..., punto raya, raya. Ondas de radio llevan en puntos y rayas el certificado de mi traición. Gabinetes de cifra pasan el comunicado a Iéjov. Veo al monigote sangriento oprimir: un timbre, le veo hablar, apaciblemente, al jefe de una sección: "Asunto Landowsky, fallado. Liquiden"...

El pelotón de facinerosos chekistas. El camión siniestro, inconfundible, saltando por las calles de barro amasado con llanto de las víctimas. Allá en la oscuridad, grandes pupilas espantadas me miran: "No, papá, si se puede vivir sin pulso..." Ahora, dentro del antro, se aprietan contra el rincón, y ya no pueden verme. Y huyen ahora al otro lado, porque en el rincón también están las huellas de los crímenes, las manchas negruzcas, las marcas de las balas... Ellos entran pausados, crujiendo las botas ferradas... ¡Mis hijas!, ¡mis hijas!

Debí desvanecerme y caer. Sé que aquello siguió danzando, confuso, monstruoso, pero con creciente ferocidad en el detalle, sobre un monorritmo enloquecedor de puntos y rayas.

Ahora, uno va por en medio de la noche de los campos, paseándose, y con una curiosidad irónica recoge, examina, y vuelve a soltar en el suelo, pedazos de carne y de ropas, los despojos sangrientos de mis hijas. Se ríe en silencio y sigue paseando, alto, calmoso, distinguido. Es Rene Duval.

Duval me ha puesto en el rostro su mano mojada y palmotea. Estoy en el trance intermedio de realidad y pesadilla. De nada en concreto me entero. Siento martillear dos clavos en cada sien, y todo en mi torno baila y gira; Me siento levantar, como inerte, del suelo. Y gana mi consciencia. Sí, allí está Duval en persona; lo distingo entre la niebla que tapa mis ojos, impreciso; su sonrisa es aún más afilada y amable.

— ¿Qué le pasa, doctor? ¿Se ha desvanecido? El champán, sin duda. No tiene importancia. Es preciso que se vaya usted acostumbrando. ¿No será nada?..., ¿verdad?...

Le miré estúpidamente.

— Vamos, vamos..., ¿le traigo alguna medicina?... No sé si habrá en el botiquín algo adecuado. Repóngase. El jefe le espera...

Aquella palabra, "jefe", obró en mí como un milagro. Mis nervios se tensaron. Me enderecé de un salto. Y con la vista mirando a otro lado, dije a Duval:

— Mé visto, me visto al momento...

Duval salió. Me vestí acelerado, después de chapuzar la cabeza en el agua. En aquel momento pasaron el desayuno y bebí el café de un sorbo, sin azúcar. Y sin respirar. Aún pude fumar un instante. Volvió Duval en mí busca. Marchaba delante, con su aire despreocupado de siempre, silbando. Nos abrieron la puerta del 83, previa la correspondiente llamada. Allí se despidió.

— ¿No me acompaña?...— le pregunté por decir algo.

— No, tengo trabajo fuera. Además, la llamada, es para usted solo. Suerte, doctor, suerte; es decir, inteligencia. Nos veremos pronto, con seguridad. Hasta luego.

Me volvió la espalda y entré. El secretario se hallaba en su puesto; me miró a través de sus dos tacos de cristal. Era absolutamente ridículo.

— Un momento— me dijo—; espere— dio mi nombre por el teléfono, volvió la palanquita a su sitio y mirándome de lado, añadió—: el jefe le recibirá inmediatamente. Espere.

Me pareció muy largo el entreacto. Quería elegir mis palabras, ordenarlas un poco, pero no coordinaba un solo párrafo con sentido. Mi vista estaba atraída, y mi atención también, por la puerta muda del jefe.

Sonó un timbre, invisible, junto a la mesa del secretario, de esos que par recen repiquetear sobre madera.

— El jefe le espera, camarada. Puede pasar.

El jefe estaba tras de su mesa, en pie, mirando unos papeles... Alzó luego la cabeza y me miró sin decir palabra. Tiró los folios que examinaba y se dirigió hacia el sillón. Me aproximé, a su gesto, pero sin llegar a sentarme pues no me había invitado aún.

— Anoche, según me dicen, quería usted hablarme con urgencia... ¿Algo muy importante, sin duda?

— Sí, llamé..., llamé porque necesitaba hacerle una comunicación urgente e importante...

— ¿A qué aguarda, pues?— me dijo con. alguna impaciencia.

— Quería decirle que anoche salí...

— Lo sé; nadie sale sin que yo lo sepa. ¿Y qué más?...

— Salí con el camarada Duval...

— También lo sé; abrevie detalles; .

— Y que...— me corté de nuevo— hablamos.

— Es natural que hablaran. ¿Qué me importa eso?... Diga, diga lo que sea. Tengo mucho que hacer.

Me debí poner encarnado, y ya, como quien se arroja al vacío, solté mí "bomba".

— Debo decirle, simplemente, que Duval es un traidor a la causa del proletariado... Anoche me dijo...

— Que traicionara usted también, ¿no?...

— Exactamente...

— Y usted, ¿qué?...

— Yo..., verá, yo...— me sentía más embarazado cada vez— yo hice como que aceptaba...,

¿sabe?..., que aceptaba para saber más cosas; además, mi situación..., desarmado; en sus manos..., negarme podía ser peligroso, estando yo solo. Quiero prevenir a usted. El tendrá cómplices...

El jefe se había levantado y metía las manos en sus bolsillos; miró a Otra parte.

Yo quise continuar.

Le aseguro a usted que no me cabe la menor duda. Me habló claramente. Yo puedo...

— Bien, está bien. Otro día. Por ahora me basta saber lo que me ha dicho. Vuelva tranquilamente a su habitación. Tenga la seguridad que a la N.K.V.D.., no se la traiciona con facilidad... No lo olvide ni un instante. Hasta luego, doctor... Si me interesan sus detalles, ya le pediré un informe escrito.

Había fruncido el ceño y tuvo un ligero ademán de despedida. Entonces retrocedí sin, darle la espalda hasta la puerta. Cuando llegaba a ella, me dijo:

— Hoy o mañana lo llamaré. El asunto suyo se halla a punto. ¿Se cree ya, en disposición de representar su papel?...

— Creo que...

— Bien— me cortó—; ya lo veremos. Tenga preparadas sus cosas. Hoy o mañana deberá trasladarse a un hotel, haciendo su entrada "oficial" en París. Hasta luego, doctor.

Cuando cerré la puerta, quedé parado frente al secretario, creo que sonriendo. El alzó la cabeza.

— ¿Desea algo?...— me interrogó.

— No, nada. He terminado... Es que debo marchar a mi habitación..., ¿puedo hacerlo?...

— Desde luego.

— ¿Quién me acompañará?...

— ¿Quién?... Nadie. Puede marchar, ya sabe usted el camino.

Salí radiante. Ágil, casi saltando, llegué a mi habitación. La puerta gestaba semiabierta. Penetré. Nada había en ella ni nada había cambiado. Pero me pareció alegre, casi chic... Me froté las manos. Me sentía volver a la vida. Los míos también allá, en un playa de Crimea, tendidos sobre la arena soleada, jugaban y hacían diabluras. Me recreé con el cuadro. Luego, algo en que no había pensado hasta el momento vino suave, quedo, rozándome la frente como si una fría sabandija reptara por ella. ¿Y si Duval hubiese sido sincero?... Rechacé sin esfuerzo la hipótesis. Pero el pensamiento volvió a asaltarme; era tenaz, en contraste con la delicadeza con que se movía en mis convulsiones cerebrales. Pero no podía aceptarlo: las cosas estaban demasiado evidentes. Duval me había probado..., ¿no era esa la regla técnica e insoslayable en la G.

P. U.?... Como él mismo me anunció y había confirmado el jefe, dentro de días, acaso de horas, yo debería empezar a moverme, con relativa libertad...; era lógico que en el último instante me "tentasen". Cierto que tenían rehenes míos, pero..., ¿no era prudente cerciorarse aún de que los rehenes me ataban indisolublemente?... No era igual hacer el experimento en Rusia, lejos de las fronteras, cercado por millones de agentes, pesando sobre uno todo el aplastante aparato estatal. Es natural que, ya fuera, con la visión del mundo civilizado llenando las pupilas y sintiendo en todos los poros penetrar la atmósfera embriagadora del refinamiento occidental, la técnica depurada del espionaje soviético eligiera ese preciso instante para una última prueba...

"tentándome"... Y aquel refinado actor de Duval había estado a punto de vencerme. Me ufané de mí; me sentí listo, inteligente, superior. Mi mente se recreaba en su tejido de argumentos, fuertes, suaves, exactos, como un guante de seda que se plegara dulcemente a mi corazón... Pero he aquí que aquella idea reptante, que había dejado en paz mi cerebro me dio un pinchazo, aquí .., en el centro de mi pecho; era como la aguja del colmillo de un áspid... Porque, fuera lo que fuese aquello de Duval, yo era un miserable intrínseco. Un delator, y nada más.

Me molestaba en la garganta la idea. Pues, ¿y si Duval iba a parar abajo a un cuarto de suplicio? ¿Y si me llamaban para carearme con él? ¿Y si veía yo, puesto en el tormento por mí, al héroe verdadero?

X

ENSAYO GENERAL

— Orden del jefe; a las once en su despacho... ¿Tiene preparado su equipaje?...

— ¿Qué hora es?...

— Son las nueve, doctor...

— Bien, allí estaré a la hora ordenada.

Colgó y colgué.

No podía explicarme cómo pude pasar desde las primeras horas de la tarde del día anterior hasta esta hora, las nueve, del siguiente día. Aquel estado mío de exaltación nerviosa me había desaparecido. Me sentía débil, pero despejado. Distinguí sobre la mesa mis dos comidas intactas y el hambre se hizo sentir en mi estómago. Aunque fríos los platos, me parecieron, excelentes Sentía mucha sed y bebía sin cesar copas de vino.

¡Había que-acostumbrarse! Me trajeron un café, bien caliente. Fumé un pitillo que me supo a gloria. Me sentía otro. Milagros de la nutrición; el estómago me hacía las veces de conciencia.

Si algún pensamiento de aquellos que me martirizaron volvía, fácilmente podría rechazarlo. Por otro lado, era necesario actuar. Me puse a meter mis cosas en las maletas. Me lavé y afeité. Miré la hora. Eran poco más de las diez. Me dediqué a repasar los papeles de mi "papel". Miraba mi reloj constantemente. Cuando faltaban cinco minutos para las once, tomé el teléfono y llamé.

— Que me abran la puerta; he de ir a ver al jefe...

— ¿La puerta?...— me preguntó aquella voz con extrañeza— . ¿Quién la cerró?...

Dejé el auricular sobre la mesa. Llegué hasta la puerta, tiré: estaba sin cerrar la llave. Pedí disculpa al telefonista. Aquel detalle de la puerta me hizo una extraña impresión. Poseía ya toda la confianza de los hombres de la G.P.U...

Me miré, al espejo. Estaba algo pálido; no advertí más, y me aparté. podían sostener mis ojos la mirada de la imagen.

Por los pasillos, bultos, cuyas fisonomías ligeramente captaba, se cruzaron conmigo, y hasta algunos saludaron. Ya era yo "de la casa"...

Llegué al 83. Pronto me hallé frente al secretario.

— No es aquí. Ha de ir arriba. Se reúnen en la Embajada.

— No sé bien el camino...

— Espere un instante; iremos juntos. Entró sin llamar otro hombre.

— Hola, querido...— le saludó el secretario—; pasa, te esperaba. Tienes que ponerte a la escucha. Mucha atención al siete.

Luego vino hacia mí.

— Cuando usted quiera.

Salimos juntos. Ya en el otro piso, recorrimos varias salas, donde había diferentes tipos... Pronto llegamos ante una puerta que se mantenía cerrada. Llamó con respeto mi guía, tan débilmente, que hubo que repetir la llamada. Nos franqueó la puerta un desconocido. Entramos. El jefe estaba allí, hablaba con dos individuos, para mí desconocidos también.

— He aquí a nuestro "doctor Zielinsky".— habló el jefe a aquellos hombres que me miraban— . ¿Qué tal?

Me exploraron con ojos de "entendidos", comentando uno de ellos:

— No está mal de aspecto... Pero lo otro importa más.

He de advertir que yo había perfilado lo que pude mi caracterización.

— Está bien preparado— dijo el jefe—; no creo que lo vea nadie más que el mismo Miller, y él conoce sólo por referencia a Zielinsky... Interróguele" en tanto él llega. Sentémonos..., siéntese, doctor.

Lo hicimos todos en un tresillo que había en el rincón.

— ¿Y su esposa, doctor?— me preguntó, en polaco, aquel que había aprobado mi aspecto.

— Perfectamente, señor— respondí en la misma lengua—; hablé ayer con ella por teléfono... Saludos para vuestra excelencia, general; ahora está ella en Lodz.

— ¿Y nuestro Wolski?... ¿Se repuso?...

Contesté— Wolski era uno de mis pacientes y amigo del general— afirmativamente y me lancé, con seguridad en la materia, a discursear sobre su enfermedad, su tratamiento y su convalecencia, empleando el mayor número de términos médicos, de tics y de "¿comprende?" que pude. Aún me hallaba sin cortar el hilo de mi charla, cuando los tres oyentes se levantaron, mirando por encima de mí hacia la puerta; me volví un poco y vi que alguien había entrado.

Debía ser un sujeto de importancia. Lo advertí en el instante. El trato entre los "camaradas" es de lo más servil y humildoso cuando se trata de un jerarca de Moscú. Avanzó, un tipo pletórico, reluciente, con cuello grueso y ojos de pescado lujurioso. Tiró sobre una butaca su abrigo, forrado de zibelina. Se dignó sonreír a los rendidos subordinados obsequiosos. Yo permanecía humildemente apartado. Se sentó con las piernas abiertas y batió con sus palmas los brazos de cuero del sillón. Tenía algo de parvenú, de millonario bruto y satisfecho de sí mismo. Me miró echando hacia atrás su brillante cabeza.

—¿Nuestro doctor?...— inquirió, como desplegando sobre mí su protección.

Me incliné ante la distinción, y, al mirarle de nuevo, advertí que le había henchido el corazón mi reverencia. Igual que Yagoda, igual que Iéjov ...

— Siéntense, camaradas— invitó—; aproxímese, doctor...

Obedecí prontamente, sentándome en el borde de una silla.

—No; aquí, aquí, doctor...— y me señalaba el sitio del sofá inmediato a su sillón.

Lo ocupé, dando las gracias. Cuando estuve a su lado, puso su mano en mí, diciéndome con el tono del que impone una condecoración:

—¿Qué tal, doctor?... ¿Bien por París?... Sepa que se interesa mucho por usted nuestro gran jefe, Iéjov... ¿Le tratan bien aquí?... Dígame, dígame; pues si no.. .— y diseñó un gesto de cómica amenaza, que los otros recogieron con una sonrisa zalamera, que tapaba un rastro de pavor, quizá, no fingido.

— ¡Gracias! ¡Muchas gracias, señor!... Le ruego las transmita al "incorruptible", al gran Iéjov.

Volvía de nuevo a sentir aquella lucidez y dominio que el peligro despertó en mí frente a Yagoda e Iéjov. Me sentía firme, casi audaz.

— Pero ¿aquí no se bebe?...— increpó a carcajadas el "alto jefe"...— ¿O se han vuelto secos en esta estúpida Embajada?

— ¡Oh!, no, no...— dijo el jefe local, levantándose de un salto. Abrió un mueble-bar; tomó unas botellas, copas, y las trajo con presteza al velador que nuestros sillones circundaban. Y desplegó tal destreza, que hube de pensar que aquel hombre debió ser algún día camarero o valet. Por de pronto, estaba increíblemente disminuido ante el recién llegado. Bebimos unas copas de vodka; no de la rikovka infame, sino dé la más selecta.

— Se abre la sesión— dijo bromeando el jefe de Moscú—; tiene usted la palabra— señaló al jefecillo de París.

— Se ha cumplido, punto por punto, el programa...

— ¿Y qué?...

— Con resultado positivo.

— ¿En cuanto al doctor?...

— Precisamente

— Entonces, hablemos...

— El— y señaló al que me examinara— se estaba dado cuenta, cuando usted llegó, de su estado de preparación. Diga su opinión, camarada.

— En él corto examen, he podido apreciar que se halla capacitado..., luego proseguiré; todo lo más, podrá ocurrir que deba estudiar mejor cualquiera de los puntos; pero hay cierto tiempo. No dudo que para el momento estará capacitado.

— ¿Procedimiento?—preguntó el jefe "uno"; llamaré así al llegado de Moscú, ya que, ni por descuido, se les escapaba a ninguna un nombre o apellido.

— Con la ambulancia. Hemos discutido el asunto los tres; creemos que es el más seguro—esto lo decía el que aún no había intervenido.

— Los dos oficiales alemanes llegarán esta noche— intervino el "uno"—; yo había ideado el procedimiento... Pero, si tanta confianza hay en ese otro, me alegro; mejor no gastar a esos dos hombres... El holandés los quiere mucho, se resistía a prestármelos; ciertamente allí, en Alemania, son insustituibles.

—Yo les tengo reservado alojamiento— intervino el jefe "dos".

— No, no hace falta; que no pisen el escalón de la Embajada; una foto se les haca en un segundo... Las "leicas" pululan por Grenelle, y sería una ¡Lástima que a su regreso a "hitlerandia" les esperaran con el hacha...— el "uno", con el canto de su palma, hizo ademán de golpearse el robusto cuello, y soltó una carcajada— . ¡Más vodka, camaradas!...— gritó.

Volvimos a beber. Habló el "dos", el jefe de París.

— Si no le parece mal, el doctor podrá salir ya de aquí— yo hice ademán de levantarme, pero él me retuvo— . ¡No, hombre, no! Es de la Embajada; se instalará en un hotel ya elegido; podría ser a la hora de llegar el tren, para lo cual irá a tomar un coche en la estación.

— Bien, adelante. Más.

Entraron en todos los detalles. Examinaron con gran detenimiento uno por uno cada paso que yo debería dar. Discutieron y bebieron. Admiré la soltura y el aplomo desplegado por cada uno en el aspecto respectivo. Hubo objeciones, se razonó y discutió, hasta cansarse. Un curso de técnica me dieron en aquellas horas, pues fueron varias las que se emplearon. Yo no entendí casi nada hasta que el, jefe "uno" hizo punto en el diálogo para dirigirse a mí.

— Doctor, no se extrañe; era un debate privado— y volviéndose a los demás, añadió—: queda acordado el sistema de la ambulancia. Hablemos claro ahora. Exponga usted el plan detallado— invitó al "dos".

El aludido dio un par de chupadas a su cigarro, dándose cierta importancia, y se expresó así:

— El doctor saldrá hoy de aquí para trasladarse al Hotel Chatam tratando de guardar las apariencias, como si hubiese llegado esta misma tarde del Norte. A tal fin, ya tiene su pasaporte con los correspondientes sellos de entrada y salida en Alemania y Francia con las fechas convenientes. Se le entregará moneda polaca y algunos marcos. El la cambiará a medida que lo necesite. Moneda legítima— marcó dirigiéndose al jefe— . Creo que con estos dos detalles principales y con el equipaje que ya él trae, podrá pasar perfectamente por el doctor polaco que necesitamos en el hotel, sin despertar la menor sospecha. Mañana recibirá la visita del general, acaso vaya con su esposa; la estamos esperando de un momento a otro. ¡Ah!... Olvidaba decirle el nombre del general...— (ahora hablaba para mí)— es el general "blanco" Skoblin, no lo olvide, Skoblin. Con él ajustará usted todos los detalles de la entrevista. Se trata de que usted entregue a Miller cien mil rublos soviéticos. Se le entregarán a usted antes de salir de aquí. Los están esperando, porque intentan mandar a dos hombres suyos a la Unión y necesitan entrar provistos de dinero; de obtener esos rublos está encargado el doctor Zielinsky...; no se preocupe, volverán esos rublos a nuestras manos. También hará entrega de cincuenta mil francos, un donativo personal de usted, doctor Zielinsky... Estos, ¡ay!, no los recuperaremos. Le encargarán a usted que busque a su regreso un correo; es decir, un ciudadano soviético que se comprometa a pasar los mensajes por la frontera; prometerá usted hacer todo lo posible. Como es lógico, en la entrevista han de intercalarse cuestiones personales, referencias a sus asuntos privados, etc. En los dossiers que ha estudiado supongo que habrá encontrado material suficiente para la ligera conversación que sostenga sobre estas cuestiones accidentales. Más detalles sobre todo esto, se los dará el general Skoblin. Lo esencial es que durante la conversación se beba algo. Es natural que así sea, teniendo en cuenta lo aficionados a brindar que son estos viejos generales. En principio, está acordado que la entrevista entre usted y Miller se celebre en la habitación de su hotel; no creo que surja inconveniente para ello. Miller no recejará tratándose de un hotel respetable y lleno de gente. Llegarán juntos Miller y Skoblin. Tendrá usted las copas preparadas; un buen vodka, que usted habrá traído de allá. Si se tratase de otro licor, servido por la casa, lo natural es que sirviera el criado. En este caso, traerá usted mismo la bandeja con las copas, la pondrá sobre el veladorcito, cuidando, como es natural, que la preparada quede colocada frente a Miller... Hemos discurrido que la sustancia que ha de provocar su repentina indisposición esté en la copa

; algo incoloro, que se adhiere al cristal, sin quitarle transparencia casi; el llevar ya las copas llenas es muy burdo; nadie sospecha cuando ve que de la misma botella se disponen a beber todos los demás... Prometerá volver, antes de que termine la entrevista, con el resultado de una gestión que habrán convenido, relacionada con el regreso a Polonia de Zielinsky. Y ya no queda más que esperar a que Miller se sienta indispuesto. En este momento llamará por teléfono el doctor al número que se le indicará. Es el de un bar próximo. Un hombre nuestro estará junto a la cabina y al ser llamado por el nombre convenido— ya se le dirá cuál ha de ser— avisará a la ambulancia, que estará esperando muy próxima. En el número inmediato a su habitación habrá ingresado ya un caballero enfermo, padeciendo un flemón de parótida que espera, con fiebre alta, ser llevado a una clínica, según sabrá en el hotel todo el mundo. Naturalmente, las habitaciones se comunican. En los minutos que tarde en llegar la ambulancia, el doctor pasará a Miller a la otra habitación. La "hija" del enfermo ayudará al doctor a trasladar al general y a vendarle.

Cuando llegue la camilla, sólo será necesario depositarlo en ella, cerrar las lonas y partir. El "enfermo", vendada la cara, e incluso oliendo a botica (estos detalles son también cometido del doctor Zielinsky), y su "hija" pasarán sin dificultad ante los pistoleros del general, que lo esperarán en el hall o en la puerta. Y ya está en nuestras manos.

— ¿Y yo?— me aventuré a preguntar.

— Usted, doctor, se marchará también. Sus dos maletas, ya hechas, pasarán a la habitación inmediata Habrán desaparecido ya cuando se lleven al enfermo. Usted se pone el abrigo, y sale a la calle tranquilamente..., se ahorrará pagar la cuenta. ¡Ya es ventaja!... Tomará un taxi, que se hallará esperando a usted a la derecha de la puerta, Déjese llevar; irá usted al sitio donde ya estará Miller. Funcionará usted nuevamente, ahora con sus anestésicos. En seguida partirán para la costa. No pase cuidado, doctor, en el viaje será usted un diplomático soviético, con todas las inmunidades. En las cercanías de El Havre meterán a Miller en la caja preparada (valija diplomática) con todos sus precintos y requisitos. Irá un poco encogido el pobre general, pero sólo unas horas, las precisas para pasar la aduana del puerto y ser izado a bordo. El barco zarpará inmediatamente. En cuanto salgan de aguas jurisdiccionales, ya puede usted despertar al general. Ya se desentenderá de él, lo tomarán a su cargo estos dos camaradas, que estarán ya en el barco. Y usted, doctor, a gozar de las delicias del mar!... En tanto no reciba usted nuevas instrucciones.

—Y a recibir el testimonio de gratitud del camarada Iéjov— terminó el "uno".

Me miró atentamente para registrar mi expresión, que procuré hacer reflexiva y satisfecha.

— Como usted ve— dijo luego— su papel es más sencillo de lo que pudiera figurarse. Más sencillo también de lo que esperábamos nosotros...

Seis manos solícitas ayudaron al "uno" a ponerse el abrigo. El me ofreció la suya, jovialmente, en despedida:

— Hasta pronto, doctor... ¿No necesita nada?... No se prive de nada; un buen trabajo debe recompensarse; no escatime...— y haciendo mutación de tono, dijo—: es orden de Iéjov...

— Agradecido; agradecido, .señor.

— Desea nuestro comisario verlo muy pronto, para algo que debe ser importante y necesario; en tanto, pida lo que quiera...

— ¿Podré adquirir ciertos libros?— me atreví a preguntar ante tanta insistencia.

— ¡Cómo no!... Libros, periódicos, cabarets... Lo que quiera.

Iba a salir ya.. Me sentí con valor, le detuve, tocándole en el codo.

— Un favor.., si me permite— su gesto me animó— ¿podría escribir a mi familia?... El comisario ya me lo permitió; y noticias de ella..., ¿no me trae ninguna?... Se volvió sonriente.

— ¡Ah!..., sí; no sé dónde tenía la cabeza. Están muy bien; esté tranquilo. Les sienta bien aquella tierra. Su. esposa pidió unas telas, y no sé qué cosas que les envió en seguida el comisario.

— Agradecido; nada más necesito; a su disposición, señor. Quedo muy complacido. Mis respetos y gratitud para el... excelentísimo Iéjov.

— Así; muy bien— aprobó el "dos"; en tanto el "uno" había desaparecido, pisando fuerte, mirándose de lado en los espejos del salón. Lo vi allá lejos encender un cigarro; era un magnífico habano, que dejó la puerta por donde desapareció con un penacho de humo, como si hubiera desaparecido en un túnel el "Oriente-exprés".

Bajamos los cuatro restantes a las habitaciones inferiores. Al pasar las puertas blindadas, nos separamos. Yo marché a mi habitación y ellos siguieron hacia el 83.

Según las instrucciones recibidas, yo debía salir sobre las ocho de aquella tarde.

Me avisarían el momento.

Empleé el tiempo que restaba en comer, en escribir a los míos, en dar otra ojeada a los papeles de Zielinsky, en leer todo lo que la colección de Le Temps contenía referente a la U.R.S.S. Comprendí perfectamente entonces que este periódico, aureolado de seriedad y objetividad y órgano oficioso del Quai d'Orsay, era un párvulo en lo referente a Rusia.

Sin oposición, ni posibilidad de que se forme, sin preguntas de nadie ni necesidad de respuestas, se puede desplegar toda mentira, combinación y maniobra. Duval había demostrado saber de todo esto mucho más que yo, pero Le Temps demostraba saber infinitamente menos. Creo que, lo mismo que este periódico, todos los demás del continente europeo, están vendados y narcotizados por su medio político y social. Deben creer sus costumbres tan infalibles y universales como la gravitación. Es comprensible; no podemos imaginar una escena completa, por breve que sea, en la que hombres y cosas anden y se apoyen en los techos, y hasta imaginar al antípoda nos es dificilísimo.

¡Incluso científicos ilustres demostraron la imposibilidad del aeroplano y de la locomotora! Creo que estos ejemplos sirven para explicarse la falsa idea del Occidente sobre el comunismo y la U.R.S.S. El europeo carece en absoluto de facultades para imaginar prácticamente el bolchevismo. Le sucede igual que al 99 por 100 de la generación rusa ulterior al 1917, que carece también, inversamente, de capacidad para idear lo que pasa del lado de acá. El hecho de que un ruso conozca, el extranjero, directa o indirectamente, va siendo poco frecuente en la U.R.S.S.; cierto que es posible. Más posible que lo contrario: más posible que el conocimiento de la U.R.S.S. por un no ruso. Al fin, somos aún algunos millones los que hemos conocido el mundo antes del 17; y también, por grande que haya sido la saña demoledora, sobrevive tanta historia en costumbres, edificios y lenguaje que salta la oposición entre estas realidades y la tormenta de la propaganda, provocando espasmos en la inerte facultad crítica. Pero, ¿qué francés, inglés o alemán viaja de veras por la profunda Rusia, y cuenta su víaje?, Y ¿qué podrá su relato contra la, impenetrabilidad universal?... Cierto, existen otras fuentes de información: los mismos comunistas que salieron, de la U.R.S.S. con misión estatal. Presiento, por mí mismo, su. shock psíquico..., y sus traiciones. Es natural la precaución staliniana; el rehén, el asesinato agazapado tras toda esquina. Deben ser muchos los Duval... Esta imagen me angustió. Quizá hubieran sido sus palabras sinceras, Y yo, enemigo de la U.R.S.S., hermano suyo por la historia y los sufrimientos, ¡le había delatado! ¿Qué poder hay en la tierra que consiga cosas semejantes? Me indigné de pronto contra mí mismo. ¡Duval! ¡Duval! ¿A qué tanto Duval? Sobre mi vergüenza flotaba un sentimiento quizá más fuerte: le tenía miedo.

Poco después de las siete, el ordenanza y otro desconocido vinieron a llevarse mi equipaje, avisándome al propio tiempo que el jefe me esperaba. La entrevista con el "dos" sólo duró unos minutos. Me entregó los rublos y los cincuenta mil francos; estas cantidades, aparte. Para mí, diez mil zlotys.

— Mucha suerte, doctor. Esté descuidado; no corre ningún peligro por parte de los "blancos". De todas maneras, tendrá cerca siempre hombres nuestros que velen por su seguridad. ¡No cometa imprudencias!; en sus idas y venidas procure darles facilidades a fin de que no pierdan el contacto con usted. Si necesita taxi, ya sabe que fuera de las horas que invierta en el asunto puede usted distraerse a su antojo; tome siempre el mismo; el que hallará en la estación ahora, y que se le indicará. Ese taxi le esperará siempre en el lugar que usted indiqué. Ya le he dicho que no hay ningún peligro por parte de los "blancos". No podemos decir igual respecto a otros...

— No comprendo quién más...

— ¿No ha oído hablar nunca de los trotskistas?

— Efectivamente, ¿cómo no?... Pero no creo que yo sea interesante para esos asesinos...

— ¡No se saben estas cosas, amigo!... No esté seguro de que no les ha perjudicado jamás... En fin; sólo puedo decirle que son órdenes de la Central. Yo, que he de responder de su seguridad ante nuestro comisario, he creído que, por su bien y el mío, debía hacerle estas advertencias. Sinceramente, no sé cuál pueda ser el primer motivo de todo esto; no se me ha dicho, pero cuando la Central me avisa... No suelen equivocarse ni son timoratos allí. ¿Comprende?...

Prometí seguir exactamente sus instrucciones, y entonces, ya eran casi las ocho, marché, después de escuchar del jefe las últimas recomendaciones; y Tos votos por que todo saliera perfectamente.

* * *

En la puerta de la Embajada me esperaba un .coche. Me acompañó un criado de la misma, para que lo tomase. Por fin me vi solo. Sentí una sensación deliciosa. Hacía frío muy húmedo; pero respiré con ansia aquel aire exquisito; para mí un manjar delicioso, después del largo encierro.

No necesité dar la dirección. El conductor me llevó a la Gare du Nord. Paró en las inmediaciones. En la .portezuela se dibujó la silueta de un hombre. Era uno de los dos que habían asistido a la reunión. Me indicó que le siguiera. Penetramos en el vestíbulo de la estación. No esperamos mucho tiempo para ver salir un chorro de viajeros. Salimos fuera. Entonces me vi seguido por un mozo de equipajes que llevaba mis dos maletas, que reconocí muy pronto. Mi acompañante siguió una larga fila de autos de alquiler. Se detuvo ante uno. Me invitó a entrar. El mozo puso las maletas en el pescante, al lado del chófer.

— Vamos— se limitó a decir mi compañero.

Sin más dirección, arrancó el taxi. Recorrimos varias calles. El coche se paró.

— Yo le dejo aquí. Su hotel está ya cerca. Este es el taxi que deberá usar habitualmente. Suerte, doctor. Hasta ..., hasta El Havre...— cerró la portezuela y desapareció. El taxi arrancó de nuevo y a los pocos minutos paraba ante el hotel; el chófer ayudó a bajar las maletas al portero.

— ¿Dónde le aguardo, señor?...— me preguntó correctísimo.

Yo no tenía plan alguno para aquella noche y dudé un momento. Por fin le dije que podía venir dentro de dos horas. Que me esperase allí, a la derecha, próximo a la esquina. Penetré en el hotel.

Prescindo de los requisitos de entrada. Fueron brevísimos. Como me habían indicado, tenía la habitación reservada a mi nombre desde aquella tarde. Inmediatamente me instalé en ella. Era bastante buena. Un gabinetito, con un mirador en el chaflán; alcoba y cuarto de baño. Sentí la urgente necesidad de tomar un buen baño caliente. Me sumergí con verdadera voluptuosidad; casi me quedé dormido dentro del agua. Me telefoneó mi chófer para preguntarme si pensaba salir efectivamente.

— No— respondí— . Búsqueme usted mañana.

Era feliz de encontrarme solo, de repasar la guía de teléfonos, de abrir y cerrar los grifos de agua caliente y fría, de pasear por mis habitaciones, de mirarme a los espejos, de llamar al criado para preguntarle la hora— me habían dado un hermoso reloj, y en Rusia apenas hay relojes— de volverle a llamar para que me trajese tabaco, de llamarle otra vez para pedirle cerveza, ostras y periódicos, de encender y apagar las luces, de fumar un pitillo en el balcón, de escribir cartas imaginarias, de tumbarme en la alfombra, de andar descalzo, de hacer toda clase de locuras hasta que, al fin, me dormí fatigado. Si se me vigilaba, el informe concerniente a mí, diría:

— Esta noche, el viajero Zielinsky ha seguido una conducta muy extraña.

¡Muy extraña! Pliegos y pliegos que dedicase a explicar lo que pasaba por mí serían insuficientes, tan insuficientes como todo lo que pueda escribirse para decir cómo es el alma de un niño de cinco años.

En el instante de despertar no pude darme cuenta perfecta de dónde me encontraba, y, menos aún, por qué estaba allí. Sin embargo, la sensación física fue muy agradable. Aquellos muebles sólidos, cuidados, limpios; las pesadas cortinas y la gruesa felpa de la alfombra y todo el conjunto llevaron a mi espíritu sensación de seguridad, serenidad y confianza. Allí, en aquel medio, nada me era hostil: Parecía respirar todo un orden inalterable. Aumentaba aún más mi placidez el ruido sin solución de continuidad que llegaba de fuera: la circulación rumorosa de un organismo animal en pleno vigor, impulsada por el latido de un corazón infatigable. Me sumergí ya con plena consciencia en aquel arrullo. Si de lejos venía sobre mí un pensamiento del pasado, lo rechazaba con instantáneo soplo mental, cual si fuera un insecto molesto.

Ahora, pasados; meses, y ya en la Unión, aquellos minutos llenan mi recuerdo, y si cierro los ojos, hasta me hacen gozar. Esta angustia que aprieta siempre, sin llegar a matarnos, que se agudiza por todo, por el ruido de una carcoma, un roce del vestido, un rumor imperceptible, un murmullo lejano..., ¿será ahora?, es la pregunta mortal de cada instante. Y esa interrogación, como un diminuto reptil, corre por cada nervio, se enrosca en cada pelo, se hinca encada poro. La estadística científica muestra en la U.R.S.S, un porcentaje terrible de cardíacos y también uno espantoso de suicidas. Pero no quiero mirar estas cosas, prefiero recordar.

Tenía una pereza terrible. Ni sacar un brazo fuera de la ropa podía. Alguien me inspiraba la idea de que se me quedaría helado, y esto superaba la evidencia del sol. Por fin me "arriesgué". La calefacción debía estar a punto, y no sentí siquiera la diferencia de temperatura. Podía dejar al sol que me lamiese los pies, como un falderillo, con su caricia caliente. Me levanté y tomé asiento en una butaca, junto al balcón. Aparté un visillo y alcancé a ver la acera opuesta, por donde iban y venían los transeúntes. Sus vestidos y todo su porte me extasiaban. Marchaban indiferentes, serios; algunos, y; sobre todo algunas, afectados y muy cuidadosos con su línea y elegancia. ¿Cómo no se gastaban bromas?... ¿Cómo nadie se acercaba al monsieur aquel de barba limpísima y le daba un tironcito, que él recibiría gozoso, retribuyéndolo con un caramelo o un habano?... ¡Incomprensible!... Reflexioné que tendrían sus preocupaciones, hasta sus pesares y dolores; al menos, así la creerían. Acaso muchos se sentirían desgraciados...

¡Cómo os envidio!... Aquí me tenéis, yo soy el sabio doctor Landowsky, y por añadidura el sabio doctor Zielinsky; pues bien, me cambiaría ahora mismo por ese viejo que pasa abrumado por un fardo. Sí, me cambiaría. ¿Qué pasaría si ahora mismo lo tirase en medio del arroyo?... Nada, nada en absoluto; tiene libertad para hacerlo. Nadie será capaz de impedirle marchar a su casa, allá en Montmartre o en Clichy. ¿Pero qué me pasaría a mí si arrojase este fardo que llevo sobre las espaldas, invisible, pero infinitamente más pesado?...

Y en medio de todo, viejecitos, señoras, donjuanes del boulevard, ministros, generales, taxistas, clérigos, proletarios, aristócratas, estudiantes ... ¡yo soy vuestro amo! ¡Soy un agente de la G.P.U.! ¡Puedo! Vais tan contentos con vuestra ilusión de libertad, como los corderos en los campos. Yo soy el perro del ganado! Ladro un poco, enseño los dientes, y vais acá, allá, moviendo vuestras esquilas. ¡Yo soy el pastor! Volteo la honda, y apresuráis el paso, huyendo sin saber a qué parte. ¡Yo soy el amo! Tomo a uno de vosotros, lo alzo por las patas, le hundo el cuchillo, y lo veo balar y desangrarse, y lo tiro a un lado, a que termine de morir sobre la hierba. Mientras los demás, oradores, diputadillos, periodistas, marquesas, artistas, ricos, tuberculosos, prostitutas, guardia, humanidad, seguís adelante sin enteraros siquiera. Lleváis la cabeza baja, igual que terneras; los ojos bajos, igual que las ovejas; el hocico en el suelo, como los cerdos. ¡Yo soy vuestro amo! ¡Y no me habéis visto jamás! ¡Pobre de mí! ¡Soy un esclavo..., y todos estáis bajo mis garras!

Volví a espantar mis pensamientos. Me refugié en el baño prolongado y caliente. Luego comencé a hacer proyectos para el desayuno. Pediría unas pechugas de pato con una especie de pelusa amarilla y dulce como las que había comido pocas noches atrás, en un restaurante discreto. O jamón con huevos y setas. O lenguado con gelatina de carne. Aunque, ¿no sería mejor conocer algo nuevo? Haría que me sirviesen corazones de liebre con lechuga ¿No tiene todos los platos la cocina francesa? ¡Ah, la pierna de corzo en almíbar! Ah, los huevos de ruiseñor! ¡La ensalada de aves y mariscos! ¡La anguila ahumada con coles en vinagre! Y si lo que pidiese le sonaba extraño al camarero, me pondría de mal humor, diría pestes de un hotel tan poco cosmopolita, tiraría al criado por la ventana. "El viajero polaco es un poco irascible"..., dirían.

Sin embargo, nada como la sencillez. Una taza de café, de un café perfectísimo, insuperable, con sus gotas de esencia de menta...

Por fin comprendí lo que verdaderamente me pedía el cuerpo: zumo de naranja. Mucho zumo de naranja. Un enorme vaso de zumo de naranja para tomarlo tranquilamente, sentado en la butaca, al lado del balcón, en una mesita diminuta con un mantel blanquísimo. Llamé, ¡Cómo tardaba el mozo!... Hube de sentarme, prepararme a disfrutar aquel licor divino... El camarero se interesó respetuosamente por mi sueño. Le dije con toda displicencia que no había dormido mal. Dispuso todo lo necesario con solemnidad y mesura. No traía hecha la naranjada.; manipuló delante de mí, exprimiendo las frutas, hasta que yo dije basta, con instrumentos de plata; cerca, estaba el azucarero, cristal tallado, lleno de blanquísimo polvo. Me recreaba en cada útil, en la diminuta servilleta, en la cucharilla,' en todo...

Terminó al fin el mozo su tarea. Yo esperé a que se marchase. Necesitaba estar solo para mi satisfacción completa. Como un chiquillo, hube de hacer esfuerzos inauditos para no gritar; sobre todo cuando iba depositando el azúcar, cucharada tras cucharada, y mi boca estaba hecha agua!... Por fin llevé el vaso a los labios. Un sorbo largo, pleno..., creí que aquella delicia no me llegaría al estómago; tal era mi ansia que parecía corno si lo absorbiera cada poro de mi boca... Incomprensible luego ver la indiferencia con que en cafés y bares el público bebía con sus pajas aquella bebida incomparable.

Un ruido me distrajo; venía de la habitación inmediata, de aquella que tenía puerta medianera con la mía. Mis "camaradas" debían estar ya allí. El hombre vendado, su "hija"... Ya no me sentí bien; tomé el abrigo y me dispuse a salir, sin recordar siquiera que ya en el hall me esperarían mis "guardias de corps" ¿Por qué no me había llamado el chófer?

Bajando la escalera me recreé mirando la gente que tomaba el aperitivo en el hall. Recordé que se aproximaba la hora del almuerzo. Lo tomaría fuera. Iría andando, despacio, para que no se alarmaran mis sabuesos.

En la esquina divisé mi coche, esperándome. Lo rechacé. Prefería dar a pie un paseo.

Anduve sin rumbo; no sabía ni quería saber dónde iba. El simple hecho de sentirme uno más entre los transeúntes era un placer. Me paraba ante los escaparates, cuajados de inutilidades. Miraba un rato, sin tener noción del tiempo, al chico que limpiaba el cristal de un bar. Seguía con la vista un auto que pasaba hasta perderse allá lejos. Un perrito, monísimo, pequeño y reluciente, me hizo sesearle un largo trecho, encantado yo con sus piruetas, y hasta con las libertades que se permitía en el pie de algunos faroles y en el tronco de muchos árboles. ¡Delicioso! Así seguí no sé cuánto tiempo, como en una nirvana ambulante, hasta que la hora de comer reclamó mi atención. Me metí en el primer restaurante que hallé. Pedí un menú al que no hice mucho caso. Comí bien y abundante me parece, pero sin fijar atención. Estaba distraído con todo, con la gente que almorzaba, con los camareros, con las sombras que se recortaban desde la calle en las cortinas de la ventana próxima; la complicada cafetera que resoplaba, pitaba y se estremecía sobre el mostrador; la caja, con sus secos y metálicos sonidos; los espejos, divanes, lámparas; todo me solicitaba y a, todo me entregaba. Estaba saboreando el café cuando un chico gritó mi título y apellido; alguien me llamaba al teléfono. Quedé sorprendido y un poco inconsciente, como si no fuera para mí la llamada; tan distante me hallaba en aquel instante de todo. El chico hubo de repetir su grito. Al fin me levanté, y guiado por él, llegué hasta la cabina, telefónica. Una voz, en ruso, me advirtió que sobre las cinco debería estar de regreso en el hotel. El encanto estaba roto. Aún me quedé allí un largo rato. Nuevo café y un cigarro puro. "Veamos, amigo cigarro, yo debo tomar una decisión inmediata. ¿Pedimos una copa de coñac? La una y treinta y cinco. Faltan, pues, tres horas y media. Hay que decidir; no es cosa de tomar una decisión precipitada de última hora. ¿No, te parece que alguien nos mira? Sí, ahí tienen que estar. Mira qué idiota soy, amigo cigarro, suntuoso amigo: he hundido la barbilla en el pecho, me he llevado la mano a la frente; como si en mis facciones pudiesen leer mis pensamientos. Me atrevo a empinarme un poco para verme la cara en el friso de espejos. Bien; no estoy mal. Pero vamos al asunto: ¿Qué hago en lo de Miller? A miles de kilómetros, de aquí, allá en la casa del laboratorio, tenía mi resolución: "¡Los engañaré!"... Bien Puedo tomar otra copa. ¿Qué dices, mi opulento .amigo habano? Que es una tontería juguetear con el tenedor y marcar con puntitos y puntitos el mantelillo? Pues escucha: con el tenedor hago lo que me place, y con el mantelillo, lo que me da la gana. ¿Es que no soy un agente de la G.P.U.?... Tienes razón: precisamente por eso no puedo hacer lo que me dé la gana. Sí, los engañaré; pero, ¿cómo? ¿No seré yo el engañado? Pruebas, contra- pruebas, ficciones, apariencias donde la falsedad es más verdad que la verdad. ¿Será realmente el general Skoblin quien me visite? ¿No será un disfrazado general, como yo soy un disfrazado Zielinsky? ¿Qué es lo real y qué lo ficticio? ¿He de sufrir otra prueba? ¿Cuándo? ¿Y cuál?

Ahora, distante de aquellos momentos, se me ocurren muchas soluciones; entonces, ninguna. La superioridad de aquel aparato de espionaje sobre mí la reconocía tan abrumadora, que, sin consciencia, me sentía impotente frente al poder que me dominaba. Las agujas del reloj avanzaban con velocidad fantástica, consumiendo mi precioso tiempo. Era desesperante levantar la vista y comprobar la fuga vertiginosa de los minutos. No decidí nada. Salí de allí sin lograr siquiera bosquejar un ensayo de plan. Eso sí, es verdad, con la decisión ¿firmísima? de burlar el rapto. Esta decisión me confortaba interiormente; parecía como si me redimiera de "aquello" de Duval... ¡En el supuesto de que aquello tuviera que redimirse!

Fue muy diferente mi regreso. No vi nada ni me distrajo nada. Hasta casi me atropello un coche cuando intentaba atravesar una calle. El incidente me sugirió un pensamiento macabro..., "una solución" completa. Me vi aplastado entre las ruedas, muerto... ¿Podrá creer nadie que me sentí casi alegre con tal visión?..., pues sí, me pareció casi perfecta. Mi muerte casual resolvía de un tajo todo el problema. No habría represalias con los míos..., yo sería libre, ¡libre!... Una especie de suicidio..., suicidio, suicidio... ¡Oh, qué solución!... ¡Cómo no se ocurrió antes!... Ya todo estaba claro. Apresuré el paso; anduve, anduve... Alguien me adelantó, casi corriendo, y ajustó luego el: paso al mío, quedando muy próximos sus talones a la punta de mis zapatos, y una voz, no fuerte, pero bien distinta, que debía ser de aquella persona que no volvió la cabeza, dijo: "Sígame, debe haberse extraviado. Llegará tarde". Me fijé entonces: realmente, no reconocía la calle; se trataba de una de esas que se parecen a muchas. Sin responder, seguí al hombre, que apretó el paso. A los pocos minutos ya reconocí una de las calles que se veían desde el hotel, pero sin saber si aún estábamos lejos o cerca. Mi guía debía mirar con frecuencia al reloj, pues su codo izquierdo se dobló varias veces al propio tiempo que inclinaba su cabeza. Al fin llegamos. Eran las cinco en punto. Yo entré sudoroso y algo sofocado en el hall. Miré en torno mío con timidez, como un chico que ha cometido alguna falta. Subí a mi habitación. Estaba despojándome del abrigo cuando me llamaron por teléfono. Alguien solicitaba ser recibido; accedí en el acto. Debía ser la visita que me anunciaron en el restaurante. Efectivamente, un señor desconocido para mí, estaba unos momentos más tarde en presencia mía, presentándose como el general Skoblin. Le invité a sentarse, después que nos estrechamos la mano. Hubo unos momentos embarazosos de silencio. Ofrecí tabaco que él no aceptó. Le invité a beber alguna cosa, con el mismo resultado. Le había hablado sin mirarle al rostro; un sentimiento indefinible de vergüenza me llenaba. Hube de recordar mi propósito honrado para poder levantar mis ojos hasta, los suyos; pero advertí que tampoco él los ponía en los míos. Aquello no debió durar mucho, pero se me antojó muy largo semejante silencio.

— Bien, doctor— rompió él.

— Mi general, ¿su señora, bien?... Esperaba tener el honor de conocerla.

— Hubiera tenido un gran placer, pero no ha regresado todavía. Acaso mañana...

— Muy bien, muy bien...— No era mucho, pero ya era algo lo conseguido. Recordé entonces a los huéspedes de al lado; supuse que estaríamos siendo escuchados. Los invisibles espectadores no debían sentirse muy satisfechos de mi primer ensayo Esto hizo que hiciera un esfuerzo.

— General— empecé— tengo verdaderos deseos de entrevistarme con el heroico Miller; traigo algo que debe interesarle, y no estaré tranquilo hasta que no lo haya hecho; además, mi esposa desea un retrato suyo dedicado, ¿no habrá inconveniente?... Ya sabe usted el entusiasmo que siente por él...

Bien, bien, doctor... ¿Es que teme que nos escuchen?... Podemos ir a otro sitio, si advirtió novedad...

— No, no creo que nadie... ¡No, al contrario!

—Entonces, sin rodeos, tratemos del asunto. Miller está hoy fuera de París. Espero su regreso mañana mismo; todo lo más, pasado. Ya le advertí los deseos que usted tiene de verle, y los encargos que trae de Varsovia; en cuanto regrese, podré comunicar a usted el día y la hora para la entrevista. Yo mismo le acompañaré aquí; luego, sintiéndolo, habré de dejarles. Miller es puntual, supongo que todos sus preparativos estarán a punto, ¿no?...

— En efecto— afirmé.

Echó una mirada sobre la habitación, como analizando. Y después soltó estas palabras, que me dejaron estupefacto:

— Las copas supongo que estarán allí...— y señalaba a una consola situada en el lienzo de pared frontero a él—; entonces, arrégleselas para que él ocupe la butaca donde está usted sentado.

Dio vuelta en torno mío la habitación; no sabía dónde mirar ni qué hacer. "De manera que Skoblin...", pensé, sin rematar la idea. Volví la cabeza hacia la consola y sentí que debía decir algo, y pronto.

—Sí, naturalmente,.., allí— dije, y debí poner una cara de suprema estupidez.

— Es mejor... Sí, usted vendrá de allí— se levantó, fue hasta el mueble y vino hacia mi sitio con la mano tendida, como si sostuviera una bandeja— pondrá las copas sobre la mesa, una por una, sin confundirse. Servirá..., sería penoso un temblor, cualquier incidente o movimiento que le pusiera sobre aviso. He pensado mucho en el momento..., quería advertírselo. ¿Opina usted de otra manera?...

— Me parece atinadísimo— respondí por decir algo.

— Es el momento clave— afirmó convencido—; el resto, aunque parece complicado, lo creo ya fácil y seguro...; pero la copa, la copa... ¡Ah, doctor! La seguridad del narcótico es absoluta, ¿verdad?...

— Efectivamente— Confirmé—; sus propiedades están demasiado probadas. No tema por ello.

— Perdone la insistencia... ¡Es tanto lo que se ventila en el asunto!... No le extrañe que toda seguridad me parezca poca. Son años esperando ese instante..., comprenderá. Algo decisivo para mí...

Yo me sentía casi enfermo. Aquel miserable me producía el mismo efecto que un leproso. La necesidad de cortar la entrevista me fue imperativa. Yo veía a Skoblin dispuesto a una larga sesión, a la rusa, discutiendo y volviendo a discutir todos los detalles. Insoportable. Ni la curiosidad por conocer algo sobre aquel caso tremendo de miseria y descomposición moral pudo decidirme a continuar. Busqué razones para poner punto final. Necesitaba respirar aire, y no lo conseguiría más que con su desaparición. Las hallé.

— Estimo, Skoblin— aseguré fingiendo un aire técnico— que un cúmulo de detalles en su cabeza, la preocupación por todo, sólo pueden producir en usted torpeza y falta de naturalidad en el trance. Al fin, ¿de qué se trata por su parte?... De venir, presentarnos, tomar una copa y dejarnos solos ¿no es esto?... Bien, pues no piense en más, no se ocupe de más. Es inútil. Hágase a la idea de que, en realidad, es una visita y una presentación normal. ¿A qué hablar más del negocio?

— Seguramente tiene usted razón..., no lo dudo; pero, comprenda..., yo ...

Comprendí que volvía a empezar. Aquel tipo era un abúlico, sin duda; su voluntad, un resorte saltado, incapaz de frenarle su obsesión. Y pensé que era lo mejor imponerme.

— Basta ya— casi le increpé con firmeza— . ¿Algo más sobre los breves momentos que ha de permanecer en escena?... Si no, hagamos punto final.

Guardó silencio. Su cuerpo era en aquel instante feble, como arrugado Me pareció viejo, mucho más viejo que a su entrada. Al principio aún aparentaba tiesura y talante casi militar. Ahora, no; era un guiñapo. Comprendí el fenómeno. El, sin duda, contaba inconscientemente con una larga conversación íntima sobre nuestro crimen común; la debía necesitar su conciencia, a solas tanto tiempo con el fantasma del pecado; la ilusión de participar con el inmediato coautor debía producir en él la ilusión de que se descargaba de la mitad de su abrumadora carga, y que cobraba fuerzas para soportarla en aquellas últimas horas, en que se hacía insoportable... Me levanté; lo hizo también Skoblin, con lentitud y trabajo. Di unos pasos hacia la puerta; siguió a mi lado un poco retrasado. Noté que me tocaba con cierto temblor. — Perdone, doctor... Me han dicho que es usted un sabio especialista en ciertas drogas... ¿Puede darme o indicarme alguna que me permita dormir?... Mi insomnio resiste a todos les soporíferos... Es terrible, doctor, es terrible.

Los ojos turbios estaban puestos en mí con esperanza y ansiedad a la. vez. A contraluz, las bolsas de sus párpados parecían colgarle. No me dio lástima.

— No, no dispongo aquí de nada... No puedo recetarle nada, pues mi título no me permite ejercer la profesión en París, como comprenderá; y algo eficaz sólo un médico de París podría proporcionárselo.

— Y eso ¿qué tiene para Miller?... ¿No podría?...

— Comprenderá que eso no está aquí...— le empujé suavemente hacia la puerta.

Ya con su izquierda puesta, en ella, hizo un esfuerzo. Se enderezó al: tenderme la mano, y hasta me pareció oír el choque de sus tacones. Le miré aun cuando se alejaba pasillo adelante. Su apostura de un instante desaparecía por momentos, su cabeza casi se hundía entre los hombros, su paso fue más indeciso cada vez. Al llegar a la escalera, se agarró al pasamanos y así desapareció lentamente.

El general Skoblin, también traidor... ¿Cómo no me lo advirtieron? ¿Fue uno de esos descuidos tan frecuentes en que solemos olvidar un detalle importante, debido a que, de puro sabido, imaginamos falsamente que los demás lo saben? ¿Quiso ser aquel

"olvido" una prueba más?... No; en tal caso, Skoblin hubiera adoptado actitud muy diferente desde un principio, secundado el engaño, hasta ver si yo proponía... No, de ningún modo; no podía ser prueba. Ahora sí, de lo que yo estaba bien seguro era de que aquél era el general Skoblin, sin duda alguna. Un falso general hubiera tenido una actitud más de general; porque aquél, auténtico sin duda, de general no tenía nada. Bastaba con mirarlo. Más que un general, parecía un mendigo desesperado, un suicida suplicante...

Cerré la puerta y me puse a. pasear por el saloncillo. Aquel caso del general traidor a los suyos me llenaba de un estupor tremendo. Me; intrigaba el proceso a través del cual pudo llegar a esa iniquidad. Acaso el chantaje de los rehenes, del que yo y tantos éramos víctimas. Pero no era posible. Llevaba aquel hombre demasiados años fuera de Rusia; seguramente, desde los finales de la guerra civil, en la que tomaría parte. No era de presumir que tuviera allá familiares próximos. Sus padres, descontado un caso extraordinario de longevidad, debían haber muerto hacía muchos años. Hijos, acaso hijos; esposa no, porque ella vivía con él, aquí en Páris. Nada; era incapaz de adivinarlo y carecía de noticias suficientes para deducirlo. La emigración "blanca" estaba corrompida, material y moralmente. ¡Qué diferencia entre esta realidad y aquellas organizaciones "blancas", terroristas y fanáticas, que nos pintaban los procesos espectaculares y la constante propaganda soviética! La llama que aún arde en tanto pecho ruso, sobreviviendo al hambre, a la miseria y al desmoronamiento físico y moral, sólo se basa en una ilusión; no hay en la lejanía extranjera nada, absolutamente nada, que sea capaz de un gesto heroico y salvador.

Deseché unas reflexiones tan desagradables. Volví a mi caso. No me sentía desalentado por la traición descubierta en el general Skoblin. Casi diría que me daba fuerza y audacia. Recordé lo que se me había ocurrido cuando el amago de atropello..., lo del suicidio. No fue la idea de un suicidio propiamente lo que me dio un principio de solución; fue la cosa accidental, la torpeza, lo imprevisto de lo sucedido. Luego me refrendó Skoblin aquella inspiración mía. Debía evitar una equivocación en la copa, todo lo que pudiera producir un cambio, ocasionando que el general Miller no tomase la bebida destinada para él. Había que poner atención y cuidado para que no sucediera. Evidente. Mas, ¿y si yo ponía cuidado y atención en que sucediera lo que no debía; suceder? Un cambio de copas. Que la de Miller se la bebiera... ¿Quién?...; yo mismo. ¿No era una especie de suicidio?... En el fondo sí aunque sólo temporal. Lo importante es que aquello pareciese involuntario. En mi maleta estaban las tres copas; las había visto envueltas en papeles. Luego, por la noche, las llevaría a mi alcoba, ensayaría la

"equivocación". Una idea que me puso alegre me vino repentina. Sería magnífico el soporífico a Skoblin... ¿No quería Dormir?...

Y entonces... esto es... Entonces, ¿sería un suicidio? Yo podía reforzar la dosis. Los observadores del cuarto contiguo no podían ver nada, de lo que sucediera en la mesa. Skoblin se marcharía. Iría por ahí, a algún sitio a morirse. Yo declararía: "Skoblin tomó la copa de Miller; no pude impedirlo". ¿No tenía aquel hombre aspecto de suicida?

Una jugada maestra, como aquella de Dowgalewski, referida por Duval. En vez de ser raptado Miller, el traidor Skoblin...

Bueno, bueno, todo esto era preciso pensarlo más despacio. Justipreciar Detalles.

¡Ah, si yo tuviese talento, fría inteligencia, "mentalidad de novelista", como diría el chileno!

El optimismo e inquietud que me produjo la idea me impulsó a salir. Eran más de las siete; el alumbrado público estaba ya encendido. Mi habitación, en sombras; sólo el rectángulo del balcón iluminado. Un vermouth me sentaría maravillosamente. Marché a un café cercano. Era lujoso y elegante. Había mucho público y las mujeres abundaban, adornadísimas, lujosas, deslumbrantes. Aquella atmósfera, ligeramente cargada de humo y perfumes, inspiraba placidez, galantería y frivolidad. Yo me senté al fondo; me sirvieron; bebí, quedando en ligera euforia muy reclinado en el diván. Fumaba distraído; pero no tardando me sorprendí a mí mismo en contemplación deleitosa de unas estupendas piernas, exhibidas por su propietaria allí en frente; debía sentirse muy satisfecha de su modelado y línea; puede que sólo le importase mostrar la rica seda de sus medias, pero lo cierto es que me parecía muy complacida por mi mirada admirativa, de la que se había dado cuenta mucho antes que yo mismo. No se tiró de la falda para ocultarlas; más bien diría que por mágico ingenio subía insensiblemente. Apelé salvadoramente; a las tristes imágenes de los míos, y, además, pedí un diario de la noche y me puse a leer. Luego, al volver página, pude apreciar el gesto de ofendida que la de las piernas adoptara. Bien; me enfrasqué en la sesión, de la Bolsa.

Nada de particular en la noche. Cené y estuve en el cine. Era una película americana, hablada en inglés. No recuerdo el título, sí el asunto: unos, bandidos, un millonario, su hija y un periodista, medio policía. Raptaban al millonario, el periodista- policía lo salvaba y luego se casaba con la hija. No me llamó mucho la atención aquel asunto, si exceptúo el realismo tremendo de unas escenas de ametralladora y carreras fantásticas de automóviles, persiguiéndose unos a otros. Algo más, y mucho, me interesó el ambiente, la gente, las calles, las casas, luces, lujo, el hormiguero de coches, los edificios gigantescos, los barcos inmensos; mucho de ello, sin duda, tomado del natural. Indudablemente, allí había un espectáculo tremendo de pujanza y riqueza; aún más grande que todo lo que en París me producía tanto asombro.

XI

MI ATENTADO

Antes de la hora del almuerzo recibí un recado telefónico. No había nada para aquel día. El día entero para mí. Me lancé a la calle, dispuesto a visitar lo primero que se me presentase, a comer donde tuviese apetito, a sentarme cuando estuviese cansado y a pasear cuando me viniese en gana. ¡Mientras durase!. Anduve oliendo libros por los puestos públicos de las orillas del Sena. Me paré ante Nótre Dame; dudé si debía entrar, temiendo la vigilancia: ¿Qué pensarían de mi visita al templo? Al fin, entré, comportándome como un turista, sin ningún signo de devoto. Recé un poco. Nada importante durante varias horas. Recuerdo que, sin saber cómo, me metí en un jardín público. Estaba un poco cansado. Ya pregonaban algunos periódicos de la tarde; adquirí uno y me dispuse a leerlo sentado en cualquier banco. No me fue fácil hallarlo libre; pero, por fin, me instalé en, uno algo alejado del bullicio, tras un seto de lilas. Una abertura en el ramaje me permitía ver a la chiquillada saltar y moverse, trajecitos multicolores, mejillas de rosa, negros y rubios cabellos al viento; era un calidoscopio en el que se atropellan caras y colores siempre distintos, sin que ni una sola vez se repita la escena.

Voló mi pensamiento hacia los míos; imaginaba a Elena, con la barbilla en mi hombro, mirando todo aquello embelesada; allí, junto a ese dios mitológico de mármol, que se esconde entre las plantas, ya casi deshojadas, parece que suena su voz. Pasé así largo tiempo, alternando entre la visión imaginativa y la real. Luego me puse a leer, cuando ya me resultaba doloroso el recuerdo. Pasaría cierto tiempo cuando me distrajo el sonido de un cascabel entre mis piernas. Era un perrillo que saltaba muy cerca, llevando una pelotita en la boca. A quince o veinte metros, una señora lo llamaba con una especie de beso largo y silbante. El can obedecía y le entregaba la pelota, con mil monadas y saltitos. Se repetía el juego. El perrillo era negro y diminuto. La dama, esbelta, con cierta masculinidad en su traje "sastre". Tiró la pelota, que rodó lejos, y el perrillo se lanzó como una flecha. Yo volví a mi lectura. Ya no hacía caso, aunque percibía sin querer el ir y venir del perro, así como los pasos de su dueña. Anduvieron mujer y perro a mi espalda. Al fin, vino ella a sentarse a mi lado. Flotaba en una nube de perfume exquisito. Mirando de reojo, tímido y quizá sonrojado, vi cómo le ponía una correa que llevaba en el collar. No por eso dejó su trajín el animalito; aunque enredándose con las patas del asiento. Ella deshacía las trabas, con paciencia, levantándose, volviéndose a sentar, pasando tras el respaldo. Llevaba uno de esos sombreros de tipo masculino, muy inclinado sobre el ojo derecho, que casi le tapaba el mismo lado de la cara; además, hundía, su barbilla en un magnífico zorro plateado. Me azoraba su perfume. Por fin, me dejaron tranquilo. La vi alejarse, con su perro en los brazos y produciendo aquel sonido singular con los labios, que al animal debía gustarle tanto. Sus andar era decidido, firme. Lo último que aprecié de ella fueron sus piernas, inertes, pero enjutas, envueltas en magnífica media de seda, que terminaba en un zapato de tacón bajo que debía ser de piel de serpiente, por sus escamas. Me fijé más en esta fracción de su figura porque fue lo último que de ella vi cuando desaparecía tras un seto en el recodo de la senda. Seguí leyendo, hasta que la luz del día comenzó a irse rápidamente. También la algarabía infantil decrecía. Encendí un cigarrillo y me levanté. No había nadie en las proximidades; sólo algunos chicos y sus niñeras podía ver a, través del seto. Di dos o tres pasos, se me cayó el periódico a la derecha y me incliné para recogerle. En el mismo instante sonó tras de mí una detonación seca, como un pistoletazo. Di unos pasos rápidos, como para huir. Miré en torno, pero nada vi. También debieron oírlo al otro lado del seto, porque se aglomeraron varias caras por el claro, la mayoría de niños y niñas, alguna señora y también, detrás, dos hombres a éstos los había visto ya en alguna parte. Todos los ojos miraban hacia mí. Yo no había hecho aquel ruido. Algún reventón de una rueda de automóvil. Me azoró la contemplación de los curiosos, sobre todo la de aquellos dos hombres. Sentí al pronto como si me corriera un insecto por la espalda. Di ocho o diez pasos más; la sensación se repitió; hube de hacer un movimiento instintivo. Acaso algún bicho de las plantas se había introducido bajo mi camisa. Pero al mover el omóplato, aquello se hacía dolor. Seguí andando, con indecisión y susto. El dolor aumentaba; al propio tiempo, sentí como humedad por la parte izquierda de mi espalda. Tardé aún minutos en llegar a preguntarme si estaría herido; me lo repetí. No, eso no podía ser, pensé desechando la idea. Ya me aproximaba a la salida del parque. Aquella extraña sensación se acentuaba. Era ya desagradable; mi dolor se fijaba y definía por momentos. Al poco, ya no tuve duda de que aligo anormal me sucedía; la sensación de la mojadura era ya inconfundible; se me pegaba a la piel el tejido de la camisa. Intenté tocar aquella parte de mi espalda, y sólo conseguí que se agudizara el dolor. Había que salir de dudas. Hice señas a un taxi que pasaba; lo entretuve unos instantes, como si no recordara la. dirección que debía darle. Quería dar tiempo a mis seguidores para que no, me perdieran, si es que me seguían. Miré, como dudando, en torno mío; pero nadie me llamó la atención entre los transeúntes. Me metí en el coche, dando la dirección del hotel. Se me antojó largo el trayecto. Mi certeza de estar herido era ya absoluta. Los movimientos del automóvil acentuaban el dolor y la sensación de humedad. Llegamos; subí temblando a mi habitación. Me despojé desabrigo y lo tiré sobre una butaca; al propio tiempo, instintivamente, me miré al espejo. Nada anormal. Me despojé seguidamente de la chaqueta y el chaleco, di la luz, toqué con los dedos el costado: sangre. Me volví de espaldas al espejo, miré por encima del hombro. Una mancha oscura, de casi dos palmos. No sé por qué fenómeno, en el mismo instante se intensificó mí dolor y mi debilidad. Di unos pasos. Mi situación era bien confusa. ¿Qué hacer?... El sitio impedía que yo me curase, ni aun a la ligera. ¿Pero debía llamar en mi socorro?... ¿Qué opinarían ellos?... En la duda, me abstuve, reprimiendo mi alarma. No debía ser grave, pensé. Me desabroché la camisa, quitándomela inmediatamente. Volví a mirar en el espejo mi espalda desnuda; poco pude apreciar; sólo una mancha rojo- oscuro, que se corría hacia mi cintura. Me froté con la parte limpia de la camisa. Ahora ya distinguí como un punto, bajo el omoplato, que debía ser el orificio de una bala. Pronto volvió a oscurecerse la parte que yo limpié. Estaba perdiendo sangre en cantidad. Había que contenerla. Me dirigí al cuarto de baño, apoyado en la pared, y me apliqué la toalla mojada en agua fría. Me senté en el diván, apoyándome contra el respaldo. Quería taponar como fuera la herida. ¿Pero qué hacer?... Era arriesgado continuar así. ¿A quién acudir?... ¿Perdería el conocimiento? De pronto recordé a mis vecinos. En el trance, me parecía lo más oportuno acudir a ellos. Llamar a la Embajada me parecía absurdo y peligroso. Estaba ya sujetándome la toalla con las manos para levantarme y llamar a la puerta, cuando en la entrada sonaron unos golpes ligeros. No reflexioné; "adelante", dije. Pero pensando instantáneamente la tontería que había hecho, de dos zancadas me metí en el cuarto de baño. Si era un criado, podía excusar mi presencia...; no recordé siquiera que mi camisa ensangrentada estaba tirada sobre la alfombra y que llamaría la atención de quien entrara inmediatamente. Empezaba a obnubilarme. Me dejé caer, sentado, en el suelo. Oí cómo se abría y cerraba la puerta; los pasos no, pues debía apagarlos la alfombra. Una voz, diría que conocida, me demandaba en francés:

"Doctor..., doctor... ¿Dónde está, doctor...?" Pregunté quién era. "¿No me conoce ya, doctor?", me respondió aquella voz con ironía... ¡Duval!.. Lo reconocí espantado. No me atrevía a asomar la cabeza "Un momento", dije, por decir algo... Volvía a oír su voz, cuando exclamaba: "Pero, ¿qué es esto?" ¿Qué sería, Dios mío? Advertí estar temblando. Allí, a dos pasos, Duval, que venía a rematarme. Miré a todos lados, buscando una imposible salida; no me atreví a gritar. Estaba inerte, aterrado; el corazón me golpeaba con taquicardia feroz; mi boca, reseca, era ya incapaz de articular un sonido inteligible. Me incliné hasta atisbar, resguardado por el marco de la puerta. Duval se hallaba próximo, de espaldas, y miraba mi camisa, cogida con las dos manos, puestas a la altura de su cabeza. "¿Qué es esto?— volvió a repetir— ¡Si parece sangre!... ¿Se ha querido degollar, doctor?..." Advirtió mi presencia y se volvió.

Hizo un gesto de asombro al verme de tal guisa. Realmente, ya debía causar cierta impresión. Desnudo de medio cuerpo, puesta en bandolera la toalla, sujeta por delante con las dos manos; con sangre en ellas y en el costado. Duval inicia una sonrisa de las suyas, pero en el acto la cortó. Supo adoptar la cara propia de la circunstancia.

— ¿Realmente está herido?...

— Eso parece; herido— procuré decir.

— ¡Tan pronto!... ¿Ya?...— exclamó.

Yo no comprendí el significado de esta exclamación.

— Venga, venga que veamos eso; échese en la cama, vamos, vamos— me empujaba suavemente hacia la otra habitación; casi me llevaba—; un momento, échese. ¡Ah!...

¿Dónde es eso?... ¿En la espalda?... Hay que desnudarse— yo hice un ademán de impotencia— . Le ayudo, siéntese ahí, en el borde; traiga—me tomaba la pierna, me sacaba el zapato— . ¿Cómo ha sido eso?... ¿Ha querido suicidarse?... No, claro, en la espalda. Porque es en la espalda, ¿verdad? Me había quitado los zapatos y los calcetines

— . Vamos, sosténgase— desabrochó mi pantalón, tiró de él y me ayudó a echarme— . No, así no; boca abajo... Así; veamos: lo que es eso...

Yo obedecí; quedé de espaldas a él. Nunca lo hubiera hecho. Un miedo atroz se apoderó de mí. Tuve la idea loca de que aquél era el fin de mi vida. Sí, pensaba temblando todo mi ser, ahora me hunde un puñal. Sí... ahora. Yo le veía, sin mirar, cómo levantaba su arma, lentamente, recreándose, eligiendo el sitio mortal donde herir; sí, ya apartaba la, toalla, quitando aquel estorbo... ¡Ahora!... Pero no, quería recrearse aún en la contemplación de su víctima. Noté que había levantado la toalla y que me tocaba en las proximidades de la herida. "Bala", le oí decir entre dientes. "¿Salida?... No veo... Malo, está alojada"... Yo creía distinguir en su voz como contrariedad por el error del tiro. Sin duda, ha sido él mismo y me siguió luego... Aquí viene para rematarme; estoy en sus manos, indefenso, muerto... Intenté rezar: imposible; mis dientes castañeteaban de pánico...; "¿Tiene frío?", me preguntó, y noté una frialdad en la espalda... "Es un puñal", pensé, "es un puñal que se hunde en mí; sí, es su cuchillo...; el cuchillo de este hombre debe ser de hielo, de hielo"... Algo turbio me apagó la mirada; mis ojos debían estar muy abiertos pero ya no veía; tuve la sensación de caer muy hondo, pero oscilando, igual que las hojas secas, fuera de toda ley del mundo. "He muerto ya", me confesé, y quedé repentinamente tranquilo.

XII

LOS ASESINOS DETECTIVES

Mi despertar fue agradable, porque al volver a mí la conciencia me encontraba en el lecho, semisentado sobre muchas almohadas y sin la espantosa sensación de la espalda húmeda. Pero fue muy desagradable abrir los ojos, porque lo primero que se me presentó a la vista fue el rostro del médico de la Embajada, de aquel tipo calvo y repelente.

— Vamos, camarada— me decía— despiértese. Ya ha descansado bastante. Ahora se encuentra bien.

— Sí, me encuentro bien.

Tenía la frente llena de sudor, la destilación nasal le humedecía los bigotes, y hasta creo que no olía bien. Al otro lado estaba la cara rasurada y simpática del chileno.

"Al fin— pensé— si éste me asesina lo hará con algún decoro." En mi estado de semilucidez, casi no advertí la presencia de una tercera persona. En la penumbra del ángulo donde se hallaba, sólo pude identificarla como mujer. Estaba de pie y me miraba. No pensé más sobre su persona.

— ¿Qué me ha pasado?— pregunté.

— Le ha entrado a usted una bala— me dijo el doctor— por la espalda, en la región escapular izquierda. No hay orificio de salida. Su proyectil debe estar alejado en el pulmón.

Reflexioné, sin mucha alegría. Pero planteé una objeción.

— ¿Alojada en el pulmón? ¿Y no he tenido ni una pequeña hemoptisis?

— No. Bueno, puede ser que la bala esté en el mediastino.

Aquello me gustaba menos aún.

— ¿Una bala en el mediastino? Pues es un caso de suerte. No me ha tocado un vaso, ni un bronquio, ni...

— O tal vez en el raquis...

Cada hipótesis era peor que la otra. Procuré mover los brazos y las piernas.

— Sin una parálisis, sin un shock medular...

— Bueno, colega, no discuta ahora. Ya veremos dónde está la bala. Lo esencial es que usted se encuentra mejor y podrá salir del hotel. ¿Me permitirá tomar un poco de su vodka? ¿O de coñac?

Por mí respondió Duval:

— Sí, beba usted— le dijo humorísticamente— . Por ahí encontrará tres copas. Beba en una cualquiera; pero no la rompa.

— Camarada— replicó el médico, ofendido— yo suelo beber en la misma botella...

A los pocos minutos penetró en el cuarto un nuevo personaje: el jefe París, el

"dos". Llegó alarmado, inquieto:

— ¿Qué ha pasado? ¿Quién ha sido? ¿Qué dirán en Moscú? ¡Vamos, expliqúense ustedes!

¿Qué saben? ¿Quién ha hecho esto?

— Camarada— silbó Duval— no debe sorprenderse. Creo que algo sabía de antemano usted...

El jefe contuvo su indignación.

— Sí, Duval— admitió—; estaba usted en lo cierto. El atentado se ha producido..., sólo que mucho antes de que yo pudiese adoptar mis medidas para evitarlo. Supongo; que no tendrá inconveniente en fijar la hora en que me comunicó su información... Serían las seis de la tarde, ¿no?

— Las cinco, exactamente— respondió Duval con aplomo.

— Bien, sean las cinco... Se ha producido a las siete...

— A las siete y media— volvió a interrumpir, con no menos aplomo.

— ¿Cómo lo sabe?...— interrogó el jefe, de muy mal humor, según se advertía.

— Lo deduzco, simplemente; a las siete y media llegaba yo aquí, estoy bien seguro. Ya había estado antes, pero el doctor no estaba aún de regreso. Supongo que no se entretendría mucho, después de ser herido, ¿no, doctor?. Na se iría a pescar truchas,

¿verdad?

Asentí inconscientemente con un movimiento de cabeza.

— Casi podría decir que el hecho ha ocurrido después de las siete y media...

— Bien, bien..., sean las siete y media. Aun así, median, de las cinco a las siete y media, dos horas y media. Yo intenté localizar al doctor inmediatamente; no pude lograrlo...

— ¿Su escolta?— le interrumpió el chileno, acentuando su aire fiscal.

— Sí, la tenía; he dado órdenes estrictas... He hablado con mis hombres, Estaban muy cerca..., no vieron nada, absolutamente nada. Sólo al doctor, y ni siquiera advirtieron nada que los hiciese sospechar...

— ¿Ni el disparo pudieron oír?

— Sí; eso sí lo oyeron, pero ni el doctor ni nadie mostró síntomas de haber sido herido... Creyeron que el ruido tenía otro motivo, sin duda.

— Incomprensible; un disparo es identificable... a poca costumbre que se tenga de oírlos.

¿Quiénes son sus hombres?... ¿acaso hermanas de la caridad?... Lamentable, ciertamente lamentable; una mayor perspicacia y celo acaso hubiese permitido detener al autor... Seguro que allá, en la Central, se habrían alegrado mucho. Aún no hemos atrapado in fraganti a ningún trotskista..., sólo han caído los nuestros. Figúrese qué magnífico motivo se ha perdido "L'Humanité" y la prensa francesa... Imagino que nuestro doctor hubiera podido transformarse en el acto en una personalidad sobresaliente, en un sabio ruso que marchaba a España a combatir el tifus o cualquier otra enfermedad aparecida en las tropas leales... por intoxicaciones producidas por los mismos trotskistas... Yo no expondré tal idea, pero no creo que deje de ocurrírseles allá, en la Central... Si usted hubiera estado en contacto más perfecto con sus hombres, si éstos hubiesen mostrado más empeño, más amor a la causa...

El jefe se había derrumbado en un sillón. Su honda preocupación era evidente. Diríase que las palabras de Duval constituían una terrible acusación fiscal, más que suficiente para recibir el tiro en la nuca. Pero debía ser fiambre templado en la lucha. Su decaimiento fue breve; se levantó muy decidido, aunque con signos de congestión en su rostro.

— Creo que se deja llevar un poco por su gran imaginación, camarada Duval— le reprochó suavemente, pero evidenciando todo el esfuerzo que debía hacer para contenerse— . Veamos, veamos fríamente los hechos...

Se levantó; fue y vino por la habitación. Salió al saloncillo, Volviendo con mi ropa en las manos. Se aproximó a la luz que había junto al, lecho y empezó a examinarlas meticulosamente.

— He aquí el orificio del disparo...; se le ha hecho por la espalda...

— Interesante descubrimiento— ironizó Duval.

— Cierto— replicó el otro— . pero..., ¿qué es esto?..,— y señalaba con su dedo las proximidades de la perforación...

— Eso, un roto...— respondió Duval con sorna.

— Un roto..., sí, pero, ¿cómo se ha producido?... Aproximó más la ropa a la luz y me mostró aquella parte—; ¿cómo, doctor...?

—Lo ignoro— dije—, después de mirar aquel roto, que tenía forma de un pequeño ángulo recto, un siete o un cuatro— ignoro sí me habré prendido en alguna parte, antes o después...

Se retiró el jefe un tanto. Sin duda, se entregaba a deducir, en busca de indicios,

— ¿Qué opina, camaradá Duval?... ¿Qué opina de éste?...

— Nada; yo no opino nada. Sin duda, el doctor, en su prisa y aturdimiento, debe haberse enganchado en alguna parte; en el taxi que tomó, en alguna parte, o qué sé yo...

— Es extraño— dijo para sí el jefe— el sitio... es extraño; no es fácil prenderse ahí..., si fuera en una manga, en la parte inferior..., ya sería otra cosa...; no comprendo.

A pesar de mi estado, no dejaba de percibir la ironía de la .escena. Aquellos asesinos profesionales procedían en aquel instante como policías consumados.

— ¿Nada que beber aquí?...— preguntó el jefe, que, sin duda, recurría al alcohol para despertar sus funciones mentales.

Le indiqué casi con el gesto dónde podía encontrar una botella. Fue y la trajo; tomó el vaso que yo tenía sobre la mesilla y casi lo llenó; ya iba a llevárselo a los labios, cuando me hizo una extraña pregunta.

— ¿No será?

Me hizo gracia. Temía indudablemente que me equivocase y le diera una droga de las destinadas a Miller. Lo tranquilicé sonriendo. Y él se bebió casi todo el contenido. Luego marchó hacia una butaca y se sentó con mi abrigo sobre las rodillas. Quedó abstraído en sus meditaciones. Duval se paseaba fumando constantemente; el médico echaba miradas voraces a la botella de coñac; pero apreciaba yo que no se atrevía a tomarla, sin duda por respeto al jefe, que no le había invitado. Debía sufrir mucho, porque pude ver cómo se humedecía los labios frecuentemente con la lengua. El silencio se prolongaba y yo me sentía corno invadido de sopor. No sé a punto fijo cuánto tiempo duraría el silencio. Debía estar ya casi en la inconsciencia, cuando me despertó la voz del jefe. Se dirigía al médico, pidiéndole no sé qué. Este se inclinaba sobre el maletín de su instrumental, revolviendo. La posición de los personajes había cambiado. Mi abrigo lo tenía la mujer que yo había visto en la penumbra, en uno de sus antebrazos, y lo miraba con atención por la parte del orificio. El médico volvió junto a ella; el jefe miraba muy atento La desconocida tomó lo que le entregó el médico; giró un poco, levantó las manos a la luz y vi cómo, de un solo intento, pasaba un hilo por el ojo de una aguja. Estimé ridículo todo aquello; tanta seriedad y casi solemnidad para que aquella señorita zurciese mi abrigo roto. Pero no se trataba de zurcirlo, sino todo lo contrario. Dobló la aguja— acero ruso, sin duda— en forma de gancho y entregó el extremo del hilo al jefe.

— Tire— ordenó en ruso.

El jefe dio un tirón; se desprendió el gancho, haciendo un nuevo siete en mi pobre abrigo. Ella lo miró con atención, comparó aquel roto con el antiguo y dijo solamente:

— En efecto, es idéntico.

— ¿Qué sugiere?...— interrogó ansioso el jefe.

Duval y el médico, un tanto ajenos a la maniobra, se aproximaron para examinar el desgarrón atentamente. Ella dejó el abrigo sobre una silla y, se volvió, al jefe, pero sin hablar aún.

— ¿Y bien?...— interrogó Duval.

Ella le miró muy fija; hubo un silencio, en el cual yo me fijé más en la que asumía papel de protagonista en aquella escena. Era perfecta; sí, era la palabra exacta. En aquel momento yo no pude analizarla línea por línea, matiz por matiz. Sobre su perfección física, evidente a la primera mirada, sobresalía y asombraba un algo personal, singularísimo, síntesis de su mirada, voz, gesto, movimiento; suma expresión, pero inexpresable...; yo, no sé por qué, ya no pude mirar a ninguno más que a ella. Todo esto, tan complejo, lo percibí como a la luz de un relámpago; exactamente, un relámpago pues así la vi ya siempre, y sería muchas veces, como a la luz azulada de un relámpago de invisible tempestad; irreal, pero vital; próxima, pero inasequible; ángel, pero mujer, es decir, demonio al fin.

Hablo matizando cada letra:

—¿.No comprenden? ... ¿Nada les dice esto?

Era en aquel momento la Sibila, pero encarnada en tanagra. Mostró. de nuevo mi abrigo, señalando las dos rasgaduras, y dirigiéndose a Duval dijo:

— ¡Si la cosa es clarísima!... Me extraña que tú. precisamente tú. no lo veas. No, no te sonrías.

Duval dejó de sonreír. Cruzó su mirada con la de ella; chocaron, pero la de ninguno de los dos cedió ni se dobló. Sólo parecía como si las balas de sus miradas se atravesasen el cerebro mutuamente. El habló primero; pero fue una sola sílaba:

— Di.

— Al doctor le han "pescado"..., es evidente.

El contraste absoluto entre la tensión y hasta el dramatismo de las actitudes y el despropósito de verme convertido en un atún... me incitó a la carcajada; pero no sé qué me contuvo.

— ¿Quiere decir, camarada, que ha sido con "anzuelo"?— intervino eí jefe—; lo creo acertado; francamente, no se me había ocurrido.

— ¡Gran perspicacia!— aduló el médico—; tampoco se me ocurrió a mí y la cosa me parece evidente ahora. ¡Bien discurrido!

El jefe se mostraba satisfecho.

— Creo, que aún es tiempo de hallar la prueba. Sí, mandaré ahora mismo a mis hombres. Ellos deben conocer el sitio bien, aun de noche. No creo que hayan podido retirar el "aparato"... No se atreverán a ir por allí, ya nos conocen...— y dirigiéndose: a mí, preguntó—: ¿No vio a nadie acercarse a usted?... Recuerde bien.

— No, yo no vi a nadie— repuse— y eso que me fijé bien después del disparo. Acaso estuviera oculto el asesino tras algún árbol o planta...

— No, no me comprende usted bien— rectificó—; he; querido saber si antes del disparo notó usted que se le aproximaba, alguien; recuerde bien...

— Estuve solo todo el tiempo..., mejor dicho, no exactamente: una señora que llevaba un perrito se sentó en el mismo banco por unos minutos...; pero eso ocurrió mucho antes de sonar la detonación; cuando dispararon ya debía hallarse muy lejos.

— Pues ella ha sido— afirmó el jefe con todo aplomo.

Pero si le he dicho— argüí yo— que se había marchado, que no la volví a ver más ni a ella ni a su faldero. Me hubiera llamado la atención si la veo otra vez, después de ser herido. No puedo comprender que una dama elegante, y además con perro, se dedique a disparar tiros sobre cualquiera, y sin llamar la atención. Perdone, pero me parece absurdo.

— Pues no lo es, doctor; tenga la seguridad de que ha sido ella. ¿No advirtió si le tocaba en la espalda?...

— En absoluto— negué— no me tocó. ¿Pero que puede importar eso?

— ¿Qué señas, tenía?... ¿Cómo era?...

— Pues no sé bien; una de tantas..., alta, sí, era alta; fuerte, pero no gruesa.

— ¿Rubia, morena?... Sus ojos, ¿de qué color?...— me interrogó con prisa.

—Pues no lo sé. No la vi, de cerca los ojos; del cabello no recuerdo, acaso fuese oscuro... Olía muy bien.

— ¿Vestía?...

— Llevaba unas magníficas pieles sobre los hombros, con los extremo a la espalda, y le ocultaban un tanto el rostro,.. .

— i Naturalmente!...— me interrumpió— . Siga, siga...

— Sombrero ladeado; un sombrero como muchos, parecido al de los Hombres, con el ala caída...

— ¿Tapándole también, naturalmente?...

Reconocí el detalle.

— Una mujer del Norte, por el tipo...— insinuó Duval.

— En efecto— convino el jefe— . ¿Y no recuerda más de ella?

— Sí, su perfume; algo exquisito, se lo aseguro... He querido recordarlo dos o tres veces aquí mismo— le detallé—; pero debía ser una ilusión; ahora imposible, con el olor a yodo.

¡Ah!..., sus zapatos eran de una piel especial, parecían hechos con la de un reptil, tenían escamas negras y grises... El perro era pequeño, muy feo, negro, con una especie de barbita en el hocico. No me pregunte más, es todo lo que recuerdo. Pero..., ¿qué puede explicar?... Ya le he dicho que esa señora debía hallarse ya a varios kilómetros de distancia.

— Y estaría; en eso tiene usted toda la razón; pero ha sido ella quien le hirió...

— Absurdo!— no pude por menos de exclamar; pero advertí que no me hacía caso ninguno de ellos.

— Bien, bien. Me marcho a procurar la recuperación del arma... Explíquele usted, Duval.

Y dicho esto, tomó su abrigo y se marchó. Yo sentía fatiga, pero la curiosidad me hizo pedir la explicación al chileno; cuando éste se disponía a satisfacerla, el médico, sin pedir autorización, se adueñó de la botella y marchó con su presa hacia el saloncillo; debía sentir una sed tremenda. Ya no regresó hasta que no fue Duval a llamarlo. En tanto, Duval me hizo saber todo. El procedimiento que emplearon para herirme era familiar para la G.P.U., y me lo explicó detallado. Creo poder reproducir su relato.

— No le extrañe, doctor— empezó— que reconociendo la lejanía de su enemiga, digamos que ha sido ella quien ocasionó su herida. Esa mujer se aproximó a usted, ¿no?... Pues bien: en esos momentos que permaneció a su lado se limitó a clavar en su espalda un ganchito, una especie de anzuelo. De ahí que nos haya usted oído decir que le "pescaron". El anzuelo está unido a un sedal fino y fuerte. No sé si usted advertiría que ella, antes de sentarse a su lado, andaba por el espacio libre a su espalda... Evidente que el perrito, con sus carreras, facilitaba estas maniobras. Ha tenido que colocar la pistola— llamémosla así para que usted comprenda— a su espalda, fija en alguna parte: una planta, el respaldo del banco en que se hallaba usted, por ejemplo. Y se ha marchado. Luego, usted ha disparado el arma contra sí mismo... ¿No comprende aún?

Continuó:

— Tenga en cuenta que el anzuelo ha tirado del hilo, el hilo ha tirado del arma y ha hecho que se dispare. Es un arma especial. Una pistola simplificada; tiene un solo cañón y carece de puño y cargadores, pues sólo dispara un proyectil; se parece a un tubo de aspirina; el tubo tiene en su "culata" un gancho, que es el disparador, por el cual se sujeta a cualquier punto fijo. El sedal está atado al sitio donde las armas normales tienen el punto de mira. Como ya le he dicho, el sedal termina en el "anzuelo", el cual se prende a la ropa de la víctima. Hecho esto, desaparece rápidamente el homicida; ya nada tiene que hacer. la víctima, como usted ha techo, se levanta, tira del sedal, se tensa éste y atrae la "pistola", que, oscilando sobre su disparador, pero sin dispararse aún, se mueve hasta situarse en una posición en que la línea de tiro, coincide con el sedal en tensión; en el instante en que la línea de tiro del arma y la cuerda coinciden, es cuando la tracción de la víctima, ejercida sobre el "punto de mira", hace que el gancho-disparador ceda y el arma se dispara. La bala, siguiendo una trayectoria coincidente con la línea tensa del sedal, hace blanco junto al sitio en que su anzuelo la engancha. Así, la víctima es quien apunta y dispara el arma contra sí. Es ingenioso este invento... Claro, no es perfecto cuando usted vive aún. Existe el inconveniente de que el blanco se mueva, que no se presente muy exactamente su plano formando ángulo recto con la línea del sedal y de la bala; es decir, que gire un tanto y que la penetración sea oblicua, como, sin duda, ha sucedido con usted... Lo perfecto sería poder prender el "anzuelo" en la cabeza; así, en la nuca — y señalaba el sitio — sería infalible y mortal el balazo... Hemos hecho experiencias allá muy curiosas: de diez, nueve morían casi en' el acto. Con las mujeres podría intentarse, prendiendo el anzuelo en su pelo, cuando lo llevan largo y anudado; pero el porcentaje a ejecutar de ellas resulta muy pequeño, por lo tanto, es recurso poco útil. Aparte del mayor riesgo de la "pesca"...

Terminó así su explicación científica. Se condujo exactamente lo mismo que si me hubiese explicado el mecanismo de una máquina de afeitar. Sacó su pitillera de oro, con cifra de esmalte; me la ofreció abierta, la rechacé y él tomó un pitillo y lo encendió; fumó con deleite y luego soltó el humo a lo alto, con petulancia de snob.

— ¡Ah!..., perdón, camarada... ¿Un cigarrillo?— y ofreció su pitillera con finura, cual si ella fuese una duquesa; ella tomó uno en silencio; Duval se lo encendió solícito, y volvió a excusarse—: No te advertí; creía que habías marchado con el jefe...

— Pues no, camarada; te escuchaba...

— ¿Escuchabas?... Nada nuevo en ti; tú eres de las raras mujeres que saben escuchar... .

Yo no distinguí si en las palabras de Duval había: ironía o elogio. Tenía el raro don de matizar una oración; y hasta una sola palabra, con dos y hasta tres matices distintos. Algo intranscribible; pero muy perceptible para quien lo escuchase.

— ¿No se encuentra bien?— me interrogó, juraría que burlándose— . ¿Necesita alguna cosa?

— El termómetro está por ahí— supliqué. Cuando ella me lo puso, reanudó él su charla.

— Se preguntará usted, doctor, cómo la camarada ha podido descubrir el procedimiento... Nada más fácil: la víctima tanto si está, herida mortalmente como si no, da un tirón con suficiente fuerza para que la tela de su ropa se rompa y deje en libertad el "anzuelo"; es una ventaja, pues al faltar repentinamente su tensión al sedal, salta su extremo a varios metros de donde pueda caer el herido. Cuando las circunstancias lo permiten, uno de los nuestros, nunca el mismo que actuó antes, hasta puede retirar el arma sin despertar: sospecha. Sólo queda el desgarro en la ropa, y aun éste puede coincidir de tal modo con el orificio de la bala, que pasa inadvertido. Convendrá, doctor en que el procedimiento es ingenioso y bastante eficaz. Sobre todo, evita en absoluto el caer in fraganti; no hay posibilidad de prueba Algo muy importante en estos países de "justicia burguesa", cuyos organismos judiciales exigen prueba material para condenar. No dudo que la idea será perfeccionada. Espero llegue el día en que se pueda disparar el arma por "ondas ultracortas", fotográficamente o por cualquier otro procedimiento más moderno que brinde aún mayores posibilidades de seguridad e impunidad. Algo más escéptico soy en lo referente a su eficacia mortal..., pero— se interrumpió— veamos su temperatura...

Retiré el termómetro y él me lo tomó con presteza; se aproximó a la luz y leyó:

— Treinta y ocho, tres... ¿Qué le parece?

— No tiene importancia; hasta ahora— respondí.

—Lo celebro... No será cosa de muchos días, supongo... Me alegraría por usted y por mí; ya me había entregado a un trabajo muy atrayente.., (perdone, no es que su compañía no lo sea, doctor) cuando ha ocurrido su accidente, y me han ordenado que me haga cargo de su custodia... Su vida debe ser preciosa para alguna elevada persona, a lo que intuyo... ¡No, no me diga nada! Me abstengo de preguntar; reflexionó simplemente...— hablaba en forma maquinal, como si estuviese pensando en otra cosa; de pronto, se le encendió la cara con una luz enérgica y alegre— .¡Ya lo tengo!... ¡Cómo no se me ocurrió antes!... Bien dice nuestro refrán castellano: "El español piensa bien, pero piensa tarde"...

Quedó unos momentos como hablando interiormente, en tanto que "razonaba" con los dedos que sujetaban el pitillo.

— ¿Algo sobre el autor?...— inquirí curioso.

— No, nada de eso... Y es usted mismo quien me inspiró la idea; mejor dicho, su profesión actual: "Químico al servicio de la N.K.V.D."... ¿Comprende? ¿No?... Usted, químico, al servicio de la N.K.V.D.; la "química" al servicio también de la misma..., y ya no hay más que un tránsito deductivo, de lo abstracto a lo concreto, de lo general a lo particular: "la química al servicio del arma"... ¿Por qué no envenenar la bala?... ¿Por qué no lanzar un proyectil más pequeño, una flechita emponzoñada? Por leve que la herida sea, una pequeña dosis de veneno, lo suficiente... ¿No cree infalible el efecto mortal?... Figúrese lo que sería de usted en estos instantes, disolviéndose allá dentro de la herida el veneno lenta, pero seguramente, y sin nadie sospecharlo... ¿No cree? Seguro que a usted ya se la han ocurrido media docena de productos venenosos y eficaces... ¿A que sí?.. Doctor, sugiérame uno...

Me miraba con ojos extraños; sus pupilas eran grises y brillantes, como de acero ...; me parecían dos balas dispuestas a perforar mí frente; dos "flechitas, emponzoñadas". No pude sostenerla; volví la cabeza y hasta alcé con mi mano el embozo de la cama.

? ¿Se siente peor?...— se acercó rápidamente, solícito, aunque creí distinguir un leve matiz de alegre ironía en su pregunta; como si se recrease,. Hube de contestarle negativamente.

Me arregló el edredón, que se había deslizado un tanto con mi movimiento. "Pero

¿y ese médico?... ¿Dónde andará?", se preguntó en voz alta y fue hasta la puerta de la habitación; volvió al momento. "Duerme como un niño; la botella debe estar totalmente vacía".

— ¿Le molesta que hable?... Si quiere dormir o descansar un rato, puedo salir a la otra pieza ..., naturalmente, contraviniendo órdenes; soy responsable de su vida... y quién sabe; los asesinos se filtran por las paredes...

— Le ruego que no se marche; estoy relativamente bien— si en realidad le temía en aquel instante, mucho más temor me producía no verlo, no; percibir su voz; hasta me parecía mucho más peligroso, no sé por qué, lejos, cuando yo no pudiera saber a qué se entregaba.

— Guardaré silencio, si le molesto— insinuó.

— Hable, hable, se lo ruego..., no tengo sueño ni fatiga.

— Sigo dando vueltas a lo que he discurrido; una gran cosa... ¡Ah!... Le pedía antes que me sugiriera una sustancia... ¿No se le ocurre algo?... He de hacer un informe para la Central, proponiendo el perfeccionamiento; sería mejor que les brindase también los productos más convenientes para intoxicar... Mejor que sean originales, poco conocidos... ¿No opina? Cuanto más desconocido sea el producto, más trabajo para los forenses de la burguesía. Más novela. Yo soy novelero, a usted le consta... Ya sé que no tengo derecho a usar de su ciencia, pero, perdone, con ello me proporcionaría el medio de satisfacer mi vanidad ante los de allá... Sobran, es seguro, químicos en Moscú, pero desearía ser yo mismo quien enviase todo completo y perfecto. ..Vanidad profesional, lo comprenderá perfectamente, ¿no?... Al fin, en el caso de que usted no me indique nada, otros prestarán allí su ayuda técnica; acaso, usted mismo, si se lo ordenan... Claro que... si usted tiene también su vanidad profesional o quiere hacer méritos con sus jefes... Lo comprendo perfectamente y me abstengo de pedirle tal favor... Quédese con su veneno.

Aquel hombre me anonadaba. Sólo teniendo en cuenta mi estado, la excitación sorda, pero aguda, .que me producía la herida, y, sobre todo, el pude hallar respuesta.

— El arma de mi ciencia es un arma mía, pero sólo hasta cierto punto, pues sólo el Estado proletario tiene derecho a movilizarme con ello. ¿No lo estima correcto?...

— Evidentemente..., de una corrección proletaria perfecta. Le felicito, doctor. Ha dado usted pruebas y me da una más ahora de que, a pesar de su pasado contrarrevolucionario, llega usted a perfecciones insospechadas en su conciencia... digamos proletaria; le felicito, doctor; sinceramente, le felicito; casi me atrevería a vaticinarle un gran porvenir en la N.K.V.D.; no abundan los hombres de su ciencia que sean capaces de superar los prejuicios éticos pequeño-burgueses, como usted, en defensa de la patria soviética. .Conjugados ambos valores, forjarán para usted un gran porvenir. A no Ser que... a no ser que una bala, acaso envenenada esta vez, corte! su brillante carrera... Todo es posible; ignoro qué motivos tienen las víboras trotskístas para odiarle tan ferozmente; yo me enteré hoy mismo de que ellos tenían decidido algo contra usted y me apresuré a comunicárselo a quién tenía la obligación de velar por su seguridad, al jefe de aquí; por desgracia, nada hizo o nada pudo hacer...— se interrumpió al llegar aquí— '. ¿Nada pudo hacer?— se preguntó en voz sorda— . O acaso él también...— y ya no continuó. Luego empezó a pasear en silencio. Como yo no podía tolerar que callase, le Interrogué:

— ¿Y estima usted grave la amenaza contra mí?...

— No he de ocultárselo; sí, gravísima... Como ha dicho recientemente el camarada Stalin, los trotskistas, los espías, los. saboteadores y criminales infestan todo el aparato soviético. ¿Quién ha dicho que usted estaba en París?... ¿Quién le ha seguido?... ¿Quién ha aprovechado el primer momento propicio para herirle?... Además, el arma sólo la fabricamos nosotros allá; sabemos muy bien cuántas hay en uso y a quién están asignadas; ya veremos de dónde procede; sería extraordinario que se hubiese usado una asignada a quien se tuviera por leal... Creo que dará juego el asunto. Ya veremos. lo que dicen luego desde la Central.

— Entonces...— intervine— ¿mi peligro es constante y grande?

— Desde luego; no se lo oculto. Pero usted debe colaborar para evitarlo; y le aseguro que será muy difícil que le pase nada estando yo encargado de su custodia. Creo que puede usted estar tranquilo. Por otra parte, he de proponer que nos alejemos por el momento del sitio de mayor peligro. Se le debe sacar a usted de Francia, de este nido de trotskistas. Hasta nuestros aliados del Frente Popular, ese Blum, ese Dormoy, y tantos más, son íntimos de Sedov, Suvarin, de toda la canalla trotskista. Están bien situados para actuar; sólo necesitan, como en su caso, guardar las apariencias para que nadie pueda acusarles con pruebas. Es más, si usted hubiera quedado en el sitio, apoyados en la investigación policíaca, hubieran intentado una campaña sugiriendo que el asesinato era obra de la "rue Grenelle"... En fin, espero la llegada del jefe que usted conoció en la Embajada para hacer la propuesta. Se le esperaba hoy. Creo que opinará como yo sobre su viaje, porque ¿qué necesidad hay de que continúe en París? Ahora, usted no puede actuar; debe aplazarle el asunto Miller hasta que se restablezca, Por otro lado, a usted! habrá que verle con los rayos X, habrá que extraerle la bala... Y todo eso no debe hacerse aquí; sería dar base para que se sospechara de usted y de todos. Yo tengo una idea que resolverá todas esas cuestiones...; lo que deseo es que sea cuanto antes.

— ¿Volver a Rusia?—pregunté casi con alegría, pues la idea de ver a los míos me cruzó el alma de polo a polo.

— No exactamente a Rusia; pero a los efectos, casi, casi...— y me dejó tan en dudas o más que antes.

Volvió a quedar silencioso. Yo lo observaba queriendo descifrar los pensamientos en ebullición bajo su frente tersa. Ni una arruga lo delataba nunca, pero, como si en sus circunvoluciones cerebrales saltasen chispas eléctricas, a veces se escapaba alguna con destello azulino por sus pupilas magnéticas ¿Era aquel hombre quien me había querido asesinar, era quien me atormentaba ahora con su ironía, y me fascinaba, sin embargo? Me sentía invadido por algo así como por una suave neurosis vertiginosa, la atracción acariciadora del abismo que debió de inspirar la fábula de las sirenas. El recuerdo de aquella noche de "confidencias", con toda su falsía de cínico aleve, no se apartaba de mi memoria. ¿Por qué querría matarme? ¿Por qué me tendría odio? ¿Por no haber caído en su trampa?

Rompió mis imaginaciones una exclamación suya: "Eh ¡basta ya de roncar!", gritaba al médico, que yacía en la próxima habitación. Oí como se movía, haciendo crujir el diván, cómo bostezaba, carraspeando. Luego el chileno le ordenó alguna cosa y volvió a mi cuarto.

— Son las diez ya— me dijo— . Nuestro hombre no vuelve, y yo estoy sin cenar. Me muero de hambre. Si hubiera vuelto ya, podría marcharme, aunque fuera un corto rato; he mandado a su colega a que nos busque alguna cosa. Cenaremos aquí mismo, si es que usted puede cenar, que usted debe saberlo, ¡Qué fastidio!... ¿Sabe que yo tenía una invitada?... ¡Cuando reventarán todos los trotskistas!...

El médico volvió al poco rato, y no mucho después llegó la cena, que un mozo dejó en el gabinete. Nadie del hotel me había visto; me encontraba aislado entre mis compañeros de la G.P.U., como si el mundo exterior se me hubiese muerto de nuevo. Se hicieron acercar el velador a la puerta de mi cuarto y les oí comer sin cambiar palabra. Quedé amodorrado, y cuando me hicieron despertar entraba la luz de otro día.

Tres hombres estaban al lado de mi cama: Duval, que me había despertado, y los dos jefes. El "uno", sombrío, con ceño: nada encontré en el de aquella euforia y desbordante optimismo del primer día, aunque procuraba buscar una voz afectuosa:

— Siento mucho, camarada, su atentado; es una herida de guerra; estoy seguro de que así será considerada y premiada. ¡Ay de ellos! Es un honor proletario ser blanco de las balas trotskistas; pero también es importante aplastar a la banda de asesinos traidores. Lo pagarán. Ya sé quién son— y acentuó la palabra con tal fuerza, que parecía haberles hundido el puñal— . Nuestro camarada que supo casi adivinar su amenaza, seguirá vigilante a su lado, sin perderle de vista un instante; pero ahora se trata de obrar, de evitar el peligro de la herida. Tenga la seguridad que se hará todo lo humano... ¿Cree usted que podrá esperar diez o doce horas a que le extraigan la bala sin más complicación?

Contesté que no lo sabía, que sería más seguro obrar inmediatamente; pero que si era necesario aguardar, debería examinárseme radiográficamente, saber al menos el alojamiento del proyectil. Al despertarme, había notado entumecido, doloroso y casi paralítico el lado izquierdo del cuello.

— ¿Está usted en condiciones de hacer un pequeño viaje? Seis o siete horas, con toda comodidad... Hasta una clínica dotada de todo lo necesario, buenos médicos, ¡hasta con guapas enfermeras! ¿Eh, doctor?

Reflexioné. Mi bala debería hallarse en algún espacio intercostal. Nada vital había sido alcanzado. No existía asomo de infección. Y un viaje toda comodidad, a una buena clínica...

— Sí. Creo que podré resistirlo. Pero querría llevar para el viaje algunas ampollas: cafeína, un coagulante..

— Llevará usted mi botiquín— ofreció el médico.

— Entonces, vamos a actuar— dijo el "uno"— .Usted, véndele la cara— ordenó al médico

—; vaya a la otra habitación y diga al camarada que se marche; sin vendaje, por supuesto, y que no vuelva por aquí.

Salió de mi habitación el "dos"

— Usted, camarada, pida que hagan la cuenta del doctor, y vaya a pagarla... ¡Ah!..., salga a un teléfono de fuera y que se sitúe en el sitio convenido la ambulancia.

Duval salió dando un salto. Yo, sin comprender el acertijo, miraba al hombre aquel que, por un momento, pareció Napoleón en Austerlitz, En tanto, el médico de la cheka me había vendado la cabeza y parte del rostro, dejándome hecho una máscara.

— Si me han de llevar a alguna parte— hice observar — sería conveniente hacerme una cura, cambiar el vendaje y ajustarlo bien.

— Perfectamente— convino el jefe—; desde luego, el viaje va a ser rápido y cómodo; viajará en aeroplano...

— ¿A la Unión?,..

— A España.

— Quedé perplejo, pero no pregunté más. El jefe salió para fumar su puro al saloncillo; en tanto, el médico había preparado los vendajes con su torpeza habitual, y me cambió la toilette. Los movimientos no me fueron demasiado dolorosos; mi pulso permanecía correcto; los bordes de la herida, según aquel bárbaro, tenían aspecto normal; únicamente mi medio, tórax izquierdo era más sensible y menos móvil de lo debido. Ningún golpe de tos. Todo ello me tranquilizó. Me hice aplicar un taponamiento apretado y quedé apto para el viaje. No dejaba de resultarme curioso aquel asesino haciendo conmigo las veces de "guapa enfermera" bajo mi propia dirección. Habíamos terminado hacía un momento, cuando la puerta medianera se abrió de par en par. Entraron dos hombres, con vestimenta sanitaria, llevando una camilla. Otro, con bata blanca, limpio, joven, entró detrás, con el aire más inofensivo, y preguntó algo en ruso al jefe. Oí a éste responder: "No. Es un camarada; la mayor delicadeza y atención; además, es médico." Me tomaron en sus brazos el de la bata y un camillero, con sumo cuidado. Bendije aquello de ser médico y camarada. Me depositaron en la camilla, y antes de ponernos en marcha, el jefe me tomó afectuosamente la mano.

— ¿Quiere algo, camarada? Tenga ánimo; antes de la noche le operarán con toda perfección. Hasta pronto, camarada.

Me apretó más fuerte la mano, y él mismo bajó la cortina. Luego oí su voz que decía: "Vamos, en marcha". Me sentí elevar primero y luego llevar. Puertas que se abrían y cerraban. Luego, la voz de "mi hija" a mi lado. Era curioso que yo estuviese representando el papel reservado a Miller. Ruido de coche y de gentes, por un instante. Se me eleva, se cierra una portezuela a mis pies y el auto arranca. Una mano levantó la cortinilla. "¿Qué tal, doctor?" Era ella, que hacía de "hija" con toda propiedad. Al cabo de un rato, ella misma me dijo: "¡Ya llegamos!" El coche se detiene. Rumor de voces fuera; luego, un corto trayecto, apagado el rodar. Entonces se abren las puertas; pronto un zumbido sordo y potente se oye muy próximo. Tiran de la camilla; me elevan otra vez. Sujetan algo y, por fin, me dejan en paz, Pero el zumbido es ahora un vendaval de motores roncos, formidables. Pasos que van de un lado para otro, sonando sobre hueco. Es la primera vea que voy a volar, y siento alguna emoción. El vendaval aún aumenta su bramido; todo empieza a moverse. De nuevo la trepidación de rodar, y luego... tranquilidad, inmovilidad en medio de un colosal estruendo, que ya resulta monótono. Levantan la cortinilla y Duval me grita:

— ¡Volamos, doctor! ¡Estamos en el cielo! ¡Viva la presión atmosférica!

Por mi parte, pienso:

— ¡Con tal de que existan rayos X en España!...

El hambre, el ruido, la debilidad, la preocupación van dejándome dormido... La noción del tiempo desaparece en mí.

XIII

MADRID

Un dolor muy desagradable en los oídos. Levanté la cortina de la camillas y saqué el brazo libre. Acudió ella inmediatamente; pero no tuve tiempo de preguntarla nada. Un estremecimiento, seguido de otros más suaves, conmovió el aparato. Duval me gritó:

"¡Barcelona!", y algo más que no entendí; él ruido de los motores parecía haber aumentado y era, desde luego, más desigual. Cesó, por último, después de saltos y estremecimientos. La sensación de alivio entonces era notable. Aún persistía mi dolor de oídos.

No era aquél nuestro punto de destino, pero pararíamos allí algún tiempo. Por prevención, habían pedido por radio la presencia de un equipo quirúrgico de campaña en el aeródromo. Me consultó si era conveniente que me examinasen la herida; de no presentarse nada muy alarmante, prefería seguir hasta Madrid, donde existía la máxima seguridad para una intervención. Tales eran sus órdenes, y en lo posible deseaba atenerse a ellas. "Esta parte de España me dijo textualmente—es un nido de trotskistas". Se apartó unos momentos dé mí; debió bajar del aparato, y volvió acompañado de otros, que hablaban un francés detestable, durísimo, esquivado. Me llevarían a la estación del aeropuerto. En efecto, sacaron la camilla con mucho cuidado y me sentí llevar. En torno mío marchaba un grupo de hombres. Cuando retiraron las cortinas, me vi en una habitación pequeña y blanca, con mobiliario de despacho, trofeos y fotografías de aviación, y... el grabado, tan conocido, de Lenin-Stalin. Dos hombres se inclinaron sobre mí; debían ser los médicos. Uno me tomó el pulso, otro me puso un termómetro en la axila. Duval estaba muy próximo, sin apartar los ojos de mí. Entró uno que debía ser un tercer médico; tras él, otro tipo singular: fuerte, fornido, mal rasurado, con una especie de chaqueta de cuero marrón, muy corta, cogida por un cinto, del que pendían dos pistolas tremendas; completaba su atuendo guerrero un gorro de cuero negro, terminado en punta en la parte anterior y posterior de la cabeza, con una estrella roja soviética; sus botas, de gruesas suelas, crujían muy desagradablemente. Habló a Duval a voces, dándole, al parecer, seguridades sobre la paz en aquel recinto.

Les médicos encontraron mi estado bastante normal. No estimaron urgente la intervención quirúrgica. Podía esperar sin peligro unas horas más.

Se limitaron a examinar la herida, cambiándome el vendaje. Me sentí después menos molesto.

Me sentí mejor. Sobre todo, más cómodo. Duval seguía acaparado por el hombre de las pistolas; no me prestaba ningún cuidado ni atención. Supuse, y supuse mal, que terminada mi cura volveríamos a partir; mas no me movieron de la camilla ni advertí preparativo alguno de marcha. Como es natural, yo estaba impaciente por conocer el dictamen definitivo de mi herida. Tener una bala sin localizar alojada en las vísceras es como ir de paseo con una bomba en el bolsillo que pueda estallar cuando menos lo pensemos. Impulsado por mis temores, me decidí a interrogar a Duval; pero estaba lejos y no me oyó. Entonces, aquella joven, al parecer, tan ajena y ausente de todo, se levantó; se acercó a Duval, interrumpió al hombre de las pistolas, que se retiró unos pasos, pero sin apartar su mirada estupefacta de la rusa, y debió preguntarle algo. Al instante volvió hacia mí, se inclinó un tanto y me dijo en ruso que no marcharíamos hasta las seis de la tarde.

Me vi frente a unas horas molestas y aburridas. Duval no me miraba siquiera. No podía recurrir al sueño, porque la mucha luz que había y las voces del pistolero me lo impedían. La joven, cuyo nombre yo ignoraba todavía, que había permanecido hasta entonces fuera de mi radio visual, después de hablarme, se fue hacia una ventana para ver o leer una revista que debió hallar en cualquier parte. Ahora podía verla bien y totalmente; echado en la camilla, la veía desde plano inferior, de abajo arriba, según vemos tantas imágenes en el cine soviético, que abusa mucho del recurso de bajar la cámara, con lo cual, y no sé si será efecto estudiado, consigue hacer entrar inconscientemente al espectador dentro de un complejo de inferioridad, pues ha de ver a los personajes y al paisaje como lo vería un reptil, un sapo, un esclavo arrodillado..., en fin, muy a la rusa. Sin embargo, yo dijera en aquel instante que no se podía uno situar en más apropiado punto para contemplar a la joven. Sin discernir siquiera, estimé natural y justo contemplarla desde abajo, como contemplamos a un icono.

Duval se mantenía cerca de la puerta de entrada, en conversación animadísima con el tipo de las pistolas. Hablaban, sin duda, en español. Mi guardián obsequió al hombre con un cigarrillo, que él aceptó con un gesto de respetuosa gratitud, cual si se tratase dé la condecoración de la bandera roja. Aunque se negaba a sentarse, sumiso y reglamentario, lo hizo por fin muy respetuosamente. Se enzarzaron en una animada conversación, de lo. que yo no entendí una palabra, fuera de "España", "insurgentes", "leales", "tanques" y "policía", que repetían mucho; sin duda, hablaban de la guerra. Además de hacerle fumar, Duval hizo beber al hombre, y beber fuerte; La conversación se animó cada vez más; los; puñetazos del de las pistolas empezaron a llover sobre la mesa y sobre su pecho. Evidentemente, narraba sus hazañas, pues el ademán de tirar con una pistola imaginaria contra enemigo invisibles también se repetía; otras veces palmoteaba sobre las fundas de sus pistolas. Ahora,

Duval no era el jefe imponente del principio, sino un oyente divertido. Dos o tres: veces salió a la puerta el personaje, para dar gritos u órdenes; invariablemente, al poco rato se presentaba otro tipo, tan armado y tan poco tranquilizador como él, con una nueva botella, con cigarros y. cigarrillos, con café (que tomaban en vasos) y cosas por el estilo. Se esforzaba por hacerse agradable a Duval, tributándole de continuo sus grotescos respetos.

Así pasaron varias horas. Volvieron a darme algún alimento. La risa irónica del chileno reapareció a las seis, cuando el de las pistolas marchó. A poco, fui llevado otra vez al avión, que ya tenía los motores en marcha, y arrancamos. Mi viaje fue monótono, pues no tenía siquiera la distracción de mirar fuera. La luz me pareció que decrecía en la segunda hora de vuelo. Ella me advirtió que tardaríamos en llegar unas tres horas, porque no podíamos ir en línea recta, para no pasar por territorio rebelde ni cerca de sus líneas. Calculaba que estaríamos en tierra sobre las nueve. Esperaban ya para operarme en cuanto llegase.

Cuando fue noche completa, no se encendió ni una luz en el interior del aparato. El tiempo se me hizo demasiado largo. Debíamos volar a gran altura, pues yo sentía frío en el rostro y pesadez en la herida. Ella, según hacía cada hora, con regularidad cronométrica, me puso el termómetro en mi axila. La ropa me fue aumentada con una magnífica colcha-edredón de seda; al leer mi temperatura, valiéndose de una pequeña linterna eléctrica, yo pude ver en una esquina que tenía bordado un escudo, con su correspondiente corona. Intenté fijar las figuras de sus cuarteles: leones, barras, calderas y algunas lises; pero se hizo la oscuridad de nuevo y no pude. Aquella prenda de abrigo también me inspiró pensamientos de muy distinto orden. Debía proceder de la revolución, del saqueo. Algo así como lo que yo presencié en Rusia en 1917. Y mi imaginación quiso ver, forjándola a su antojo, la princesa que habría tejido sus sueños en el blando nido del lecho, bajo la tibia caricia del blasonado edredón. ¿Qué sería de ella?... No sospecharía jamás que aquella prenda daba calor al miserable doctor Landowsky, al esclavo de Iéjov, al amo del mundo que llevaba una bala dentro del tórax.

Duval se interesó por mi estado varias veces. Me sentía mejor que por la mañana; sólo un poco fatigado y con cierto dolor de cabeza. Por fin, volví a sentir el dolor desagradable en los oídos. Descendíamos. A poco noté que el avión aterrizaba. Me sacaron del interior muy rápidamente y me llevaron entre un tropel de personas. Ni una luz; sólo de cuando en cuando el foco de una linterna eléctrica iluminaba alguna cosa. Una ambulancia-automóvil. Pasado un rato, el toque de una campana que repicaba fuerte y a intervalos regulares: el ruido más ingrato del mundo. Pronto paramos y me sacaron de allí; oí pasos precipitados en torno mío; me llevaban. Permanecía cerrada la lona, y yo no veía nada. Noté, por el desnivel producido, que subíamos algunos escalones; al momento, otros más y que torcíamos hacia la izquierda; por las lonas se filtraba una claridad mayor cada vez. Me depositaron en el pavimento y me destaparon. Duval, como siempre, a mi lado; cuatro o seis hombres, con las batas y gorros blancos de ritual. Uno me preguntó en francés, amablemente, si podría tenerme de pie. Pero fue preciso que me ayudaran otros dos para ponerme detrás de la pantalla. Rápidamente se me observó de frente y de perfil. El que antes me había hablado tuvo la nueva amabilidad de comunicarme que mi proyectil estaba alojado entre los haces superiores del trapecio. Por lo visto, un trayecto ascendente casi paralelo a la piel, entre la columna vertebral y el omóplato. Si la bala hubiera llevada mayor impulso o mis músculos paravertebrales hubieran sido más permeables, aquélla habría salido por el hombro. Bonita lesión. Nada que temer. Buena tensión arterial, buen pulso, buen color, buena constitución, buen ánimo. Me llevaron al quirófano y me situaron en el incomodísimo decúbito prono.

Duval, siempre a mí lado, me preguntó en ruso: "¿No se santigua ahora, doctor?" Le habría estrangulado. Pero el chorro del cloruro de etilo me hiela los bigotes.

Era, sin duda, muy entrado el día, cuando acabé de luchar con el éter y di la eliminación por terminada; una luz cruda iluminaba lo que se me alcanzaba de la habitación vecina, pues la mía estaba en penumbra. A la primera inquieta ojeada en mi contorno, aprecié que la estancia era muy buena; casi diría suntuosa. Me hallaba, probablemente, en un hotel de lujo. Permanecí en silencio, tratando de pensar sobre mi nueva situación. Pero no pude concentrarme siquiera. En la habitación vecina se hallaba Duval. Percibí el ruido de una puerta al abrirse y cerrarse. Se levantó el chileno y desapareció de mi vista. Hablaban él y otra persona. Muy pronto los dos volvieron a entrar en el radio de mi visión. El nuevo personaje era un tipo bajo, rechoncho, con una tripa bien prominente, que quería disimular abrochándose la ceñida chaqueta, lo que contribuía a que se destacasen también sus nalgas excesivas; su aspecto, de unos cincuenta años, acaso menos; pero daba sensación de vejez su pelo crespo, algo alborotado, ya gris por las canas. El tipo clásico de un pacífico y acomodado mercader judío. Por eso mi sorpresa fue grande cuando llegó bien distintamente a mi oído la invitación a sentarse que Duval hacía al "general Keltsov" con una seriedad acentuada por el respeto y redondeada por una cierta ceremonia. Debía tratarse de una simple toma de contacto, porque sólo duró la entrevista pocos minutos. Pude recoger palabras sueltas, sin ilación, el ademán de señalar hacia mí; debieren aludirme, pero ignoro en qué sentido.

Cuando volvió a quedar solo Duval, le llamé; quería saber de mí alguna cosa. Bastante resignación había acreditado escupiendo y vomitando en la mayor soledad mi anestésico. ¿Me habían extraído la bala? Acudió rápido, advirtiéndome que no le llamase Duval en adelante; su nuevo nombre era Gabriel; Gabriel Bonín. Me tranquilizó sobre mi estado y me obsequió con un proyectil. Una linda pieza de plomo blindada de nueve milímetros de diámetro que me habían extraído, según me dijo, con tan mayor elegancia y rapidez; no estaba muy profunda, y una regular incisión había bastado para trasladarla al bolsillo de su chaleco.

— Salvo complicaciones" que no son de esperar, podrá -dejar la cama dentro de poco días. Los médicos están muy satisfechos, porque usted resulta invulnerable a las infecciones. Dicen que los eslavos tienen sangre de oso.

Recibí esta impresión como un elogio, aunque hasta Madrid no había yo tenido noticia de que los osos posean una reactividad particularmente vigorosa frente a las infecciones. Me habría gustado saber que al brazo izquierdo de los osos le son indiferentes las pérdidas dé sustancia, porque yo sentía en el mío como una parálisis dolorosa, como si tuviese ascuas en aquel lado. Solicité de Duval una inyección de cloruro mórfico. Por fortuna, instantes después entró el médico amable y pude repetir el ruego, al que accedió en seguida.

— Su tiempo de coagulación es admirable— me dijo— . Ni que fuera usted un oso.

No poseo un dossier de impresiones españolas suficiente para formar juicio sobre el país. Pero una de las más persistentes es el entusiasmo de los españoles por los plantígrados. Creo que si sus condiciones climatológicas lo permitieran, su deporte nacional serían las "corridas de osos".[2] Si yo tío ine había muerto de infección ni de hemorragia, el médico de Madrid lo atribuía a mi parentesco con los osos polares.

Cuando se marchó el médico me atreví a preguntar a Duval por la joven rusa.

— Por ahí andará— dijo con displicencia—; supongo que en su habitación, aquí al lado.

— ¿Puedo saber quién es?

— Relativamente, doctor; saber quién es una persona del Servicio no es cosa fácil nunca; esto para nosotros; figúrese para un recluta, como lo es usted aún. En fin, para su gobierno y a modo de presentación sepa que la camaráda se llama, digo, la llamará, Elena, Elena...

En esto, se oyó un ruido al otro lado de una; de las puertas del saloncito,

"Adelante", dijo en voz alta Duval. Se abrió la puerta y entró la llamada Elena.

— A propósito, camaráda; estaba presentándote al doctor, que se interesaba por tu interesante personalidad. Yo, dados los inquietantes momentos, no me di cuenta de que se desconocían; perdón...

Y con cierta cómica solemnidad, presentó:

---

[2] En español en el original.

— Elena Nicolaevna Ponomarenka— y señalándome, agregó—: Doctor José Maximovich Landowsky; en fin, camaradas, ya se conocen; espero y deseo que sean muy buenos amigos.

Ella no había despegado los labios, ni transparentó su rostro el menor reflejo. No era su gesto de displicencia, menos aún de desprecio; acaso, de atención excesiva, concentrada; pero la impresión recibida, que se transparenta en el rostro de la mayoría de las personas, no se podía percibir en sus facciones, cual si fueran de cera; pero al propio tiempo, aquella opacidad emocional en el rostro no impedía ver cómo latía y brillaba en él una suprema vitalidad. He de reconocer que aquella, mujer, de la cual nada sabía, ejercía sobre mí un influjo raro, extraordinario.

Todo esto, tan largo de contar, lo pensé sólo en los segundos que duró la conversación; mejor dicho, ni casi lo pensé; más bien me pareció un recuerdo, algo ya bien formado, que pasase de nuevo por mi mente.

Duval dio unos pasos por la alcoba y volvió a tomar la palabra.

— Estimo necesario, camarada— dijo, dirigiéndose a Elena— explicarte algunos antecedentes en relación al doctor y al asunto que con él se relaciona,

—Y creo, camarada, que iba siendo ya hora de saber yo algo... He podido cometer algún error por carecer de información; y luego, ya hubiésemos visto quién cargaba con la responsabilidad.

— Yo naturalmente, camarada..., entre un caballero y una dama... ¡quién duda!...

— Camarada Gabriel: a veces, parece como si tu antigua formación burguesa, honor, galantería, sacrificio, en fin, la novela, reviviera en ti, adueñándose de tu cerebro; sólo así puedo explicarme tus lamentables olvidos, tus falsas situaciones... ¿A qué viene ahora eso de "dama" y "caballero"?... No estamos en escena, en la escena burguesa, para seguir la farsa que imponen los servicios..., ¡creo yo!

— Perdón, camarada; tienes toda la razón. Soy un lamentable distraído; pero tengo atenuante, mi larga y excesiva permanencia, mejor, mi asfixiante inmersión en el mar de la mentira capitalista; mis prolongadas y lamentables ausencias del mundo de la verdad, del mundo soviético, me produce algo así como amnesia; por otro lado, camarada, tu apariencia física tiene tan exacta semejanza con una hermosa mujer.

Yo, que no perdía sílaba, quedé atónito. ¿Sería Elena un efebo? Pero no, ella misma me desengañó.

— ¿Pues qué soy yo?... — interrogó con un acento cortante . Duval hizo como si estuviera confundido, azorado.

— ¿Quién eres tú?...— repitió — . Naturalmente, una mujer: es una verdad evidente, pero subjetiva; una verdad que a ti misma te ha hecho saltar al yo expresar la verdad objetiva, la más importante dialécticamente..., que no eres mujer en relación al objeto de nuestra misión...; eres tan sólo camarada;

más exactamente, un agente que debe obedecerme, formarse y aprender...; recuérdalo, camarada, que al lado de esto nada importa si eres subjetivamente mujer y objetivamente un ser asexual. ¿Acaso no recuerdas mi tesis laureada, que debes haber estudiado en la escuela, donde se halla vigente de modelo?...

— No recuerdo...

— Lamentable; porque me habría evitado explicarte ahora esta lección. Recuerda un tema en que se asigna como meta de la sociedad comunista el conciliar la verdad subjetiva y la verdad objetiva, por la desaparición de las contradicciones de la sociedad capitalista...,

— Ahora sí; ahora recuerdo eso perfectamente. He de felicitarte, camarada he considerado esa tesis tuya como algo de la más perfecta y alta dialéctica...

Duval no parecía ufanarse ahora, cuando triunfaba; más bien parecía distraída, ajeno; hubo un corto silencio.

— Decías, camarada?.., |Ah!, sí; dialéctica, pero una necesidad...

— Una necesidad dialéctica...

— Sí, naturalmente, dialéctica; es una necesidad vital luchar para lograr ser quien se es...; para cosa tan elemental como ser tú mujer, hombre yo y la verdad, verdad...

— Sí— ratificó, muy seria, ella—; es necesario destruir de una vez el mundo de ficción capitalista, corruptor de todo, hasta de la personalidad..., y poder gritar un día mi verdad personal, idéntica a la general; porque la verdad humana, dialéctica, libre de la contradicción capitalista, sólo ha de ser la verdad una...

La contemplaba Duval con gesto indefinible y, de pronto, la cortó...

¡Camarada! ¡Por favor!..., que hay un enfermo; un enfermo muy querido de Iéjov..., y tus palabras, aunque sabias, pueden hacerle daño en su salud... ¿No, doctor?...

Yo negué con un movimiento de cabeza; pero Duval insistió y salieron de mi alcoba, cerrando tras de sí la puerta de cristales. Yo los veía fuera, en el saloncito, pero no percibía su conversación. Sin duda, Duval le daba la explicación interrumpida por aquella digresión abstracta...

El resto del día pasó sin incidentes; volvió a visitarme el doctor tres o cuatro veces; la enfermera, con mayor frecuencia. Conocía algo el ruso; era una muchacha guapa, casi diría deslumbrante; no parecía española, mejor dicho, en parte sí, líneas, viveza de movimientos, fogosidad, eran de una meridional perfecta; pero como si todo esto se hubiera encerrado en una piel nórdica, germana precisamente. Circundaba su rostro una cabellera rubio-dorada, que jugaba bien con sus ojos intensamente azules. Pero sus iris rechazaban la luz de fuera con la altivez de una "Carmen". Abusé un tanto de la morfina, pues me hice poner otros dos centigramos. También pedí coñac, y para que me lo concediesen fue preciso explicar al médico que unas cuantas calorías no exponen a una insuficiencia hepática aguda. El caso es que la chica me entusiasmó. Me gustaría que alguna vez leyese estas memorias. Su ruso era muy deficiente, pero parecía entenderme casi todo; creo que, más que por conocimiento de la lengua, por intuición. Las veces que coincidió con Duval en mi cuarto advertí su interés y su hábil despliegue de seducción frente a mi amigo, pero también comprobé que él no se enteraba o no quería enterarse. Lo cual la fastidiaba doblemente. Elena evitó siempre, no sé por qué, coincidir con la enfermera.

Ignoro si durante mis momentos de sopor se marcharía Duval-Bonín; supongo que no, porque parecía resuelto a no perderme de vista.

La noche se me hizo larga; dormí a ratos. Duval se fue a dormir de madrugada; advirtiéndome que estaba en la habitación de al lado, que tenía comunicación con la, mía. Le relevó Elena, que se pasó el resto de la noche leyendo en el saloncillo, pero asomándose cada hora, en punto, para enterarse si yo sentía novedad o deseaba alguna cosa.

Reinó casi tranquilidad en la noche, si no fuera por un lejano ruido, que se intensificaba algunos momentos. Elena me dijo que procedía de las trincheras, que estaban en las inmediaciones de Madrid; también escuché disparos sueltos, pero más próximos; las patrullas leales cazaban fascistas que habían dado muestras de actividad en el interior de la ciudad al aproximarse los rebeldes. Cuando el viento era favorable llegaban a mí las ráfagas de ruidos del frente con una exactitud de facsímil. Ametralladoras, bombas y fusiles eran claramente distintos. La muchacha no manifestaba el menor sobresalto por esta vecindad ingrata e inquietante. Cuando el aire del cuarto estuvo tan pesado que solicité lo ventilase un poco, abrió la ventana después de apagar las luces. Entonces el chisporroteo de las trincheras parecía producirse a no más de cien metros de distancia. Avanzada la noche, oí silbidos de proyectiles que pasaban claramente sobre nuestras cabezas. Se advertía con sobrecogedora lucidez el estampido de los cañones y luego el de las granadas, prolongado por los ecos de los desmoronamientos. Bombardeaban la ciudad. Utilizando mi pulso conté el tiempo que mediaba entre el disparo y la explosión. Veinte segundos. Aquellos cañones estaban a seis kilómetros de distancia en baterías de a cinco. La respuesta artillera de la plaza era abundante, pero ineficaz, pues yo podía seguir contando siempre; el rumor apagado y ordenado de los cinco cañonazos correspondientes a cada andanada. Llegó a apasionarme este estudio sencillo .del proceso de la lucha. En ocasiones, una ametralladora disparaba a ritmos regulares, musicales. Los combatientes se divertían.

Apaciguado, despierto y sin dolores por la morfina, acompañado por la agradable chica y distraído por una guerra que podía controlar con el oído, cómodamente envuelto en las ropas de mi cama, recuerdo siempre aquellas noches como una semana de felicidad bajo los obuses.

Aunque no sostuve conversación detenida con el operador que realizó mi intervención— ya he dicho que debía huir de charlas— veía bien que estaba en manos de un profesional de primer orden. La seguridad de su mano y firmeza en sus órdenes, su mirada penetrante y tranquila, delataban a cualquier profano su maestría y valor. Era un hombre...

Duval me informó que se trataba de un afamado médico militar español. Experimentaba simpatía por los rebeldes seguramente, pero le salvó la vida su merecida, fama de cirujano. Estaba bien vigilado, casi discretamente preso, y prestaba sus servicios en aquel hospital de "distinguidos", donde eran llevados, ante todo, los pocos rusos que eran heridos, y luego los graves de otras naciones; tenían entrada unos doscientos heridos al día; pero la parte del edificio en que me alojaba yo estaba apartada del tráfico sanitario. Yo me permití una pregunta, a Duval:

— Dice usted que mi médico es rebelde, es decir, anticomunista. Nuestros jefes ¿no han tenido inconveniente en poner la vida de sus hombres en sus manos?...

— Ninguno; ¿por qué?...

— Le desconozco. Usted es testigo de mayor excepción acerca de lo que un médico puede hacer..., y más operando; una desviación del bisturí, una invisible infección, mil cosas más pueden ser arma infalible contra el enemigo que se ponga a tiro.

— Evidente; hay esa posibilidad, no se puede negar; pero usted olvida un factor que está en favor nuestro, más eficaz que toda nuestra vigilancia y nuestra amenaza: la moral burguesa, la religiosa, si usted quiere, si nos expresamos en términos accidentales. Su moral impide a ese médico asesinar al enemigo herido en su cama, Hay una paradoja muy notable: la moral burguesa es más estricta para los distinguidos sociales. De modo que ata de pies y manos precisamente a aquellos cuyos pies y cuyas manos deberían defenderte.

Sonreía el chileno indefiniblemente como en algunos momentos de aquella noche de "confidencias" de París. Prosiguió:

— Después, todo es muy fácil. Sobre la sociedad preparada por la moral burguesa, nosotros aplicamos la moral marxista, y ya está. La moral marxista es el arte de dar la cuchillada. La moral burguesa: es el arte de estirar el cuello. En la terrible lucha de la carne contra el acero, ¿quién cree usted que vencerá, doctor?

Sonrió de su propia elocuencia, y sin esperar mi respuesta siguió:

— A veces se rompe un cuchillo viejo contra el cuello de un toro joven y robusto. Pero,

¿sabe usted? Nuestros cuchillos son nuevos y de la mejor calidad; y en cuanto a la moral burguesa, en la práctica, es un juego tan necio de hipocresía, cinismo y rutina, que no recuerda para nada, a los toros: más bien, a los caracoles.

— Entonces, el médico...

— El médico trabaja para nosotros, sencillamente. Su moral personal y profesional es la aliada involuntaria nuestra, de sus enemigos. ¿Acaso usted no trabaja también para nosotros?

— Sinceramente, Duval, o Bonín, o como quiera: ¿usted no ha admirado nunca la moral de esos hombres?

— Pues quizá sí. Yo admiro todo lo ilógico. Ese hombre estará de corazón con los que pugnan por entrar en Madrid, con los fascistas; es seguro que palpita a cada ruido, a cada rumor, pensando que son los suyos los que llegan... Acaso rece por su liberación. Pues, mientras llega o no llega, ahí está salvando las vidas que van mañana a matar a los suyos; pone de su parte todo lo que puede para que sea nuestra la victoria; victoria que, seguramente, acarreará su propia muerte... Es una falta de lógica que me entusiasma. Y una afición al suicidio tan extrema que nos entusiasma a todos.

— Evidente, evidente— le animé yo.

Claro que también es peligroso un arrebato excesivo por la lógica— sonrió malignamente—; hace poco, la aviación rebelde derribó un avión nuestro, que vino a caer inmediatamente detrás de nuestras líneas; los leales, lógicamente, acribillaron a balazos al piloto cuando descendía en paracaídas. No le acertaron mucho, porque tiran bastante mal. Cayó vivo en sus manos; por desgracia para él, era rubio, alto, atlético y, además, hablaba un idioma que no entendían. Un hombre así, pensaron, no puede ser más que alemán. Lo magullaron a golpes, le arrancaron piel y mechones de pelo. Alguien más ilustrado intervino, proponiendo que fuera conducido al cuartel general, para ser interrogado, pues podría declarar cosas de interés. Así se hizo; lo llevaron en automóvil, pues el hombre casi no daba ya señales de vida. ¿Sabe usted quién era? En el cuartel general fue reconocido por nuestros oficiales de enlace. Era el general... ¿qué nombre usa ahora?... ¡Ah, sí! El general Serosa. Tarkov, el jefe aquí de nuestra aviación. Tenía siete perforaciones intestinales; había volado en Abisinia y se salvó de los italianos; aquí cayó por un exceso de lógica de los leales.— Hizo una pausa para consultar mi opinión.

—Si— dije— verdaderamente un exceso.

— Era altísimo, atlético; yo lo conocía como un apasionado de la fuerza, y el deporte; en realidad, no sabía otra cosa; su extraordinaria constitución le permitió llegar aquí con vida; pues bien, el mismo médico, que había visto sano aquí al alto jefe ruso y sabía de quien se trataba, hizo con él tan maravillosa cura, que, con siete perforaciones intestinales, una en el duodeno, vivió aún diez y siete días... Con una moral así, nuestra victoria es infalible....

Duval se levantó muy nervioso, como si estuviese indignado, fumando fuertemente. Asentí con un gesto a su conclusión final. Realmente, es una moral insensata— pensé—; una insensatez por la cual es digno vivir y morir... ¡Ah! si no hubiese más que dialéctica de eficacia gobernando el orbe..., el orbe no existiría. No creo que hubiera nacido siquiera; pero, aun naciendo, ya estaría destruido... Pero ¿y yo? Egoísta, utilitario, ¡cobarde!

Me odié.

Ulteriormente menudearon sus visitas los esposos Keltsov, o como se llamasen. Algunos descuidos, al ser nombrados en conversación, delataban su nombre falso; distracciones que yo conocía bien por mí mismo. Si el llamado general Keltsov era un tipo vulgar, su mujer, muy al contrario, tenía una personalidad acusada, y hacía por demostrarlo. Dinámica, viva, ingeniosa y aguda; trataba de imponerse por la palabra y el ademán. Casi siempre usaba trajes masculinos, pero de un refinamiento extrafemenino. Prefería los colores oscuros, dominando el azul marino; el pantalón era largo, sujeto sobre el tobillo por una bota algo alta, sobre la que sobresalía un calcetín de lana vuelto el conjunto era airoso. El matrimonio mostraba una creciente atención hacia mí. Ella permanecía la mayor parte del día en los frentes de guerra, con el pretexto de su propaganda. En realidad, yo creo que su misión principal era espiar. No dejaba un momento su magnífica máquina fotográfica; me enseñó una gran colección de fotos obtenidas por ella; todas de escenas guerreras y revolucionarias. Casi formaban un film de la guerra civil española. Ministros confraternizando con los soldados, batallones de mujeres, pueblos y cerros conquistados por las tropas leales, fascistas colgados de los árboles. Sin detalles de este último género, aquello habría tenido un aspecto francamente festivo. Los revolucionarios de España acreditaban, como los de Rusia, una decidida inclinación a los asuntos eclesiásticos, a los vestidos y adornos sagrados, a las ceremonias litúrgicas. Pero también una extraña y perversa necrofilía: desenterraban cadáveres y se retrataban con ellos, haciéndoles beber, abrazándolos, colocándolos en posturas grotescas. No sé si en Hungría se desenterraron tantos cadáveres como en España. Observé que despreciaban los esqueletos, para jugar exclusivamente con las momias, a con los que conservaban jirones de partes blandas, quizá muertos recientes, quizá embalsamados.

Duval se interesaba mucho también por las fotografías aquellas. Su actitud con el matrimonio judío— la belleza de ella tenía rasgos raciales acusadísimos— era de la cortesía más exquisita; muchas veces ofrecía flores a la generala. Ella las agradecía mucho, aunque chocaban con su atuendo hombruno y casi militar. Con los cuarenta años que se le adivinaban, no obstante sus cuidados por disimularlos, la juventud del chileno debía conmover sus fibras. Enseñó a mi amigo a manejar su máquina; él mostró una torpeza sorprendente. Un día hizo al matrimonio, por vía de ensayo varias fotos, en diferentes actitudes y variando de sitio, Me pareció verle manipular guardándose con los pies de mi cama, como para colocar un nuevo rollo. Después se dejó retratar él mismo. Bebieron alegremente y se despidieron como los mejores amigos del mundo.

Cuando se hubo marchado el matrimonio, me dejó sorprendido con una orden tajante:

— Cuidado con los Keltsov; son dos peligrosos trotskistas; no acepte nada de ellos que sea cosa de comer o beber; guarde la mayor discreción sobre nuestros asuntos; puede irle la vida en ello.

Poco después le vi en la habitación próxima manejando otra máquina fotográfica, medio de espaldas a mí. Para darme por enterado, le pregunté si me sería posible retratarme y enviar la foto a mi familia. No contestó a mil solicitud.

— ¿Es la máquina de los Keltsov?— insistí valientemente. Le vi molesto. Me dijo con mucha gravedad:

— Los Keltsov no deben saber que yo poseo una máquina, ¿comprende? No deben saberlo. Tenga cuidado.

Se lo prometí, sin adivinar qué había tras de todo aquello.

Los Keltsov dijeron al día siguiente, al demandarles su foto Duval, que el rollo se había velado completamente; le gastaron bromas sobre su destreza de fotógrafo. No hubo más..., ni yo vi más a los Keltsov.

Pasados unos días, cuando ya me levantaba sin ayuda, Inquirí su paradero.

"Deben estar en Moscú", me respondió Duval. "Si alguien viene a preguntarle algo sobre ellos, usted ha de referir lo que ha presenciado con toda exactitud, y nada más". Quise saber qué era lo que yo había presenciado, pues nada que recordase me llamaba la atención, y él dijo que debía referir todo lo relacionado con los Keltsov; sus visitas, sus conversaciones, sus preguntas, y, sobre todo, lo referente a la escena de las fotografías;

— ¿También debo decir que vi a usted cambiar el rollo de la máquina?

— No creí que hubiera usted hecho tantos adelantos profesionales— comentó con su famosa ironía— . ¿Me vio?... Pues sí, debe decir todo lo que vio... No espere que yo le indique nunca que guarde silencio por nada ante los jefes; ni sobre esto, ni sobre nada...

Ante ellos puede decir todo lo que quiera, referente a los demás y referente a mí mismo...

Y me volvió la espalda, dejándome una vez más perplejo.

XIV

LOS PINTORESCOS REVOLUCIONARIOS ESPAÑOLES

Una mañana se hizo anunciar por teléfono la visita de un extraño conjunto humano. No recuerdo bien el pomposo nombre oficial que se dio a sí mismo el organismo que enviaba la representación. Si mi memoria no me es infiel, se trataba del Organismo de Control Político del hospital donde me hallaba. Duval trató telefónicamente de impedir su fastidiosa visita. Recurrió al mando ruso, pero en aquel preciso instante sólo estaban en el edificio meros combatientes; la delegación de la Embajada, disfrazada entonces de Sección de Propaganda, privada de su jefe, el general Keltsov, y ausente un subordinado que asumió interinamente la responsabilidad carecía en aquel momento de persona que pudiera intervenir. No hubo más remedio que acceder a la visita. Usted, como si fuera sordomudo— me advirtió Duval.

Sólo pasaron unos momentos cuando llamaron a la puerta. Franqueada la entrada, se presentaron ante nosotros los tipos más extraordinarios que podía imaginarse. Eran cinco; cuatro hombres y una mujer. De ellos, dos vestían de enfermeros, no con mucha limpieza, ciertamente. Uno de éstos, como de unos cuarenta años, alto y delgado, agregaba a su cándida blusa una descomunal pistola, y atendía al nombre bilítero de "PP"; supongo que tenía el capricho de ser nombrado por sus iniciales. El otro era joven, con cierto atildamiento; se tenía por hermoso; en realidad, era el suyo un aspecto magnífico de idiota; éste no mostraba ningún arma visible. Al tercero, que por las huellas de su traje, debía ser cocinero o cosa así, un mediano frenólogo lo hubiera identificado como un perfecto tipo de algo: frente hundida, ojos más pequeños que las ventanas nasales, y éstas tan separadas como aquéllos; piel sucia y húmeda, olor de ocena, marcha zamba; usaba una pequeña aguja (Nota del editor: palillo) de madera entre los dientes, que saboreaba y chupeteaba de continuo y bajo su ropa se adivinaban bultos sospechosos, armas o comestibles, acaso ambas cosas a la vez. Completaba el elenco masculino un cuarto, de tipo vulgar, pequeño, graso, pelo no muy espeso, pelo corto y erizado mal afeitado, actinomicosis facial y caspa abundante en los hombros. Ella era casi joven; alta, fuerte y no mal parecida, aunque vulgar; un tipo de criada, con estallante bata limpia de enfermera.

Empezaron queriendo hablar casi todos a la vez con Duval. Yo entendía pocas palabras. Por fin, dominó la conversación el hombre de la caspa.

Como la conferencia amenazaba prolongarse, Duval se sentó y los demás le imitaron. Faltaba silla para uno, que se encaramó en la mesilla. Se ocupaban -de mí, y no parecía que fueran a ponerse de acuerdo. Me sorprendió cómo Duval los toleraba: les invitó a beber unas copas de coñac y repartió entre ellos pitillos ingleses, que fumaban intentando grotescamente imitar los modales de mi amigo, sin querer perder nada de su dignidad e importancia. Con las copas y cigarrillos se debió suavizar el asunto; se animaron gradualmente, lanzaban carcajadas de cuando en cuando. Hablaban quitándose la palabra, como si relatasen alguna historia común, olvidados ya de toda cortesía, abandonando sus intentos de majestad. El frenópata mostró a Duval un cartón grasiento, que luego, con sonrisa triunfal, me pasa a mí; era una fotografía de pequeñas proporciones; aunque sobada, se le identificaba perfectamente: con un enorme cuchillo de matarife en la diestra y una cabeza humana en la siniestra; el cuerpo del hombre a quien debió pertenecer aquel cráneo, yacía en el suelo, casi desnudo, conservando jirones de pijama o camisa. En torno se veía una multitud blandiendo fusiles con extraños atavíos, cuyas figuras de primer término adoptaban las posturas más ridículamente terribles que pudiera imaginarse.

El hombre se empeñó en explicarme la fotografía para lo cual pretendía suplir con grandes voces y acentuando tedas las sílabas mis deficientes conocimientos de su lengua. El decapitado era un general fascista. El decapitador era él mismo. Había realzado la hazaña con aquellas mismas manos callosas de proletario que me permitía examinar y que me obligaba a palpar. Y si no fuese por ciertas razones, aquellas manos concluirían con el fascismo en breve espacio de tiempo, utilizando la misma, táctica. Parece que las "ciertas razones" se reducían a la inaudita timidez de los burgueses que formaban parte del "Frente Popular".

Como aquel héroe no encontrase en mi rostro el entusiasmo que deseaba provocar, debió indicar vagamente que yo, aparte no entender español ni aún hablado a voces, era poco menos eme idiota. Entonces acudió compasivamente su compañero casposo hablándome con palabras latinas. Me desconcertó al principio, cuando me dijo que él lo mismo que el tovarich Stalin, era un siervo de Dios. Luego comprendí que había sido, igual que Stalin, seminarista. Animado por mis utique, me díjo que sus conocimientos, teológicos le permitían afirmar, sin el menor género de duda, que el tovarich Jesucristo no fue anarquista, según creen algunos ignorantes; por el contrario, de vivir en nuestros días, habría trabajado para la III Internacional, como un stalinista probado. Fue la banca judía quía asesinó a Jesucristo. En cuanto a él mismo, el siervo de Dios se hacía acompañar siempre de aquella robusta camarada; con lo cual demostraba ser más respetuoso con el Génesis que los curas castrados de la religión burguesa.

Resultaba muy curioso aquel pintoresco tipo, porque al faltarle palabras latinas, procuraba gesticular en latín, imitando modales eclesiásticos.

Sus amigos le escucharon con notable respeto hasta que empezaron a aburrirse, y nos volvieron la espalda para hablar y casi cantar en torno a Duval. Su deseo evidente era tratarse de igual con nosotros, aureolados rusos bolcheviques, ante quienes trataban de mostrarse como inflexibles revolucionarios.

Por fin, se marcharon contentísimos, con grandes abrazos y saludos muy originales: levantaban el puño cerrado, por encima de su cabeza, en ademán de usarlo como maza. Era muy extraño verlos hacer aquel gesto tan amenazador, con la mejor de sus sonrisas y hasta carcajadas.

Cuando marcharon, Duval me explicó en cuatro palabras lo sucedido. .Era la comisión que administraba el establecimiento: antes, un gran hotel; ahora, medio hospital, medio cuartel y centro de mando ruso, aunque bastante camouflado. Su autoridad databa de los primeros días de la revolución. y aún continuaba en menesteres administrativos; su intervención llegaba a los servicios facultativos del hospital, pues, de derecho, los famosos médicos que allí prestaban sus servicios estaban bajo su absoluto control. Algo incomprensible para nosotros, habituados a disciplinas soviéticas muy distintas. El motivo de la visita, Duval no lo comprendía claramente, se trataba de órdenes de no sé qué organizaciones de Sindicatos, del reglamento que ellos habían trazado para la casa; todo, al .parecer, infringido en no sé cuántos puntos por nosotros. Pero todo esto tan importante sólo se trató en los primeros minutos; el resto del tiempo lo pasaron refiriendo hechos heroicos. El hombre "parecido a Stalin", el seminarista, me había amenazado con volver a visitarme, pues con su latín quería distraer mis aburridas horas de enfermo, según su deber proletario.

* * *

Me hallaba cómodamente sentado en una butaca, leyendo un libro en francés, que la amabilidad del "seminarista" del "control" me había proporcionado. Era de autor inglés, contra la Inquisición española, magníficamente encuadernado en piel, con dorados y una corona nobiliaria en el lomo. Duval se paseaba nervioso en torno de la habitación. Sin duda, le debía pesar el encierro. El teléfono repiqueteó y él se puso inmediatamente al habla. La conversación duró sólo unos minutos, contestando él con un par de monosílabos. Colgó y vino hacia mí, diciéndome que inmediatamente nos visitaría un importante personaje. No podía saber el motivo de la visita, que era para los dos. Sólo tuvo tiempo para recordarme que fuera parco en palabras. Él se colocaría de perfil, y procuraría indicarme cuándo debía contestar afirmativamente, si es que me dirigían preguntas concretas. Sin su indicación, no debería hacerlo en ningún caso. Esto me lo dijo con voz presurosa, pero con tal seguridad y firmeza, que no me pasó por la imaginación el desobedecerle.

Sin previa llamada, giró el picaporte y dio paso al personaje que se había anunciado poco antes. De esto no cabía duda. Nadie sin su autoridad podía entrar con impertinente seguridad. Era un hombre alto, acaso de; 1,85 metros o más, de unos cincuenta años, cara alargada, nariz recta, afilada y prolongada sobre el labio superior; sus facciones, enérgicas, no feas, Aunque irregulares; amplia frente, coronada por un pelo bien peinado y abundantes canes en las sienes; esto le daba cierta majestad a la parte superior de la cabeza; pero lo inquietante en ella eran los ojos oscuros, verdosos, y la boca, una incisión fina y movible, que hablaba sin despegar los labios casi, como si afilara las palabras, las cuales, sin embargo, profería con un timbre de voz singularmente grato; metálico y dulce. Vestía un traje oscuro. La impresión que causaba aquel hombre era contradictoria podría fijarla en estas palabras: talento extraordinario, crueldad, ambición y sensualidad; precisando más: potencia y sadismo.

Se saludaron en el centro del aposento con extremada corrección. Yo les observaba bien; pero no pude percibir el cruce de sus dos miradas. Luego se dirigieron hacia donde yo estaba; al hacerlo, Duval maniobró para colocarse en posición conveniente. Me presentó y estrechamos nuestras manos; la suya estaba fría y seca. Tomó asiento en el diván, casi en el centro, apoyando su mano en el brazo; cruzó las piernas oblicuamente y quedó ocupando casi todo el mueble, como si para él solo no necesitase menos sitial. Duval lo hizo frente a él, en una silla baja, dándome su lado izquierdo; inmediatamente ofreció pitillos al recién llegado.

La conversación parecía no tener objeto. El visitante se interesó por mi estado; al hacerlo, quedó un momento suspenso, como no recordando mi nombre, que, sin embargo, afectaba conocer.

—¿Doctor...?

— Zielinsky— le ayudé yo.

— Zielinsky— repitió inseguro—; sí, eso es, Zielinsky...; me confundo con Landowsky o...

— Igual me sucedía a mí— dije sin pensar; pero creí advertir una mirada fulmínea en Duval. Debía haber incurrido en un grave error.

— Sí, los cambios de nombre exigen una memoria complicada. Los demás aprenden nuestro nombre antes que nosotros mismos. Mi Kilinov me viene todavía un poco ancho.

— Esto lo dijo indulgente, con una sonrisa de satisfacción. Yo quedé muy embarazado entre su amabilidad y el ensombrecimiento de Duval.

— General— aclaró mi amigo— yo no he pronunciado el verdadero nombre del doctor; mis órdenes son estrictas. Si usted lo sabía y él inadvertidamente se lo ha confirmado, en ello salvo toda mi responsabilidad. Espero que el incidente quede entre los tres.

— Muy pertinente, camarada; comprendo, comprendo perfectamente; el doctor Zielinsky es persona de la que debemos cuidar con todo esmero; él también debe cuidarse, claro está. Por mi parte, me he desplazado desde Barcelona al recibir la primera noticia de la Central; ya me he enterado del incidente del otro día con esa estúpida Comisión de Control; no sucederá más, dado órdenes...; no se puede prescindir de ella; eliminarla supondría darnos publicidad, y ya sabe las órdenes de superdiscreción recibidas para nuestras intervenciones aquí; todo ha de hacerse a través de los que nos obedecen en el Gobierno y en el mando militar; lo que ocasiona a veces situaciones de violencia con los jefecillos no enterados. Un poco de paciencia aún...

—Sí, ya conocía las instrucciones; sin ellas, me hubiera enredado a golpes con esa patrulla de imbéciles.

El general Kilinov encendió el pitillo e hizo una rápida transición en su acento y ademán.

—¿Qué sabe usted de Keltsov?..— pregunto, dirigiéndose a Duval.

—Nada; sólo dos días después de su marcha me enteré de ella; supongo que se hallará en algún otro frente. Ni se despidió siquiera, ni él ni su mujer.

— Creí que sabía su marcha a Moscú...

— ¿Cómo...? Desde que llegué aquí me hallo incomunicado. No me aparto ni un segundo del doctor.

— Entonces, ¿no sabrá tampoco que ha confesado ya el autor del atentado contra el doctor Zielinsky?...

— ¿Dónde?... ¿Cómo?...; pero ¿es posible?...

— Completamente exacto; ha confesado...

— ¿Quién es?...— pregunté sin poder contenerme. Pero Kilinov no me hizo caso, ni me miró siquiera.

— ¿No lo sabe?...— preguntó Duval, mirándolo con extraña fijeza.

— ¿Cómo saberlo?... Salimos de París al día siguiente; ni aun tuve tiempo de conocer todos los detalles, aunque la técnica la adivino; fue "pesca", ¿no?

— Sí; así fue...

— ¿Y qué más?...

— Conoce usted al autor; ha estado muy cerca de usted, se lo aseguro.

— ¿Es posible?...

— En absoluto; es...

Su diálogo era frío y cortante. Duval preguntó marcando sus palabras:

— ¿Algún hombre de la escolta del doctor?...

— No; quien actuó fue una mujer, ya lo sabe.

— Me refiero al organizador.

— No, ningún hombre de abajo...; fue el jefe adjunto de París.

— ¿El que hacía de jefe en el momento?...

— El mismo.

— '¡Asombroso!...— exclamó Duval; en su acento advertí la insinceridad.

— Sí, asombroso. Nadie podía pensar que un camarada de su historia, de su ímpetu revolucionario y de su calidad pudiera ser capaz de degenerar en trotskista... ¡Buen descubrimiento! Sepa usted que ya estaba en camino su nombramiento de jefe efectivo.

— Quedo anonadado, créame, general... ¿Y la mujer, su cómplice?...

— No ha sido hallada; él ha dado el nombre y la dirección, pero miente o ella ha huido. No se encontró ni rastro.

— ¡Una lástima!. Mujeres no abundan y eliminarla sería privar a la canalla trotskista de un elemento valioso... ¿No cree, general?...

— Coincido.

Conversaron sobre los móviles que inducían a los trotskístas contra mí. Me daban tal importancia, que al principio me asombré y llegué a preguntarme si en realidad era yo algo mucho más considerable de lo que creía ser. Pero sus palabras contradecían abiertamente la ninguna atención que dedicaban a mi persona.

Luego comprendí qué el general Kilinov y Duval se estaban engañando el uno al otro, sin conseguir engañarse, desde luego.

Absurdamente, el general desvió de pronto las hipótesis:

— Asunto trotskista... ¿Y por qué no blanco?

— Trotskismo y blanquismo, ¿qué más da? ¿No es, en fin de cuentas, la misma cosa?

— No confundirá usted los "blancos" con los "blanquistas"...

— Me refería a los blancos.

— Esos, sí, son aliados, evidentemente— advertí que lo decía sin ninguna convicción, según tesis oficial, sin duda.

Duval, al llegar a este momento, intentó virar en la conversación y propuso tomar un vermouth. Fué aceptado, yo me abstuve y ellos solos brindaron. Advertí que Duval reflejaba en su rostro señales tenues de contento, o, mejor, de descanso. Pero volvieron a turbar su gesto unas palabras de Kilinov.

— Según mis noticias, me falta por conocer a una tercera persona llegada con ustedes... Supongo no habrá inconveniente alguno para que me sea presentada; al fin, soy el responsable de la seguridad de todos ustedes...

— Ninguno, general... ¡No faltaba más!...

Duval se dirigió a la puerta; llamó discretamente y, al poco, apareció Elena. Yo no pude precisar qué detalle o refinamiento podía traer, pero ciertamente me pareció radiante. No debió causarme sólo a mí tal impresión; el general, contra la norma social y jerárquica soviética, se levantó, visiblemente impresionado. Debía ser un buen "experto" en el género femenino, pues, antes de cruzar palabra, recorrió a Elena de pies a cabeza, como desnudándola con la mirada. Ella permaneció impávida, como si el general mirase a una amiga suya. Duval presentó:

— Elena Nicolaevna Ponomarenka, de la División Extranjera. El general Kilinov, jefe de..., jefe de todo esto.

— ¿Rusa?— se limitó a inquirir el general, visiblemente tocado.

Asintió Elena con un simple movimiento de cabeza, e intervino Duval:

—Rusa, ciudadana soviética; "bandera roja", predilecta de la División; agente predilecto de Iéjov... .

— Camarada...— reprochó Elena— . ¿No te parece que te excedes?

— ¡Oh!..., no, camarada; por lo que advierto, el general ignoraba exactamente tu personalidad... Sin duda, no hacen mención tuya en las órdenes que debe haber recibido, pues, como sabes, tu viaje se decidió en el último instante; y no creo excederme haciéndolo saber al jefe de todo esto... quién eres ya que Moscú está lejos y no es fácil siempre comunicar en caso de querer tomar cualquier decisión respecto a ti,

—Agradecido, .camarada; en efecto, no tenía noticias especiales.

—Pero sí que .debe protegerme a mí y a quien me acompaña..., ¿no?...

— Exactamente camarada.

—¿No será necesario que la Central reitere o amplíe sus órdenes?...

— No, no; desde luego cerró el diálogo el general, y en una transición propuso beber todos. Rechazamos Elena y yo; aceptó Duvál, bebieron ambos y se despidió muy correcto el general. —¿Qué te parece?— preguntó Duval a Elena.

— ¿Quién?

— Naturalmente, el general.

— No me parece nada.

— ¿No lo conoces?

— En absoluto.

—Pues creo no equivocarme recomendándote atención respecto a él.

— ¿En qué sentido?

— En sentido personal. A tantos miles de verstas de Moscú, estos camaradas militares pueden sentirse un tanto independientes, gozando de cierta impunidad...

— ¿Qué pretendes insinuar?...

— No es preciso insinuar... ¿Acaso no ha sido evidente para ti la fuerte impresión que le has causado?...

— Bien... ¿y qué?

— Simplemente: estamos en España, existe guerra civil, un caos regular...; corren ciertas historias en relación a Kilinov, pintándolo como un mixto de don Juan y Sade... Si son ciertas, atención; porque aquí existe para todo un recurso eximente: achacar todo a los incontrolados...

— ¿Quiénes son?...

—Oficialmente, son trotskistas, anarquistas, fascistas y sacerdotes camouflados... Existen, sí, en gran número los que hacen la guerra y la revolución por su cuenta; pero no todo lo que ocurre no debiendo suceder es obra suya... En fin, debía yo advertirte y quedas advertida. Y por si no lo entiendes o no lo quieres entender, está prohibido salir de aquí.

— ¿Es una orden?...

— En efecto; una orden a cumplir desde ahora mismo.

— ¿Quedo arrestada?

— No; quedas de centinela del doctor y tuya...

Ella, sin despedirse siquiera, volvió a su habitación, cerrando tras de si la puerta. Al quedar los dos solos, yo esperaba reprimenda por la cuestión de mí nombre.

Mas no me dijo nada. Se sirvió una nueva copa y la vació, dándome luego la espalda; se frotaba las manos; luego, alejándose, silbó el "Coro de los herreros", de El Trovador.

¿Qué le pasaba?...

Pronto llegó la comida. Comimos los tres; Duval, con gran apetito, pero guardó su mutismo. No se enteró siquiera de la explosión de una granada muy cerca. Tomó café semitendido en el diván y fumando. Abstraído como si soñara con los ojos abiertos.

Se incorporó ya entrada la tarde; debía hallarse intoxicado de nicotina, de café y de coñac. Pero nada se advertía en él, fuera del brillo de los ojos, ciertamente extraño. Previamente había llamado a Elena, que acudió rápida, y nos dijo:

— He de salir ahora mismo; les dejo solos; daré. órdenes concretas para que nadie pase aquí durante mi ausencia; claro, tampoco ustedes intentarán salir. ¿Comprendido?...

Prometió ella cumplir su orden. Él se puso una gabardina con cinturón bien ceñido; ya puesta, sacó de su axila izquierda una pistola, la examinó detenidamente, extrajo el cargador, hizo jugar sus resortes y volvió a meterlo, poniendo un cartucho en la recámara. La guardó de nuevo y salió Escuchamos el rumor de una corta conversación al otro lado de la puerta; sin duda, eran las órdenes que daba al centinela. Nada más pude oír. Elena volvió a su habitación.

Quedé solo; sensación de libertad. Queriendo aprovecharla, me puse en pie y me acerqué a la ventana. Hasta este momento no me había hecho cargo más que muy rápidamente del panorama que desde ella se divisaba. Ahora pude recrearme y apreciar la magnífica perspectiva. La ventana daba a una gran plaza, amplio remanso de la gran avenida que corría paralela a la fachada del edificio.; en el centro, una fuente monumental, con un Neptuno empuñando el clásico tridente; frontero, un gran hotel titulado "Ritz", según se leía en grandes letras sobre su techado. Masas de árboles, entonces sin hojas, enmarcaban la arteria central de la avenida; frente al hotel, un poco a la izquierda, un monolito; más allá, el pórtico clásico de un edificio con columnas. Poca circulación: algunos automóviles y camiones, que debían ser militares; también vi dos o tres grandes, de color oscuro, con letras irregulares pintadas en la carrocería; no pude leer aquellos rótulos; sólo recuerdo de uno que decía algo así como "indios". Miré más lejos y .al frente, atraída mi mirada por las agujas góticas de un templo, situado en una elevación del terreno. Otro edificio situado en plano inferior, con pórtico de columnas y estatuas en su inmediación, se perdía hacia la derecha, sin que pudiera ver el final; debía ser grande, pero me lo tapaba en la mayor parte la masa de árboles, algunos de los cuales conservaban su follaje verde oscuro. Hubiera continuado mirando si alguien no produjera ruido en la puerta. Volví la cabeza. Supuse que ya regresaba Duval. Pero, no; era el general Kilinov quien entraba. Me asombré, después de la advertencia que me hizo mi compañero y guardián. Pero no tuve mucho tiempo para ello; el general avanzaba hacia mí con la mejor sonrisa de su repertorio. Me estrechó la mano, reteniéndola un rato.

— ¿Se encuentra mucho mejor, doctor?...

— Sí, me parece que sí— contesté.

Él se sentó, en posición muy parecida a la de la mañana, y yo le imité.

— ¿Y su amigo? ¿Duerme?... ¿Está por ahí?...

— ¿Bonín?...— no sabía qué contestar— . Sí, por ahí ha entrado; debe estar por ahí, supongo...

—¡Bonín!... ¡Camarada Bonín!...— exclamó, alzando la voz.

Naturalmente, nadie contestó.

—Es extraño— dije yo, por decir algo. El general se levantó, fue hacia la alcoba, desapareció en ella, escuché que abría la puerta de la de Bonín y también sus voces apagadas de llamada. Regresó, y desde el dintel de mi aposento dijo:

—No está... ¿Usted no advirtió su salida?...

—No, nada noté; acaso me quedaría adormilado en el sillón. No advertí su salida, y no la sospeché, porque no me ha dejado ni un momento desde nuestra llegada a Madrid.

— ¿Y la camarada Elena?

— Entró ahí, en su habitación, hace un instante. ¿La llamo?

— No, no la llame— y se deslizó Kilinov— . Debe usted estar orgulloso— y al mismo tiempo me ofreció un cigarrillo en pitillera de oro— de que le dediquen en exclusiva un hombre de tan alta calidad como este Bonín...

— ¿Lo cree usted así, general?...

— Supongo que lo sabrá usted tan bien como yo, doctor...

— Crea que no; soy tan ajeno a todo esto... Mi vida, mi vocación...

— ¿Su compañero de viaje no le ha dicho qué hago aquí?

— ¡Oh, no!... Si lo conoce, ya sabrá que es reservado...

— Doctor Landowsky— cortó—: Soy jefe de Información Militar en España... Absténgase conmigo de reservas. Aunque alejado de Moscú, estoy en contacto continuo con la Central.

— Me asombra usted, general; yo...

— Lo sé bien; no es que pretenda saber por usted más...; pero tengo ciertas órdenes, referentes a su seguridad, que no dejan lugar a dudas; vienen de lo más alto, ¿está?... Y eso no sucede con frecuencia, lo sé bien...

— No serán por mi persona, que es demasiado modesta; acaso mi misión...

— Sí, eso, acaso sea su misión... Su misión, tan importante y decisiva... Arriesgada, ya sé, ya sé..., y cuando lo eligió el jefe para ella...

— Perdón, no me eligió el jefe..., mejor dicho, el jefe actual...

— ¡Ah!... Yagoda... — Exactamente, Yagoda...

— Pues él no solía equivocarse... ¿Lo conoce íntimamente?...

— Hasta cierto punto...; desde fecha muy reciente.

— Según mis últimas noticias, volverá a su antiguo puesto... Se habla de una grave enfermedad de Iéjov...

Debí estremecerme, y advertí las verdes pupilas de aquel hombre clavadas en mí.

Me repuse con esfuerzo.

— ¿Es posible?— exclamé con la boca reseca.

El general Kilinov trazaba en aquel momento una rúbrica aérea con el humo de su cigarrillo; su boca sonreía con una intención aguda, pero indescifrable... Me miró, acercándose, y pronunció confidencial, bajando la voz cual un suspiro, estas palabras:

— Y se extraña usted precisamente...

Mi médula sintió de alto a bajo un soplo helado... ¿Qué sería aquello, Dios santo? No pude contenerme. Me llevé un dedo a los labios y debí temblar. Me sentí personaje de Alejandro Dumas. El hizo un signo elocuente de discreción, y dijo con su voz baja y silbante:

— Bien, bien, doctor. ¿Comprendido?... Comprendido, ¿no?...

Hice un ademán que pudo interpretar como quisiera; en realidad, estaba tiecho una pura confusión. Añadió:

— Esté tranquilo. En cualquier instante acuda a mí; por ahora, con discreción... ¿Cómo haríamos?... Escríbame lo que quiera, déjelo aquí metido...— y señalaba la unión de la tapicería del asiento del diván con la del brazo, en la cual introducía sus, dedos—; yo vendré todos los días y recogeré el papel si lo hay; si hay algo urgente, dé dos ligeros golpecitos en la puerta de esta misma habitación, cuando él no lo vea... ¿Convenido?...

Y ahora alzó la voz, como si quisiera ser oído en la habitación de al lado. — Nada, doctor..., no se moleste. He pasado un momento antes de salir; debo hacer un viaje de unas horas... ¿No necesita nada?...

— Nada, general.

Se levantó; hice ademán de imitarlo, pero me estrechó fuerte la mano y marchó rápidamente; aún me saludó con leve gesto desde la puerta y desapareció.

No tuve más remedio que beberme una copa de coñac. Pronto vi clara una cosa: que Yagoda y sus cómplices creían que yo había ejecutado sus órdenes y que Iéjov estaba invadido por los bacilos de Koch. Pero, ¿cómo?... ¿Estaría realmente enfermo Iéjov?... ¿O lo fingiría, para dar ánimos y audacia a la conspiración y descubrirla mejor?... Mas no era ello lo que más me preocupaba en el momento; lo importante era saber cómo debía conducirme en la nueva situación. Yo era, para los conspiradores de aquí, también un conspirador... ¿Y Duval?... ¿Qué debía hacer con él? ¿Le hablaría o no?

¿Con quién contar? ¿Junto a quién ponerme en tan complicado juego? A esto llegaban mis reflexiones, cuando escuché rumor de conversación en la puerta; inmediatamente giró la cerradura y Duval apareció.

Llegó hasta mi lado, restregándose las manos con muestras de entera satisfacción. Yo le observaba, sintiendo martirizarme aquella interrogación interior. ¿Se lo diría?...

— Duval...— le llamé.

— Bonín, doctor, Bonín...— rectificó— . Si prefiere, Gabriel.

— Escúcheme, por favor— él casi no se movió, como si le molestase atenderme— . Escuche

— insistí—: he de hablarle de algo muy importante...

— ¿Sobre su herida?... ¿Sobre su curación?... Me han dicho que ya no hay casi nada, de ninguna manera peligro de complicación.

—No; no es mi herida; escuche— dije bajando la voz—: es el general Kilinov...

—¿Qué sucede?— interrogó, sin muestras de incorporarse.

—Algo muy grave, créame...

— ¿Se halla enfermo Kilinov?

— Ante todo, ¿podemos hablar con seguridad?...— inquirí, bajando aún más la voz.

—¿Quiere usted alarmarme? Hable, aquí no hay micrófonos aún.

Le referí, sin más, la conversación sostenida con el general. Me escuchó sin dar muestras de emoción. Al observarlo, se me ocurrió preguntarle:

— ¿No será una nueva prueba? Sería estúpido, ¿no? Se echó a reír, casi en alto, y hasta palmoteo.

— ¡Qué suerte tiene, doctor!... Sale usted incólume de todas las pruebas: las oficiales y las otras. Le felicito. Todo eso lo sabía yo. Mejor dicho, casi todo, porque algo se me había perdido escuchando desde debajo de su cama... Es listo, pero no se le ocurrió mirar allí. Realmente, yendo a buscarme a la otra habitación sólo hacía pantomima. Creía estar seguro de que me hallaba en la calle, y por eso le visitó. Sus centinelas no me vieron regresar, y eso que estaban en esta misma puerta...

— ¿Cómo se arregló usted?

— Muy sencillo; recorrí el pasillo oculto por un biombo que transportaban dos enfermeros..., dos buenos chicos, que, muy fatigados, pararon para escupirse en las manos, precisamente frente a la puerta de mi propia habitación. Comprenderá que no estoy solo en Madrid, ¡No es tan imprevisora nuestra magnífica institución!

Se levantó vivamente, anduvo de un lado para otro. Lo veía nervioso, vital, como si hubiera entrado en su elemento; diríase un can de raza con una magnífica pieza a la vista.

Me atreví a distraerle con una interrogación:

— Entonces, Bonín, ¿quién me hirió?...

— ¿Por qué, doctor?...

— Todos dijeron entonces que los trotskistas, ¿no?... Sólo el general lo duda; Yagoda es trotskista y sus cómplices lo son... ¿Cómo creyéndome éstos tan cómplice van a matarme?...

Duval quedó un instante perplejo, pero pronto replicó:

— ¿Le extraña?... ¿No había ordenado su muerte Yagoda? Así lo tengo entendido, ¿no?...

— Sí, eso dijo aquel Mironov...

— Y no lo dude; en tanto viva usted, será un peligro para su conspiración.

— Algo contradice su deducción, si no me engaño... Sí es como usted lo dice, ¿a qué venir Kilinov a descubrirse y ponerse en mis manos?... Se contradice, me parece.

— ¿Ponerse en sus manos él?... No sea ingenuo, doctor; siempre le queda el recurso de la

"prueba"; no olvide la técnica, señor... Ya iba a probarle, tu ibas a probarle, él iba a probarle, nosotros íbamos a probarle... Si él es trotskista, yo lo he de saber; sus palabras con usted sólo las tomo como principio de inducción.

— Pero mi caso, mi herida...— insistí, queriendo corregir la desviación.

— Su caso, doctor... Enteramente trotskista; conclusión oficial e inapelable... ¿No le oyó decir al general que el autor confesó?...

— Sí, pero...

— ¿Cómo se atreve, doctor?... Confesó ante el tribunal; nadie en toda la Unión puede dudar de la sinceridad y espontaneidad de su confesión, y usted menos que nadie, doctor...— sus ojos brillaban de malicia.

Y así quedó cancelada la cuestión. Pero yo, con más hondas dudas, más confuso y perdido en el dédalo sombrío de tanto crimen y traición.

¡Delicioso mundo éste, creado al soplo del marxismo!...

XV

EL ENIGMÁTICO DUELO KILINOV - DUVAL

Llegó la hora de cenar. El amable médico, más tolerante que yo mismo me permitía comer con libertad. Realmente, estaba curado. Cenamos juntos; Duval fue parco en palabras, aunque no estaba de mal humor.

De sobremesa leyó varios periódicos españoles; después se enfrascó en la lectura de algunos números de la Pravda, que no sé dónde habría obtenido, Ella hizo igual. Yo me encontraba algo pesado con la digestión y me abandoné al sopor, sentado como estaba.

Me despertó el timbre del teléfono. Duval acudió a él de un salto, metiéndose en mi alcoba. Me chocó que no pronunciase una palabra; escuchó simplemente. A los pocos minutos, dejó colgado el auricular y volvió al sitio donde estaba, pero no se puso a leer; sin duda, meditaba; miraba vagamente al techo, hacia donde se perdían las espirales de humo de su cigarrillo.

Las llamadas telefónicas se repitieron, y él hizo la misma maniobra: no dijo palabra, sólo escuchó. Dos o tres veces, al regresar, tomó unas breves notas. Miré de reojo las páginas del librito en que escribía, pero debía hacerlo estenográficamente o con clave; me inclino a esto último.

Elena seguía indiferente las maniobras de Duval, metida en la lectura de Pravda.

Duval se guardó el pequeño blok donde tomaba sus notas, y dirigiéndose a Elena, le ordenó:

— Creo conveniente que duermas; si no hay variación, muy de mañana deberás marcharte.

Ella no pidió aclaración alguna. Dejó el periódico; saludó y salió. Yo debí poner cara de sorpresa, pero no lo advirtió Duval o no quiso advertirlo.

Sería ya la una cuando me preguntó si tenía sueño; le manifesté que no; así era en efecto, pues lo poco que dormí de sobremesa me desveló enteramente. El, en cambio, bostezaba.

— Bien— me dijo— entonces lo dejaré de servicio...—Aclaró—: He notado que me miraba usted extrañado cuando he acudido al teléfono varias veces... Seguro que le choca mi mutismo, ¿no?... Nuestro teléfono, desde hace unas horas, está conectado con una derivación hecha en la línea de otro... ¿No adivina de quién?... Del general Kilinov.— Hizo una pausa...: La cosa— prosiguió— no ha sido técnicamente difícil: un auxiliar mío la ha ejecutado, pero sin saber qué teléfono derivaba; claro que, desde otros aspectos, puede ofrecer peligro. No tengo poderes expresos sobre Kilinov; los he pedido, pero la radio privada de la G.P.U. no está en Madrid; la más próxima se halla bastantes kilómetros alejada, pues en la zona urbana o en la del frente nos la localizarían pronto; esto quiere decir que las órdenes de resguardo, si llegan, tardarán dos o tres días... Puede ocurrir que no lleguen, pues la posición, internacional de Kilinov, de momento, puede ser tan interesante que la Central no quiera responsabilizarse oficialmente de su control, aunque esté controlado ya y quiera que se estreche más el control; en fin, ésta es la situación en la que tenemos que actuar; desde luego, yo asumo toda la responsabilidad desde este instante, yo responderé si nos descubren ¿Comprende?... Ahora bien, doctor: no tengo a mano persona a propósito ni enterada del asunto que pueda reemplazarme durante mi sueño; lo ha de hacer usted,. no hay otro remedio, en tanto la Central organiza la cosa de otro modo... Supongo que usted estará dispuesto, ¿no?... Claro que le advierto que no hay opción. Su trabajo es fácil; la boquilla del aparato está obturada con algodón; en cuanto oiga usted llamar, descuelga y escucha; me llama usted en voz alta, mi puerta quedara abierta y yo acudiré para atender; en tanto llego, procure captar las palabras que oiga, nombres principalmente. ¿Comprendido?.., Como no había elección, me resigné a mi papel. Él se marchó a su alcoba y yo quedé despierto, atento a las llamadas. Para estar más cómodo, me eché en la cama y me puse a leer. Pasaron varias horas. Serían próximamente las cuatro de la madrugada cuando sonó el timbre telefónico; creo que no permití que el martillito batiera dos veces, pues descolgué en el acto. Escuché: una voz, rusa desde luego, trataba de hacerse entender por su interlocutor, aunque no lo conseguía. "Krimov, Krimov", repetía. El llamado gritaba mucho, y a la vez debía hablar con otra persona; luego se oyó ruido de pasos. Hubo una pausa; debían haber ido en busca de Krimov. Recordé ya orden de Duval y le llamé; pero en el mismo instante, alguien hablaba en ruso al teléfono; lo entendía perfectamente. "Aquí Krimov, ¿quién llama?..." "Soy yo, ¿me conoce?..." "Sí, mi general." "Escuche— replicó este— . ¿Cómo tarda tanto en volver?... Sólo se trataba de una simple firma." "Es que— respondió el otro— está leyéndolo." Hubo una exclamación de cólera del llamado general. "¿Cómo?... ¿Leyendo?... ¿Para qué? El sólo tiene que firmar... Pero, ¿ese queso sabe leer? Vaya usted inmediatamente y que firme; no espero ni un minuto más. Si se resiste, ¡ahórquelo con esa cincha. roja que le sujeta su panza!...

¡Cinco minutos, y esté usted aquí!"... Oí el chasquido violento que cortó la comunicación; aún lo llamó Krimov, repitiendo: "General, general".

La conversación fue un relámpago, duró menos tiempo del que tardó en referirla. Cuando iba a colgar el auricular, advertí que Duval estaba en pie y, apoyado en la barra de la cama, me miraba. Debió entrar descalzo y no le pude oír; estaba en pijama, pero muy despierto. Sin esperar que me preguntara, le referí fielmente lo que acababa de escuchar. Él se dio por satisfecho... Y hasta me aclaró:

— Debe tratarse de uno de tantos cuerpo a cuerpo entre nuestros mandos y los mandos republicanos, que quieren guardar la figura... ¿Ha dicho "queso"?... ¡Ah! Se trata del generalito español que figura con el mando del frente de Madrid; como se le conoce entre nosotros; su cabeza parece queso... Y, además" discurre como si lo fuera. No tiene importancia cosa. Y Krimov puede ser Gorev, Skobleski, Wolff... Nuestra terminología humana es un pandemónium. Krimov, Krimov...

Hizo ademán de volverse a la cama', pero le pregunté si debía seguir llamándolo.

Sacó la cabeza por el marco de la puerta:

— Escuche usted, y si advierte que habla Kilinov, me llama, desde luego; Si no es él y cree que es cosa importante, también.

— ¿Y si hablan español o un idioma que no entienda?

— Sí, sí, en ese caso desde luego. Desapareció. Al momento escuché crujir su cama.

En toda la noche sólo hube de ponerme a la escucha dos veces. Fueron llamadas de fuera; pero no debía tratarse de personas importantes, porque una voz contestó que llamaran después de las diez de la mañana. Yo me limité a apuntar los nombres que dieron, los cuales no recuerdo ahora.

Sobre las ocho ya se hizo cargo de la escucha Duval; no tardé en dormirme; como estaba rendido, no escuché las llamadas telefónicas, si es que las hubo. Me desperté a la hora de almorzar; lo hice en la misma cama y volví a dormir. Quería hacer acopio de sueño por si tenía que pasar la noche en vela. Entre sueños escuché el timbre y el ruido de descolgar y colgar, pero no hice nada por darme cuenta; quería dormir. Bien entrada la tarde, me levanté; entró la enfermera para hacerme la cama. Duval le dio prisa para que la arreglara rápidamente, negándose a que se entretuviera en hacer la suya. Era evidente que trataba de evitar que hubiera persona extraña si llamaba el teléfono.

Durante la tarde, hasta cerca de las diez, hubo muy frecuentes llamadas. Todas las atendió Duval; pero yo no pude descifrar el efecto que en él producían.

Elena no apareció en toda la tarde. Al sentarnos para cenar, me permití preguntar por ella.

— Se marchó esta mañana, ¿no la oyó?— me contestó Duval. Cenarnos juntos; ya de sobremesa y levantado el servicio, decidí tratar de obtener de él alguna confidencia. Estaba muy intrigado con todo aquello y quería saber algo siquiera. El momento del café, de las copas y fumar, siempre era el más propicio, y procuré aprovecharlo.

— ¿Durará mucho esto?...— me aventuré.

— No lo creo, salvo órdenes en contrario.

— ¿Supone que llegarán pronto?

— Ya le he dicho que no sé a punto fijo; depende la rapidez de si las instrucciones han de llegar de la Central o de París; en este último caso, deben llegar hoy o mañana, a más tardar; y ello es posible, porque, el adjunto de la División estaba en París cuando salimos, y él creo que podría darlas. Comprendo que usted se aburra. Ya he comunicado que está bien.

— No es que sienta curiosidad, comprenda; es que si he de atender muchos días, no quisiera sufrir alguna grave equivocación... Como todo esto es chino para mí, no tendría nada de extraordinario; por otra parte, si le soy sincero, he de decirle que mi temor crece a medida que pasan las horas; pues según usted me indicó, no estamos respaldados ni defendidos por nada frente a Kilinov.

— A usted lo defiende su "amistad"... Son ustedes dos "trotskistas importantes"— e hizo una mueca muy suya—; usted podría inventar cualquier tontería: que no sabía nada, que sólo escuchó dos o tres veces, que creyó se trataría de un cruce o equivocación en el cuadro... En cambio, yo tendría que pegarme o pegarle un tiro. Prefiero lo segundo.

Desde luego, no me dejaría llevar a una de estas chekas incipientes que funcionan en Madrid... No es que sean muy refinados aún; pero creo que apalean hasta quebrantar el cráneo. Estos españoles son simples y elementales.

— En fin, no es un panorama risueño...

— Desde luego, doctor... Y hacer usted méritos..., ¿no le compensa?

Quedé muy contristado. Bebí con resignación e incliné la cabera, pues realmente mi desaliento era comparable a mi aburrimiento. Quizá pronto podría pasearme por la capital española, por la de Francia, o por la de Inglaterra. Pero saber, saber, nunca sabría nada. Duval estuvo paseando a lo largo de la habitación. Hubo de acudir al teléfono dos veces; la segunda duró largo rato la conferencia, y vi cómo tomaba algunas notas. Siguió paseando un rato, muy abstraído y con visible concentración. Por fin, como quien toma una decisión, vino a sentarse; me sirvió y se sirvió una copa.

— ¿Recuerda usted, doctor— comenzó— la famosa noche de su prueba?...

Sólo pude sostener su mirada unos segundos; él estaba indiferente, perfectamente tranquilo, al hacer la evocación; yo enrojecí hasta los pies, y hube de bajar los párpados. Intenté hacer un ademán afirmativo, pero ni sé si lo logré. Y él prosiguió:

— ¿Recuerda bien lo que hablamos?... Me refiero a lo tocante a España; porque este apartado, aun siendo fracción de la prueba, no era mentira; la técnica impone, en aras de la eficacia, rodear de verdades parciales la mentira esencial. Ahora me alegra el haberlo hecho, pues me evita una larga explicación. Recordará que le dije la batalla entre sombras que aquí se libraba; la primera que el trotskísmo, llamémosle así, en unión de sus aliados, libra contra Stalin, y en esa batalla estamos..., no casualmente, no creo sea tan cándido para pensar que únicamente en Madrid podían curar su herida; sólo fue un pretexto que utilicé para venir a un sitio que me atraía... y no estoy arrepentido. Sospechaba que los enemigos de Stalin aprovecharían esta aventura de España para establecer contactos con Gobiernos y elementos internacionales que les son afectos; no en vano, siendo ellos los más antiguos revolucionarios, los que más tiempo han pasado en el extranjero, presentaban mayor capacidad y talento para actuar en la guerra española, que es asunto muy completo. Aun para quien no conozca los motivos por los cuales fueron fusilados en agosto Zinoviev y Kamenev, es evidente que Stalin tocó en el nervio.... Algo habrá pronto que aún lo evidenciará más, según creo. Pero, en concreto, los dos bandos, Stalin de un lado, Inglaterra y sus aliados de otro, están en una lucha sorda, pero violenta, sobre la arena española A Inglaterra la secunda Francia, y a las dos los trotskistas; esto está resultando peligroso. Creo que, sin saberlo, los hombres enviados a España son los más eficientes enemigos de Stalin. Desde luego, trabajan con fervor por el triunfo de los leales, no hay que negarlo, pero con una condición: que entre los leales se beneficie del triunfo su fracción, y si no puede ser, que el Gobierno que impere, sea burgués, anarquista, trotskista o una mezcla de ellos, obedezca en su política internacional a Inglaterra; esto es condición sine qua non. ¿Comprende bien?... Es importante, y se les antoja facilísimo, porque las fuerzas que manejan en el interior son mucho más poderosas que las nuestras y, además, cuentan con la traición. Es curioso: Moscú se ha decidido en España por un solo bando. Londres trabaja con los dos.

— Entonces, los trotskistas...

— La política trotskista es. política imperialista. La política inglesa es política imperialista; pero, por ahora, ingleses y trotskistas están aliados, como si sus imperialismos pudieran ser compatibles; de momento, hay que considerar a ingleses y trotskistas como "lobos de la misma generación", según dicen los españoles.[3]

— ¿Y los españoles en esta guerra?

— ¿Los españoles? ¡Ah! Los españoles se dan de tiros en los frentes.

Recuerdo casi textualmente estas frases de Duval. En realidad, están en mi memoria casi todas las suyas. Las olvidaba tal vez poco después de oírlas, pero germinaban en mi memoria como las semillas sembradas. Las olvidaba tal vez entonces, y no las entendía. Hoy las recuerdo y las entiendo.

Luego prosiguió:

---

[3] Probablemente se refiere a. "lobos de la misma camada". (N. del T.).

— Hay una ventaja de nuestro lado: el armamento; sólo Stalin tiene las .suficientes reservas, es su carta suprema para imponerse, influir, sumar y armar mejor sus fuerzas. Y, precisamente esto, su triunfo único, ese de las armas, es el que ahora los traidores estropean... ¡Crea que ha sido eficaz la escucha!... Otro, sin este concepto mío, que no creo sean muchos quienes lo posean, nada hubiese percibido; dar órdenes, aconsejar que los envíos de la Unión se lleven aquí o allí, alegando necesidades de guerra, todo con arreglo a las más depuradas normas de la estrategia, a nadie hubiese alarmado; pero a mí sí. .Creo que sobre esta misma mesa le podría trazar un mapa exacto del destino que se ha dado a nuestras armas; también podría trazar otro señalando dónde están los núcleos de fuerzas que nos son hostiles, tanto por su composición como por sus mandos; pues bien, si yuxtaponemos ambos mapas, veremos infaliblemente su extraña coincidencia... Y si a ello agrego algunas órdenes telefónicas del gran general Kilinov, la fuente de donde dimanan ha de quedar descubierta. ¿Qué le parece, doctor?...

Se mostraba radiante, satisfecho y ufano; yo le anime con un silencio atento. Y él prosiguió:

— No le digo todo esto por ufanarme de ello. No acostumbro, téngalo por cierto Es que sé bien a todo lo que me expongo en estos momentos. Y usted no corre tal peligro, y aún lo correrá menos, ya le diré: trato al descubrirle la esencia del asunto de obtener un seguro correo; fije bien en su memoria todo esto, y, si yo desaparezco, trate usted de regresar a, Moscú, y refiera lo que le he dicho. Sólo con ello resolverá usted todos sus pequeños problemas. No apelo a ideales, de que carece; apelo a su conveniencia propia y familiar y estoy seguro que ello bastará. No, no prometa nada; de sus promesas tengo sobrada experiencia...

Y un relámpago, no sé si de desprecio, rabia u odio o de las tres cosas juntas, brotó de sus ojos cegándome por un momento; y hube de secarme el sudor, como si llorase por cada poro. Bebí una copa de agua, lo que me tranquilizó bastante; fumé para disimular mi emoción y mi sonrojo.

— Convenido, doctor, que usted me servirá de correo; esto es muy esencial, téngalo muy presente Ahora pasemos a otra fase del asunto: yo debo ausentarme de madrugada, la escucha quedará encomendada a usted; ponga toda atención, tome notas a su modo, como pueda, pero procurando la mayor exactitud... luego ha de denunciarme, precisamente a Kilinov...

— ¡Cómo! ¿Qué dice?

— Cálmese..., no me mire de ese modo; le explicaré: yo me marcharé sobre las cinco, hora a la cual espero una señal; asómese un momento— y me hizo aproximarme a la ventana— . ¿Distingue usted la fuente ésa que hay en medio de la plaza?... .Bien; luego, si por casualidad yo estoy escuchando, usted ha de mirar fijamente en esa dirección; vea si se para un coche, y si enciende y apaga los faroles tres veces seguidas. Me avisa; yo estaré también atento desde las cuatro. ¿Comprendido?... Es posible que, como la otra vez, le visite

Kilinov en el momento que se entere de mi salida. Háblele como si tuviera entera confianza, pero sin decirle nada aún; cuando se marche, siga a la escucha... ¡Ah! Será conveniente que en el momento en que me marche permanezca usted en su alcoba, al lado del teléfono; si le oye usted entrar, tenga prevenido un poco de algodón y con él atranque el timbre telefónico, a fin de que no suene el aparato estando él aquí; no espero que venga hasta entrada la mañana, pasará la noche fuera seguramente; se ha citado a las diez para cenar con la enfermera esa guapa y rubia, que usted conocerá..., esa de los movimientos voluptuosos; es Kilinov muy mujeriego y no desperdicia ocasión. Se cree irresistible con sus ojos de diablo, su pestañeo de tenor y sus aladares de plata. En fin, si le visitase antes de las tres de la tarde, no le diga nada; pasada esa hora, en cuanto capte usted una llamada suya a cualquier parte, haga en la puerta la señal convenida, guarde previamente sus notas; mejor, haga también lo posible por retenerlas en la memoria, disfrace en ellas su letra, métalas aquí— y señalaba la ventana— en el quicio, por la parte de afuera, entre marco y ventana es sitio seguro; cuando Kilinov llegue, dígale que le ha llamado por haber notado la derivación del teléfono. Creyó usted que era un defecto de la línea, pero vio el algodón que obturaba la boquilla. Él ha de. comprender en el acto de qué se trata; cuando compruebe la cosa y abajo descubra que su propio teléfono es el controlado, le hará, preguntas; conteste diciendo que yo he escuchado atentamente siempre que han llamado, que tomé notas, y que no sabe usted más. El resto no lo puedo prever, no sé concretamente cómo reaccionará; pero adivino que se lanzará en mi persecución, querrá liquidarme como sea, ocultando su intervención, desde luego; intentará que me prendan los "incontrolados" controlados por él; en fin, esto no tiene importancia, pues llegará tarde. Haré todo lo posible por apresurar la marcha de usted; no sé hacia dónde, pero tenga por seguro que nos reuniremos muy pronto, y que yo no permaneceré mucho tiempo lejos de usted.

No hubo incidente durante la velada. Duval durmió hasta las cuatro,. momento en que se puso a observar desde la ventana; el teléfono se abstuvo de sonar, señal evidente de que Kilinov se hallaba fuera. Serían ya cerca de las cinco cuando Duval se retiró de su observatorio. "Ya están ahí", dijo simplemente; se puso rápidamente su gabardina, se ciñó el cinturén y se encasquetó una pequeña boina; se palpó bajo la axila izquierda e ingirió un par de copas de coñac, tomó dos o tres paquetes de cigarrillos y se despidió con un "hasta mañana" enteramente confiado.

Quedé solo. Como alguna otra vez en momento parecido, la sensación de libertad me llevó a la puerta. Daba a un amplio corredor, poco iluminado,, que finalizaba allá lejos. Al otro lado, mi centinela, que no parecía tener armas, estaba de pie; en ruso, me preguntó: "¿Qué desea?" Dije que nada y él no se movió; estoy seguro que se hubiera opuesto si yo intentaba dar un solo paso fuera, pero no quise probarlo. Satisfecho mi capricho, volví nada dentro y cerré. No dormí ni un solo momento, ni sentí necesidad; todo lo pasado me tenía muy despierto. Recapacité largamente, queriendo ver algo claro. Inútil. Todo aquello me parecía cada vez más enredado.

Hasta más da las diez de la mañana no llamaron. Escuché la voz de Kilinov y una femenina que dialogaban en francés. Por un momento cortó la conversación, pidiendo disculpa a su interlocutora, y sólo escuché la tos de ella. Volvió él a hablar, y le entendí perfectamente estas palabras: "Doy orden de que vire y vaya a Bilbao". Lo anoté, y aun estuve apuntando dos o tres llamadas más. Como mi inquietud aumentaba por momentos, obturé entonces mismo el timbre telefónico y me marché al diván de la habitación inmediata. Hice bien, pues con el solo riesgo de perder alguna conversación pude recibir tranquilamente la visita de Kjilinov, que se presentó al momentó.

Entró con su porte y gesto distinguido; me saludó muy efusivo.

— Se marchó su guardián, ¿no?... Sobre las cinco, me han dicho.

— En efecto— confirmé— a las cinco.

— Y qué?... ¿Advirtió algo extraordinario?...

— Nada, si se exceptúa lo extraordinario de su marcha; yo creía que no podría apartarse de mi lado.

— Habrá recibido alguna orden en contrario.

— ¿De usted mismo acaso?... — pregunté con e1 acento más ingenuo.

— -No, desde luego; no tengo sobre él autoridad directa. ¿Le ha dicha, cuándo volvería?...

— Desde luego, no; simplemente ha dicho "hasta mañana", y aunque ya eran las cinco, no sé si se refería al día de hoy o al de mañana.

— Ya sé que nadie los ha visitado.

—En efecto, nadie, salvo los que nos sirvieron. Ni el medico ha venido; claro es que ayer no era día señalado para cura; ya está muy bien mi herida.

—Entonces, supongo que nos abandonará pronto. Lo deseo, pues quiero alejar mi responsabilidad sobre lo que le pudiera suceder; comprenda que aquí las circunstancias no son propicias para poder adoptar las precauciones Necesarias.

— Sí, es posible que mi viaje sea inmediato, si él sólo depende de la curación de mi herida.

— A propósito, doctor, ¿tiene usted familia?... ¿Niños?... ¿Niñas?...

— Sí, general; tengo hijo e hijas...

— Muy bien, quiero hacerle algún obsequio para su familia; algo que les recuerde Madrid y España... Supongo que no tendrá usted inconveniente en la aduana...

— Al salir no los tuve; creo que al regreso tampoco los tendré.

— Perfecto, ya le enviaré algunas cosas; hoy mismo, pues si marcha estando yo ausente, me sería imposible entregárselas en el último momento.

Aún habló de algunas banalidades y se marchó muy pronto...

Volví a quedar solo; miré mi reloj y eran las once. No puse en función el timbre del teléfono; lo pensé más de una vez, pero el miedo me lo impidió. Contaba los minutos que el reloj avanzaba para marcar las tres.

Para distraerme volví a contemplar la plaza y la gran avenida desde mi ventana. Muy poca circulación. Con la llegada de los rebeldes a los muros de Madrid, según me habían dicho, muchas personas, siguiendo al Gobierno,: se marcharon de la capital. Seguramente las más importantes. Las gentes que yo veía desde mi observatorio tenían muy mal aspecto; no tan andrajoso como en Rusia, pero imitaban la indumentaria soviética con aceptable perfección. Claro que el clima español no imponía en invierno los fardos ambulantes de andrajos que se ven en las calles moscovitas, y sobre todo en las regiones donde utilizamos todo para revestirnos de un muro contra el frío. Lo que me resultaba muy cómico era ver los soldados leales, siempre con sus grandes pistolas o sus fusiles, pero vistiendo tan distintamente unos de otros que, sin las armas, nadie hubiera podido saber qué profesión tenían. No parecían ciudadanos normales, desde luego, pero nadie los creería soldados; cada uno llevaba sobre sí aquello que más debía gustarle. Si alguna uniformidad podía apreciar en ellos era su afición a los paños rojos, sus largos pelos, tanto en la cabeza como en el rostro, cortados y repartidos de la manera más peregrina. En Francia y Alemania, ni una barba. En España, apenas un rostro limpio. Esto aparte, sus movimientos eran desenvueltos, algo simiescos quizá. Estos soldados, casi siempre estaban alegres; no así los civiles, muchos de lo cuales me parecían torpes, mirando en todas direcciones cuando marchaban, coma si temiesen que un automóvil pudiera atropellarlos. Acaso sus muestras de temor y desconfianza se debiesen a los disparos de cañón de los rebeldes, que continuamente se escuchaban, próximos o lejanos; vi algunas granadas estallar a no mucha distancia. Probablemente, también tendrían miedo de los bombardeos de la Aviación rebelde; durante mi estancia hubo varios; no pasé gran cuidado, pues el edificio tenía bien visibles los signos de la Cruz Roja, y sólo por error sería alcanzado. Esto no me tranquilizaba mucho, porque yo bien sabía que no sólo hospital era aquello, y que los rebeldes podían tener noticia de los mandos rusos que se alojaban aquí, obrando en consecuencia. Más me tranquilizaba saber que sobre el mío había varios pisos difícilmente traspasables por las bombas.

En fin, cuando me entretenía en observar a un grupo de ocho o diez soldados que habían rodeado a dos transeúntes y los manoseaban, apuntándoles teatralmente sus armas, gesticulando mucho, advertí que mi reloj marcaba. las tres y cinco. Esto me hizo abandonar la ventana. Quedé un instante sin saber qué hacer; recapitulaba sobre la situación, recordando las instrucciones recibidas. Cuando estimé que no se me olvidaba ninguna, marché al teléfono; quité el algodón que mantenía inmóvil su timbre, y esperé.

Tardó aún buen rato en sonar. Por fin, oí su repiqueteo. Empezaba la cosa. Kilinov hablaba; me parece recordar que ésta su última comunicación fue en francés, referente a unos planos de artillería. Cuando terminó salí de la alcoba. Quedé un momento sin decidirme a nada. Maté mi incertidumbre bebiéndome una cepa de coñac. Entonces ya me decidí; me aproximé a la puerta y golpeé de la manera convenida. Pude escuchar los pasos del centinela alejándose; esperé unos instantes y los oí aproximarse.

No esperé mucho. El general Kilinov se presentó muy rápidamente.

— ¿Me ha llamado, doctor?

— Sí, quiero comunicarle algo que acaso sea una tontería, pero que también puede tener importancia.

— ¿Qué es ello?...

Le referí el asunto telefónico según las instrucciones de Duval. Míentras, observé atentamente las reacciones de su cara. Debía ser hombre impenetrable o yo muy mal observador, pues no advertí ni un destello de inquietud. Me dejó terminar; luego, se dirigió hacia mi alcoba y observó el aparato; tomó el auricular, miró dentro de la boquilla, metió el meñique en, ella, extrajo el algodón, escuchó un momento y colgó nuevamente. "Esperemos hasta que alguien llame." Los dos nos sentamos en la otra habitación, Guardó silencio, dejando vagar la mirada; reflexionaba recordando, evidenteniente.

Pudimos consumir los cigarros sin que sonara el timbre; pero, por fin, se dejó oír. Muy rápido marchó Kilinov a la escucha. Sólo cerró sus párpados, como si se concentrase. Luego dejó el teléfono y dijo simplemente:

— Está conectado con uno de los míos.

Volvió a salir y a sentarse; yo lo hice frente a él. con una interrogación en mis facciones, que traté de acentuar hasta casi reflejar angustia. Pero él no la contestó; al contrario, me interrogó, a su vez, verbalmente. Quiso saber con todo detalle las maniobras a que Duval se había entregado aquellos días. Me preguntó frío e implacable. Era delicada mi situación; me limité a reflejar mi absoluta ignorancia sólo le indiqué como detalle que, por casualídad, observé un momento la escritura de mi acompañante y que me parecieron sus signos clave o taquigrafía. Quiso saber si le había visto entregar alguna cosa a cualquiera, enfermero, médico, centinela, pues ya sabía que ninguna persona extraña nos había visitado. Contesté negativamente; a menos que lo hubiera hecho guardándose de mí. No quería contestar rotundamente a nada, y él exigía respuestas puntuales.

Por fin, terminó su largo interrogatorio y se puso en pie. Me estrechó la mano con cierta efusión.

— Volveré, camarada— dijo. Era la primera vez que me daba el tratamiento de "camarada". Yo lo interpreté como aprecio y gratitud. Sentí cierta alegría; aprecio y gratitud me significaban, por lo pronto, seguridad.

Pasaron varias horas sin que nada pasase. El teléfono ya no sonó más. Yo me paseaba por la habitación bastante nervioso. Sobre las seis llegó el médico, que faltaba desde varios días. Mi cicatriz estaba bien.

A la media hora volvió Kilinov. Le seguía un soldado ruso, portador de una gran bandeja.

— Tomaremos el té juntos, camarada.... Un té auténtico.

El soldado dispuso el servicio y se retiró, saludando con gran taconazo. No pude por menos de enorgullecerme. Entre "nuestros" soldados y los amateurs de la España bolchevique la diferencia era aplastante. Sorbimos nuestras tazas. Kilinov me dijo:

— He comunicado la desaparición de Bonín, pidiendo instrucciones relativas a usted; las espero de un momento a otro. París me las ha prometido para antes de la noche, y ya no falta mucho, como podra apreciar. Yo, salvo en lo referente a la seguridad de usted y de él, no tenía ninguna instrucción. Su desaparición cambia la cosa, y he debido pedir órdenes. Si me contestan que espere usted aún, ya procuraré que su permanencia sea lo más grata posible. ¿Qué le parece si se trasladara usted a un sitio más agradable? Desde luego, más lejos del frente; por ejemplo, a una de las buenas fincas de recreo del Este... Los aristócratas españoles las tenían magníficas, y algunas conservan su confort.

Se lo agradecí, mostrándome encantado, y luego me permití preguntarle:

— En realidad, ¿tiene mucha importancia la maniobra de Bonín y su fuga..., si es fuga?...

— Aun lo ignoro, doctor; las apariencias, hasta el momento, lo condenan; su acción parece ser la de un espía... Ahora bien: ¿al servicio de quién?...

— Desde luego, en mi largo contactó con él, me ha parecido un comunista fanático... Si todo ha sido comedia, ¡buena comedia!

— Sí, desde luego yo lo he tenido a mis órdenes, dependiendo del Servicio Secreto Militar; en tiempo breve prestó servicios importantes. Es agudo, audaz, con una imaginación extraordinaria. Ahora, no sé; él es español, ¿sabe?...

— Chileno.

— Sí, algo así; pero es igual. En fin, no puedo adelantar nada. Mi servicio trabaja en el asunto, creo que pronto sabré algo... A no ser que...

Se interrumpió para servirse otra taza. De pronto me preguntó:

— ¿Tiene usted inconveniente en decirme el motivo de su viaje?... Huido de Berlín, creo que debe usted...

— Es algo no previsto en las órdenes recibidas— eludí—; ante lo sucedido, mi general, debo hacer lo que usted. Aguardar instrucciones.

— Desde luego..., claro está; pero... podríamos orientarnos algo mutuamente. Por ejemplo, ¿usted tenía algo que hacer en Madrid, precisamente?

— No, desde luego, creo poder asegurárselo; sin mi herida yo hubiera continuado en París; acaso, ya terminada mi misión, estaría de vuelta en Moscú...

— ¡Ah! ¿Su misión era concretamente en París?...

— Sí, en París— no tuve más remedio que afirmar, temiendo haberme deslizado.

— Y sin su herida, ¿para nada era necesario su viaje aquí?...

— Para nada.

— ¿A quién se le ocurrió que viniera usted?...

— Ciertamente no lo sé; pero me parece recordar que lo propuso Bonín a otro jefe que estaba en París.

— Esto ya me aclara un poco el asunto... ¿Quiere usted decirme, dónde estaba Bonín cuando fue usted herido?...

— En París, desde luego.

— No, no me refiero a eso. Es al lugar exacto en el momento de la agresión.

— ¡Ah! Eso lo ignoro... Me parece recordar que había estado en el hotel donde me hospedaba momentos antes de llegar yo herido; lo cierto es que entró en mi habitación poco tiempo después que yo.

— ¿No recuerda más detalle?...

— Sí, creo que discutió con el jefe de París sobre las horas, sobre los minutos...

— ¿Quería saber el jefe dónde estaba él a la hora del atentado?...

— No, seguro que no; más bien Bonín le reprochaba no haber tomado rápidas medidas para guardarme mejor, pues él mismo le había anunciado que los trotskistas querían atentar contra mí.

Quedó un momento meditando.

— ¿Y usted cree que los trotskistas?...

—Si le he de ser franco, general, yo no sé muy bien lo que es eso de los trotskistas... No tengo ninguna pasión política; no me ocupa la política interior del partido; sinceramente, no he entendido nunca una palabra. Me limito a seguir y aceptar la consigna oficial. Cumplo y no discuto.

—Bien... Pero su pasividad no será tanta que no le importe si su asunto tiene algo que ver con el trotskismo.

—Para eso tendría que saber qué son y quién son los trotskistas, y esto me parece demasiado molesto de dilucidar; tan amplio es el frente trotskista, según lo que he oído, que tan trotskistas son los que sirven a Hitler, como a Mussolini, como a Chamberlain, como a Poincaré... Todos esos nombres me parece que se han barajado en varios procesos de los más ruidosos en la Unión.

— Sí— sonrió— es un pequeño lío... para muchos técnicos... Pero ¿su acción personal?...

— No es asunto que pueda referirse a los trotskistas.

— Entonces... ¿derecha?...

— Sí, guárdeme el secreto; derecha, ultraderecha.

— Perfectamente, doctor; no tenga cuidado... Este extremo restringe el campo de mis sospechas... Veamos. Si el asunto no es trotskista, convendrá conmigo que los trotskistas no tenían ningún interés lógico en suprimirlo... ¿no?

— Parece bastante evidente. Entonces, ¿quién?...

— No es fácil contestar categóricamente; acaso la cuestión pueda aclarar el asunto de aquí, o a la inversa, el espionaje de aquí aclare lo del atentado... La hipótesis de su conexión parece racional.

— Acaso. Aunque yo no intento deducir tan finamente como usted, general.

— Un detalle: ¿cuándo fue usted encargado del asunto?... ¿Lo recuerda exactamente?. .

— Sí, desde luego; a primeros de septiembre.

— Otro más: ¿quién le ordenó el servicio?...

— ¿Deberé decirlo?

— Es un detalle que nada dice en relación a la cosa en sí; reflexione. ¿Qué jefe en particular fue? ¿Spiegelglass?...

— No he oído pronunciar ese nombre nunca.

— ¿Pero sabe usted quién le ordenó la cosa?...

— Desde luego, yo sé quién es.

— No tenga escrúpulos... Vea que hasta afecta a su seguridad personal.

— Bien, general; fue el comisario de Asuntos Interiores en persona.

— ¿Iéjov?...

— No

— ¿Yagoda?...

— Exactamente.

— ¿Y usted no ha recibido contraorden ni modificación alguna con posterioridad, dentro o fuera de la Unión? ¿Nada contradice el plan que él le trazara, a usted?...

— En absoluto; el asunto es el mismo exactamente; salvo acaso ligeros detalles, se ha seguido todo con arreglo a las instrucciones que él me diera; sin duda, no las han modificado en lo más mínimo...; a no ser por mi herida, creo que al día siguiente, o pasados muy pocos, yo hubiera cumplido mi misión, y hasta entonces yo no recibí ninguna orden que se desviase en un dedo del plan que me trazó Yagoda.

— Muy bien, perfectamente... Aunque con trabajo, creo ir aproximándome a la verdad.

En este momento llamaron al teléfono. Él lo atendió; yo sólo escuché un par de monosílabos. Cortó la comunicación y pidió una para él. Sus palabras, dichas en ruso, fueron aproximadamente: "Puede regresar en cualquier momento... Mucha discreción en las puertas... Todo normal.

Seguirlo hasta aquí, pero a distancia, que no lo advierta... Sí, al 112... Por ahí mismo."

Kilinov volvió a mi lado con aire de gran satisfacción.

— Parece que volverá. Alguien lo llamaba; me han dado un recado para él, diciendo que espere noticias hasta las doce. Parece que ha dicho a esa persona que lo llame aquí esta noche.

Ahora se traslucía en su semblante claramente la satisfacción.

— En fin— siguió, encendiendo un cigarrillo— creo que vendrá, según me anuncia esa llamada telefónica. Vendrá él mismo.

Y en sus ojos brilló una chispita, como si fueran los de un gato en la oscuridad. Plegó la frente, que parecía ser su gesto de alegría. Luego llamó por teléfono y se presentó el soldado de antes trayendo varias botellas y una coctelera. Depositó su carga sobre la mesita y nos confeccionó una mezcla; cuyo nombre no recuerdo, con licores, guindas y jengibre.

— Le gustará— me aseguró, brindándome una copa.

— En efecto, era un vino agradable y penetrable. Él también bebió.

— Son las ocho y media— dijo—; creo que puedo dedicarle algún tiempo aún... Yagoda le encomendó un asunto que usted, sin haber recibido órdenes contrarias a las suyas, estaba realizando, cuando le sucedió el percance..., ¿no es esto?

— En resumen, sí; eso es.

— Entonces, su atentado..., ¿no le parece que lo más seguro es achacarlo a quien tuviese interés en impedir qué usted realizase su misión?...

— Convengo en que la sospecha tiene base lógica.

— Dígame usted: por intuición, por corazonada, llamémosle así, ¿no ha sospechado de ninguna persona de las que conoce?...

— En absoluto, no...; además, habiendo sabido muy pronto quién fue el culpable, por su propia confesión, ¿cómo podía yo dedicarme a descubrirlo, estando ya descubierto?...

— ¿Se refiere usted al jefe adjunto de París?...

— Sí, usted mismo nos comunicó su confesión...

— Sí, yo se lo dije...; pero haga una experiencia: olvide por un momento mi noticia; crea que he podido equivocarme o mentir...; luego, retroceda en sus recuerdos; sitúese precisamente en el instante de ser herido, vuelva despacio hacia el instante aquel...; fíjese bien, recuerde sus pensamientos más leves en aquellos primeros momentos, cuando se serenase un tanto... ¿Quiénes fueron apareciendo en su imaginación como sospechosos?...

Parecía en aquel momento Kilinov un Mefisto sonriente. Yo casi adivinaba hacia dónde quería llevarme. Ante un provisional gesto de incomprensión por mi parte, prosiguió:

— Es muy importante, créame; mi experiencia propia, ciertos estudios míos, me han hecho comprender la importancia que tienen los fugaces pensamientos de las víctimas en los primeros momentos; un tanto por ciento muy elevado adivina quién es el agresor si le es conocida la persona con anterioridad; lo que sucede es que la imagen se borra casi siempre por influencias ajenas; por sugestión involuntaria o voluntaria de quienes considera más capacitados que él para lograr el descubrimiento; pero esté seguro que la intuición o adivinación de la víctima se produce al ser agredida, si la agresión no la priva de sus facultades mentales. Yo creo que la tensión psicológica del agresor se traduce en una irradiación telepática muy intensa, que "baña" al agredido y que penetra en la conciencia de éste al mismo tiempo que la bala o el arma se le hunde en la carne. El asesino es un emisor de radiaciones. La víctima es un receptor de sensibilidad multiplicada por la herida.

— Científicamente, me parece de mucho interés su teoría, general... Pero en mi caso, dado el procedimiento empleado, el instante de agudizarse mi "receptibilidad" no se sincroniza con el acto ejecutado por el criminal para herirme... Supongo que conoce el procedimiento, ¿no?...

— Sí, lo conozco..., y hasta conozco al inventor. ¿Usted no?...

— No tengo noticia.

— Pues el inventor es, precisamente, ese Gabriel...

— No me lo dijo, y fue precisamente él quien me describió el aparato... Por cierto, ahora recuerdo, se le ocurrió perfeccionar el arma, en vista de su deficiencia para hacer blanco en órganos vitales... Ya sabe que me libré de una herida mortal por un movimiento mío que hizo salir mi corazón de la línea de tiro...

— Es muy curioso todo eso... Y ¿qué perfeccionamiento discurrió?...

— Muy sencillo, envenenar la bala— confesé yo, por inercia, sin pensarlo mucho, aunque me arrepentí al momento.,

— ¡Curioso!— dijo concentrándose— . Bonín, al comprobar que usted se ha salvado de la muerte, discurre instantáneamente un perfeccionamiento que, de haberlo aplicado con usted, le hubiera matado con toda seguridad..., ¿no es eso?...

— Sí, así es ...

— ¡Curioso!... ¿no?. Desde luego, nada importante en el terreno de las pruebas materiales. Pero sí mucho como material para presunciones. ¿No lo estima así?...

— ¿Qué deduce usted?. .

— Nada, nada hasta ahora... Pero si Bonín resulta un traidor...

— ¿Trotskista?...

— Fascista..., si usted quiere distinguir entre fascistas y trotskistas...

— ¿Y decía usted?...

— Que si resulta un espía fascista..., y lo del teléfono lo acusa, podríamos dedicar alguna atención al origen y al autor del atentado... ¡Ya es demasiado trotskismo para explicarlo todo!...

Preferí aclararlo verbalmente:

— ¿Quiere usted decir que si Bonín resulta traidor, él fue el autor de mi atentado?

— Por ejemplo.

Me atreví a ironizar:

— ¿Y si no resulta traidor, no?

Volvió a mirar su reloj; yo también lo hice. El mío era un aparato voluminoso, con tapas de plata, que me habían entregado en la Embajada con mis prendas y utensilios; sin duda, una máquina parecida a la que debía usar el auténtico Zielinsky.

— ¿Qué es eso, doctor?...— me interrogó el general, señalando mi cronómetro— . ¡Es una respetable antigüedad!... ¿Le gustaría uno de oro?... Tenemos una variada colección. Le mandaré uno bueno.

Ya en la puerta, me aseguró que volvería después de la cena. "Beberemos una copa de champán en tanto llega su amigo..." La ironía con que matizó el "su amigo" no dejé de advertirla.

Quedé solo, pensando en que también aquel hombre debía ser algo extraordinario. Su persona no desmerecía de su manera de presentarse. Su mímica, sobria, pero precisa; su ademán, en línea fina y curva siempre; su modulación y acento..., algo muy suyo, extraño, pero de matiz agudísimo. Una cosa era clara y evidente: que sentía por Duval un odio mortal, muy digno del que debía sentir éste por él. Dignos rivales, en verdad. Si hubiera yo sido un mero espectador, qué gran espectáculo la lucha entre los dos!

Kilinov se presentó de nuevo sobre las once; yo había cenado ya y me deleitaba con el café. Poco después llegó el ordenanza, portador de una botella de champán. Charlamos y bebimos después, cuando estuvo bien frío. No entró a fondo en ningún asunto; habló sobre incidentes y anécdotas de la guerra española. Pero noté que me observaba, incitándome a beber.

— Beba, beba... Hay más...

Deduje que pretendía hacerme, hablar aquella noche. Pero algo frustró su intento. El ordenanza, que se había marchado, volvió, portador de un papel sellado. Kilinov lo abrió, leyéndolo en el acto. Despidió al ordenanza.

— Algo referente a usted— dijo.

— ¿Puedo saber?...

— Orden de marcha.

— ¿Adonde?

— Sin destino Sin duda, saldrá usted de España. Si pasara usted a otra población de la zona leal, se me diría; porque continuaría usted en mi jurisdicción. Marcha usted en avión; naturalmente, deberá pasar por Francia. Pero ignoro si se quedará usted allí o seguirá en ruta.

— ¿Y nada de Bonín?...

— Hasta ahora, nada.

— Entonces, ¿ignora usted quién será mi... acompañante?...

— En absoluto, hasta que se me presente.

— Comprenderá que me alarme un poco... Esta fuga, creo que puedo llamarle fuga, de mi guardián me tiene inquieto.

— Hacemos verdaderos esfuerzos por encontrarle, créalo. Pero esto no es la Unión; los servicios son muy deficientes... Luego, hay que bifurcar las investigaciones; con lo descubierto no puedo precisar todavía la organización por cuenta de la que actúa...

— ¿Fascista, no?... He querido deducir eso de los hechos... ¿A quién puede interesarle espiarlo a usted, general?... ¿No le parece?

No es despreciable la hipótesis, doctor; pero si lo medita, comprenderá que el asunto puede ser mucho más complicado. Ya sabe usted las "cosas" de la Unión; algo sabe usted muy directamente...

Kilinov subrayaba sus palabras con mucha intención. Pero yo no adivinaba a qué se refería: si mi atentado, al asunto motivo de mi viaje o... a las "cosas" de Moscú. Sin embargo, yo hice un gesto de inteligencia, como si me lo explicase todo. Y el general continuó:

— Para fascista me parece demasiado atrevimiento. No, no puede ser; conozco bastante la historia de Gabriel; en ella figuran hechos suficientes para que lo cuelguen...

En aquel momento llamaron al teléfono. Atendió la llamada Kilmov, y después de escuchar unos minutos, dijo: "Mándelo aquí", Yo sentí acelerarse mi corazón. ¿Sería Duval?... Pero Kilinov volvió a mi lado y nada me dijo.

— ¿Algo sobre Bonín?— me atreví a preguntar.

— No, creo que no; una comunicación urgente.

Alguien llamó en la puerta. Autorizó Kilinov, y un soldado, ruso por las trazas, se presentó y se cuadró, alargando un sobre. El general le hizo retirarse. Abrió el sobre y extrajo una pequeña hoja de papel. Se retiró un tanto y leyó muy abstraído. Sacó de su bolsillo un diminuto libro de notas y lo consultó dos o tres veces. Se guardó papel y librito y se aproximó de nuevo.

— Algo en relación con su amigo.

Lo de "amigo" me estremeció, pero no creo advirtiera mi mutación, pues yo tosí fuerte, aunque sin ganas.

— ¿Alguna pista, general?...

— Al menos algo que se le parece... Esto cambia la cuestión; no, no creo fascista a nuestro hombre.

— ¿Entonces?...— interrogué, con mi mejor cara de asombro.

— Esperaba este detalle para hablarle, camarada— respondió Kilinov, adoptando aire de gravedad—; pero salgamos; venga conmigo a mi despacho. Dio unos pasos hacia la puerta, tomando el pomo para abrir.

— ¿Es preciso?— pregunté con angustia mal reprimida— . ¿Y si vuelve y no me encuentra?... ... ...

Kilinov se volvió con naturalidad.

— Venga, doctor; no volverá, y si vuelve...— no añadió más, pero matizó su última palabra de manera muy extraña.

Salimos juntos al largo corredor. El dio unas órdenes al centinela que no pude oír. Mi alarma subía por momentos. Ya me veía "interrogado" por una cuadrilla de esbirros de, la G.P.U. Yo me tenía por hombre dotado de un corazón robusto y sano, pero si seguía esta clase de vida estaba seguro de adquirir una enfermedad cardíaca. Me parecieron segundos los que tardamos en llegar a las habitaciones del general; no advertí si estaban en, el mismo piso, pues casi no veía nada: de esto me enteré luego.

Entramos. Había en la primera pieza dos o tres hombres, pero como pasamos rápidos, no me fijé; además, yo no estaba para detalles. Entramos en la inmediata, en la que sólo había uno, que se puso rígido a nuestro paso. Y, por fin, pasamos a la que debía ser su despacho personal. Me invitó a sentarme. Hasta aquí, sus ademanes eran correctos, hasta deferentes. Pero no me tranquilicé por eso; debía ser aquel hombre hábil y fino en sus interrogatorios, sin perjuicio de ser cruel. Estaba bien seguro. Pero me senté de muy buena gana; me parecía haber andado cinco leguas desde mi habitación para llegar allí. Antes de otra cosa, Kilinov me ofreció alguna bebida. Yo acepté ansioso; tenía la boca reseca; bebí con ansia verdadera. Encendimos sendos cigarrillos, y, después de un breve silencio, habló en voz baja, pero precisa y matizada:

— Doctor..., tengo algún informe sobre usted; no tan amplio como lo hubiera deseado; pero no era posible. Iéjov se agrava...— hizo una pausa, y sus ojos al mirarme concentraban toda su intención; sentí como si respirase un balón entero de oxígeno— . Este hecho me garantiza su persona... ¿Comprende?...

— Naturalmente— asentí, con un gesto amplio de mis brazos.

— Ya sé que no es usted de los nuestros; mejor dicho que no lo era... Ahora es ya otra cosa. Su discreción, su palabra..., muy bien, doctor. Creó que se alegrará muy pronto de haber obrado así, y más aún si tengo en cuenta su descubrimiento y su aviso..., también cosa muy importante; acaso no puede usted medir su trascendencia por el momento, pero no he de ocultarle que puede ser grande.

— ¿Entonces... Bonín? ... ¿Traidor?...

— Peor acaso... en estos momentos. Desde luego, no es fascista. Las noticias que he recibido me dicen que no se han recibido órdenes de la Central referentes a su Apparat en Francia; no se ha cambiado nada hasta hace dos horas. Yo comunique su fuga a Moscú inmediatamente; si fuera un espía fascista, lo elemental hubiera sido, como siempre que se descubre alguna traición, un cambio instantáneo en todo lo conocido por él en el extranjero. Esto se hace siempre fulminantemente. Ahora, ya pasó tiempo sobrado, y no se ha ordenado la menor alteración. Bonín no es un traidor metido en la N.K.V.D.

— ¿Entonces? ... ¡Nada hay que temer! ...

Kilinov me miró con extrañeza.

— ¿Nada?... O todo.

Mi lucha era muy desigual, pero me pareció mejor mostrarme sorprendido a mi vez. Kilinov silueteó una sonrisa casi amable.

— Me explico que no comprenda, doctor; no es momento de una digresión sobre este asunto... Acaso sea mejor que usted continúe sin saber muchas cosas para su tranquilidad.

— Desde luego..., no soy ningún curioso. Yo me refería a que, si Bonín no es traidor, nadie allá, en Moscú, podrá complicarme...

Evidente, evidente...; pero creo que su seguridad no es muy grande al lado de ese hombre. Es una pena que yo esté inmovilizado aquí, en España. El caso me intriga. Algo me dice que tiene mucha más importancia de la que supone una mera escucha telefónica...; al fin, en el servicio, como en todo el aparato estatal, todos nos espiamos, todos nos escuchamos, unos a otros; pero este caso..., además, su atentado, doctor..., algo extraño y singular hay en todo...

— ¿Mi atentado?...— interrumpí, sin poderme contener.

— Sí, su atentado; algo inexplicable, créame. Tengo mis motivos, iniciales. Si pudiera ir, aunque sólo fuera por veinticuatro horas, a París, ya le diría ...

— Comprenda, general, que yo no. comprenda...

— No me extraña; son cosas para técnicos de altura, y aun para nosotros difíciles si las circunstancias no permiten actuar con medios y en lugares adecuados.

— Si yo puedo serle útil..., general— me atreví a insinuar.

— Desde luego, doctor; para ello le he traído aquí. Me ha puesto usted sobre este asunto con perspicacia y lealtad...; yo, en cambio, le garantizaré su seguridad, tanto aquí como donde esté... Aun no sé qué enemigos tiene; pero no espero tardar en saber de dónde viene su amenaza; esté tranquilo. Ahora, yo pido a usted, en mutuo beneficio, un pequeño favor...

— Encantado, general. ¿En qué puedo...?

— Escuche— y bajó más su voz— . Creo lo más probable que lo lleven a París... Por el sitio y circunstancias de su atentado, veo que goza usted de cierta libertad. ¿Podrá usted telefonear a un amigo?

— Creo que sí; en mi estancia anterior lo pude hacer.

— Bien; tome esta fecha; escriba en un papel— y me dictó unos números que yo apunté— . Agregue "Mic". Llame a ese número y pregunte en ruso por Goldsmith. ¡Ah! No apunte el apellido; tradúzcalo mentalmente. Lo recordará, ¿no?... El "oro" es algo que está muy presente en Occidente, sobre todo en Francia.

— Y ¿qué más?...

— Poco más; convenga una entrevista con quien le conteste; los detalles ya los acordarán ustedes con arreglo a las circunstancias. Cuando se vean hágale entrega de un sobre que yo le daré; irá colocado en el forro del maletín que le tengo preparado, en el fondo. No tenga cuidado; esto es para entregarlo en Francia; aunque nada de particular tiene, si no le fuera posible ver al señor que le indico, antes de penetrar en Rusia destruya el sobre y su contenido.

— ¿Y sólo he de entregarle eso?...

— Lo importante es eso..., pero puede usted hablar con plena libertad de lo sucedido aquí con su acompañante, sí es que solicita de usted más detalles; además, si le parece, doctor, también le dice todo lo que le ha sucedido a usted.

— ¿Lo de mi atentado?...

— Desde luego, el atentado..., pero también lo demás, su misión, las incidencias...

— ¿Y lo más importante?...

— ¿Importante?... ¿A qué se refiere?...

— Por ejemplo..., la enfermedad de Iéjov.

— Sí, sí,..., desde luego. La conoce; la conoce muy bien..., mucho más de lo que puede usted suponer. Háblele, háblele con toda confianza. Algún día se; dará cuenta, y se alegrará, de haber sido totalmente franco. Sepa que, después de celebrar esa entrevista, contará usted con protección y ayuda en todos los rincones de la tierra, esté seguro. Y no creo tener apariencias de bromista ni hiperbólico Cuente con esa protección y esa ayuda con la misma seguridad que ya puede contar con mi amistad...

Di las gracias. Brindamos un par de veces. Luego nos despedimos y él salió hasta la puerta. Por su orden, me acompañó uno de sus ayudantes.

— Hasta luego, doctor. Ahora le llevarán ese encargo.

En efecto, a la media hora me trajo un ordenanza el maletín; era como de medio metro de largo, y una bolsita de cuero conteniendo mi reloj Era ciertamente muy bueno; de oro, pesado, sin ser demasiado grande, y sobre ambas tapas tenía un adorno o cifra en diminutas piedras verdes. La linda bolsita de cuero estaba bordada. Registré luego el maletín, que tenía la llave pendiente de una cuerda, sujetándola a una anilla de la cerradura. Era ropa, toda femenina: prendas leves, transparentes; también medias de seda. Me imaginé el contento de mis hijas. Me divertí imaginándolas dentro de mi departamento moscovita vestidas como las damas de París. Para salir a la calle se pondrían otra vez sus harapos. Mi casa de Moscú sería una sala de fiesta.

En previsión del viaje mañanero, me acosté inmediatamente; pero me fue imposible dormir; no obstante, seguía, en la cama, porque me suponía cierto descanso.

Kilinov me llamó por teléfono. "Debe usted prepararse"— me dijo. Estaba terminando de meter mis cosas en las maletas, cuando se presentó:

— ¿Llegó Bonín? ...

— No; me han dado varias pistas; alguna me parece segura, pero aún no lo han localizado.

— ¿No esperaba usted que viniese esta noche?...

— Pero no ha venido, y la persona que lo llamó no ha dado señales de vida.

— ¿Entonces yo?

— ¿Quién me acompaña?...

— Lo ignoro aún; sólo me dicen que se presentarán a darle escolta.

— Naturalmente— presumí sonriendo.

— Sin duda. ¡Ah!... ¿Y su reloj?...

— Es todo espléndido, mi general. Muchas gracias. ¿Quiere encargarme algo para la patria?...

— Nada, muchas gracias. Sólo que conserve siempre el reloj como recuerdo mío.

— Se lo prometo.

— ¿Está ya preparado?...

— Todo en orden, general. Se marchó inmediatamente.

Serían las cuatro de la mañana cuando escuché fuertes pasos por el corredor. Kilinov entró seguido de dos más. No los. presentó. Eran dos hombres de uniforme color caqui con sendas pistolas. Rusos, por las palabras que cambiaron. No llevaban insignias de su graduación, o yo no se las veía; solo en los cuellos tenían unos emblemas alados. En su respeto a Kilinov no había servilismo alguno. Los comparé de nuevo con la pobre milicia española.

Como yo estaba dispuesto, me invitaron a salir. Entonces entraron dos soldados que se hicieron cargo de mi equipaje. Recorrimos el amplio y largo pasillo. No muy lejos, Kilinov se detuvo. Nosotros le imitamos. El entreabrió una de las puertas y se despidió de los dos militares. Noté que había en su cara una sombra de preocupación. Saludaron mis dos acompañantes con rígido saludo militar, y seguimos. Aquel pasillo me parecía interminable; nos cruzamos con algunos enfermeros y con dos o tres hombres de uniforme. Y llegamos a la escalera; al poco dominé un amplio trozo de una sala iluminada. Cuando llegamos al último tramo vi que era un gran hall, amplio, hermoso, con entrantes y salientes, arcos de puertas, lámparas; bajamos otros peldaños. Junto a la puerta de salida estaban dos o tres hombres de uniforme, que se unieron a nosotros. Uno de ellos, ya en la puerta de la calle, habló en ruso con uno de los dos primeros. Vestía de diferente manera; en la gorra llevaba una estrella diferente a la soviética, blanca y brillante, de más puntas que la nuestra. La estrella española. Llevaba gafas de gruesos cristales, sobre montura negra, y lucía un rubicundo bigote. No se debía haber afeitada en dos o tres días; la barba, también rojiza, ocultaba sus quijadas. Lucía, puestas en banderola, dos tremendas pistolas.

Un coche cerrado me esperaba; negro, amplio, potente; varios soldados, sin duda españoles, lo rodeaban; iban armados de una especie de fusiles cortos, de cañones muy gruesos, como agujereados.

Subí al coche; a mi lado se sentó el de la estrella; los dos primeros ocuparon los banquillos delanteros en el interior. En el pescante iban el conductor y otro; total, seis. Por el cristal izquierdo vi a los soldados españoles salir dando saltos y meterse en dos grandes coches decubiertos, donde ya había hombres. Arrancamos; uno de aquellos coches nos adelantó un tanto y encendió potentes faros; el de atrás también nos enfocó, metiendo su haz luminoso por el cristal posterior. Marchamos en pendiente cuesta abajo. Yo no quería perderme detalle. Debíamos rodear la fuente que yo vi tantas veces desde mi habitación, y enderezamos hacia la izquierda. Al poco, vi un instante, iluminada por los faros, otra estatua frente a la calzada por donde marchábamos. Las calles de Madrid eran anchísimas, desiertas, oscuras, arboladas, fantasmales. Por un momento, los focos alumbraron el rostro gigantesco de Stalin, un magnífico affiche de trazos violentos. Lenin no estaba junto a él. Por lo visto, a los españoles no les resultaba imprescindible que los dos revolucionarios fueran hermanos siameses.

En el interior del coche se guardaba un silencio absoluto. Miré a los que me acompañaban y me alarmé. Aquellos tres hombres llevaban sus pistolas empuñadas sobre el muslo y miraban unos a un lado de la calle y otros al otro, con atención concentrada. Era evidente que temían alguna agresión, pues para ser costumbre me parecía demasiado teatral. Luego me explicaron que llevábamos un coche análogo al de los ministros; los anarquistas eran algo exagerados. Tenían pocas simpatías por el lujo y ningunas por la Unión Soviética.

Advertí pronto que las sombras de los edificios disminuían de altura y que luego perdían continuidad; no mucho después nos hallábamos casi en despoblado. Debíamos estar en las. afueras de Madrid.

Iba yo sumiéndome en mis propios pensamientos, en un intento de adivinar mi propia situación y casi ajeno a lo exterior. De pronto, una parada. Un difuso resplandor iluminaba la espesa niebla. Miré hacia adelante, donde el coche que nos precedía también se hallaba parado. Sus ocupantes hacían grandes ademanes con sus brazos armados; debían discutir con otros, cuyos bultos estaban junto al coche.

Mi acompañante inmediato, el de la estrella, se impacientó; bajó el cristal y sacando la cabeza fuera intentó averiguar el motivo de la detención. Entonces pude ver un gran camión que obstruía la carretera; estaba el vehículo atravesado, con su delantera orientada en dirección de nuestra izquierda,. El español de la estrella se apeó para ir hacia el obstáculo. Yo pregunté en ruso a mis dos acompañantes qué pasaba.

— Fusilamientos— me respondió uno— Fusilamientos de fascistas— justificó luego.

Agucé mi atención. Cuanto vi en aquellos momentos fue algo que se me grabó para toda mi vida en la imaginación. Del camión detenido empezaron a descender, mejor, a caer arrojados muchos hombres. Eran como bultos difusos. Empujada por hombres armados, fue pasando la masa humana por el trecho que iluminaban nuestros faros. Aquello era tétrico, dantesco. La niebla de la noche, la luz amarillenta de los faros, los raros destellos de las armas, las imprecaciones guturales y, sobre todo, la lividez cadavérica de aquellos rostros de muertos ambulantes, con sus brazos atados a la espalda, era un cuadro de horror. Inolvidable. Atroz. No soy escritor y no lo puedo describir, y tampoco he leído nada, capaz de evocar aquel grupo de muertos que iban a matar. Cual rebaño, empujaron los fusileros a los sentenciados, pinchando en sus pechos y espaldas con el negro cañón de sus fusiles. Los trajeron hacia nuestra izquierda, formándoles en fila irregular, junto al lateral de nuestro coche; los faros potentes del de atrás me los mostraron, a un metro escaso, crudamente iluminados. Me horrorizó advertir que tenían las manos atadas a la, espalda con alambre de espinas y sus manos sangraban... Los sicarios armados, al cuello sus rojos pañuelos, chaquetas de cuero brillante y puntiagudos gorros, los empujaban y les daban golpes a diestro y siniestro. Los había de todas las edades; unos, con barbas blancas; otros, jóvenes de pupilas negras, ardientes, y dos o tres, eran casi unos chiquillos. Mujeres vi dos, también maniatadas con el alambre de espino... Luego trajeron más, formando dobles filas. El espanto y el frío me tenían yerto.

La puerta de mi coche se hallaba casi abierta, y estaban pegados junto a ella varios prisioneros. Dos jóvenes, imberbes, con los pelos rizados al aire, medio se volvieron, y al verme se dijeron algo entre ellos, y mirándome más de frente se sonrieron, no sé si en un alarde de estoico valor o con desprecio ... sólo tenían puesta una camisa, con las rotas mangas remangadas, y cuando, al momento, me volvieron la espalda, vi sus antebrazos sangrientos, rasgados por los pinchos de alambre. Hubo un crescendo de gritos, de juramentos y de golpes. El campo de la izquierda se iluminó más; los haces de luz de varios camiones rasgaron la niebla y se llenó de luz cruda y amarilla un amplio espacio, cual si lo alumbrase un lívido sol.

Los de las negras chaquetas de cuero se interpusieron entre mi coche y los condenados; pero aún pude ver cómo aquel joven que frente a mí se rió, devolvió un golpe de fusil escupiendo al rostro del verdugo un salivazo. La masa se movió hacia adelante, descendió por el talud de la carretera y se fue alejando lenta. No sé si fue ilusión, pero creí escuchar un canto fúnebre y heroico. Allá, a unos veinte metros, la fila que de frente marchaba se detuvo; los hombres negros, con sus fusiles apuntando, retrocedieron marchando de espaldas, y vinieron a parar junto al próximo talud. Las víctimas todas se habían vuelto y nos miraban de cara. No podía ver bien sus fisonomías; ya no percibí aquellas estrofas que creí escuchar. Había un silencio espantoso. Yo miraba en tensión, con .mi vida entera en las pupilas.

El hombre de la estrella vino a situarse frente a mí, y contemplaba la escena con las piernas abiertas, inmóvil, con sus dos manos a la espalda y ambos -puños apretados.

Me ocultaba parte de la trágica escena.

Una voz salvaje. Un vendaval de secos estampidos; las ametralladoras ocultas no sé dónde, furiosas, implacables, crepitaban. Los hombres negros del talud también descargaban sus fusiles con furor..., y allá, la trágica fila perdía su altura por momentos; en algún instante, los gritos dominaron el continuo estampido de las detonaciones. Y algo insólito: de la fila, ya casi abatida, surgió una figura humana; no huía, era un hombre que avanzaba; se había desatado, y, erguido, tenso, yo diría ingrávido, se dirigía hacia los fusileros brazo en alto; dio diez o más pasos avanzando, se detuvo y, al fin, cayó como herido por un rayo.

— ¡Bravo fascista!— comentó por lo bajo el ruso delantero.

Yo ya no pude ver ni oír nías; quedé casi desfallecido e inconsciente. Cuando pude darme alguna cuenta, ya marchábamos. El fúnebre fulgor de la ejecución se había extinguido. Nadie se veía ni a un lado ni a otro de la carretera. El español de la estrella estaba junto a mí. Lo miré y sólo vi en la penumbra sus dos pupilas brillantes y siniestras.

Seguíamos en el mismo orden; nosotros en medio y los coches descubiertos que nos escoltaban, uno delante y otro detrás. En pleno campo la oscuridad era mayor; los que nos hallábamos en el interior, sólo fugazmente veíamos nuestras figuras cuando con intermitencias nos iluminaban los faros de! último automóvil.

No sé si duró mucho tiempo aquello, pues mi estado de espíritu no me permitía apreciarlo. La ferocidad espantosa de la escena presenciada me causó tal depresión que sólo quedé con facultades para percibir muy confuso el mundo exterior.

Por fin, hizo un brusco viraje el coche y salió de la carretera; un corto trecho fue peor el camino, pues saltábamos violentamente, pero duró muy poco. Nos detuvimos, los faros disminuyeron de potencia y a la escasa luz vi bultos que se movían en torno nuestro. Nos apeamos; y lo hice el último. No sé si el frío o el espanto me produjeron un violento temblor, hasta castañetear los dientes. Al pisar el suelo, instantáneamente sentí un miedo atroz. Tuve el presentimiento, casi la certeza, de que me apeaban del coche para fusilarme allí. A medida que avanzábamos en silencio, sin percibir más que los confusos bultos, la evidencia de que me fusilarían se hizo absoluta en mi conciencia. Inútil todo esfuerzo para desechar la idea; al contrario, acudieron razones justificándola; todo aquello estaba preparado por Kilinov, por alguien, hasta pensé que por Duval mismo, con el solo fin de asesinarme.

No lejos percibí un resplandor tenue. "Ahí va a ser", me dije con absoluta convicción; quise rezar algo, pero sin llegar a coordinar más de tres palabras. Tras la luz distinguí una casa oscura; mirando con atención por un claro que dejaron los que me rodeaban, aquello me pareció un cobertizo, pues algo así como un techo recogía la débil luz. Otro grupo de varios hombres nos debía esperar. Al llegar y detenernos escuché que se cambiaba la conversación con ellos. Al momento se produjo cierta agitación. No podía explicarme nada. En mi estado, hasta quería que lo que fuese a suceder, aun lo fatal, ocurriese inmediatamente. Creo que casi di un salto; un ruido espantoso se produjo, al mismo tiempo que una fuerte corriente de aire nos empujaba. Di unos pasos, como para iniciar la fuga. Los demás me imitaron. Sólo unos metros más allá me di cuenta. Aquella masa era un avión, y acababan de ponerlo en marcha. Entonces recordé que Kilinov me dijo que marcharía en aeroplano. Me tranquilicé, pero aún me duró mucho rato la debilidad en mis piernas, que parecían de trapo.

Aun esperamos casi una hora, por lo menos. Unos de aquellos dos oficiales rusos me invitó a subir; él lo hizo delante, por los peldaños de una escalerilla. Yo le seguí, sin mirar ni preguntar nada. La luz del día crecía por momentos.

A mis espaldas hablaban dos a grandes voces, para dominar el ruido de los motores, pero yo no los entendía; sólo aprecié que lo hacían en ruso.

Voló el avión. A mi izquierda se abría una pequeña ventana, cerrada con grueso cristal, y yo trataba de atisbar tierra o lo que fuese; pero volábamos. entre nubes y las hélices rompían en jirones la niebla.

Sólo pasada más de una hora, empezó a teñirse con cierta claridad el cielo frente a la dirección en que volábamos. Esto, después de pensarlo mucho, me hizo averiguar que íbamos hacia el Este; lo cual me dio una confianza inexplicable. El Este, quizá era Rusia; la paz, la casa, la miseria. Sobre todo, la realidad.

Aún pasó casi una hora para que se hiciese totalmente de día; cuando aclaró del todo, vi por un momento la aurora asomarse a un portillo de nieblas. Era, indudablemente, la luz del sol que emergía de una masa gris de nubes o de mar.

Noté muy pronto que la salida del sol era por el lado derecho del aparato, lo que me indicaba que cambiábamos de dirección volando hacia el Norte. "Hacia Francia", pensé.

Ya no escuchaba conversación entre mis acompañantes. Un vistazo disimulado me mostró que sólo había tres pasajeros, que identifiqué, aun cuando dos iban de espaldas y me tapaban al tercero. Eran los dos rusos, y el otro debía ser aquel jefe español, el de la estrella.

No recuerdo nada más digno de mención; sólo que yo me había tranquilizado en absoluto; y hasta que eché de menos un fuerte desayuno. Mi estómago se había aburguesado; él, que tan magníficos rendimientos extraía de unos gramos de grasa de la Unión, se había hecho un industrial Pesado y exigía trabajar en gran escala.

Era entrado el día cuando aterrizamos. Ya hacía rato que se divisaba el mar hacia nuestra derecha. No lo hicimos lejos de él; bandadas de gaviotas huían dé nosotros. Cuando paró el aparato y disminuyó la tormenta de los motores, los rusos me invitaron a bajar. Se dirigían hacia nosotros, corriendo, varios hombres en traje de mecánicos, y también un gran camión con un enorme depósito cerrado por toda carga. También, más despacio, venía otro grupo de ocho o diez individuos con armamento y porte militar. Delante, un hombre vestido de paisano. Llegaron junto a nosotros. Al de paisano lo saludaron mis dos acompañantes. El casi no contestó; hizo un gesto interrogador y subió sin detenerse.

Un hombre extraño se cuadraba ante nosotros. ¿Dónde lo había yo visto antes?... Mis compañeros hablaron con él por señas; contestó con calurosos ademanes, invitándonos a seguirlo. Anduvimos en dirección a unos edificios bajos y blancos que limitaban el campo. Aquel hombre iba armado con el ibérico par de pistolones. Entramos en una sala amplia, que conservaba sus líneas de arquitectura moderna, pero que estaba muy sucia: salivazos, colillas y demás testimonios de higiene marxista esmaltaban cada palmo del suelo.

El hombre que nos guiaba abrió una puerta, a la derecha de aquel vestíbulo, que se hallaba guardada por dos centinelas, y nos hizo pasar. Entonces me di cuenta de lo que debí adivinar antes. Era el mismo aeródromo en que nos detuvimos unas horas, en el viaje de ida, Duval y yo; y aquel de las pistolas era el camarada jefe de todo aquello, según supuse entonces.

Debían tener noticia de nuestra llegada, pues topamos con una pequeña mesa, rodeada de cuatro sillas, que sostenía un desayuno suculento, abundante y sustancioso; huevos, muslo de ave y albóndigas de pescado. Parecían haber adivinado mi feroz apetito y nos obsequiaban con una alianza alimenticia entre los mares del norte y los aires mediterráneos. Sin gran ceremonia nos sentamos, empezando a comer; no sin cierta sorpresa del: anfitrión, que nos contemplaba de pie; debía esperar un cuarto invitado, pues nos interrogó con gestos sobre aquel que tenía silla reservada, Mis compañeros y yo nos henchimos bien. Cuando nos disponíamos a tomar café, sin anunciarse, entró el paisano que se quedó en el avión. Los dos rusos se levantaron respetuosos; yo los imité, suponiendo que se trataría de persona importante.

Ordenó en ruso. Ellos debían quedarse en Barcelona, yo seguiría hasta París. Esto saqué en limpio.

Apenas encendí un cigarro puro, que el hospitalario matachín me brindó, cuando llegó la hora de reemprender la marcha. Me acompañaron todos hasta el aparato, incluso la escolta, armada. Subí a él, sin que se despidieran de mí los rusos más que con un leve ademán; el español intentó más; debía haberme reconocido, y se interesaba por mi herida; me palpó la espalda muy cariñosa y efusivamente. Penetré en el interior del avión. Por la puerta que comunicaba con la proa vi a los pilotos manipular en les mandos, y las hélices aceleraron. En una silla de mimbre, al final de la cabina, iba otro hombre, de paisano; llevaba alzadas las solapas de un abrigo colosal, entre las cuales se hundía su cabeza; consultaba documentos. Ni se volvió a mi entrada. Parecía el capitán de la nave aérea. Esta zarpó, girando sobre una ciudad grande, moderna y muy blanca, de calles rectas que formaban cuadros perfectos. Pronto la perdimos de vista, y mes dediqué a contemplar desde mi ventanilla, recreándome, el iluminado paisaje de mares, nubes y montañas. Inesperadamente, se plantó una mano en mi hombro y otra señaló un punto en la costa, al tiempo que una voz varonil me gritaba en el oído:

— ¡Otra vez la frontera! ¡Viva la libertad!

Duval estaba en mi presencia. La mano apoyada en mi hombro con servaba aún los documentos que le había visto estudiar poco antes. El desmesurado abrigo desfiguraba las líneas de su cuerpo, multiplicando su estatura. Después de estudiarle, me convencí de que él era también aquel militar de la estrella blanca que me había acompañado desde Madrid. Parecía como si le faltasen muchas pestañas. En cambio, conservaba pelos postizos en el entrecejo y le quedaban algunos del descomunal bigote. Su único diente de oro se había puesto blanco. Bigote, ceño, lentes y un par de tiras; de esparadrapo que, ocultas en las sienes por la gorra, atirantaban la piel de la frente y de los pómulos y desviaban la cola de la ceja, habían constituído un disfraz sencillo y sorprendentemente eficaz.

Duval estaba alegre. Se sentó frente a mí, bromeó bastante y a cada. paso se rascaba la cara, molesta su pulcritud por aquellos días de barba. Luego comenzó a bostezar, y gritó:

— Dispénseme, doctor, que le deje solo una vez más. Voy a dormir.

Instantáneamente se quedó dormido. El ruido de los motores ensordecía. Tardamos en llegar a París cinco horas.

Nos esperaban dos hombres en el aeródromo. Ninguna formalidad de pasaporte. Los empleados de uniforme, empleados o policías supongo, nos, miraban con naturalidad, pero sin intervenir para nada. Marchamos rápidamente a un coche que nos esperaba fuera. Los que nos esperaban debían ser mera escolta, pues Duval— volvía a ser Duval— no tuvo conversación con ellos. Rodamos largo rato por la cintura de París. Arbolado. Palacetes con jardines. Al fin, bajamos en un barrio de hoteles, no lujosos ni grandes. Entramos en uno cuya verja sostenía espesas matas de plantas trepadoras. Cruzamos el pequeño trozo de jardín que había ante la puerta del edificio y penetramos en él. Un vestíbulo amueblado cariñosamente, y un saloncillo, situado a la derecha. La que nos franqueó las puertas nos dejó solos cuando entramos en aquella habitación. Duval, que seguía rascándose. las mejillas, huyó a lavarse. Yo me dediqué a examinar con la vista lo que me rodeaba, pero todo era tan normal, que sorprendía. Un par de butacas, unas cuantas sillas, un secreter, un pequeño armario con libros, unos cuantos cuadros. En la parte opuesta a la ventana, que tenía rejas— éste era un detalle que nunca se me escapaba— una puerta de vidrios esmerilados.

La mujer aquella entró al poco rato, y, en francés, me hizo saber que en la habitación contigua podía lavarme, si lo deseaba; traía una de mis maletas, luego entró la otra y también el maletín que me regaló el general Kilinov. Al verlo, pensé que debía ya comunicar a Duval este detalle y la conversación sostenida con el obsequioso.

Me estaba lavando cuando regresó. Pasamos al comedor, que era una pieza más acentuadamente burguesa; muebles viejos, pero en buen estado; todo ordenado y limpio. Almorzamos, pregunté a Duval si podía hablarle y me contestó que luego. Terminado el almuerzo, regresamos al gabinete, donde nos fue servido el café y el coñac.

Al primer sorbo, se recostó Duval en la pequeña butaca y me dijo:

— Cuente, cuente, doctor...

Lo más fielmente que pude le referí todo lo sucedido y todo lo hablado y oído por mí. Me interrumpió muy pocas veces para pedirme algún detalle. Sólo cuando le indiqué el número de teléfono, me dijo que esperara y tomó nota. Pero cuando llegué a la cuestión de la carta que debía entregar, dio un salto:

— Por ahí debió empezar— exclamó— . Vamos, vamos..., ¿dónde está?...

Yo traje el maletín de la alcoba, lo abrí y le invité a extraer la carta, previa advertencia de que se hallaba oculta en el fondo.

Duval tanteó con los. dedos, pero se veía que no localizaba el sobre. Tomó la pequeña maleta y se aproximó a la ventana para que la luz penetrase mejor en el interior; volvió a palpar en el fondo con el mismo resultado. Le advertía nervioso y un tanto excitado. Por fin, dejó sobre el alféizar el maletín y se llevó la mano a su axila izquierda y tiró de un largo y fino estilete. Inclinado, metió el puñal y escuché cómo cortaba algo. Por fin, me mostró el sobre. Era de tamaño corriente y estaba cerrado. Lo miró y remiró bien, como si quisiera, sin abrirlo, adivinar su contenido. Yo, lega en la materia, le reproché:

— ¿Qué hace que no lo abre?

Me miró un instante, y adiviné algo así como si me llamase idiota, aunque no pronunció palabra. Miré mejor entonces y me pude dar cuenta de que tenía en la mano su pañuelo, envolviéndose con él el pulgar e índice, precisamente los dedos con los cuales sujetaba la carta. No me expliqué aquello, como no fuera que él creyese aquel sobre portador del famoso veneno de los Borgias; pero me abstuve de comunicarle tal hipótesis. No quería ser blanco de otra nueva mirada de las suyas. No abrió el sobre. Tomó un pedazo de papel y lo envolvió, guardándolo cuidadosamente en un bolsillo interior de la americana, cerciorándose de que había abrochado perfectamente el botón de seguridad. Luego volvió a guardar su puñal.

— Bien, doctor; ya veré lo que contiene. Me marcho ahora; regresaré lo antes posible.

Dio unos pasos hacia la puerta, pero antes de llegar a ella se volvió:

— ¡Ah, doctor!... Bastante bien su trabajo; no esperaba yo tanto; sepa que ha engañado nada menos que a un hombre que ha sido durante largos años jefe del Espionaje Militar Soviético... ¡Le felicito!... Lo comunicaré a la Central... ¡Gran nota para su hoja de servicios!...

El fino relámpago de su sonrisa lo cortó la puerta, cerrándose.

XVI

EL TROTSKISMO SE MUESTRA

Me habría gustado que, con aquel rayo de sol, entrasen mis hijas a darme los buenos días. Yo mismo me los di: "Buenos días, papá". Y me levanté seguidamente. Aun sin acabarme de vestir pedí el desayuno. ¡Qué extraña polifagia había adquirido! ¡Con tal que durase la facilidad para mantenerla! Me sentí después fuerte y casi optimista. La sensación de peligro que me persiguió durante la temporada pasada se desvanecía por completo en aquellos momentos para dar paso a la sensación de "amo del mundo" que ya antes había experimentado en Francia. Quizá cualquier agente de Stalin en el país de la III República sea como un Júpiter de veras en un Olimpo de veras. Quizá Duval se me aparecía como el dueño de París. Volví a mi gabinete; me asomé a la ventana, pero el muro trepador de verdura limitaba el panorama, sin dejarme ver más que aquellos metros cuadrados de modesto jardín. Por entre los visillos pude ver un hombre que penetraba en la casa, y luego escuché sus pasos en el vestíbulo. Se dedicó a pasear por él durante largo rato; luego debió sentarse, pues le oía toser y también el ruido que producía en la silla. Supuse que ya me habían establecido guardia personal.

Para matar el tiempo, escogí algún libro en el pequeño armario. Me disgustó que todos fueran libros comunistas. El dueño de la finca debía ser un militante, pero, sin duda, la disciplina del partido era mucho menos rígida en el extranjero: allí había ciertos libros heréticos, como obras de Trotsky, Kautsky, Proudhon, etc. Naturalmente, la ortodoxia era más abundante; las obras completas de Lenin llenaban dos tablas, y los tres o cuatro volúmenes de Stalin estaban allí necesariamente; éstos, con los clásicos Marx, Engels y Rosa Luxemburgo, constituían el todo ortodoxo, pues el "índice" soviético iba condenando a la hoguera, uno tras otro, a todos los jefes del 17: Zinoviev, Kamenev, Radek, etc. A este paso, de los vivos, sólo aquellos cuatro de Stalin constituirían la bibliografía roja, conservándose únicamente las obras de los muertos, de los muertos por muerte natural, y creo que por eso mismo, por estar muertos; ya que su estado les impedía explotar su literatura para disputar el poder de su detentador, Stalin. Claro es que también había cuarenta o cincuenta libros más considerados como ortodoxos, pero de gente de menor cuantía si se les consideraba) políticamente. Unos, rusos; otros, extranjeros; pero todos sin figura o historia que les permitiese una influencia personal en el partido o en las masas. Todos escritores sometidos a la censura y, probablemente, escribiendo al dictado de sus subvenciones.

Tomé de entre todos un libro de Trotsky. Lo mucho que ya había oído hablar del trotskismo durante mis últimos tiempos, lo que la cuestión había influido en mi vida, hasta, según decían, ponerla en peligro, me intrigaba; nada más natural que aprovechase aquella ocasión única para saber algo, ya que en Rusia me sería imposible toda la ilustración sobre el tema.

Aquella edición tenía un prólogo dedicado a la edición francesa no largo, como de seis u ocho páginas. También tenía otro de la edición original rusa. Su título, ¿A dónde va Inglaterra?, era muy intrigante para mí después de lo que con verdad o mentira escuché a Duval. No dudaba que si algo había de cierto en sus palabras, tendría allí confirmación.

Mi desencanto fue grande. Trotsky, desde sus primeras palabras, se lanzaba a una bi-visección implacable de Inglaterra. ¿Dónde estaba el aliado que me pintó Duval?...

Imposibilitado de tomar notas, acaso cometa inexactitud al intentar reproducir algunas palabras de Trotsky. Tengo buena memoria todavía para las palabras, y mejor aún para los conceptos. Algunas frases no las recordaré con exactitud, pero respondo de la fidelidad del concepto.

En las primeras líneas refiere Trotsky que su libro sobre el futuro del Imperio inglés ha sido calificado por la prensa británica como una loca fantasía soviética. "Luego — pienso yo— ¿qué complicidad o afinidad hay entre Inglaterra y Trotsky?"...

Después, en otro. párrafo, invoca el apoyo internacional para facilitar la victoria de los huelguistas ingleses. ¿Qué es esto?... Parecía lógico que si Trotsky fuera un aliado del imperialismo, tratase por todos los medios de sabotear la revolución en Inglaterra.

"El movimiento revolucionario en Inglaterra dará un salto hacia adelante", esto creo recordarlo literalmente. Y, además, esto otro también: "El proletariado británico es de un atraso ideológico enorme gracias a los engaños de la burguesía y de los fabianos. Ahora avanzará mucho. Inglaterra está desde hace tiempo madura para el socialismo."

Todo absurdo, si se aceptaba la tesis de Duval.

Pero aun siendo más corto el prólogo ruso, lo consideré mucho más sustancioso.

No sé si sobre él podré dar una idea bastante completa, porque es demasiado denso.

En él sienta la premisa de que "Estados Unidos e Inglaterra son como dos estrellas cuyo brillo se lo roba una a la otra."

"En Inglaterra ya empieza la revolución, porque en ella está en su crepúsculo el capitalismo."

Pero lo más extraordinario, lo casi misterioso, lo hallé principalmente en estas palabras, que repasé bien para fijarlas en mi memoria: "¿Quién empuja a Inglaterra a la Revolución?... No es Moscú, sino Nueva. York... "Los Estados Unidos no pueden ampliar su Imperio sino a costa de Inglaterra."

Y esto, asombroso en labios de Trotsky: "El Komintern es hoy una cosa casi reaccionaria comparada con la formidable Bolsa de Nueva York; allí se forja verdaderamente la revolución europea."

Quedé, al llegar aquí, sumido en la confusión más tremenda. La "sinceridad" comunista de Trotsky era evidente. Su meta revolucionaria la fijaba en la destrucción de la última ciudadela del capitalismo, en la destrucción de América. ¿Por qué Duval le acusaba de alianza y complicidad con ese capitalismo, con Inglaterra principalmente?... No podía ser más que argucia política; justificación de una lucha y de una conducta. Servicio, en suma, a Stalin, al que hoy le mandaba por detentar la fuerza y el poder.

En tales reflexiones estaba cuando escuché la llegada de un automóvil, el cual paró ante la verja. Me puse tras los cristales de la ventana, viendo cómo aquel hombre que había visto antes se dirigía rápido a la verja; miró por una mirilla y abrió inmediatamente. Era Duval; le vi avanzar por la cinta empedrada del jardinillo. Desapareció de mi vista e inmediatamente entraba en mi habitación.

Me saludó alegre y voluble.

— ¿Se repuso de la fatiga del viaje?... Estuve anoche aquí, pero como advertí que dormía profundamente, no quise despertarle. Yo tenía que hacer, mis amistades me reclamaban, y le dejé dormir. Realmente, nada extraordinario tenía para usted... Pero ¿qué es esto?...

— tomó el libro de Trotsky en sus manos— . ¿Deleitándose con este bandido?...

— Lo tomé al azar— me disculpé— . ¿Lo conoce?... ¿No le parece interesante?...

— Naturalmente que lo conozco, doctor; leo a Trotsky en tinta fresca; tengo autorización del Partido... Los combatientes de primera línea debemos conocer al enemigo. ¿Qué, qué ha leído?— interrogó hojeando el volumen.

— Muy poco, algo de los prólogos.

— Lo mejor del libro..., lo mejor literariamente. Ahí está Trotsky en su fuerte; lo mesiánico tiene acentos bíblicos en su pluma. Desde Disraeli nadie pulsó esa cuerda épica con mayor talento que él.

— Me asombra usted, Duval— me atreví— . ¡Ese elogio al enemigo número uno!

— ¿Elogio?... Justicia, nada más que justicia; será siempre un error en la lucha política subestimar el valor v la potencia del adversario; primero, porque determinará un esfuerzo inferior al necesario para derrotarle; segundo, porque, si vencemos, será considerado mediocre nuestro triunfo, y, vencidos, seremos calificados de cobardes y estúpidos. La justicia hecha al enemigo es siempre justiciarnos a nosotros mismos.

— Hallo su teoría perfecta. Ahora bien: si me permite hablar de estas cosas, he de decirle que en lo poco que he leído sólo encuentro una contradicción patente entre el trotskismo que ahí se presenta y el trotskismo que usted me ha pintado... No creo que muchos se produzcan tan violentamente, tan apocalípticamente, contra Inglaterra...

¿Cómo explicar?...

Me miró un instante Duval, entre irónico y sorprendido, como queriendo medir antes el alcance de mi pregunta; y luego dijo:

— Doctor, evítese quebraderos de cabeza... No se meta intelectualmente en esas cosas; harto penoso es para usted hallarse metido prácticamente... No tiene usted preparación alguna, pero, en fin, disiparé sus dudas con unas cuantas palabras, o, al menos, quebrantaré para siempre esa fe que en usted han suscitado unas líneas de Trotsky... Sé bien el efecto diabólico que en cerebros poco preparados provoca ese "rey de los polemistas", como le llamó Shaw. Sólo una pregunta: ¿cuándo ha sido escrito ese libro?...

Me lo entregó, y miré la fecha del prólogo francés:

— Mayo de 1926.

— ¿Mayo de 1926, la edición francesa?... La rusa fue muy anterior, naturalmente. ¿Nada le dicen las fechas?... ¿Es usted tan ingenuo que no tiene en cuenta la fecha en un libro político?... Ese libro ha sido escrito por un Trotsky en el poder: presidente del Consejo Supremo de Guerra, generalísimo del Ejército Rojo, comisario de Guerra..., heredero seguro de Lenin... ¿Nada es para usted todo eso?... Ese derrumbamiento de Inglaterra que vaticinaba y propugnaba entonces, ¿a quién hubiera beneficiado en aquel momento?... Diga, doctor.

— Al comunismo, a la U.R.S.S., ¿no?

— Doctor, ¿ve usted cómo carece de la preparación más elemental? Esa contestación es la misma que hubiera dado cualquier obrero koljoziano... Eso del "comunismo", eso mismo de la U.R.S.S., ¿qué son para Trotsky?... Meras formas, meros medios...— no niego la importancia de las formas políticas, no niego la importancia de los medios, porque no desprecio su importancia si poseen adecuación con el fin—; pero, salvado este aspecto, formas y medios son sólo instrumentos a manejar con arte político para lograr un fin...

¿Cuál es el de Trotsky?... Uno, uno sólo: el mismo que mueve hoy a todo ente político— excluida la entelequia de Dios para siempre— uno: el Poder, el dominio. ¿Ha de ser idéntica la actitud de Trotsky cuando él era dueño de gran parte del Poder y esperaba serlo en absoluto, que la de ahora, errante y perseguido, en permanente conspiración para recobrarlo? .. No, evidentemente, no. ¿A quién beneficiaría hoy la revolución en Inglaterra?... ¿Al comunismo, a la U.R.S.S.?... Evidente, para Trotsky, el comunismo y la

U.R.S.S. son mera "forma" y mero "medio", realmente sería el beneficiado Stalin ..

¿Y eso no lo estima bastante para cambiar su actitud táctica?... Y ni una palabra más, doctor; iríamos demasiado lejos...

Me callé. Bailaban las palabras de Duval en mi cerebro sin sedimentarse siquiera; pero no podía negar que su "dialéctica" rivalizaba con la misma de Trotsky... "¡Qué intrincada es la cosa política!— pensé— . Mucho más, infinitamente más, que toda la química orgánica; lo veo perfectamente claro"...

Duval había permanecido en pie. Ahora se sentó y encendiendo un cigarrillo, y con tono distinto me dijo:

— Hablemos de cosas razonables...

— Bien; seamos razonables— asentí.

— Naturalmente, doctor, ¿estará usted dispuesto a continuar?... Es usted insustituible en este momento del asunto.

Yo sólo contesté con un gesto indefinido.

— He abierto el sobre . . poca cosa; sólo contenía un pequeño papel en blanco. ¿Usted no lo vio introducir?...

— No, ya se lo he dicho. Ni siquiera había visto el sobre; el general sólo me indicó que lo llevaría oculto en el fondo del maletín.

— No tiene nada escrito; acaso puede tener algo con alguna tinta simpática muy singular; pero no es cosa de tratarlo con ácidos; se estropearía quedando inservible... Sólo hemos hallado una cosa, examinándolo al microscopio: huellas dactilares...

— Las del general, seguramente— indiqué yo.

— No puede adivinar... Yo no lo hubiera imaginado; las huellas son las mías... ¡Figúrese!...

— ¡Extraordinario!...

— Me llamó ciertamente la atención que el papel, dentro del sobre exterior, estuviese encerrado en otro de papel celofán, muy fino, de dimensiones justas para contenerlo. Esto es costumbre de los técnicos cuando quieren preservar algo de contactos, y me orientó sobre la posibilidad de que hubiera huellas; revelarlas era dejar inservible el papel y recurrimos a nuestro laboratorio.

— ¿Y cómo supo que eran las suyas?

— Por pura casualidad Yo las examinaba detenidamente cuando uno de los que me ayudaban me dijo no sé qué, apartando yo entonces la vista del objeto, pero volví a observar inmediatamente; como no vi la huella, instintivamente busqué el papel por la mesa, creyendo que se habría caído del aparato, tropecé con uno y lo puse en posición; localicé una huella, exclamando: "Esta es mucho mejor" Otro de los que me ayudaban me dijo: "¿Qué huella?" Yo volví a levantar la vista, advirtiendo que él tenía el papel cogido con una pinza y lo examinaba al trasluz, pues es un especialista en "tramas" de papeles. ¿Qué huella examinaba yo entonces?, pensé; reflexioné que al ser interrumpido estudiaba un dibujo muy característico, el que más me había llamado la atención en el papel de Berzin...

— ¿Qué papel de Berzin?...— pregunté yo, extrañado.

— Sí, del general Berzin— aclaró maquinalmente Duval, y siguió:

— Volví a examinar el papel que yo había puesto por error; y este error me dio la clave, pues identifiqué las dos huellas, que tenían características iguales, sin duda ninguna; nos consultamos mutuamente los tres; aquel papel era del laboratorio; sólo nosotros lo habíamos tocado seguramente; examinamos nuestras propias huellas digitales; no había duda, era una de las mías; la de mi dedo índice era la que yo examiné por error y era igual a la del papel que le entregó Kilinov. En el primer momento pensé si yo habría tocado el papel por descuido; esto me preocupó largo rato, pero no; cuando me di cuenta de que aquella, huella era la del índice de mi mano izquierda, deseché la idea; yo no había tocado el sobre más que con mi mano derecha, preservándome los dedos con el pañuelo y su contenido siempre con la pinza, me afirmé más cuando identificamos como mías hasta ocho huellas, seis por un lado y dos por otro del papel; yo no podía haber hecho eso, ni en sueños, porque hubiera supuesto casi un manoseo pertinaz; ahora bien, no cabía duda de que eran mías... y yo jamás tuve tal papel en mis manos. ¿Que opina, doctor?...

— Pues no sé qué pensar...; que ese papel es el que introdujo el general en el maletín no me ofrece ninguna duda; estaba ahí, y conforme él me indicó. ... ¿Qué tipo de papel es? ...

— No es un papel corriente; no es el usual de cartas; tiene exactamente doce centímetros de ancho y diecinueve de largo; no es el característico ni corriente en oficinas; si, se asemeja a alguno, es al usado para las copias de máquina... No sé qué clase de papel se usará ahora en España; acaso se utilice uno cualquiera; pero yo no he tenido ese papelito amarillento en mis manos, estoy seguro...; es un papel satinado por una cara y más áspero por la otra; difícilmente servirá para escribir con tinta... ¿Usted no recuerda haber visto por nuestras habitaciones en Madrid un papel parecido?

— En absoluto— repliqué—; yo no lo recuerdo; allí no vi más que aquellos periódicos rusos y el libro que me dio el hombre del "comité"...

— Pero las huellas son efectivamente mías; quien me ha ayudado es un, experto de primer orden, no cabe duda... — Duval hizo un ademán como para sacudirse la obsesión

—; en fin, pasemos a otra cosa... Comprenderá, doctor, que sólo siguiendo adelante podremos sabe los propósitos del general.

— Evidente— confirmé yo—; ya veremos para qué quiere Goldsmith ese papel.

— No hay otro recurso, y además hay que saber quién es; debe ser un tipo interesante.

— ¿Y quién será?

— Probablemente, el nombre que le han dado es falso. Pero eso carece de importancia; no creo difícil poderlo identificar. Con dificultad, claro es; el teléfono que le indicaron es el de un establecimiento público, según he comprobado en nuestro fichero. Pero él ya se mostrará personalmente a usted...

— Entonces— observé yo— ¿decididamente debo seguir adelante?... ¿La Central está de acuerdo?

Duval me miró de abajo arriba y me replicó secamente:

— Eso no es de su competencia; soy yo quien responde de sus actos, no usted; téngalo presente ...; y creo que no debería ser necesario a estas alturas recordárselo. Creo, doctor, que no se permitiría usted preguntas de la misma índole si se tratase de un Mironov, por ejemplo... Está usted en una posición, y ya debería saberlo bien, en la cual sólo la obediencia es su deber...; naturalmente, una obediencia no pasiva, sino poniendo en sus actos toda su intención y atención. Estaba bastante satisfecho de su comportamiento en Madrid, pero ahora... ¿Cree usted que debo participar a la Central esas reservas mentales que reflejan sus palabras?...

Iba a seguir, pero yo le corté con mis protestas de sumisión. ¿Qué otro camino? El quedó un momento reconcentrado y volvió a tomar actitud natural, cual si hubiese podido recobrar el hilo de sus pensamientos. Y, como hablando para sí mismo, prosiguió:

— Es indudable que se intenta, como primera providencia, dar un golpe contra mí. Me parece lógico, y lo esperaba. Yo di conscientemente el motivo. Mi auto-descubritniento, mi auto-delación, valiéndome de usted, como espía del general, debía provocar dos reacciones: mi eliminación, tomándole a usted como cómplice para lograrla. Hasta aquí, los hechos han satisfecho mis propósitos. Pero se derivan ya dos incógnitas: ¿por qué medio intentan mi eliminación?...; ¿hasta qué punto he logrado que confíen en usted?... Respecto a lo primero, sólo poseo como elemento deductivo ese papelito de las huellas de que usted ha sido portador. Respecto a lo segundo, soy más optimista. La supuesta o real enfermedad de Iéjov le han acreditado a usted como hombre discreto, por lo menos; acaso la distancia y la natural carencia de detalles por parte de Berzin...

— ¿Berzin?— interrumpí yo— Es la segunda vez que le oigo ese apellido. ¿A quién se refiere?...

— Bien— me respondió un tanto molesto— se me ha escapado; Berzin es el verdadero nombre del general Kilinov; sépalo ya, si le interesa..., pero, como decía, él parece haberlo tomado a usted por un hombre admitido y actuante con pleno sentido en la conspiración; esto deduzco de su actitud para con usted en la primera conversación sostenida a solas; pero sólo era una posibilidad, que yo traté de convertir en realidad ordenándole a usted mi delación... Parece que la cosa ha resultado relativamente bien, dada su incompetencia en estos asuntos y, lo reconozco, dada la sutileza y astucia del general... En fin, esta es la situación. ¡A explotarla! Les llevo ventaja... Mañana llamará usted a ese teléfono y, según la contestación, decidiremos.

Se levantó y, recogiendo su abrigo, salió.

Al día siguiente me desperté muy tarde; ya había almorzado cuando se presentó Duval y nos encerramos de nuevo en el gabinete. Pero no se prolongó mucho la conferencia. Se limitó a decirme que me pusiese la corbata y me adecentase un poco, porque íbamos a salir. Realmente, más falta le hacía a él un buen arreglo. Llevaba una barba de siete u ocho días y un pelo mal peinado. Advertí que había igualado el tono rojizo de su barba y cabello, hasta el punto de parecer un rubio natural; llevaba gafas de cristal ligeramente azulado y no se podía identificar bien el color de sus ojos. Además, él tan refinado en el vestir, llevaba un traje si no malo, muy descuidado; se notaba a la legua que no había tenido relación con la plancha desde hacía tiempo; una trinchera muy manchada completaba su atuendo. En un momento que abrió la boca, me deslumbraron sus dos incisivos superiores con su reflejo áureo; esto le daba al hablar un aire muy singular. Sólo conociéndolo mucho, y viéndole de cerca, se le podría reconocer. Estas observaciones las hacía yo en tanto arreglaba mi exterior. Cuando terminé, hizo que me guardara el sobre de Kilinov, que, según observé, no tenía traza de haber sido abierto. Y cuando nos disponíamos a salir me dijo:

— Llamará usted a ese número desde el establecimiento público que yo le indique; según lo que resulte, ya decidiré. Si lo citan para una entrevista inmediata, discurra cualquier pretexto y no la convenga antes de mañana; todo lo más pronto, podría ser esta noche; ¿comprendido?

Era retener sus observaciones y no hubo necesidad de que me las repitiera.

Salimos. Los guardianes quedaron en el jardincillo. Un taxi estaba parado en la puerta y nos metimos en él. No cruzamos palabra en el trayecto. En no sé qué calle nos apeamos Duval y yo, penetrando en un bar con pretensiones de café. Había muy pocos parroquianos. Tomamos dos copas de coñac en el mostrador y nos dirigimos a la cabina telefónica, situada en los bajos. Marqué el número; tardaron cierto tiempo en contestar; por fin, descolgaron; pregunté por Goldsmith; el interlocutor guardó un instante de silencio; durante él llegaba hasta mí el ruido de vajilla y el rumor de conversaciones, y luego me dijeron:

— Tenga la bondad de llamar dentro de cinco minutos exactamente. ¿De parte de quién debo decirle?

— De un amigo de Kilinov— contesté.

— Bien, corte.

— Lo hice, y referí a Duval lo que me habían dicho. Él se limitó a mirar su reloj, para cronometrar el tiempo. Pasaron los cinco minutos y me ordenó llamar. Me contestó la misma voz. Volví a decir el nombre, Goldsmith.

— Es el señor de antes, ¿no?— confirmé, y replicaron—: El doctor me indica que tendrá mucho gusto en recibirle mañana; le recogerán frente a la puerta principal de Nôtre Dame a las tres de la tarde. Deberá usted tener un número de Pravda en la mano derecha y un pañuelo en la izquierda. ¿Convenido?

Asentí, escuché cómo colgaban y yo hice igual.

— Hasta mañana a las tres, en la puerta de Nótre Dame— indiqué a Duval. No respondió y salimos. Hacía muy mal día. El taxi nos esperaba y penetramos en él.

— Disponemos de toda la tarde— dijo Duval— . Yo no he proyectado nada para hoy, por si se presentaba trabajo inmediato. Estoy a su disposición; ¿se le ocurre algo?...

Advertí que Duval estaba en plan de distraerme. Yo no había pensado en la posibilidad de disponer de todo aquel tiempo, y para pensar en algo, le propuse recorrer a pie las calles céntricas, pues las tiendas parisinas eran para mí un espectáculo prodigioso, después de mis largos años en Rusia. Se opuso.

— No saldremos del taxi— y, señalándose a sí agregó—: ¿No ve usted mí facha?... Transijo con algún establecimiento modesto, donde tomemos algo; luego, por ejemplo, un cine...

¿Conviene?

Como no había opción, y también me agradaba el plan, accedí contento. Todo menos volver inmediatamente a mi refugio, que tenía tanto aire de; prisión.

XVII

MR. GOLDSMITH

Con puntualidad cronométrica, me situé; bien visible la Pravda y el pañuelo. También con puntualidad llegó un taxi al mismo borde de la acera y desde su interior salió una mano llamándome. Sin titubeo, me introduje. El taxi arrancó sin más orden. Entonces me dirigió un ligero saludo mi convecino; pero no entabló conversación. Debimos estar en marcha como quince o veinte minutos, y el coche paró frente a un bar modesto, situado en calle de poca importancia. Entramos en el establecimiento, pero sin tomar nada, seguimos rápidamente hacia el interior, a través de una puerta situada a la izquierda del largo mostrador. Suponía que mi conferencia se celebraría en algún reservado. Pero no fue así; aquel hombre abrió una puerta y salimos por ella. Nos encontramos en el vestíbulo de una casa, muy cerca de un ascensor, que tomamos, ascendiendo a uno de los pisos; llamó él y nos abrieren inmediatamente. Supuse haber llegado al lugar de la entrevista. Me equivoqué por segunda vez. Atravesamos un pasillo, una salita, un comedor, otro pasillo; todo esto sin ver a, nadie, pues el hombre que nos abrió se quedó atrás. Al final de este segundo pasillo, abrió una puerta y me invitó a pasar; salió conmigo y descendimos por una escalera; sin duda la de servicio, pensé; bajamos tres pisos y nos encontramos en otra calle. Allí esperaba otro taxi, lo tomamos, y arrancó inmediatamente. Yo estaba realmente asombrado. La maniobra para despistar un seguimiento era perfecta. El hombre seguía en su mutismo Me di cuenta que salíamos hacia las afueras de París; las casas eran ya discontinuas y bajas, alternando con ellas construcciones de tipo chalet. Frente a uno de éstos paró el coche. El individuo se apeó delante, invitándome a imitarlo con un ademán. Debían esperarnos, ya que la puerta de la verja se abrió sin necesidad de llamar. Pasamos, y dándole la vuelta a un seto que la ocultaba, llegamos a la puerta del chalet. Estaba entreabierta y hube de pasar el primero. La doncella que nos recibió, dejó un instante el hall y regresó para decirme el sacramental "El señor le espera". La seguí y me introdujo en una habitación frontera. La luz era escasa, pues pasaba muy tamizada por espesas cortinas y visillos. Distinguí con precisión una silueta masculina, en pie, que avanzó hacia mí, con su mano tendida. Me dirigió un saludo trivial con voz más bien débil y suave; correspondí, sentándome a su invitación. Era un hombre que aparentaba unos cincuenta años, vestía correctamente, pero sin atildamiento, y usaba gafas montadas al aire y sujetas por dos finos alambres. Un tipo de ruso bastante característico. Sobre la mesita interpuesta entre nuestras dos butacas había varias revistas de economía, según vi por los títulos.

— ¿De parte del general?...— me insinuó levemente.

— Sí; cumplo un encargo del general Kilinov— ratifiqué— . No he podido visitarle antes por las dificultades naturales....

— Bien, bien...— musitó, con leve sonrisa— . ¿Y cómo marcha todo aquello?...

Yo ignoraba qué era "todo aquello" y me limité a una frase indefinida. No merece la pena escribir lo que hablamos en los primeros quince o más minutos. Yo estaba desencantado; los intrigantes preparativos de la entrevista me hacían esperar algo singular, algo fuera de lo común, y aquel hombre se deslizaba por el amplio campo de las vaguedades, con aire beatífico y con tal naturalidad que diríase cumplía con la obligación de atender a un visitante banal. No incurrió en la estupidez de hablar del tiempo; pero sí de la banalidad de tratar de la "j" en la pronunciación española. Yo llegué a perder la paciencia. Tenía instrucciones de Duval en el sentido de situarme a la expectativa, "boxear a, la contra", creo que me dijo; pero aquel señor tenía la más perfecta actitud del que nada tiene que decir y de que yo le importaba una futesa. Pero sin nada de displicencia; sus ojillos de miope miraban con esfuerzo e interés, queriendo ser insinuantes y agradables; sólo de vez en vez se destacaba de ellos una mirada oblicua y fugitiva hacia cualquier punto de mi contorno; esto era singular en él, así como la manera personal con que avanzaba su rostro para recoger gesto y palabra del interlocutor, con placidez, animándole a proseguir, por inocua que fuera su frase. Esto no podía ser cosa del momento; se advertía bien la naturalidad en el gesto; ni la más ligera contradicción de un esfuerzo pude ver en su muy amplia y abombada frente. Pero este examen, para el que tuve sobrado tiempo, no me consolaba de la falta de emotividad de aquel instante, tan esperado por mí, y para el cual hube de hacerme reservas de sabia energía durante teda la mañana.

Con movimiento algo brusco, y sin preparación verbal, que no hallé momento para ensayar, metí la mano en mi bolsillo interior y le alargué sin más el sobre.

— En realidad— dije al propio tiempo— . ésta es la misión; entregarle esta carta.

— Muchas gracias, señor— me agradeció con la mejor de sus sonrisas, y tomó el papel.

Creí que lo abriría inmediatamente; pero no. Lo tomó con toda delicadeza y jugueteó con él entre las manos. Y seguía como animándome a continuar hablando, mientras se daba golpecitos con el canto del sobre en el pulgar de su mano izquierda. Mis nervios no podían más.

Así estuvo un ratito hasta que, lentamente, se incorporó, pidiéndome licencia. Fue hacia la mesa escritorio, dándome la espalda; debió tomar un abrecartas y abrir el sobre. Encendió la luz eléctrica de la lámpara de la mesa para examinar su contenido; lo miró bien y luego se volvió, con el segundo sobre de celofán en una mano y la plegadora en la otra. "¿Es todo?", me preguntó sin más comentario. Afirmé, con un movimiento de cabeza, que no debió ver, porque repitió la pregunta. Luego vino hacia mí.

— ¿Conoce usted al general desde hace mucho?... ¿Acaso en Moscú?...

— No— respondí—; le he conocido en España; nunca le vi antes.

— ¿Presentado por?...

— Por un hombre de la N.K.V.D..

— ¿Amigo de ambos, sin duda?...

— ¡Oh, no!...

— ¡Interesante!... ¿Entonces?...

— Muy complicado, señor...

Ya no recuerdo cómo me deslicé por la historia de aquellos últimos meses Una historia real, auténtica, con todos los requisitos de veracidad y posible prueba para que fuera creída. Alguna omisión en ella, como es natural. Eran órdenes de Duval, concisas, pero elocuentes. Nada de mi descubrimiento a Iéjov de la trama de Yagoda. Nada de que yo cumplía órdenes de Duval comunicando a Kilinov su espionaje. Nada del secuestro de los míos por Yagoda; eso debía ser cosa de Iéjov. Nada de que Duval regresó conmigo desde Madrid. Nada de su actual desfiguración personal. Nada del sitio donde me alojaba; mi supuesto domicilio, si me lo preguntaban, debería ser la Embajada.

Aunque traté de abreviar, el relato mío fue largo; pero ni una vez advertí signo de fatiga o aburrimiento en mi auditor. Muy al contrario, sostuvo su gesto permanente de interés todo el tiempo, sin fallar un instante. Eso sí, no hizo el menor aspaviento; su semblante continuó tan acogedor, amable e interesado como lo fue desde mi entrada. Y no me interrumpió. Sólo despegó sus labios cuando se dio perfecta cuenta de que yo había hecho punto final. Pero fue para seguir preguntando.

— ¿Y usted, doctor, cree mortal la enfermedad de Iéjov?...— fue su primera interrogación.

— Imposible una respuesta fundada— eludí—; no he visto al "paciente"... y carezco de noticias pertinentes. ¿Y usted, tiene algún detalle concreto?...

— ¿Y ese Duval?— volvió a preguntar, eludiendo la respuesta— . ¿Qué órdenes le ha dado al llegar?...

— Sólo me ha visitado un par de veces; me ha dicho simplemente que debíamos esperar.

— ¿Esperar qué?...

— Supongo que el asunto de Miller.

— ¿Pero ni sobre eso ni sobre otra cosa han emprendido nada?...

— En absoluto.

— ¿Ni siquiera sobre su atentado?...

— Ni sobre eso; ya. le he dicho que, oficialmente, parece un asunto terminado.

— ¿Y qué dirá usted, doctor, si yo le afirmase que no es trotskista el autor? ...

— Entonces, algún "blanco"..

— ¿Blanco?... ¿Por qué?...

— Si ellos supieron que yo...

— ¿Saber ellos... qué?...

— El proyecto de rapto.

— ¿Y cómo lo podían saber?..,

— Acaso su espionaje...

— ¿Espionaje los blancos?... ¡Pobres desgraciados!... ¿Qué van ellos a saber?...

— Entonces..., ¿quién quiso matarme a mí?...

— ¿Y quién le parece a usted?...

— Imposible la sospecha... ¿Los fascistas acaso?... ¿No piensa?...

— ¿Quién? ¿Los nazis?... ¿Qué les importa?...

— ¿Miller, no es su aliado?...

— ¿También usted cree las mentiras de la prensa soviética?.., ¿No es legendario el odio de esos generales blancos contra todo alemán? ¿No lo heredaron de su zar?... ¿No les culpan del triunfo bolchevique, por lo del vagón precintado?... ¿Dónde vivió Kutiepov?...

¿Dónde está Miller?... ¿En Berlín o en París?...; dígame— y al terminar hizo un ademán subrayando la evidencia.

— Entonces... usted parece saberlo; hable, por favor.— Yo era sincero en este momento.

— ¿Saberlo yo? .. Sólo puedo estar seguro haciendo esta eliminación de supuestos. ¿He hecho otra cosa yo?...

— En efecto— hube de convenir.

— Y lo peor en casos de éstos es que falla el adagio francés cherche la femme, ¿no es cierto?... Es todo más complicado...

— Queda la hipótesis de Moscú... ¿no?...

— ¿Moscú?... ¿La G.P.U.?... ¿Por qué?... ¿No pueden hacerle regresar?... y allí..., allí les gusta que hablen... ¿no?

— ¿Su opinión?...

— Enemigos personales, no; tiene usted una historia en blanco. Impedir lo que usted iba a realizar, lo de Miller... ¿No es lógico?... Pero, aparte de la lógica, hay algo más: alguien advirtió a Miller... Precisamente desde la misma fecha comenzó a desconfiar de Skoblin...

¿No es elocuente?...

— Nada me ha dicho y nada de eso debe saber aún Duval... ¿Está seguro?...

— Tengo la plena evidencia; y aún hay más: quien advirtió a Miller fue el general Dobrovolsky... ¿Pero quién advirtió a Dobrovolsky?... Es un vejestorio, bien alejado de asuntos de espionaje; él ha dicho lo que le han dicho, y nada más.

— Y, siendo así, ¿no desecha usted la hipótesis de los "blancos".

— Sí ahora sí. El aviso fue ulterior a su atentado en un día o dos. Miller estuvo confiado, como siempre, hasta recibirlo... Él se disponía a realizar la visita; hasta está muy intrigado por ignorar el motivo de la ausencia de cierto doctor polaco, de quien esperaba no sé qué.

— Entonces, ¿no halla fuerza o partido con motivo para el crimen?...

— En absoluto...

— Diríase cosa de un nihilista solitario— dije yo, como bromeando.

— ¿Nihilista.?— repitió— ... ¿No le parece una buena idea?...

Creí que Goldsmitch también bromeaba; pero cerró los ojos, como si estuviera concentrado, y me pareció hábil cortarlo.

— ¿Tomó en serio la idea?... Es estúpida...

— ¿Estúpida?...— dijo ensimismado— . El nihilismo es algo absurdo, pero real y, además, estupendo... ¡He conocido cada tipo!... ¿Por qué no había de ser obra de un bicho muy raro?...

Miré entonces mi reloj. Eran ya las ocho y cuarto. La conversación había, durado más de tres horas y no tenía trazas de acabar. Sólo entre rusos se dan estos casos de hablar sin fin ni cabo. Lo advirtió y me dijo que disponía de todo el tiempo preciso; hasta me invitó a cenar allí mismo y a seguir hablando. Eludí, haciéndole observar que no lo consideraba prudente, pues debería entonces explicar lo prolongado de mi ausencia, y, hasta esta hora, el cine era buena excusa.

Se resignó. Le propuse llamarlo a la mañana siguiente. Me dijo que no. era necesario. El coche me esperaría en el mismo sitio y a la misma hora; y, en tanto, él estudiaría aquello— y señaló el sobrecito que brillaba sobre la mesa— . Me acompañó hasta la puerta de la casa. Allí estaba el hombre que me trajo sin dar muestras de impaciencia. Me despedí, tomando el taxi. Me pidieron dirección. Yo dije que me dejaran en Austerliz. Así lo hicieron. Yo, por si acaso, di algunas vueltas; tomé una copa en una calle inmediata; salí, llamé a un taxi que, pasaba y me llevó a la plaza de Vendóme, al Ritz. Allí fué; pagué, sin esperar el cambio, y penetré en el automóvil diplomático. Allí estaba Duval, rascándose su barba como un desesperado.

No cambiamos palabra en el trayecto. El coche soviético marchó a gran velocidad, dando constantes virajes. Era evidente que trataba de despistar si es que nos seguían No sé dónde, lo dejamos para tomar otro, que esperaba al volver de una esquina, y en él llegamos a nuestro alojamiento.

Cenamos rápidamente y pasamos al gabinetito, pues ya constituía costumbre celebrar nuestras conferencias a la hora del café. Duval, que no había mostrado ninguna impaciencia hasta entonces, me requirió para que le contase punto por punto lo sucedido desde el momento que nos separamos.

Le referí cómo me habían llevado a cierto bar, y mi sorpresa al verme de nuevo en otra calle.

— Bien— me dijo; se le ha seguido hasta allí, pero allí se perdió usted; el procedimiento, aunque no nuevo, sirvió para despistar a sus seguidores.

Yo pensé si me lo diría para confiarme y saber si le refería con exactitud lo siguiente. Ya me avenía yo a discurrir policíacamente por influencia del medio. Le dije cómo habíamos tomado un segundo coche que esperaba y me interrumpió para preguntarme si, por orientación instintiva, pedía saber sí la calle era posterior o lateral. Recordé un momento, diciéndole que me parecía posterior y paralela a la entrada del bar. Y ya seguí, sin más interrupción, hasta mi entrevista con el supuesto Goldsmith, indicándole lo insulsa que había resultado la primera parte de nuestro diálogo.

— ¿Fue en francés o ruso?— me preguntó.

— En ruso— le dije.

Se interesó luego por la raza de mi visitado, por su acento, señas personales, etc. Según yo creía, le contesté que se trataba de un ruso, atendiendo, a todos esos detalles.

— ¿Un ruso, no judío?, entendámonos— me inquirió.

— Un ruso con todas las características— ratifiqué.

Sin más, pasé a referirle la entrega del sobre, y aquí se agudizó el interés de Duval; pero debió quedar defraudado al darle yo la impresión de que me pareció un poco desconcertado aquel hombre al no recibir más detalles. Y ya seguí con lo que me resultaba de mayor interés personal para mí, haciéndole saber las sugestiones que me hizo sobre mi atentado. Yo miraba disimuladamente, pero con la mayor avidez, el rostro de Duval, cada vez que un detalle interesante salía de mis labios. Nada, no pude colegir lo más mínimo; él hasta parecía distraído, como si pensara en otra cosa, perdiendo la mirada en la nube de humo de su pitillo.

Mi largo período terminó, indicándole mi cita para el día siguiente.

— Perfectamente— comentó—; mañana supongo que tendrá usted más suerte; pero, sólo una pregunta: ¿Juicio de usted sobre el personaje?...

— Personaje de altura— respondí— de gran altura, si no me engañan mis pobres conocimientos sobre las gentes. Un gran psicólogo; es un hombre que pregunta siempre; hasta sus pocas afirmaciones las hace en interrogación. Estoy seguro de que es capaz de pasar diez horas conversando sin que, al fin del diálogo, su interlocutor pueda recordar nada de lo que él ha dicho; pero, en cambio, él sabrá todo lo que desea saber y algo más. Hombre culto, de gran cultura, sin duda. Su ademán y su actitud delatan a un hombre que ha pasado por las más difíciles situaciones, pero que ha sabido triunfar en ellas gracias a sus inagotables recursos. Debe ser hombre de posición. No la muestra por atildamiento ni por ser refinado en el vestir; pero hay en él una cierta naturalidad en cómo trata su ropa, de buena calidad indudablemente. Creo poder asegurar que ese ruso hace mucho tiempo que no viste ropa soviética...

— ¿Ninguna alusión a lo que dijo Berzin sobre que, después de hablarle, usted podría hallar amigos en todo el mundo?

— Ni la más mínima— respondí, y Duval me preguntó finalmente:

— ¿Y qué cree usted sobre ello?

— No tengo la menor idea— le contesté con toda sinceridad.

— Pues debe tratarse de Masonería, ¿qué le parece?

— Ridículo por las pocas noticias que yo tengo del asunto— repliqué.

— No tanto como usted supone, doctor.

Y con esto quedó cerrada nuestra larga conversación. Él se marchó y yo dispuse a dormir.

XVIII

LA MUERTE DE RENE DUVAL

Al día siguiente, Duval llegó sobre las diez. Yo acababa de bañarme, y sin dejarme vestir el traje, en bata, me llevó al gabinete. Me dijo que, como era natural, yo acudiría a la cita. Que había establecido vigilancia en la calle paralela al bar y a la misma altura, por si repetían la operación de despiste pues quería averiguar quién era el misterioso Goldsmith. No obstante, me entregó una cartera muy linda, que abrió ante mi vista; no contenía cosa de valor; sólo unas fotografías familiares de una señora joven elegantísima, con una niña muy bonita, unas tarjetas de visita, de mujer, y varias cartas íntimas. Me explicó que se trataba de la carterita de una supuesta dama muy rica, americana, como podía ver por sus documentos y su nombre, que daría, la casualidad de que la perdería aquella tarde, frente al edificio donde se celebraba la conferencia de Goldsmith. Comprendí de lo que se trataba, pero, él me explicó con todo detalle cómo yo debía dejarla caer al suelo a la salida. Con toda seguridad, quien la encontrase, tentado por una fuerte recompensa; a cambio de aquello que ningún valor material tenía, devolvería la cartera, y, preguntando, ya diría con toda precisión a la "dama" donde la había encontrado; de no presentarse, se anunciaría la pérdida en la prensa, ofreciendo una fuerte recompensa.

Luego, durante cerca de una hora, me estuvo hablando de cómo debía yo llevar la conversación a terreno interesante. Hizo mil hipótesis sobre temas pero por último reconoció que todo aquello podría resultar inútil; que tratase de obtener la máxima información. Agregó como final que le manifestase la posibilidad de marchar yo muy pronto a Moscú.

Duval se marchó. Almorcé solo, distraído y con poco apetito. Me tenía preocupado la próxima entrevista. Con la precisa anticipación, llegó Duval para que saliéramos. Me abandonó en las proximidades de Nôtre Dame y ya, marché a mi puesto para situarme. Llegó puntual un coche, distinto del que me llevó el día anterior, sin nadie dentro; el chófer me hizo seña para que subiera, aunque aparecía como alquilado el taxi. Partimos. No sé dónde, me indicó el chófer, al cual reconocí entonces como el hombre que me acompañó, el día anterior, que bajase a comprar pitillos para cerciorarse de si nos seguían. Lo hice, y regresé al taxi.

— Nos siguen, si no me engaño— me dijo— pero no se preocupe, se quedaran atrás.

Yo miré por la mirilla posterior y, efectivamente, otro taxi se mantenía a regular distancia, atemperando su marcha a la nuestra. Podía seguirnos, efectivamente. Me llevó el coche por muchos sitios, por algunos de los cuales la circulación era casi nula, y aquel taxi continuaba a la vista. Ya era evidente su seguimiento. Por fin, viró el nuestro y se metió por las calles de mayor tránsito. Los guardias regulaban la circulación, haciéndonos parar con frecuencia. Pero, no sé dónde, nuestro taxi maniobró para quedar en primera fila, muy próximo al guardia. Habían parado todos los coches y el Muestro también; pero, de repente, mi conductor arrancó, y atravesó el paso por un claro de los peatones. Supuse que el guardia se opondría, pero no fue: así; hasta me pareció ver en su rostro una sonrisa de inteligencia para con mi chófer. Pasado el tránsito, el hombre me hizo un ademán muy significativo y siguió un poco, torciendo a la derecha. Seguimos, volviendo a calles solitarias; sin duda, para cerciorarse de que nadie nos seguía ya. Y, en efecto, nada sospechoso se advirtió. Luego paró y se abrió la puerta, entrando un desconocido en el coche. Me saludó muy correcto, en francés; cerró los cristales y cuando quise mirar distraídamente por ellos me di cuenta de que no veía nada, pues tenían la suficiente opacidad para que nada se viera desde el interior. Pasados unos minutos, paramos, invitándome a descender. Lo hicimos y penetramos en; una casa. La casa era elegante, por su tipo de hall.

Goldsmith salió a recibirme y avanzó hacia mí con su gesto más acogedor.

— Le esperaba hace rato— me dijo— . ¿Alguna dificultad?...

— Mi conductor creyó que nos seguían, y me parece que era cierto...; pero ha sabido despistar perfectamente, sorprendiendo a un guardia...

— ¿Sorprendiendo?... ¿Está seguro?... ¿No ha supuesto que podía ser un -amigo?...

— ¡Ah!...— me limité a exclamar.

— ¿Alguna pregunta cuando regresó ayer?... ¿Alguna sospecha en la Embajada?

— No, ninguna por ahora. ¿Sospecha?... Allí se sospecha permanentemente y por sistema. Ayer creo que no me siguieron; de haberme seguido, me hubieran interrogado; es la costumbre infalible, con mejores o peores maneras, según la categoría del interrogado...

¡No sabe usted!

— ¿Cree usted que no lo sé?...— me dijo sonriendo.

— Ha sido una gran idea mandarme hoy un taxi, sin nadie dentro, con apariencias de ordinario, pues hubiera tenido que explicar quién era mi acompañante. Así, puesto que me han seguido, diré que tomé el taxi para ver todo París, sin rumbo fijo.

— Perfectamente— aprobó— . Y como la cosa más natural del mundo me preguntó—:

¿Vio usted a Díaz?...

— ¿A Díaz?— pregunté, sin caer de quién me hablaba.

— Sí, doctor, a ese Duval.

— Un momento, esta mañana... Sólo me dijo que seguramente regresaríamos a Moscú muy en breve.

— ¿Eso le ha dicho? ¡Qué contrariedad!... ¿Sólo disfrutaremos de su agradable compañía pocos días, doctor?...

— Así parece.

— Entonces...— y quedó un momento pensativo— ¿podría usted hacernos un favor?...

— Sabe que estoy a su disposición.

— Agradecido, doctor... ¿Nos podría indicar en algún momento el lugar exacto donde se halla Duval? Desde luego, fuera de la Embajada se entiende...

— Trataré de complacerlo; no tengo seguridad, claro está; no dispongo yo de él, sino él de mí; pero procuraré localizarlo fuera de la Embajada.

— Perfectamente. Tome nota de este teléfono— y me indicó un número—; cuando lo sitúe en cualquier sitio, sea de día o de noche, dígalo a ese número, y no se preocupe de más...

¡Ah! Hábleles en francés.

Advertí desde el primer momento que siguiendo en mi actitud complaciente no adelantaría un solo paso. Inicié una de las maniobras dialécticas que me sugirió Duval; la más eficaz por el momento, según me pareció. Descubrí: hasta aquel instante yo había cumplido el encargo del general; además, se me hicieron preguntas que yo contesté satisfactoriamente y, por último, se me pedía una cosa cuya trascendencia y peligro para mí yo debía ignorar. Era cosa de mostrar prevención.

— Bien, bien— dije, matizando con mi más inofensiva sonrisa— . ¿Quedamos en que yo debo telefonear indicando el sitio donde se encuentra Duval..., ¿no es así?

— Exactamente.

— Yo no tengo inconveniente, pero, perdóneme, señor, si me permito unas observaciones. El general Berzin— subrayé el apellido— me rogó entregase a usted un documento. Lo he hecho, pero yo no prometí nada más. Tenga en cuenta que él, en aquel momento, ignoraba si Duval era un fascista o un stalinista..., aunque no he de negar que sospechaba esto último. Yo, al obedecerle, cubría mi responsabilidad con su jerarquía...

¿Entendido?... Bien. Ya en París, puedo confirmar que Duval continúa en su cargo y disfrutando de toda confianza; su presencia en la Embajada, su autoridad y libertad de movimientos me lo demuestra bien, si no me bastara verme yo mismo bajo sus órdenes. Todo esto es muy grave. Yo he de volver a la Unión en el momento que se me ordene, y ya se me ha anunciado; no puedo negarme a volver; ya le he dicho que mi familia está en poder de Iéjov... No es ninguna broma esto...

— Me hallo impaciente— me interrumpió— por saber su conclusión, doctor...

— A ella llego. Me pide usted que le señale Duval... Ignoro con qué fin y, lo más importante, sin poder adivinar qué consecuencias puede tener el acto para mí...

Aquel hombre acusó cierto embarazo, aunque imperceptible casi, pero se repuso inmediatamente y adoptó su mejor gesto para tranquilizarme. Los ademanes de sus manos eran muy expresivos; parecía acariciarme con ellas; diríanse las de un magnetizador influenciando a su médium.

— ¡Atinadísimo!... — concedió — ¡Nada más justo!... Precisamente iba a explicarle... Perdone, perdone; supuse que sus confidencias con Berzin...

— Sí. El general me habló de usted; me remitió precisamente a usted con grandes elogios respecto a su persona y descubriéndome la gran importancia..., ¿cómo diría?..., la gran importancia de su cargo y misión universal...

El inclinó la cabeza y cerró los párpados en actitud de unción, pero no sé si era para reconcentrarse más o para qué... Luego, avanzó toda su figura hacia mí; sus ojos los veía cercanos, cual dos rayitas luminosas, como los de un gato a quien diera la luz en las pupilas, y habló muy quedo.

— El general es un hombre extraordinario; ya se daría cuenta; acaso haya exagerado sus elogios sobre mí... En cuanto a mi propia misión... Sólo hechos venturosos, que creo próximos, podrán traducir su trascendencia, si es que yo fuera capaz de ufanarme de ellos y de atribuirme su ejecución...; pero no me tienta, la popularidad ata, encadena, y yo soy por esencia un hombre que ama la libertad..., ¡la libertad!...

Puso en la exclamación un fuego sombrío, si la antítesis es correcta. Y luego continuó:

— Es usted, doctor, un intelectual... Su formación y cultura, estoy seguro, hacen de usted un hombre amante de la libertad..., ese bien supremo que puede amar más que un ruso de su calidad; precisamente, por haberse visto privado de ella durante tantos años..., ignoro por qué, un hombre excepcional, Yagoda, confió en usted; ya es una garantía para todos nosotros, pero, sobre todo, su servicio...: haber contribuido a inutilizar a uno de los mayores verdugos de la libertad..., ¡y en esta hora suprema!... Algún día sabrá usted lo que ha significado para la Humanidad. La hora del mundo es tremenda. O se hunde en las tinieblas de la esclavitud por un milenio, o conseguiremos el triunfo decisivo. En Rusia, por la fatalidad, por el imperio de un hombre fatídico, se frustra el sueño más maravilloso del hombre, ese sueño que acaricia desde las primeras edades... No me refiero al terror; el terror resulta necesario en las grandes revoluciones, cuando hay que extirpar los atavismos supervivientes en los hombres. El terror de la Revolución francesa está ya santificado en los altares políticos del mundo, pero el terror inquisitorial será execrado eternamente..., como lo será en su día el terror staliniano; ese terror que hace morir ignominiosamente a los mejores hombres, a los idealistas más puros, a los que sacrificaron toda su vida para lograr la libertad económica; coronación y clave de la libertad religiosa y política por las que se inmolaron y lucharon los más grandes genios y héroes de la Humanidad...; y ese hombre nefasto, ese traidor al gran ideal, no sólo produce horror con sus crímenes inauditos, sino que ha provocado una reacción mundial...; porqué, eso que se llama fascismo y nazismo, ¿qué es?...; sola una caricatura del stalinismo; el mismo tipo de dictadura, el mismo tipo de estado, el mismo tipo de esclavitud. Con una sola diferencia: estos dictadores occidentales suscitan todos los impulsos atávicos, los resucitan; y allá, en Rusia, quiera o no el tirano, para sobrevivir, ha de invocar y simular esa libertad económica, conquista ya indestructible, y ha de proclamar nuestros eternos principios, aunque sea para vulnerarlos. La diferencia es notable, inmersa, en lo sustancial, aunque en lo material, en su actual proyección fatídica, sean dos hechos idénticos. El pavor a lo staliniano ha hecho triunfar a Hitler y Mussolini; mantiene las dictaduras en Hungría, en Grecia, en Turquía, en Austria; dictaduras que se fascistizarán, si no se pone remedio. El terror staliniano ha provocado la guerra en España; por él tiene ya masas el fascismo español... ¡Pero basta!...; ahí pondremos punto final. Esperar un año más sería convertir a Europa continental en una Europa fascista..., y esta peste ya empieza a prender hasta en América, y no digo nada de Asia, donde el Japón, que es un producto fascista natural, se ha lanzado a la conquista, y fascistización de todo el Oriente. No; punto final. Las. fuerzas de la libertad se han puesto ya en pie. La organización madre de la libertad, a la que como humilde obrero me honro en pertenecer, ha dicho ¡basta!... La cruzada antifascista ha empezado en España; continuará. Se hará con Stalin o sin Stalin... Naturalmente, deseamos hacerla con Stalin; pero no será para consolidar su dictadura personal ni para que su imperio se agigante. Le aceptaríamos como a un pequeño Napoleón, para que llevase el soplo de la libertad económica en sus banderas; pero él, como dictador, como tirano, debe perecer igual que aquél.

Hizo una pausa que yo aproveché para intervenir. Me resultaba interesante la extraña peroración, pero, a efectos prácticos, yo no adelantaba un paso. Y discurrí decirle:

— ¡Magnífico, señor!... He escuchado una síntesis maravillosa de filosofía política. Estoy asombrado, créame...; mas, en el vuelo prodigioso que su verbo ha dado a mi mente no acierto a distinguir qué relación, qué misión o qué papel puedo yo tener...

No me dejó proseguir.

— Sólo un momento, doctor... Le dije que la cruzada deseábamos emprenderla con Stalin... Así la hemos empezado en España; ahora bien..., suceden cosas, han sucedido cosas importantes... Usted recordará el proceso de los dieciséis; tendrá usted noticias del actual; esto es grave...

— Sigo sin comprender... Stalin ha fusilado a Katnenev y Zinoviev acusándoles de espías alemanes; parece ser acusado Radek y otros de lo mismo...; pero, a la vez. ayuda él a los antifascistas españoles más que nadie.

— Supongo que no creerá usted a esos hombres espías alemanes...

— Naturalmente "que no— dije con la mayor convicción—; no quería decir eso; deseaba insinuar únicamente que en tanto Stalin, en la práctica, sea antifascista, lo principal se halla a salvo..., ¿no es eso?...

— En parte, así es...; pero, ¿quién sabe los recónditos pensamientos de ese hombre?...

¿Quién sabe lo que realmente han declarado sus víctimas? Si él es capaz de hacerles declarar por el tormento y el terror mentiras monstruosas contra sí mismos, ¿no será capaz de arrancarles la verdad?...

— ¿Qué verdad?...— pregunté con la mayor ingenuidad.

— ¿Qué verdad sino la que le he dicho?... Que ellos y nosotros, si hacemos todo lo posible por conservar y depurar el comunismo— la libertad económica, triunfante en Rusia teóricamente— luchamos con todas nuestras tuerzas contra el termidoriano y bonapartista, que han frustrado momentáneamente la gran conquista de la Humanidad.

— ¿Tan peligroso considera que lo sepa?...

— Se rompería el frente universal antifascista... Deberíamos luchar nosotros solos, las fuerzas de Occidente...

— O lucharía él solo, ¿no le parece?...

— ...¿Y qué?... En uno u otro caso, podríamos ser derrotados. Y triunfaría el fascismo, y con su triunfo retrocedería la Humanidad un milenio.

— Exacto— afirmé yo—; pero Duval..., ¿qué juega en todo esto?

— Ahora lo comprenderá. Se trata de un tipo singular, casi diría extraordinario. Los dos procesos han tenido en él un artífice muy destacado. Su saña y arte contra esos hombres han rayado a gran altura. Era y es hoy un hombre de los de más confianza de Iéjov; hasta creemos que se ve con el mismo Stalin. ¿Qué ha intentado en España...? ¿Ha violado allí nuestro secreto?... No lo sabemos aún; su espionaje contra Berzin, un hombre clave, puede ser peligroso. ¿Habrá sido capaz de descifrar allí nuestra maniobra?... Han empezado a ocurrir cosas extrañas. Hombre peligrosísimo; no tiene piedad ni escrúpulo; él hace matar, o mata, por una simple duda; no espera a tener la prueba; le basta la sospecha si no logra la prueba, la inventa con destreza y maña. En su afán, nos consta, él ha hecho asesinar a stalinistas puros... Se diría que goza en el deporte fabuloso de cazar piezas humanas. Sólo imitándole será posible eliminar a un tipo tan peligroso... ¿Comprende ahora, doctor; comprende? Es el hombre que puede romper el frente antifascista...

— Comprendo toda su peligrosidad innata...; si yo fuera hombre de acción...

— Pues bastará, como espero, con señalarnos el lugar donde se halla... Se le busca desde que usted llegó, pero sin éxito...

— ¿Para suprimirle?... ¿Un atentado?... ¡Oh!... Eso no, me opongo. Tenga en cuenta mi peligrosa situación...

— No tema nada, doctor...; me hago cargo. Ya se ha pensado, ya sabemos para qué sirve aquel papelito que nos trajo...

— ¿Sí?...— inquirí.

— Sí, doctor. Debemos defendernos. Nuestros mejores hermanos son liquidados por "asesinato legal". También Duval será liquidado "legalmente", muy legalmente. Ni el mismo Stalin lo podrá salvar... Asentí, muy compungido; y él añadió:

— Estará usted entonces vengado... Así acabará su agresor.

No pude reprimir el alto.

— ¡Imposible!— exclamé.

— El hombre de su atentado fue Gabriel Díaz, ese a quien llama Duval. No pensé; lo creí en el acto. .La emoción debió invadirme y la reflejé en el rostro.

— Tranquilícese— me calmó, poniendo sus manos en mis hombros—; no está ya solo. Es ya nuestro hermano; aquí, en París, en Rusia, donde se halle, tendrá nuestra fraternal ayuda; entró en una gran familia; hay en ella reyes, presidentes, millonarios, sabios, profesores, humildes artesanos; somos millones los que nos agrupamos bajo los tres inmortales lemas: libertad, igualdad y fraternidad. ¿Hay algo más hermoso ni más humano?... Marche, doctor; cúmplame su promesa, y luego vuelva... Le daremos la palabra y la señal para que pueda recibir y dar ayuda fraternal.

Nos despedimos, casi abrazados.

Salí. Ya era de noche. Sentí frío y me cerré el abrigo, metiendo las manos en los bolsillos; la derecha tropezó con un objeto extraño; recordé, era la carterita de la dama. Ya estaba en la acera; mi acompañante me abría la portezuela por la izquierda; dudé un instante, pero solté, pegada a mi abrigo, la cartera, que cayó junto al bordillo. Entré y partimos. Había dudado; pero el recuerdo de los míos me hizo instantáneamente obedecer a Duval, a mi asesino...

Me dejaron donde quise. Tomé un nuevo taxi y me dirigí al mismo lugar del día anterior. Me esperaba el coche diplomático, pero no Duval. El chófer, en ruso, me dijo:

"Vamos hacia su casa".

Pronto llegué a ella, y tampoco estaba allí Duval. Cené con apetito, pero deseando impaciente que llegara; tenía prisa por contarle mi entrevista.

Llegó a los postres. Yo había tenido tiempo de reflexionar y de remontar las emociones de la entrevista, de modo que, al saludarme con su desenvuelto "¿Qué tal, doctor?", yo tuve ánimos para gastarle una broma.

— Magnífica tarde— respondí— . No es un placer fácil para un pobre doctor semiprisionero poder lanzarse de cabeza en el mar de París, sumergiéndose en libertad...

— ¡Cómo, doctor!...— exclamó sorprendido.

— Sí, mi querido amigo; he tenido el placer de alquilar un lindo taxi y recorrerme la gran ciudad todas estas horas que conseguí, gracias a la Providencia, encarnada en un guardia de la circulación, que me libró de la persecución de unos esbirros, muy molestos, empeñados en averiguar mis pasos...

— Perfecto, doctor; veo que progresó en la ironía... ¿Cómo fue aquéllo? Pero le advierto que sus seguidores llevaban orden de perderle de vista en el debido momento; en cuanto advirtieran que se habían dado cuenta de su persecución...

— ¿De veras?...; pues no dieron muestras de ello. ¡Ah!... ¿Quiere saber la técnica usada para burlarlos?...; sencilla e ingeniosa también; debían haber convenido previamente con el guardia de la circulación, que nos dejó pasar. Por lo que pude apreciar..., son gente ingeniosa, créame.

— Y peligrosa, ¿no?

— Sí, muy peligrosa; pero, por lo que me han dicho, no tanto como usted.

— ¿Sí...? A ver, a ver...

— Gabriel Díaz, Duval..., ¡es usted mi asesino!...

Me miró de lado a lado, bailándole los ojos, con un magnífico aire de sorpresa... y soltó la más espontánea carcajada.

— Bravísimo, doctor... Al maestro, cuchillada— rió de nuevo con todas sus ganas, y por fin me increpó con cariñoso gesto—: i Vamos a hablar en serio!..., ¿sí o no?

— Créame, lo estoy haciendo...

— ¡Formalidad, doctor!... Empiece a contar por el principio..., ¡si no!, — y me amenazó con un largo pitillo, con el que luego me obsequió.

Referí punto por punto la conversación sostenida por mí. El oyó en silencio, bebiendo alguna que otra copa y fumando pitillo tras pitillo. Cuando llegué a lo del papelito, mostró más atención; pero hubo de limitarse a conocer que serviría para su "asesinato legal". Se diría que apreciaba como artista el ingenio adversario, como un esgrimista podría recrearse en las magníficas estocadas de su contrario, olvidando un tanto que la punta homicida buscaba su corazón para atravesarlo. Hice punto final; me sirvió una copa, casi hasta rebosar, y aprobó.

— Muy bien, doctor; perfecto, tratándose de usted, un amateur... Casi nada nuevo, como ve; recuerde bien la noche de su prueba...; en esencia, idéntico, si excluimos la literatura barata libertaria..., ¿no es cierto? En resumen..., usted me ha de señalar; esto es todo...; luego, en recompensa, entrará usted en la "hermandad". ¡Peligroso, doctor, es eso de regresar a la Unión con tal vínculo "familiar"!... Pero eso no llegará. Esperemos que un afortunado transeúnte halle esta noche o mañana la cartera y que lleguemos; a saber dónde vive tan importante personaje...; y, en vez de usted decirle a él dónde yo estaré, será usted quien me muestre a ese misterioso Goldsmith. Me bastará conocerlo para evitar mi "asesinato legal".

Y se interrumpió, guardando silencio largo rato.

— ¡Pero cómo!— se preguntó a sí mismo— . "Eliminación legal"... Quiere decirse que debo hacer frente a la Justicia; por lo tanto, a la policía... Si es aquí, a la francesa..., ¡mal asunto!

Paseó unos minutos en silencio. Y continuó, como meditando en alta voz.

— Estoy en inferioridad. Ellos tienen la iniciativa en este instante y también la autoridad a su favor... El papelito les ha servido para fabricar una falsa prueba, no cabe duda...; ¿pero de qué?... De crimen, sin duda; ¿pero de cuál?... En fin, es igual; el caso es que pueden detenerme ahora mismo, en cualquier instante. Si lo hubiera seguido a usted podría llegar ahora mismo...

La conclusión no le alteró el rostro; pero le vi girar el busto a un lado y a otro, sin mover los pies, como queriendo adivinar el punto de donde vendría el ataque... Luego, rápido, se llevó la mano a su axila izquierda y palpó algo... Salió del gabinete. Oí un cuchicheo fuera; sin duda, les daba instrucciones a los dos hombres que me aguardaban.

Volvió y se limitó a decirme:

— No se acueste. Será posible que necesite de usted esta noche. En tal caso, mandaré un coche a recogerle. ¿Qué hora es?...

Miró su reloj. Eran las diez. Y se fue.

Sobre las doce y media, oí cómo paraba un auto en la puerta. A poco, entró la patrona y me dijo que me esperaban. Me puse mi abrigo y salí. Uno de mis guardianes estaba junto al coche y entró en él tras de mí, sentándose a mi lado. Como siempre, no dijo palabra.

Rodó el coche como un cuarto de hora y se detuvo. Duval entró y continuamos. No mucho después, mandó parar de nuevo. Me invitó a bajar, y ya solos, me dijo:

— Vamos a cualquier establecimiento próximo. Llamará usted al número que le ha dado su "fraternal" amigo; es el teléfono de la Embajada de la República española. Dígales que Duval estará sobre las tres, junto al tercer farol, a la derecha, entrando por Place Alma en el Pont de l'Álma, esperándole a usted. Recuerde; usted debe dar este recado en francés.

Así lo hice inmediatamente; hablé teniendo a Duval junto a mí. Los de la Embajada, si Embajada era donde llamé, debían estar alerta. Quien se puso al teléfono me atendió muy amable y me rogó que esperase para repetir mis palabras a otra persona que se pondría inmediatamente al habla. Otra voz me habló; tomó nota, según me dijo; me la leyó; di mi conformidad y muy amable me expresó su gratitud. Colgué y salí con Duval. No bien pusimos los pies en la calle, me apresuré a interrogar:

— ¿Pero, estará usted en el farol del puente de...?

— Allí estará esperando Duval, sí señor.

Y se puso a silbar hasta llegar al auto. Ya dentro, miró su reloj. —Faltan casi dos horas— e hizo un gesto de fastidio— . ¿Dónde pasarlas?— se interrogó. Se rascó su creciente y rubicunda barba— . Con esta facha", sólo a un antro inmundo se puede ir, y la "mugre" no me agrada— . Dio orden de partir sin rumbo.

Pasado un rato, dijo al chófer que nos llevase hacia Montmartre, a donde llegamos pronto. Bajamos él y yo. Nuestro guardián nos seguía. Entramos en un establecimiento de aspecto modesto; nos sentamos ambos en la misma mesa y el "guardaespaldas" en otra. Era una especie de taberna-restaurant.

— ¿Y si comiéramos algo?— me propuso Duval.

Acepté; mi estómago soviético, decididamente, se había hecho totalmente occidental.

Nos sirvieron cosas frías: pollo, jamón y entremeses de pescados, muy sabrosos; todo bien rociado con un vino francés exquisito.

Hablamos lo indispensable. Y así pasó el tiempo. Cuando faltaba media hora para las tres, abandonamos muy satisfechos la taberna. Volvimos a nuestro coche y, sin prisa, nos dirigimos a Pont de l'Alma...

Creí que Duval se apearía antes de llegar; pero no lo hizo. El auto recorrió el puente en toda su longitud, parando no lejos de su extremo. Ninguno de nosotros se apeó. Duval consultó de nuevo su reloj.

— Aún faltan unos minutos para las tres— dijo como para sí.

Yo miré y, por decir algo, pregunté que cuál era el farol señalado.

— El tercero a la derecha, situándonos aquí.

Miré instintivamente, y entonces vi a un hombre que venía por el puente en dirección a la salida donde nos hallábamos; pero, cuando llegó al tercer farol, se paró, como esperando.

— Ya le aguardan, advertí a Duval...

Miró él, y se sonrió, sin decir nada.

No duró mucho nuestra espera. Yo creía, según él me dijera, que Duval se iría para ocupar su lugar; pero, antes de que lo intentara vimos llegar a dos hombres que marchaban en sentido opuesto entre sí, por la derecha, y que coincidieron junto al hombre que estaba parado en el tercer farol. La escena fue rápida. Le agarraron por sus brazos a la vez; forcejearon los tres, pero sin voces. Un coche llegó al momento, se detuvo junto a los que luchaban; bajaron otros dos hombres e introdujeron al tipo aquel en el auto que partió raudo.

Todo sucedió en menos de un minuto de tiempo. Me volví a Duval y le interrogué:

— ¿Qué espera?...

— ¿Yo?... Ya nada; vamos.

— ¿Y la cita?

— Ya está realizada.

— ¿Cómo?...— me asombré.

— Sí, doctor, sí; Duval ha sido exacto. El esperaba ¿no lo vio?

— ¿Pero usted?,..

— Yo no soy ya Duval; Duval ha muerto o morirá. Un Duval menos en Francia ¡vaya importancia!... Vámonos.

Y nuestro coche partió.

Se apeó pronto Duval— o como ahora se llamara— y a mí me dejaron sano y salvo en la casa.

XIX

UN ASESINO PRODIGIOSO

No serían aún las diez del día siguiente cuando Duval llegó como una tromba, entrando sin permiso en mi habitación. Me apremió para que me vistiese. Lo hice rápido y él esperó impaciente en el gabinete. Salimos; un taxi esperaba y entramos en él de prisa.

— Ya sé quién es nuestro hombre— me dijo muy contento— . Compareció el afortunado que encontró la carterita recibió el premio prometido y dijo en qué calle y a qué altura aproximada la halló. He investigado sobre los habitantes de la inmediación yo mismo; sólo puede ser uno, pero vamos a, comprobarlo.

Seguía el taxi su marcha con bastante aceleración; paró luego, y esperamos en el interior.

— Fíjese, fíjese bien, doctor— dijo Duval con ansia—: examine bien a los que pasen; principalmente, a los que salgan de esa casa... Mire la entrada: ¿no se parece a la que visitó ayer?...

— En efecto, yo diría ser la misma o parecida; tenga en cuenta la prisa, con que hube de atravesar la acera— respondí.

— Bien, bien; esté atento ahora y no se distraiga; si es el que sospecho aún está dentro de la casa.

Pasó cierto tiempo, no sé cuánto. Según creo, fue menos de una hora, aunque me pareció muy largo el tiempo. De pronto, en la penumbra del cuadrado de la puerta vi recortarse la figura de un hombre.

— Es él— señalé.

Duval miró un momento; pude ver cómo se iluminaba de cruel satisfacción su cara y, sin más, se apeó. Yo le llamé, y me atendió de mala gana.

— Qué hago yo ahora?... — pregunté.

— Haga lo que le venga en gana— y dando un respingo se alejó. Aun le vi desde el interior cruzar la calle, ligero y ágil como un galgo, y juedé sin saber lo que pensar. No sé por qué me dio miedo. Me apeé yo también.

— Márchese— dije al hombre del taxi, haciendo ademán de pagarle; pero me miró, preguntándome:

— ¿Dónde debo esperar?

Quedé un instante perplejo, sin saber ni qué contestar,

— En la Magdalena— respondí. Miré y aun vi a Duval, allá, caminando despacio tras su hombre, que marchaba sin prisa, entretenido por los caprichos que en cada farol o quicio se lee antojaban a los dos perros policías con él llevaba: dos magníficos ejemplares ciertamente.

Atraído por singular fascinación, yo marché en la misma dirección. Absorto en el mirar a los dos hombres enemigos; sin causa racional, yo sentía latirme violento el corazón. No sabría decir por dónde fui, me sería imposible decir qué trayecto, ni el tiempo que duró mi seguimiento. Sólo sé que penetramos en un amplio parque. Delante de mí sólo veía a Duval, fumando, como lo haría un paseante distraído, absorto en la lectura de un periódico; más lejos, aquel hombre, siempre entretenido con sus perros. Recuerdo bien la escena. Duval marchaba por la izquierda y el hombre en zigzag, adelantado; en cierto instante, se volvió y retrocedió en oblicua; Duval siguió andando, como si no lo percibiera. Se aproximaban, uno obedeciendo los dictados de sus perros, el otro, al parecer, ensimismado en su lectura. El enemigo de Duval se había inclinado sobre uno de sus perros cuando llegó hasta él su perseguidor sin que lo percibiera o le prestase atención. Duval casi le rozaba cuando se incorporó. Fue fulminante: yo vi el brazo de Duval estirarse, retroceder, avanzar y brillar en su puño un relámpago azul que se apagó en el cuello de aquel hombre... Goldsmith abrió sus brazos, dio un traspiés y. cayó. Yo ya no vi a Duval; tengo la idea de haber visto su sombra felina saltar perseguido por un perro. Quedé clavado en tierra; me pareció perder la facultad de andar Estaba hipnotizado, miraba obseso al otro can dar vueltas y aullar en torno de su amo. Por fin, recobré los movimientos y salí corriendo por un lateral. Hube de frenar aquel inconsciente impulso mío; iba a correr y a gritar. Anduve y anduve sin saber por dónde. Me di apenas cuenta de que ya no había árboles en torno mío, y sí casas y gente. Por muy poco no me atropello un automóvil. Pero el peligro de ser aplastado me produjo una reacción muy favorable. Pude ya pensar; se me pasó el deseo impulsivo de correr y gritar. Sentí una sed infinita. Yo andaba y buscaba un sitio donde poderla saciar. Allá, no lejos, distinguí un bar. De pie, pedí cerveza; la bebí sin respirar, pagué y salí muy de prisa. Me parecía que había cometido una torpeza al detenerme un instante en un sitio que creía muy cercano al lugar del asesinato. Además, obrando sobre mí el ambiente, recordé con pavor, por un instante haber dejado mis huellas impresas en el cristal del bock..., influencia de la novela policíaca que vivía. Habrían pasado cerca de mí muchísimos taxis; pero sólo aquel muy viejo, con su fuelle remendado y lleno de goteras, se me antojó tabla de salvación.

Le hice parar, me embutí en un rincón y le di orden de partir sin dar la dirección. Recordé por ello que Duval, en su precipitación, se olvidó de decirme dónde habría de encontrarle. Sumido en tales dudas, mi bigotudo chófer me llevaba a lo largo del Sena, que nada en aquel instante me importaba. Lo dejé pronto en cualquier parte. Anduve largo rato; me bebí dos whiskys en un sitio elegante Por cierto, me sentaron muy bien, dándome tranquilidad y fuerza. A poco, sentí hambre. Palpéme la cartera; estaba allí, y la oprimí dulcemente contra el pecho. Entré en un restaurante de bastante buen aspecto. La gente comía casi toda en silencio. El maitre salió a mi encuentro, llevándome a una mesa. Una otoñal, muy opulenta, me miró con sus pestañas lánguidas. Yo metí mis narices en la carta. Me dispuse a esperar el mayor tiempo posible de sobremesa. Bebí bien y de lo caro. Hasta, dándome importancia con la otoñal aquella, me fumé un gran cigarro habano. Me sentía ligero, casi aéreo..., pero un perrito me sacó de mi euforia; me recordó al que hociqueaba el cuerpo inmóvil de su amo. Me levanté brusco, di un paso, y creo que hubiera salido sin siquiera acordarme de la cuenta, que me presentó el mozo muy solícito. Pagué y salí. Volví a tomar un coche y le ordené me llevase hacia la Magdalena. Me metí en un café cualquiera. Me senté pidiendo una bebida. A poco, los vendedores de periódicos comenzaron a gritar. No puse atención en el primer momento. Sólo percibí no sé qué del "bosque de Bolonia". Un cliente cercano salió y volvió con un periódico; se sentó y, a hurtadillas, leí los grandes titulares, que decían "Asesinato en el Bosque de Bolonia. M. Navachin muere por una puñalada"... Cambió de posición su periódico aquel señor y no pude leer más. Pedí que me trajeran un diario, me lo dieron al momento; pero poco más pude saber. La información era casi la repetición con más palabras de los rótulos. Sin duda, el poco tiempo transcurrido desde el hecho impidió a los reporteros adquirir más detalles en relación al crimen.

Abstraído, casi no me di cuenta de que volaba el tiempo. Era mi hora y salí con precipitación. Me fui al pie del graderío de aquella iglesia que quiere ser un Partenon. Puntual llegó el coche; el chofer me llamó haciéndome una seña. Era el mismo que condujo el taxi por la mañana, pero ahora, con uniforme, guiaba un coche de línea elegante, aerodinámica. Correctísimo, se apeó y mi abrió la portezuela con una gran inclinación.

Me llevó muy rápido a mi casa. Penetré y me sentí seguro, y di sin poderme contener un gran suspiro de satisfacción. Pregunté por Duval a la patrona, pero no estaba Me sentía cansado y, sin desvestirme, me tumbe en la cama.

Me desperté con una sacudida nerviosa. Estaba repentinamente lúcido. Mis ojos se fijaron en una figura que se recortaba en el contraluz de la puerta de mi alcoba. No distinguía bien sus facciones, pero reconocí a Duval instantáneamente. La fila de sus dientes blancos y perfectos me saludaba con una sonrisa nada fingida. Me incorporé muy rápido al propio tiempo que oprimía la perilla de la luz de cabecera.

Y contemplé con todo detalle al hombre. Naturalísimo; más que nunca tranquilo. Si siempre, salvo disfraz, era elegante, sin llegar al atildamiento ni a la afectación, aquella noche— ya debía haber oscurecido— había puesto en su atuendo el mayor refinamiento. Vestía un smoking cruzado, ceñido como un guante, pero sin ninguna estrechez embarazosa; sus movimientos eran tan libres como si en vez de la armadura almidonada de su camisa estuviera encerrado en un mono azul de mecánico. Todo esto lo he recordado después, porque en aquel momento mi principal atención estaba puesta en su fisonomía. Aquella barba de veinte días, rubicunda por obra química indudablemente, le había desaparecido. Un escrupuloso afeitado y no sé qué manipulaciones de barbería o tocador le habían devuelto a su piel su primitivo color, un tanto pálido, desapareciendo por completo aquel tostado marrón que trajo de España; sin duda, no producto de su sol invernal. En una palabra, en aquel dandy nadie podría reconocer al tipo que con paso felino seguía aquella mañana a M. Goldsmith, digo, a M. Navachin... Si por el tipo nadie podía identificarle, menos aún se podría hallar en su rostro una sombra de inquietud o remordimiento. Al contrario: brillaban más sus ojos y un algo así como un resplandor de alegría juvenil iluminaba sus facciones.

Naturalmente que tan detenido análisis es muy ulterior al momento en que me desperté. Lo he hecho luego, yo solo, pero con toda facilidad, pues su figura y actitud en aquel instante han quedado grabadas en mi mente como un alto relieve.

Me eché de la cama rápidamente. El retrocedió hasta el gabinete y yo le seguí. Le interrogaba mudamente con la mirada, esperando siquiera una palabra suya que anudara el presente instante con aquel en que nos separamos. Pero todo fue inútil. Di vueltas en torno suyo, volví a la alcoba, chapoteándome los ojos; más no me decidí a iniciar la conversación con una pregunta; sabía muy bien cuánto le desagradaba ser interrogado.

Estimé más discreto ofrecerle un pitillo, que él aceptó, momento que aproveché para dirigirle un "¿Y bien?..." bastante indefinido. No contestó inmediatamente, limitándose a mirar la hora en su reloj de pulsera, y ya me atreví:

— ¿Goldsmith?...

— No se preocupe, doctor. Asunto resuelto y terminado.

— ¿Entonces yo?...

— Sólo vine por saber si habría regresado usted sin novedad.

Se despidió y se marchó.

Aun escuché su silbar de una frívola musiquilla hasta cerrarse tras él la puerta de la calle. Parecía que se alejaba con él la encarnación de la felicidad.

XX

UNA POESÍA MATRICIDA

Pasaron muchos días. Duval no aparecía. Estábamos en pleno mes de enero; el tiempo era desagradable, aunque el invierno francés me parecía primavera rusa. Había pedido algunos libros de química y buen número de novelas francesas y mataba las horas leyendo y estudiando. Los libros marxistas del armario me aburrían de manera tremenda. Ni aquel de Trotsky que empecé a leer pude terminarlo. Era escéptico; la mentira de los apologistas del comunismo era tan atroz, y muy duro el contraste con la realidad; vivida por mí y por tantos millones de rusos. Muchas veces hubiera salido a la calle para gritar la verdad, no sólo cuando yo leía la prensa comunista o neocomunista, sino cuando leía la burguesa... ¡cuánta estupidez, cuánta ignorancia... o cuánta traición!...

Los días se me hacían largos, interminables...

A mediados de febrero se presentó Duval. No pude leer en su rostro nada.

Anochecía cuando llegó; venía de oscuro, impecable.

— Regresamos, doctor...

— ¿A dónde?...— pregunté con ansiedad— . ¿Sin ejecutar el asunto Miller?...

— Sin ejecutarlo.

— ¿No se hace ya?...

— Se aplaza simplemente. Se ha puesto imposible,

— ¿No me alcanzará responsabilidad en ello?,— le pregunté algo alarmado.

— En absoluto. Ignoro quién puede ser el culpable, pero, desde luego, no es usted.

— Me tranquilizo. ¿Sospecha usted algo?...

— ¿Sospechar yo?... Yo sospecho siempre, doctor; imíteme.,. Es nuestra profesión sospechar. Pero, sinceramente, ahora no adivino quién haya podido estropear el asunto.

— ¿Se ha estropeado?...

— No se ha estropeado, que es impersonal; lo han estropeado, que no es precisamente igual.

— ¿Y cómo fue eso?...— pregunté ansioso, con alegría que traté de ocultar en mi falso gesto de contrariedad.

— Pues que Miller sabe que Skoblin es un traidor. No tiene pruebas, es cierto, pero lo sabe y desconfía de él. Por ahora Skoblin ha quedado inservible. Ha de rehabilitarse con los "blancos", si es que puede; tendrá que ejecutar una larga maniobra para probar su inocencia y recobrar la confianza; no sé si lo conseguirá; acaso no le sea difícil, por lo muy estúpidos que son estos aristócratas rusos. Pero, por ahora, lo esencial es que usted nada tiene que hacer aquí; la Central ha ordenado su regreso.

— ¿Me acompañará usted?...

— Desde luego; mi obligación es devolverlo a Iéjov sano y salvo y la cumpliré.

— ¿Cuándo marcharemos?...

— Depende..., creo que pronto; hay frecuentemente avión, en el primero que pase por aquí. Mañana o pasado, supongo...

Ya no le vi hasta horas antes de tomar el avión. Fue a los dos días, cuando me llevaron a un aeródromo y embarcamos. No hicimos solos el viaje. En el mismo avión iban tres españoles y dos rusos, pero no cruzamos la conversación con ninguno; mejor dicho, yo no hablé, pero Duval lo hizo por él y por mí; por lo poco que escuché, dada la separación y el ruido de los motores, estaba mintiendo con una soltura asombrosa.

Aterrizamos dos veces. La segunda debió ser ya en Rusia, la primera, lo ignoro, pues ninguno descendió a tierra. Las paradas fueren cortas, lo imprescindible para tomar gasolina. Llegamos a Moscú; la reconocí de lejos; aunque la nieve daba gran uniformidad a la ciudad, vista, desde arriba, las torres y murallas del Kremlin eran demasiado singulares para no reconocerla. He de confesar que me estremecí; volví a sentirme envuelto en la pesada atmósfera de terror e incertidumbre de tantos años. Temblaba por lo que en ella me pudiera reservar el futuro.

Nos esperaba un automóvil. Acompañado de Duval, marchamos; yo me atreví a preguntar adónde nos dirigíamos y me hizo saber que al laboratorio.

Nada había cambiado aparentemente en la casa. Sólo las caras. El que hacía las veces de mayordomo, pues no sé qué nombre soviético tendría su profesión, era otro. Ni de aspecto mejor ni peor. Un hombre de serie, del que tanto tipo se ve en la Rusia de hoy. Nada cambió en lo demás, me destinaron la misma habitación y recibí las mismas advertencias. Interrogué a Duval si permanecería mucho tiempo allí y se encogió de hombros; volví a preguntarle si sabía cuándo volvería a reunirme con los míos y tampoco supo decirme nada.

— Todo eso es cosa de Iéjov— me dijo— . Creo que me llamará pronto; él me ordenará; pero, para su tranquilidad, sepa que haré lo posible porque sus deseos sean satisfechos; esté tranquilo. Viva; viva lo mejor que pueda. Al fin, su situación es envidiable. ¡No es nada gozar del hospedaje distinguido de la N.K.V.D. y disfrutar de la protección de Iéjov!... Yo vendré a traerle noticias lo antes posible; la gente de aquí tiene orden de tratarlo con, toda cordialidad y respeto y de atender todas sus peticiones razonables.

Se marchaba y quise lograr de él un último favor; solicité que, si podía, hiciese llegar a los míos los regalos que les traía, todo lo que para ellos me dio el general Kilinov y algo que yo adquirí; cosas prácticas, zapatos muy fuertes para cada uno y ropas interiores de abrigo.

El primer día lo pasé como atontado. No sé lo que me pasaba, pero no me hallaba a gusto. Esperaba con impaciencia el regreso de Duval, pero pasó, el día y el siguiente sin saber nada de él.

Debo hacer constar que en estos días se me ocurrió la idea de escribir todo lo que me había sucedido. La tentación se me hizo imperativa. Era como romper de algún modo mi cárcel. En París yo había comprado unos cuadernos de papel muy fino, pero buenísimo, con idea de que me sirvieran para poner en limpio fórmulas e ideas mías de química; pensé en ellos para utilizarlos. Luego me asaltó el miedo; lo pensé mucho. El laboratorio se me había franqueado desde el primer momento; me metí en él, discurrí que no me sería difícil hallar allí un escondite para mis escritos. Lo busqué con ahinco; maceré mi cerebro para inventarlo. Registré un autoclave, el mayor, buscando un sitio donde cupieran los cuadernos; lo hallé: el aparato se apoyaba en cuatro patas redondas, gruesas, metí la mano por el interior de la parte inferior y comprobé que las patas eran huecas, pegadas a la base, pero dejando el círculo donde estaban soldadas abierto. Hice un esfuerzo y me cercioré de que la parte de la pata que apoyaba en el suelo estaba, por el contrario, cerrada por un disco que formaba con ella una sola pieza. Decidí hacer allí mi escondite; probé a introducir mis tres, cuadernos, y hechos un rollo cabían perfectamente; con la particularidad de que aún sobraba tubo, y, además, cuando los soltaba, quedaban a la altura que yo quería, pues, desenrollándose un tanto, se ajustaba a las paredes interiores y no bajaba hasta el fondo.

Luego elegí un sitio, lo más alejado de la puerta, en el extremo opuesto del laboratorio, para escribir allí; ya elegido, me dediqué a registrar y mirar todo orificio, todo rincón, para descubrir mirilla o agujero por donde pudiera ser espiado. No hallé nada sospechoso. Por prevención, bajo el tablero que debía servirme de mesa coloqué un cubo con unos litros de ácido sulfúrico; si me veía sorprendido, arrojaría disimuladamente el cuaderno allí para que desapareciera; con esto, y disponiendo una batería de aparatos, retortas y tubos de ensayo sobre la tabla para fingir que ensayaba me consideré muy salvaguardado.

Me fatigó todo esto. No empecé a escribir aquel día. Estando ya en la, cama, me pareció todo una locura. ¿Para qué escribir aquello?...; sólo peligros me acarrearía. Decidí no escribir nada.

Me desperté tarde. La idea de escribir volvió a mí con insistencia. Pero estoy seguro de que jamás me hubiera decidido a tomar la pluma sin el poderoso impulso que provocó' en mí algo casual, pero muy decisivo. Buscaba yo en el cuarto de baño un papel para limpiar en él mi navaja de afeitar. No lo encontraba con facilidad, pues el higiénico se había terminado; abrí el pequeño armario y tomé una hoja de periódico que resguardaba una de las tablas; rompí un trozo y cuando iba a tirar al suelo la mayor parte, llamó, mi atención una, al parecer, poesía, intercalada entre la prosa de la página, Maquinalmente, acerqué la hoja y pude leer esta composición poética:

Tú eres una cruel saboteadora del koljoz,
madre; tú eres encarnizada enemiga suya;
pero como tú no amas al koljoz,
yo no puedo vivir ya contigo.

En una noche de invierno fría y tenebrosa,
cuando estabas encargada de guardar el trigo del koljoz,
fuiste tú misma al granero
para robar el trigo koljoziano.

Llevaste una vida ociosa la mitad del verano,
y en invierno, a la caída de la noche,
cambiabas el trigo robado por forrajes,
saboteando así el plan de siembras...

PRONIA KOBILIN.

Quedé pasmado. Aquella bestezuela, desnaturalizada por una educación satánica, denunciaba en sus versos malvados a su madre para que fuera fusilada. Y el Estado soviético, como premio y ejemplo, galardonaba al asesino de su propia madre... Mi sensibilidad saltó cual cruzada por un látigo de ascuas.

"No— me dije—; mis hijos, ni los hijos de mis hijos, jamás podrán ser asesinos legales de sus padres. Yo escribiré; intentaré que sepan algún día de cuánto es capaz un padre por salvar la vida de sus hijos. Escribiré, escribiré".— Y ya fue para mí una obsesión el escribir que no arredró el peligro de morir.

En fin, bien pronto, me metí en el laboratorio y escribí muchas horas. Instintivamente, adiviné la de almorzar y dejé mi escritura; escondí el manuscrito y bajé cuando la mesa estaba ya servida. Comí distraído; ponía en, juego todas mis facultades de memoria para recordar escena por escena todo lo sucedido desde que los agentes de la G.P.U. se presentaron en mi casa. Me recreaba en añadir detalle y más detalle; a mis hijos no los aburriría mi proligidad; es más, conociéndolos, estaba seguro de que los detalles, por mínimos que fueran, les encantarían, pues para ellos tendría tanta importancia el detalle, lo nimio, como los mismos momentos dramáticos que yo viví, si exceptúo aquellos en que mi vida se halló en peligro; porque de la maraña política en quc me vi metido, aparte de que yo mismo estaba incapacitado para descifrarla, a ellos les importaría muy poco; a lo más, verían en todo aquello un mundo fabuloso, casi mítico, como orbe fantástico donde luchaban monstruos mitológicos, hombres de otros mundos, bestias apocalípticas...

No sé si mi memoria fallará en algún momento, pero tengo confianza en ella. Acaso algún nombre, alguna fecha, el orden de sucesión en las escenas mínimas lo altere por deficiencia de mis recuerdos; pero no creo que será demasiadas veces. En sus líneas generales, en la lógica sucesión de los hechos, creo que podré guardar fidelidad grande a la verdad y la reflejaré con bastante exactitud. Creo que esto será lo esencial.

De ahora en adelante, de todo aquello que por su importancia lo merezca tomaré una nota, sin detalle, lacónica, pero que me servirá para descansar mi memoria y para luego, con detenimiento, redactar los hechos de manera definitiva y con todos los detalles necesarios.

Sabe, hijo mío, que todo esto te lo dirijo a ti principalmente Es un testimonio de lo mucho que tu padre os amó, a ti, y a tus hermanas, y, sobre todas las cosas, a tu madre. Amalas como yo os he amado.

XXI

MEDICO PARTICULAR DE IEJOV

Al día siguiente vino Duval. Me mandó llamar, charlamos antes de almorzar; él tenía la intención de hacerlo en mi compañía. No me habló del nada interesante. Sólo aludió al proceso que se había celebrado hacía poco tiempo, cuya principal figura había sido Radek. Era este judío una de las primerísimas figuras de la Revolución. Duval me refería curiosas anécdotas sobre tal sujeto; todas demostraban que se trataba de un cínico extraordinario. Su figura la conocía yo por retratos suyos que la prensa de otros tiempos, mejores para él, prodigó. Realmente correspondía su figura a sus hechos. Aquella su boca, como una fina y enorme cuchillada transversal, adoptaba siempre un sesgo nuevo, pero siempre sardónico; era su trazo característico, resaltando en el marco de sus pelos revueltos y de su sotabarba, simiesca, que formaban un conjunto fisonómico tragicómico. Me refería Duval que Radek fue revolucionario desde niño; pero un revolucionario de truco y. tramoya. Cotizaba sus conocimientos químicos en la especialidad de explosivos, dándose los mismos aires de terrible misterio que un alquimista de la Edad Media dentro de los círculos terroristas y conspiradores. Stalin lo conocía bien y explotó muchas veces su aureola de hombre terrible, aunque sabía que era cobarde como una zorra. Cuando Stalin adivinaba dudoso el triunfo de sus deseos en alguna reunión secreta en la que debían tomarse determinadas decisiones, siempre se hacía seguir de cerca por Radek, el cual asistía a la discusión silencioso, hermético, hecho un absoluto enigma, tras sus enormes gafas y envuelto en su amplio abrigo negro y forrado de pieles. En el momento decisivo, a una señal convenida de Stalin, se levantaba Radek, desmelenado, terrible y esgrimiendo una sonrisa cruel; con voz cavernosa conminaba al cónclave a votar por Stalin y al menor signo de oposición, retrocedía unos pasos, abría su opalanda y mostraba todo un arsenal terrorífico de artefactos; agarraba en su diestra el más voluminoso y lo esgrimía en alto, sacudiendo su melena dramática; luego, pausado, implacable, aproximaba la pipa humeante a la mecha... La votación se ganaba por unanimidad. Y salía el triunfador Stalin, seguido de la sombra siniestra de Karl Radek... Ya en su cuarto, tiraba estrepitosamente a un rincón los "terribles" artefactos..., se derrumbaba sobre una silla y reía con su boca descomunal: "¡Si supieran que eran botes!"... A Stalin le hacía gracia todo aquello, y daba tremendos manotazos en los hombros del judío, levantando en ellos una nube de caspa...

— Pero no todo es teatro y farsa en Radek— añadió Duval— . Tiene una, doble personalidad. Él ha permanecido mucho tiempo en la emigración, pegado a los jefes revolucionarios cual su propia sombra. Simultaneó siempre sus actividades de revolucionario profesional con la de masón. Como judío podía pertenecer a los Bhay Brit (creo que pronunció así), una masonería exclusivamente judía; pero que permite a sus afiliados pertenecer a la masonería ordinaria. Radek posee los más altos grados en una y otra. Debido a ello, sus relaciones fraternales son grandes y elevadísimas en el mundo no comunista. Es posible que su verdadera personalidad: sólo sea ésta, la de masón, y la farsa y el cinismo que es toda su vida, sean sólo un disfraz de eso, que sería lo único serio e importante! de su vida. En fin, esto es muy complicado. Lo cierto es que ha salvado su vida. Por él se han interesado personalidades internacionales insospechadas, altísimas. Hasta parece que hay cierta chantage por parte de círculos financieros y periodísticos. Todo muy extraño e interesante a la vez.

En esto nos llamaron para el almuerzo.

Almorzamos. Debían estar avisados en la casa de que había invitado porque se esmeraron en el menú. Yo me preguntaba entre plato y plato qué motivo tendría la visita de Duval, pues no me pareció nunca que le gustaba sinceramente mi compañía.

A la hora del café, satisfizo mi curiosidad.

— ¿Se asombrará usted, doctor, si le digo que le traigo los mejores saludos de Iéjov?...

— ¿Por qué tanto honor, Duval?...

— En parte, y fuera modestia, en algo tengo intervención. He rendido informe verbal de nuestro viaje ..., he hecho toda la justicia que merece su comportamiento.

— Le agradezco

— Aún hay más, doctor... He sido consultado sobre usted y he respondido de su conducta; sepa que desde hoy es usted médico particular del comisario...

— ¡Cómo!...— exclamé asombrado.

— Sí, Levin ha sido jubilado... No es que pase usted a ocupar su puesto como médico del Comité Central; simplemente, será usted el médico particular de Iéjov.

— Gracias, Duval, por su intención y por haberme garantizado; pero no puedo aceptar... Ya sabe usted que soy un médico mediocre, que mis aficiones me han llevado a la química; sinceramente, no puedo responder en conciencia de mis aciertos en medicina o cirugía.

— Ya, doctor; ya se ha tendió en cuenta; pero no se trata de diagnósticos, es mucho más sencillo lo que usted se requiere..., ¿qué tal inyecta usted?...

— Creo conservar mi pulso bastante firme.

— Pues con eso basta.

— ¿Qué enfermedad padece Iéjov?...

— Oficialmente.., ya sabe: tisis galopante; realmente, una vulgar sífilis en no sé qué grado, pero desde luego de los más avanzados... Su bolchevismo es tan ortodoxo que ha querido, hasta en esto, imitar a nuestro llorado jefe Lenin. Esta misma noche... padece síntomas muy alarmantes; necesitaba un tratamiento hace tiempo, pero no sé si por su inmenso trabajo o tal vez por desconfianza en todos los médicos, lo cierto es que hasta hoy no se ha decidido, precisamente, cuando le he contado su comportamiento, su atentado trotskista ...

— Bien; pues estoy a vuestras órdenes...

— Ya le he dicho que inyectará siempre por la noche; quiere que se guarde un secreto absoluto, tanto sobre su enfermedad auténtica, como sobre que es usted quien le atiende. Entraremos a verlo por puerta reservarda; aquí le traigo unas gafas oscuras que le desfigurarán bastante, y unido esto a su guardarropa europeo, creo que le tomarán, dada su silueta, por un médico extranjero llamado a explorar los pulmones y bacilos del importante personaje.

— Bien, me parece todo bien...

— No he de ocultarle, doctor, que debe poner en la cosa, aunque sea sencilla, sus cinco sentidos... Comprenderá que las torpezas relativas a la vida de un comisario del Pueblo de su rango pueden ser traición y sabotaje a la Unión, cometido en su persona... Ahora bien: hay ventajas; no dudo que hoy, de saberlo, le envidiarían todos los médicos: de Rusia. Tener la confianza de Iéjov, sobre todo en el período que se aproxima, es privilegio casi celestial. Ya verá, ya verá...

No me dijo nada más que tuviese importancia y se marchó unos momentos después. Ya en la puerta, añadió que no me impacientara por su regreso, que vendría con toda seguridad, pero que la hora dependía del trabajo del jefe y se fijaría con arreglo a las circunstancias.

Quedé solo y contento, subí escaleras arriba con dirección al laboratorio; en ellas me tropecé con el impenetrable mayordomo, y, cosa extraordinaria, casi me sonrió, y, más aún, me preguntó si quería tomar el té luego. Nunca lo había hecho, y supuse que había recibido órdenes de extremar sus atenciones conmigo. Rechacé sus servicios, diciendo que vendría yo a tomarlo al comedor, y me dejó paso, con una corrección demasiado extraordinaria.

Pasé la tarde escribiendo en su mayor parte; llené bastantes hojas de mi cuaderno.

Cene a mi hora de costumbre y, allá sobre las once de la noche, llegó Duval para acompañarme.

Había traído un coche estupendo, grande y robusto. Nos instalamos en él y partió. Ibamos a oscuras. Gabriel— lo llamaré Gabriel, pues el Duval había muerto— estaba silencioso; yo miré maquinalmente por la ventanilla dos o tres, veces; luego, más insistentemente, y sólo entonces, después de insistir con la mirada, me di perfecta cuenta de que no veía nada en el marco lechoso del cristal; sin duda, era opaco. Esto me intrigó un poco, determinándome a preguntar que adonde íbamos.

— A ver al cantarada Iéjov— me respondió.

— ¿A la Lubianka?— preguntó de nuevo.

— Lo ignoro, querido doctor; supongo que no. No creo que para ir allí se nos venden los ojos.

— ¡Cómo!...— exclamé asombrado por el despropósito.

— ¿No sé, ha dado usted cuenta de que los cristales no permiten ver nada?... Esto es tanto como vendarnos los ojos, ¿no?...

— En efecto— convine.

Supongo que duraría el viaje una hora y media aproximadamente. En los últimos veinte minutos, el coche se paró cinco veces; en la última, se abrió la portezuela y entró una claridad más viva. Debíamos haber llegado. Así nos lo confirmó el hombre que abrió, el mismo que se sentaba al lado de nuestro chófer.

Estábamos ante una puerta, a la que se llegaba por tres gradas. El coche había entrado en una especie de zaguán, que impedía ver el contorno casi por completo, pues estaba cerrado por el lado frontero a la puerta. Dos tremendos soldados de la G.P.U. montaban centinela; su aspecto era perfecto, tanto por su postura como por lo cuidado de su uniforme.

Alguien nos debía observar por una mirilla de la puerta. Gabriel aproximó el rostro a ella y pronunció unas palabras que no percibí; debía ser la contraseña, y la puerta se abrió. Entramos; él, delante. Estábamos en el hall, una pieza de no muy grandes dimensiones, pero nueva, cuidada, y con muebles apropiados y lujosos. No pude analizar más, pues sin detenernos nos pasaron a otra habitación: un saloncillo de espera, también lujoso y confortablemente amueblado. El hombre que nos condujo nos dejó solos. Como Gabriel no hablaba, yo le imité. Pero no pudimos aburrirnos; el mismo individuo volvió muy pronto, indicándonos que le siguiéramos.

Subimos los dos tramos de una escalera que arrancaba al final del hall y luego se bifurcaba. La casa se advertía que tenía dos pisos solamente. En el rellano había otro centinela, armado sólo con una gran pistola. Más lejos, al final del pasillo de la derecha, al cual daban dos puertas, y ante la del fondo, también había otro. Hacia ella nos dirigimos. Nuestro acompañante entró sin llamar y nosotros le seguimos. La pieza era reducida, sólo contenía un tresillo y algún otro mueble. No nos detuvimos en ella. Entramos en la inmediata, tampoco muy grande. Era una alcoba, muy bien instalada por cierto, pero no pude fijarme mucho, ya que advertí a Iéjov incorporado en el lecho.

Me pareció más demacrado que la última vez que lo vi. Yo quedé parado cerca de la entrada. Gabriel avanzó y saludó al jefe. Este me hizo una seña para que me acercara, y cuando llegué hasta él me tendió su, mano, que yo estreché. La tenía fría y como sudorosa. Sentí un ligero desasosiego general.

— Cuando quiera, doctor; ahí tiene todo lo necesario— me invitó Iéjov.

En efecto, allí, a los pies de la cama, vi una mesita cubierta con un paño blanco. Me aproximé a ella y pude darme cuenta de que nada faltaba; jeringa, agujas, gasas, algodones y una caja intacta de ampollas de cianuro de mercurio; las examiné, tenían cada una indicada la dosis entre todas formaban la escala ya prescrita. Tomé la de dosis más baja; esterilicé aguja y jeringuilla, la cargué y me aproximé al comisario. Descubrí con cierto embarazo aquel brazo dictador de tantas muertes; era sólo tendones y venas. Afortunadamente, las tenía muy gruesas y en mucho relieve. Ligué sus venas se hincharon; pero antes de pinchar, instintivamente, miré a los ojos de Iéjov; en verdad, habían perdido su fijeza e insolencia; el hombre más temido del planeta tenía una mirada huidiza, angustiada, de verdadero miedo. Aproximé a la vena la punta de la aguja y mi mano izquierda que le sujetaba el antebrazo, percibió cómo temblaba. Pinché seguro, tiré hacia atrás del émbolo y se tiñó de rojo el líquido inyectable. Acerté y yo también respiré. Deshice la ligadura y empecé a inyectar, despacio, muy despacio. Retiré la aguja al terminar y cuando presionaba el puntito rojo de la vena con el algodón impregnado en alcohol, los ojos de Iéjov se desorbitaron, mirándome con verdadero espanto; su respiración se hizo jadeante y su cabeza se le derrumbó sobre la almohada. Debía pasar muy mal rato el terrible Iéjov al sentir el fuerte golpear de su corazón, por el natural efecto de lo inyectado.

— No es nada, no es nada— me apresuré a tranquilizarle— . Es un leve trastorno cardíaco que siempre ocasiona esta inyección; para disminuirlo inyecté tan despacio.

Iéjov debió agradecer la explicación; su mirada se serenó, pero no dijo nada. Ocultó ambos brazos bajo la ropa y Gabriel y yo nos despedimos, deseándole descanso.

Sólo nos respondió con un monosílabo y nosotros salimos

El mismo coche nos esperaba a la puerta. Con las mismas, paradas, sólo que ahora las hicimos al principio del trayecto, regresamos a mi morada.

Gabriel entró conmigo. Me llevó a una habitación en la cual yo no había estado aún. Era, según me indicó, la suya particular. Aunque bien instalada, la tenía en cierto desorden. Me invitó a sentarme y llamó. Acudió el jefe de la casa, al que pidió algo de cenar; según me dijo, no había tenido aún tiempo de hacerlo. Le trajeron caviar, un pollo frío, frutas en conserva y una botella de vino. Me invitó, pero no acepté, ya que no tenía apetito. Tomé sólo café.

En tanto acometía él contra sus manjares, empezó a hablarme con su fluidez habitual.

— Esta excursión la tendremos que hacer en adelante dos veces en semana, ¿no?...

— Salvo complicaciones— repliqué yo.

— En efecto; salvo complicaciones físicas en el jefe... De otra índole no supongo que se produzcan. Estimo que su discreción está bien asegurada materialmente en esta casa, pero, además, no estará de sobra advertirle que su silencio voluntario debe ser perfecto...

El timbre del teléfono sonó al llegar aquí.

Gabriel se puso a la escucha inmediatamente. Contestó unos monosílabos y con el auricular en la mano me dijo:

— El jefe padece grandes molestias en la boca... Pregunta si no puede usted emplear algo que se las atenúe o se las evite.

Comprendí de lo que se trataba; debía haberlo pensado antes. Era la eliminación mercurial por vía bucal, de la cual no me había acordado. Indiqué a Gabriel que debía enjuagarse con una solución de clorato potásico.

Él lo dijo por teléfono, pero volvió a preguntar:

— ¿Y no podría usted preparar esa cosa en persona?...

Contesté que no creía que hubiese elementos en el laboratorio, que lo más rápido sería que pidieran la solución a una farmacia.

Así lo dijo y colgó.

— Me ha hablado él en persona. Creo que mañana debe procurar hacer esa solución usted mismo. No sé si Iéjov se atreverá a usar una medicina, sin la seguridad de que no está envenenada y de que quien se la suministra está en sus manos para responder de ella... En fin, ¿cree usted que las molestias le durarán mucho ...?

— Un par de horas o poco más, supongo. Cuando aumentemos las dosis serán mucho mayores, pero ya las prevendremos de la mejor manera posible.

— Bien, procure mañana confeccionar la pócima; conviene remitirla lo antes posible. Tendrán que analizarla previamente en dos o tres laboratorios distintos y sin que sepan a quien está destinada. Estoy seguro que así lo ordenará él, de manera que ponga todo su cuidado en el preparado, pues pedirá un informe completo sobre el mismo. La ampolla que usted ha, inyectado supongo que habrá llegado del extranjero, sin que su comprador ni quien la haya traído puedan adivinar quién será el inyectado; pero, además, estoy seguro de que otra de serie idéntica y de la misma procedencia ha sido inyectada a cualquier individuo previamente, y sólo cuando se haya probado que no era nociva se habrá decidido a usarla.

— Veo que las precauciones llegan al extremo.

— Y no son excesivas— replicó Gabriel— . No tiene usted idea de la lucha sin piedad que hay entablada... Tenga en cuenta que los golpes directos de violencia son casi imposibles. La fortaleza del apparat soviético es incontrastable; a sus enemigos sólo les resta el recurso de la astucia..., y, créame, hacen milagros; pero, en fin...; ¿no es usted un testigo excepcional?

— En efecto— convine— lo que llevo presenciado convierte aquellas novelas policíacas, a las que yo era muy aficionado en mi juventud, en juegos infantiles.

— Evidente, todos esos libros están escritos, no por el criminal, cosa que sería mucho más interesante, sino por la imaginación de hombres cuya categoría mental es la misma de las víctimas; es decir, con imaginación mediocre. Desgraciadamente, y ello será una gran pérdida para la literatura universal, ni los auténticos conspiradores contra la Unión, y mucho menos los que la defendemos, escribiremos nuestras memorias.

— ¿Por qué no?— pregunté yo cándidamente

— Hay varias razones muy poderosas. Una de ellas, y bien normal, es nuestra carencia de tiempo para dedicarnos a la tarea de escribir. ¿Usted concibe a nuestro gran Stalin dedicando una hora al día para escribir sus memorias?... ¿Y a Iéjov?... Si se asomara usted a nuestra maquinaria interior, se daría cuenta de que el problema de los problemas para nuestros grandes jefes es un problema de tiempo. Tenga usted en cuenta que nosotros no datamos, como estado; no tenemos historia, hemos de crearla; no somos continuación de régimen alguno, nada del pretérito nos sirve y sólo nos estorba. El estilo personal se impone en todo. Hemos de ser como ingenieros que tendiéramos puentes hacia la oscuridad ignorada, sin disponer más que del primer estribo... El arco ha de apoyar su extremidad en el vacío.

— Sin duda, ha habido traidores— argüí yo— traidores que habrán huido al extranjero. ¿Y ésos?

— Algunos, pocos ciertamente. No es fácil, como a usted le consta, romper las garantías que tomamos de aquellos a quienes colocamos en situación de huida; pero, ciertamente, algunos han quedado por el extranjero; por suerte, gente mediocre casi siempre; gente que sólo sabían lo suyo y muy poco más. Todo lo que han escrito no vale la pena. Sólo podrían contar su propia actuación; pero, naturalmente, esa la tienen que cercenar en lo más interesante, en sus hechos personales. El pudor es cosa que se impone en el medio burgués. Ninguno ha contado cómo asesinó, cómo robó. Eso lo dicen de otros, pero de sí mismos jamás... Es natural: en el medio burgués sus actos son eso: asesinatos, robos, y para que pudieran describirlos sería necesario que la mentalidad burguesa cambiase, que considerasen sus actos como hechos de guerra, como lo que son... Ahora bien: como para la burguesía la guerra no empieza hasta que la declara un rey, un parlamento y, "hasta según muchos quieren, un plebiscito, es muy difícil que lleguen a concebir, ni en hipótesis, nuestra verdad: que la guerra es permanente, que la guerra es la total y única razón del Estado, si él es un Estado. Porque la guerra es lucha, y la Historia, que es la vida del hombre, es la lucha permanente por la existencia. Lo ha dicho Marx, y esta verdad fundamental del marxismo, hasta anterior a él, pues la expuso Darwin, es dogma para nosotros, y el Estado soviético es fiel, enteramente fiel a ella.

— No creo que sería propaganda conveniente lanzar esa brillante teoría política en la radio ni en la prensa burguesa— le advertí yo, no sin ironía.

— ¿Por qué no?... Sería igual que hablar en una lengua ignorada para ellos. Entenderían el significado gramatical de las palabras, pero nada, más. Concebir..., eso jamás. Concebir en su auténtico rigor esa verdad, no; decididamente, no. Nadie comprende aquello que es superior a su capacidad. La mentalidad burguesa carece de dimensión adecuada. Le es imposible concebir lo que es mayor que su propio continente.

Su convicción parecía absoluta, diríase que sostenía como axioma lo que para mí era, sólo paradoja; ingeniosa, pero paradoja. Y le argüí:

— Ingenioso todo eso..., pero sin posible demostración. Nadie ha enfrentado la mentalidad burguesa con palabras como las pronunciadas por usted, y dudo que nadie...

— Hasta cierto punto Con, tal concisión, acaso no. Pero convenga en que yo no le he dicho nada nuevo; mi síntesis es puramente ortodoxa, está contenida miles de veces en los textos marxistas, en los mismos que exportamos por toneladas todos los días. ¿No lo ignorará? Y siendo así, y reconociéndoles inteligencia, bien demostrada en otra ciencias, ¿por qué no lo entienden?... Conceda que su inteligencia carece de dimensión, mejor, que esta doctrina tiene una más que su intelecto.

— Acaso no crean en la sinceridad de los textos...

— Puede que se aproxime usted más a la explicación del fenómeno por esa línea... "Que no crean", sí; acaso, la dimensión de que carecen sea esa, la de creer... Ellos ya no creen; el soporte universal de su fe era Dios, y se les rompió hace ya mucho tiempo. Ahora ya no creen en Dios, y, por consecuencia, en nada. Y como no creen, es imposible que crean a nadie capaz de creer... Me parece que han llegado a no creer ni en sí mismos. Y nosotros; nosotros creemos en la lucha por la existencia y le atribuímos un fin y un término: la destrucción de las clases adversarias, la destrucción de la burguesía.

— No— dije— no; toma usted sus abstracciones subjetivas como axiomas difundidos universalmente, cuando, en general, ni siquiera se los ha planteado la burguesía...

Pero él me atajó:

— Ella no se los ha planteado, es cierto. Pero nosotros sí se los hemos planteado..., los hemos expuesto como axiomas. Aún más que como axiomas..., pero ¿es que diecinueve años de acción universal, escribiendo con sangre humana en todas las esquinas del planeta esta verdad, no es algo más evidente que todos los axiomas?... Convénzase, doctor; la burguesía tiene una incapacidad intrínseca de comprensión. Créalo, y podrá llegar a la celebridad; dedíquense a buscar la célula que les sobra o les falta a los cerebros burgueses, esa célula motivo de su inferioridad..., sería un descubrimiento científico tremendo, créalo...

Y con esta salida casi cómica cerró su conversación. Nos pusimos en pie.

— Se me ha hecho tarde— dijo casi bostezando— . Dormiré aquí, buenas noches, doctor.

XXII

UN ARMA SECRETA

Como la velada se había prolongado mucho, yo me levanté tarde. No recordaba tener que cumplir orden alguna para aquel día, y supuse que dispondría de todas sus horas para mí. Pensaba dedicar buena parte de ellas a 'escribir, allá en el laboratorio. Bajé al comedor y almorcé solo. Pregunté si habían dejado algún recado para mí, y me contestaron negativamente. Pero acababa de sentarme para escribir cuando me llamaron desde la puerta. Me llevé mi susto correspondiente. Era Gabriel, pero no entró, limitándose a encarecerme que bajara muy rápidamente. Escondí mi cuaderno y descendí lo más pronto que pude.[4]

La vosa de Gabriel me guiaba desde abajo. Llegué al vestíbulo, y con un ademán me hizo entrar en su despacho.

— Tiene usted que practicar una cura muy urgente— me dijo apresurado.

— ¿Dónde, a quién?...— interrogué.

— Aquí; el paciente se lo hemos traído; pero apresúrese. Vaya, tome lo necesario.

Ya sabía yo que había un maletín con instrumental copioso en una habitación cercana. Salí para recogerlo. Gabriel me siguió, dándome prisa. Tomé el maletín y él me indicó que le siguiera Subimos al primer piso y entramos a una de las habitaciones. Al entrar, percibí a un hombre acostado en la cama. Tendría unos treinta y cinco años; estaba pálido. Sus rasgos fisonómicos eran correctos. Sus ojos los tenía abiertos, pero bastante apagados, casi vidriosos. Me alarmó su aspecto.

— Ha dicho usted que está herido— pregunté a Gabriel— . ¿De bala?..., ¿de golpe?...

— No, no...— y noté cierto embarazo en él— . Se trata de un derrame grande...; pero, vea, vea usted mismo.

---

[4] Lo que escribiré a continuación, te recomiendo, hijo mío, que lo ocultes a tus hermanas. No quiero de ninguna manera omitirlo, pues descubre algo ignorado en las prácticas de la G.P.U., tan extraordinario y de refinamiento tal y a la. vez tan característico, que quiero dártelo a conocer Diabólico y repugnante, sí; pero lo que aquella tarde conocí puede que sea la clave de muchas cosas demasiado importantes. Trataré de emplear un lenguaje lo más correcto posible.

Con movimiento rápido tiró de la ropa, dejando el cuerpo del paciente al descubierto. Aprecié a la primera ojeada una cosa rara, que me llamó la atención, aun cuando nada tenía que ver con la medicina. Aquel hombre tenía puesta una camisa de mujer, por cierto muy elegante; una de aquellas que yo había visto en los escaparates de París; también tenía puesta una media de seda; la otra pierna estaba desnuda, y en el extremo del pie creí advertir sangre; incliné la cabeza, pero me di cuenta de que tenía las uñas de los pies pintadas de rojo. Hice un gesto de sorpresa, volviéndome a Gabriel. Este se sonrió irónico, y con vigoroso impulso le dio la vuelta al hombre. Quedó boca abajo. Un voluminoso amasijo de algodones y gasas cubría su región glútea sujeto con esparadrapos; la sangre se filtraba.

Me abstengo de hablar de la cura. Tan sólo diré que la lesión estaba en el esfínter y ocasionaba una gran hemorragia. No me fue dable, por la urgencia de contenerla, explorar para saber si había desgarros interiores; caso posible, dado el origen del "accidente", que con una sola palabra, y muy gráfica, me descubrió Gabriel.

Dejamos al desgraciado aquel bajo los efectos de los anestésicos y salimos.

— De esto ni una palabra— me advirtió Gabriel.

— De acuerdo— asentí.

En esto, habíamos bajado la escalera. Al llegar al hall, yo hice un movimiento para retirarme. Pero Gabriel me invitó a pasar con él al pequeño gabinete lateral. Nos sentamos ambos.

— Le supongo un tanto sorprendido por su intervención y también supongo que no me perdonaría si no le diera una explicación.

No dije nada, limitándome a un gesto de curiosidad.

— Ante todo, es asunto de servicio; como comprenderá— me advirtió— no se interviene por gusto en algo tan asqueroso.

— Lo supuse— convine— . ¿Se tratará de algún alto jefe que padece tal aberración sexual?...

— No; es un extranjero; respetable, de familia linajuda.

— Aun así, yo no puedo explicarme, por qué no se le ha mandado a una clínica pública.

¿Para qué molestarle y molestarme?...

— Ya le advertí que se trataba del servicio... Sepa, doctor— y brotó en su rara una sonrisa — que en la guerra, en nuestra guerra, aprovechamos las virtudes y la moral del adversario... En su caso, doctor, su amor paternal. Convertimos en armas eficaces esos prejuicios burgueses... Pero no sólo posee virtudes la burguesía, tiene vicios, hasta vicios nefandos, que la dejan al descubierto para ser atacada por todos sus flancos..., y hasta, como en este caso, por su retaguardia,..

Aspiró muy hondo el humo de su cigarro y lanzó una nube que nubló su risa, y continuó:

— No es un invento soviético. Aquel gran policía que fue (no recuerdo el nombre alemán que pronunció) quien realmente hizo al pomposo Bismarck, utilizó y sistematizó el vicio como arma política. Es rara la persona, sobre todo si es de alcurnia o de alta posición, que no tiene tara o vicio. Todo es averiguarlo, comprobarlo, adquirir prueba y esgrimirla contra ella. Donde fracasarían amenazas de muerte, triunfa siempre un chantaje ejercido con arte. La historia y la experiencia lo acredita. Y nuestra ley de guerra nos dicta esgrimir el alma del asesinato moral, si con su amenaza convertimos al indiferente y al adversario en un esclavo.

— ¡Pero es diabólico!...— se me escapó.

— ¡Es la guerra!... Es la guerra, doctor. Además, no hemos sido los únicos en usarla...; también la emplean en los países de moral burguesa otras organizaciones que se dicen excelsas, humanitarias, respetables... ¡Si usted supiera!...

Me tentaba la curiosidad y quise aprovechar el que Gabriel estuviera en un momento de locuacidad.

— Será difícil— insinué— averiguar y lograr pruebas en cuestión tan delicada...

— No— respondió—; todo es cuestión de un poco de organización. Aquí, en la U.R.S.S. nos resulta sencillísimo. La sección competente posee a su servicio un cierto número de profesionales del vicio... ¿Usted me entiende?... Resulta un hecho, mil veces demostrado, que los profesionales de tal aberración, así como un ladrón, logra distinguir entre mil a otro ladrón, el homosexual, identifica al homosexual con toda precisión; e identificado, sólo resta brindarle una oportunidad y aparente sigilo e impunidad.

— Mas, ¿cómo?...— inquirí, pasmado.

— Pura técnica. Se les arrastra, sin ellos sospecharlo, al sitio adecuado, donde la fotografía y el film funcionan en todos los ángulos..., y va tenemos la prueba convincente. La escena de despedida del invitado de honor. ¡y qué honor! o del diplomático extranjero es divertida. Se les muestra las fotografías y hasta se les hace presenciar una sesión de cine... El hombre marcha luego a su país. Ha de callar o alabar, según el caso. Si es un político, nos ha de servir. Si, es un militar, o un diplomático, ha de traicionar. Raras veces, pero algunas, descubren a un banquero, príncipe, aristócrata, político, sabio, literato, sacerdote, general, diplomático o persona de análogo rango, posición o educación que se halla a nuestro servicio. La estupefacción es unánime. Nadie adivina el motivo. Se investiga si juega el dinero en el asunto; pero se comprueba que no, y ya nadie sabe a qué atribuir la causa de que personas, que por rango, educación y posición han de ser enemigas del comunismo, se hallen a su servicio. A nadie se le ocurre investigar sobre sus vicios y taras; si lo hicieran, descubrirían el dogal que les ata para siempre a nosotros, más eficazmente, más enteramente, que si tuviéramos apoyada en su espalda tina pistola. Si el arma que manejamos fuese conocida, ya nadie se asombraría de tantas e insospechadas traiciones que se cometen en nuestro favor; nadie se asombraría de que tantas personas respetables y eminentes figuren como nuestros compañeros de viaje... Porque nosotros jamás les obligamos a declaraciones o abjuraciones políticas o religiosas cuando les ponemos a nuestra merced, no. Ellos han de seguir como si nada hubiese cambiado en su vida. Ellos han de continuar con su antigua personalidad, actuando en su mismo medio. Saboteando, ablandando y cambiando la opinión de los sectores que nos son más opuestos. Es un hecho inexplicable y también inexplicado que teníamos y tenemos grandes simpatías en las jerarquías del ejército alemán y hasta dentro del mismo partido nazi; el beneficio que se obtuvo en el pasado y el que se obtendrá es evidente. La colaboración de la Reicheswer y el Ejército Rojo desde los primeros tiempos debería dejar estupefactos al mundo si su imbecilidad le permitiese un asombro. Si ha jugado el factor del rencor y la desesperación de Versalles, también jugó en el hecho ese caos íntimo que hay en la entraña de todo alemán. Sí; han jugado esos factores; pero quienes jugaron con ellos fueron hombres, si hombres podemos llamarlos, cuya degeneración los; puso en nuestras manos. Que el hecho es real lo demuestra un antecedente, y muy ejemplar. Durante la guerra de 1914 se descubrió que el jefe del espionaje militar austríaco, un irreprochable coronel, estaba entregado por entero al espionaje del zar. La causa fue su homosexualidad. Es un hecho público, referido por todas las historias del espionaje.

— Sin embargo— le opuse— la colaboración de los junkers alemanes con el Ejército Rojo data de los primeros años de la República Soviética. No querrá usted decirme que ya poseía el Partido una organización tan perfecta.

— En efecto, no la tenía; pero no debe usted olvidar que también hemos tenido aliados, principalmente durante los primeros años, cuando Trotsky con todo su clan judío y masónico esperaba heredar a Lenin. A través de ellos, que tantos años trabajaron en el interior de Alemania, recibimos una copiosa información; es más, los hombres que ya tenían en sus manos desde los tiempos conspirativos pasaron al servicio del Estado Soviético. Cuando echamos a Trosky, como es natural, nos quedamos en propiedad con ellos. Yo sé algo de toda esta historia; no en vano hice mis primeras armas en Alemania.

— ¿Y mí paciente?...

— Ese ya es nuestro, mire...— y al decirlo extrajo de una cartera de mano que había sobre el diván unas fotografías de gran tamaño, que me mostró con aire de triunfo.

Las examiné. La escena era del más crudo realismo. La máquina se había movido con tal destreza que, captando el vergonzoso acto, fase por fase, siempre se podía identificar al sujeto por su rostro. Pensé que aquellas fotografías obscenas provocaban tal repugnancia y mostraban a los tipos en tan feroz ridículo, que sería un método curativo de su vicio hacerles que las contemplasen un par de veces al día. Claro es que discurro pensando que les restase un átomo de vergüenza o de normalidad.

Gabriel se levantó y recogió sus fotografías, disponiéndose a salir. Demandé instrucciones relativas al paciente.

— De momento, cúrele. Cuando usted crea llegado el instante oportuno, ya me avisará. ¿Le podrá curar pronto?

— Creo que sí— respondí maquinalmente.

— Hágalo; el tipo es de importancia y lo merece.

Y sin más, se despidió. Yo quedé una vez más absorto, estupefacto; luego me asombré de mí mismo, de aquella facilidad y naturalidad con que Gabriel obtenía mi ayuda y complicidad.

XXIII

INTERROGATORIO SINGULAR

Me habían dado instrucciones para que acelerase la curación de mi paciente. Se trataba, según me indicó Gabriel, de ponerle en estado de que saliese para dejarse ver de sus conocidos en Moscú, aunque fuera en cama, pretextando enfermedad; naturalmente, una muy diferente a la real. Cuando volviese a su medio, yo continuaría las curas. En fin, mi "clientela" engrosaba. Ya tenía dos "pacientes: Iéjov, todo un comisario, y este tipo extranjero, de tanta categoría, según me decían.

Por "asepsia" ética no daré detalles de las curas. El hombre aquel hablaba francés; pero se me prohibió hablar con él de nada no relacionado con su lesión. A los tres días, y ante la urgencia, me decidí a que fuera trasladado.

Serían las nueve cuando me despertaron de parte de Gabriel.

Él estaba esperándome para el desayuno y me preguntó que cuánto tiempo tardaría mi paciente en hallarse en condiciones de sostener con él una. larga conversación. Le contesté que podría ser dentro de dos o tres días. Quedó Gabriel en silencio hasta el final del desayuno. Al terminar me hizo acompañarle a la pieza que le servía de estudio.

— Es usted hombre de suerte, doctor. Si, como espero, tengo éxito en mi conversación con ese hombre, con su paciente, va usted a jugar una partida importante en la política soviética, y casi en la mundial... ¿No le entusiasma, doctor?

Quedé yo en muda expectación, y al recobrarme, respondí:

— No me tienta ni entusiasma. Yo sólo deseo ser quien fui; unirme de nuevo a los míos y volver a ser un nadie...

— Lo sé; lo sé, doctor; pero eso es una cuestión distinta en absoluto a la situación dada en que se halla. Una serie de circunstancias, llamémoslas fortuitas, lo han colocado a usted sin desearlo y sin preverlo, en el vértice de acontecimientos que desbordan todas las pautas previas. No tiene usted opción; ha de consentir en dejarse llevar de buen grado, desprendiéndose por no sé cuánto tiempo de su psicología, de su ética, en fin, de su propia personalidad... Sólo así podrá usted salvarse y salvar cuanto desea, vida, familia...

— "Y ¿alma?"— estuve a punto de gritar; pero aquel aplomo, naturalidad y, sobre todo, el brillo de alegría vital de la cara de Gabriel me produjeron un apretado nudo en la garganta y no pude articular palabra. El prosiguió, haciendo transición:

— Si el hombre se doblega, y se doblegará, deberá ser usted quien con él se entienda. Yo no puedo tener contacto permanente con él, sobre todo aquí; me conocen demasiados y como en este instante supremo para el régimen es imposible saber quién es el enemigo...

— ¿Y no lo sabe ni siquiera la G.P.U.?

— La G.P.U. es, lo sabe bien, una policía política excelente y eficiente; pero es política... no sólo objetivamente, como lo son las policías burguesas,: sino, y esta es su peculiaridad, también subjetivamente... ¿Usted entiende?

— No mucho, ciertamente— y decía la verdad.

— Digo que subjetivamente, porque todos y cada uno de nosotros somos políticos, somos comunistas...

— Entonces, ¿qué temer?... El enemigo se hallará fuera de los cuadros policíacos; ya sería otra cosa si los hombres fueran sólo unos técnicos, unos profesionales...

— En efecto; llevaría usted razón si la lucha estuviera entablada entre comunistas y anticomunistas... Frente al fascismo podemos enviar los hombres sin previa selección; ya lo vio en España; luchan todos igual contra los fascistas; pero aquí no se trata de fascismo; se trata de una variedad de comunismo; mejor dicho, de un falso comunismo que puede parecer a muchos más perfecto que el comunismo real y legítimo, el comunismo stalinista... ¿Comprende usted que haya momentos en que ni los hombres más probados merezcan confianza?... ¿Y que un "blanco", un apolítico, como usted, sea más de fiar y menos peligroso y más útil que un fanático?... Quien está en su caso, doctor, es un autómata; y ahora son precisamente autómatas lo que necesitamos; es decir, soldados, porque el mejor soldado es el autómata, por ejemplo, el alemán...

— Discrepo— argüí— . La iniciativa personal, el heroísmo individual...

— No confunda, doctor; me va usted a retratar, no al soldado, sino al guerrero..., y entre ambos hay una diferencia capital. Hoy, en el momento decisivo de la batalla política, el plan estratégico sólo debe conocerlo uno, uno sólo: Stalin, si se quiere lograr la victoria en el doble frente enemigo, el democrático-trotskista y el fascista... Algo sobrehumano, porque, sépalo, uno de ellos, sea el frente fascista o el frente democrático, podría derrotarnos.

— ¿Y en tal caso?...— interrogué, interesadísimo por el porvenir.

— En tal caso— e inició una sonrisa— ¿qué más le da a usted?... A usted le importa su futuro personal y familiar; pues bien: en ambos casos mal, muy mal; usted es ya, quiera o no quiera, un stalinista de acción; ni los fascistas ni los trotskistas le habían de perdonar... De manera, doctor, que a servir con lealtad, inteligencia y precisión. En fin, ya trataré con usted de los detalles después de mi conversación con ese hombre.

Se puso a barajar unos papeles, y comprendí que la conversación había terminado. Me despedí para encerrarme en el laboratorio, pero no toqué mis cuadernos; me daba miedo escribir estando en la casa él.

No hubo nada importante en los tres días siguientes, salvo que me tocó ir siempre acompañado de Gabriel, a inyectar a Iéjov. Al tercero me recordó Gabriel mi pronóstico relativo al paciente, sobre si estaría en situación de celebrar la entrevista. Le contesté que sí, pero que convendría esperar un día más. Se mostró conforme, pero a condición de no aplazar más tiempo el encuentro; me instruyó de que debía ordenarle a míster Harris, pues tal su nombre, que me acompañase la noche siguiente, por ser necesaria una exploración detenida y con los medios apropiados para evitar cualquier complicación. Que lo trajera directamente aquí al laboratorio, y, como primer acto, que le hiciera la exploración; pero presenciándola él.

— No crea, doctor— me ilustró irónicamente— que me agradará el espectáculo; habré de reprimirme para no largarle un puntapié; pero he de presenciar su manipulación, para lograr en el hombre un complejo de inferioridad, muy necesario para el éxito en mi ulterior conversación.

Como siempre, di mi conformidad.

Sería la una cuando llegué con mi paciente al laboratorio. Me acompañaba uno de los enfermeros que fueron en la ambulancia cuando se lo llevaron. Pasamos al enfermo a una habitación del piso bajo, donde, aquella misma tarde, habíamos instalado una mesa de operaciones e instrumental, traídos del sótano, donde, ignoro para qué, los tenía mi antecesor, el doctor Levin. Se trataba, según me indicó Gabriel, de darle cierto aparato a la escena; por ello, el enfermero y yo vestimos nuestras batas y gorros blancos, así como guantes de goma, etc.

Cuando el enfermero empezaba a desvestir a míster Harris, abrió la puerta, y, sin previo aviso, entró Gabriel.

El enfermo inició un movimiento para cubrir su desnudez, en un ademán da pudor.

— ¿Otro doctor?. — me preguntó con ansiedad. — Siga— le ordenó secamente Gabriel.

Su metálica voz, inédita para mí, y su ademán breve, pero imperativo, debieron convencer a míster Harris de que quien mandaba allí era el que hablaba.

Siguió el enfermero desvistiendo al paciente, que le dejaba hacer. Gabriel se había detenido y estaba de pie a unos dos metros; ni gesto ni movimiento había en él; sólo miraba con fijeza insólita al inglés azorado y molesto, como si sus ojos le pinchasen la piel al descubierto.

Gabriel aquella noche vestía de negro por entero; hasta llevaba un jersey, también negro, cerrado y de alto cuello. La tez blanca y pálida de su cara resaltaba mucho más que de ordinario.

Paso por alto mi propia intervención profesional; la curación marchaba rápida y bien, sin advertirse síntomas de complicación.

Cuando se vestía míster Harris, salió Gabriel sin decir palabra. Yo le seguí un poco después para consultarle. Se hallaba en el despacho, sentado en su sillón tras la mesa. Y me dijo solamente:

— ¡Tráigale!

Entré con aquel hombre. Gabriel había dejado encendida una sola, pero potente lámpara, que enfocaba únicamente la mesa y su contorno, dejando el resto de la estancia en sombras; su figura no se resguardaba en la penumbra, como suele ser técnica en la policía cinematográfica; muy al contrario, se destacaba su negra silueta, coronada por su faz plenamente iluminada. Supuse todo aquello dispuesto con técnica muy escenográfica. Cuando entré con Harris, previo permiso, no habló, limitándose a señalarnos dos sillas, una, frente a él, para el inglés, y otra para mí en el lateral de su derecha. Harris se sentó trabajosamente, apoyándose en la mesa, pero sin apartar la mirada de los ojos de Gabriel. Yo lo imité, dispuesto a ser un mudo espectador.

Si he de ser sincero, debo decir que me será imposible reproducir lo que presencié y escuché. No creo capaz al arte literario de reflejar la ferocidad atroz de las palabras y, mucho menos de conseguir dar una idea de gesto, ademán ni, sobre todo, del filo de acero de su voz singular, cortante como una navaja de afeitar. Yo carezco de recursos para dar la impresión aguda de aquella escena que parece trepanar aún mi cerebro.

Hubo un corto silencio, sólo el suficiente para que se apagara el crujir de nuestras sillas al sentarnos, pero que me pareció muy largo. Lo rompió Gabriel diciendo:

— Y bien, von Kramer.[5]

La expresión del hombre cambió en el acto. Abrió sus grandes ojos azules de par en par; cayó su labio inferior y su tráquea se movió como para tragar; pero no articuló ni una sílaba.

— Kramer— repitió— ¿sabes en poder de quién estás?...

La expresión del hombre era indefinible. Gabriel, inmóvil, concentraba toda su vitalidad en las pupilas; su rostro parecía tener aristas, Y repitió:

— ¿Sabes en poder de quién estás?... ¿No?... Bien; estás en poder de la G.P.U.

---

[5] Los nombres y apellidos de personas que pudieran ser deshonradas— caso de ser reales— han sido sustituidos por otros que nada tienen que ver con los hechos. (N. del T.)

No se alteró von Kramer; sin duda, no podía inmutarse más. Por fin, articuló un "por qué", sordo, surgido no sé cómo a través de sus dientes apretados.

— Ya lo sabrás .. Ahora, mira esto— y, diciéndolo, puso ante sus ojos una de las fotografías.

Kramer pestañeó primero y rechazó la cartulina.

— No, Kramer, no; contempla bien la escena— ordenó Gabriel, y señalando su propio reloj, añadió—; te impongo dos minutos de contemplación artística de cada pose son cinco, diez minutos de recreación...

— ¡No!— se opuso Kramer.

— ¡Sí!— ordenó imperativo Gabriel.

Fríamente, sádicamente, Gabriel ponía con regularidad cronométrica fotografía tras fotografía frente a Kramer; la roja frente del alemán empezó a brillar por el sudor.

Transcurrieron los diez minutos; el examen terminó. Gabriel fue retirando una tras otra las fotografías. Al volver a tener ante sí cada una, irónico, desgarrado, en un francés de bajos fondos, crudo y matizado, ponía un comentario ácido, corrosivo, mortal, pero ingenioso y ajustado a la, fase lúbrica del acto sexual allí retratada. Debo abstenerme de copiar aquellas frases, que hubieran escandalizado a un lupanar.

Naturalmente, referido así, nadie podrá darse idea del trauma psicológico del hombre sometido a esta vivisección. Para poder explicarse aquello es necesario haber sido testigo presencial: escuchar a Gabriel y, sobre todo, ver aquellas cinco diabólicas fotografías, donde aparecían dos hombres en la más obscena desnudez, con gestos y actos del más álgido erotismo animal, grotescos y ridículos hasta la sublimidad. Algo, en fin, que sin verlo nadie lo puede imaginar.

Los insultos e imágenes canallas de su argot parisién los terminó Gabriel con esta interrogación brutal:

— ¿...Qué te parecería, Kramer, una edición popular de tus poses helénicas distribuida gratuitamente por Berlín?

Kramer tardó uno segundos en poder articular una frase, y, por fin, dijo:

— Hay sólo una solución...

— ¿Cuál?

— Una bala— respondió con voz opaca el alemán.

— Una solución demasiado elemental. Has de saber, Kramer, que el suicidio es un lujo que no lo concede nuestro Estado proletario; el suicidio es un lujo burgués. Has de saber que si en esta noche no nos podemos entender, y tu actitud así lo anuncia, la solución sólo yo la dictaré... Sin duda, tú habrás leído y escuchado algo de todo eso que han inventado sobre nuestros tormentos las imaginaciones calenturientas de los elementos antisoviéticos... ¿Sí?... Pues todo eso es mentira; nadie, conociéndolo por experiencia, lo ha podido contar; todo es mentira, grosera imaginación..., porque nuestro arte de tormento es algo maravilloso que nadie puede ser capaz de imaginar..., y no pudiendo tú tampoco imaginarlo, no lo volveré a nombrar hasta el momento en que debas experimentarlo en ti.

Hizo Gabriel una pausa para encender un cigarrillo; cambió en el acto de gesto y actitud y, apoyándose en el respaldo del sillón, distrajo por un instante la mirada con las volutas del humo, lanzadas con afectada petulancia.

— Por el momento— prosiguió— te haré saber algo: tu querido camarada Fritz ha recibido noticias sobre tu grave estado de salud; se las has dado tú por telegrama; naturalmente, su alarma fue grande, no en vano te ama tanto... En un segundo telegrama lo llamaste a tu lado y tuvo la suerte de hallar grandes facilidades para obtener nuestro visado..., y he aquí el resultado.

Y al decir esto le alargó un telegrama.

— Como ves, tu predilecto Fritz duerme a estas horas: en Leningrado. Soy humano, comprendo tu ansia por saludarlo...— y tomó el auricular telefónico— . Vamos a llamarlo, nos darán la conferencia en el acto...

Pero Kramer, incorporándose lo detuvo, con gesto suplicante.

— Le ruego no haga eso— demandó, derrumbándose en su sillón.

Volvió a colgar el auricular Gabriel. y prosiguió:

— Como quieras; mañana llegará Fritz a Moscú, ya lo verás. Como es natural, le haré saber el sitio y motivo de tu lesión y, además, verá por las fotografías cómo la cosa sucedió...

— ¡No!— exclamó von Kramer— . Usted no lo hará; es una iniquidad explotar así una tarea congénita, una enfermedad... Tiene usted cultura, debe tener, por tanto, una moral, ha de conocer el dictamen de la ciencia, lo dicho por un Freud...

— ¡M...!— le escupió Gabriel— ¿Enfermedad?... ¡No!... Ápice de vuestra inmunda civilización occidental... ¿Enfermedad?... ¿Cómo no se da entre los ignorantes campesinos ni entre los obreros que trabajan hasta, la extenuación?... Es vuestro monopolio; una especialidad de las clases más privilegiadas, y si alcanza también a individuos de las bajas, es por lograr vosotros su corrupción...

— No; está en un error, permítame ilustrarle; la mayor proporción de la homosexualidad la da su clase, la revolucionaria... Hay estadísticas, anteriores a Hitler, de científicos eminentes...

— ¿Qué sugiere?...

— Sencillamente, que nuestra enfermedad no es una inmundicia de nuestra civilización, sino también una determinante o un ápice de lo genial... El revolucionario, al menos, ha de ser para usted un genio...

No creí a Kramer, dada su situación, capaz de aquella réplica, de indudable destreza dialéctica. Si Gabriel negaba su conclusión, lo podría llevar a la contradicción.

— Se ve, Kramer, que estás luchando en terreno ventajoso, en tu propia especialidad... No en vano, buscáis con ansia justificaciones científicas para vuestra inmundicia psicológica y como sois legión en vuestro cultísimo mundo burgués, halláis muchos científicos serviles que justifican y explican vuestra voluntaria deformidad sexual... Bien, conozco, y no por la exploración científica, esa proporción de homosexuales en las filas marxistas; sí, existió y existe en las individualidades, en los llamados jefes; en los aristócratas del marxismo, como les ha llamado nuestro gran Stalin...; pero el marxismo auténtico, no es ése... El marxismo es masa, jamás individuo... Al seudo-marxista individual, a esos de personalidad, sobre quienes tu estadística se hizo..., ¿no ves cómo son liquidados y expelidos?... En fin, Kramer, punto final a esta digresión académica; quedábamos en que Fritz lo sabrá todo... Y, algo más, nadie nos impedirá remitir a Berlín, a tus hermanas y demás familiares y a tus camaradas del Estado Mayor ejemplares de esta colección ... Y también más: tú has venido con el pretexto de vender un invento en relación con las baterías antiaéreas, no?... Bien, podríamos organizar que tal oferta fuera delito de espionaje allá en tu país...

— Mas no lo es el invento no es propiedad, de la Wehrmacht; además es un invento checo.

— Sí. ya lo sé; pero en cuarenta y ocho horas podría figurar en los archivos de Goering, y con denunciarte a través de un espía alemán unos días después, acompañando la denuncia con tu proposición..., entonces ¿qué?...

Por su decaimiento se advertía que Kramer se sentía roto y envuelto; pues tan sólo- discurrió argüir:

— ¿Y con todo eso qué gana usted o el Estado Soviético? — Eso es asunto nuestro, Kramer. No adelantemos los acontecimientos... Y, a propósito, doctor, son casi las cuatro. ¿No podríamos comer y beber algo?...

Acepté muy encantado; había fumado mucho y me sentía estragado. Salí un momento y pedí fiambres y vino. Cuando volví junto a la mesa, Gabriel hablaba rápido:

— ...Deshonor completo en su mundo social y familiar; ruptura con Fritz... Algo irreparable, ¿no?... Conducción al Reich, un viaje normal en avión soviético. Le esperarán; condena por espía y luego ¿fusilamiento o hacha?... No le hablo de quedar aquí, pues carece de idea sobre nuestro tratamiento; pero es otra posibilidad.

En este instante entraron una bandeja con lo pedido y una botella de vino ruso.

— Pero ¿qué es esto?...— exclamó Gabriel, dirigiéndose al hombre que servía— . ¿No hay en esta casa dos míseras botellas de champagne?

Salió el hombre rápido, regresó al instante y trajo las botellas. Gabriel temó una y examinó su marca. "No está mal", aprobó. Nos habían acercado un velador que colocaron entre él y yo. Antes de dar el primer bocado advirtió a Kramer:

— Medite mis últimas palabras en tanto comemos algo. Es el tiempo que tiene para su oportunidad; pasado, ya no tendrá remedio. Dejó de mirarlo y empezó a masticar con fruición, tomó una botella y la descorchó con ruidoso taponazo; me sirvió y se sirvió, con el primor y la destreza con que lo haría en un cabaret parisién. De Kramer no hacía ningún caso, como si no existiera; ni siquiera la formularia invitación.

Pocas veces en mi vida he comido y bebido con mayor fruición, lo confieso. Extraña es la naturaleza humana; junto a mí, casi rozándome, se hallaba el hombre aquel; por cuanto había oído, era un cadáver viviente; si a su alcance se hubiera puesto pistola o veneno, era infalible su suicidio; y allí estaba yo, avergonzado, eso sí, pero sin poder reprimir mi apetito y mi sed, deleitándome y saboreando el caviar y el champagne con ansia y placer incontenible... Quise yo explicarme o, acaso, disculparme, hallando una razón y creo la encontré o, por lo menos así me pareció, pues me aquietó mi remordimiento; pensé que el ser espectador durante tanto tiempo del martirio mental del desgraciado aquel me había producido un desgaste tal en mi sistema nervioso que mi economía corporal reclamaba una pronta y eficaz recuperación. Será o no será verdad mi raciocinio, pero a mí me pareció axiomático y me confortó frente a los gritos de mi conciencia que acusaba... En cuanto a Gabriel, yo no sé; me pareció como si degustara el champagne y la comida con extraña fruición, y hasta con alarde impropio de su elegancia de siempre; y a esto sí que yo no le hallaba motivo ni razón. En verdad, rayaba en lo macabro aquel banquete casi funerario.

Terminamos en unos diez minutos. Kramer no se había movido siquiera. Gabriel hizo girar su sillón nara colocarse en posición correcta tras la mesa. Encendió calmoso un cigarrillo, y después de la primera bocanada, miró de frente al alemán.

— ¿Lo has pensado bien?... — le interrogó.

— ¿Qué he de pensar yo?...— respondió Kramer.

— Sencillamente, si estás dispuesto a obedecer...

— ¿En qué?...

— ¿En qué, preguntas?... ¿Piensas acaso que yo he perdido mi tiempo con un repugnante detritus humano como tú por el placer de verte poseído de tal facha— y señalaba las fotografías— por este bárbaro mongol?... ¡No, ¡Kramer, no! Se trata de tu misión, que yo conozco..., y, sobre todo, de si estás dispuesto a continuarla bajo mi control y dirección. Es todo.

Guardó silencio Kramer por unos instantes, y luego preguntó:

— Propongo una condición.

— No; las condiciones las impongo yo— denegó Gabriel.

— Es ajena en absoluto al asunto...

— Luego confiesas que hay asunto... Por algo positivo debemos empezar. Venga esa condición.

— Que Fritz lo ignore todo, que pueda salir de la U.R.S.S. sin inconveniente alguno...

— ¡Ah!... Se trata de tu camarada, de lo más importante para ti.: . Podías haberlo dicho antes; concedido, concedido. Habla.

— Soy capitán del O.K.W.[6]; mi viaje tiene por objeto ponerme en contacto con determinada personalidad soviética...

— ¿Con cuál?...

— Lo ignoro aún.

— Imposible, tú quieres ocultar su nombre... ¡Eso es estúpido!

— No, créame; ignoro aún de quién se trata. Esa persona se me presentará, en el momento que lo estime oportuno, dándoseme a conocer.

— ¿Cómo?

— Por una palabra convenida.

— ¿Cuál?...

— "Nabor"; quien me la diga, cuadrándose militarmente, a la alemana, con golpe de tacones, ha de ser la persona con quien debo tratar.

— ¿Misión del O. K. W.?

— En parte, sí; pero esencialmente, no.

— ¿Del partido? — ¡Oh, no!..., de ningún modo.

— ¿He de perder el tiempo preguntando? ¡Habla! haz un informe verbal. Será mejor para todos.

— De acuerdo; pero tenga en cuenta mi estado de gran debilidad, ¿no podríamos aplazar esto?... Yo prometo...

— No; aún no me has dicho nada sustancial... Vamos, para que te animes— y diciendo esto Gabriel, alcanzó la botella de champagne intacta y la descorchó con rapidez; el alemán lo miraba con ansia, debía sentir una gran sed; al recibir la. copa, bebió con ansia; después, le dio Gabriel un cigarrillo y se lo encendió; el alemán pareció revivir al momento.

— Escucho— le invitó imperativo Gabriel.

— Para que usted comprenda, debo referirme a un antecedente. El asunto tiene su origen en 1934. cuando la "purga" de Hitler. Yo era un íntimo colaborador del general Bredow, ya sabrá quién era él y también su ejecución con Schleicher y los demás; yo, aunque también estaba en el complot, me salvé y también se salvaron otros muchos. Era muy amplia la conspiración. Caso de yo hablar, Hitler hubiera tenido que decapitar al ejército alemán. Por una serie de circunstancias, yo quedé situado en el centro del círculo conspirativo; no en vano, desaparecido Bredow, a quien yo servía de enlace con los altos mandos militares, quedaron en mis manos las conexiones interiores; algo importante, pues, aun cuando roto el círculo, sobrevivieron sectores amplios y de categoría. Para ganar tiempo, no le detallaré aquel plan,

---

[6] Estado Mayor del Ejército alemán.

el cual seguramente ya conocerá. En resumen, se trataba de la eliminación de Hitler y del Partido, instaurando una dictadura militar basada en avanzada política social. Esto es más o menos conocido; lo interesante ahora es tener en cuenta lo que hubo en el complot de intervención internacional, pues de aquella intervención exterior procede mi misión actual. Como sabrá, la conspiración contra Hitler era dual; por un frente, militar, por el otro, de la S. A., dirigida por Röhm. Entre los dos frentes no había contacto directo alguno. Así debía ser, ya que nuestras ideas y fines políticos eran diametralmente opuestos. Rohm quería deshacer la Reicheswer y nosotros destruir al Partido. El enlace de ambos frentes, la coordinación de los movimientos de estas dos fuerzas opuestas y enemigas radicaba en el extranjero; no eran alemanes quienes constituían lo que se podía llamar el Estado Mayor del puch; era un inconveniente táctico, pero ineludible, dada la paradoja de ser enemigos y aliados los que debíamos luchar. Si unos y otros teníamos fines distintos en política interior, en la internacional secundábamos unánimes las directrices de quienes nos apoyaban y dirigían desde el exterior.

— ¿Y quiénes eran esos directores extranjeros?— preguntó Gabriel.

— Un frente muy amplio; en primer término estaban Inglaterra y Francia; más exactamente, Intelligence y Segundo Burean. Como comprenderá, no se dejaron pruebas; los contactos los teníamos a través de Checoslovaquia.

— ¿Masonería?...

— Sí; por la técnica empleada, puede así creerse. Pero, abreviando: nuestro compromiso principal de carácter internacional era crear una seria amenaza militar contra la U.R.S.S.; comprenderá usted que la exigencia convenía perfectamente a la ideología de ambas alas de la conspiración.

— ¿Y qué fin tenía el crear tal amenaza?

— Entonces yo lo ignoraba, y creo que lo ignoraban todos; pero añora puedo deducir con cierta seguridad el plan. Mas no debo interrumpir el curso de los hechos... ¿Me permitiría un poco de champagne?

Gabriel le servio otra copa y le invitó a fumar a discreción. Kramer volvió a su relato.

— Después del fracaso— un fracaso debido a estar la dirección tan alejada— pasé más de un año sin contacto con nuestros aliados del exterior. Con ocasión de un viaje a España, meses después de haber empezado allí la guerra, fui abordado en París por un desconocido. Era un inglés, militar al parecer. Me probó saberlo todo; en especial, mi propio papel en el puch.

— ¿También conocían sus nefandas inclinaciones?— insinuó Gabriel.

— También. Lo enviaban los mismos elementos que habían llevado la dirección en el extranjero del puch fracasado en 1934; me dio detalles que no me dejaron dudas sobre la verdad de sus palabras. Me pidió que restableciese los enlaces con altos jefes de O. K.

W. que no habían sido descubiertos y así se lo prometí. Me hallo muy cansado... ¿No podríamos continuar la conversación luego? — preguntó Kramer, que verdaderamente daba muestras de hallarse desfallecido.

— Imposible— denegó Gabriel— necesito, por lo menos, conocer su misión en Moscú, aunque sea en síntesis. Beba otra copa y terminemos.

Se la sirvió y Kramer la bebió.

— Me faltan las fuerzas; usted, doctor, debe saber que no miento; pero haré un esfuerzo y le diré en muy pocas palabras el proyecto. Se trata de volver a tomar contacto, a través de la persona que debe presentarse a mí, con los elementos antistalinistas del Ejército soviético; se me ha dicho que son de alta categoría y numerosos. El plan es el siguiente: bajo apariencias de oposición y protestas diplomáticas, se permitirá a Hitler un gran aumento de poder. No habrá guerra europea motivada por la situación española, como Stalin pretende. Cuando Hitler sea bastante fuerte, recibirá seguridades de que se le dejarán manos libres en el Este; habrá guerra entre Alemania y la U.R.S.S. La guerra provocará en una y otra nación situaciones idénticas: el poder, el poder militar como es natural, pasará entonces a manos de los generales. Un doble golpe de estado militar se dará en Berlín y en Moscú; a Hitler y a Stalin se les fusilará. Una paz "tablas" se firmará entre los nuevos Gobiernos de Alemania y Rusia... Créame, no puedo más— dijo débilmente Kramer, y dejó caer su cabeza sobre la mesa.

— Atiéndalo— me ordenó Gabriel, y se puso a pasear.

Lo reanimé, poniéndole una inyección. Me lo llevé ayudado por el intendente a su habitación, dejándolo en la cama.

— Gabriel no se apartó de nosotros.

— No se aparte de Kramer; atiéndale con todo cuidado— y volviéndose al enfermero y al

"mayordomo" les mandó con tono imperativo:

— Que uno de vosotros no falte de aquí ni un momento; vigilen a este hombre..., y usted, Kramer, no intente hacer ninguna estupidez; por ejemplo, no quiera suicidarse; Fritz, no lo olvide, aún está en mi poder— y dio unos pasos para salir de la habitación; pero antes de salir me invitó—: Un momento, doctor.

Salimos al pasillo y me atrajo hacia sí, diciéndome con voz opaca:

— De todo esto usted no ha oído nada; usted no sabe nada, ¿comprendido?

Yo asentí, pues su acento no dejaba lugar a dudas; muy pocas veces había visto a Gabriel en actitud y tono más grave.

— Yo estaré trabajando; llámeme si hay algo de nuevo con Kramer, y tenga exquisito cuidado con él.

Lo vi trasponer la puerta del despacho, y desde dentro gritar: "Café, café bien caliente.

Volví al lado de Kramer; se había dormido profundamente; yo envidié su sueño, pero no su situación. Lo dejé al cuidado del enfermero y me marche buscando también un café; me moría de sueño.

* * *

Serían las nueve cuando me llamó Gabriel. Lo hallé escribiendo a máquina; no me atendió hasta que dio por terminado su trabajo.

— Saldré ahora mismo— dijo—; puedo tardar en volver varias horas. Atención a Kramer; vuelvo a recomendarle discreción absoluta. Para nadie se halla él aquí; para nadie— me ratificó—; es importante.

— Si va usted a ver al Comisario, recuerde que debemos inyectarle hoy.

— No voy a verle ahora— y diciendo esto marcó una llamada en el teléfono— . Al habla...

¿Puedo hablar con el camarada Lado Tzelukidzé— Hubo un silencio que duró unos dos minutos—: ¿Camarada Tzelukidzé? ... ¿Puedo verte inmediatamente?... Sí, importantísimo... Un informe... Bien, sí, pero ya dirá él si quiere que lo vea... No, no, por teléfono ni una palabra... ¡Ah!... Si te parece, camarada, mándame un par de coches con hombres tuyos; es una precaución conveniente, luego lo comprenderás, camarada ... Mejor que compruebes tú directamente el sitio.

No había pasado una hora cuando escuché el sonido de un claxon y el chirriar de frenos hacia la puerta. Me había quedado ligeramente dormido en una butaca y me despertaron; fui hasta el hall y sólo alcancé a ver a Gabriel salir por la puerta. En los breves momentos que permaneció abierta, vi frente a ella un gran coche negro y dos o tres hombres con uniforme de la N.K.V.D.; luego escuché los ruidos de motores.

XXIV

SECUESTRO DEL MARISCAL

Gabriel volvió sobre las tres de aquella tarde.

Entró rápido y dinámico, pidiendo de comer impaciente y casi a gritos.

Comió y bebió Gabriel con un gran apetito; al terminar se quejó de sueño, me recomendó una vez más vigilancia con Kramer y se marchó a dormir, encargando que lo llamasen a las seis.

Algo después de las seis, Gabriel ordenó que le llevasen a Kramer. Se encerró con él a solas. Yo aproveché mi vacación para entregarme descuidado al sueño.

Me despertaron a la hora de cenar; lo hice solo y esperé un par de horas que tardó en llegar Gabriel, y con él marché para poner la inyección a Iéjov. Nada de particular hubo; Gabriel estaba muy poco locuaz.

Cuando volvimos al laboratorio, serían las dos, Gabriel me llevó a su despacho.

— Va usted a quedar libre por algún tiempo— me dijo, peto matizando la palabra "libre" con burlesco acento— . Sí, le necesitamos unos días como un médico vulgar, que trabaja normalmente y asiste a sus enfermos; ya está todo arreglado. Su personalidad será la de un médico destinado al Ural; ahí en sus documentos personales— y señaló unos papeles— podrá usted estudiar los detalles, la historia que debe recitar si es interrogado, etc.; como verá, está usted en Moscú esperando la orden de partir, llevando consigo el instrumental y botiquín de la clínica que ha de regir. Comprenderá que todo esto es camouflage con un fin: se trata de Kramer; hemos decidido que sea usted quien mantenga la comunicación con él durante todo el tiempo que deba permanecer en Moscú Ha presenciado usted mi conversación con Kramer hace dos noches; será inútil decirle la importancia enorme de lo que ha revelado. Para darle idea de la responsabilidad que usted contrae, le bastará saber que nada de cuanto usted ha conocido hasta hoy puede compararse a este asunto; ni lo de Yagoda, ni lo de Miller, ni lo de Berzin, ni lo dé Navachin, ni la misma salud le Iéjov alcanzan la importancia del asunto delatado por Kramer. Para que usted alcance a comprenderlo un tanto, sepa que todos esos asuntos, en los cuales ha intervenido usted más o menos directamente, son..., ¿cómo diría yo?..., son sólo factores, sumandos, que se totalizan en este complot, cuyo fin es provocar la guerra y la invasión de la U.R.S.S.

— ¿También trotsldsmo?— interrogué ansioso de saber.

— Sí, trotskismo; ése, al menos, es el nombre popularizado, aunque sólo le corresponda a él una fracción y no sea el nombre adecuado para los protagonistas verdaderos. Pero no nos desviemos; hágase cargo de la tremenda responsabilidad contraída por usted y de todo lo que puede acarrearle una indiscreción o un error. Ponga en todo sus cinco sentidos.

— ¿Y es en absoluto necesario que yo intervenga?... ¿Es que no dispone usted de hombres con experiencia?...

— Su elección es asunto mío; yo sé por qué lo empleo; no desgaste su cerebro tratando de hallar mis motivos y razones. Concentre toda su inteligencia en cumplir fiel y exactamente su misión, que, si ella es importante, no es nada difícil, como verá.

— Espero sus detalles— le pedí yo.

En síntesis, me dijo, y lo explicó de cien maneras, que mi papel se reducía solamente a visitar a Kramer, para curarle sus lesiones, "producidas al ser atropellado por un camión", y que yo lo atendía por haberme hallado casualmente próximo al lugar del accidente y haberle socorrido con mis cuidados facultativos en los primeros momentos. Que ya sabía que su nombre oficial en el hotel era John Harris. Lo importante, según me repitió una y otra vez, era que mi contacto con Kramer tuviera un origen casual y un motivo necesario: su curación; ello debía despistar y alejar toda sospecha de relación mía con la G.P.U.; el menor indicio de intervención policíaca ocasionaría un fracaso absoluto, porque, siendo, como serían sus cómplices hombres de la más alta situación en el aparato estatal, debían poseer medios de saber si Kramer tenía sobre sí, no la vigilancia normal de todo extranjero, cosa natural e inevitable, sino si tenía otra extraordinaria y, sobre todo, si se relacionaba con persona sospechosa de cosa policíaca. Que los detalles y apariencias eran lo más importante para el éxito, ya que dependería de que fuera insospechable Kramer el que se le presentase y hablase con él la importante persona que esperaba; si aparecía, mi única misión era ya traerle su nombre, dado por Kramer.

De momento, debía preparar mi equipaje; un equipaje "soviético"; es decir, eliminando en absoluto mis prendas extranjeras; todo lo más, podía conservar las interiores de abrigo, lo no visible. No debía diferenciarme mucho del antiguo Landowsky.

Por lo tanto, en cuanto llegó el taxímetro, nos marchamos. Hacía el frío normal de la estación, pero yo lo sentí como si fuera excepcional; mi cuerpo, aburguesado por mis ropas "occidentales", tiritaba sin yo poderlo dominar.

Llegamos al hotel Savoy. Yo ayudé a bajar a Kramer, que lo hizo con gran trabajo; pero a poco más incurrimos en el primer lapsus, pues nos marchábamos sin acordarnos de pagar; nos reclamó su estipendio el chófen y pagó, como era natural, Kramer. Supuse que aquel taxi pertenecería al servicio, pero representaba su papel con la mayor propiedad. Pensé para mí, que debía servirme de lección.

Entramos, y después de pedir la llave de la habitación de Kramer, subímos a ella. Estuvimos juntos sólo el tiempo necesario para pvudarle a desvestirse y acostarse. Convinimos en que yo volvería sobre las siete de la tarde v nos despedimos.

Bajando la escalera, yo hacía memoria de mis palabras y mis movimientos, analizando si habían sido insospechables. Me pareció que sí, por lo cual quedé tranquilo cuando pisaba la puerta del hotel, y con mi vieja maleta de la mano me dirigí a la calle donde me habían señalado mi hospedaje.

* * *

Han pasado cinco días desde mi llegada a esta casa. Mis horas transcurren monótonas; me aburro. Este aparato tan complicado que es el hombre debe obedecer mucho a la inercia; resulta que ahora, en esta función mía tan relativamente tranquila, padezco un estado de insatisfacción latente y difuso; he reflexionado mucho para identificar la causa y, al fin, he debido confesarme que me falta esa tensión permanente a la cual llevo sometido varios meses. El no ver a Gabriel, no presentirlo, no vivir a la espera de lo extraordinario, todo eso que aterroriza y espanta mis horas, resulta para mi como una droga de la cual no puedo prescindir. Algo también debe influir el cambio de régimen alimenticio y la falta de alcohol; éste ha quedado suprimido y en cuanto a la comida he sido sometido a la dieta del bajo funcionario soviético; que, si no es la peor de las asignadas a los ciudadanos, deja un vacío desconsolador en mi estómago, habituado a la opípara mesa de la G.P.U.

La casa donde me alojaron era mucho mejor que la pocilga donde yo habité con mi familia; pero me resultaba de una incomodidad insufrible. Aunque disponía de habitación para mí solo, era tan estrecha, que debía desvestirme haciendo acrobacias sobre la cama; ésta era vieja, dura y con escasa ropa, pero estaba limpia; pasaba frío en las noches, aun cuando echaba toda mi ropa sobre sus dos ligeras y viejas mantas. Todos estos inconvenientes los podía soportar, pero lo insufrible de todo punto era el ruido permanente. La casa, que debió ser en tiempos grande y cómoda, estaba tan dividida y subdividida que resultaban sus compartimentos celulares; la cantidad de gente alojada era tan considerable, que se desbordaba por patio, pasillos y escaleras, y para salir o entrar se debían hacer equilibrios a fin de no pisar miembros de la chiquillería que circulaban, subían y bajaban, muchas de ellas cargadas con paquetes, envoltorios y cestas. El espectáculo no era nuevo para mí, ni debía molestarme; había yo vivido muchos años así y hasta mucho peor; mas ahora, después de meses de comodidad y sibaritismo, todo aquello era para mí un martirio. La "purga" estaba en su apogeo; yo contemplaba sus efectos desde aquella capa social, casi toda ella de pequeños funcionarios, y pensé que resultaban fútiles molestias las mías comparadas con el terror que sufrían todas aquellas gentes. Colocado yo dentro de la máquina terrorista desde hacía meses, no había percibido los efectos del terror en la masa social. Al fin, yo era un terrorista, eso sí, un terrorista aterrorizado, y mi visión estaba limitada por el mismo engranaje del aparato del terror y no veía la gente triturada por la máquina.

En apariencia, no pasaba nada. La casa, verdadera colmena humana, hervía de movimiento y ruido, pero eran ruidos y movimientos normales. Tan solo en las miradas huidizas, en las conversaciones breves, intrascendentes, interrumpidas por fútiles pretextos, podía notarse algo inexplicable, cual si en el ambiente flotase algo raro, pesado, acongojante. El origen del terror era el Estado soviético, concretado en su Policía; pero aún siendo gigantesco el aparato represivo, sus tentáculos, por enormes y numerosos que fueran, eran incapaces de aprisionar en su abrazo mortal a tantos millones y millones de seres como tiene el pueblo ruso. Podría la máquina matar, deportar, sumir en hambre y desesperación a uno, diez o veinte millones; pero los ciudadanos eran casi doscientos millones; por tanto, las posibilidades de librarse eran relativamente grandes.. Pero este cálculo es un cómputo racional y la razón carece de toda validez frente al pavor, pues el miedo es de origen puramente vital. Es el vértigo del ser al borde del abismo del no ser.

Me confieso incapaz de pintar el cuadro del terror soviético. Su antecesor, el francés, tuvo plástica, gesto y hasta grandeza con sus audiencias ante los Tribunales revolucionarios y en lo espectacular de sus ejecuciones. El terror soviético ha suprimido sabiamente todo cuanto podría elevar y engrandecer a sus víctimas. Si contadas audiencias públicas se permitió, fue para matar moralmente a los reos con su propia vileza antes de darles muerte física en incógnita mazmorra. Opuesto en todo fue aquel terror pagano desatado contra los cristianos. El imperial verdugo, el Senado y el pueblo se mostraban con todo su fausto a plena luz del sol, exhibiendo sin pudor, sin vergüenza y sin hipocresía su crimen multitudinario, presentado a la faz del universo con la magnificencia de aquel Estado romano, que quiso tener grandeza en todo, hasta en sus crímenes. Na cabe semejanza entre aquel imperio pagano y los hipócritas y oscuros reptiles de la burocracia soviética, hombres sin rostro, aterrorizados terroristas, ocultos siempre cual alimañas en la noche. Menos aún cabe comparar las víctimas del terror actual con los mártires cristianos. Adviértase cómo la Historia jamás llamó "terror" al intento de su exterminación. La palabra "terror" no se halla en las crónicas ni en las antologías cristianas o paganas, y si no aparece tal expresión es porque jamás hizo presa en la inerme grey cristiana, ni siquiera se vislumbró el terror en el rostro de los mártires atormentados y despedazados a plena luz del sol. Si algún paralelo puedo hallar es al recordar ciertas páginas de la literatura clásica cuando describen las ciudades italianas diezmadas por la peste; aquel pánico feroz de las multitudes ante la muerte invisible que mataba, y mataba...; pero ni siquiera puede aquel cuadro dar idea del terror soviético; allá, en aquellas ciudades con sus calles saturadas de cadáveres corruptos e insepultos, los aun supervivientes podían entregarse a sus raptos de histeria y devoción, maldiciendo o implorando al cielo; pero en la U.R.S.S., no; el terror es tan unánime y perfecto que ha paralizado toda reacción anímica y física; no hay clamor, histeria, lamento ni protesta. Dura ya tanto el terror, es tal la saturación, que se han atrofiado los nervios de las gentes. Se diría que cuando lo tan temido y esperado llega, y los sicarios chekistas se presentan, no son recibidos cual nuncios de la muerte, sino como si por fin ellos abriesen las puertas de la liberación.

En los pocos días de mi estancia en aquella casa, los agentes de la G.P.U. la habían visitado tres veces, llevándose a. cinco personas detenidas, cuatro hombres y una mujer. De las detenciones nos enterábamos durante el día, casi siempre cuando lo vecinos veían salir a los familiares de los presos llevándose sus ropas y enseres, pues el desahucio seguía casi siempre a la prisión. El acto de la detención se realizaba muy de madrugada, sin el menor ruido ni aparato, con tal naturalidad, que sólo podían darse cuenta las personas domiciliadas en el mismo cuarto. Pero no había un grito, ni los familiares lloraban o se lamentaban alzando su voz. Separado de mí por una débil pared vivía un funcionario de unos cincuenta años, cuya familia se componía de mujer y tres hijas, la mayor de las cuales no habría cumplido los veinte. Pues bien: se lo llevaron y, ni durmiendo mal coma yo dormía, no escuché ni una voz, ni un lamento.

De todas estas noticias me enteraba por la dueña de la casa, una mujer como de treinta años, alta, delgada; según me dijo, casada con un funcionario en misión temporal en Bakú. Ella entraba y salía continuamente y de todo se enteraba. Como huésped se hallaba en la casa otro tipo, también, según decía, funcionario, pero éste no salía ni un momento, alegando padecer un agudo reúma. Sentado durante todo el día, se enfrascaba en la lectura de la Pravda horas y horas, cual si se la aprendiera de memoria. Supuse, y creo con motivo, que aquel "inválido" funcionario, no era funcionario ni inválido y sí un modesto chekista encargado de mi vigilancia personal.

Durante aquellos días tan sólo hacía dos únicas salidas, las que me habían ordenado para Kramer. También una noche, después de haberme puesto de acuerdo con Gabriel, fui a inyectar a Iéjov; por cierto que me instruyó dei eme hiciera determinadas maniobras de marcha y contramarcha, a fin de poder despistar una posible vigilancia de los del complot, antes de llegar al automóvil en el cual me esperaba para ir a la villa de Iéjov.

* * *

Por fin, lo esperado llegó. Serían sobre las siete de la tarde cuando me presenté en el hotel para realizar mi segunda visita diaria. Kramer se hallaba levantado; sus lesiones ya casi no le molestaban y yo le había permitido comer alguna cosa más consistente que la dieta líquida a la cual había estado sometido. Estaba pálido, queriendo aparentar impavidez, pero lo advertí trémulo. No me habló de nada particular y mi visita fue como las demás, limitándome a realizar la cura de costumbre. Pero al saludarme él para despedirme, advertí que me trasladaba de mano a mano un papel muy doblado. Yo me quedé con él, afectando la mayor naturalidad, y me marché, prometiendo volver al día siguiente.

Después de varios intentos para comunicar telefónicamente con Gabriel, pude hablar con él. Me dijo que me recogería un automóvil a la salida de Moscú, que yo marchase en dirección al laboratorio, que ya me alcanzarían.

Así fue. Llegamos muy pronto. Gabriel ya me esperaba. Le di el sobre y se puso a leer el pliego que contenía. Se interrumpió un, instante para preguntarme si había cenado y, al saber que no, llamó para me dispusieran la mesa. Yo me alegré infinito y mi boca se saturó de insalivación; tomé sin pedir permiso un cigarrillo, pues aquellos días había fumado el infame tabaco popular, y me sentí feliz recostado en la blandura del sillón.

A los pocos minutos nos llamaron para la cena. Yo comí como un verdadero hambriento; Gabriel casi nada, estaba ensimismado y como ausente.

Al terminar se despidió, instruyéndome de que yo debía continuar cuatro días más en mi alojamiento, visitando a Kramer como de costumbre, procurando curarle lo más rápidamente y lo mejor posible y que, cuando se marchase, pasados tres días, al cuarto haciendo idéntica maniobra que había hecho aquella tarde, regresase al laboratorio.

Me devolvió el automóvil a los arrabales de Moscú y en tranvía y a pie regresé a mi alojamiento. La dueña de la casa inquirió de mil maneras el motivo de mi tardanza y el funcionario inválido me miró a hurtadillas varias veces por encima de su Pravda. Alegué deberes profesionales, una larga espera en un centro ministerial y, además, el hallarme indispuesto, por lo cual no podía cenar. Esta mi abstención de comer, algo insólito en un ciudadano-soviético normal, quitó los deseos de saber más de mí a la esquelética camarada, que vio en perspectiva un aumento de vitaminas. Me fui a la cama y no sentí tanto frío como en las noches pasadas; sin duda, lo contrarrestaban las copiosas calorías de mi cena chekista.

Volví de nuevo al laboratorio; ya llevaba allí tres días, cumpliendo las instrucciones recibidas.

No quiero repetir cuánto me acuerdo de los míos; los meses de separación; no borran su imagen ni siquiera la difuminan; pero esto es para sentirlo y no para decirlo. Yo me ingenio e imagino mil medios y pretextos para conseguir que me autoricen verlos; pero las tentativas e insinuaciones realizadas con Gabriel han sido inútiles; siempre rehúye la cuestión y si me atrevo a insistir se parapeta tras la "orden superior"; ni tan siquiera consigo que me permitan sostener correspondencia. Lo más que logro es arrancar la promesa de que tendré mi deseado permiso cuando tengan fin feliz los asuntos en curso; pero yo no adivino cuándo finalizarán, ya que los asuntos aumentan y se complican cada día más, sin yo poder intuir su desenlace o su final.

Creo que habían pasado diez días cuando se presentó sin previo aviso Gabriel Me llamó en cuanto llegó y, sin preámbulo, me preguntó si tenía, dispuesto lo que pensábamos utilizar en París para el caso Miller.

— ¿Las inyecciones o el narcótico?— pues recordaba bien que lo convenido era utilizar el narcótico primero en el hotel de París.

— La inyección— me declaró.

— Ambas cosas están intactas y dispuestas para ser empleadas.

— Pues debe tener preparado su equipaje personal, por si es necesario; que salga de viaje en cualquier momento.

— ¿Volvemos a París para reanudar el asunto Miller?— pregunté ansioso de saber.

— No sea tan curioso, doctor— me respondió sin severidad. Iremos a París o iremos a Pekín... ¿Qué más da?...; lo importante es que volvemos a entrar en acción..., ¡y qué acción, doctor!

Pasaron tres días más. En la tarde del tercero, recibí una llamada, de Gabriel; me dijo en breves palabras que estuviese preparado para salir en cualquier momento. No hube de preparar nada, pues todo lo había dispuesto al recibir su primer anuncio de viaje. Dormí mal y un tanto agitado; el destino de mi viaje, la ignorada, misión y el miedo difuso que me inspiraba en mi situación todo nuevo cambio, me producían un estado nervioso bastante agudo.

Muy de madrugada me llamaron; me bañé y me vestí, desayunando antes de salir. No bien acababa de hacerlo, cuando escuché el ruido del motor de un automóvil que paraba en la puerta de la casa. Clamaron con el timbre y entraron dos hombres que se llevaron al coche mi equipaje; salí tras ellos, ocupé mi asiento, se colocaron a mi lado y arrancamos. Duraría el viaje unas tres horas; no lo sé bien, por no haberme fijado, cuál era cuando salimos del laboratorio. Llegamos, ya entrada bien la mañana, frente a una puerta grande hecha con maderas cruzadas que cerraba una, alambrada. Bajó uno de mis acompañantes, presentándose al oficial que se paseaba frente a la puerta por la parte de fuera; entonces me di cuenta de que había también dos centinelas. Hablaron unas palabras y el oficial dijo algo a unos soldados, y la puerta se abrió; volvió a subir el que había bajado y nuestro automóvil entró; aun rodaría como media versta y paramos. Bajé, y a unos metros vi un avión trimotor y en torno a él varios, hombres, tres o cuatro, dos de los cuales vinieron al automóvil para tomar mi equipaje y meterlo dentro del gran pájaro. Cuando entraron por la puerta del costado, vi descender a otro que vestía el uniforme de vuelo de la aviación militar; dio unos pasos hacia mí y me llamó; aproximé a él y reconocí a Gabriel. Me tomó del brazo y me llevó hasta el costado del avión, invitándome a trepar por la corta escalera que permitía subir hasta la puerta. Entramos, ambos; tres hombres terminaban de colocar y atar mi equipaje; junto al mío había otras maletas y un gran baúl negro con herrajes de metal amarillo. Gabriel ordenó que bajaran todos, y va solos me invitó a sentarme, instruyéndome para que me pusiese el cinturón de seguridad, operación a la cual me ayudó.

— Ahora quíteselo— me dijo.

Lo intenté sin poderlo lograr. Él se sonrió.

— Bien; no haga más esfuerzos; no lo abrirá.

— Luego, no sé cómo, separó el broche del cinturón de seguridad y pude "verme libre". Me levanté y Gabriel me instruyó con toda naturalidad.

— Usted, doctor, se sentará en este otro sillón; vea el cinturón— e hizo jugar el broche, que se abría y cerraba con facilidad, aunque parecía idéntico—; este asiento lo ha de ocupar un viajero que nos acompañará; sólo iremos él, usted, mi mecánico y yo, que pilotaré; cuando llevemos una hora de vuelo, mi mecánico aprisionará, con una llave de jiu-jitsu por el cuello al pasajero; no se moverá... cuando usted lo vea bien sujeto, allí tiene su maletín, prepare con toda tranquilidad su inyección, pínchele y duérmalo. Cuando duerma tranquilamente lo libertará y entre los dos han de meterlo en ese gran baúl que usted ve ahí, lo atarán, pues el cofre tiene la conveniente disposición y el mecánico ya lo ha ensayado. Por su parte, nada más; después puede ya dedicarse a contemplar el paisaje hasta que aterricemos.

— ¿Dónde he de ponerle la inyección?— le pregunté— . Vea que ha de estar vestido y con poca piel al descubierto.

— Eso es cuestión de usted, pínchele donde quiera.

Me senté y él salió del avión, bajando a tierra. Dirigí una mirada por la ventana lateral inmediata sobre la extensión del campo que me dejaba ver el ala del aeroplano. Allá lejos había varios aparatos y movimiento de soldados en torno a ellos. Volvió a entrar Gabriel y, al momento, uno tras otro empezaron a funcionar los motores. Se había desarrollado aquello, viaje, plan, instrucciones, con tal rapidez que no había tenido tiempo siquiera de reflexionar pero aquella espera hizo surgir en mí los pensamientos, mejor dicho,, las interrogaciones, las sospechas y los, temores. Pensé si aquel viaje y secuestro sería cosa del Estado, es decir, legal o se trataría de un golpe audaz, siniestro y personal de aquel Gabriel, cuya traza muchas veces no era de un funcionario policíaco y sí la de un gángster audaz. Porque oyéndolo y, sobre todo, viéndolo actuar, dinámico, vital, apasionado, yo no podía distinguir dónde terminaba lo oficial, y surgía lo personal. Acaso, una técnica educacional, refinada, exquisita, diabólica, del Partido había hecho el milagro de fundir en el mismo individuo el espíritu del profesional, del técnico, del funcionario, con el del fanático, apasionado e ingenioso. Yo era testigo de esas prodigiosa conjunción que se daba en Gabriel y no la podía creer. Él se mostraba tan apasionado y personal que la idea de subordinación y obediencia en, él se desvanecía en absoluto; su decisión, valor y crueldad y, a la vez, su embriaguez de peligro, eran algo tan extraordinario, íntimo y vital que sólo. quien lo sintiera todo como algo íntimo y suyo en absoluto podía vivir en tal estado.

Naturalmente que no tuve tiempo de pensar con tal profundidad aturdido por el furioso zumbar de los motores; lo escribo ahora, en el silencio de la sala, mirando al diminuto iris de un rayo de sol roto en el cristal de, un matraz.

Entonces hice mil raudas conjeturas, cada vez más disparatadas; pensé si raptaríamos a un gran personaje soviético, llevándolo allá, muy lejos, a una isla desierta, por el cual pediría Gabriel un rescate fabuloso, y no sé por qué, la imaginación me hizo ver que lo pagaban en piedras preciosas... Yo veía ya una cascada de rubíes, topacios y esmeraldas, mezclados con diamantes y con perlas...

En estas estúpidas ideas me hallaba cuando pasó Gabriel por mi lado diciéndome sin detenerse: "Ya está ahí", y bajó del avión. Miré hacia fuera y vi un automóvil del cual descendía un hombre de buen aspecto; su nota personal era una gran barba, su porte y vestidos eran de persona importante, llevaba una gran cartera de mano. Lo debían esperar varios jefes militares, que lo rodearon, acompañándolo con muestras de respeto; vi a Gabriel que lo esperaba cerca del avión, situado casi debajo del ala, y que saludó al que llegaba con estirado saludo militar. En esto entró un desconocido en el avión, vestido con el traje de vuelo militar, me hizo un ligero saludo y entró en la cabina de mando, supuse que sería un piloto o un mecánico; al instante, también entraron otros soldados, que traían dos maletas de cuero, las cuales dejaron en la parte de atrás, y se volvieron a marchar.

Los motores aceleraban aumentando su ruido. Entró Gabriel y al momento, tras él aquel que yo vi llegar. Gabriel le señaló muy respetuoso y deferente su asiento. Antes de sentarse, aquel hombre me dirigió una mirada de través, cual si mirara él a un insecto y el insecto fuera yo. Me ofendió aquel mirar, así es que al sentarse pensé: "Ya verás luego tú". Gabriel, sonriente y con delicada amabilidad, le ayudó a cerrar el cinturón; volvió hacia la puerta lateral y ordenó cerrar, lo hicieron y, al instante, se colocó ante aquel tipo, y marcando el más correcto saludo militar, le dijo:

— Cuando mande, mi mariscal.

Asintió el personaje, y Gabriel, sin apresurarse, dio media vuelta y empezó a calzarse unos enormes guantes, con un estilo y una delicadeza igual que si se dispusiera a estrechar la delicada cintura de una duquesa para bailar un vals. Sin más, entró en la cabina y al momento sentí estremecerse el avión que rodó largo trecho por el campo y despegó con suavidad. Alcanzamos altura muy pronto y el avión cortó en jirones las nubes con sus alas. Embargado yo con esa cierta solemnidad que para mí tiene verme suspendido en el aire, se había disipado en mi cabeza la idea de cuánto debía suceder allí, en aquel estrecho lugar, con aquel general. Lo miré sin volver la cabeza y lo vi, tranquilo y satisfecho de sí mismo, acariciándose con aire solemne su hermosa barba, contemplar el panorama exterior por la ventana. Como me había resultado antipático al entrar, volví a repetirle en silencio: "Ya verás, mariscal, ya verás cómo pica este insecto"... Pero me avergonzó mi conciencia de tan inicuo pensamiento y ya pensé sobre la cosa tan solo en obediente y forzado "funcionario técnico". Como no me miraba él, pude dirigirle con disimulo miradas de exploración a fin de saber dónde le podría poner la inyección. Tenía puestos gruesos guantes, vestía un amplio abrigo forrado de zibelina, cuya piel asomaba y se volvía en un alto cuello; realmente, sólo tenía él al descubierto la cara; me parecía difícil el subirle la manga por el grosor del abrigo; tendría que ser en un muslo, intramuscular, y a través de la tela, pero deseché la idea; recordaba bien que habían quedado libres mis piernas y él, como es natural, se defendería. Me hallaba en gran apuro, viendo la cosa más difícil cada vez. No sé cuánto tiempo pensaría sin hallar la forma conveniente. Interrumpió mis cavilaciones la aparición del llamado mecánico en la puerta de la cabina. Le miré y lo vi tan tranquilo, su cara mongólica nada extraño reflejaba. Me di cuenta de que había llegado el instante de actuar; desabroché mi cinturón. El mongol .vino hacia nosotros, y al pasar entre el general y yo viró y, con rapidez de un simio, sujetó al mariscal por el cuello, pasando su antebrazo derecho por bajo de su mandíbula. Fue un instante: el mariscal casi no se movió y quedó rígido. Yo me dirigí a mi maletín de instrumental; estaba trémulo y ni acertaba a poderlo abrir. Ya un poco distante del general el ruido de los motores no me dejaba oír una especie de sordo ronquido que se escapaba de su garganta. Por fin abrí el maletín; mi temblor y aceleración me hizo derramar el líquido de la primera ampolla y sólo acerté con la segunda, pudiendo cargar la jeringuilla; luego se me cayó al suelo la aguja dos veces y pensé en su asepsia, pudiendo ajustaría sólo en la tercera tentativa. Ya estaba yo empuñando mi arma y, casi maquinal, me dirigí hacia el sillón. Tenía verdadero miedo, no sabía qué hacer; yo tenía un miedo mortal a enfrentarme, jeringuilla en mano, con la mirada del general. Tiré del guante: intenté subir la manga, pero no pude, sujeté su mano y pinché en la región del pulgar. Inyecté, no sin temblar. Acabé, pero me pareció que duró la inyección un siglo. Al terminar me fui a guardar la jeringuilla. Tardé algún tiempo, pues mis manos estaban muy torpes; cerré luego el maletín y me incorporé. Miré hacia el general y allí estaba el mongol, haciendo aún presa sobre su cabeza, con el mismo tesón y seriedad que cuando lo dejé. Le indiqué por señas que lo dejara ya; pero no me entendió, y hube de apartarle yo mismo las manos. El general ya no hablaba, los efectos de la droga se hacían sentir, pues abría sus párpados con suma dificultad. Pensé por un instante qué pasaría en lo turbio de su pensamiento por aquella cabeza. El mongol me miraba interrogante y con respeto. Yo fui hacia la puerta de la cabina del piloto; metí la cabeza y vi a Gabriel con sus pies y manos en los mandos, tranquilo y mirando hacia adelante, cual si guiase un avión de pacífico turismo; casi no volvió su rostro, cuando a gritos le di la noticia de que ya dormía el general: "Está bien, doctor", creo que llegué a escuchar. Volví hacia él, general; ya estaba sumido en profundo sopor. Miré al gran cofre negro y sólo necesité mirar para que el mongol, fuera decidido hacia él y lo abriera, dejándolo tumbado; entonces me di cuenta de aquel cofre se hallaba acondicionado para el fin al cual se le destinaba; su interior lo tenía almohadillado, algo así como un estuche dispuesto para amortiguar los golpes de lo que llevara dentro. Llamé al mongol para soltar el inanimado cuerpo del general, él maniobró con una pequeña llave y desabrochó el cinturón, y ya, entre los dos, haciendo esfuerzos y equilibrios, arrastramos al general hasta el cofre-ataúd, colocándolo en él; como sus piernas le quedaban fuera, el mongol se las dobló, sin titubeo, cual si no fuera esta la primera vez que realizara la operación; después cruzó en sentido transversal una correas muy fuertes y las abrochó y, por fin, ató pies y manos al general con una gran destreza. Se incorporó el mongol, frotándose las manos y me hizo un gesto de haber terminado, disponiéndose, a cerrar la tapa del baúl; pero lo contuve Aún cuando lo suponía, me quise cerciorar de si el baúl poseía orificios por donde respirar; los tenía, mas como no sabía el tiempo que había de durar la travesía, me acerqué a preguntárselo a Gabriel y él me dijo que aterrizábamos pasada una hora y media. Me pareció prematuro cerrar el cofre y sólo fue cerrado una hora después. Intenté reflexionar durante aquel tiempo, pero no pude; sin duda, el desgaste de mis nervios había sido tremendo. Tan sólo llegué a la conclusión de que había en realidad empezado ahora mi propia función oficial de torturador profesional. Y, a pesar de haberme impresionado mi rápida intervención, me hallé a mí mismo bastante tranquilo y en normalidad. Sin duda, reflexioné, este animal humano tiene insospechadas aptitudes de adaptación.

Mis cálculos sobre dónde podríamos hallarnos los interrumpió el dolor de mis oídos, anunciándome que descendíamos. Aterrizó muy pronto el avión, vi correr por el campo hacia nosotros cierto número de soldados. Paramos y, al poco, apareció Gabriel. Abrió la puerta del costado el mongol y subieron a bordo varios soldados; pero no de Aviación, sino de la N.K.V.D., al mando de un oficial, que saludó a Gabriel. Dio éste órdenes para bajar todo el equipaje, transportaron con trabajo el gran baúl. Nos apeamos todos; allí cerca vi a varios aviadores en traje de vuelo, que subieron al avión al instante de abandonarlo nosotros; los motores se pusieron en marcha de nuevo, y aun nos hallábamos en las márgenes del campo cuando vi cómo nuestro avión emprendía el vuelo.

Allí, junto a varios edificios bajos, dependencias del aeródromo, había tres coches que nos esperaban. En uno, que tripuló el mongol, se puso el equipaje, colocando el gran baúl en la parte posterior. En otro entramos Gabriel y yo, y el oficial y los soldados de la N.K.V.D., en el tercero.

Arrancó toda la caravana. Yo, por paradoja, me tranquilicé al verme escoltado por la N.K.V.D.; ya no tenía duda sobre el carácter oficial del secuestro de nuestro general. Los coches avanzaban por una carretera mal cuidada, con mucho barro y con nieve a trechos licuada.

— ¿Qué tal su operación, doctor?..,— me preguntó jovial Gabriel.

Sólo supe contestarle con un vago gesto y a mi vez le pregunté:

— ¿A dónde llevamos al "enfermo"?...

— ¿Cuántas horas le durará el efecto?— inquirió sin contestarme.

— Unas seis horas.

Consultó su reloj.

— ¿Hace hora y media, no?... ¿Nos restan unas cuatro y media?... Es poco. ¿No habrá inconveniente en prolongar su sueño mediante otra inyección?

— Puede hacerse, ¿pero dónde?...

— Pues en otro avión— me respondió.

XXV

TORTURA

Otra vez en vuelo Nuestra ruta en automóvil fue para ir a otro aeródromo, al cual llegamos en unas dos horas. Un avión esperaba con los motores en marcha. No hubo más detención que la necesaria para subir a bordo el equipaje y el baúl, y, también pilotando Gabriel, volvimos a volar.

Ignoro a punto fijo por qué región anduvimos, pero deduzco, por los tipos de algunos campesinos que vi por la carretera y por las construcciones rurales, que aquello debía ser Ucrania.

Ningún incidente hubo en el viaje. Según lo convenido, inyecté al general, que seguía adormecido, una nueva dosis.

A las tres horas, aproximadamente, por la ventana izquierda pude ver una gran ciudad; aun cuando lejos y difuminada por la niebla reconocí en ella a Moscú; no podía equivocarme, había podido alcanzar con la vista hasta dos o tres ciudades en el trayecto, pero ninguna tenía la típica arquitectura de Moscú, que podía reconocer a gran distancia. A poco, aterrizamos; pero en distinto aeródromo de donde partimos. También nos esperaba un pelotón de la N.K.V.D. con tres automóviles. El oficial se presentó, saludando a Gabriel:

— ¿Capitán Gabrilo Gabrilovich Kuzmin?

Respondió al saludo y asintió Gabriel; después se apartaron unos pasos y hablaren entre sí. Rápidamente pusieron todo en los tres automóviles y partimos muy rápidos. Llegamos al laboratorio, con lo cual se cerró nuestro circuito, desvaneciéndose mis imaginaciones de aventuras en países exóticos. Se descargó todo y se marcharon los hombres de la N.K.V.D.; sólo quedó el mecánico mongol. Cerrada la puerta, Gabriel dispuso que fuera bajado el gran cofre al sótano; yo me disponía a quedarme arriba, pero me invitó a bajar con él. Era la primera vez que, ¡descendía. Ignoro por qué había sentido cierto miedo frente a la puerta de aquella cueva, siempre cerrada, que me recordaba el oscuro dominio del desaparecido Levin. La imagen del sádico doctor y la del sótano estaban, no sé por qué, íntimamente asociadas en mi imaginación.

Al pronto, contra mis imaginaciones, nada terrorífico advertí. El sótano se hallaba normalmente iluminado. Al terminar la escalera empezaba un corredor flanqueado por tres o cuatro puertas que terminaba en un espacio relativamente amplio, también rodeado por otras seis; eran estas puertas fuertes, normales, sin más de particular que una mirilla cerrada. Se hallaba abierta solo una, por la cual se escapaba mayor claridad. El mongol, el mayordomo y otro de los hombres del servicio de la casa tenían el baúl en el suelo, frente a la puerta abierta e iluminada, y nos miraban como si esperaran nuestras órdenes.

— Abre— dijo Gabriel al mongol.

Lo hizo, levantó la tapa y apareció en su ridícula postura, con las piernas dobladas y atadas, el general. Miré por un momento a los dos hombres que ignoraban el contenido del baúl y, cosa extraña, en sus caras no se reflejó ni el menor gesto de asombro ni emoción, y eso que para ellos el cuerpo aquel tenía el aspecto de ser el de un muerto.

— Desatarlo y encerrarlo ahí— volvió a mandar Gabriel, mirando impasible al dormido general. Sacó su pitillera, me ofreció un cigarrillo y se puso a pasear.

Trasladaron el cuerpo a la celda, yo me aproximé un tanto para examinarla; estaba toda ella almohadillada y sólo tenía una tabla en lugar de cama que, puesta en horizontal, cubría la mitad del área. Estando distraído en el examen, escuché tras de; mí la voz imperativa de Gabriel:

— Quitarle su abrigo; registrarle y traer todo lo que lleve sobre él; pero registrarle bien. La búsqueda empezó; bolsillo tras bolsillo, fueron vaciados uno a uno; luego, costuras, forros, entretelas; prenda por prenda, fueron palpadas y dobladas en todos los sentidos por aquellas seis manos, cual si buscaran una pulga. Duró aquello largo rato, pero Gabriel no dio muestras de impaciencia, ni apartó su mirada un instante de la meticulosa operación.

— Está bien— dijo por fin— ahora podéis atarle.

Quedó el general atado de pies y manos en un instante, pues su tablero-cama, disponía de unas fuertes correas trenzadas que podían unirse con hebillas.

— Uno siempre de guardia— volvió a ordenar Gabriel— . Cerrad— y tomándome del brazo, me llevó con él— . ¿Qué le parece, doctor, si almorzásemos?... ¿No le parece que es hora ya?

En efecto, en todo el día ninguno de los dos habíamos comido; pero yo, con tantos movimientos y emociones, ni siquiera me di cuenta.

* * *

Si hasta el minuto presente hiciera examen de conciencia como chekista profesional, no me podría yo acusar de asesino ni de torturador. Realmente, mi acción directa se ha reducido hasta hoy a librar de la muerte a Iéjov, a poner unas inyecciones a este general soviético, las cuales, por paradoja, no son para su tortura, sino para dormirle plácidamente. Si alguien ha sido torturado he sido yo, el torturador, pues recibí una bala en la espalda cuya herida me hizo padecer física y moralmente. Nadie podría creer que yo, el torturador diera el placer y fuera el torturado. Pero, en realidad, esta consideración es demasiado elemental. Soy un diente del complicado engranaje del aparato del terror; si yo personalmente no he torturado hasta hoy, mi contribución y ayuda la he prestado en la medida en que se me ordenó. Soy culpable. Esta es la conclusión a la cual me lleva mi conciencia; mi conciencia viva y despierta siempre allá dentro de mi y cuya muerte o sopor por ni puedo siquiera imaginar. "¿Será posible— me pregunto mil veces— que haya muerto la conciencia en tantos hombres como me rodean?..."

Contemplo cómo se atormentan y se matan entre sí Es cierto que al matar y atormentar muestran una rara inteligencia. El homo sapiens se muestra en todo el esplendor de su razón. Pero nada más; el hombre atormenta y mata al hombre tan sin conciencia como el animal mata al animal. No lo concibo; no lo comprendo, ni aún apreciando la naturalidad y normalidad de estos hombres al matar y torturar. Superior es a mi capacidad de comprensión aceptar la evaporación de toda sombra de remordimiento en su alma. ¿Pero acaso tienen alma? ¿No serán ya un mero ente racional, sensorial y funcional?... ¿No habrán extirpado en ellos lo puramente metafísico?... Yo lo creo imposible; no puedo creerlo, aunque parezca una evidencia en la vida de este "ente soviético". Es todo un gran problema; lo confieso. He meditado mucho en mi forzada soledad sobre tan enorme cuestión. Sólo hallo hasta hoy como causa de la muerte total o catalepsia de lo sentimental y moral esa hipertrofia, para todos evidente, de lo racional e instintivo en el homo soviético, provocada por el fatalismo dialéctico del marxismo. La existencia de tal tipo "humano" parece ya evidente. En él no puede hallar la más atenta observación una mínima reacción sentimental de orden metafísico. Su norma y ley es marxista; es decir, darwinista. ¿Nos hallamos; frente a una nueva especie?... Una nueva especie, debida, no a la evolución, sino a la Revolución. Un tipo liberado de la gravitación del bien y del mal. Pero yo reflexiono: el evolucionismo darwinista y, por lo tanto, el fatalismo marxista, llevan implícita y explícita la idea progresista, la perfectibilidad, ¿no?... Este tipo de "hombre" soviético, superior al bien y al mal, sería el superhombre de Nietzsche; la bestia dialéctica. Pero no sería el progreso ni la perfección darwiniana. El intento de hacer un hombre más perfecto, un superhombre, tan sólo habría logrado producir una bestia más bestia. Eso es el hombre que contemplo: una fiera, no en la ciega noche de sus instintos, sino con sus instintos lúcidos, iluminados por la razón... La bestia potenciada infinitamente por la dialéctica. Sí, así es; el marxismo ha logrado hacer que retroceda el hombre al estadio animal, cercenando en él su orbe metafísico, su tangencia con la Divinidad. Si el marxismo ha logrado tan ingente prodigio, frente al cual son pigmeos todos los descubrimientos planetarios, deberemos reconocerle una categoría satánicamente genial.

* * *

Al cuarto día de estar siendo inyectado con morfina el general, Gabriel me sugirió hacer la prueba de suspender las inyecciones para poder apreciar su reacción.

A las diez horas de hallarse privado de la droga el estado del "paciente" era de gran agitación.

Gabriel decidió no esperar más para iniciar su interrogatorio. Hizo que condujeran al general a su despacho. Según pude ver luego, lo hizo amarrar a un sillón, dejándolo inmovilizado. No presencié su interrogatorio durante las dos primeras horas; por lo tanto, ignoro qué pasaría. Debió fracasar Gabriel en su intento de hacerle hablar. Estimo que, como recurso, me mandó llamar. Cuando entré, pude darme cuenta de la situación; el general, atado como estaba, se hallaba próximo a sufrir un ataque de nervios, haciendo esfuerzos desesperados para querer liberarse; pero sus ligaduras eran muy fuertes y también el sillón; de lo contrario no hubiesen resistido sus esfuerzos.

— Tráigame una inyección— me indicó Gabriel.

Salí presuroso y regresé al momento con la jeringuilla cargada. El general, cuando me vio, se aquietó instantáneamente. Me miró con ansia, con esa mirada que un perro vagabundo y hambriento dirige al pan que come un niño. Yo me; aproximé, de buena fe, con intención de inyectarle, creyendo interpretar la orden de Gabriel, pero él me detuvo.

— No, doctor; no. El mariscal, mejor dicho, el ex-mariscal Gamarnik no quiere que nos entendamos. La inyección sólo es para si decide cambiar de opinión. Siéntese, siéntese, doctor.

Me senté y quedé con la jeringuilla en mi mano sin saber qué hacer. Gabriel se volvió hacia el general, inmóvil y fatigado en el instante, para decirle:

— Hasta el momento, no he querido emplear el estilo fuerte; si se tratase de un ignorante del sistema, hubiéramos empezado por una rápida prueba de cualquier procedimiento; pero usted conoce perfectamente lo eficaz de nuestros tratamientos. No puede hacerse la ilusión de ser una excepción de resistencia física o psíquica; vencerla sólo es cuestión de tiempo. Ha conocido usted a hombres, muy hombres, con unos nervios bien templados en toda una serie de peligros, y los hemos quebrado... ¿Se cree usted superior y dotado de mayor resistencia y valor?

Guardó un instante de silencio el general y con esfuerzo visible respondió:

— No seré superior en resistencia ni valor; pero sólo podrá lograr que mienta; no hay un átomo de verdad sobre mi participación en ese complot militar...

— ¿Nada?... ¿Y su confesado contacto con Kramer?... ¿No es nada?

— ¡No es nada. Es un contacto sólo técnico, en interés del Ejército Rojo, al cual estaba obligado y autorizado por mi cargo de Comisario adjunto de Defensa; nadie podrá inventar, basándose tan sólo en ello, una fantástica conspiración militar.

— ¿Es su definitiva decisión?... Medítelo antes de contestar. Tengo aquí la confesión de Kramer detallada y concreta. No intente inventar ni fantasear; la confesión de usted ha de coincidir exactamente con la del alemán. No me mande llamar hasta no estar decidido a decirme toda la verdad. Voy a probar su resistencia desde ahora mismo. Pero antes debo advertirle: llegará un momento en el cual ha de querer hablar; es posible que yo no me halle aquí en ese instante y no pueda escucharle; no espere que cuando pida usted hablarme, ya sea para mentir o decir la verdad, se suspenda el trato que le darán. Puede ocurrir que yo tarde varias horas en volver y serán para usted una eternidad de inútil sufrimiento que no le podré yo evitar... ¿Qué decide?... Yo me debo marchar.

Esperó Gabriel sentado unos instantes; pero el general no pronunció una palabra, se puso en pie y llamó. Entró el mongol y otro de los hombres de la casa y ordenó que se llevaran al preso. En tanto lo desataban, Gabriel se paseaba y monologaba en voz alta:

"Es un fastidio; todos igual. Negar, resistir, en las primeras horas o en los primeros días para luego acabar por hablar... La estupidez humana es algo inenarrable... ¡Es aburrido hasta la saciedad!"

En tanto, se llevaban al general entre los dos hombres, sujetándole un brazo cada uno, pero doblándoselo a la espalda.

Cuando desapareció yo quedé como estaba: sentado, con la jeringuilla cargada y mirando estúpidamente a todos lados. Gabriel seguía paseando y sin hacerme ningún caso; luego salió y pude oír sus pisadas al bajar los peldaños de la escalera. Hubo un silencio y luego escuché un grito procedente de abajo; luego, a intervalos, varios más. Sin duda, empezaba el tormento del general. Los gritos, aunque amortiguados por la distancia, llegaban a mí bien perceptibles, produciéndome un efecto extraño y acongojante; sentía como si tuviera un apretado nudo al final del esófago. Pronto escuché cómo alguien subía la escalera y cerraba la puerta con gran ruido. Era Gabriel que volvía; entonces me advirtió:

— Tiene mal aspecto, doctor. ¿Es que ha oído algo?

— Sí— respondí con gran esfuerzo— -, y aún me parece oír...

— No, ahora no se oye nada; es una ilusión de usted; pero no creí que le impresionara, doctor. Usted debe haber operado y también habrá hecho disección, y ya debía estar acostumbrado a la sangre y al grito, ¿no?...

— No, así no; con un hombre sano y vivo, no.

— Pues hágase & la idea de que ya es un cadáver...

— ¿Lo han matado ya?...— pregunté sin pensar.

— No; ¡qué estupidez!... No ha muerto aún, pero morirá; para el efecto ¿qué más le da a usted?... Pero, en fin, ya se acostumbrará. Escúcheme, yo estoy falto de sueño, debo dormir; usted deberá bajar al sótano para examinar el estado del general; es posible un colapso. Si se produce, reanímele, y si pierde el conocimiento, vuélvale a él. Queda, su salud y sensibilidad en sus manos, doctor, bajo su entera responsabilidad. Ya sabe, su vida es preciosa en grado sumo..., hasta que hable.

Dio unos pasos hacia la puerta y volviéndose agregó:

¡Ah!... si me llamase por querer hablar, que me avisen, pero sin apresurarse y, desde luego, ya lo saben ellos, sin suspender el tratamiento... ¿Entendido?...

No contesté porque no podía, y él salió. Sólo pude reaccionar apretando con fuerza el émbolo de la jeringa que soltó en arco un hilo de morfina. Salí del despacho con inseguro paso y entré sin saber para qué en el comedor; instintivamente agarré una botella de no recuerdo qué y bebí de algo bastante fuerte, pues lo necesitaba. Después paseé fumando por el hall, mirando sin poderme contener la puerta del sótano y, a veces, sin atreverme a tocarla, pegaba mi oreja y escuchaba sin lograr oír nada.

No sé cuántas veces intenté sobreponerme a mi miedo y repugnancia para bajar; pero no me decidí hasta que la imaginación me hizo verme a mí en la misma situación del general en manos del mongol, si por mi temor a bajar se les quedaba muerto en el suplicio, pues entonces el atormentada sería yo. Me invadió un miedo atroz y el miedo me dio valor.

Bajé los peldaños de la escalera de dos en dos; avancé armado de todo mi estoicismo, dispuesto a presenciar una escena de horror. En tal disposición llegué al rectángulo de la puerta iluminada de una de las celdas; pero, con el mayor asombro, nada vi espeluznante. El general, se hallaba en pie de cara a la pared y el mongol, sentado en la tabla que hacía las veces de cama, fumaba inmóvil y paciente, cual si contemplase una puesta de sol. Quedé inmóvil, sin pasar de la puerta, sintiendo así como vergüenza per mí pavor. La escena carecía de todo dramatismo; no había ningún indicio de tormento; el general parecía un colegial revoltoso castigado por el maestro. Sí— pensé

— -, tendría que cansarse, pero el dolor no debía ser tan violento como para obligarle a confesar; sólo advertí un continuo movimiento en sus pies. Ante su normalidad yo di un paso para retirarme, pero en el mismo instante se dobló el general, llegando casi a sentarse en el suelo. Saltó el mongol como un mono, atrapó su brazo y se lo dobló a la espalda; crujió la articulación y dio un grito el general, volviendo a quedar pegado a la pared; el mongol recobró la misma posición, sin dejar de fumar.

Por hacer algo, y sin poder explicarme la escena, me aproximé y le tomé el pulso al general; sólo advertí excitación, irregularidad y algún tardío fallo cardíaco; tenía vitalidad, pero me prometí explorarlo con frecuencia.

Volví a subir; consulté mi reloj para bajar de nuevo pasada una hora. Intenté leer y luego pasear, pero sólo sabía mirar cada tres o cuatro minutos el reloj, cuya lentitud en avanzar me hacía creer que no marchaba. Y es que, instintivamente, pensaba lo largos que se le harían los minutos al general colocado en aquella rígida inmovilidad.

Bajaba cada hora; cuando pasaron tres, lo hice cada treinta minutos, pues advertí que la excitación del general aumentaba. Realmente, no me la podía explicar si no era por la falta de morfina, porque la sesión sólo duraba unas cuatro horas, y me parecía dotado de sobrada resistencia su, constitución física para llegar en tan poco tiempo a tal estado. Sus intentos de sentarse fueron más frecuentes cada vez y ya no se doblaba, sino que se derrumbaba, cual si desfalleciese de repente todo él. Tan frecuentes fueron sus caídas, que el mongol, sin abandonar su impasibilidad, hubo de situarse de pie a él, teniéndole cogido por un dedo; de tal manera que cuando se iniciaba el desplome, con una diestra torsión le hacía recobrar el equilibrio. Debía producirle un fuerte dolor, porque de su seca garganta se escapaba un ronco alarido.

Aquel espectáculo me deprimía. Intentaba yo apartarme y librarme de él, pero me atraía y volvía otra vez. Perdí la cuenta de las veces que llegó a derrumbarse el general. La última, el mongol lo arrastró fuera de la celda, dejándolo tirado en el suelo. Encendió un luz y desenganchó de la pared cuerda; entonces vi que del techo bajaba el otro extremo deslizándose por una polea. Terminaba la cuerda en un lazo en el cual introdujo las manos del general, lo ajustó a sus muñecas y tiró, poniéndolo derecho; sus pies se apoyaban en el suelo, sosteniendo todo el peso del cuerpo, y si pretendía buscar el descanso de sus piernas debía sostener su peso con los brazos, y se le apretaba la cuerda en la carne. Pronto se le pusieron las manos hinchadas y amoratadas. Entonces el mongol se puso a pasear con toda calma y seriedad, sin siquiera mirar al general. Yo me volví a marchar, después de explorarle el pulso, era la hora de cenar, según me advirtió nuestro intendente. Intenté comer, pues me sentía desfallecido, pero no podía casi tragar, los alimentos; eso sí, bebí con exceso Gabriel no compareció; debía dormir como un bendito.

Bajé al sótano una vez más; el mongol había sido relevado por un hombre de la casa que, sentado, leía tranquilamente la Izvestra.

Por primera vez, el general me dirigió la palabra para pedirme agua; lo dijo con voz ronca y tenía la boca seca y el aire, al respirar, resonaba en su cavidad bucal con sordo estertor.

— No puedo— le respondí—; no estoy autorizado; lo siento— y bajé la mirada sin poder resistir la de aquellos ojos desorbitados.

Un resto de energía estremeció con furor el cuerpo del general. Me volví con vergüenza y congoja, sin saber ya qué hacer. La idea de pasar así toda la noche me ponía enfermo. Me marché y, ya en el hall, oí ruido de platos en el comedor; me asomé, y allí estaba Gabriel cenando.

— ¿Ya cenó usted, doctor?...— me preguntó al percibirme— ¿Nada de nuevo?

— Nada— contesté secamente.

— Siéntese. ¿No toma. nada?... ¡Pero qué mala cara tiene hoy, doctor!

Siguió comiendo Gabriel; pero como de costumbre cuando comía, no hizo alusión al asunto que nos ocupaba. Sólo cuando se bebió el café preguntó:

— ¿Qué, aguanta todavía el general?... ¿No ha querido llamarme aún?

— No— respondí.

— Aún es pronto; no me extraña. La cosa es normal. Lo siento por usted, porque no tengo con quien poderlo relevar.

Si el martirio aquel hubiera sido violento, si los chekistas excitados dieran golpes y gritasen, no creo que me anonadase tanto el espectáculo, pero aquello era deprimente, monótono, cansado; yo estaba sin nervios, laxo; porque, contra lo esperado, no había furia, dramatismo ni sangre. Todo parecía terriblemente normal, diría burocrático; sin duda, todo estaba calculado por una experiencia reiterada. Gabriel, a quien yo había visto nervioso y excitado en el peligro y hasta en el diálogo, ahora sólo se limitaba a esperar; al parecer, en la certeza de que más o menos tarde quebraría la resistencia del general.

Habrían pasado las doce cuando me llamó el intendente para que bajara al sótano. Hice avisar a Gabriel, que se había encerrado en su despacho. Bajé lo más rápido que pude y vi al general exánime, colgado de la cuerda como un pingajo humano.

Lo hice desatar. Padecía un síncope, con todas sus características. Lo atendí rápidamente, logrando hacerle reaccionar pronto. Para forzar a Gabriel a que lo dejase descansar le hube de decir que no respondía de la vida del general. No se alarmó, y hasta creo que no dio crédito a mi diagnóstico pesimista.

— No hay gran prisa; puede usted hacerle descansar y hasta gozar con sus inyecciones hasta mañana; porque, según veo, quien desfallecerá será usted, doctor... ¡Vaya unos nervios para un profesional! .

Se marchó. Aproveché la autorización para darle de beber al general café caliente y cargado. Luego le suministré una fuerte dosis de morfina. Como advirtiese que movía sus pies con mucha frecuencia, ordené que lo que lo descalzaran. Estaba echado, y en su postura pude ver las plantas de sus pies. Me asombré; las tenía muy rojas, casi violáceas, y, en tres puntos que formaban triángulo, sangraban; como si tuviera seis úlceras. No me lo explicaba; pero el mongol, silencioso, me mostró las botas que había tenido puestas el general. En su piso tenían las cabezas redondas de tres clavos, con un relieve de casi un centímetro. Ahora pude ya explicarme los derrumbamientos tan frecuentes del general al poco tiempo de permanecer de pie. Desinfecté las úlceras y vendé. Los ojos en brumas del torturado creo que me enviaron un destello de gratitud. Cayeron sus párpados y se durmió en el acto.

XXVI

CONFESIÓN

Hasta tres veces fue suspendida la tortura de Gamarnik para inyectarle de nuevo. Su resistencia física iba en disminución; si aguantó unas veinte horas de pie y colgado la primera vez, la tercera sólo resistió poco más de seis. Se agotaba visiblemente; yo temía que pudiese morir. Un médico, ignorando la causa de su estado febril, de su demacración y debilidad, hubiera diagnosticado algo grave. Yo comuniqué mis temores a Gabriel, pues no en vano me había hecho responsable de la vida del general.

No se inmutó en lo más mínimo, aunque bien adivinaba yo cuánto le importaban las revelaciones del torturado general.

— Procure sostenerlo— me respondió— en estado de sensibilidad normal; supongo que para ello tendrá recursos su ciencia, doctor. En cuanto a que se halla en peligro de muerte, ya lo suponía; precisamente es de lo que se trata. Cuando el hombre llega a esa arista que une o separa vida y muerte, ser y no ser, algo misterioso se adueña de él. Yo no puedo llegar a definirlo; tan sólo aprecié su existencia en multitud de casos y aproveché su efecto. No sé si yo me expreso bien, pero ese instante de pavor frente a la muerte, si el hombre tiene aún plena consciencia, es la preciosa coyuntura para lograr del él cuanto se quiera, si ve manera de alejar el instante fatal. Por lo tanto doctor, debemos espiar ese instante; cuando llegue, ha de hablar.

Se me ocurrió discutir su teoría, tan sólo para lograr ahondar en aquel abismo de iniquidad.

— No dude que su experiencia le puede haber llevado a esa conclusión; pero permítame aducir un hecho en contradicción: el suicidio. No me negará que si Gamarnik tuviera medio y ocasión de matarse, lo haría sin titubear.

— En efecto, doctor; se suicidaría.

— ¿Entonces?... No es el miedo a la muerte lo que le puede hacer hablar.

— Veo que afina usted; pero distingamos, doctor; yo no me referí al miedo frente a una muerte imaginada, sino frente a la muerte real; hay tanta diferencia entre la muerte imaginada por quien decide suicidarse y la muerte real como entre lo vivo y lo pintado; ni un solo suicida en trance de morir deja de Juchar por vivir; es un hecho sin excepción. Precisamente ahí radica la infalibilidad de nuestro método.

— No comprendo del todo.

— Sencillamente, doctor; se trata de llevar al hombre al mismo límite de la muerte; pero dejando siempre a su alcance un cabo al cual asirse: la confesión.

— Mas cuando la confesión es también la muerte...

— También cuando la confesión es la sentencia de muerte. Quien se siente morir sólo intenta vivir, es igual para él si son años, días o minutos de vida los que gana. Lo decisivo en el supremo trance sólo es no morir.

— Pero el dolor del tormento provoca la desesperación, el deseo de morir. Ello es evidente— argüí yo.

— Exactamente; provoca el deseo de morir para lograr así el cese del dolor; provoca el deseo, pero sólo el deseo de morir... No en vano nadie tiene propia experiencia de la muerte, y por muy deseada que sea, la naturaleza humana, en el supremo trance, retrocede y la rechaza.

— Pero, insisto, el suicidio...

— Es un hecho, sí; pero, como ya le dije, no hay un solo suicida que, pudiendo, no quiera salvar su vida en el último instante. Ahora bien, la obsesión del suicidio a la cual lleva el dolor prolongado y creciente, también la explota nuestro método.

— ¿Y cómo?...

— Cuando se dispone de tiempo ilimitado, el dolor es dosificado para que nunca lleve al acusado al peligro inmediato de muerte; la sensación del reo es de que puede vivir ilimitadamente en perpetuo tormento físico y moral. Los procedimientos son muy variados; los puede imaginar. Ante un tormento que pulsa uno tras otro todos los sentidos y funciones del reo sin que pueda él adivinar un fin, es infalible su desesperación, el deseo de morir se transforma en verdadera obsesión, y si halla un medio de matarse, desde luego, se mata. Cuando hay pruebas tangibles de hallarse un reo en tal estado y al ver para él vedado todo medio de suicidio, la confesión es la única manera de lograr suicidarse, pues acarrea su segura ejecución. Por desgracia, doctor, en el asunto Gamarnik carecemos del tiempo necesario; urge, urge mucho su confesión; la esperan con gran impaciencia allá en lo más alto... Debemos emplear el método del salto de la euforia al dolor, pero, y ésta es otra contrariedad, atormentarlo sin llegarlo a deformar; él debe quedar sin huella externa personal para poder ser presentado inmediatamente al tribunal, si así deciden que es necesario.

No quise replicar. Ya estaba saturado de tanta científica erudición sobre sadismo y terror.

Gabriel se puso a pasear, ensimismado, sin hacerme ningún caso, y paseando se pasó un largo rato. De pronto, se detuvo frente a mí. "Nada se arriesga y nada se puede perder", dijo, como si hablara para sí.

— Escuche, doctor; he pensado ensayar algo que puede hacernos abreviar; pero necesito de su ayuda. Veamos si es usted capaz. Atiéndame.

Sería largo escribir cuanto me dijo. Todo me lo detalló y explicó una y otra vez, hasta llegar a convencerse de que yo podría realizar exactamente sus deseos.

Siguiendo las instrucciones recibidas, bajé al sótano. Habrían transcurrido unas dos horas de tortura; el general aún resistía relativamente bien; cuando yo llegué, se disponían a volverlo a colgar de las manos. Ordené que le trasladasen a la celda, cosa que hicieron inmediatamente. Lo ataron a su cama de tabla y yo efectué un reconocimiento sobre su estado más detenido que de costumbre. Gamarnik me miraba con sus ojos vidriosos; el dolor, la sed y el sueño lo tenían medio inconsciente; pero aquel inesperado paréntesis en su tormento, que hasta entonces sólo había sido suspendido después de sus desvanecimientos, despertaba un tanto su atención y hacía esfuerzos para seguir con la mirada mis movimientos. Pedí agua para beber, que trajeron en una gran jarra de cristal. A su vista, revivió la mirada del general; movió labios y lengua, que produjeron un áspero sonido, como si frotase madera. Bebí un gran vaso y, cuando se iban a llevar el agua, ordené que la dejasen allí cerca, visible para el atado general. Me miró él con una mirada indefinible que yo no pude soportar de frente.

Siguiendo el plan, dispuse la inyección, pero sin llegar a inyectar; volví a explorar el pulso. Entonces, según lo previamente ordenado por Gabriel, les dije a los dos hombres que podían retirar y lo hicieron al instante, dejándome a solas con el general. La desaparición de los verdugos y el quedarse a solas con uno, yo, el más inofensivo en cuanto al dolor, debió tranquilizar un poco al hombre; advertí cierta distensión en los músculos de su semblante, y entonces, cual si me dispusiese a consumir un turno de guardia, extraje un libro del bolsillo e hice como si me dedicase abstraído a la lectura. Pasaron unos instantes, yo no leía; sin mirar, prestaba teda mi atención a los movimientos del general; escuché aquel desagradable sonido emitido por sus fauces resecas, pero no me volví; advertí dos intentos frustrados de hablar, hasta que indistintamente pude oír que decía: "Doctor, doctor"... Me volví; la vida toda se concentraba en sus pupilas dilatadas, fijas en mí.. "Agua", pidió con voz ronca y desesperada. Era el momento previsto; me levanté, pues yo me había sentado en la esquina de la tabla; me apoyé con ambas manos en el quicio de la puerta de la celda y saqué la cabeza fuera para mirar; me volví hacia el general, haciendo con mi mano un signo tranquilizador; tomé de la silla el vaso, que llené de agua; me aproximé llevándolo en la mano y la otra puse bajo su nuca y levanté su cabeza; acerqué el vaso a sus labios e intentó beber, logrando sólo derramar el líquido; hube de sujetarle fuertemente la cabeza, pues sus movimientos, puramente animales, le impedían beber; ya que sus labios hinchados, insensibles y secos, eran incapaces de succionar; como pude, logré depositar una corta cantidad de agua en su boca; no la pudo tragar, pero se la deglutió, derramando parte por la comisura de sus labios. Aparté el vaso. "Más, más", me pidió ya con voz algo clara. Sólo le permití beber una pequeña cantidad; en su estado, no era conveniente más. Me senté y volví a leer. No habrían pasado cinco minutos cuando me pidió agua otra vez; le di a beber medio vaso; se lo di después de "espiar" de nuevo el exterior de la celda, fingiendo precaución para no ser sorprendido.

La escena se repitió tres o cuatro veces, pues tenía una sed inextinguible; el verdugo se había transformado en su enfermero y protector. En determinado momento, me levanté con intención de pasear por el pasillo, pero el general me llamó con voz emocionada por el miedo.

— ¡Doctor, doctor!... ¿Se marcha usted va?

— No— respondí—; iba sólo a pasear.

— ¿Estará mucho tiempo aquí?

— Lo ignoro; dependerá del tiempo que el jefe necesite a sus hombres para otro asunto; una hora, dos, no lo sé.

— Guardó el general silencio unos instantes. Yo le advertía en el rostro claros signos de su lucha interior. Algo me dijo, pero tan quedo que no lo pude percibir.

— ¿Qué dice?— le pregunté.

Se volvió a concentrar, contrayendo labios y párpados en un gran esfuerzo mental.

— Doctor— dijo— ¿me querría salvar?...

Lo miré muy fijo. Aunque yo esperaba la provocada proposición, sus términos me intrigaban

— ¿Qué quiere usted decir?...— interrogué como contestación.

— Digo que puede usted salvarme si quiere. ¿Qué me dice?...— y una 'angustia indecible reflejaban sus dilatadas pupilas.

— Le respondo, general, que yo tengo esposa e hijos.

— No se trata, doctor, de ponerlo a usted y a sus hijos en peligro; al contrario, salvándome, resultará usted beneficiado, porque prestará un gran servicio a su jefe más alto. Comprenda, doctor; yo estoy dispuesto a confesar cuanto de mí se desea saber; descubriré cuanto quieren y aún más... No se trata de que por salvarme usted traicione y corra el peligro de que lo maten...

— No lo puedo comprender; si usted está dispuesto a confesar...

— Déjeme hablar unos instantes. ¿Por qué yo he podido resistir?... Créame, no es cosa fácil. Yo no quiero confesar obligado por el tormento; es mi total perdición. Si usted quiere y puede ayudarme, yo entregaré una confesión total, que yo haré ahora, pero que usted podrá presentar como muy anterior a mi detención.

— Sigo sin comprender. ¿Cómo su confesión actual puede ser anterior?

— Fácil; mera cuestión de técnica. ¿Un poco más de agua, doctor?...

Se la di, y él prosiguió.

— Imagínese, doctor, que al yo entrar en la conspiración contra Stalin lo hubiera hecho con la reserva mental de obtener información en el interior y en el exterior para denunciar el complot en el momento en que mayor fuera su peligrosidad. Si además de haber entrado en la conspiración con el propósito de destruirla, poseyese yo en determinado lugar un informe completo, tan completo que nadie podría darlo más, y usted, doctor, lo recogiera del sitio donde yo le diría que él está para que lo haga llegar al propio Stalin, comprenderá que yo dejaría, de ser un conspirador y me transformaría en un abnegado servidor.

— Me parece hasta cierto punto viable— respondí— . Sólo hallo un fallo en su plan de salvación... ¿Cómo explicar su resistencia, hasta siendo atormentado, para confesar?...

— He previsto la objeción. Suponga que yo tenía informes, verdaderos o falsos, de que el camarada Kuzmin también está en la conspiración. No me han de faltar notas del Servicio de Información Militar que señalen sus contactos con gentes del Estado Mayor alemán. Comprenderá que mi resistencia, estando yo enteramente en sus manos, era justificada. Si él era uno de la conspiración, mi salvación, al menos momentánea, dependía de mi silencio; porque si yo hablaba mi muerte era instantánea. ¿Lo comprendéis, doctor?...

— Sí, desde luego— afirmé, aun cuando tanta sutileza no podía yo abarcarla por completo.

— ¿Entonces está dispuesto a buscar y entregar el informe?

— Si puedo tener oportunidad de hacerlo, yo lo haré, general.

Mi respuesta fue rápida; puede que demasiado rápida; pero el general mostró en su rostro una gran satisfacción.

— ¿Puedo contar definitivamente con usted?— reiteró.

— Puede contar. ¿Dónde está el documento?

— Ensayó una sonrisa Gamarnik, y con cierto embarazo, me dijo:

— El documento no está en ninguna parte. Yo jamás lo he escrito. Comprenderá que no hay fuerzas, humanas capaces de resistir todo esto si se tiene la salvación en cualquier parte. No se asombre, doctor. Si a usted lo necesito es tan sólo para que mi confesión de ahora tenga la necesaria antigüedad salvadora... No, déjeme terminar. Yo la escribiría aquí; usted tan sólo la colocaría en el sitio adecuado, allí donde yo diría que podía recogerla. ¿Ya está para usted claro?...

Se imponía un simulacro de meditación. No contesté. Aparenté sumirme en profundos pensamientos. El general me miraba con toda su ansiedad concentrada en sus ojos. La verdad, yo pensaba interrumpir el diálogo y subir lanzado a referírselo a Gabriel. Sentía en mí aquel ácido placer de haber "cumplido bien", de haber mentido a la perfección una vez más al dictada del chekista refinado que mandaba por entero en mí, el cual me recompensaría con un irónico elogio, preñado de sarcasmos. Tenía que dar una respuesta y se la di.

— Lo que usted me propone es arriesgado. Ignoro si tendré libertad y oportunidad para colocar esos documentos donde usted pretende; también ignoro si le dará a usted tiempo para escribirlos... En fin, yo bien quisiera ayudar, mas...

— Si usted quiere puede hacerse.., puede usted suspender por algunas horas o días todo esto...— hablaba rápido, febril—; diga que no puedo resistir más ahora, y además es verdad; el resto es un viaje a Moscú; yo aquí, en tres o cuatro horas, puedo hacerlo todo... ¿Lo hará, doctor, lo hará?...

Me levanté.

— Haré cuanto sea humanamente posible.

— Gracias, doctor, gracias. Aquel hombre tenía las pupilas húmedas.

Salí al pasillo. Llamé con una gran voz. Pronto vinieron los dos esbirros. y yo subí. Gabriel se hallaba trabajando en su bureau. Me leyó en la cara el "éxito"

— Y bien, doctor— me dijo, invitándome a tomar asiento junto a él.

Le referí la proposición de Gamarnik.

— Ingenioso— aprobó—; es un recurso nuevo para mí. Conviene, conviene. Idealizado, podrá quedar en libertad al "regresar de su viaje de inspección a España"; naturalmente, si su informe-confesión es perfecto y nos dice todo lo que debe saber...

Fumamos. Me volvió a pedir que le refiriese punto por punto, detalle por detalle, mi escena con Gamarnik, como si quisiera obtener hasta la quintaesencia de sus frases y gestos.

Quedó después unos minutos en silencio.

— ¿Dónde querrá decir que le sitúe su informe?— preguntó, como si se lo preguntase a sí mismo— . Es importante tal detalle; el colocarlo y luego recuperarlo implicaría enterar de las maniobras a persona o personas extrañas al asunto, bien sean funcionarios o familiares, según el caso. Resulta ello un inconveniente...

Meditó de nuevo.

— En fin— resolvió— ya veremos lo mejor cuando indique dónde debe usted situar los documentos. Veamos ahora cómo le brindamos la oportunidad de poder escribirlos.

— Dejándome a solas con él— indiqué.

— Sí, naturalmente; pero no con demasiada facilidad, que sería sospechosa. Será necesario hacerle sufrir una sesión o dos más, y hasta un nuevo interrogatorio hecho por mí. Después, ya puede usted cumplirle su promesa.

— No convendrá exagerar los tratamientos— insinué por piedad— si luego se ha de presentar en público, y, además, está muy débil ya...

— Bien, bien..., piadoso protector; tendrá usted ocasión de intervenir cuanto quiera para que lo dejen descansar los muchachos al menor signo de desfallecimiento; verá, verá usted cómo, sin previo acuerdo, los simula y cómo se lo agradece su protegido mariscal...

No hablamos más entonces. Su programa se cumplió fielmente al siguiente día. Según Gabriel predijo, Gamarnik mostró cada vez menor resistencia física, brindándome cinco veces ocasión para intervenir en su favor. Llegada la noche, "impuse" una pausa, que fue acordada y quedé yo solo de guardia.

Gabriel, después de dar las órdenes precisas se había marchado a Moscú.

Yo le hice comer y beber algo, no mucho, a Gamarnik. Pasadas unas dos horas, le puse una inyección moderada; suficiente para proporcionarle cierta euforia, pero sin llegar a que le sumiese en sopor. Después extraje mi estilográfica y papel de mi bolsillo. Desaté a Gamarnik, dejándolo sentado en el tablero y apoyada la espalda en la pared almohadillada. Cuando empezó a escribir, yo me puse a pasear fuera de la celda, frente a la puerta, sin perderlo de vista, cual si espiara. Escribió la primera hoja, deteniéndose muchas veces como para concentrarse y recordar. Cuando la dejó a un lado para continuar escribiendo en otra, yo me aproximé y se la recogí. No dijo él nada; pero me pidió un cigarrillo, que le di. En mi puesto de "centinela", como a escondidas de un enemigo invisible presto a la sorpresa, me dediqué a leer el informe de Gamarnik.

Lo leí todo, a medida que terminaba cada hoja. No tuve tiempo para reflexionar sobre todo aquello.

Gamarnik escribió aparte una carta para su secretario; estaba en lenguaje figurado y tardó en redactarla un gran rato. Según me dijo, era una orden para su secretario, con el fin de que me permitiera llegar a su despacho. Una vez en él— me instruyó— debería yo localizar sobre el ángulo superior del cajón de la derecha de su mesa un orificio que se hallaba obstruido y disimulado con cera oscura, donde, formando tubo, debía introducir su informe, después de haber retirado un papel que allí guardaba él, volviendo a tapar la entrada del orificio con la misma cera. Que una vez realizada la operación, viese al propio Iéjov y le indicase de su parte que él estaba detenido y que debía recoger su informe donde lo había puesto.

Prometí cumplir sus deseos en las primeras horas de la mañana siguiente.

Me dio las gracias más sinceras, reflejando verdadera emoción. Bebió agua, me pidió un cigarrillo y después una inyección. Quería dormir; sin duda, su estado avanzado de intoxicación reclamaba una dosis mayor que la suministrada. Lo complací. Su gratitud me la expresó con cálidas palabras, en tanto que me apretaba la mano efusivamente. Hasta me prometió, ahora que volvería él a recobrar el favor de Stalin y con él su antiguo rango y poder, todo cuanto yo pudiese apetecer. Reconocía que todo me lo debería.

Era una hora muy avanzada. Gamarnik, bajo los efectos de la droga se adormecía.

Yo, pidiéndole disculpa, lo até de nuevo. Llamé. Bajó el mongol y subí yo.

Pregunté por Gabriel. Me dijeron que no había regresado.

Me retiré a mi habitación, advirtiendo previamente que se lo comunicasen a Gabriel a su regreso

Ya solo, sentí el deseo de copiar el informe. Lo hice con la mayor velocidad posible. Decía así:

"Camaradas: Son gravísimos los momentos en que redacto este informe. El régimen de Lenin que acaudilla nuestro genial Stalin, se halla en peligro. La misma existencia de la U.R.S.S. se halla como minea amenazada.

Parecería lógico que yo, Comisario adjunto de Defensa, denunciase inmediata y directamente a los traidores. Ello sería natural si se tratase de unos vulgares traidores, cuyo número y poder no fuese tan inmenso. Toda la fuerza material del Estado soviético está hoy en sus manos. Y debo preguntarme: ¿quién les dio tal fuerza?, ¿quién pudo engañar así al propio Stalin, haciéndole poner en manos de sus más feroces enemigos el dogal destinado a estrangularle? El hecho es que esos consejeros super-traidores no me son conocidos. Es evidente que han de hallarse situados en la mayor altura. Han de disfrutar de mando político, influencia y confianza para poder aplastar a todo denunciante de su traición. A nadie puedo' excluir en el Kremlin de que pueda estar en la conspiración. Sólo excluyo a Stalin, sentenciado a morir; pero la denuncia de los culpables que me son conocidos, si la hiciera hoy, ¿no sería transformada por los hombres de su absoluta confianza en una sentencia contra mí? ¿No sería yo quien moriría como traidor, acabando con mi vida la única posibilidad de aplastar la gran traición?

Esas interrogaciones me hicieron reservar mi denuncia para él instante en que yo alcanzase a, conocer a todo el alto Estado Mayor del golpe de Estado. Y cuando posea todos los nombres y pruebas, tan solo entonces, me atreveré a denunciarlos ante el propio Stalin.

Decidí, para lograr la mayor y mejor información, fingir que aceptaba entrar en la conspiración. En víspera de salir para España, donde podré saber cuánto aún ignoro, por motivada precaución, escribo cuanto sé. Si por mi actuación dentro de la conspiración infundiese sospechas y se me creyese un auténtico traidor, sea esta mi declaración anterior la mejor prueba de que no traicioné. Y si soy asesinado por los miembros del complot porque descubran mi falsa adhesión, yo hallaré medio de que mi declaración llegue a Stalin.

Compréndase la suprema razón del Partido y de lealtad a su Jefe genial, que me obligó a guardar silencio hasta el momento decisivo y a exponerme a ser tratado cual traidor.

Yo interpreté así mi deber de marxista bolchevique, en honor a mi jefe, Stalin, estrella polar del proletariado mundial.

Debo recordar que yo libré mis primeras luchas revolucionarias, siendo muy joven aún, a las órdenes de nuestro llorado cantarada Uritzki.

Mi razón me concedía ventaja para entrar en la conspiración a favor de Trotsky, Zinoviev y Kamenev. Pero mi subordinación a Uritzki, mi maestro, debió prevenirle contra mí. Es Uritzki calificado por ellos de traidor. Prueba es de que no hubo trato entre ellos y yo el que mi elevación en el Partido la debo a los Kaganovitch, también, según ellos, traidores y degenerados. De ahí el que hasta fecha reciente, después de ser liquidados Zinoviev, Kamenev, Radek y tantos más, intentasen nuevo tomase parte en la conspiración. Y si me invitaron fue por necesidad. Mi alto cargo en el Ejército Rojo era vital en una conspiración de tipo militar.

Lo expuesto es bastante para explicar mi antecedente personal.

Puedo afirmar que la conspiración tiene la complicidad y la ayuda de fuerzas internacionales muy poderosas. En primer término, está un círculo financiero de Wall Street, el más fuerte de los Estados Unidos, cuyo Poder es enorme sobre toda, la economía americana y europea y al cual obedecen gobiernos y políticos en muchas naciones del mundo. Yo no sé quiénes son esos grandes financieros; pero se me ha dicho, aun cuando yo no lo creo, que han prestado servicios y ayudas importantísimas a las revoluciones marxistas desde hace muchos años.

Según los iefes de la Oposición, los gobiernos de las naciones democráticas, en especial Inglaterra, Francia. Checoslovaquia y, sobre todo, Estados Unidos, por presión de esos grandes financieros, desean el triunfo de la Oposición en la U.R.S.S., y lo facilitan ordenando su política internacional frente a Stalin con tal fin. A efectos inmediatos e importantes, tiene la seguridad de que las naciones democráticas ayudan indirectamente el rearme alemán, tolerando a la vez el engrandecimiento del III Reich, a fin de que Hitler tenga capacidad militar suficiente para atreverse a declararle la guerra a la U.R.S.S.

En grandes líneas, es cuanto yo sé relativo a la cuestión internacional; porque el trabajo conspirativo impone una estricta división entre los diferentes sectores. Por ello, no me han comunicado más que estas generalidades.

Por lo tanto, debo pasar a la cuestión específica que me afecta directamente en la conspiración. Quiero exponer primero sus características técnicas en el área militar:

1° Se ha organizado el complot en el Alto Mando del Ejército rojo. Se han creado cuadros que comprenden a los generales que ocupan los puestos más vitales en caso de movilización y guerra. Se ha prohibido la recluta de jefes y oficiales en los mandos inferiores. No se ha querido que sea un complot de tipo clásico, que encuadrase hombres situados en todos los escalones de mando. Es un sistema dictado por la necesidad de evitar que la N.K.V.D. averiguase la existencia de la conspiración, algo fatalmente necesario si hubiera sido un secreto de muchos. Naturalmente que se ha hecho un gran trabajo en los cuadros inferiores de los mandos. Aunque sin proponer ni sugerir nada a los oficiales por ningún general de los que dirigen la conspiración militar, se ha procurado sistemáticamente situar en los mandos convenientes a todo aquel oficial cuyas ideas son antistalinianas, favorables a la Oposición, o que, cualquier causa, son afectos personalmente a cualquiera de los generales del complot. Yo he jugado en esto un gran papel. Por mi cargo, he recibido sugerencias y recomendaciones personales de los generales comprometidos para que facilitase destinos, recompensas y ascensos a infinidad de oficiales. Aunque las recomendaciones se apoyaban en razones técnicas, yo sabía que la razón verdadera radicaba en que los beneficiados eran conspiradores en potencia. Por tal razón, todo recomendado por algún general del complot tiene un punto rojo en el ángulo superior derecho de su ficha personal. El fichero se halla en mi propio despacho. Así, cada uno de los señalados puede ser considerado como conspirador.

La gran restricción en el conocimiento del complot y la orden de no actuar en absoluto, acentuando a la vez las protestas de lealtad a Stalin, es la causa de que la N.K.V.D., a pesar de su inteligencia y esfuerzos, no haya podido captar nada hasta este momento.

2º Han podido ser mantenidas tan eficaces precauciones por el carácter singular que tiene nuestro plan, distinto en absoluto al clásico golpe de estado militar o al de la guerra interior. La esencia y carácter de la conspiración se revelan en la palabra derrotismo. El éxito de la conspiración se cifra en organizar la derrota de la U.R.S.S.: no una derrota tota. s¡no una serie de derrotas parciales que puedan provocar la caída de Stalin, bien por sublevación en los frertes, por insurrección en la sede del gobierno o por ambas corsos a la vez. Las derrotas y el mando directo de grandes unidades militares, hoy en nuestras manos, han de dar a los conspiradores oportunidades y fuerzas más que suficientes para eliminar a Stalin. La organización técnica de la derrota está encomendada a Tujachevsky y a mí. A él, en el frente, y a mí, en la retaguardia. Con tal fin, debo establecer contacto con un enviado del O.K.W. que debe llegar en los próximos días.

3° Según me dicen, ha sido convenido con Wall Street que la guerra terminará en el instante que sea fusilado Stalin, el Politburó y sus hombres más fieles. Han asegurado a los jefes de la conspiración que una gran coalición, Inglaterra, Francia, Estados Unidos y todos los demás Estados que forman la Sociedad de Naciones, declararán la guerra a Hitler, calificándolo de agresor. Esta será la señal de que la conspiración de los generales alemanes, que también quieren liquidar a Hitler, dé un golpe de estado militar. Seguidamente se firmará la paz. Una paz "tablas" en lo territorial, pero siendo desarmada Alemania, que volverá a ser sometida al Tratado de Versalles, agravado por su nueva agresión.

Ahora, paso a dar detalles de la conspiración y a señalar quiénes son sus jefes principales.

El sistema impuesto a la organización del complot impone que todo conspirador sólo conozca a otros tres. Es el clásico sistema de la "troika". Por lo tanto, con seguridad sólo puedo dar tres nombres: Yakir, Feldmann y Tujachevsky.

Los dos primeros forman "troika" conmigo y yo enlazo con Tujachevsky. La invitación para entrar en el complot me la hizo Yakir; formamos él, Feldmann y yo la llamada irónicamente "troika judía". Tujachevsky no tiene asignada misión especial ninguna. Sólo la de conservar a toda costa su cargo de jefe del Estado Mayor del Ejército. Interesa que tan decisivo mando esté en manos de un general del complot. La "organización de la derrota" sobre el campo de batalla ha de ser obra personal suya. Es algo absolutamente necesario para el éxito. Por otra parte, su próximo viaje a Londres le ha de permitir concertarse con algún general alemán importante que allí coincidirá con él. Papel fundamental corresponde también a Yakir, como jefe del frente de Ucrania, donde se librarán las primeras y más importantes batallas.

Mi relación "oficial" en el complot, como ya he declarado, es con los tres generales ya citados. Pero, naturalmente, sé que participan más. Lo sé positivamente respecto a varios y por deducción en relación a los demás.

Kork se me ha declarado como conspirador, al solicitar de mí protección para un profesor de la Academia Militar, delatado como antistalinista.

Uborovich, aunque personalmente no me ha dicho ser compañero de conspiración, su designación para el mando de la región militar de Bielo Rusia fue por mí bien informada políticamente, debido a una recomendación que me llegó a través de Feldmann. Putna y Primakov forman "troika" can Feldmann. Con Yakir, Endemann y Kashirin.

Con lo dicho bastará en cualquier instante para desarticular la conspiración. Cada general de los citados ha de poder dar un gran número de nombres de su ejército, centro o sección.

He de añadir que Tujachevsky, Dybenko y Bluecher, por su historia en los primeros años de la Revolución y por ser rusos los tres, han de ser los hombres que firmarán las proclamas y figurarán como supremo mando militar. A su lado, como mando político, se colocarán Rikov, Bujarin y otro cuyo nombre desconozco; parece que debe ser alguien que aún conserva un alto mando político.

Naturalmente, aunque los seis nombres continuarán figurando en primer plano en el futuro, han de ser otros los que verdaderamente mandarán.

Trotsky será secretario general del partido, presidente del Consejo de Comisarios, presidente del Conesjo de Guerra Revolucionario y presidente de la Komintern. Quiere ser más aún que hoy es Stalin.

A Tujachevsky se le crea el cargo de jefe del Estado Mayor soviético y el de primer mariscal de la U.R.S.S. El cree que será tanto como fue Napoleón. No dudan que su enorme ambición le haga soñar con ser zar. Ellos le dejan soñar; pero le reservan muy triste despertar.

Yagoda será Comisario del Interior. Rakovski, de Asuntos Exteriores.

Bujarin quiere ser algo nuevo. Una especie de jefe supremo y secreto de la Revolución mundial.

Rikov será Comisario de toda la Economía soviética. Yo seré Comisario de Defensa.

Es innumerable la lista de los futuros gobernantes; pero, como se advertirá, el mando absoluto y auténtico lo poseeremos Trotsky, Yagoda y yo. Rakovski tendrá un gran papel internacional.

No creo muy necesario decir que serían liquidados físicamente Stalin, Molotov, Kalinin, Vorochilov, Iéjov y todo el resto del Politburó y se realizaría una "purga" inmensa en el partido.

He dicho lo esencial. Con cuanto antecede, si yo muero a manos de los conspiradores, caso de llegar ellos a descubrir que sigo siendo leal a nuestro gran jefe Stalin, bastará para aplastar la conspiración. Dejo a una persona de toda mi confianza (que ignora el contenido de este informe) la orden de hacerlo llegar a Stalin cuando sepa que yo he sido asesinado o detenido.

Si ninguna de ambas cosas sucediera, yo mismo la entregaré cuando posea todas las pruebas necesarias. Sobre todo, cuando logre descubrir a ese alto personaje cuyo nombre aún ignoro, pera del cual sé que tiene sobrada autoridad en el Politburó y goza de tanta confianza de Stalin, que podría lograr que yo fuese destituido y fusilado si acusase, sin poder demostrar que eran conspiradores los acusados aquí por mí.

Que este informe sea capaz de salvar a la U.R.S.S. y a su jefe bien amado Stalin. Salud.

Gamarnik."

XXVII

HIPÓTESIS CHEKISTAS

Hasta la mañana del día siguiente no vi a Gabriel. Acudí rápido a su llamada. Leyó sin comentarios.

— Muy bien, doctor— aprobó lacónico, y meditó un rato paseando—: Ahora, doctor, no se deje ver de Gamarnik hasta las dos de la tarde, cuando vengan a molestarlo. En un momento propicio, hágale saber que ha cumplido su encargo.

Así lo realicé. Gamarnik estaba muy ansioso por saber detalles; pero yo se los di muy parcos. Le hice una detenida cura en los pies y accedí a ponerle una moderada inyección, porque se hallaba muy agitado. Como me resultaba violento permanecer junto al Mariscal, abrevié cuanto pude y lo dejé custodiado.

No llegó Gabriel hasta las últimas horas del día, ya casi anochecido. Me preguntó en el mismo hall si todo se había realizado según sus instrucciones. Al saber que sí, ordenó que subieran a Gamarnik a su despacho, sin atar y con todo cuidado.

Sin decir más, pasó a su habitación y, al poco rato, entró en ella Gamarnik. Al pasar frente a mí, andando con gran dificultad, me miró y en sus ojos leí gratitud hacia mí; sin duda, deducía por detalles que la situación se había modificado en su favor. Yo quedé bastante avergonzado en mi interior y me alejé de allí.

Ignoro el tiempo transcurrido hasta ser llamado por Gabriel. Cuando entré en el despacho aún estaba Gamarnik.

— He recibido la orden de que cese la detención del Mariscal. Hemos convenido en que deberá continuar aquí, bajo el mismo secreto, hasta restablecerse. De su tratamiento médico queda usted encargado; procure por todos los medios abreviar, para que pueda volver a ocupar su alto cargo. De cuanto aquí ha pasado, nada debe trascender al exterior. Nuestro Mariscal ha estado en España... ¿Entendido, camarada?

Yo asentí. La escena terminó.

Hasta la hora de la cena no vi a Gabriel. Cuando entré en el comedor me hallé con la sorpresa de encontrar también allí a Lidya. Creo no haber dicho que su verdadero nombre era el de Lidya, o, al menos, el que usaba en Rusia. Saludé a mi antigua enfermera y ella me correspondió con aquella su enigmática seriedad, con aire de ausencia. Como sólo monosílabos y palabras aisladas cruzamos los tres mientras cenábamos, me dedique a observar con disimulo a Lidya. No intenté siquiera describirla cuando en distintas ocasiones aparece interviniendo en hechos anteriores. He pensado y hasta he intentado hacerlo. Imposible. Pintarla con palabras es muy superior a mis posibilidades literarias. No hay el recurso de hallarle parecido ni paralelo alguno con los modelos conocidos de belleza clásica. Ni un reflejo tiene con la escultura helena, y no le hallo precedente alguno en las escuelas de pintura conocidas por mí. La Gioconda, el clásico espejo del enigma, lo refleja en su sonrisa; para mí, su enigma es exterior; el extraño amor de Leonardo, su pintor. Nada parecido en el rostro de Lidya; si en él hay enigma, no puede ser en su sonrisa; nunca le he visto sonreír, y hasta no puedo imaginarla sonriendo. Y esto es lo extraordinario; lo inmóvil de sus facciones y su ausencia evidente no delatan rigidez ni estática visión. Al contrario. Hay en toda ella la más alta tensión radiante de intelecto, espíritu y sexo. Pero esto no da idea. En Lidya todo es personalidad.

Y ahora, cuando releo tanto como sobre Lidya he dicho y he querido decir, me doy cuenta de que no he dicho nada. Es mi último intento.

Al terminar la cena, Gabriel nos invitó a pasar a su despacho.

Gabriel se levantó un momento y trajo unas hojas escritas a máquina que tomó de su mesa, y se las entregó a Lidya,

— Lee eso, camarada; no creo deber advertirte que todo es confidencial, rigurosamente secreto. Hasta el momento es ignorado por nuestro propio aparato de la N KV.D.; ni el mismo Iéjov lo conoce aún...

— Entonces..., ¿quién? ¿Sólo tú?...

— No, camarada Lidya; lo conocen en lo más alto. Pero lee.

Sin más, Lidya se puso a leer. Gabriel me hizo beber una copa más. Después, guardamos ambos silencio. Lidya terminó la lectura y, conservando en su mano los papeles leídos, le preguntó:

— ¿Puedo hablar?...— y con un ademán imperceptible aludió a mi presencia.

— Sí, desde luego, camarada; el doctor, por una razón incidental, ha sido el primero en conocer todo esto; ¿no es así, querido doctor?

— Yo... .— intenté disculparme.

— No; si es natural. Ha sido el doctor personalmente quien ha logrado hallar tan importante confesión. Habla, camarada Lidya; puedes hablar con entera claridad.

— Supongo, camarada, que, según tu hábito, me has permitido leer para conocer luego mi opinión.

— En efecto; pero también para algo más... Sí, desde luego, para que actúe yo.

— Exacto. Cuando debe hacer actuar a persona inteligente, y tal es tu calidad, Lidya, siempre le hago conocer el conjunto del asunto, enterarse de todos los datos, saber cuánto se sabe y hasta contrastar con las mías sus opiniones. Una controversia con gente inteligente siempre me ha resultado productiva.

— Sin perjuicio de tener tú siempre razón...— le lanzó Lidya.

— No me hagas tanto honor..., o no me lances dardos. En conjunto, ¿cuál es tu opinión?

— Primero debo saber cómo se ha obtenido la confesión del Mariscal; si fue por la violencia o si ha sido una espontánea delación.

— Una combinación de las dos cosas.

— ¿Cómo?... ¿Combinación de violencia y espontaneidad? Es incompatible; a no ser que tu fogosa imaginación meridional haya inventado un nuevo método. En fin, ya me lo explicarás. De momento, sólo quiero saber si la confesión la hizo Gamarnik sabiendo que iba a morir o iba a vivir.

— En la esperanza de poder vivir gracias a ella. Pero, para tu documentación, te explicaré.

Gabriel, en breves frases, enteró a Lidya de todo lo sucedido con Gamarnik. Guardó ella unos instantes de silencio, y luego habló.

— Como tú sabes bien, cuanto dice quien se sabe ya condenado a muerte no merece gran crédito; en general, sólo tiende a que finalice pronto su tormento y se pliega muy sumiso a repetir la confesión dictada. Cuando por el contrario, la confesión se obtiene bajo promesa de salvación de vida, suele ser sincera; sobre todo, si sólo se tiende a lograr una declaración de necesidad política. No podemos incluir a Gamarnik exactamente en ninguno de ambos casos. Por ello, es aventurado deducir si hay sinceridad y verdad en su delación. Habrá que comprobar hecho por hecho y averiguar los proyectos hombre por hombre antes de actuar.

— Estoy en todo de acuerdo, camarada.

— La importancia extraordinaria de las acusaciones de Gamarnik es muy superior a todas las que se han juzgado en los procesos precedentes y en los que se instruyen actualmente. Todos los anteriores y actuales acusados eran hombres hace tiempo desplazados del Poder. En el complot que descubre Gamarnik, no; muy al contrario. En sus acusaciones hay hombres que tienen hoy en sus manos casi la totalidad de la fuerza militar; una fuerza tan grande que, lanzada contra el Estado, ninguna otra la podría vencer.

— Ninguna fuerza material— subrayó Gabriel—; pero no es tan sólo fuerza material la que puede nuestro Stalin oponer...

— Desde luego— convino Lidya—; ¿pero no se ha pensado que la declaración de Gamarnik sea en sí misma un factor decisivo del complot?...

— ¿Qué quieres insinuar?

— Que Gamarnik no haya acusado a los generales verdaderamente complicados y sí a los leales a Stalin, tratando de eliminar así a los que podrían vencer el golpe de Estado militar.

— Es una hipótesis digna de ser tenida en cuenta, pero sólo una hipótesis. El dossier de los generales acusados es revelador a la luz de las acusaciones de Gamarnik. Las primeras investigaciones, muy escasas aún, dado el poco tiempo de que se ha dispuesto, nos han descubierto un sentido conspirativo en la línea general de su acción política y técnica.

— En concreto, nada más.

— ¿Pero has tenido en cuenta que siempre influencia la delación al investigador?... ¿No será de mayor evidencia examinar el caso particular de cada uno?

— Comprenderás que ya se ha. hecho.

— Lo comprendo, pero me refería yo a un examen nuestro. Veamos; ¿qué hay de Tujachevsky, el cual, según la confesión de Gamarnik, ha de jugar un papel decisivo en el golpe?

— Como sabrás, está calificado como nuestro mejor técnico militar; el haberle asignado el cargo de jefe del Estado Mayor, no siendo un favorito de Stalin, se ha debido a considerarlo nuestro primer estratega.

— ¿Y no es un favorito de Stalin? ¿Por qué?

— Es una historia vieja. Tujachevsky, hace tiempo, culpó a Stalin de su derrota frente a Varsovia.

— ¿Y por qué?

— Stalin era en esa fecha Comisario Político del Ejército del Sur, mandado militarmente por Vorochilov y Budyenny. Tujachevsky hasta impuso como texto oficial en la Academia militar su tesis de que Stalin hizo el mismo papel en la batalla de Varsovia que Renuenkampf en la derrota de Tannenberg.

— ¡No!— exclamó asombrada Lidya.

— Sí, camarada. Debes tener en cuenta que sucedía todo eso en 1923, y Trotsky aún era todopoderoso.

— Hay, lo reconozco, fundamento para sospechar trotskismo en Tujachevsky.

— Aún hay más. Trostky fue quien lo hizo comandante en jefe de un ejército a la edad de veinticinco años.

— Pero también es verdad que fue precisamente el ejército de Tujachevsky el que derrotó en Simbirks a Kolchak, cuando sólo dominábamos en la sexta parte de Rusia, y lo destruyó totalmente en Krasnovarksk; y, aún más, derrotó inmediatamente, en unos dos meses, a Denikin. Me sé bien los textos.

— ¿Y quién no, camarada? Pero nosotros, precisamente nosotros, los de la N.K.V.D., debemos, y podemos penetrar más que los manuales soviéticos de historia en la entraña de los hechos. Precisamente ahí, en lo fulminante de esas victorias de Tujachevsky debemos inquirir. Acaso haya cierto misterio en que fuera Tuiachevsky tan deslumbrante rayo de guerra.

— No adivino. Al fin, sus victorias salvaron la Revolución.

— Un momento. Empecemos por el primer dato. Eran varios miles de oficiales profesionales los que se ofrecieron para servir en las filas del Ejército Rojo al ser creado. Trotsky era el organizador; muy raro es que habiendo tantos y tantos de mayor graduación, con una capacidad mayor demostrada, el Comisario de Defensa, Trostky, tuviese la inspiración de elegir al ignorado subalterno Tujachevsky. A un evadido de una prisión alemana, cuya capacidad militar estaba poco probada.

— Semejante es el caso de Napoleón— intervine, rompiendo mi silencio.

— No, doctor; Napoleón era ya general en el Brumarie, y el misterio de su designación está ya bien aclarado por la Historia; la inspiró Josefina. Mas ¿qué Josefina inspiró a Trotsky? No es conocida ninguna influencia personal en favor de Tujachevsky. Mejor dicho, hay una: Tujachevsky era ya masón a los dieciocho años. A esto parece que debió su evasión,.

— ¿Y qué deducir?— interrogó Lidya.

— Sabemos bien que los estúpidos generales "blancos" fueron fantoches en manos de los aliados. Ellos aceptaron la imposición de implantar gobiernos democráticos y debieron colocar en cargos a los burgueses de izquierda, "kadetes", socialistas, mencheviques y anarquistas: los de la Spiridonova y Savinkov, los de los Kerensky y Gutchkor...

— ¡Es toda una vieja y conocida historia!...— exclamó Lidya.

— Sí, vieja; pero sin solución de continuidad con la de hoy Sabido es que la Masonería dominaba en los burgueses y socialistas y controlaba los anarquistas. Así, cuando la oposición parece tener ya seguro el Poder Soviético con Trotsky, dueño ya del aparato militar, su mando superior, al parecer masónico— financiero-racial— hace a Wilson imponer a los Aliados su no intervención en la guerra civil y, a la vez, hace que sus agente masónicos traicionen a los generales blancos...

— Si me permite, Gabriel, debo hacer una objeción, no del género político, en el cual carezco de autoridad, sino de tipo humano.

— Se la estimo, doctor; será, como de usted, muy atinada

— Humanamente, no es posible admitir que esos masones del bando blanco traicionaran por una simple orden de un lejano e invisible Mando, a no ser que fueran todos unos autómatas hipnotizados.

— ¿Por qué?

— ¿Eran o no autómatas?

— No, desde luego

— Pues entonces parece absurdo en absoluto que traicionasen a los blancos en favor de los rojos, ya que el triunfo bolchevique suponía perder poner en peligro sus cabezas.

— Su argumento— me replicó rápido— sólo sirve para confirmar cuanto he dado por supuesto. Precisamente, por no ser autómatas, era necesario que fuera masón el general que derrotase a los "blancos"; era la garantía de que la derrota de los generales reaccionarios sería en beneficio, no del Comunismo, sino de la Masonería...

— ¿Fue posible que creyeran tan tremenda estupidez?...

— ¿Por qué no?... Esa estupidez masónica ya se da en la Revolución Francesa, y se repite en todas las sucesivas. Se diría que los masones están destinados a morir a manos de las revoluciones provocadas o servidas por ellos.

Y yo volví a intervenir,

— Comprenderá, Gabriel, que sólo hipótesis es todo cuanto ha dicho hasta el momento.

— No escribimos un manual de historia en este instante, doctor; ni siquiera un informe policíaco que sirva de base para las detenciones. No; sólo tratamos de hallar razones que confirmen o se opongan a las acusaciones de Gamarnik, dada la categoría de los acusados y, sobre todo, la peligrosidad de atacar, no al enemigo, sino a quien pudiera ser leal, como muy bien ha señalado la camarada Lidya.

— Comprenderá que yo soy un profano...— me disculpé.

— No sea suspicaz, doctor, si le agradezco su intervención. Por algo está usted ahí...; deseo y le pido que me arguya; precisamente por ser usted un profano. Yo no puedo ignorar que tanto Lidya como yo podemos incurrir en error por una explicable deformación profesional... ¿Me comprende, doctor?

— Y, como para desenojarme, Gabriel me sirvió una copa rebosante y me dio un cigarrillo.

— Entonces, Gabriel— reanudé— unos nombres de traidores a los blancos me serían necesarios para que yo pudiera ver el apoyo de sus hipótesis brillantes.

— Bien, doctor; sea un nombre indudable. Ahí tenéis a Maisky, nuestro flamante embajador en Londres y... ministro menchevique en Samara, uno de los que dieron el poder absoluto a Kolchak.

— ¿Convertido al comunismo?

— Él es un judío menchevique, que traicionó a los "blancos", pero no es figura por eso; es que también traicionó a Trotsky muy a tiempo...

— Sí— argüí en. retirada—; pero un solo caso...

— ¿Y usted no recuerda otro?...

— ¿Yo?...— me extrañé.

— Sí, doctor; Skoblin, ¿No le parece muy elocuente?

— ¿También obedece al mismo motivo?...

— En un principio, sí; ahora, no; ahora, como a usted le consta, nos obedece a nosotros gracias a su mujer, antigua servidora nuestra junto a Kolchak... Pero, en fin, doctor— terminó sonriendo— no debe hacerse tan el ignorante. ¿No recuerda el gran discurso que le dirigió Navachin?... Recuérdelo. Aquel hombre sólo era eso: un masón, y por masón, trotskista. ¿Se lo imagina usted un feroz espartaquista en Alemania con Kurt Kisner?

Pues lo fue ¿Lo puede creer a caballo en las fronteras financiando y organizando revoluciones? Pues así era..., sin perjuicio de ser un financiero. Yo quisiera poderle mostrar ahora su dossier...; jamás fue un comunista; fue un típico hombre de la infiltración masónica en la revolución bolchevique, infiltrado por Trotsky y dirigido por él...; sirvió en tanto Trotsky tuvo probabilidades de reinar; pero, como era un hombre inteligente, intuyó su derrota y no quiso volver a pasar las fronteras soviéticas... Pero, en fin, ya que él no vino a la frontera, la frontera fue hasta él...

Yo sentí escalofrío con esta feroz ironía de Gabriel; instintivamente miré aquella mano homicida, que ahora esgrimía con elegancia un cigarrillo de larga boquilla. Ni siquiera en una leve inflexión de su voz denotó el menor acento emocional cuando irónico aludió al asesinato, Yo vi la escena cruda; a él matando a Navachin y, junto al cadáver, un perro aullando...

Proseguían la conversación. Y Lidya decía:

— Yo estimo necesario, por no hallar base sufiente, una exquisita vigilancia sobre Tujachevsky.

— Exactamente. Suponía que así pensarías. He de redactar aún esta misma noche una propuesta de acción. Yo he pensado en ti para situarte muy cerca del Mariscal; sólo quiero saber si aceptas la misión.

— ¿Y desde cuándo se consulta a quien debe obedecer?

— La misión es demasiado extraordinaria, camarada. No por el peligro personal solamente, sino por la responsabilidad que puede acarrear un error o una supuesta deslealtad. Como se me ha permitido proponer personas, no he querido pedirte una respuesta sin que conocieras del asunto cuanto yo sé, y, si te dejo en libertad, es para que puedas medir el riesgo y la responsabilidad. Antes de responder, has de saber que si Tujachevsky sospecha que se sospecha de él, habrá que sacrificar a la persona responsable de torpeza; pues si él lo sabe antes del momento debido, su vigilancia se declarará "no oficial", y habrá que sacrificar a quien sea descubierto para tranquilizarle y aplacarle.

Lidya meditó unos instantes.

— Acepto— dijo fríamente.

— Así lo esperaba, camarada; y como yo he de trabajar aún, si lo desean, pueden retirarse a dormir.

Nos levantamos Lidya y yo, y cuando estábamos va en la puerta me advirtió Gabriel:

— Doctor, no se le olvide pasar a visitar a su amigo Gamarnik Haga e una cura; no sé si ordenarán que salga pronto para incorporarse su vida oficial.

XXVIII

DOS CARTAS

Sólo asistí por muy poco tiempo al final de la entrevista celebrada entre Lidya y Gabriel al día siguiente. Ambos se habían pasado en conciliábulo toda la mañana. Me llamaron para comunicarme lo acordado entre los dos referente a mí. Debía yo encargarme del papel de buzón y de correo. Lidya me llamaría cuando fuese necesario al laboratorio, indicándome una estación del Metro donde ambos debíamos coincidir. Cuando nos viéramos. en el andén, tomaríamos el primer tren que llegase, precisamente, juntos. Y ella, colocada junto a mí, deslizaría en el bolsillo sus informes.

Gabriel salió para visitar a Gamarnik; quedé a solas con Lidya. No me dirigió ni la más mínima frase. Yo la observaba con cierto disimulo. Dentro de la habitual sencillez en sus vestidos, advertí en ella un singular refinamiento. El peinado era perfecto; su pelo, partido en dos trenzas, era una diadema de oro negro, ni un cabello se rebelaba, cual si fuera un casco de guerrero. Vestía una blusa de hilo blanca, adornada con un fino bordado azul y rojo, invisible casi, en el cuello y pecho. Llevaba medias de seda y un zapato, con tacón medio, sin duda, no soviético. Un conjunto muy agradable; era inmensa su distancia, con la moda de París, tanto, por lo menos, como su diferencia con los vestidos habituales de la mujer soviética.

Como tardaba Gabriel, y yo debía esperarle, seguí mi observación, ahora más fácil, porque Lidya se había puesto a leer. Me pregunté si era delgada. Sí, lo era; pero no se1 adivinaba bajo su piel arista o relieve de un solo hueso. Sus líneas eran largas, pero elegantes y finísimas. En reposo, parecía frágil y débil; pero en movimiento se adivinaban unos músculos finos y tensos, de vitalidad inverosímil. Pensé que si ella fuera capaz de sentir o fingir una pasión ningún hombre podría resistir. Pero no creo a nadie capaz de imaginar a Lidya en trance pasional. Había en ella un trascender andrógino, pero no viril, yo diría más bien angélico, pero sin santidad... No sé, algo sutil, indefinible.. Pensé queriendo definir aquel indefinible. Me paseaba a lo largo del despacho fumando. Al dar una de mis vueltas, la volví a mirar a través de la nube de humo de mi cigarro. En el mismo instante, Lidya echó su cabera hacia atrás y se mordió un poquitín el labio inferior. La línea de los dientes, un relámpago blanco, partió el rojo de los labios. El contraste me inspiró. Lo que Lidya irradiaba de todo su ser era virginidad...

Aún estaba sumido en estos persamientos cuando volvió Gabriel.

— Todo bien— dijo dirigiéndose a Lidya— y usted, doctor, ¿cuándo cree que podrá estar totalmente repuesto Gamarnik?

— Estimo— respondí— que aún tardará diez o doce días; permítame una pregunta, ¿debo seguir inyectándole morfina?

— No hay ningún inconveniente, según creo.

— Él ha adquirido el vicio; sin grandes esfuerzos no podrá curarse.

* * *

Al cumplirse la docena de días que yo había señalado para el restablecimiento de Gamarnik, llegó Gabriel un día y se lo llevó. Vino acompañado de una escolta uniformada de la N.K.V.D., y Gabriel simuló ante los demás gran deferencia y respeto hacia el Mariscal.

Lidya no me había llamado aún; sin duda, no tenía informes dignos de ser comunicados respecto a Tujachevsky.

Habrían pasado tres o cuatro días desde la última visita de Gabriel cuando me llamó Lidya por primera vez. Me citó a las cuatro en la estación del Metro de Kiewskaya. Le comuniqué al intendente que debía salir y el coche ya me esperaba antes de las tres.

No sé si he dicho que el laboratorio estaba al sudoeste de Moscú, a unas cuarenta verstas de los suburbios.

Cuando bajé al andén, ya estaba Lidya esperando. Hicimos la maniobra convenida y yo me apeé del vagón dos estaciones más allá. Mi mano aprisionaba en el fondo del bolsillo de mi abrigo el sobre introducido en él por Lidya.

Anduve bastantes calles para llegar a la plaza de Puchkin, donde, según acuerdo, el coche me debía esperar. Lo tomé y me devolvió al laboratorio. Telefoneé inmediatamente a Gabriel y me ordenó que le enviase la carta con él hombre que me había acompañado en el coche.

Cuando había entregado la carta y el coche partió, me arrepentí de haber obrado con tanta precipitación. Sentía curiosidad por conocer lo comunicado por Lidya a Gabriel; hasta pensé, según había hecho con la confesión de Gamarnik, en haberla copiado. Y también pensé que poseer algunos documentos de tanto interés como debían ser aquellos que pasarían por mis manos podía serme útil a mí, como siempre lo es poseer secretos de otros. Naturalmente, no se me ocultaba el riesgo si era descubierto. Pero la posibilidad de que un secreto de aquellos pudiera valerme la libertad y volverme a unir con mi familia me daba valor y audacia. No pensé, lo confieso, en lo poco decente de mi acción abriendo cartas ajenas. El ambiente respirado por mí durante tantos meses no era el más propicio para el cultivo de unos escrúpulos tan elementales. Me prometí, si tenía ocasión propicia, leer cuanto pasase por mis manos, y si tenía interés, hasta copiarlo.

Tal propósito, como tantos de los míos, era válido sólo en estado teórico Cuando me decidía mentalmente a un atrevimiento, la sombra de mi cobardía se interponía entre intención y acción.

En efecto, a los dos o tres días volvió a llamarme Lidya Realizamos la maniobra de manera idéntica, y volví al laboratorio con otra carta. Pude no llamar tan pronto a Gabriel, haciendo esperar al automóvil en tanto que yo abría y cerraba el sobre. Pero no me atreví; me parecía que Gabriel surgiría de repente sin ser visto ni oído, a mi espalda, cuando yo me hallase abriendo el sobre al vapor. Nervioso, como si me quemase las manos, entregué la carta al chekista y respiré. Sin embargo, luego me pasé todo el día reprochándome mi cobardía.

Pero, al fin, un día, cuando regresé al laboratorio con la carta, no pude hallar a Gabriel en ninguno de los teléfonos que me había indicado. El coche debía esperar. Anduve de un lado a otro como un estúpido, luchando en mi interior con la tentación de abrir aquel sobre. No sé cómo, me hallé dentro del laboratorio. Sentí crecer mi valor. Y, al fin, abrí la carta. Estaba escrita a máquina y no tenía dirección ni firma, y decía así:

"G. ha cumplido lo que había prometido. Visitó a T. La entrevista duró sesenta y siete minutos exactamente. Cuando entró, interrumpió mi ejercicio de conversación en francés. Por cierto que T. seguía insinuándome con cierta dificultad, en lengua francesa. Estaba un tanto ridículo. Las rr no le obedecían y ponía un gesto como si le desobedeciese un recluta. Cuando se marchó G. me hizo entrar de nuevo. Yo vi el trozo de "micro-film" en el suelo e interpuse mi pie. Luego, durante la conversación, manipulé con mi cartera, dejando caer algunos objetos allí donde se hallaba el "micro", que recogí. Hoy he hallado a T. muy excitado. No podía coordinar sus frases en francés. Se lo hice notar, interesándome por su estado de salud. Convino en que se hallaba indispuesto y acordamos suspender la lección.

Volví por la tarde para devolverle su "micro". Le referí que después de salir G., al reanudar la lección, según recordaría, se me cayeron unas cosas al suelo, y que. inadvertidamente, debí entonces recoger aquello. Que suponiéndolo así, se lo traía por si le pertenecía.

No me respondió. Tomó el "micro-film" entre sus dedos; lo examinó a contraluz, buscó una lupa y con ella lo volvió a mirar. Estuvo en silencio largo rato paseando. Yo permanecía indiferente, y con mi mejor cara de inocencia. Por fin. me habló interrogándome:

— Camarada, ¿ha leído lo que dice aquí? — y me señalaba el "micro-film".

— Sí — le respondí con toda sencillez.

— ¿Habla el alemán? Volví a decir:

— Sí.

— Es algo referente a un agregado militar que irá pronto a Londres.

— ¿Traición o espionaje? — pregunté con ingenuidad.

— Aún no lo sabemos — me respondió con cierta dificultad.

Creí llegado el momento de darle el golpe:

— Camarada Mariscal, ¿se olvida que trabajo en el Narkomindel?... Allí aprendemos algo de esas cosas.

— Camarada, ¿qué quiere insinuar?... Semcillamente: que no se refiere a nadie.

— ¡No!...— exclamó.

— A nadie, más que a usted: al menos, el creerlo así me ha decidido a traérselo en otra caso, yo lo hubiera llevado a la N.K.V.D. y allí hubieran hecho lo demás.

— Muy agradecido por la intención, camarada Lidya, pero...

— ¿No le importa el asunto en sí, Mariscal?... ¿Puedo entonces hablar en la N.K.V.D.?., me lo agradecerán, y nunca se sabe si se necesitará la amistad de la Lubianka...

— Y la mía ¿no puede convenirle más?...— me preguntó entre amenazador e insinuante.

— Dedúzcalo; yo he venido aquí, no a la Lubianka.

— No se arrepentirá, camarada...— y al decirlo tomó con sus dos manos una mía y me la apretó con efusión. Pidió autorización para entrar el general Kork y se suspendió nuestra entrevista.

Estimo que ya. se ha logrado dar el primer paso en terreno firme."

Cuando hube leído el informe, lo copié rápidamente. Pegué de nuevo el sobre y lo metí en el bolsillo. ¡Ah! sólo toqué con mis guantes puestos el papel. Fue una precaución innecesaria, pero me tranquilizó. Bajé de dos en dos los peldaños de la escalera del laboratorio. Me imaginaba, que había tardado en la operación larguísimo tiempo. Llamé de nuevo a Gabriel, pero, con gran contento para mí, no lo hallé; sólo me respondió pasada más de media hora, en un tercer intento para conectar con él. Como de costumbre, me indicó que le mandase la carta con el hombre del automóvil.

Sólo me atreví a violar dos cartas más. Su contenido carecía de importancia. Únicamente subrayaba Lidya que se acentuaba el asedio amoroso de Tujachevsky. No parecía, en cambio, que hubiese avanzado mucho en la investigación. De ninguna manera había llegado Lidya todavía, ni mucho menos, a la categoría de cómplice ni auxiliar del Mariscal, según era evidente que intentaba.

* * *

Había pasado el día 1 de Mayo. Recuerdo bien esta fecha. Desde muy temprano comenzaron a pasar aviones en dirección a Moscú; luego volvían, cruzándose unos con otros. El estruendo de los motores parecía el de una lejana tempestad. Yo no había estado ningún año en este día en la Plaza Roja. Sólo por los relatos de la Prensa y por los comentarios de los vecinos de mi casa podía yo imaginar el gran espectáculo de aquel día. El desfile terrestre y aéreo del Ejército Rojo y del pueblo en una geometría humana gigantesca, desplegada en un rito "sagrado" ante la mitología bolchevique muerta y viva, Lenin, banderas, lemas, Politburó, mariscales y, sobre todo y todos, el Stalin divinizado..., pero también, y a la vez, saturando, respirado y hasta mascándose: el Terror.

Ante aquella imagen que rebasaba toda imaginación, fijos mis ojos en los aviones que pasaban y pasaban como buitres en bandadas, mis labios imploraron casi en imprecación:

— ¡Hasta cuándo, Dios mío!

Habrían pasado unos dos o tres días cuando me llamó Lidya de nuevo. Pero al citarme agregó: "doctor, debe usted entregar la carta personalmente; no la entregue usted a nadie para que se la lleve". Le prometí hacerlo así.

Regresé con la carta en mi poder. Naturalmente, me hallaba impaciente por leer su contenido. Dije que podía marcharse el coche; luego ya llamaría yo a Gabriel. Subí de dos en dos los escalones del laboratorio. Como siempre, me cercioré de no ser espiado; pero esta vez poniendo aún más atención en la pesquisa. Se me hizo muy largo el tiempo que tardó el agua en hervir; pero, al fin, logré tener en mis manos los pliegos, y leí con avidez:

"Camarada:

Por mis informes anteriores habrás comprobado que no avanzo, pues confirmar que T. esté complicado en el asunto no es suficiente.

Pero hay un recurso, ¡uno solo!, para averiguarlo todo. Un recurso...

Sabes, como yo, que T. tiene fama de apasionado (como hombre), apasionado por todas las mujeres; un "don Juan". He indicado, en los informes anteriores, que estrecha mi asedio... Me parece que ahora la pasión le domina, manda en él.

¿Comprendido?

Me parece verte sonreír con tu habitual ironía al pensar que soy una vanidosa cuando explicó el estado de abdicación sentimental de T. por mí. No hay vanidad alguna en la noticia. He suscitado tantos arrebatados deseos en mis "actos de servicio" que no voy ahora a infatuarme por uno más.

T. es un hombre de serie. No he necesitado emplear arma alguna (femenina) para seducirle, de las que se leen en las novelas. Me bastó resistir y contestar NO. Este procedimiento es infalible. Cada NO es como echar pólvora al fuego. Ahora, sí que viene bien la ironía: ¡la virtud, es el máximo sex appeal!...

Tenía obligación de informarte de este "detalle", camarada, a ti que sólo sabes de la Revolución, para que comprendan cuanto voy a decirte... y decidas.

El M. acostumbrado a ser obedecido toda su vida— mandó ejércitos a los veinticinco años— me parece que tiene un "complejo de dominio". La obediencia de los hombres a su decisión es para él natural, innata; por consiguiente, también la obediencia de las mujeres.

Respecto de ellas, habrá que suponer que todas se le han rendido. Desde el primer momento lo leí en sus ojos, en su sonrisilla (sus ojos son voraces al mirarme), y sobre todo en su aire de suficiencia cuando eleva petulante su aguzada barbilla.

Es cómico ver cómo se transforma este Napoleón en un conquistador de boulevard. Sólo he visto tipos de esta clase en París.

Y, ¡advertencia! Ese "complejo de dominio" está a punto de "estallar" a causa de no haber caído a sus pies esta insignificante burócrata. ¡Pues quien ha caído es él!

Me lo ha ofrecido todo. Yo le había pintado— en una conversación de las que en las novelas francesas se llaman risqués— mi ideal de hombre, al que me rendiría, a él tan sólo. No dije nombres, pero se veía claro, creo yo, que era cierto emperador.. A un hombre así me daría yo; no a un cualquiera que tiembla cuando se pronuncia el apellido Iéjov...

Basta indicarte este detalle para que comprendas mi maniobra, camarada.

Hubo un instante en que creí que hablaba. Sus manos febriles aprisionaban las mías. Creí que iba a confesar que él no temía a Iéjov, que el tipo de emperador que yo soñaba era él... Fue un segundo... Pero el temor debió aconsejarle.

Puedo llegar a ser su confidente, consejera y colaboradora. Puedo... sí paso de ser la deseada a la poseída. Clave: Amor. El creería en mí. Yo sería para él una misma cosa con él, lo íntimo absoluto. Se figuraría que su ambición era mi ambición, su sueño de Poder mi anhelo y mi sueño. Es fácil, en esa compenetración de sensaciones, hacérselo creer a un hombre. Y sin intentarlo siquiera. Es sustancial en el amor; quien ama ve en la persona amada su igual.

Resumo: para rendirle he de rendirme yo.

Este es el problema que debes resolver, Gabriel.

Durante mucho tiempo hemos estado juntos, y sabemos muchísimas cosas de los demás; pero no sabemos nada de nosotros. Por eso tengo que decir lo que voy a decir. No creo que te sorprenda. Te he visto ante muchos enigmas o casos inesperados y no te has sorprendido nunca. No creo que exista nada que te asombre.

Pero acaso cuando sepas lo que voy a relatarte te preguntes: ¿y por qué a mí, precisamente a mí...? Y te respondo: ¿A quién si no?...

No sé mi edad, ni dónde nací, ni sé de mis padres. Sólo veo niebla allá donde yo me veo surgir. Ni un rostro, ni un lugar. Nada personal. Mi primer recuerdo es un halo de calor y luz, algo como una inmensa lámpara de cristal, que se borra y esfuma, cuando quiero precisar. Luego, frío, humedad, lo viscoso. Por fin, ya me veo y también veo a los demás. Es en un arrabal, de

Leningrado; vivo con dos ancianos que me llevan en brazos. Hambre, frío, nieve. Aquellos viejos me quieren. Debo tener seis o siete años. Un día vienen unos hombres; la vieja gime abrazada al viejo; yo escapo por entre los vecinos que se agrupan a la puerta. Cuando vuelvo, sólo está ella; se le han llevado a él. Rezamos juntas ante un icono que tenía escondido. Pasa tiempo; una mañana, mi vieja, con la cual dormía, no se mueve. Tiene la carne fría. A mis gritos acuden las vecinas. Estaba muerta. Se la llevaron aquella misma tarde. Por la mañana se metió en la cabaña oirá familia. Me pegaron los cuatro hijos, pero luego, el hambre nos hizo amigos. Pasábamos el día y parte de la noche merodeando por Leningrado. Un día me perdí en los muelles y no supe regresar. Me acerqué a una, hoguera, rodeada por unos cuantos muchachos y muchachas, una banda de bezprizornii. Me uní a ellos. Robábamos cuanto veíamos, con fracasos, a veces, golpes, huida... Los éxitos eran comer. Nada más que comer. La banda aumentando; llegaron algunos muchachos mayores. Estos no robaban; nos dirigían, nos mandaban robar y nos robaban a nosotros. Tendría yo diez o doce años, no lo sé. y era un haz de huesos envueltos en trapos. Hacía un frío tremendo. Cierta noche, Nikita, uno de los grandes, me mandó seguirle y le obedecí. Me llevó lejos, a la oscuridad. Se detuvo a la puerta de una cueva, entró y la iluminó dando grandes chupadas a su cigarro. Yo leí había seguido sin temor. Al resplandor del cigarro advertí algo extraño en su cara; le brillaban los ojos bajo el pelo negro y revuelto. Adiviné su sonrisa cuando dio la última chupada. Se sentó sobre un montón de paja, y tomándome de un braza me dijo: "Échate aquí". No me moví. Tiró, pero retrocedí; me garro por la cintura, luchamos, me derribó. Le mordí en las manos, me pegó en la cara. Yo perdía fuerzas, fatigada, pero me defendía. El rasgaba con una mano mis harapos y con la otra me apretaba la garganta. Yo me ahogaba. Sentí mis muslos desnudos y trencé las piernas; él rasgaba sobre mi vientre los últimos pingajos. Aflojó su mano mi garganta e intenté respirar..., pero su peso me aplastaba. Sabía lo que me iba a hacer. En la promiscuidad de la pandilla, lo sexual no era ningún secreto... y recordé: los sexos de mis compañeras purulentos, los de ellos también corroídos y supurando... ¡Qué horror! De asco me volví loca, mordí, arañé, pero aún loca como estaba tuve lucidez: me quedé un instante quieta, y él me creyó rendida... Sentí su aliento en mi boca, mis manos buscaron su frente, bajé los pulgares... y mis uñas rasgaron sus pupilas... Bramó, me libré de él y huí sobre la nieve medio desnuda. Un día le vi de lejos, con los brazos extendidos tanteando el vacío. Pasó junto a mí sin poderme ver. Sus ojos eran dos llagas. Yo se los había saltado, dejándole ciego.

No volví a unirme a la banda. Huí al otra extremo de Leningrado y o los pocos días me metí en un tren con dos muchachos y llegamos a Moscú. Aún pasé dos años con los bezprizornii y recorrí casi todo el Sur. A medida que pasaba el tiempo eran más frecuentes los ataques de hombres y muchachos. Pero mis fuerzas y mi destreza también iban en aumento. Tenía una cuchilla de navaja de afeitar envuelta en un pañuelo y la usé más de una vez. Mi salvajismo infundió respeto. Vino en mi ayuda un muchacho de alguna más edad, que me defendía con destreza y crueldad felina, sin solicitar nunca nada de mí. Creí en su amistad abnegada. Pero no; era un pederasta.

Un día fue detenida la banda entera. Nos metieron en la cárcel revueltas con innumerables muchachos vagabundos. Era un momento de liquidación. Hacinados, mis compañeros morían como insectos. Muchos jefes de banda fueron ejecutados. La minoría superviviente debía ser deportada. (Entre los deportados futuros, yo...) Una mujer que visitaba con frecuencia la cárcel se fijó en mí, obtuvo mi libertad, y me llevó a su casa. Vivían juntas dos; tú las conociste, eran las hermanas Praiger, dos judías comunistas checas que trabajaban para la G.P.U. No me libertaron por compasión. Me querían para emplearme en su trabajo. Aprendí, bajo su dura dirección, a escuchar y seguir, espiar y mentir. Nadie podía sospechar de mí, escuálida y hecha un puro andrajo, cuando me aproximaba, y así veía y escuchaba. Ellas hablaban alemán en casa y lo aprendí. Por las noches me enseñaron a leer y escribir. Casi no me daban de comer, y como no me dejaban robar, pasaba yo un hambre horrible. Dormía entre un montón de papeles en un nicho que fue carbonera. Así pasé casi tres años, hasta el día en que apareciste tú y hablaste con ellas. Días después me abordaste y me diste unos rublos. También me preguntaste sobre las relaciones de las dos judías chekistas. Te dije todo lo que sabía. Aquella noche las detuvieron a las dos. Eran trotskistas. Por ti lo supe una hora después, cuando llegaste de madrugada. ¡Qué vergüenza sentí viéndome sucia y cubierta de harapos ante ti, tan joven y elegante! "Ellas— me aseguraste— ya nunca volverían. Pusiste unos rublos más sobre la mesa y te marchaste. Ya no dormí aquella noche. Tus cigarrillos habían dejado en la estancia un perfume raro, que me deleitaba. Escudriñé el "guardarropa" de las dos judías. No había mucho, pero era un tesoro para mí. Lavé con agua fría y jabón mi cuerpo; me probé uno tras otro todos los vestidos. En cada uno cabían dos personas como yo, tal era mí delgadez. ¡Qué apuro! No sabía coser. Tus rublos los gasté al día siguiente en que me adaptaran los vestidos. Me peinaron por primera vez: una vecina. Vestida ya, sufrí la tragedia de no poderme contemplar. Paseé a lo largo de mí un pequeño espejo sin lograrlo. Corrí hacia la orilla del Moscova y pude verme reflejada en sus aguas, casi entera. Salté y reí, como chiquilla que era... Y aquel misma día fui mujer.

Ya sabes lo demás. Cómo me hiciste ingresar en la Escuela. Mi pobre alemán te valió de argumento. Aún bajo aquella disciplina de hierro y estricta obediencia, supe lo que era sentirse persona. Y hasta supe lo que era libertad. Ya nadie me asaltaba, sólo me solicitaban, y mi negativa no suponía un duelo para salvar mi virginidad. Ya no sostenía la lucha feroz que fue mi vida desde niña. Sin religión y sin respeto alguno para la hipócrita virtud burguesa, la vida y la ciencia me han mostrado en vivo la fisiología de los sexos... Y— fíjate en esto— sospecho que no soy normal. Ignoro si soy víctima de aberración o de atavismo psíquico. He consultado en secreto a grandes doctores rusos y europeos, estudié con afán a Freud y su escuela. No hallé respuesta para mi caso en ninguno...

Es infinita la rebelión de mis entrañas a esa fase del amor. Mi entrega forzada, mi violación significaría para mí morir.

Haz un esfuerzo para comprender, Gabriel, y, sobre todo, te lo ruego, no te sonrías...

Y, sabiendo ya todo esto, te pregunto:

¿Debo entregarme a T. en servicio al Partido?...

Camarada, espero tu respuesta.— L."

La carta de Lidya me dejó atónito. Es innato en el hombre cuando contempla las ajenas tragedias referirlas primero a sí mismo. Así, frente a la de Lidya, yo me sentía casi feliz. Mis hijas, tan desdichadas para mí, se me aparecían ahora como privilegiadas; ellas, siempre junto a sus padres, no se habían visto en aquel horroroso trance de tener que defender con uñas y dientes su asaltada virginidad. Fue un consuelo fugaz; al fin, aquello era el pasado; pero de su presente, ¿qué sabía yo?...

La imperiosa necesidad de copiar la carta— sí, tenía necesidad absoluta de copiarla— de cerrarla y entregarla me volvió a la realidad.

Lo hice todo nervioso, acelerado. Cuando terminé, llamé a Gabriel. Contestó a la primera llamada telefónica y le dije que tenía una carta, con el encargo de dársela directamente a él. Me anunció su visita aquella misma noche.

Lo esperé pensando en el caso de Lidya. Aunque mal psicólogo, yo no me había equivocado al diagnosticar sobre su singular personalidad. A pesar de la distancia espiritual tan enorme mantenida entre ambos, me impresionaba de manera tremenda su "caso"; hasta me acongojaba, suscitando en mí una extraña ternura paternal. Siempre la vi escueta, firme, con algo de feroz; pero, ahora, vista su alma en su carta— -pues alma tenía sin siquiera saberlo— yo la veía débil, temblorosa y angustiada, cual una débil niña..., igual que una hija mía.

Imaginé salvarla en audaz salto imaginario. ¿Pero qué podía yo hacer?... Yo era un esclavo sin voz ni libertad. Gabriel, sí; él tenía en su mano la decisión... ¿Y qué sabía yo?... ¿Sería Gabriel libre para decidir? ¿Había en realidad alguien libre dentro de la U. R. S- S.?

En tan grandes cavilaciones me perdía cuando escuché la llegada de un coche. Al poco, entró Gabriel. Le debí estúpidamente interrogar con la mirada, como queriendo pedirle decisión. Ni siquiera recordaba que aún ignoraba el contenido de la carta. Tan fuera de mí me hallaba que debió pedírmela. Se la di, no atreviéndome a mirarlo. El pasó con ella en la mano a su despacho y la puerta se cerró.

Era la hora de la cena. Sobre la mesa pusieron dos cubiertos. Yo esperé para sentarme a que viniese Gabriel; pero el tiempo pasaba y no venía él.

Esperé una hora más; ¿qué hacer?...; aguanté más tiempo. Al fin, me decidí a cenar; pero casi no probé bocado. Mi boca se negaba a masticar. Dejé la mesa y me puse a pasear, muy nervioso, fumando cigarro tras cigarro.

* * *

Gabriel salió de su despacho ya de madrugada. Yo me hallaba sentado en una silla del comedor, muy cansado, porque, sin darme cuenta, paseando había recorrido muchas verstas. Ni me habló ni se sorprendió al verme aún allí. No miro siquiera la mesa donde su cubierto estaba todavía. Traía una carta en la mano; me la entregó y se limitó a decirme:

— Désela cuanto antes.

El chofer del coche y otro que le acompañaba se hallaban dormitando en las sillas del hall. Gabriel los sacudió e hizo abrir la puerta. Se detuvo un momento en el quicio y miró a lo lejos, al cielo, donde centelleaba ya Venus.

Entró en el coche, que arrancó trepidando con agudo chirrido de sus frenos. Gabriel no se había despedido de mí.

El intendente cerró la puerta y gimió su triple cerradura.

Yo me marché a mi habitación. Palpé y palpé la carta; tenía un ansia loca por conocer lo que diría en ella Gabriel. Advertí por una esquina que aún estaba húmeda, la goma; introduje un lápiz por la pegadura y con un ligero movimiento rotatorio pude abrir el sobre con facilidad y sin deterioro. Me asusté al conseguirlo. Oculté la carta bajo mi almohada y me desvestí casi temblando. El menor ruido me parecía producido por el regreso de Gabriel. Me acosté; apagué la luz y con la ropa me tapé casi por completo la cabeza. Pasó un largo rato hasta que logré hacerme dueño de mis nervios; luego, ya pude discurrir. "Sí— pensé— la leería, pero con precaución; allí, a mi alcance, había un ejemplar atrasado de la Pravda, lo tomaría, después de haber encendido la luz; extraería la carta que crugía bajo el peso de mi cabeza, .y ocultándola con el periódico la podría leer sin peligro." Así lo realicé y ansioso leí:

"Camarada:

Te agradezco tu carta. Desde luego, no me ha hecho reír. Mi vida no es precisamente una vida de afectos ni de sensibilidades enfermizas; pero cuanto me revelas, franca y confiada como verdadera camarada, me ha hecho sentirme muy unido a ti. No en vano, cuanto hay en tu carta sólo a una madre lo dice una mujer. Y me enorgullece verme ocupar por un instante él puesto Se esa madre que tú no conociste.

Tranquila ya de que no me reiré?

Ahora pasemos a la realidad. ¿Estimas como único recurso posible tu total entrega!... No lo puedo creer. Aguza tu fino ingenio. Te creo capaz de triunfar sin ese sacrificio que te horroriza... Es más, no es ejemplar. Sí se supiese que a un traidor se le da una mujer tan exquisita como tú, ni la inmediata ejecución podría evitar que los leales a la causa traicionasen también ..

Y, en serio ya. Busca, imagina, intenta reducir a ese hombre por cualquier otro medio. Cuál puede ser el que te haga triunfar yo no puedo saberlo.

Reflejan tus palabras un estado de ánimo extraño en ti. Hallo en el tono de tu carta un algo tan agudo y vital, casi un reprimido paroxismo que temo a lo demencial.

Te preguntas a ti misma si no serás normal. Sólo tú puedes resolver esa incógnita de tu supuesto complejo sexual o mental. ¿Repele tu sexualidad o tu cerebro al otro sexo? ¿Sí?... ¿Y la repulsión es absoluta?... Respóndete si puedes y podrás deducir.

Mi superficial saber del "eterno femenino" me hace decirte con entera sinceridad que te creo normal. Hasta no tener la certeza de tu incapacidad de amar a un hombre, ni tú ni nadie puede calificar de absoluta e invencible tu repulsión. El amor es capaz de superarlo todo; tanto lo normal como lo anormal. Por amor puede ser siempre virginal una mujer y también por amor lo deja de ser.

Empleo la expresión "amor", con exclusión de todo planteamiento de su naturaleza íntima. Es aún la palabra con más sentido expresivo, y por ello la empleo, pero restándole su posible sentido antimarxista.

Te hablo de amor — con el viejo lenguaje de los pasados siglos — para convencerte de tu error. Saberse y quererse normal es el principio de toda, normalidad: Quiero y creo poderte convencer.

Tiembla todo tu ser y hasta tu entraña se rebela frente a la idea de verte poseída; tu misma vida se vincula y decide ahí, cual si la suprema razón de ser vivida radicara en el sexo... Si tan extraña y absurda fuera tal idea, las: civilizaciones todas que durante siglos y siglos precedieron a la nuestra serían tan anormales como tú..., porque desde las generaciones ancestrales todas centraron ahí, en el sexo su razón suprema del vivir y morir. ¿Qué es en el fondo la historia de los hombres? Lo dice unánime la literatura universal. En prosa, verso, imagen y música expresa ese único y eterno tema: el amor, y por él viviendo, muriendo, matando y naciendo el hombre y la mujer ¿Y centrado en qué? En un total absurdo para la razón, para la economía, para la fisiología En ese absurdo de la virginidad. Si la orgullosa ciencia, viéndose vencida, abandonó a la locura del poeta la empresa de descifrar el eterno enigma de la virginidad, tan loca como tú es la poesía universal.

Y hay más, mucho más. También la loca poesía se sintió impotente y derrotada. Por ello, el misterio de la virginidad viene a ser uno de los misterios de las religiones. No te diré cómo la obsesión de los pueblos de la tierra saturó con el problema de los sexos todas las mitologías. Ni en esta carta ni en mil libros podría explicártelo.

Naciste casi exenta de religión. Yo nací y viví en una, la cristiana católica. Como sabes, renuncié a ella y hoy, como consciente comunista, soy su enemigo. Nada nuevo para ti. Pero en mi deseo absoluto de lograr disipar en ti tu peligrosa sospecha de anormalidad patológica y de hacerte recobrar el control de tu voluntad, te voy a descubrir mi propio ".complejo" y "anormalidad".

Ignoro si sabrás que la religión católica, mística y metafísica cual ninguna, impone el dogma la virginidad. Creer en la virginidad de María, madre de Jesús, es ley para todo católico, bajo la pena de ser excluido de la religión. Fíjate bien: creer virgen a una madre. Absurdo tan claro y absoluto no se ha visto jamás. Pues bien: como tú a mí, te abro yo el pecho a ti, tan humano hallo ese misterio de la madre-virgen cristiana que mi corazón abomina mi razón y acepto ese absoluto absurdo... Fíjate bien, yo tengo madre, tu la conoces; ni yo ni ningún hijo normal es capaz de imaginar a su madre en la encarnación; en mí y en todos se rebela y salta nuestro yo sobre la zoología ... es un salto, un vuelo, que si al cielo me llevase y, siendo yo Dios, dominase la naturaleza, también yo hubiera nacido de una madre virginal ¿Y me crees por eso un anormal? El anormal es ese pequeño judío Freud al recrearse en su complejo de Edipo. ¿No es verdad?

No hallo mayores ni mejores argumentos para convencerte de tu normalidad. Si anormalidad hay en tu complejo, también existe en mí. Es tu anormalidad universal. En alguna de sus formas, a todo ser humano comprende; acaso, si complejo es, yo no lo sé, los humanos se podrán liberar de él pero debe ser tan lenta en esto la evolución de las especies que el progreso no la podemos apreciar.

He huido, como ves, de darte una respuesta inspirada en romanticismo aburguesado o en mito religioso. Hubiera sido fácil y hasta literariamente bella: Niégate; no te entregues, dicen a una poesía y religión en una superestimación del yo. Sobre todo, a mí me hubiera resultado facilísimo. Aún hay en mi cierto atavismo racial y en mi lengua nativa, por no sé qué misterio del idioma, voluntad y amor se expresan con una sola palabra: querer. Para el español, querer y amar son algo idéntico. Y así, te diría: si no amas, no te entregues. Sólo siendo animal, por carecer de libertad y no poder amar — no hay amor sin libertad— te podrás entregar. Y tú no has retrocedido a la bestialidad.

Bello y fácil, ¿No?

No he apelado a lo fácil, apelé a ti misma, sólo a tu yo. En tu íntimo yo está la decisión, porque ahí está su voluntad y tu libertad.

Ninguna ley de dioses ni de Estados en las idolatrías y estatolatrías del pasado te hubieran exigido inmolar tu virginidad en sus aras. Acaso alguna diosa te hubiera exigido ser vestal.

El estado proletario, sí. No te dicta una orden; pero te ha dado su dialéctica materialista. Tú eres una, comunista bolchevique. Si el enemigo del

Proletariado universal es en este momento más fuerte que el Estado soviético, que le entregó sus hombres y sus armas para que lo defendiera, ¿qué hacer? ¿Nada?

Se ignora quiénes y cuántos son. No sabemos dónde se hallan. Son desconocidos sus cómplices extranjeros. Sólo sabemos que grandes fuerzas del Ejército Rojo y todas las del más poderoso ejército europeo serán lanzadas al ataque. Y ni siquiera sabemos el día ni la hora.

En saberlo se juega el destino del proletariado universal para muchos siglos. Si se supiera que un golpe fulminante podría hoy cercenar la cabeza del complot, sin provocar el golpe de Estado militar, cuya fuerza y hora ignoramos, ya hubiéramos caído como rayos sobre los traidores conocidos. Pero es demasiado importante lo que se decide para correr el riesgo de la derrota sin antes intentar hasta lo imposible.

Sólo tú puedes conocer quiénes son y el día. El únicamente puede decirlo. Y, según tú dices, te lo dirá... si tú te entregas a él. Compara: a un lado, la vida de la

U.R.S.S. y el proletariado mundial. Al otro, tú, a quien he visto arriesgar la vida tantas veces por el Partido. Y él no te pide la vida; te pide...

Escucha estos versos de un clásico español:

Al rey la hacienda y la vida se ha de dar; pero el honor es patrimonio del alma, y el alma sólo es de Dios.

No tenemos los bolcheviques ni rey ni dios. El honor de aquel viejo español radicaba también en la virginidad de una mujer.

Si al tirano rey, vida y hacienda se debía dar..., ¿no merecerá más el Estado proletario libertador? ¿No merecerá el Comunismo más que ese mito de Dios?

Como has visto, no hay en toda la carta ni una, leve nota de esa ironía tan temida por ti. Es demasiado trágico el momento político y personal para ironizar. Eso hasta puede ser elegante cuando sólo mi propia vida se juega; pero hoy, créeme, se juega mucho más...

Y lo más grave para mi es que nada puedo yo hacer ni decidir... Eres tú sola quien ha de dictar la solución.

Salud, camarada.— Gabriel."

Quedé perplejo. Dejé sobre la ropa el periódico que ocultaba la carta y, ensimismado, se perdían mis pensamientos en una maraña de ideas encontradas y de sentimientos que brotaban en confuso surtidor.

Fumé para serenarme v despejar mi cerebro. Volví a, leer la carta de Gabriel y procuré yuxtaponer sus ideas a las de Lidya, cuya carta recordaba muy bien.

Me parecía como si tuviese ante mí una caótica masa putrefacta y debiera yo explorarla con la pinza aséptica, de mi juicio..., como un pescador de perlas. Porque perlas brillaban como lágrimas en aquel amasijo pestilente del marxismo. Sobre todo, me deslumbraba en Lidya su agonía de virginidad.

Su rebelión frente a la ignominia parecía invencible... Pero ¿Y su origen?... amor, amor no confesado, acaso, ni a sí misma. Pero el amor es imposible sin amado. ¿Quién podía ser él? Gabriel, Gabriel, un incapaz para el amor; yo sólo le había podido ver odiar. ¿Sería la antítesis amor-odio causa primera de aquel drama? Mas ¿era Gabriel incapar de amar?. En absoluto, no. En su carta, el amor a su madre ardía con blanca llama en la negra noche de sus crímenes. Un amor rayando en sobrehumano; a su conjuro, el asesino, el materialista, blasfemaba contra sus deidades marxistas y remontaba las cumbres de la mística. Y en él, enemigo de Cristo declarado, hallaba yo la razón humana del misterio más combatido por los hombres; una razón que de puro humana, por ser del puro yo, devenía una razón absoluta del Dios-Hombre. ¿Qué podía ser todo esto tan complejo y asombroso?... La lógica— si lógica existía— me llevaba recto a ver, sin creerlo, a Gabriel enamorado de Lidya. Pero el hilo de la lógica se rompe ahí. La contradicción es total en la carta de Gabriel; su alternativa final es fulminante. Si reza un instante lo divino es para caer vertical en un abismo inicuo. Hay, eso sí, un dualismo en el cual resulta escarnecido y derrotado el marxismo; pero derrotado para mí, dada mi cultura y formación... Pero ¿y ... para Lidya? Para Lidya, privada en absoluto de toda noción racional de Dios, tan sólo presentido por su yo femenino y virginal, el Partido se lo muestra Gabriel como la única encarnación de la divinidad, más absoluta y más espantosa que ninguna de las forjadas por las más bárbaras mitologías... ¿Sabrá ver ella tan feroz ironía?... ¿Y no habrá en esa hinchada retórica de la "metafísica" marxista de Gabriel, tan impropia en él, una ironía magistral, único medio de responder a Lidya?... Pues, ¿acaso es él libre para opinar? No es ni él ni nadie inmune al terror; también pende sobre su vida la amenaza feroz...

¡Y cómo deben temblar los verdugos como él!... Su experiencia sobre los espantosos tormentos padecidos por sus víctimas es inmensa. La carne de los verdugos pues de carne humana son— debe temblar como ninguna Cuando se vean ellos en el peligro de pasar a ser víctimas.

En este balancín de hipótesis opuestas pasé columpiando la imaginación hasta que por loa resquicios de la ventana vi la luz de la mañana. No dormí; me levanté. La carta de Gabriel me quemaba las manos y quería entregarla.

Hasta las tres de la tarde no me llamó Lidya. La cité para las cinco en la forma de costumbre, y a esa hora, torpemente, introduje la carta en el bolsillo de su impermeable. Me apeé en la primera estación, arrastrado por la compacta gente. Aún la vi un instante al arrancan el tren; por sus facciones nada pasaba, pero yo adivinaba cómo su mano aprisionaría el papel.

XXIX

AQUELLA EXTRAÑA MUJER

Lidya no dio señaléis de vida después de haberle yo entregado la carta. No llamó hasta el día 6 de mayo. Lo hizo a las ocho de la tarde; me encargó, que avisase con toda urgencia a Gabriel para verlo ella en el laboratorio y que le mandase un coche a la plaza de Puchkin.

Lo del coche se lo comuniqué al intendente, prometiéndome que lo enviaría. Yo me dediqué a localizar a Gabriel, con la mala fortuna de na hallarlo. Como no debía dar mi nombre ni dejar recado alguno, sólo me quedaba el recurso de reiterar mis llamadas.

Serían poco más de las diez cuando llegó Lidya. Le di cuenta de mi fracaso para encontrar a Gabriel. No mostró ninguna contrariedad. Solicitó del intendente la llave del despacho y entró en él. Al poco escuché el ruido de la máquina de escribir. Yo seguí haciendo las inútiles llamadas. Se lo comuniqué a Lidya, preguntándole también si deseaba cenar en mi compañía. Levantó un instante los ojos de la, máquina y se negó, dándome las gracias.

Cené rápidamente y volví a llamar. Ahora tuve mejor suerte; Gabriel contestó y le hice saber que Lidya lo esperaba. Prometió venir lo antes posible; pero pasarían más de dos horas hasta su llegada.

Yo lo esperé paseándome por el hall. Al entrar, me saludo muy ligeramente, preguntándome:

— ¿Dónde está?

Le señalé su despacho y se dispuso a entrar.

— ¿Me necesitará?— le interrogué.

— No, creo que no; puede acostarse, doctor.

Cerró tras de sí la puerta y yo me marché a mi habitación. Ciertamente no tenía ningún deseo de dormir. El saber juntos en aquel mismo instante a Lidya y Gabriel, conociendo el problema de ambos, me infundía cierto nerviosismo y también— ¿por qué no decirlo?— una enorme curiosidad.

A la vez que me desvestía lentamente, traía yo a la imaginación sus rostros y expresión, según los había visto a los dos aquella noche. El de Lidya estaba inalterado; si algo había en él era un mayor brillo en sus ojos extraños; así se me antojó cuando la invité a cenar; pero, acaso, fuera una ilusión o contraste debido a verla vestida de blanco enteramente, ya despojada del impermeable oscuro. Quien tenía visible alteración era Gabriel; me pareció más demacrado, así como si tuviera huellas de insomnio; no me extrañó, ya que debía desarrollar aquellos días un trabajo tremendo.

Me había puesto el pijama y levantaba la ropa de la cama para acostarme, cuando escuché un ruido seco. Quedé un instante perplejo, pero por un momento nada más oí, ya iba yo a tranquilizarme, cuando llegó hasta mí ruido de voces y resonar de pasos. Me aproximé a la puerta y antes de llegar a ella se abrió y apareció el intendente.

— ¡Venga, venga, doctor, aprisa!...— me dijo con urgencia.

Yo di un paso hacia atrás pensando en ponerme algo de ropa.

— ¡No; así, así mismo, doctor! ¡Es muy urgente!

No lo pensé más y me lancé fuera detrás de aquel hombre. No bien había yo desembocado en el hall cuando Gabriel se mostró un momento en la puerta del despacho y me gritó:

— ¡Venga, venga aquí, doctor!

Avance casi saltando y entre.

Lidya se hallaba derribada contra el diván, casi toda ella en el suelo. Y vi una mancha roja en su pecho.

Gabriel, arrodillado, intentaba auxiliarla.

— ¡Se ha disparado un tiro!... ¡Vamos, doctor, haga cuanto pueda!

Me incliné rápido. Temblaban mis manos, pero rasgué de un tirón el Testido. La herida se mostró: la bala le había entrado por entre ambos senos, en la misma base del izquierdo. En sus ojos, muy abiertos, no había luz; intenté hallar su pulso con mi mano derecha, mientras que con la izquierda hacía por contener la hemorragia con un trozo de su propio vestido; pero su pulso no latía. Intenté hallarlo una y otra vez inútilmente. Me di perfecta cuenta de que Lidya estaba muerta. Nada le dije a Gabriel, cuya mirada la sentía sobre mí. Por hacer algo, tomé yo a Lidya por la espalda y lo invité a que me ayudase a extenderla en el diván. Lo hicimos con sumo cuidado. Aproximé mi oído a su pecho desnudo y, como esperaba, no percibí ni el más leve latido.

Me incorporé; chocó mi mirada con la de Gabriel. Desalentado, exclamé:

— Nada se puede hacer.

— ¡Muerta!— murmuró con una voz extraña en él.

— Muerta— confirmé yo.

La miró por un instante, volvió a mirarme, y lo desconocí. Aquel no era el Gabriel que yo había visto hasta entonces. Fueron ahora sus ojos tan humanos y tuvieron tal destello de dolor, que no los hubiera podido imaginar en aquel a quien yo vi matar, torturar y mandar a morir con un brillo de alegría diabólica bailando en sus pupilas.

Fue sólo un instante, porque giró sobre sí mismo y me volvió la espalda.

Se fue al otro extremo del despacho y allí se quedó, quieto, rígido, con los brazos en tensión y los puños cerrados. Yo volví hacia el cuerpo inmóvil de Lidya. De nuevo, casi maquinalmente, exploré, pero allí no había vida. Cubrí como pude sus desnudos senos y le bajé los párpados. No había en su rostro contracción ni huella de dolor; la muerte debió ser instantánea.

Luego, cuando logré hacer salir un instante a Gabriel y traje allí el instrumental, me decidí a sondar la herida; la trayectoria debía tocar el corazón de Lidya.

Quedé muy profundamente afectado. Cuando cubrí aquel rostro con una doble gasa, el corazón se me oprimió.

Salí al hall y allí estaba Gabriel, de pie, quieto, con los ojos muy abiertos, pero yo creo que sin ver. El intendente y su ayudante lo miraban mudos y asombrados desde el pie de la escalera. Yo, sin saber para qué, pasé al comedor y volví a salir; debía tener un aire de gran estupidez. Acostumbrado durante tantos meses a carecer de toda iniciativa, sobre todo hallándose presente Gabriel, a mí no se me ocurría la menor idea en relación a la tragedia. Por fin, al reaccionar, me atreví a intentar alguna cosa; no sabía qué, pero, sin duda, algo se tendría que hacer.

Empecé por aproximarme a Gabriel.

— Camarada, camarada Gabriel...— le dije con insegura voz.

Me miró con ojos vagos, sin despegar los labios.

— Venga, venga por aquí...— agregué.

Extrañado, vi que daba unos pasos como queriéndome seguir. Yo no sabía dónde llevarlo y ni siquiera para qué. Pero, ni sé cómo, nos hallamos ambos en el comedor, y yo cerré la puerta.

— Gabriel— le dije con verdadera emoción— ¿qué debo hacer?... ¿Cómo-puedo ayudarle?

Aún estuvimos unos instantes en silencio, y, con esfuerzo enorme, respondió:

— Haga usted lo que quiera...

— ¿Puede usted orientarme?..! ¿Es un suicidio? ¿No?...

A mi pregunta, vibró Gabriel por un momento.

— ¡Sí!... ¡Se ha matado delante de mí! ¡Pero, qué piensa usted!...

— ¡No!...— me defendí— . Yo no... Pero estaban solos, ¿no?

— Sí, solos..., ¿y qué? Déjeme ahora, doctor. Vaya usted allí; creo que hay una carta suya; vaya, vaya...— y se dejó caer en una silla.

Yo salí, dirigiéndome al despacho. Ya iba yo más dueño de mí. Entré, haciéndome cargo con la mirada del panorama. Lo primero que vi de notable fue el arma: una pistola negra, de pequeño tamaño, caída cerca de la pata derecha del diván. Tuve un primer impulso de ir a tomarla, pero lo reprimí. El medio policíaco ya operaba sobre mí, haciéndome pensar que aquel arma podía tener huellas y demostrarían quién la había disparado. Pero, al discurrir así recordé que Gabriel me indicó algo de una carta. Me aproximé a la mesa y lo primero que vi fueron ocho hojas escritas a máquina sobre la carpeta de Gabriel. Devoré lo escrito en ellas, y saltando frases, líneas y hasta párrafos enteros, me pude dar cuenta de que era un largo informe. Tujachevsky se había confesado. El haberse anulado su viaje a Inglaterra, que interpretaba como un peligro para él, había hecho variar los planes. Ahora, los conspiradores iban a dar el golpe de Estado sin esperar el estallido de la guerra. La fecha, en principio, estaba acordada para el día 15 de mayo. Lidya saldría para Londres como agregada al séquito del nuevo representante de la U.R.S.S. en la coronación del rey. Llevaría varios "microfilms"— adjuntos— que debería entregar a un alemán que se le presentaría con una contraseña. Si el golpe de Estado tenía éxito, Lidya volvería a la U.R.S.S., pero si fracasaba, Tujachevsky se reuniría con ella en Londres, si sobrevivía.

Esto era lo esencial del informe, aunque había muchos más detalles y gran cantidad de nombres. Pero no pude hacerme cargo de más, porque sólo emplearía dos o tres minutos en leer. Lo firmaba Lidya y estaba dirigido a Gabriel.

Miré más detenidamente buscando la carta. No la encontré, pues no había otros papeles sobre la mesa que los del informe. Sólo cuando me retiré, creyendo no encontrarla, advertí un papel arrugado en el suelo. Cuando lo tomé vi que se hallaba escrito a mano. Lo firmaba Lidya, y en él decía lo siguiente:

"Camarada Gabrilo Gabrilovich:

Ahí tienes el informe sobre la traición de Tujachevsky y sus cómplices. Creo que has de quedar satisfecho. A nadie hubiera dicho más el Mariscal.

Cumplida la orden que me diste y mi deber para con, el Partido, no hallo ya ninguna razón para vivir y he decidido quitarme la vida cuando te haga entrega del informe que tanto deseas poseer. Sírvate la presente para exculparte de lo que yo he de hacer por mi libre voluntad.

Hasta nunca, camarada.— Lidya."

Desde luego, no serían éstas exactamente las palabras de la carta, pero no eran muy diferentes. También tengo la seguridad de haber reflejado fielmente, aun cuando en síntesis, los conceptos del informe leído tan apresuradamente.

Antes de abandonar el despacho, no resistí al deseo de contemplar el rostro de Lidya. Levanté las gasas y quedé unos instantes absorto. La rigidez cadavérica no afectaba en absoluto a las perfectas líneas de su rostro; si acaso, eran ahora más delicadas y finas aún, realzadas por su blancura intacta. Su boca la tenía un poco abierta, como si aún respirara por ella; se adivinaban entre los labios violeta sus dientes blanquísimos, y en uno ponía el reflejo de la electricidad una chispa de luz.

Quedé con la gasa levantada. ¿Y qué había de hacer un ser humano allí sino rezar una plegaria?... La recé, sí; la recé con todo mi corazón, y no sé por qué vi en aquel rostro los semblantes de mis hijas, también blancos, irreales...

Se me hizo un nudo en la garganta y no podía respirar... Deje caer las gasas y salí en huida.

Esperé unos momentos para serenarme y entré para ver a Gabriel. Se hallaba en la misma posición que cuando lo dejé.

Llamé su atención mostrándole la carta. Ni siquiera la leyó y hurtó la mirada.

— ¿Debo hacer algo ahora?...— le pregunté.

— Nada, doctor; ahora, nada... Debemos esperar a la mañana.

Se levantó con inseguro paso, me volvió la espalda y se fue junto a Lidya, cerrando tras de sí la puerta del despacho.

Quedé solo, sin saber qué pensar ni qué hacer. Ahora me di cuenta de que me hallaba en pijama; me sentí casi helado y marché a mi cuarto para vestirme. Lo hice muy rápido y volví al hall, donde, paseando, y cigarro tras cigarro, pasé las horas que faltaban hasta el amanecer. Se me hicieron muy largas.

Los dos hombres de la casa tampoco se habían acostado; pasaron varias veces a mi lado, pero sin atreverse a dirigirme la palabra. Cuando la luz. del día entraba por las enrejadas ventanas, pedí café, y, cuando lo trajeron, me decidí a entrar yo mismo con una taza para Gabriel.

Lo hallé sentado, mirando al rostro de Lidya, que había despojado de las, gasas. No me oyó entrar; hube de posar mi mano en su hombro para poder llamar su atención. Me miró y, al ver la taza, se negó con un movimiento de cabeza. Insistí yo; pero se levantó y se marchó. Le seguí hasta el hall y volví a rogarle que bebiera; no creí conseguirlo, pero la llegada del intendente debió decidirlo; tomó la taza y la vació de un trago. A la vez, por la luz del día, debió tomar noción de la hora y ordenó al intendente que pidiera un coche.

Tardaría el automóvil una hora en llegar, o poco más. Gabriel se dispuso a salir.

"Espéreme aquí"— me dijo desde la misma puerta, y se marchó— ¿Esperarle?— pensé— .

¿Y qué otra cosa puedo hacer hallándome yo prisionero aquí?... Sin duda, razoné, aquel acontecimiento tan trágico había hecho a Gabriel olvidarse de nuestra respectiva situación, pasando yo a ser para él un ser humano, al cual trataba en un plan de igualdad.

No volvió Gabriel hasta muy entrada la mañana, serían las once; había, recobrado su serenidad, pero una sombra torva enlutaba sus facciones, dándoles una dureza extraordinaria.

Me comunicó que vendría por la tarde una ambulancia, y ya guardó un mutismo absoluto. No comió nada y se pasó casi todo el tiempo encerrado. en el despacho junto al cuerpo de Lidya. En una de mis entradas para persuadirle de que debía tomar algo, advertí que no se hallaba el informe sobre la mesa; Gabriel debía haberlo llevado a Moscú.

Anochecía cuando llegó la ambulancia. Al colocar el cuerpo sobre la camilla, me pareció que debía cubrirse con algo. Salí para pedir una sábana y el intendente me la dio; yo mismo cubrí con ella el cadáver, y al incorporarme creí advertir una mirada de gratitud en los ojos de Gabriel, que por un instante perdieron su dureza.

Levantaron dos hombres la camilla y se dirigieron hacia la puerta. Gabriel, los dos hombres de la casa y yo, como si todos nos hubiésemos puesto, de acuerdo, seguimos detrás. Era como un pequeño entierro.

Partió la ambulancia y quedamos frente a la puerta silenciosos e inmóviles hasta que se perdió de vista. Después, uno tras otro, volvimos a entrar en la casa; Gabriel fue el último. Ya dentro, me llevó con él a su despacho, y me dijo con la voz rota:

— La llevan a la Lubianka; deben cumplirse ciertos trámites burocráticos; uno de ellos, la autopsia... He pensado que me podía usted hacer un. gran favor...

Desde luego. .— asentí apresuradamente yo.

— La parte oficial está en orden; puede ser.

— Dígame...

— Quisiera que fuera usted uno de los médicos encargados; al otro ya le hablé y se halla de acuerdo... Quiero que, a ser posible, no toquen ustedes el cuerpo con sus instrumentos, que no la despedacen..., limitándose a certificar la causa de su muerte.

— Por mi parte— respondí— estoy de acuerdo; certificaría desde aquí.

— Debemos cumplir los reglamentos. Yo le llevaré a usted dentro de unos momentos; el coche ha de venir a recogernos en seguida.

No tardó mucho, y ambos nos dirigimos a Moscú. Paramos frente a un edificio distinto a la sede principal de la N.K.V.D.., que, según mi orientación, debía estar próximo a ella. Entramos juntos; Gabriel me dejó solo un largo rato en una habitación adonde nos llevó un hombre uniformado, previa la identificación de él. Regresó luego acompañado de otro, un médico de la casa, según me dijo al presentarme. Se habló poco; el médico debía tener urgencia, pues al momento me invitó a seguirle Gabriel se quedó esperando.

Recorrimos distintos pasillos que tenían todas sus puertas rotuladas; bajamos un par de tramos de escaleras, y después de recorrer nuevos pasillos, el médico, cuyo nombre no he podido recordar, abrió una puerta y me invitó a pasar. Sólo había en la pieza una enfermera uniformada. El médico le pidió dos batas, entregándome una, y nos las pusimos a la vez. Salimos y me siguió guiando por aquel laberinto, hasta llegar frente a una puerta guardada por un hombre armado de la N.K.V.D.. No necesitó el médico de ningún trámite para entrar, y yo pasé tras él.

Era una pieza reducida. No pude fijarme mucho en los detalles, pero en su conjunto me pareció el gabinete de intervenciones de un médico particular. En el centro había una mesa de operaciones tendida; sobre la misma, el bulto de un cuerpo cubierto con una sábana blanca.

Mi acompañante, con presteza y naturalidad, tiró de la sábana y quedó al descubierto el desnudo cadáver de Lidya. Me aproximé y vi que no tenía traza ninguna de sangre; sin duda, lo habían lavado previamente. Tan sólo entre los dos senos, en la base del izquierdo, se advertía el orificio de la bala con un punto negro, rodeado de una mancha violácea; se diría ser la herida un lirio florecido entre sus jóvenes senos. Sin poderlo remediar, quedé absorto. La profesión me había hecho muy poco impresionable y en mis tiempos de estudiante había cometido las irreverencias habituales con los despojos humanos en las salas de disección; luego, la guerra me hizo inmune a toda emoción frente a los cadáveres. Sin embargo, en aquel momento, mi propia situación, el conocer todo el trágico fondo del drama y el imaginarme a entrega en absoluta rebeldía de aquel cuerpo perfecto, incomparable, producía en mí un shock tremendo... De haberme visto yo precisado a realizar la disección de aquel cuerpo, dudo mucho de que mis fuerzas me hubieran respondido.

Todos estos pensamientos pasaron por mi cerebro con la velocidad de un relámpago sólo en el tiempo que tardó mi compañero en abandonar el paño en un rincón.

— Estoy a su disposición, camarada— me dijo al volver junto a mí.

— Lo convenido es...— respondí vagamente, sin recobrarme por completo.

— Sí, sí, desde luego— respondió con gesto amable— no estropearla...; más, por lo menos, deberemos extraer la bala. Es elemental. Deberemos; unirla al acta, y como no hay orificio de salida...

— Sí, sí; desde luego...— convine...; lo haremos...

Él se volvió para tomar lo necesario de una mesita próxima, donde se hallaba el instrumental. Sin duda, pensaba él agrandar el orificio de la bala para buscar; pero cuando se volvió hacia mí con un escalpelo en la mano, le sugerí:

— Acaso, camarada, baste una pinza larga... Como el disparo se la hizo apoyando el arma sobre su tórax, es de suponer que no haya penetrado mucho la bala. Será un poco más laborioso, pero lo creo más conveniente. ¿No le parece, camarada?

— De perfecto acuerdo, camarada; sí, me parece conveniente; comprenda, yo sólo deseo complacerle; además, las, órdenes de arriba...

Se volvió y buscó entre los instrumentos, pero sólo debió hallar una pinza muy corta y bastante ancha, que me mostró con aire de duda.

— ¿Valdrá?— me interrogó perplejo.

— No creo; por muy poco profunda que se halle la bala, no podremos alcanzarla... Pero, si quiere, probaremos...

— Espere, espere. Acaso mi colega Ievlev posea... ¿Quiere aguardar aquí?... Tardaré poco tiempo.

Salió y escuché sus pasos alejarse. Al quedar solo, me sentí en situación desagradable. Si no recuerdo al centinela, me hubiera marchado a pasear por el pasillo. Intenté fumar en un movimiento maquinal, y cuando ya estaba encendiendo el pitillo, lo tiré al suelo sintiendo enfado contra mí, cual si hubiera estado a punto de cometer una profanación. Desde que mi colega descubrió el inanimado cuerpo de Lidya, un extraño sentimiento me hacía muy penoso verlo y la mirada me resbalaba sin querer. Pero al quedar ahora, sin esperarlo, a solas, ideas en tropel llegaron a mi mente. Pasaron, atropelladamente las imágenes de mi pasado en las cuales vivió ella; se detuvo más en mi retina imaginativa la escena del avión, cuando herido me llevaban hacia España, y ella, invisible para mí, deslizaba su mano baja las lonas de la camilla y se posaba sobre mi frente febril, cual si fuera la de un hada... Pero, de repente, irrumpió toda la tragedia que reflejaba en su carta, culminando en su forzada entrega al Mariscal, ella inmolando a la Causa bárbara su virginidad... Relacioné, pensé, deduje e induje, febril, ansioso.

"Misterioso, sí, pero, ¿indescifrable?", me interrogué. No estaba ya en mí; ahora yo era otro. Miré con recelo en torno mío; agucé miando, silencio absoluto. Me aproximé al cadáver con paso furtivo, pero impávido, sereno, con una extraña decisión..., exploré.

Me retiré batiendo mil ideas mi cerebro. Si un raro sentimiento de admiración me invadió siempre al contemplar a Lidya viva, y un enigma creí hallar en su singular personalidad, en el fondo de mí, yo me lo explicaba por la poderosa irradiación de su belleza única, perfecta; pero ahora, sabiendo lo que sabía en el instante aquél, yo me desconcerté. Si aquel cuerpo frío era la suprema encarnación de una belleza no soñada por nadie, el alma que tuvo su cárcel y tormento en aquella carne yo ahora la veía casi angélica.... Retrocedí hasta que tocó mi espalda la pared, bajé los ojos con veneración y una oración mental me subió del corazón hasta mi Dios. Sin formular palabras yo hablé con Él en aquel antro de la G.P.U.

"Tú, sólo Tú, Infinito, puedes comprender y juzgar a esta criatura y también perdonar." Sólo esta plegaria mental me acercó a la humana comprensión de aquella inaudita personalidad de mujer.

XXX

EL FIN DE UN MARISCAL

Sólo quiero decir ya que la bala fue extraída; que firmé sin leer un papel y que, acompañado por el facultativo de la N.K.V.D., volví a reunirme con Gabriel. En silencio salimos y en silencio llegamos al laboratorio. Cuando nos vimos a la luz del hall, me pareció leer una interrogación en sus ojos y creí un deber decirle:

— Todo se ha hecho según usted lo deseaba. Ha quedado intacta... — Y estuve a punto de añadir: "No la hemos hecho sufrir"; si no lo dije, ignoro aún por qué.

Nos separamos, y él se volvió a marchar. Yo me acosté; pero no pude dormir. Medité y pensé mucho. Cuanto sucedió durante las horas precedentes había dejado en mí la más alta tensión espiritual. Era singular; lo sucedido no afectaba en lo más mínimo a mi situación personal, ni siquiera rozaba mi vida o libertad; sin embargo, me afectaba y me conmovía por entero, hasta lo más íntimo y entrañable, tanto, y acaso más, que cuando me vi en trance de perder mi vida, de perder toda esperanza, de volver a verme con los míos, de ver en la tortura seres humanos y de hallarme yo mismo expuesto al terrorífico tormento. El motivo psicológico no lo halla mi razón y toda lógica me falla. Una vez más, tengo la prueba del decisivo dominio) ejercido por el puro sentimiento sobre todo lo importante del hombre...: razón, instinto, coacción, interés y voluntad, esos bloques ciclópeos con los cuales construyeron el gigantesco edificio de Sociedad y Estado, en insensato afán babélico de lograr escalar el cielo, son barridos cual humo al ser lamidos por la llama de la humana pasión y del humano sentimiento. Y es que razón, instinto, coacción, interés, deseo y voluntad son sólo facultad del hombre, y lo capital es tan sólo el hombre, él, y quien el hombre sea — único misterio de la creación entera— ni ciencia ni razón lo comprenderán jamás. Nada ni nadie se comprende a sí mismo, como nadie salta sobre su propia sombra. Para mí hay en el hombre una ignota "razón de la razón", esa llamada "razón de la sinrazón", ese algo sobrenatural que nos hace superar Muerte y Vida..., y en ese algo se revela nuestra inmortalidad.

A esta conclusión en recta me llevaba la realidad por mí vivida. Lidya y Gabriel habían sido los dos únicos humanos cuya sociedad me había sido impuesta dentro del orbe soviético donde me tenían encerrado. Salvando mi vista el abismo psicológico abierto entre nosotros, yo los creía unos perfectos arquetipos del "ente soviético", ya sin pasión ni sentimiento, todo en ellos razón, instinto. Eran para mí ese nuevo tipo zoológico de "bello animal racional", en el cual habían logrado reducir a fisiología el amor. Y he aquí que, de repente, como un rayo deslumbrador que rasga la fría nube torva, el amor, a la nada reducido, fulmina a la mujer y al hombre lo derrota... ¡Y yo que creía a la mujer hielo y al hombre acero!... ¡Y cómo ardía el hielo y el acero se torcía!... Ahora, se me mostraban con su pura realidad: sólo una mujer y un hombre con su naturaleza eterna, intransmutable...

Sin duda, yo, al sentirlos humanos, tan humanos como yo, me siento unido a ellos en su tragedia y dolor. Sólo así puedo yo explicarme mi participación sentimental en su tragedia.

* * *

No vi a Gabriel durante muchos días, ni nadie vino al laboratorio. El verano entraba, interrumpido a veces por unas lluvias ligeras. Pasé los largos días muy triste, laxo y sin fuerzas para dedicarme a nada. Ni siquiera! escribía; lo intenté varias veces, pero la pluma no me respondía, y cuando releí la primera hoja escrita me pareció desconcertada, fría, borrosa, sin uní leve reflejo de la realidad por mí vivida. Todo esto lo escribí mucho después, cuando el tiempo me hizo ver todo con mayor serenidad y perspectiva.

Una noche, cuando ya me disponía yo a retirarme para dormir, escuché el chirriar de unos frenos de automóvil que llegaba del exterior.

Al poco, entró Gabriel y me saludó, invitándome con un ademán a entrar con él en su despacho. Me hizo sentar y él permaneció de pie. En tanto me hablaba, yo examiné sus facciones, en averiguación de su estado. No hallé ni rastro de aquel desfallecimiento reflejado en su rostro cuando Lidya murió. Al contrario, aun cuando se borró aquella su anterior alegría vital en los ojos, la inmovilidad de ahora le daba una dura expresión de fuerza y rigor; me pareció la encarnación del odio, de un odio infinito, atroz, tenido de tristeza y decepción.

Me habló con voz cortante, pero grave, sin matiz o inflexión.

— Doctor Landowsky, lo necesito esta misma noche. Le hubiera querido evitar un trance que ha de herir su sensibilidad; pero no he podido lograrlo. No he hallado un médico en toda la Lubianka que no hable ruso, y necesito uno que no pueda entenderme cuando yo hable a otro...

— Pero yo hablo el ruso, camarada— le opuse, creyendo por un instante que Gabriel desvariaba.

— No lo ignoro, doctor; estoy en el uso de toda mi razón. Sí, usted habla el ruso; además, usted me ha de comprender, no sólo el idioma, sino también todo cuanto yo diré; lo entenderá como nadie; pero, siendo usted, nada me importa que vea, oiga y entienda, sabiendo cuanto ya sabe. A usted nada le puede ya extrañar, no ha de tener la tentación de murmurar y, aunque la tuviera, ya se guardará...

Recibí su amenaza postrera y respondí sin mostrarme aludido.

— Aun cuando no puedo percibir en el fondo sus razones, no necesito, aunque se las agradezco, sus explicaciones; ya sabe usted que puede mandarme ¿De qué se trata?..., si lo puedo saber.

— De una ejecución— respondió sin alterarse.

— ¿Oficial?...— pregunté, con entera estupidez.

— ¿Oficial?... ¿Qué quiere decir?... ¿Qué ejecución no es oficial?...

Comprendí todo mi estúpido error y me excusé:

— No me he expresado bien; perdón. He querido decir que si las circunstancias de la ejecución eran las oficiales, no que pudiera dejar de ser dictada legalmente; algo así quise yo indicar al preguntar.

— Bien, bien... La ejecución es en la misma Lubianka

— ¿Y yo?...

— Debe certificar la defunción, después de presenciar la ejecución.

— ¿A quién van a matar?...— pregunté sin poderme reprimir.

— Qué importa quién sea... Es un hombre... ¿Vamos ya?...

Me volvió la espalda y yo salí tras él como un autómata.

El coche arrancó. Era una bella noche; las estrellas lucían brillantes, ajenas y tranquilas.

Yo, aplastado, inerte y sin coordinar siquiera un pensamiento, me dejaba llevar a lo largo de la recta y amarilla carretera...

Llegamos a las proximidades de la Lubianka. Pude ver gran profusión de soldados de la N.K.V.D. armados de fusiles y con granadas de mano en sus cintos. Nos detuvieron tres veces en muy poco tiempo. Gabriel debió mostrar las tres unas tarjetas que fueron rigurosamente examinadas por oficiales. En la última parada creí ver en la entrada de una calle, a la izquierda, la masa de un tanque, y también me di cuenta de que no había visto a ninguna persona vestida de traje civil circular. Las precauciones debían ser extraordinarias.

Por fin nos apeamos frente a una puerta guardada por dos soldados. En el portal había muchos más y un oficial se hallaba plantado en el mismo escalón; a él entregó Gabriel las dos tarjetas, las miró, nos miró y pudimos avanzar. Otra puerta y nuevo control. Seguimos un largo pasillo, guardado a cortos trechos por armados e inmóviles centinelas, y entramos en una habitación; estaba la pieza dividida por un mamparo de madera con varias ventanillas, sólo una de ellas en el momento abierta. Metió Gabriel por el hueco las tarjetas y sólo adiviné unas gafas sobre ellas. Un momento después, un oficial abrió la puerta del mamparo y se nos reunió. Saludó a Gabriel y, devolviéndonos las tarjetas, nos guió, saliendo al pasillo otra vez.

Aun hubo varios controles antes de que descendiéramos por unas escaleras. Debíamos estar bajando a los sótanos; lo advertí por ese olor y casi sabor que tienen las cuevas. Llegamos a una especie de cuerpo de guardia, Mas soldados. Gabriel entró con el oficial en el cuarto del jefe de aquella guardia y yo esperé de pie fuera; tardaron varios minutos, y al volver, Gabriel traía en la mano un papel. Tras ellos vi a un hombre con pistola en el cinto que llevaba en la mano varias llaves sujetas por una correa. El oficial se despidió y seguimos a aquel hombre, que debía ser un starosta. Traspasamos nuevos centinelas y el hombre abrió una pesada puerta. A este lado y al otro de la puerta, también centinelas.

Al pasarla, la volvió a cerrar el carcelero. Me di cuenta de que nos hallábamos en la prisión propiamente dicha. Una galería bastante bien iluminada se alargaba frente a nosotros, toda ella con puertas cerradas y muy juntas en ambos laterales. A un lado y a otro se movían varios hombres, mirando constantemente por los judas de las celdas.

No nos detuvimos; seguimos al carcelero, que marchaba indiferente, sonando sus llaves como si fuera una esquila. De trecho en trecho, rompía la continuidad paralela de las paredes el principio de nuevas galerías cuyo final casi no percibía. Mil pensamientos acudían en torbellino a mi cerebro; el verme allí, en aquel antro aterrorizador de las vigilias y los sueños de todo ruso, me turbaba con toda su mitológica y fantasmal leyenda. ¿Qué podrían, decir aquellos muros mudos? ¿Qué de terrores y horrores no habrían presenciado?...

Amotinaban las imágenes pretéritas mi sistema nervioso; miraba sin poderme contener a uno y otro lado. Pero, sin duda, la leyenda era más terrorífica que aquella realidad. Ni un ruido, ni un grito; era todo normal, silencio y orden. No había más ruido que nuestro propio ruido. Los vigilantes se movían sin que se oyesen sus pasos. De las celdas cerradas no llegaba ni un soplo de vida; parecían vacías o encerrando cadáveres. Tan sólo dos o tres veces me pareció escuchar que tras las puertas había oído toser. Por lo demás, mis propios pasos y los de Gabriel era cuanto se oía, y, eso sí, el tintín de las llaves del que nos precedía.

Torcimos por una galería lateral, a la derecha; luego volvimos a bajar nuevos tramos de escalera y de nuevo recorrimos otros corredores de celdas. Llegamos a una especie de rotonda. El guardián, con un ademán, nos invitó a esperar allí. Gabriel se acercó a él y le habló no sé qué. Se marchó el carcelero y Gabriel se volvió junto a mí. El aire me parecía más pesado y espeso y agudizado su olor característico.

Gabriel, en silencio, me ofreció un pitillo, que yo no tomé. Fumó él a prisa, como si quisiera quemar, al aspirar, el ambiente aquel.

Me pareció que tardaba en volver el carcelero, e inicié unos pasos, pero algo rompió aquel silencio de cementerio. Un rumor venía de lejos; era como un débil y lejano trote de caballos... Creí aquello un vibrar de mis tímpanos o debilidad de mi cerebro; pero no, me di cuenta perfecta de que no era fenómeno ni tampoco ilusión mía; el estruendo aumentaba, se acercaba, casi diría que tenía ritmo... Retrocedí, volviendo junto a Gabriel. Sentía miedo; lo debí mirar con ojos espantados; pero ni me vio. Estaba él atento, fija su mirada lejos, allá en el final de la galería; parecía un chacal venteando la presa, las aletas de su nariz vibraban..., y el resonar de aquello aumentaba por momentos. Al fin, allá, en el extremo de la galería se siluetó un grupo. Aumentó aquel redoble tan extraño; era un ruido como si con tibias golpeasen calaveras; insistente, seco, en cierto acorde. La creciente sinfonía era macabra, funeral y hasta diría heroica. Pero ¿qué la producía?... El grupo se acercaba, ya se distinguía: eran cuatro hombres, tres al frente y uno detrás; venía con ellos aquel siniestro resonar, y con su proximidad surpía, reforzando su paso; cada puerta de celda era un tam-tam.

Cuando el grupo llegó a unos metros y se detuvo, el redoble alcanzó toda su intensidad; pero pude analizar. De los tres hombres primeros, el del centro tenía una estatura regular, un poco más alto que yo y un poco menos que Gabriel. Vestía una especie de blusa de pijama, deteriorada, v un pantalón militar, pero sin botas altas; calzaba un grosero calzado; pero su actitud digna, estirada, su mirar al contorno, denunciaban calidad en él. Aquel seco golpear, con su compás y con su única frase repetida lo engallaba y lo erguía. Aún sin uniforme, y un tanto ridículo con su atuendo, se adivinaba el militar. Al chocar su mirada con la de Gabriel, elevó su aguzada barbilla en un gesto muy personal, y su gesto me recordó una frase de Lidya referente a Tujachevsky. Deduje que debía ser el Mariscal. El y Gabriel mantuvieron el uno en el otro la mirada. En el perfil de Gabriel leí todo su odio feroz; su aleta nasal estaba dilatada; los labios, apretados, y le temblaba el hinchado masetero. Todo fue brevísimo. Cedió el paso Gabriel, al abrir una pesada puerta el carcelero que había llegado detrás, y pasó ante nosotros el Mariscal, encuadrado por los dos pequeños hombres de cabeza rapada, que debían ser chinos o mongoles. Al pasar, vi cómo Tujachevsky abombaba el pecho y pisó el escalón con pie firme y decidido; el redoble seguía, te acompañaba siempre. Gabriel los siguió a dos pasos de distancia y yo lo seguí a él.

Cuando hube traspasado la recia puerta, el carcelero la cerró a mi espalda. El ruido que me anonadaba se atenuó hasta ser un rumor; me sentí liberado de aquel ritmo acongojante. Yo me aparté un poco hacia la derecha de Gabriel y pude ver dónde nos encontrábamos. Era una galería sin puertas a los lados, abovedada, con luces cada cinco o seis metros en lo alto que la iluminaba a trechos con distinta intensidad. Miré al instante a Tujachevsky, al cual veía de espaldas y un poco de perfil; les dos mongoles lo asían ahora cada uno de un brazo, doblándoselos hacia atrás. Sentí sobre mi frente un sudor frío; temblé como si me atacase la fiebre de repente, al ver a Gabriel extraer de su axila izquierda una pistola grande, negra...

Se me nubló la vista, como si la galería se llenase de bruma... Escuché una voz sorda y seca y el bulto de los cuatro hombres se movió; yo también avancé. Y a otra voz se pararon; quise fijar la mirada y ver; pero creí que una voz de no sé quién, incisiva, opaca y dura pronunciaba:

— Lidya.

Una detonación me rompió los tímpanos.

Creí todo acabado, y abrí los ojos. No; los cuatro marchaban otra vez. Me cruzó el cuerpo un ramalazo helado y sentí mucho miedo. Avancé de un salto y estuve a punto de caer.

Nueva parada. Y ahora escuché bien, era Gabriel quien pronunciaba aquel nombre:

— Lidya.

Y vi cómo al decirlo apoyaba su pistola en la nuca del Mariscal y disparaba.

Yo estaba sordo y con mi cerebro inerte, concentrada toda mi poca vitalidad en el mirar, pero pude interrogarme ¿por qué no moría el Mariscal?

Dos tiros había ya escuchado y aún podía marchar...; en mi mareo cerebral me parecía inmortal,

Nos detuvimos otra vez. Se repitió la voz:

— Lidya.

El Mariscal no se mantuvo firme, como la vez anterior, y creí escuchar un crujido de hueso en el brazo que le sujetaba el mongol.

Gabriel disparó por tercera vez; ahora lo vi bien: apoyaba la pistola en la nuca, pero la oblicuaba y la bala sólo debía rozar los tejidos; vi sangre allí.

Aún unos metros más y otra parada.

— Lidya— repitió y disparó.

El Mariscal se dobló como si fuera un trapo; no cayó. Con crujido de sus brazos los mongoles lo sostuvieron. Creí que había muerto.

Pero no, Gabriel lanzó de nuevo un grito gutural y los mongoles avanzaron llevando al Mariscal casi derrumbado sobre ellos. Su resistencia física y moral se había quebrado y advertí que ya no dominaba ni su fisiología intestinal.

Horrorizado, vi una mancha roja sobre el suelo que cubría un gran trecho. Ya la pisábamos. Sentí como si mis pies resbalasen sobre algo viscoso, grasiento, y alguna vez como si se me hincaran clavos en la suela de los zapatos sin poderlos desprender. Un temblor de asco y de miedo se adueñó de mí, al intuir lo que aquello era; sin duda, pisaba sangre, masa encefálica y esquirlas de huesos craneales...

Parada sobre la sangre que brillaba bajo nuestros pies: El Mariscal no se podía ya sostener en pie.

— ¡Lidya!

Y Gabriel disparó por última vez.

El cuerpo del Mariscal casi saltó hacia delante y se derrumbó. Los mongoles, sin soltarlo, lo tiraron hacia atrás y cayó inerte, de espaldas.

Derramaba sangre por una brecha de su frente y la sangre le tapaba un ojo y parte de la cara.

Yo retrocedí, apoyándome con la mano en la pared; sentía huir el suelo bajo mis pies y las paredes vacilar, cual si hubiera un silencioso terremoto.

Gabriel, aún con la pistola caliente en la derecha, dio dos pasos para volverse y contemplar a sus pies al Mariscal, y allí quedó quieto, fijo, con la mirada obsesa...

Los mongoles se juntaron ambos; uno se bajó, poniéndose de cuclillas y con toda seriedad, introdujo su índice por la comisura izquierda de los labios del Mariscal, tiró un tanto, y el gancho de su dedo distendió y torció la boca del cadáver, y me llegó un brillo amarillo de varias muelas de oro... El mongol volvió la cabeza hacia su compañero sin dejar de mostrar la dentadura; las miradas de ambos se cruzaron con muda inteligencia y hasta creí ver en las rayitas de sus ojillos diminutos la lucecilla de una risa.

Volví a mirar a Gabriel. No sé qué pasó por él, pues lo vi cómo su cuerpo tembló, cual si lo estuvieran electrocutando .. Acaso, en la tormenta cerebral de su cráneo, creyó que Tujachevsky le torcía su boca en burlesca mueca...

Sujetó con ambas manos la pistola y disparó rápido y seguido todas las balas que le quedaban en el cargador contra el exánime cadáver del Mariscal.

Giró después como un autómata y marchó hacia la salida de la galería. Iba muy rápido; yo, como pude, lo seguí. Ya llegando a la puerta, me atreví a volver la cabeza, y vi allá, inclinados sobre el cadáver a los dos mongoles. Me parecieron dos asquerosas hienas.

El carcelero nos esperaba junto a la puerta, fumando impasible su pipa. Gabriel no se detuvo, siguió andando a prisa y le alcancé jadeante. Detrás venía el hombre de las llaves, cuyo sonido parecía perseguirme ahora. Se me antojó sufrir una ofuscación de mis sentidos. Creí volver a oír el golpeo lejano del tam-tam funerario que orquestaron los encarcelados en honor del reo Tujachevsky. Pero, igual que la primera vez, aumentaba y se aproximaba cobrando precisión e intensidad; era como una pesadilla de un sueño que se repitiese al despertar. Pero no sufría yo ninguna ilusión cerebral. En el momento de doblar nosotros la esquina de la galería, casi llegamos a chocar con un grupo de hombres que venían en dirección opuesta; ellos iban hacia donde nosotros veníamos. Eran cinco también; tres delante y dos detrás. El semblante del hombre que iba en medio era el de un cadáver. Tenía una mirada vaga, mate, inolvidable.

Rimaba con su rostro la marcha macabra, que insistente, monótona, eterna, le tributaba honores y le quería infundir valor frente a la Muerte.

Recuerdo todo aquello como si fuera mi propia imaginación un espejo empañado; todo es borroso, impreciso, v al querer fijar y precisar su conjunto, se mueve como si notase sobre olar de bruma.

No sé cómo me vi con Gabriel en una especie de oficina, donde había otros hombres. Alguien me preguntó nombre y detalles sobre mí; después me presentaron un papel que no leí. "Firme", dijo el hombre que se hallaba en una mesa frente a mí, y yo firmé con trazo tembloroso.

Me vi en la calle Anduvimos cierto trecho y subimos al coche; también, como cuando llegamos, nos detuvieron y nos examinaron; pero, al fin, marchamos por las desiertas calles de Moscú. De cuando en cuando, creí distinguir patrullas de soldados.

Sólo empecé a recobrar el normal uso de mis sentidos cuando me vi en pleno campo. Sombras a uno y otro lado y más sombras atrás. Al frente, la amarilla carretera, iluminada por los faros. Un aire puro me acariciaba el rostro y me hacía revivir. Arriba, en el puro cielo, brillaban como nunca las estrellas. La vida existía; la vida continuaba... Gabriel, a mi lado, en silencio, inmóvil, insensible ante tierra y cielo, debía sufrir como un condenado en el infierno. Ni me atreví a mirarlo; va no lo veía yo como a un ser1 humano, su figura era para, mí ahora demoníaca. Vi en él hasta en el instante de vengarse y matar tal tristeza y desesperación, que, más aún que horror, me inspiró una infinita compasión. Lo vi como a un demonio desesperado en el intento de hallar su. bien en el placer del mal.

Sin que yo me diera cuenta— yo no tenía noción del tiempo ni el espacio— llegamos a la casa. Entramos ambos; Gabriel me miró de frente y debía yo tener en la cara huellas tan claras del tormento sufrido en aquella noche, que me condujo a su despacho y me hizo beber una copa rebosante de coñac; él bebió a la vez, pero no me dijo nada, como si las palabras se le anudasen dentro de su garganta. La reacción producida por el trago me hizo advertir que Gabriel hacía esfuerzos para hablarme; no lo conseguía y me volvió la espalda. Maquinalmente, mirando a nada, encendió un cigarrillo y paseó en silencio unos minutos. Y, por último, después de permanecer un instante parado frente a mí, pudo con gran esfuerzo decirme:

— Doctor; puede irse a dormir.. y gracias.

Me incorporé trabajosamente, eran mis piernas de trapo, y cuando ya derecho, nuestras miradas se cruzaron, volví a ver en sus negros ojos algo humano... Piedad, un impulso insospechado, yo no sé, me impulsó a lo temerario. Lo tomé con mis manos por ambos hombros y le apreté con efusión; puse mis ojos en sus ojos, y le dije cara a cara:

— Sepa, Gabriel, que Lidya murió virgen como su madre la dio a luz. Sépalo.

Algo sobrehumano vi yo, allá en lo más profundo de sus negras pupilas. Fue como un relámpago blanco de alegre luz... Su frente contraída se distendió y sus manos me apretaron crispadas en los brazos hasta causarme dolor...

No dijo nada; retrocedió sin apartar su mirada de la mía y luego se volvió. Abrió la puerta de un tirón, y, deteniéndose con ambos puños cerrados, él, bolchevique, nombró a Dios, creo que en español. Pero estoy seguro de que no blasfemó.

Y, volviendo el rostro hacia mí, agarrado al quicio de la puerta, ya en ruso, exclamó:

— ¡No se entregó!... Sí; siendo quien ella era, imposible... ¡Y yo, bestia, creí!... ¡No; no me la merecí!...

No me dijo más, se dirigió hacia la puerta de la casa, le abrieron y lo vi desaparecer dentro de la negrura de la noche. Su silueta se borró. Y allí donde su sombra con la sombra se fundió, brilló la estrella de la mañana que anunciaba un nuevo día.

XXXI

CONTROVERSIA

Era singular mi vida; la mayor parte de mis días los pasaba como un verdadero preso, sin contacto de ningún género con el exterior-; un preso que gozaba de libertad en el área limitada por los muros de la casa-laboratorio y, dentro de la misma, disfrutando de privilegios gastronómicos y de comodidades muy superiores a los asignados a las clases populares soviéticas. Según mis informes, mi tipo de vida era tan elevado como el de un alto funcionario del Sovnarkom. Ignoro cómo podía ser así, ya que me constaba la complicación y los obstáculos burocráticos que debían vencer hasta lo más altos funcionarios para lograr abastecerse de muchas cosas de las cuales yo disfrutaba sin tasa ni dificultad. Sin duda, la N.K.V.D. había concedido una especie de privilegio de extraterritorialidad al laboratorio desde hacía mucho tiempo, dotándolo espléndidamente. Ello me daba idea del importante papel que jugaría en los acontecimientos policíacos de la U.R.S.S. La instalación de aquel laboratorio debió ser una iniciativa de Yagoda; lo intuía, porque este ex-comisario había sido en la prerrevolución empleado en un modesto almacén de drogas, y su primera profesión debió inspirarle la idea de utilizar la química y la farmacopea, y, acaso también la ciencia médica, como arma policíaca. Como arma policíaca y también, según mi propia experiencia, como arma de tortura y crimen. Nunca podré olvidar a mi antecesor, Levin, al que conocí aquí, ni a sus sádicas teorías sobre la tortura. Por cierto, ¿qué sería de tan extraño tipo? Su desaparición no me inspiraba optimismo sobre su presente. Debía ser él un íntimo de Yagoda, y por cuanto yo había podido saber, el anterior y temido jefe de la N.K.V.D. no debía tener un presente o un futuro muy envidiable.

Pero la imaginación se me ha escapado en pos de los espectros— ¿serán ya sólo espectros fantasmales?— de Levin y Yagoda; decía, volviendo a empezar, que mi vida resultaba singular, porque siendo un verdadero preso, de repente, los muros que limitaban mi vida con su estricta cuadrícula, se abrían como el telón de un escenario gigantesco y salía yo proyectado por un invisible resorte como un muñeco de guignol hasta el tablado donde se desarrollaba el drama espeluznante del terror. Hacía yo mi pirueta trágica según me dictaba mi papel y, sin transición, como si un artilugio mecánico tirara de repente de mí, volvía yo a la oscuridad de esta prisión. Pero el drama debía continuar, aunque ni un eco ni un grito de dolor pudiera llegar hasta tai ya. He dicho que debía continuar el drama; desde luego, continuaba. La, Pravda me llegaba con intermitencia y en un ejemplar leí tres días después de presenciar yo la ejecución de Tujachevsky la noticia de haber sido detenidos Tujachevsky, Primakov, Yakir, Feldmann, Uborevich, Putna, Kork y Endeman. En la Pravda del día siguiente se comunicaba el fusilamiento de ocho generales.

"Qué sería de Gamarnik— pensé, al leer aquella relación de cadáveres— . Igual podía ser aún Comisario adjunto de Defensa como cadáver, lo mismo que su colega el Mariscal Tujachevsky. ¡Bella vida también la de los poderosos ea la Unión Soviética!"...

En cuanto a la "verdad oficial", según veía en los comunicados, era pura ilusión. Fusilamiento, corte marcial, formalidades legales... Por cuanto había yo presenciado y por su fecha, debía ser todo fábula. Tujachevsky, si tribunal se formó, debió comparecer para ser juzgado metido en un ataúd, si es que tuvo ataúd.

Es cuanto pude saber de los acontecimientos en los cuales había tomado parte tan activa en un momento de ellos. Hasta mediado el mes de julio nada más supe. Permanecí solo, sin contacto alguno con el exterior.

Fue así, por suerte para mis nervios. De seguir interviniendo con la misma intensidad y ritmo que los últimos días, no hubiera podido resistir. Estuve solo, sin la menor cosa que hacer, y sin nada saber. Fué aquel tiempo para mi sistema nervioso un magnífico sedante. Además, el sol, ya espléndido y candente, me hacía sentir su influjo bienhechor.

Era el atardecer de un día muy caluroso cuando escuché a un automóvil frenar. Apresurado, me puse a ocultar mi cuaderno, pues en aquel momento me hallaba escribiendo. "¿Quién vendría después de tantos días?", pensé.

Alguien subía por la escalera con paso fuerte y rápido. Cosa extraña, llamaron a la puerta de la sala; llamar antes de entrar no era una regla de corrección muy observada en la educación soviética; lo usual es penetrar sin hacer ruido el visitante y explorar con la mirada para sorprender al visitado.

Abrí la puerta y allí estaba Gabriel, esperando que yo le dejase paso franco.

— Buen día, doctor; ¿le molesto'?...

— No, de ningún modo.

— ¿Trabaja y se aburre, doctor?

— Trabajo poco; el calor pide playa o montaña. Aburrirme, me aburro un tanto...

— ¿Quiere usted actividad?...

— Según sea; prefiero estar en un calabozo a verme...— y me corté un peco, asombrado de mi audacia.

— Sí, prefiere no ver sangre. ¿No es así, doctor?....

— En efecto.

Miré a Gabriel mientras me respondía. Lo había tostado el sol, un sol de mar, sin duda. No podía ver si estaba pálido. Su expresión ahora, sólo era seria. Ni una vez sonrió; la mirada, fija e incisiva, parecía incapaz de alegría.

— Convengo con usted, si es sangre de persona querida...; pero si es sangre de enemigo...

— También me repugna...

— ¿Pero usted tiene algún enemigo?...

— ¿Yo?...— dudé.

— No, doctor; usted no tiene ningún enemigo. No por carecer de motivos para tenerlos, tan sólo su situación personal y familiar ya es bastante.., Pero el motivo no es lo esencial, si por naturaleza, no se es sujeto u objeto capaz...

— No entiendo bien.

— Sí, es natural que no entienda. Quería decirle a usted que si no se posee capacidad subjetiva para reaccionar en enemigo contra el enemigo, por peligroso y perverso que sea éste, no hay enemigo y, a la inversa, si no se tiene calidad para provocar la. existencia y acción permanente del enemigo, tampoco hay enemigo. El enemigo nato, con exclusión del estado subjetivo y objetivo es muy raro, se da pocas veces.

— Ahora lo comprendo. Se trata de que yo, por naturaleza, tengo incapacidad para ser odiado y para odiar.

— Exacto.

— Se reduce la cuestión, en abstracto, a carencia de una dimensión en la personaldiad, ¿no es así?

— En efecto— asintió.

— Pues créame, Gabriel; no me lamento, ni me siento humillado por poseer una personalidad manca...

— Lo comprendo perfectamente, doctor; dada su formación, todo ello es lógico y natural en usted.

Su tono comprensivo me dio ánimo y le argüí:

— Todo lo refieren ustedes a la formación. A lo exterior. El imperativo único parece hallarse fuera de nosotros y tomarnos con su tenaza, cual si fuéramos unos pobres coleópteros, para imponernos el querer y el pensar, el sentir y el obrar. Para mí hay algo anterior y superior, más decisivo y capital.

— ¿Qué?— inquirió sin muestra de curiosidad.

— La libertad.

— ¡Ah!... la libertad Su formación romántica, doctor. Sí, fue una emoción, una etapa de la revolución; necesaria, pero superada hoy...

— No, perdón; hablamos dos lenguajes distintos, aunque nos expresemos en el mismo idioma. — Gran paradoja, doctor.

— ¿Puedo hablarle en forma "no oficial"?... Desde luego, doctor.

— ¿Aunque yo cometa ciertas herejías?... Herejías marxistas, claro esta...

— No siendo herejías de tipo personal, puede; hable usted, doctor. No es fácil para un hombre de la N.K.V.D. como yo ejercitarse dentro de la U.R.S.S. en la dialéctica burguesa y, créame, resulta útil cuando debo pisar el Occidente. Hable con entera sinceridad, doctor; se lo ruego, por favor.

Tuve la sensación de que Gabriel me hablaba sin tenderme un lazo y adquirí confianza.

— Le decía, Gabriel, que hablábamos dos lenguajes diferentes con un idioma fonético idéntico. Me explicaré. En el pasaje bíblico de Babel, los hombres dejaron de poder entenderse porque fueron castigados a expresar la misma cosa con palabras distintas. Hoy sucede a los hombres igual, pero a la inversa: con la misma palabra expresan diferentes ideas. Naturalmente, tampoco pueden comprenderse. Y tal es nuestro caso.

— Le escucho con curiosidad.

— Ambos hemos pronunciado la misma palabra, libertad, con idéntica fonética, pero cada uno ha expresado una idea distinta; más aún, opuesta.

— Expliquése, doctor; me hallo muy deseoso de saber hacia dónde va.

— Para usted libertad es algo histórico, político; algo adquirido por el "hombre a costa de su esfuerzo y de su sangre, ¿no es eso?...

— En efecto; es un período, un estado, de la evolución de las masas en su permanente progreso.

— Según Darwin y Marx; ¿no es así?

— Ellos fueron quienes así se expresaron, cada uno en su propio terreno.

¿Y no es así?

— Concédame, Gabriel sólo el derecho de poder apoyarme yo en los dogmas de su propia dialéctica.

— ¿Dogmas?... ¿Cree usted?...

— Dogmas, sí; aunque, una vez más, una misma palabra exprese ideas distintas. Dogmas, Gabriel..., y permítame decirle que defendida su pureza con una Inquisición formidable...; ya sabe usted a la que aludo.

— Hemos quedado en que no podía usted expresar herejías personales...

— Es verdad; me deslicé... no reincidiré. El dogma de la evolución—evolución-revolución, exactamente— no podrá negarme que es dogma; su inmanencia, realidad, verdad... y eternidad, es una fe absoluta.

— ¿Fe?... Si es racional no es fe.

— Fe en la Razón, al menos, concédame. Fe en su dialéctica; precisamente, en su dialéctica, que hace del materialismo, de la materia, un dios determinante y no determinado...

— Metafísica, doctor; mera metafísica.

— No mía; yo sólo me limito a definirle una realidad; la realidad marxista...

— ¿Cuál, en concreto?...

— La que acepta usted, y ustedes hacen aceptar, que la evolución-revolución es un devenir puramente dialéctico. Para imponerlo así, dialécticamente, ya entiende, haría falta demostrar la infalibilidad de la razón para poderle asignar infalibilidad a la evolución... Reconózcalo, si no caerá en una antítesis.

— Defínala.

— Es la existente entre razón y evolución. ¿Determina la razón a la evolución o la evolución a la razón? Si la evolución a la razón, aquélla no es. dialéctica, lo determinante no puede ser a la vez determinado; si la razón a la evolución, ésta no será total, universal, la razón resta independiente. Si hay evolución, no hay razón, y si hay razón, no hay evolución.

— Hay una dialéctica universal determinante de todos los fenómenos.

— A condición de no ser un fenómeno la razón dialéctica, naturalmente..

— Si quiere, protofenómeno.

— Metafísica. Siempre, al intentar conciliar vuestros contrarios, incurren,, ustedes en la odiada metafísica, por muchos juegos de palabras que hagan. Llegan al primer determinante, razón o evolución, como quieran, pero uno u otra deberán ser absolutos...

— Quiero escucharle más que discutirle. Su argumentación está bien constraída; porque su sofisma pasa inadvertido... ¿Cómo decían ustedes en su antigua lógica?... ¡Ah! sí;

"petición de principio". Hay en sus argumentos una petición de principio, no sofisma, aunque sea la petición sofística...

— ¿Qué petición?...— demandé yo.

— La del absoluto.

— No, de ninguna manera. No hay petición de principio en mí; simplemente, lo tomo de la realidad, de la práctica infalibilidad e inmutabilidad — proclamada e impuesta— del absolutismo dialéctico... Esa dialéctica— Dios, todopoderosa, justa, principio y fin de todas las cosas..., ¿no ve cómo le convienen todos los atributos asignados por todas las religiones a la Divinidad?...

— ¿Todos, doctor?...

— Creo que sí, todos...

— ¿Me permite rectificarle?... Según mis recuerdos de cuando era cristiano, Dios tenía un atributo más que no ha mencionado.

— ¿Cuál, Gabriel?...— pregunté perplejo.

— Su atributo principal: el amor.

Dejó inerte mi cerebro, por inesperada, la palabra. ¿Adónde pensaba llegar?..., y ante mi muda sorpresa repitió:

— El amor, ¿no es así?... ¿No es para los cristianos la encarnación de Dios, el Cristo, eso, amor?...

— Sí; dice usted verdad. Sólo el amor resulta ser causa eficiente para que un Dios se haga humano y muera para redimir; sí, el amor...

— ¿Amor al hombre?...— me preguntó mirándome como un inquisidor.

— A los hombres— ratifiqué.

Quisiera ser un gran pintor; vi en este instante algo tan inexpresable con palabras en el rostro de Gabriel que sólo el color podría dar su imagen exacta. Yo diría que fue una carcajada frustrada, como si los músculos faciales, al recibir el mandato de los nervios, no hubieran podido obedecer y un dolor intenso e instantáneo los mordiese. Ni dolor ni carcajada pudieron alterar su cara inmovilizada y sólo por los ojos irradió algo como carcajada, blasfemia e imprecación a la vez... Así lo vi yo, cual el chispazo fugaz de un duro sílex herido..., y pensé si Gabriel no sería un ateo; si creería el en Dios, sólo para poder odiarlo.

— ¿Amor a los hombres?— repitió—: Entonces, ¿por qué, sintiendo Dios amor por los hombres nos hizo unas malas bestias del odio y de la sangre?... ¿Qué puede responder a esto?...

Me replegué por la sorpresa producida en mí, más que por las palabras, por la decisión y contenida violencia con que las pronunció.

— Vuelvo a decirle, Gabriel— le respondí con mansedumbre— que hablamos dos lenguajes distintos. Dios nos creó; pero no nos hizo como somos; porque cada hombre sólo es como quiere ser...

— ¿No es su Dios todopoderoso?...

— Desde luego, sí.

— Entonces, ¿por qué no nos hizo como él quiso y debió querer?

— Nos hizo como quiso y como debió querer en lo animal y nos hizo como quiso y nos debió hacer en lo trascendental, en lo espiritual.

— Amándonos infinitamente nos hizo mal... ¡es el suyo un raro amor!... ¿no?...

— Simplemente, Gabriel, nos hizo entes dotados de libertad...

— ¿Libertad para matar, para odiarnos?...

— No; libertad para una sola cosa; libertad para amar.

— ¿Pero matamos?...

— Sí; usamos de la libertad para matar.

— Entonces, maldita sea la libertad divina que mata.

— Bendita sea la libertad que ama.

— Debemos rectificar su creación, doctor; debemos rectificar la creación, creando un mundo en el cual no exista libertad para el mal.

— Sí, háganlo... Ya lo intentan ustedes; pero lo intentan odiando y matando como jamás.

— La empresa lo merece... En su lenguaje, doctor, ¿no le parece nuestra empresa un poco empresa de Dios?...

— ¿De Dios?... Gabriel, no blasfeme. Hay otro ente en la creación cuya empresa me resulta mucho más semejante a la vuestra...

— ¿Cuál, doctor?...

— ¿No se me enfadará?...

— No, desde luego; hable.

— El demonio...

— ¡Buena creación para los niños y las viejas!... Hable usted con alguna seriedad...

— Si hablo en serio, créame. La creación literaria es grotesca; toda la demonología literaria no ha logrado dar idea de un personaje tan enorme y sobrehumano. Él quiso también corregir la creación; su rebelión contra Dios fue para lograr la misma perfección que vio y envidió en su Creador, la de ser incapaz del mal... También ustedes prosiguen el desesperado intento, lanzándose, como quiso Danton, al asalto del cielo.

— La rebelión angélica y la nuestra— una mito y la otra real— son justas y necesarias; tienen una suprema grandeza; en su lenguaje, doctor, las llamaría santas... Nada más santo puede haber que incapacitar al hombre para el mal.

— ¿Y cómo?... ¿Trasmutando su esencia?... Sólo es posible haciendo al hombre animal o Dios.

— Reconozca, por lo menos, que la mítica rebelión satánica y la nuestra tienen una belleza trágica; aún siendo vencidos en el intento de hacer posible un imposible, luchar con desesperación es hazaña de dioses.

— Sí, es trágico, pero no bello; la belleza es incompatible con lo absurdo. Trasmutar la esencia del hombre es matar su propio yo; fíjese, lo primero matar; no ya matar la vida física, sino matar su yo inmortal. Ese yo, al cual, ni usted ni yo, ni nadie, quiere, sabe o puede renunciar. Es ello tan inconcebible en su realidad que sólo este falso lenguaje puede fingir la posibilidad de imaginarlo, usando del truco de objetivar lo subjetivo, forjando el espejismo de la imagen del yo muerto, cual si la nada pudiese retratarse. Nadie puede querer o imaginarse ser otro. Podrá usted desear y hasta imaginarse ser un Stalin; pero serlo usted. Desearse o imaginarse un otro es contra natura, de imposible aceptación, porque sería tanto como dejar de ser para ser, y ser y no ser sí que es una contradicción sin imposible conciliación.

— No sutilice, doctor; yo le oigo con sumo interés tan extraño lenguaje metafísico, pero, como marxista, rechazo en absoluto la metafísica. No interesa en absoluto ese yo espiritual que, con ser tan puro, eterno y libre, se somete siempre a lo material...; en fin, que resulta ser determinado por la condición económica. Crearemos distinta economía, distinta condición, y hallaremos un otro y distinto yo social

— ¿Sobreviviendo el mismo yo personal?

— Claro está, sin matarlo, sin transmutarlo, como usted dice.

— Su determinismo económico, que quiere ser matemático, resulta metafísico también. Sin matar o trasmutar el yo, no habrá hombre distinto. El hombre es sujeto de la economía, no sólo objeto. No determina la economía al hombre, sino el hombre a la economía. Si el hombre fuera determinado por la economía, el harto sería el pacífico y el hambriento el guerrero y, según ustedes, el hombre harto es el hombre de presa, y el hambriento, el proletariado, al que ustedes deben rebelar; ustedes, sus jefes, en su mayoría de clase burguesa... No, Gabriel, no; ésa, su regla económica, es válida para la bestia; en general, cuando está muy harta no mata; pero el hombre casi nunca mata por razón económica. Diría más, casi nunca mata por una razón. A matar lo impulsa el sentimiento, transformado en Pasión. Examínese, ¿lucha usted y mata por razón económica?... Sea franco, no.

— No haga juegos de palabras. Pueden ser compatibles razón y sentimientos.

— Sí; la compatibilidad nacida de la subordinación. En lo decisivo, en luchar y matar, la pasión domina y a ella obedecemos...; luego, vienen los abogados y fiscales que forman el tribunal de la razón a sancionar el crimen, pero como abogado y fiscal son parte, siempre convienen en que hay motivo racional que justifica nuestra acción pasional, inventando un alto y futuro fin.

— Un fin ideal, sublime o, si usted quiere, santo...

— El fin no justifica los medios.

— Sí, si el fin está justificado.

— Y aún aceptándolo, ¿quién lo justificará?... Han de ser razón o sentimiento, si quiere, ambos... Permítame que no les asigne infalibilidad. Sería incurrir, con ustedes, en una deificación. Yo no hago dioses ersatz.

— Entonces, sin dioses o razones donde asirse, ¿cómo decidir?...

— Sencillo. Viendo si hay adecuación entre medio y fin. Para buen fin, un buen medio. Y, evidentemente, matar no tiene adecuación con ningún fin bueno. "No matarás", sin excepción, ha dicho Dios.

— ¿Dejarse matar?... Es una mentalidad de res, doctor.

— ¿Quién lo puede afirmar?... Matar para no ser matado no se halla incurso en la negación de matar. Matar es una negación de la vida; matar para no morir es afirmación.

— Sutil, doctor... ¿Los mártires entonces?... ¿Son un absurdo dialéctico, una aberración?...

— No los nombre usted; al mártir no lo pueden ustedes comprender. En su lenguaje yo le diré que el mártir es esa imposible síntesis entre muerte y vida. Mueren para vivir, para vivir eternamente; esto, en el orden místico que no entiende ni acepta. En el humano, el mártir es el perpetuo derrotado para ser el eterno vencedor. Quien derrota siempre a los tiranos no son los conspiradores, revolucionarios ni guerreros; los derrotan los mártires. El testimonio que a los pueblos da de su verdad el mártir auténtico, ningún vencedor lo da; el mártir derrota moralmente al tirano y es el único capaz de alzar a la Humanidad irredenta.

— Y en tanto surgen esos vencidos y vencedores mártires, ¿qué?... ¿Dejar .a los tiranos y a los malvados traicionar y matar al género humano?...

— Que se defienda.

— Ya, eso es elemental; se trata de hacer imposible su ataque.

— Naturalmente, privando a los hombres de libertad.

— "¿Libertad para qué?". ya preguntó Lenin. Ahí, en esa interrogación hallamos la suprema razón de nuestro Estado. Dígame, ¿libertad para qué?

— Sencillamente, Gabriel, libertad para amar; no puede haber amor sin libertad— y expresé, bajando la mirada, una frase de su carta a Lidya. Sentí sobre mí el pinchazo de sus ojos. Luego lo vi oblicuar la mirada hacia la ventana, y, como si para él solo hablara, dijo con voz reconcentrada:

— No, el amor ha fracasado; su religión, la cristiana, es un absoluto fracaso universal; mire usted en torno de sí, mire al mundo cristiano, suicidándose con la droga de su cobarde corrupción. Sí; sí, puro fracaso...

Lo dijo como una reflexión axiomática, como si no quisiera ni esperarse respuesta. Pero yo me atreví.

— Asimismo hablaría un suicida al recorrer su cuerpo la trayectoria vertical de su caída: pensaría en el fracaso de la gravitación universal que a él lo mataba, cuando quien fracasaba sólo era él..., el suicida.

— Ingenioso, doctor; pero quien tenga una sensibilidad humana y tenga valor para enfrentarse con este mundo criminal y corrupto, sólo podrá evitar el mal privando a los hombres de los medios para realizarlo.

— Sí, ya lo ha dicho, privándolos de libertad; metiendo a los hombres entre rejas...

— ¿Por qué no, si se han hecho fieras?...

— ¿Y a los carceleros quién los encarcelará?... ¿O es que ellos no son fieras?... ¿Son ellos de distinta madre?...

— Sí, concedo; es una incógnita del gran problema. ¿Y qué sugiere, doctor, como solución?...

— No creo poderme hacer entender por usted. Cuando empezamos a conversar ya hice alusión a esa verdadera tragedia de la humanidad, a la incapacidad de los hombres para entender sus herméticos idiomas en esta edad babélica...

— Sin embargo, diga, diga...

— El horror del hombre al mal, natural en él dada la esencia de su naturaleza, lo llevó a una total aberración; personalizó el mal, haciendo de él, acción, un sujeto. Así vino a ser el mal un ente metafísico, existente por sí. El dualismo panteísta de muchas religiones primitivas hizo al mal divino, personalizándolo en sus deidades. Era un sobrehumano esfuerzo para no sentirse los hombres responsables del mal por ellos cometido; tal era su horror a él, que ni pensaron que renunciaban a ser quien eran, hombres, para convertirse en bestias in-libertas. Tal fue la paganía y tal es la paganía de hoy; los

"contrarios" hegelianos y las "clases" del marxismo, su versión actual, sólo son la última encarnación del dualismo, en un nuevo intento de negar el hombre ser "sujeto del mal". "El hombre no determina el mal; es el mal quien lo determina a él...", así dicen ustedes.

— Bien, sí; somos deterministas... ¿Y qué?... ¿Qué deduce de ahí?

— Lo primero, que incurren ustedes en una mitología, ciertamente, muy vieja. Su primer efecto es potenciar a los hombres para el mal, negándoles su calidad de sujeto, al reducirlos a ser objeto. Es lo más eficaz para matar su conciencia... el dar al mal categoría de "necesidad", hasta lo consideran, como elemento de síntesis, trasmutable en "bien".

— Para usted el mal...

— Terminaremos por el principio; por donde debimos empezar. El mal es obra del hombre; el mal auténtico y trascendente, el que hace el hombre al hombre. Pero el mal no tiene la categoría infinita que le asigna el terror epiléptico de las gentes, disfrazado de soberbia. El mal, por su esencia, dual, contradicción; todo él objetividad. Lleva en su entraña la negación, la nada. Así, cuando elevamos el mal a su consecuencia última, se autodestruye; el mal se destruye así mismo. El mal es mal también para ti mal. Por tanto, el mal no puede ser absoluto ni eterno; ha de ser temporal, humano, porque el mal muere falto de objeto; sin objeto es "nada"; no es. No puede ser de origen divino, porque la nada no puede ser creada, y el mal-nada es antitético a Dios, por ser El eterno e infinitamente positivo. Verbo. Así, para nuestra más alta categoría de comprensión, Dios es Amor.

— No discutiré ya, doctor. Debe ser hermoso para usted y para todos los que tengan su fe creerlo así; yo, tan malo, como me debe creer, no quiero destruir algo para usted tan amado; algo que, lo comprendo, ha de ser maravilloso cuando uno se vea en trance de morir... Pero convenga, por lo menos, en que sólo es una filosofía de víctimas... ¡Están ustedes perdidos!...

— Como quiera ..., pero no me haga el honor de aludirme. Si yo estoy perdido, será por merecerlo; por ser uno de tantos, un pobre hombre que aun teniendo fe, conociendo, tengo la tremenda responsabilidad de ser infiel a ella... sólo por miedo. Pero no vaticine la perdición de todos. Sobrevivirán, no los que odien, sino los que amen. Sólo el amor crea. Los que sólo saben odiar y matar se destruirán a sí mismos y nada, de ellos sobrevivirá... ¿No lo ve ya usted mismo?...

— Yo no veo nada, ni he oído nada, doctor... ¡Imagínese que yo fuera un disco ahora y este disco lo escuchase Iéjov!...

Debí ponerme lívido. Pero Gabriel se levantó, y poniéndome la mana sobre mi hombro, agregó:

— Muchas gracias, doctor; ha sido un buen ejercicio académico, imposible de realizar en las academias soviéticas... Precisamente lo necesitaba yo ahora; parto para la Europa occidental y puedo necesitar en mis tareas el mostrarme como un ferviente cristiano..., y este papel, créame, se me había olvidado por no haberlo representado durante muchos años; gracias por su magnífica lección. En recompensa, ahí le he traído unos regalos: libros y revistas, para que se distraiga. Hay occidentales que agradarán a su paladar burgués. También usted necesita un baño de barniz occidental; acaso, cualquier día salga usted de nuevo para allá. Yo me ausento ahora de la U.R.S.S.; puede que tarde meses en regresar. Distráigase, deseche preocupaciones. He reiterado mis órdenes para que lo atiendan en cuanto quiera y necesite. Está usted en plena libertad en cuanto yo pueda concedérsela; es decir, hasta la puerta, Y, si no desea nada más de mí, me marcharé.

Me quedé gratamente sorprendido por aquellos rasgos tan delicados de Gabriel y me atreví a rogarle:

— Ya sabe usted cuál es mi mayor deseo: ver a los míos; al menos, poderles escribir; saber yo algo de ellos...

— No está en mi mano hacer nada en relación a su familia. Sólo puedo decirle: tenga fe, todo ha de llegar; y en tanto, tenga la seguridad de que todos se hallan bien, mejor que usted...

Me lo dijo teniéndome cogido por el brazo, apretando y aflojando su mano al hablarme y con rostro grave.

En el último instante, Gabriel miró a través del gran ventanal hacia fuera. El sol, a nuestra izquierda, en su crepúsculo, había incendiado el cielo; abajo, sobre el suelo, habían avanzado las sombras de dos árboles como dos enamorados besándose a la puesta.

Inició la salida Gabriel y yo le acompañé. Al pasar frente de su despacho la nube permanente que daba opacidad a sus facciones oscureció más y el parpadeó, como queriendo aventar una visión. Me tendió la mano en la misma puerta.

— Salud, doctor-me dijo y subió al coche que le aguardaba Al arrancar aún me saludó con la mano.

XXXII

EL VUELO A PARÍS

Permanecí solo casi dos meses. Mis nervios se habían repuesto. Una mañana de sol espléndido, el intendente me avisó de que me llamaban por teléfono.

Quien llamaba era Gabriel. Me anunció su visita para la tarde. Lo esperé en el hall.

A la llegada me saludó con afecto; pero con la misma seriedad que cuando se marchó.

Gabriel se detuvo un momento, como dudando, y me invitó a ir al laboratorio. Cuando penetramos en él, cerró la puerta y yo fui a encender la luz, pues la pieza casi estaba en penumbra.

— No encienda, no es necesario— me dijo, a la vez que abría el cristal de la ventana.

Se sentó y yo también lo hice frente a él.

— He regresado hace unas horas y he recibido la orden de partir nuevamente; mejor dicho, de que marchemos ambos.

— ¿Adonde?, si se puede saber.

— Sí, a Francia. Otra vez el asunto Miller; sépalo, para calmar su curiosidad.

— ¿Cuándo?...

— El día no se ha fijado, pero será muy pronto. Esté preparado en todo momento. ¿Y sus narcóticos?... Revíselos, esté bien seguro. Un segundo fallo podría ser fatal.

— Creí abandonado este asunto— le dije, intentando saber más, pues creí advertir que hacía punto final.

— No, menos que nunca. La presencia del general Miller en Moscú es ahora más necesaria. Lo es, por una razón conocida en parte por usted.

— ¿Sí?... No adivino.

— Es necesaria en relación a la liquidación de los generales.

— ¿Aún van a liquidar más generales traidores?— pregunté con asombro no fingido.

— Es posible— afirmó con toda naturalidad. Pero, aunque no, Miller es necesario para la liquidación de los ya fusilados.

— ¡Pero es que los fusilados viven aún!...— exclamé con asombro, pero no sin la secreta sospecha de que los fusilados vivirán aún, salvo Tujachevsky, naturalmente.

En otra ocasión, Gabriel se hubiera burlado un poco de mí, pero su ironía estaba bien muerta.

— No, doctor; no crea en milagros. Los generales traidores ya murieron; murieron de verdad y están enterrados. No hay que volverlos a matar físicamente, sólo resta matarlos moralmente.

— ¿Y cómo?...

— Ya conoce usted el poco tiempo de que se dispuso para actuar. El descubrimiento y comprobación de la existencia del complot y su liquidación fueron cosas casi simultáneas. Lo impuso así el peligro. No se pudo juzgar públicamente a ningún general, ni siquiera pudo instruirse un sumario apropiado para poderlo publicar y así hacerle al pueblo y al ejército formar una opinión. Por tanto, la forzada ignorancia de las masas puede dar lugar a la existencia de ciertas dudas sobre los motivos y razones de las ejecuciones, cuyas dudas, explotadas por la Oposición pueden desmoralizar al proletariado y, lo que resulta más peligroso, al Ejército Rojo.

— Sí, comprendo ese peligro; pero no me hallo en relación con la necesidad de traer a Miller a Moscú...

— Sencillo, doctor; si el general blanco confesara su complicidad con los generales traidores de la U.R.S.S. y sus confesiones fuesen confirmadas por otros traidores, cuya preparación para un nuevo proceso se halla en curso, comprenderá usted que ante las masas soviéticas, ante el Ejército Rojo y ante el proletariado mundial, los generales liquidados quedarían liquidados de una manera total, en su existencia física y moral.

— Sí— convine yo— en efecto, es llegar a un grado tal en la liquidación que yo no lo podía imaginar.

— De acuerdo, doctor... ¿Preparará escrupulosamente sus cosas?...— dijo, levantándose.

— Asentí yo, y me dio la mano para despedirse.

— Quédese aquí doctor. Yo me marcho a Moscú inmediatamente.

Escuché alejarse sus pasos, bajando la escalera, y luego, el ruido del motor del automóvil que se alejaba.

No encendí la luz. La inesperada noticia de mi nuevo viaje me invitaba a la meditación. Estuve pensando dos horas o más. La tentación de mi evasión en Francia me acometió con fuerza inusitada. Entablé conmigo mismo una enconada discusión. Como es natural, el obstáculo capital surgía siempre cerrándome toda solución. Los míos y su vida eran la invisible cadena que me ataba a la G.P.U.

Como ya otra vez, allá en París, vino a mí la idea de morir en "accidente"; pero el suicidio, pues suicidio era, repugnaba de manera total a mi conciencia; pero la idea de la "muerte física" por suicidio arrastró hacia mí la idea de "muerte civil". "¿Y si me auto- denunciase?... Me detendrían las autoridades francesas; yo haría porque hallasen pruebas de mi complicidad en el secuestro del general Miller, para que no fuese necesaria mi confesión; además, así podría salvar al general." Ya estaba en tinieblas la gran sala del laboratorio; sumido en ellas, me hacía la ilusión de hallarse mejor guardados mis secretos pensamientos. Y ya casi decidido, bajé para cenar. La luz del hall me hirió en los ojos acostumbrados a la oscuridad, en la que había estado sumido varias horas, Y la luz artificial me dio la impresión de que disipaba en mí aquellas ideas adoptadas poco tiempo antes. Al bajar la escalera, cuyos peldaños estaban cada vez más iluminados, sentí como si cuando yo entrara en plena luz me recibirían los brazos de mis hijas y vería también a mi hijo estudiando y a mi esposa disponiendo la cena.

Esta visión imaginativa e imposible destruyó de repente mi decisión. Renunciar para siempre a verlos, aun librándolos de represalias, era un sacrificio al cual no me podía llevar nada.

* * *

Salimos de Moscú el día uno de septiembre. Hasta Minsk viajamos ea tren. No salí del departamento, salvo para ir al lavabo. En mi compañía viajaban tres hombres; no sé si serían de la N.K.V.D. todos o alguno; vestían traje civil y, por su aspecto, igual podían ser funcionarios de cierta categoría. A Gabriel lo vi de lejos, pero debía viajar en otro vagón. Según me advirtió, hasta París no hablaríamos. En Minsk ya me guiaría una persona que llegaría para recoger mi equipaje. Yo había recibido pasaporte checoslovaco a nombre de Jan Zich, doctor en Medicina, y por ese nombre preguntaría mi guía.

El viaje hasta Minsk fue feliz; dormí sentado muchas horas de la noche bastante bien. Entrada la mañana llegué, y según lo anunciado, se presenta un hombre de apariencia insignificante, que dijo mi nombre desde la puerta del departamento, cuando ya se habían marchado mis compañeros de viaje. Tomó mis dos maletas y yo le seguí llevando solamente mi pequeño maletín. Un coche, bastante deteriorado, nos esperaba fuera y ambos lo ocupamos. Sin dar dirección alguna, el automóvil nos llevó. Creo que tardaríamos en recorrer el camino hasta el aeródromo una hora o poco más. La calidad del coche y la de aquella carretera no permitían una gran velocidad.

Llegamos al aeródromo. Debía ser provisional o estaría en construcción. Sólo tenía el terreno plano, dos grandes hangares de madera y un barracón más pequeño. Frente a la puerta de éste paramos. Entre mi acompañante y el chófer bajaron mi equipaje, y yo les seguí. Me instalaron en una especie de bar, donde me sirvieron el desayuno, sin yo pedirlo: pan y mantequilla, un trozo de embutido y después té. No era una gran cosa para mis costumbres gastronómicas, pero a la mirada ávida de mi acompañante le debía parecer un banquete de dioses. Le invité, mas no aceptó, y al agradecer advertí su boca llena de insalivación. Al terminar, me aceptó un cigarrillo, que fumó con gran unción; su calidad hizo aumentar en su mirada la sumisión hacia mí. Debía creerme un personaje importante viajando de incógnito.

Al poco rato, creí distinguir a lo lejos a Gabriel entre un grupo de seis o siete hombres. Allá, en el opuesto extremo del campo, se veían las masas de seis aviones trimotores, en torno de los cuales se movían unos cuantos hombres. No habrían transcurrido muchos minutos desde la llegada del grupo en el cual creí ver a Gabriel, cuando casi todos a la vez se pusieron en marcha los motores de los aeroplanos. En seguida, vinieron tres soldados a recoger mis maletas. Les seguimos mi acompañante y yo; un oficial que debía esperar habló con mi guía, y con un saludo muy cortés me invitó a subir a bordo de un aparato. Sólo debía llevar la tripulación; únicamente vi a dos hombres y me pareció que iban otros dos en la cabina de mando. El interior del avión estaba desnudo, como aquel que me llevó de Madrid a París. Una especie de sillón de madera, trabajado toscamente y atado con cuerdas al armazón metálico, era el único signo de confort. Supuse que lo destinaban para mí, por lo cual me posesioné de él.

Tardaríamos aún media hora en volar; momentos antes lo hizo uno de los aviones que se hallaban próximos. El mío lo siguió y luego vi que volaban cinco en total; debíamos ir en formación militar, formando V; aunque la tripulación no llevaba uniforme, debían ser aviones militares.

Más de dos horas duró la formación; por lo que pude apreciar, en tanto volamos en dirección sur. Luego, cuando nuestra ruta se torció hacia el Oeste, la V se deshizo y quedaron diseminados los aparatos, aumentando la distancia que los separaba unos de otros, hasta que perdí de vista a los demás.

Cuando aterrizamos, en mi reloj eran las tres y minutos de la tarde. Me pareció ver que nos había precedido uno de los aviones de nuestra formación y que poco después llegaron sucesivamente otros dos. El aeródromo era, según lo que alcancé a ver, muy importante. Allá a lo lejos había unos edificios bajos y blancos, de silueta moderna y elegante. El avión que creía era de los nuestros estaba repostándose de gasolina, y después, el mismo gran camión que lo repostaba, un enorme cilindro montado sobre ruedas, también se aproximó a nosotros para abastecernos; en tanto lo hacía, el aeroplano repostado voló y el nuestro no tardó mucho en seguirle. La parada no duraría una hora.

Sentí necesidad de comer, y recurrí a mi maletín, donde había puesto una regular reserva de alimentos. Me puse a comer con magnífico apetito; pero el avión empezó a moverse con caídas muy desagradables, dispuesto a estropear mi digestión. Hacía un magnífico día, con pocas y pequeñas nubes en el cielo. Ahora volábamos sobre montañas que se elevaban a bastante altura hacia la derecha. No duraría mucho más de una hora el molesto movimiento y después ya no sentí molestia alguna. Tenía unos deseos tremendos de fumar, pero debí resignarme, pues ya sabía que estaba prohibido.

En fin, sobre las ocho, va distinguí París, con su inconfundible torre Eiffel.

Había pensado muy poco durante tan largo viaje. No es el avión un lugar muy propio para la meditación; entre el miedo, latente siempre, el cielo y el panorama terrestre, nuestra atención se halla demasiada solicitada para, lograr abstraerse. Pero al divisar París, no pude reprimir cierta inquietud. La misión que me llevaba no era la de tantos turistas que acuden a la "ciudad de la luz", "del placer", etc., etc., para realizar un sueño acariciado; desde su juventud. No era mi viaje un viaje de placer con el cual yo también soñaría algunas veces, era un viaje de crimen, y al llegar a esta reflexión, ya con París casi a mis pies, tuve miedo y hasta me avergoncé. Volví la cara hacia el interior, como si quisiera que París no advirtiera mi vergüenza.

Aterrizamos; el sol se había ocultado ya. No bien se detuvo nuestro avión cuando llegaron bastantes personas. Esperé a recibir noticias en el interior, y no tardó en llegar un individuo acompañado de un hombre, con aspecto de mozo, que me identificó por mi nuevo nombre, y dándole órdenes al mozo para que recogiera todo mi equipaje, que señalé yo, me invitó a descender. Como ya he dicho, habían llegado varios tipos que se movían en torno al avión; cuando pasé abriéndome paso entre ellos, los escuché hablar en ruso y francés y creo también en español y algún otro idioma para mí desconocido. No nos detuvimos, y marchando bastante apresurados salimos del aeródromo. Nadie me pidió pasaporte ni me molestaron con ninguna formalidad; sólo entró unos momentos mi guía en las oficinas de las aduanas y salió en seguida; no pudieron tener tiempo de abrir las maletas; además, no me pidieron las llaves de ninguna.

Un taxi nos esperaba en las proximidades de la puerta, y en él instalados aquel francés y yo emprendimos la marcha. No tengo ni la más leve idea de los sitios por donde me llevaron. Desde luego, no penetramos a fondo en París. Debimos hacer una gran curva por su perímetro exterior, pues recorrimos pocas calles, y no importantes; el panorama de nuestro recorrido fue casi todo él de casas y chalets de mejor o peor apariencia. El alumbrado estaba ya encendido, y aunque no recorrimos calles céntricas, el movimiento era grande, sobre todo de bicicletas. Aunque lo conocía, me volvió a impresionar aquel lujo popular, la alegría de las gentes, el unánime fumar, el derroche de luces y de la música que me llegaba muy frecuentemente, las terrazas de bares y tabernas llenas de gente bebiendo y su interior repleto. Más y más detalles solicitaban mi atención, todos insignificantes para un habitante de la ciudad, pero asombroso para mí, que abría los ojos no queriendo perder nada de aquel infinito y brillante escaparate que desfilaba sin parar tras el cristal del coche.

Ni yo hablé a mi acompañante ni tampoco él intentó cruzar conversación. Esta reserva fue la única cosa que hallé dentro de aquel panorama semejante al ambiente soviético.

Poco a poco disminuyeron el tráfico y el ruido. Habíamos torcido hacia la derecha, tomando una calle; mejor camino, limitado por casas muy diseminadas, cercadas de alambre de espino y algunas verjas de chalets de regular aspecto; de cuando en cuando, había trechos sin edificación, que debían ser jardines o huertas. El alumbrado era mucho más raro; no había ya tiendas ni establecimientos abiertos o iluminados.

Paramos frente a una verja, y mi acompañante descendió para llamar. Se oyó ladrar a un perro y sin tardar mucho abrieron. Penetró despacio el taxi, escuché que volvían a cerrar la puerta de la verja y vi a mi compañero que marchaba por mi lateral. Fue un momento; volvimos a parar ante otra puerta iluminada. El hombre que me acompañó hasta allí se despidió de mí y Subió al coche en cuanto estuvieron en el suelo las maletas; pero antes me presentó por mi nombre al que debía ser dueño de la casa.

"Ya sabe", le dijo por toda explicación. Tomó el hombre mis maletas y me invitó a seguirle. Ascendimos a la segunda planta de las dos que tenía la casa; me instaló en una habitación bastante bien amueblada y limpia, mostrándome una cama instalada en otra inmediata; todo bien, lujoso para un soviético, pero todo frío, sin la menor intimidad. Desde la puerta de entrada de mi habitación me señaló la del baño, inmediata. "Cuando desee puede cenar", y se alejó bajando la escalera. Mi hostelero, y acaso guardián, era un hombre joven; no aparentaba más de treinta años, y su fisonomía era normal y nada desagradable. Como es natural, sería un comunista; como la mayoría, carecía de ese aspecto siniestro que las gentes sencillas atribuyen a los revolucionarios.

Me lavé y descendí para cenar. Me sirvió el mismo anfitrión con todo respeto y naturalidad. Comí con apetito y deleite; mi paladar agradecía el excitante y agradable sabor de la cocina francesa, viéndose libre de la monotonía de la rusa. El vino, muy bueno, también era un buen complemento. Tardé poco en cenar, y como me hallaba muy cansado, me acosté al momento.

No soñé ni me desperté.

XXXIII

UN TRAIDOR EN PELIGRO

Muy poco puedo contar de aquella mi segunda visita "oficial" a París. En la primera, gocé de muchas horas de libertad; hasta pude pasear y moverme a solas por la hermosa ciudad. Ciertamente, pudo costarme muy cara tanta libertad y pagarla nada menos que con la vida; pero esto no me consuela de haber estado sin salir a la calle casi todo el tiempo que permanecí en París ahora.

Ciertamente, mi debut no auguró la reclusión. Gabriel se presentó en la casa al día siguiente, tripulando un magnífico automóvil, y me invitó a una excursión al centro de París en el atardecer.

En el viaje anterior, también pasamos en revista varios boulevares a la misma hora; pero en taxi, cuya humildad nos empequeñecía junto a los grandes y lujosos automóviles que se apretaban junto a nosotros. Sus brillantes carrocerías y los reflejos deslumbradores de sus luces, cual miradas orgullosos, parecía como si nos quisieran echar de aquel río de lujo y esplendor. Ahora no; nuestro coche era el despreciador, y avanzaba suave, lento y con un silencio muy digno por entre sus iguales; hasta se permitía emparejarse con los más elegantes; sobre todo, si en su interior iluminado se mostraba una mujer muy bella.

Gabriel no hablaba, conducía sin esfuerzo, como si fuera él una pieza más del automóvil y hasta no creo que prestase atención a nada. Tampoco yo tenía ningún deseo de hablar, embelesado en mirar y admirar; pero acabé por filosofar. Allí, pensé, nos hallábamos nosotros dos, como pares de aquella dorada sociedad. Se nos admitía y gozábamos de todos sus privilegios con solo el pasaporte de nuestra fingida opulencia. Sin más, de intentarlo, conseguiríamos hasta intimar y alternar con una muy amplia capa de aquella misma sociedad. Nadie se detendría para preguntarse si nuestra opulencia era fingida o real, y, menos aún, si fue adquirida dentro de una moral. Ser o aparentar, robar, ganar o heredar; era igual. Unas mínimas reglas le bastaban a un apache o meretriz para escalar un alto rango social. Y no era esto lo peor; allí estábamos nosotros dos; en realidad, para su mentalidad mediocre, sólo éramos dos gangsters planeando un secuestro; pero nuestro atuendo de personas correctas y, sobre todo, aquel automóvil, joya delatora de nuestra riqueza, nos hacían los iguales de aquellas gentes... "¿Es que también serían gangsters en su mayoría?”...— me interrogué— . ¿Acaso tendrían otra especialidad diferente a la nuestra?... Algo de podrido debía existir bajo la seda y pedrería deslumbrante cuando a nadie se le ocurrió poner muros ni obstáculos a la canalla. Aun tendría disculpa el que la existencia de gangsters no indujera por sí a levantar murallas; pero no había sólo gangsters con una peligrosidad limitada. Nuestro proyectado crimen, si solo fuera la mera eliminación de un hombre, sin más trascendencia que obtener un rescate o saciar una venganza personal, carecería de trascendencia para obligar a establecer medidas de rigor; pero nuestro crimen no tenía nada de limitado ni de personal; era parte de un crimen universal que se cometía, contra todo y contra todos, al cual nadie, ni nación, ni persona, podría tarde o pronto escapar...

¿Y esto no movería jamás a una defensa también universal y personal?... No, me contesté, mirando en torno mío; si todo aquello era lo que mandaba y decidía, no; aquello no tenía remedio1..., pero ¿acaso, lo merecía?...

— ¿Se divierte, doctor?...

— Me intereso por todo esto tan extraordinario; pero divertirme, precisamente, no...

— Fíjese bien, doctor, en este derroche de riquezas... Pues le doy mi palabra de honor de que tan gigantesca propaganda marxista no la paga la Komintern...

Guardé silencio; la evidencia era tan absoluta, que la ironía de Gabriel no tenía respuesta. Viramos con el coche y entramos en otra calle donde disminuyó la circulación.

— ¿Cenamos, doctor?.— me tentó.

Asentí muy gustoso y vi en perspectiva una buena cena. No lejos, nos detuvimos frente a un restaurante lujoso.

Gabriel se interesó por mi apetito, y al saberlo en buen estado, con gran seriedad me prescribió el menú. Recuerdo con fruición una langosta cardenal y dos clases de vinos que nos sirvieron con solemnidad de rito pagano. Hicimos sobremesa; también el restaurante fue teniendo espectáculo con la llegada de señoras muy bellas y elegantísimas. Nuestra mesa estaba situada en un sitio de poca evidencia, pero era buen lugar para observar, y como Gabriel casi no hablaba y cenó muy poco, yo me recreaba mirándolo todo. La cena y los vinos, coronados con un café y un coñac excelentes, me dieron un gran optimismo; sobre todo, cuando con un cigarro habano le puse a todo un penacho de humo azulado. A través de aquella nube, todo aquello me resultaba interesante y bello.

Gabriel bebía copas de coñac y fumaba cigarrillos con aire distraído, pero me debía observar, porque me reprendió:

— ¡Oh, doctor!... No mire así, con ese aire de provinciano; finja por lo menos naturalidad y una cierta indiferencia. No está en la regla mundana el admirar así, cara a cara y de frente, a las damas; eso es “antiguo régimen”.

Ahora, doctor, prefieren, sobre todo éstas, elegir ellas y no ser elegidas... y, como es natural, eligen la difícil.

Casi me ruboricé, más que por las palabras, por la seriedad con que las pronunció Gabriel; eran ellas irónicas, pero no las subrayaba la sonrisa que había huido de él. Hasta me disculpé.

— No hay maldad, Gabriel; es tan solo curiosidad; comprenda, mi encierro..., naturalmente, no es ello decir que yo no admire la belleza... ¿No es eso digno de admiración?

Al interrogar yo así, pasaba frente a nosotros una mujer con majestad de emperatriz.

— ¿Cree usted, doctor?

— Es toda una belleza.

— No esté muy seguro. A esta distancia no lo puede precisar, ni aún más de cerca; es posible que tenga casi su misma edad, doctor, y que esa belleza que a usted le hechiza sólo sea cirugía estética, modisto, joyero, peluquero; magia y decoración, obra de cien hombres y mujeres, que han contribuido con su arte, ciencia y trabajo a transformar una gallina vieja en ese pavo real... Para poder afirmar su belleza con esa seguridad debería usted antes bañarla, y acaso, no fuera bastante, y tendría que rasparla y sumergirla en ácidos para lograr hallarla tal y como ella es.

— ¡Es usted hiperbólico!...

— No crea, doctor; si usted supiera qué sorpresas nos reservan a veces mujeres tan arrogantes y tan espléndidas como ésa... ¿Quiere una regla?...

— ¿Cuál?...

— Antes de juzgar definitivamente, no las mire a ellas.

— ¿Sí?...

— Mírelos a ellos. Si es un joven quien la acompaña, aunque parezca de su misma edad, dude, por lo menos, dude; si lleva ella junto así el satélite de una gran calva, tenga la seguridad total de que su belleza es auténtica.

— ¿No será exagerar?...

— Mi regla tiene muy pocas excepciones; la tengo escrupulosamente comprobada; créame.

Y lo expresó así, como si fuera un aforismo confirmado mil veces por la ciencia. Llamó al mozo y pagó; la propina debió ser de gran duque, pues el camarero casi se arrastró por el suelo.

Advertí que pagó en francos franceses, sin realizar ninguna extraña maniobra de prestidigitación; induje que las finanzas soviéticas eran prósperas.

Durante nuestro regreso, me propuso visitar el Louvre al día siguiente por la mañana. Yo acepté encantado; no lo había visitado desde mi juventud y deseaba verlo de nuevo. Decididamente, hacíamos turismo. No me atreví a interrogar a Gabriel sobre nuestra misión— la llamaré misión— en París, ni sobre cuándo se debía realizar.

Me llevó directamente a mi alojamiento y me dejó, deseándome un buen sueño, sin pesadillas de jóvenes ni viejas.

* * *

Me hallaba yo en el baño aún cuando debió llegar Gabriel.

Entramos en París sobre las diez. Mucha gente y tráfico; pensaba ya en la felicidad de poderse mezclar con aquella turba en un anónimo absoluto; no ser conocido ni conocer, vagar sin rumbo ni destino, ser un átomo más de aquella masa en ebullición. Los grandes edificios no reclamaban mi atención y a mi vista distraída le parecía como si huyeran hacia atrás. La perspectiva de la columna de Vêndóme surgió frente a mí, haciéndome salir de mis meditaciones personales. Anhelé un otro Napoleón tomando Moscú y liberándome. Lo deseé sin pensar en el triste fin de aquel encaramado en su columna, ni tampoco en el trágico final del general ruso que quiso imitarlo en un nuevo Brumario. Fue un instante todo esto, porque, cuando nos acercábamos, Gabriel hizo una reflexión, expresada en alta voz.

— No; no compensa una columna, por muy alta que sea, el precio de la, gloria. Ahí estás, Napoleón, tan ufano y seguro, sin poderte recordar de lo precaria de tu entronización.

¿Quién te hará descender de nuevo?...— paró, el coche a la entrada de la plaza y prosiguió—: ¿Será Hitler, ese Bismarck ebrio, con su ridículo bigote?... No lo creo; debe ser nuestra Revolución. Sí, ella lo derribará... Propondré que nos llevemos la columna con su estatua, para erigirla frente al Kremlin, frente a, su último sueño de conquista...

— ¿Está usted loco?...— le interrumpí.

— No, doctor; aconsejaré a Stalin que la erija en un pozo, con la misma, profundidad que su altura y con su base arriba. Un pozo también tiene grandeza, una grandeza muy propia de un tirano; un pozo es una columna invertida.

Puso de nuevo en marcha el coche. Vi que entrábamos en la calle de Rivoli, hacia Saint Paul, alejándonos de las Tullerias, y entonces le pregunté si no íbamos al Louvre. Me respondió que iba un momento a la Embajada y me dejaría esperándole en cualquier bar de Saint Germain. Pasamos la plaza del Chatelet y por el puente de Saint Michel entramos en Saint Germain.

Pero no estaría escrito que yo me pudiera recrear aquel día en la pintura clásica. Ya en el barrio aristocrático, Gabriel se le ocurrió comprar un periódico. Paró el coche y lo adquirió; pasó la mirada, como si buscase alguna cosa, y se detuvo a leer algo. No debió gustarle la noticia leída, pues dejó el diario entre ambos, con rabia no contenida.

"¡Estúpidos!", exclamó sordamente, sin que yo pudiera saber a quién dirigía el insulto.

Volvió a poner en marcha, el automóvil. Tenía visibles trazas de disgusto. No mucho más lejos, volvió a descender frente a un puesto de periódicos. Lo vi comprar sucesivamente varios y leer alguna cosa en cada uno de ellos. La curiosidad me hizo tomar el periódico que había dejado abandonado junto a mí. Como Gabriel lo dobló por la página donde había leído, en ella quise averiguar el motivo de su disgusto. Nada me indujo a sospechar; sólo leí noticias y sucesos vulgares, cuya relación no podía establecer. Únicamente un telegrama de Lausana, me hizo sospechar; en él sel daba cuenta de haber sido ametrallado a la salida de la ciudad, en una carretera, un hombre de nacionalidad checoslovaca, llamado Hans Eberhnrt; su nombre me era desconocido; me fijé en su nacionalidad por coincidir con la mía de ahora. Pensé si sería este crimen el motivo de haberse alterado Gabriel; pero no pude meditar más. El vino hasta el coche y entró, tirando sobre el asiento un puñado de periódicos. Me aparté para mi lateral a fin de hacer lugar para los periódicos y para él; pero no pude reprimir el deseo de averiguar más, y miré de soslayo al revuelto montón de periódicos; uno por lo menos era suizo, de Lausana. Me prometí para luego ver si la página por donde se abría insertaba el asesinato del checo. Pero antes lo intenté averiguar por otro medio.

— ¿Una mala noticia?...— interrogué.

— Ni mala ni buena; personalmente, no me afecta. Sólo es lamentable la falta de juicio y serenidad en algunas personas, precisamente, en su tarea profesional.

— Acaso, falta de oficio, juventud profesional...— atenué yo, como si creyese hablar de algo normal.

— ¡Oh, no!... Se trata de profesionales bien probados en largos años de práctica. Ya sospeché más que se trataba de aquel crimen, e intenté hacerle hablar.

— Un error aislado todos lo podemos cometer en nuestra profesión... ¿Acaso se trata de un error médico?... ¿Algún amigo enfermo?...

— No sabrá más, doctor; no intente hacerme hablar. Estuvo en silencio unos momentos y, de pronto, lanzó una exclamación. Moderó la marcha del coche, y guiando con una sola mano, con la otra se colocó una gafas oscuras.

— Mire a ese hombre que pasa, el del periódico.

Miré y vi a un desconocido, también con gafas oscuras, que venía en sentido contrario con un periódico en la mano, pero sin leerlo.

— Nos apeamos, doctor; sígalo, ahora iré yo.

Se apeó dejándome paso y él se retrasó cerrando con llave la puerta del coche. Obedecí y avancé hasta situarme a unos seis u ocho metros de aquel hombre. Al instante se me reunió Gabriel.

— Siga,— me dijo—; yo voy tras de usted, ocultándome; también él me conoce a mí. Lo ejecutó así y yo escuchaba sus pasos acompasados a los míos tras de mí.

El hombre, cuya edad debía ser de unos cuarenta años, estaba decentemente vestido, caminaba con cierta intranquilidad, lanzando miradas disimuladas en torno suyo. Me debió ver, pero mi aspecto no le alarmaría. Una vez que volvió más la cabeza hacia donde yo me hallaba, Gabriel me ordenó en voz muy baja, pero sin dejar de ocultarse tras de mí, que cambiase de acera. Lo hice; Gabriel me siguió, simulando limpiarse la nariz con su pañuelo.

Así recorrimos una calle, cruzamos dos más y por otra llegamos a una plaza; debía ser la plaza de Saint Germain, no estoy seguro, porque casi sólo miraba yo a nuestro perseguido.

El hombre se dirigió a una entrada de Metro que allí había, desapareciendo por la escalera. "Corra", casi me gritó Gabriel, dándome un tirón del brazo; casi lo hice, llegando a la entrada del subterráneo. "Baje de prisa — volvió a urgirme— saque dos billetes de los más caros y vaya con él a donde vaya." Descendí muy ligero, tropezando con la gente y exponiéndome 'a. caer. El hombre acababa de adquirir su billete y se marchaba; compré yo dos y Gabriel, que llegaba, me tomó uno. Entramos ambos, creímos distinguir al hombre a lo lejos y nos apresuramos. Al entrar en el andén no lo vi en el primer momento.

— Allí está— me señaló Gabriel luego, y añadió—; acerquémonos, pero separados, tomaremos vagón distinto.

Gabriel se había quitado las gafas y fingía leer un periódico, como recurso para ocultar la cara. Llegó el tren; había bastante gente esperando, y entre ella penetramos en el vagón inmediato al que tomó el hombre. Gabriel me habló en ruso; me dijo que pasaríamos al vagón de nuestro hombre en la estación siguiente. Que dentro del vagón me separase de él, pero sin perderlo de vista, pues debía yo descender en la primera estación cuando lo viese a él sacar su pañuelo; pero que, cuando él bajara también, no nos debíamos unir, si él no lo hacía. Que, en caso de no podernos reunir, yo debía esperarlo junto al coche, pero que si tardaba más de dos horas, debía yo llamar a la Embajada, preguntando por el camarada Spiegelglass, diciendo dónde me hallaba, y que sólo a éste contase lo sucedido, añadiendo que le dijera también que seguíamos a Walter.

No bien acabó de darme apresuradamente sus instrucciones, cuando el tren paró. Nos apeamos y entramos en el inmediato anterior por puertas distintas, quedando ambos de pie.

Yo no podía pensar, concentrado en mirar. El hombre se había sentada de espaldas, a la puerta por donde había entrado Gabriel, la última del coche; yo entré por la primera. No pasaba nada Gabriel había vuelto a leer; como si no le importase su contorno, el periódico se interponía entre su rostro y el hombre. No me había podido dar cuenta bien de la situación cuando ya el tren se puso en marcha. Al moderarla, al aproximarse a otra estación, Gabriel sacó su pañuelo, y yo, así advertido, bajé en el momento que paró el tren.

Aproximadamente todos tenemos noción del tiempo, del tiempo cronométrico, pero del otro, del tiempo que dura un hecho cuya intensidad nos invade alma y cuerpo, no sabemos nada; ese tiempo no es tiempo, es eternidad.

Hago tal abstracción, pasados ya muchos meses, pero aún con emoción, para dar idea de lo que pasó en unas docenas de segundos de reloj, pero en verdad en una eternidad.

Me mezclé al bajar con la gente que entraba. Retrocedí por el andén en dirección a la cola del tren. Pasé junto a la última puerta del vagón, donde se hallaba Gabriel. Miré oblicuo; le vi casi rozar la oreja del hombre con su periódico. Di dos pasos más, pero el débil brillo de algo que me llegaba con retraso al cerebro me hizo retroceder. "Aquéllo" lo tenía Gabriel. Pasé de costado y volví a mirar; él no leía ya, miraba tomo abstraído al techo del vagón. Pero era bajo el periódico donde se hallaba lo que me fascinaba. Sostenía el papel con la izquierda, casi rozando su margen la cabeza del perseguido, y la parte inferior del periódico parecía estar sostenida por su derecha; pero del puño sobresalía la hoja de un cuchillo muy fino, como un escalpelo, y apoyaba el contrafilo en su índice extendido. Sonó el timbre señalando la partida del tren; todas puertas automáticas cerraron, pero no la inmediata a Gabriel, que la sostenía con un pie. Miré la mano de Gabriel, sólo yo la podía ver, tapada para los demás con el periódico; se había movido y el filo de la navaja estaba ya sólo a dos centímetros del cuello de aquel hombre. El tren se estremeció para arrancar. No vi más, debí cerrar los ojos; una sombra negra me ocultó la mano de Gabriel. No tuve fuerza ni para caer; el estruendo del timbre y el del tren en su marcha me rodearon y me debieron sostener; cuando abrí los ojos, Gabriel me había cogido por un brazo, y un guardia se hallaba de espaldas a unos pasos.

Todo esto pasó en los pocos segundos que tarda un tren del Metro de París en parar y arrancar. Yo aseguro que aquel día el tiempo desapareció y; viví la eternidad.

Yo no sabía si Gabriel seccionó la carótida del hombre y saltó al tren en el último segundo.

Un temblor casi epiléptico se adueñó de mis piernas, arrastraba los pies cuando creía saltar, hice esfuerzos por gritar, sin poderlo hacer.

Gabriel debió advertir la anormalidad en mi cara; me tomó fuertemente por el brazo y me sacó de la estación. Ya fuera, casi me increpó:

— ¡Qué le pasa!... ¡Qué le pasa, doctor!

Quise responder, pero la lengua no me obedeció, sólo conseguí evidenciar el temblor de mi barbilla y hasta escuché cómo chocaban mis muelas entre sí.

Gabriel me golpeó en la espalda con la palma de la mano.

— ¡Vamos, vamos!..., no sea niño, doctor.

Me llevó despacio y en silencio, sosteniéndome firmemente por un brazo. No sé por dónde fuimos, creo que tomaríamos un taxi porque yo sólo recuerdo desde que me vi dentro de nuestro automóvil corriendo velozmente por París. Ya lejos de la población, rodeado de bosque, de chalets y palacios, aún chocaban mis rodillas entre sí.

Creí reconocer que nos hallábamos en alguna parte de Versalles. Al poco tiempo, Gabriel detuvo el coche ante un restaurante medio jardín. Me ayudó a descender y entramos. Bajo una enorme chimenea brillaban grandes brasas, donde se asaban varios pollos brillantes y dorados; su olor era una delicia. Un mozo nos llevó a una mesa oculta por un seto y nos sentamos. Al momento, se cubrió la mesa con mantel, y dos vasos cilindricos, de contenido complicado, líquido y sólido, surgieron ante mí.

— ¡Beba, doctor, beba!...— me incitó Gabriel, haciéndome a la vez aceptar un cigarrillo.

Bebí con ansia un gran trago sin respirar; sentí que se me inyectaban los ojos y que mi pecho se incendiaba. Debí respirar profunda y repetidamente; aquello era muy fuerte.

— ¿Qué tal, doctor?... ¿Reacciona ya?... Asentí yo, sin poder hablar aún.

— ¿Qué fue, qué fue, doctor?...— me preguntó Gabriel.

Bebí de nuevo, sin contestar, y al reiterar su pregunta, el valor que me dio aquel brebaje me hizo exclamar:

— ¡Pero es usted el demonio, Gabriel!...

Vi cómo la carcajada pugnaba por estallar en su boca, pero no estalló; la ahogó en su vaso con aquel fuego líquido. Y me replicó:

— ¡Oh, no!..., doctor, ¿un demonio nada menos?..., no, un modesto hombre nada más. Pero, ¿a qué vienen ahora esos aspavientos desmedidos. Repórtese, doctor; ¿es que ha visto el rabo a Satanás?...

Bebí más, hallando en la bebida todo el valor que me faltaba.

— Sí, Gabriel, he visto a Satanás..., lo he visto todo.

— ¡Ah, doctor! ¡Su maldita curiosidad!... Una curiosidad infantil que le puede costar cara... Su corazón no es muy sólido, le falla...

— Me falla como a sus jefes; en algo he de parecerme a los grandes revolucionarios.

— Sí, pero por distinto motivo; el de usted es de tipo puramente moral. Bastaría que usted recurriese a su conciencia profesional para inmunizarse frente a estas pequeñas cosas.

Como siempre, Gabriel recurría a la paradoja para distraer mi atención de lo penoso y desagradable. Debí secundarle.

— ¿Qué tiene mi conciencia profesional que ver con eso?...

— Mucho, doctor. Su mano tampoco temblaría, y sería segura y firme como la mía, si se viera en la necesidad de sacar una glándula infectada, podrida...

— En efecto, no temblaría; pero es cosa distinta, es una vida...

— No; eso que usted llama una vida sólo es una célula podrida que debemos extirpar para que no infecte a más y puedan acabar con la verdadera, con la vida socialista. Véalo así, en profesional, pues médico soy yo, encargado de velar por esa vida, y verá muy natural el que no tiemble mi mano.

Cual si hablara de frivolidades, llamó al mozo con un ademán y le pidió la carta. Me fue consultando platos y yo asentí a cuantos eligió; sin duda, me quería dar un festín como indemnización.

Nos sirvieron los entremeses y el vino; todo riquísimo, y empezamos el almuerzo; pero yo no estaba dispuesto a terminar nuestra conversación en el momento elegido por Gabriel, que él creería triunfal.

— Decía usted, Gabriel... ¡Ah, sí!... Establecía una razón de igualdad profesional, y no estoy de acuerdo.

— Naturalmente que no; ya sé, ya sé; su moral, el yo, etc., etc.

— Siempre le diré que nadie tiene derecho a disponer así de una vida. ¿Qué le había hecho a usted ese hombre para que lo haya matado?...

— ¿Pero usted cree?...

— ¿No lo ha matado?...

— No; desgraciadamente, no.

— ¡Qué tranquilidad!...— no pude por menos de exclamar, dando un gran suspiro de satisfacción.

— ¡Ah!... ¿Conque usted creyó? No; fue por un décimo de segundo, pero no pasó nada ...

¡Aquel estúpido guardia!...

— ¡Fue un ángel!... El Ángel de la Guarda de aquel hombre.

— No tuvieron ángel tantos como él ha matado.

— ¿Acaso es él quien, ha hecho eso de Lausana?...

Me miró Gabriel con sorpresa, teniendo el tenedor cargado en el aire..., y entonces me di cuenta de haberme descubierto.

— ¿Cómo sabe usted eso de Lausana?... Yo no le he dicho nada.

Me debí poner encarnado como un chico a quien sorprenden con los dedos en la miel. Había que confesar.

— Una deducción, Gabriel; una deducción nada más... Verá: esta mañana leí eso en el periódico que compró, en el momento que usted revisaba otros en el puesto de periódicos, y como entre los que compró usted había uno suizo, de Lausana, de ahí que yo...

Me cortó.

— Está usted resultando peligroso— me dijo en tono de amonestación, pero sin enfado—; se ha desarrollado en usted un instinto policíaco que...

— No por mi culpa, Gabriel; vivo mejor, me hace usted vivir ese ambiente llamado policíaco por usted sin contacto con otro, y sin querer yo...

— Sí, doctor, me lo explico; pero le aconsejo que cambie de dirección. Espíe usted hacia afuera y no hacia adentro. Es mejor.

Iba yo a volver a mis disculpas, pero Gabriel continuó:

— Ahora deberé ilustrarle, no sea que cometa usted alguna falta sin querer No hay nadie más peligroso que un hombre informado parcialmente. Sepa, doctor, que el hombre a quien usted vio en peligro esta mañana era un general...

— ¡Otro más!— exclamé sin pensar.

— Sí; otro. Al menos, tiene tal rango; es el jefe de información militar de este sector de Europa.

— ¿Lo es aún?...

— Oficialmente, lo es aún; realmente, sólo es un cadáver ambulante. Un traidor, un traidor peligroso que, por su cargo, sabe demasiado.

— ¿Y él ha matado a ese Hans?...

— No; ese Hans, mejor dicho Reiss, era su amigo y su cómplice. Un trotskista de los más finos, judío...

— Entonces, ¿lo han matado ustedes?...

— Mal, desastrosamente mal; pero sí, lo hemos liquidado. No sé si este asunto podrá perjudicar al nuestro... De ahí mi gran indignación. Habrá seguramente alarma, intervención policíaca; este Krivitzky orientará, sabe de dónde ha venido el golpe y deducirá quiénes lo han podido realizar; como es natural, conoce a los imbéciles autores, se traslucirá la calle de Grenelle... ¡Y todo por esa mentalidad de folletín que tienen muchas gentes!... Su cultura es de cine y de novelas amarillas... Automóvil, veneno, ametralladora... Cine, puro cine. ¡Y así, aun estando advertidos!... Comprenda mi propia indignación y comprenda también que habiéndome venido a la mano hace unas horas el hombre que puede darle al error consecuencias graves, yo haya querido eliminarle y, a la vez, darle una lección al organizador de lo de Reiss...

— ¿Lección?... ¿En qué?...

— Sencillo: demostrando prácticamente cómo se debe actuar. Nada de complicados y espectaculares medios; ha de ser sin dejar huellas ni cosas que analizar... Todo natural, dentro de la vida y el movimiento habitual; así como si a la víctima le cayese una teja. En fin, ya lo ha presenciado usted; si aquel guardia no surge a diez centímetros de mí, cuando mi hombre se hubiera querido enterar, tendría seccionada la yugular, y él, la gente y el tren hubieran estado ya en pleno túnel, y yo, insospechado y sin rastro, saliendo del Metro..., ¿no es verdad?...

— Sí, desde luego, como cuando Navachin— dije, arrastrado por la imaginación que Gabriel me había exaltado; pero me arrepentí en el acto.

— ¡También sabe usted aquello!... Es usted un caso patológico, doctor.

Le iba yo a decir que lo había presenciado, como disculpa; pero, por fortuna, me contuve, porque habría empeorado la cosa, y busqué otro pretexto.

— Lo leí horas después en la prensa; ya sabe que me dejó abandonado, Al leer aquello en un periódico, no pude por menos de relacionar a Goldsmith con Navachin.

— Nunca me dijo nada...

— Comprenderá que no hubo momento apropiado ni oportunidad— y buscando alejar de mí la conversación, añadí—; -por cierto, que sigo aún intrigado sobre aquel papel que yo traje desde Madrid... ¿Sabe usted ya qué significaba?...

— Sí; el papel significaba un viaje mío a España; mejor dicho, lo justificaba.

— ¿Sí?... ¿Hallándose en blanco?...

— No, doctor; el papel no estaba en blanco, estaba firmado por mí, ya sabe que tenía mis huellas

— Éso sí.

— Bien, pues en él habían escrito la posición de un barco que transportaba armamento para el ejército leal español, el cual fue apresado por la escuadra rebelde del Atlántico..

—: ¿Y que papel jugaba tal papel?...

— Sencillo; al día siguiente de aquella detención del pobre Duval— de la mía, según creyeron aquella noche— se presentó en la Embajada Soviética un agregado militar de la Embajada de la república española. Lo esperábamos; lo recibió un joven y apuesto secretario; el secretario era yo. Con la sinceridad del que no está en el secreto de las cosas, aquel militar español me hizo entrega del papel con mis propias huellas reveladas y con los grados de longitud y latitud del barco capturado, según él me explicó y también detallaba en un informe escrito que entregó. Yo, Duval, detenido en la madrugada anterior, había entregado aquel papel, días antes, a un espía de la Gestapo, provocando la captura del mercante republicano; que, inmediatamente después de haber sido detenido Duval, lo llevaron en un avión a España, con la mala fortuna que yo me había arrojado al espacio en pleno vuelo, cuando el aparato volaba sobre la zona rebelde y que lamentaban la desgracia, porque yo habría, descubierto en Madrid todo el aparato del espionaje fascista. Que se apresuraban a denunciarme y a identificarme ante la Embajada para que nuestros servicios tomasen precauciónes, porque se habían informado de que yo pertenecía a un servicio soviético y que, como agente de la U.R.S.S., había estado días antes en España. Tal fue la historia que relató ingenuamente aquel distinguido militar.

— Y usted ¿qué hizo?

— Nada; me limité a rogarle que si podía investigase cómo había podido aquel maldito Duval arrojarse al espacio en pleno vuelo, pues me interesaba conocer la técnica. El hombre abrió mucho los ojos, sin hallar relación a mi petición con el hecho denunciado y hasta me pidió que le explicara el motivo de mi curiosidad técnica. Le respondí que mi propio interés sólo era científico y retrospectivo, que deseaba saberlo para poder explicarme cómo se pudo arrojar años atrás desde su avión personal sobre el Canal un tal Lowestein. Se despidió el militar, después de recibir las más efusivas gracias, pero no dudo que se fue creyendo en las muy extrañas reacciones de los rusos.

— Veo que sigue usted sin saber cómo pudo imprimir sus huellas en aquel papel, ¿o ya lo sabe?...

— No, aún lo ignoro. Pues yo ya lo. sé.

— ¡No!...

— Sí; el papel era del W. C. del hotel de Madrid. Abrió los ojos y hasta se le alegraron.

— ¡Ingenioso ese Berzin!... En adelante, habrá que ir con guantes al lavabo...

Nuestro almuerzo había terminado. Aun estuvimos largo tiempo de sobremesa, tomando café, licores y fumando. Pero ya de nada importante hablamos.

Cuando el sol se ponía me llevó a la casa y en ella me dejó. No vi a Gabriel en varios días.

XXXIV

RAPTO DE MILLER

Pasé diez o doce días en absoluta soledad. El hombre de la casa era el único ser humano que veía.

Me había dicho él, cuyo nombre era Pedro, que recibiría visita en aquella noche. Me hice la ilusión durante toda la tarde y parte de la noche de que se suspendería el secuestro. Por mucha que fuese la audacia, pensaba yo, no sería tanta que se decidieran a cometer dos crímenes separados por poco tiempo uno del otro Aun cuando el de Reiss lo habían cometido en una nación vecina, la Policía sabía que estaba organizado en Francia y el escándalo se multiplicaría si en el mismo París ocurría otro crimen contra una conocida personalidad de la emigración "blanca", con la agravante de ser una reincidencia, pues sólo hacía muy pocos años que había desaparecido el general Kutiepoff. Sin duda, suponía yo, que la visita sería para darme a conocer la suspensión o el aplazamiento, y con tal esperanza yo aguardaba la llegada del mensajero, el cual creía y deseaba fuese Gabriel.

No eran aún las diez cuando llegó un coche. Como estaba muy atento, pude oír la conversación de quien entraba y pasos que se aproximaban subiendo la escalera. El ruido me pareció que correspondía a más de una persona, y me sobresalté; no sé por qué sentía el temor de que fuera la. policía francesa. No tuve tiempo de asustarme, porque la puerta se abrió inmediatamente vi a Gabriel, pero acompañado de dos o tres personas cuyas siluetas advertía tras él. ¿Vendría conducido por policías a buscarme a mí? Gabriel me saludó normalmente, y señalando a sus tres acompañantes, pues tres eran, me presentó con un ademán, diciéndoles a ellos "el doctor" y a mí, "camaradas". Fue toda la presentación.

Los invité a sentarse y lo hicieron. El acto parecía, no sé por qué revestido de cierta solemnidad.

Dos de aquellos hombres eran rubios, no sé si ambos de un rubio legítimo; uno tenía los ojos muy azules y lo debía ser, pero el otro los tenía pardos; eran de buena estatura, casi diría elevada; por su traza parecían alemanes. El tercero era bajo, de muy poco peso y moreno; su aspecto era insignificante, la característica única de su rostro era la estrechez de su frente y sus pobladas cejas. Los tres vestían bien.

Gabriel habló primero, a la vez que sacaba del bolsillo de su americana un papel.

— Vamos a tratar de los detalles del asunto Miller— dijo, desdoblando aquel papel y colocándolo sobre la pequeña mesa que había en el centro de la habitación.

— ¿Se hace?— me atreví a preguntar yo.

— Sí, doctor— afirmó Gabriel sin prestarme casi atención.

— ¿Puedo hacer una observación?...

— Desde luego, diga lo que quiera— me respondió.

— ¿No será muy arriesgado, por sus consecuencias ulteriores, hacerlo ahora, después de lo que ha pasado en fecha tan reciente?

— No; el otro asunto servirá como diversión estratégica; pero, además,. comprenderá usted que ya se ha pensado en las posibles consecuencias allá, y hay orden concreta de actuar. Le agradezco de todos modos su observación, que refleja su gran preocupación por los intereses de la Patria Soviética. Gracias, doctor.

Advertí que los dos supuestos alemanes me miraron con interés y respeto al terminar de hablar Gabriel.

Debo añadir que hablábamos en ruso.

Gabriel examinaba el papel, que era un plano de París, y dejando su índice apoyado en un punto, dijo:

— La cita con Miller se ha convenido aquí; esquina de las calles Jasmin y Raffet, distrito dieciséis. Es necesario no dar el golpe ahí mismo. Pudiera ocurrir que Miller mandase gente delante para observar. Aunque parece tranquilizado respecto a la lealtad del otro general, es posible que tome alguna precaución, y debemos evitar la posibilidad de testigos y su segura intervención.

— ¿Cómo hacer?...— preguntó el "alemán" de más edad.

— Es lo que puede tener alguna dificultad, pues lo deberemos decidir sobre la marcha, y dependerá principalmente de lo que haga el mismo Miller. Vosotros, camaradas, deberéis encontrar al general cuando él se dirija al lugar de la cita, corno si por casualidad coincidierais los tres,, cosa que no le podrá extrañar, puesto que sabe que van al mismo lugar. Ya le ha dicho Skoblin que el coronel, tú, lo conoces de vista, y hallará natural que al coincidir os saludéis los tres; al propio tiempo, le indicaréis que Skoblin está esperando en la esquina convenida. Pero esto, al parecer natural y sencillo, requiere una preparación y una complicación que no me gusta. Deberé organizar un servicio de transmisión; el primer puesto de observación lo debo establecer frente al sitio de donde parta el general para ir a la cita; pero ¿cómo lo puedo averiguar?... Lo estableceré junto al domicilio de los Veteranos; es el sitio más verosímil, pero no es fijo. Si sale de allí, bien desde arriba o desde enfrente, me avisarán si viene a pie y por qué calles, y no será difícil acertar la calle y dirección por donde ha de llegar; si no sale del centro de veteranos, aún me queda el recurso de poder localizar dónde se halla por llamadas de teléfono que hará la Plevitzcaya, y si lo puede localizar, me avisará. Pero todo esto es asunto mío exclusivamente, y no deba ocupar la atención de ninguno. Los cuatro han de situarse con el coche taxi muy próximos a la esquina de la cita y esperar órdenes mías. Si Miller viene solo, como es convenido, y nada se advierte anormal, yo les diré que salgan a su encuentro por fa calle que me hayan dicho que él viene. Ya lo conocéis vosotros dos y también el conductor del coche; cuando lo veáis venir si es por la acera de vuestra derecha, parará el coche y bajaréis los dos entes de que os pueda ver, y empezaréis a andar en dirección a la esquina de la cita, pero tan despacio que ha de alcanzaros el general, para que pueda ocurrir el encuentro fortuito antes de llegar a la esquina convenida.

— Bien, ya sabemos los tres lo demás— interrumpió el "alemán" más joven.

— Como ya dije al principio— prosiguió Gabriel— todas estas maniobras de cierta complicación las he pensado con el sólo fin de no realizar el hecho en el sitio preciso en que el encuentro con Miller está convenido, para evitar la posible intervención de las personas que allí haya podido situar. Pero la posibilidad de abordarlo antes de llegar a la esquina de Jasmin y Raffet se subordina en absoluto a que se pueda precisar el sitio de donde ha de salir el general para llegar a la cita. Si Miller viene desde un sitio ignorado y también si recorre su camino en automóvil y no a pie, nada hemos hablado; todo es inútil y hay que abandonarlo. Resta sólo una posibilidad: la de atraparlo en la esquina convenida, corriendo el riesgo de chocar con los hombres; que haya podido él apostar allí. No quisiera que fuera así, pero debemos obedecer, porque las órdenes no admiten aplazamiento ni retroceso. Spiegelglass ha traído la orden terminante, yo he hecho mis objeciones a Slutsky sobre los peligros de actuar en el mismo sitio donde te halla convenido el encuentro, hasta he advertido al Comisario; pero éste no ha dicho nada, y Slutsky y Spiegelglass nos ordenan actuar. Yo he pedido que se me dé carta blanca para poder suspender el hecho en cualquier momento, pero no lo he conseguido.

— ¿Ni sabiendo ellos su plan para realizar el secuestro en el camino que recorra el general?...

— No, camarada— me replicó Gabriel—; estos dos no saben nada de ella, y le agradezco su interrupción, porque debo, advertir a todos que de mi plan para atacar a Miller en el trayecto y no en la esquina, nadie debe hablar. Salvo nosotros cinco, los cinco que nos arriesgamos, nadie debe saber nada. Nadie, repito, ¿enterados?... Si es necesario, yo responderé de esta orden ante el mismo Iéjov, y sabiendo esto, queda cubierta vuestra responsabilidad. Si lo deseáis, camaradas, estoy dispuesto a daros la orden firmada, en lo que se refiere a vuestro silencio. ¿La queréis por escrito? Se miraron, los dos alemanes: y yo me apresuré a decir: — Yo no la necesito, camarada. También sé negaron los tudescos.

— ¿Y tú, camarada?...— preguntó Gabriel al silencioso tercero.

— YO lo mismo.

— Gracias, camaradas; prosigo. Si debemos actuar en la esquina: vosotros dos solos esperaréis allí, mejor dicho, llegaréis solos, con precisión cronométrica. Como Skoblin no acudirá, os veréis obligados a esperar con Miller algún tiempo. Ya tenéis estudiada vuestra conversación en relación a von Witzleben y Beck; la prolongaréis el tiempo necesario. Cuando pase tiempo preciso, y ante la ausencia de Skoblin, propondréis a Miller hablar en algún sitio conveniente, que él ha de elegir, sin la menor sugerencia por vuestra parte; si acepta, levantarás, cantarada, tu sombrero— y señaló al más joven—; el taxi a esta señal se aproximará muy lento y pegado a la acera, decidiréis a Miller a que suba; un taxi casual para ir a un sitio elegido por él a fin de tratar de algo tan alucinante como ha de ser la caída de los Soviets y, gracias a él, que puedan ser reemplazados por un Zar, o yo no sé nada de psicología o el general entrará en el taxi sin titubear ni sospechar. En cuanto a usted, doctor, en esta última fórmula, deberá dejar el taxi cuando se hayan apeado estos dos camaradas; usted y este otro camarada también, procurando ambos esperar en la proximidad, muy absorbidos en leer y hablar sobre algo que dirá el periódico que tendrán entre manos. Si Miller sube al coche por su voluntad, habrá una ligera pane al tratar de arrancar, que arreglará el mecánico cuando se hallen usted, doctor, y el camarada en la misma puerta del coche. Subirá de nuevo el chófer al volante y pondrá el motor en marcha con estruendo, el camarada abrirá de golpe la puerta y entre los tres sujetarán a Miller; usted, doctor, también subirá, como pueda. El coche arrancará veloz, y ya sólo resta que le ponga su inyección. Aun conociendo la posibilidad de que intervengan gentes de Miller, no se preocupen para nada de tal cosa; yo en persona intervendré si es necesario.

— ¿No seremos demasiados para entrar en el coche?— interrogué yo.

— Sí; demasiados, pero el taxi es amplio y con el techo bastante alto, ya se ha tenido en cuenta. Debe advertir que cuando ustedes dos han de subir, estos otros dos camaradas y Miller ocuparán sólo el asiento de atrás y que tendrán inmovilizado al general, dejándoles a ustedes todo el sitio posible... ¿Más observaciones?...

Nadie habló ya. Se me hubieran ocurrido mil obstáculos más en busca de dilación, pero comprendía que todo era inútil y también callé yo.

Se marcharon. Desde la puerta, Gabriel me animó, sin que lo pudieran escuchar los demás:

— Animo, doctor; todo irá bien. Confíe en mí.

* * *

Cuando llego a escribir esto, hace meses que ocurrió y me hallo a miles de kilómetros de París; pero no por eso veo con menos claridad las escenas. Antes de estos hechos, es cierto que viví momentos terribles y trágicos, hasta tuve en peligro mi vida, mas era yo solo un testigo presencial, y si actuaba lo hacía bajo inmediata coacción y vigilancia. Lo del mariscal Gamarnik fue en muy distintas circunstancias, sobre territorio soviético y dentro de la ley, una ley criminal, es cierto; pero que hacía de mi complicidad en el crimen un acto legal. En París, no; yo era sujeto activo del delito y actuaba fuera de la ley. Es natural que mi situación psicológica fuera muy distinta. A mi repugnancia y repulsa moral del crimen se agregaba mi terror a la ley que podía y debía castigarme, caso de fracasar. Miré infinidad de veces con verdadero pánico aquella jeringa que debía ser en mis manos el arma criminal, y con qué cuidado la probé una y otra vez y la volví a colocar en su tubo metálico, forrado de algodón. Debí resolver la cuestión de llevar cargada la jeringa, evitando que cualquier presión accidental pudiera empujar el émbolo y derramar el líquido; lo resolví por medio de un tubo de aluminio, con su interior guateado, cuya longitud aproximada era la misma de la jeringa cargada. Colocado en el bolsillo superior de mi chaleco el tubo, con la jeringa dentro, no había temor de que se vertiera el líquido.

Como ya no veía esperanza de un largo aplazamiento y menos de suspensión o de yo lograr eliminarme, casi deseaba que la espera se abreviase. Si debía ocurrir el crimen, que fuera cuanto antes y así podría yo librarme de mi enorme angustia, aunque fuera para sufrir otra nueva.

Y como todo lo malo llega, también llegó aquel día.

Serían las diez cuando vino Gabriel en persona para recogerme. Con prisa, me mandó que dispusiera lo necesario para mi actuación; era en el día la cosa, de doce a una. Toda mi preparación cerebral de nada me sirvió; empecé a moverme por mi habitación con absoluta falta de sentido, quise ponerme primero el abrigo, pero desistí; recordé el buen tiempo que hacía y también que con él puesto serían más torpes mis movimientos. Tomé las ampollas y la jeringa, y por inercia mental, di dos vueltas pensando cómo la debía desinfectar. Era evidente que por naturaleza no me adaptaba yo a lo anormal. Por fin, acerté a cargar la jeringa, la coloqué dentro del tubo y la metí en el bolsillo de mi chaleco. Gabriel me estuvo mirando sin decir ni una palabra, y cuando terminé y me quedé mirándolo, me hizo esta advertencia:

— Le recomiendo tranquilidad. Para lograrla, concéntrese solamente ahora en lo que usted ha de hacer personalmente. No piense usted en nada más, deje a cada uno que actúe, sin preocuparse de si actuarán bien o mal. ¡Ah! Una última cosa: si hubiera detención, aquí tiene su nuevo pasaporte; apréndaselo ahora mismo. Usted es un médico polaco que va a España, donde ya ha estado, en el ejército republicano. No sabe nada de Miller. A usted le han dicho sus camaradas, también oficiales en España, que se trataba de un coronel de las Brigadas que había disertado por sufrir anormalidad mental y que sólo pretendían llevarlo a una casa de salud. Sus camaradas dirán que lo engañaron a usted. ¿Se halla conforme? No hemos podido hacer más por usted. Habrá libertad inmediata, porque como no correrá la sangre, deberán concederle fianza en dinero; se depositará inmediatamente y saldremos de Francia. No puedo presentarme al Comisario sin usted; ya lo sabe, por la tranquilidad que le pueda proporcionar.

Me aprendí mi nuevo nombre y demás detalles de mi personalidad oficial. Yo era un tal Casimir Stemler, natural de Lodz, médico.

Salimos juntos al jardín. A la derecha de la puerta, vi un camión de porte medio; cubierto, no me fijé más en los detalles, pues subimos al coche y marchamos. Pedro nos abrió la puerta de la calle y Gabriel le advirtió que estuviera atento a partir de las doce horas. Asintió el hombre, que va debía tener instrucciones anteriores, y salimos.

Era un día maravilloso; ni mis sombríos pensamientos me privaban de admirar la nitidez y alegría que daba el sol a la vegetación, al aire y a las gentes. El aire aquel, suave y con alguna ráfaga perfumada, parecía como si quisiera llevarse mis ideas atormentadas.

Entramos en el interior de París después de recorrer largo trecho su cinturón. Las casas ya formaban calles definidas, cada vez más lujosas y más bellas. Por los boulevares y las aceras circulaban muchas personas. Algo muy poco adecuado para lograr éxito; un día lluvioso hubiera alejado los testigos de las calles. Aun acariciaba yo la ilusión de que todo se suspendiera en el último instante. Paramos cerca de un bar.

— Espéreme aquí— me dijo Gabriel, y entró en el establecimiento. Miré mi reloj, eran las once y veinte. Tardó Gabriel en salir un rato— . Está en el Centro de los blancos aún— dijo

— . Debemos esperar noticias.

Habría ya pasado un cuarto de hora cuando se aproximó un individuo y le oí decir:

— Ha salido ahora.

— ¿A pie?— preguntó Gabriel— .

— Sí, a pie— respondió el desconocido.

Esta corta conversación la tuvieron sin mirarse, como si no se hablasen el uno al otro. Pasaron más minutos, volvió a venir otro, y en la misma forma, dijo:

— Ha entrado en el Metro Marboeuf— y se alejó.

Pensé al ver aquel lujo de hombres que se hallaba movilizada toda la N.K.V.D. Gabriel puso en marcha el coche, pero anduvimos por trecho; dobló una esquina próxima y paró tras otro coche de aspecto más antiguo que el nuestro. "Baje también, doctor", me ordenó; lo hice, y ambos nos aproximamos al coche que teníamos delante.

"Suba usted", me dijo, abriéndome la puerta. En el interior del coche vi a mis tres conocidos. Sin cerrar del todo la puerta, Gabriel nos explicó:

— Viene en el Metro, saldrá por la estación Jasmin, calle de Mozart; no dejarle llegar a Raffet; al cruzar Jasmin vosotros dos con Miller, que se eche el coche sobre los tres. Tú, Suslov, aquí a la derecha, lleva la puerta entreabierta y ábrela del todo al llegar a ellos y actuar— tocó con los nudillos el cristal por dentro, y el chófer lo corrió, atendiendo—:

¿Bien de frenos?...

— Sí, camarada— respondió,

— A la voz de este camarada, frena en seco, pero sin parar el motor, acelera y arranca en cuanto estén dentro; yo estaré con mi coche al lado. ¿Enterado?... Situar el coche en Mozart, antes del Metro... ¡Ah! No olvides llevar desde que salgas marchando el brazo fuera. Nada más. En marcha.

Cerró la puerta y nos vio alejarnos. Sólo pasaríamos dos manzanas de casas cuando volvimos a parar. Los dos alemanes descendieron, los vi marchar muy estirados, iban mucho más elegantes que cuando los conocí; en mi opinión, tenían demasiado empaque alemán y militar. Los vimos detenerse frente a la salida del Metro, pero en sitio en que no podían ser vistos por una persona cuándo saliera. El llamado Suslov tenía su vista fija en ellos y el chófer también. El motor estaba en marcha. Yo casi no veía, el corazón me golpeaba cual si quisiera salírseme del pecho; no temblaba, pero sentía en el epigastrio como si me pellizcaran. Miraba el reloj una y otra vez, más sin poder retener los minutos transcurridos, no tenía noción del tiempo, pero sí la sensación de que duraba eternamente nuestra espera.

Escuché un grito gutural de mi compañero; miré cuai; do el coche ya se movía; los alemanes se habían unido a un tercero en el mismo borde de la acera de Jasmin. Casi no vi más; noté que viraba el coche acelerando. Empuñé bajo mi americana el tubo. Suslov tenía el abridor de la puerta empuñado, yo me había deslizado a su lado y me rechazó hacia el rincón opuesto, con su izquierda y creo que su mano me hizo daño. La puerta se abrió del todo, y creí ver unas figuras inmediatas que se agitaban empujándose; otro coche, muy próximo al nuestro y paralelo, casi los atropellaba. Fue un momento. Un hombre metió la cabeza y hombros por la puerta. Suslov, con. una ligereza de gato, lo agarró con ambas manos por el cuello y le hizo penetrar; un alemán también lo empujaba desde atrás. No hubo grito, solo alguna voz entrecortada. El ruido del motor no dejaba oír. Yo me había replegado, queriendo desaparecer. No sé cómo Miller— pues él debía ser— estuvo a mi lado, casi encima de mí, sujeto por las manos de Suslov, que seguían en su garganta. Un alemán había entrado también, y la puerta se cerró tras él.

Cuando releo el trance, lo encuentro bastante fiel; pero no puedo evitar oí dar la sensación de que aquello duró mucho tiempo. No; estoy seguro de que no tardaron en hacer entrar a Miller en el coche que puedo tardar yo en introducirme en cualquier otro. Cuando luego he reconstruido la escena me he convencido de que debió transcurrir inadvertida para las; gentes inmediatas. De no estar prevenida una persona de lo que allí ocurriría, no hubiera visto nada. Hasta quien supiera lo que allí podía pasar, necesitaba estar situado casi en el centro de la calle o en un balcón, porque la carrocería de ambos coches tapaban ambos laterales y nadie podía ver la puerta del nuestro desde las aceras. Sólo alguien situado en la recta que pasase por, entre ambos coches hubiera podido ver, pues de uno a otro únicamente medió en aquel momento menos de un metro de distancia.

Cuando quise darme cuenta, ya marchábamos a regular velocidad. La mirada del alemán, arrodillado frente a mí, de espaldas a la delantera, me volvió, en mí. Debía yo actuar, pensé, y el tubo que mi mano tenía empuñado me lo confirmó. Extraje la jeringa con la torpeza consiguiente. El alemán sujetaba las dos piernas del general; le pinché en un muslo e inyecté... Creí que el émbolo no tenía fin. Me replegué sobre mi rincón y ya no quise mirar. Cerré los ojos, y me vino la idea de que aquel Suslov había estrangulado al general Me sobresalté y miré asustado. El general no se movía, y después de dos intentos frustrados para hablar, pude ya decir:

— ¿No lo ahogará?...

— No— contestó—; esta presa le permite respirar perfectamente; pero ya dira, camarada, cuándo lo puedo soltar.

Yo no sabía si eran muchos o pocos los minutos que habrían podido pasar desde que inyecté y debí decirle: "Pruebe... a ver". Aflojó sus manos lenta" mente, como si soltase un pájaro temiendo que volase, presto a apretar de nuevo; pero, sin duda, el general ya no podía hablar. Sólo intentó algún movimiento, quedando al poco inmóvil.

No me di cuenta del tiempo que tardamos en llegar. El chófer hizo sonar tres veces el claxon y poco después viró; al mirar hacia el exterior reconocí que nos hallábamos dentro del jardín de la casa donde yo me alojaba. Descendió el alemán y yo también. En el mismo instante penetraba el coche de Gabriel y tras él se cerró la puerta de la calle. Entre Pedro, el alemán y Suslov transportaron al general Miller al interior de la casa. Cuando lo extraían del automóvil, dirigí una mirada en derredor de la tapia del jardín; temía que alguien pudiera ver la operación desde alguna casa o elevación vecina, pero no distinguí ninguna construcción que dominase la nuestra; sin duda, la elección de la casa fue bien pensada.

Entramos Gabriel y yo detrás de los que transportaban al general, cerrando la puerta tras nosotros. Depositaron a Miller sobre una cama baja que; había en un cuarto de la izquierda. Yo pasé para reconocer su estado, hallándolo normal. Como los efectos de la inyección debían durar más de tres horas, por lo menos, nada me restaba por hacer.

Quedó Suslov de guardia y salimos afuera los demás. El chófer había quedado fuera y Gabriel salió con Pedro al jardín. A través de la puerta vi como el taxi se movía; debió marcharse, pues yo no lo vi más. Volvió Gabriel y comentó, dirigiéndose al alemán y a mí:

— Por mucho que se quiera prever, siempre se olvida uno de algo importante. Yo no me acordé del Metro; sólo pensé que podría venir en coche o a pie. En fin, hemos evitado actuar en el sitio prefijado, y aunque no haya sido lejos, se pudo evitar la posible presencia de personas molestas. También temí que pudiera venir escoltado a cierta distancia, pero, aun así, el sandwich que formamos con los dos coches permitió escamotear al general sin que se pudieran enterar instantáneamente. Pero estoy hablando demasiado. Tú, camarada, te quedas; el doctor y yo nos marchamos. Suba usted a su habitación .y que Pedro le Ayude rápidamente a bajar su equipaje. Acelérese.

Lo hice con toda prisa, y en cinco minutos volví a bajar con mis dos maletas y el maletín. Salimos de la casa Gabriel y yo y nos marchamos en el coche.

— ¿Qué tal esos nervios, doctor?— me preguntó.

— El asombro no me ha dejado reaccionar.

— ¿Asombro?... ¿Por qué? Todo ha sucedido con absoluta corrección y facilidad. Seguramente que su imaginación, a fuerza de pensar durante tanto tiempo, había forjado una idea desmesurada del acontecimiento.

— ¿Y no ha sido algo verdaderamente asombroso?...

— En sí no; ya lo vio. El asunto, visto sin imaginación, es bastante simple. Las calles, contra lo que se supone, no son sitio muy peligroso para actuar. Sí, hay gentes que pueden malograr un plan; pero a condición de que puedan reaccionar, y no reaccionan si no se provoca su expectación. Lo más espectacular, el ruido de un disparo, si no hay gritos y carreras antes o después, deja indiferente a casi todos; porque cada uno se halla embargado por su propio problema o curiosidad. La calle, para lo imprevisto y fulminante, por muchas personas que transiten, ofrece la misma impunidad que una selva tropical. Sí; al fin, eso es, una selva de arbustos ambulantes.

Comprendí que Gabriel me quería distraer con estas lecciones sobre la psicología de las masas callejeras; para él, psicología experimental.

Ya volvíamos a entrar en una gran arteria de París, y revueltos con circulación de coches, llegamos a la Avenida de los Campos Elíseos. Ahora marchábamos despacio. Nos apartamos un poco de la Avenida, deteniéndonos frente a un café. Gabriel, cuando nos apeamos, cerró con llave la puerta del coche. Entramos, y me hizo sentar, me dejó sobre la mesa un diario que había comprado al paso y me dijo:

— Pida un par de aperitivos y léase usted el periódico en tanto yo hablo por teléfono.

Se alejó por entre la gente, encendiendo su cigarrillo, con su desenvoltura habitual y yo hice lo que me había mandado. No probé la bebida que me sirvieron, porque al tener el diario entre las manos, recordé que ya podía, traer algo sobre nuestro secuestro, pues eran va más de las dos de la tarde. Recorrí con ansia todas las páginas bebiéndome los titulares, pero nada se leía. Creo que suspiré con gran satisfacción y ya pude beber y fumar.

Gabriel tardó largo tiempo en regresar. Cuando lo hizo, al sentarse me tranquilizó:

— Nada de anormal acusa nuestra información. Ya podemos asegurar que nadie se ha dado cuenta de la cosa en el momento de realizarla. En cuanto a los rusos "blancos", nada se advierte en ellos de particular. Casi se puede asegurar que la desaparición del general es hasta este instante para ellos algo perfectamente normal. Vámonos, podemos almorzar con entera tranquilidad.

Lo hicimos en un restaurante discreto. Gabriel fue al teléfono tres veces durante la media hora que tardamos.

— No puede ser— dijo la última vez al volver—; he intentado que saliéramos ahora mismo, llevándonos al hombre; pero hay dificultad con el avión, un motor tiene catarro, y hasta esta noche no lo arreglarán. Hubiera querido aprovechar para salir esta tregua, puesto que aún siguen los "blancos" y la policía en su ignorancia.

— Sí— concedí— hubiera sido mejor; me pinchan los minutos que paso aquí.

— ¿Por qué, doctor?..., para usted el peligro ya pasó. Nadie tiene sus características personales, nadie lo ha visto intervenir..., ¿qué teme?

— Sí, es verdad; pero tengo ansia por acabar.

— Bien, no es mucho tiempo el que falta. Mañana saldremos de Francia. Vámonos. ¿Qué tal si pudiera dormir con tranquilidad?...— me consultó.

Asentí y salimos. Me llevó a la pequeña casa en que habité la última vez-que estuve en París. Me dejó con mi equipaje.

— Duerma bien, doctor— me aconsejó despidiéndose— ya vendré yo a recogerle.

— ¿Y cuándo se despierte él?...

— ¿Quién?... ¡Ah! sí, no se preocupe, no pasará nada. Hasta más tarde o hasta mañana.

Yo me fui hasta mi antigua alcoba. La patrona ya me había abierto la cama. Tardé tiempo en dormirme y mi sueño fue intermitente y agitado. A solas ya, reaccionaban mis nervios de la tensión sufrida hacía pocas horas. El silencio v calma que me rodeaban chocaba con todo lo vivido en aquel día, que bailaba y se atropellaba en mi cerebro.

XXXV

A ESPAÑA

Me desperté sobresaltado. El sueño se debió apoderar de mí en las últimas horas, y cuando me llamaron recobré con gran trabajo la consciencia. En los primeros momentos no supe dónde me hallaba ni siquiera quién era yo; tampoco reconocí la persona que me despertaba zarandeándome por el hombre. Al fin, reconocí a la patrona. Le habían dicho por teléfono que me llamase.

Unos veinte minutos después, escuché que paraba un automóvil a la puerta Gabriel entró al momento, preguntándome si había descansado bien. Yo acababa de lavarme y me puse a su disposición. Salimos inmediatamente, y al arrancar el coche me dijo que íbamos primero a la casa donde quedó el general, para que yo le durmiera de nuevo antes de emprender el viaje.

Debían ser poco más de las tres de la mañana; el cielo estaba casi limpio, con alguna nube difusa y sin estrellas.

Ya en la casa, preparé la inyección; esta vez, con previa esterilización, y pasé a donde se hallaba el general. Estaba despierto y vestido. Lo tenían atado de pies y manos a las cuatro patas de la cama. No lo habían amordazado; pero guardaba un silencio absoluto. Me miró con ojos profundos y graves; no leí en ellos temor, aunque sí preocupación, pues su mirada siguió todos mis movimientos. La presencia de un hombre con el instrumento de la inyección en la mano, dirigiéndose a él no era una visión tranquilizadora, lo comprendía yo; pero debió hacer un esfuerzo para no reflejar emoción alguna y lo consiguió. Pensé por un momento en tranquilizarle previamente, pero la presencia del ruso y de Pedro paralizó mi lengua, ya poco ágil de por sí, pues me hallaba sobrecogido de vergüenza y también de asco hacia mí mismo.

Me limité a inyectar, hurtando mis ojos a la mirada del general; él mantuvo tensos los músculos del brazo, y su tensión fue lo único que delató su estado psicológico; no se quejó, ni habló ni siquiera tuvo la menor contracción muscular.

Al terminar, salí en seguida, con el pretexto de guardar la jeringa, pero en realidad para no sufrir más en presencia de la víctima. No volví a entrar, dejé que obrara la inyección y me dediqué a pasear fumando. Pedro salió y, al poco, me invitó a desayunar en el comedor. Estaba servido un desayuno, compuesto de café, mantequilla y tostadas. Gabriel y los dos alemanes ya desayunaron, y previo el "Salud" del ceremonial, me invitaron a sentarme ellos. Desayuné sin ganas; ellos terminaron antes y salieron; yo me decidí a seguir allí, prolongando la sobremesa y no me moví, aunque sí oí ruidos, y pasos de idass y venidas; hasta me pareció escuchar un motor cuyo trepidar se alejaba.

Cuando me llamó Gabriel, sólo a Pedro hallé a la vista.

Me dijo que nos marchábamos ya. Miré antes de dar el primer paso a la habitación donde se hallaba el general; su puerta estaba abierta y la cama vacía. Debí yo interrogar con la mirada, pues Gabriel me dijo: "Ya se lo han llevado." Y, sin más, salimos. Pedro, después de cerrar la puerta de la casa y la de la calle por fuera, se acomodó entre las maletas del asiento posterior de nuestro coche y volvimos a marchar.

Había más claridad, pero el sol aún no apuntaba. En silencio los tres, salimos de París. A buena marcha tardaríamos hora y media en parar. Esperamos en un cruce de carreteras un largo rato; de cuando en cuando pasaban junto a nosotros camiones de todos los tamaños. Entre tantos, uno, carrozado con lonas, se detuvo junto a nuestro coche. Lo conducía un desconocido para mí, que se dirigió a Gabriel:

— Salud, camarada— saludó—; todo bien; queda cargado.

— Está bien— respondió Gabriel—; nos marchamos, camarada. Salud.

Como el vehículo se había parado por el lado de mi asiento, a nuestra izquierda, yo, sacando un poco la cabeza, lo vi marcharse; sobre la matrícula tenía las versales C.D., no era difícil adivinar, por las palabras cruzadas y las iniciales del Cuerpo Diplomático, que bajo la inmunidad de la Embajada Soviética se había transportado al general aquella mañana, dejándolo "sin novedad" en alguna parte ... Pero ¿dónde? Ahora recordé que aquel furgón diplomático era igual al camión que yo había visto en un rincón del jardín cuando salí para ejecutar el rapto en la talle de Mozart.

Todas estas reflexiones las hice cuando ya marchábamos y, abstraído en ellas, no me di cuenta si tardamos mucho tiempo en llegar. Cuando paramos, estábamos a la entrada del aeródromo. No había movimiento de coches, ni viajeros que llegasen o esperasen. Bajamos con prisa, llevando entre los tres las maletas. Un bien portado señor habló aparte a Gabriel durante unos minutos. Como quedé parado a unos metros, aun cuando no me llegaba ni una palabra de su conversación, la respetuosa y grave actitud de ambos me hizo suponer que la persona era importante. Gabriel no movió pierna ni brazo ni gesticuló; yo conocía bien la viveza y desenvoltura con que trataba él a sus iguales o a las gentes extrañas para no darme cuenta de que debía tener frente a él un personaje. Los vi despedirse, sin afectuosidad, estrechándose la mano. A nosotros ni se dignó mirarnos aquel tipo de alto funcionario, que siguió plantado allí cuando nos alejamos.

Después de recorrer un pasadizo, desembocamos en la pista verde del Aeródromo. No lejos había un avión gris, bimotor, de alas muy finas. Junto a él, un oficial francés y varios soldados y, mezclados con ellos, otros tantos vestidos de paisano, de muy distintas trazas. Uno de estos últimos, de los bien vestidos, se acercó a Gabriel y le habló en ruso, acompañándolo hasta la escalera que daba acceso al avión; por ella trepaba un hombre llevando a la espalda una gran caja, Gabriel entregó a Pedro unas llaves y se despidió de él, y ambos subimos la escalera. El avión era mucho más pequeño que el soviético en el cual vine a París; pero sus asientos eran más confortables. No me había sentado aún, cuando percibí un baúl tumbado en el suelo y bien amarrado, muy parecido al que guardó en su viaje a Gamarnik.

Gabriel instó al ruso que había subido con nosotros que acelerase nuestra marcha; lo prometió y se fue. Al poco, se cerró la puerta del avión y los motores empezaron a zumbar. Rodó el aparato sobre la hierba, llegando hasta el extremo del campo, donde giró, parando un rato, en tanto que los motores aumentaron su estrépito. Paramos unos minutos, volvió a moverse y muy pronto yo veía extenderse bajo mis ojos el suelo de Francia como un verde tapiz.

— ¿Qué tiempo tardará en despertar?— me preguntó Gabriel, señalando-al cofre con la mirada.

Hice un cálculo mental y respondí:

— Unas tres horas.

— En ese caso puedo entregarme al sueño. Le ruego me despierte cuando crea llegado el momento de liberar a nuestro hombre.

Le prometí hacerlo; Gabriel se reclinó sobre la butaca y, sin cubrirse con nada, cerró los ojos; por su respiración regular me pareció que se había dormido a los pocos minutos.

Yo también me recliné, resistiendo a los deseos de fumar. No me tentaba el sueño y me dediqué a contemplar el panorama. El día era tranquilo, aunque no estaba el cielo despejado; nubes dispersas iban surgiendo por todos lados. De pronto me sorprendió el darme cuenta de que teníamos el sol a nuestra izquierda, casi a nuestra espalda. Un leve raciocinio me hizo ver que volábamos en dirección Sudoeste... "¿Hacia el Océano?"— me pregunté— . "Dando la espalda a Rusia"— concluí— . Me alarmé; no tenía siquiera idea de adonde nos dirigíamos con tal rumbo. La imaginación sobreexcitada por tantas y tan fuertes impresiones me hizo sospechar que podíamos ser Gabriel y yo, y también el general, víctimas de un secuestro por parte de la tripulación. El medio delictivo que me rodeaba era capaz de llevarme a creer en un absurdo como la cosa más natural del mundo. Así, ver a los raptores y al raptado raptados a su vez me pareció, a la vista de la ruta que llevaba el avión, algo evidente y seguro. Y sin pensarlo más, sacudí violentamente a Gabriel.

— ¿Ya?...— preguntó sobresaltado, mirándome con ojos soñolientos.

Yo, con grandes ademanes, le quise hacer que se diese cuenta del extraño rumbo que llevábamos. No me pudo entender, y yo, no queriendo ser oído, le dije aproximándome a él, y en voz baja:

— Caminamos con rumbo Sudoeste.

Pero no me pudo escuchar con el ruido de los motores y hube de repetírselo en voz más alta.

— ¿Y qué?

— ¿Pero no vamos hacia la U.R.S.S.?

— No, doctor; directamente no.

— ¿Entonces?

— Vamos a España.

— Aun así.. ¿no comprende?

— Sí; no vamos a Madrid; tocaremos en la costa Norte, en la atlántica; Por favor, déjeme dormir.

Lo dejé y volví a mi asiento, arrepentido y un poco ruborizado.

En todo esto debíamos haber avanzado bastante; me pareció distinguir, allá lejos, hacia donde nos dirigíamos, la costa. No tardamos mucho en tener el mar bajo nosotros, y nuestro avión acentuó su dirección Sur. Desde nuestra llegada al mar, el avión se mantuvo a cierta distancia de la costa, pero sin perderla de vista durante unas dos horas. Después nos internamos sobre el mar, con rumbo más decidido hacia el Oeste.

Me pareció que ya era hora de llamar a Gabriel, y lo hice después de calcular el tiempo transcurrido. Desde que se quedó él dormido habrían pasado ya las tres horas.

No muy despierto aún, miró su reloj, y al ver la hora quedó completamente lúcido. Sin decir nada, se levantó y se fue hacia el cofre; abrió la cerradura, hizo saltar los hilos metálicos que la rodeaban en distintos sentidos, desprendiendo a la vez los grandes lacres adheridos a los alambres y a la tapa y la levantó. Yo me había aproximado y vi al general atado, inmóvil y dormido. Ya no me conmovió aquello; sólo hallé su postura, con las rodillas casi tocándole la barbilla, indigna de su actitud y gesto de cuando lo vi despierto.

Gabriel se dedicó a desatarle con presteza. Levantó el cofre, poniéndolo vertical, y, al hacerlo, las piernas del general se distendieron, saliendo fuera del marco de la caja. Me pidió ayuda, y entre ambos extrajimos a Miller; no sin esfuerzo y haciendo equilibrios, porque en aquel momento el avión hacía movimientos de cierta violencia. Por fin lo pudimos depositar en una de las butacas, donde quedó sin movimiento, pues aún seguía bajo los efectos de la droga.

Miré al exterior y vi que nos hallábamos en pleno mar. Algún barco se alcanzaba ver aquí y allí, cual si fueran juguetes de niños. El; cielo y el mar estaban opacos y tristes aquella mañana.

Me distrajo de la contemplación un joven que surgió por la puerta de la cabina de mando, que, dirigiéndose a nosotros, nos dijo en ruso: "Llegaremos antes de treinta minutos", y volvió a desaparecer.

Gabriel miró al general, que seguía sumido en el más profundo sueño.

— ¿No se despertará?— inquirió de mí.

— Ya debía estar despierto, según mi cálculo; pero está normal. Acaso su edad le haga eliminar más lentamente— respondí yo.

La tierra se veía va bien a nuestra izquierda; eran altas montañas, cuyas cimas envolvían las nubes. Al poco tiempo viró el avión, inclinándose de ala, produciéndome ese efecto tan extraño de ver el mar levantarse como si fuera un mantel al ser retirado de la mesa. Ya estábamos sobre tierra; una tierra muy accidentada, verde casi toda ella, cortada por múltiples cuadrículas pardas. Aquí y allá pequeñas poblaciones y muchas casas aisladas. Me gustó aquello a medida que descendíamos, a pesar de la consabida molestia en los oídos. En este instante vi cómo Miller hacía ciertos movimientos; el aumento de la presión debía contribuir a que superase los efectos de la intoxicación. Ya no vi nada del exterior, dedicado a no perderle de vista ni un momento. Así, sin casi advertirlo, aterrizamos. No bajamos cuando el avión paró, ni cuando las hélices dejaron de girar. Extrañado, me asomé y vi cómo unos cuantos hombres empujaban al avión, remolcándolo y haciéndole marchar hacia atrás. No me podía explicar maniobra tan extraordinaria; vi cómo el ala de mi lado casi rozaba los troncos de varios árboles y cómo la luz del día disminuía un tanto en el exterior e interior del avión. Al fin, cuando los rectos troncos de los árboles los veía yo más próximos por todos lados, dejaron reposar al aparato y salieron de la cabina de mando los dos pilotos Abrieron la puerta y bajaron del avión con Gabriel, diciéndome éste que yo esperase, teniendo cuidado del general. Miller se despejaba por momentos y hacía esfuerzos cada vez más frecuentes por recobrar la soltura de sus movimientos; por fin, parpadeó varias veces, intentando ver. Yo no hice nada por acelerar su lucidez; lo dejé que por sí mismo fuera recobrando lentamente sus sentidos. "¿Para qué— pensé— había de abreviar el tiempo en que no podía sufrir?"

Escuché ruido a mi espalda: era Gabriel quien volvía, seguido de dos o tres hombres más, con los cuales hablaba un idioma desconocido para mí, pero que la memoria me hacía creer que sería el español. Dos de sus acompañantes tomaron a Miller. sentándolo sobre sus manos enlazadas y otro lo sostuvo por la espalda. Eran unos muchachos robustos, altos, que manejaron al "enfermo" con gran facilidad. Tras ellos bajamos nosotros y vi cómo depositaban al general en una camilla que había próxima. En esto vino hacia nosotros un gran automóvil blanco, que luego reconocí como ambulancia cíe la Cruz Roja, pues las grandes cruces encarnadas las tenía pintadas en todos sus costados. En la ambulancia pusieron al general y Gabriel me indicó que subiese yo también, advirtiéndome que él me seguía en un coche detrás. Me instalé junto a la camilla y también entró un médico o enfermero, vestido con una bata blanca y con brazal de la Cruz Roja. Tras él se cerraron las puertas de atrás y partimos.

No me di cuenta del camino recorrido. La ambulancia sólo recibía la luz por dos ventanillas situadas en la parte anterior, casi tapadas por el conductor y otro que lo acompañaba. Tardaríamos en el viaje poco más de media hora. Al descender me vi ante una casa con traza de chalet, casi palacio, rodeada de jardín y de frutales, situada en una elevación y frente al mar. El coche donde venía Gabriel llegó a la vez. Le acompañaban cuatro desconocidos; dos vestidos con bastante corrección de militares y los otros dos sólo en parte; no sé si todos serían españoles. En la puerta, un centinela con aire de aburrido cambiaba la posición de su fusil constantemente, como si le estorbase. Más soldados en torno, de uniformes descuidados y de rostros enérgicos.

Bajaron la camilla y la pasaron al interior. Gabriel se ocupó de todo, yendo y viniendo de uno a otro lado, hasta instalar en un cuarto del piso bajo a Miller, que ya se hallaba despierto, mirando con extrañeza a todos lados Fue colocado un soldado a la puerta y otro dentro de la habitación, Gabriel y yo fuimos llevados a otra pieza, un amplio comedor, donde la mesa ya estaba puesta. La casa debió ser en tiempos una mansión lujosa; los restos de riqueza y refinamiento eran muy numerosos: cuadros, tapices, vajilla y mobiliario eran de calidad y de buen gusto, pero su estado era bastante descuidado; suciedad, deterioro y desorden le daban al conjunto un tono lamentable. Sin embargo, aquellos restos de confort y lujo eran para mí algo estupendo. El amplio jardín, también muy descuidado, formaba un marco delicioso. Yo hubiera sido feliz pudiendo pasar allí el resto de mis años; claro es, eliminando los gritos, las risas y las voces y, sobre todo, el espantoso ruido de las pisadas de los zapatos herrados, que dejaban su marca sobre los maltrechos encerados, cual si trotasen caballos.

Hicimos una comida excelente. No tenía la cocina el refinamiento rebuscado y artificial de la francesa. Todo era sencillo y simple; la intervención del cocinero se limitaba solamente a un condimento elemental. Lo principal de cada plato era la calidad natural del alimento; en todos, calidad privilegiada. Las carnes, los pescados y mariscos tenían un sabor propio, fuerte y delicioso, no añadido por salsas ni manipulaciones complicadas, sino el; que les dio tierra y mar. Las frutas, especialmente las manzanas, tenían un dulzor exquisito; hacían pensar que las demás eran “frutas de serie” y éstas una fabricación especial de la naturaleza.

Como teníamos un gran apetito, no entablamos conversación, entregados por entero al placer de saborear todo aquello tan sabroso y nuevo para mí.

La conversación fue suscitada por un ruido lejano y repetido que llegaba de lejos, como si fueran truenos.

— ¿Tempestad?,..— pregunté yo extrañado, pues el día era luminoso y normal.

— No; bombardeo— me respondió Gabriel— . Es la aviación rebelde, que ataca el puerto; pero no se asuste, doctor; nos hallamos a bastantes kilómetros del sitio donde las bombas caen.

— Y ¿dónde nos hallamos?...

— Ya se lo dije..., nos hallamos en España.

— Ya lo sé; pero ¿en qué lugar?

— En el Norte de la península; en un estrecho trozo de tierra rodeado de fascistas por todas partes..., naturalmente, por todas, menos por aire y mar.

— ¿Muy cerca los fascistas? ...

— Sí, todo lo más estarán a unos cien kilómetros, y cuando menos a unos treinta o cuarenta; pero no tema, o no se haga la ilusión de que puede ser capturado. Saldremos de aquí mucho antes de que lleguen hasta donde nos hallamos las vanguardias fascistas.

— Entonces, ¿vencen los anticomunistas? ...

— Clásicamente sí.

— No entiendo.

— Naturalmente, no entiende; no puede usted entender..., pero no se sienta usted humillado; tampoco lo entienden esos grandes diplomáticos europeos. Están ustedes en el mismo caso.

Habíamos terminado de almorzar y junto a una ventana nos habían servido sobre una pequeña mesa una botella de licor y café. Nos trasladamos allí, tomando asiento en un diván y en una de las butacas que formaban, un rincón agradable. Había cesado aquel lejano trueno del bombardeo, y el panorama que se podía contemplar a través de la ventana era de lo más bello y pacífico. Quise aprovechar la euforia de la comida y del ambiente para, provocar confidencias en Gabriel. Siempre la sobremesa me había sido propicia en mis reiterados intentos para lograr hacerle hablar.

— Decía usted, Gabriel— reanudé— que yo me hallo a la misma altura que cualquier diplomático europeo. ¿Puedo saber en qué?

— Hablábamos de la victoria fascista en España, ¿no era eso?...

— Sí; decía usted victoria, pero calificándola de clásica... ¿Qué quiere decir ello?...

— No es fácil hacérselo entender, dada su carencia total de antecedentes..

— Acaso no sea suficiente haberme hallado en Madrid y el leer en la prensa burguesa y soviética cuanto se habla de esta guerra civil, al ser ella estos años el acontecimiento que acapara la pasión y atención de todo el mundo; pero he creído entender bastante bien que aquí se libra una batalla importante contra el fascismo agresor y expansionista de Hitler y Mussolini, ¿no es así?... Y siendo así, la derrota del antifascismo será siempre una derrota. ¿Hay o no hay lógica en mí?...

— Sí; hay lógica, pero una lógica de primer grado, totalmente elemental.

— No me va usted a defender que la derrota del antifascismo es un triunfo del Comunismo.

— El Comunismo es la U.R.S.S., doctor; ¿hasta cuándo lo va usted a ignorar?...

— Y el fascismo su enemigo, ¿no?...

— El enemigo no es el fascismo; sólo hay un enemigo: el Capitalismo. El fascismo es el nombre de una fracción del Capitalismo, una de sus formas, la última de las que puede adoptar. Somos enemigos del fascismo, sí; pero en tanto y cuanto él es Capitalismo.

— Bien, pero no alcanzo a comprender la relación de tan clara teoría con su sorprendente aserto de que la derrota del antifascismo aquí sea una especie de victoria comunista. Es absurdo desde su propio punto de vista.

— No hablo con usted en plan de propaganda; usted no es masa... ¿Cuál es la estrategia más eficiente y genial tanto en la Revolución como en la guerra? No es la que logra la victoria derramando sangre propia. Esa es la victoria clásica. La gran estrategia, la de nuestro Stalin genial, es la que logra derrotar al enemigo sin derramar una sola gota de sangre comunista, es decir, soviética.

— ¿Y cuál es tan genial o milagrosa estrategia?

— Hacer que nuestro enemigo luche contra sí mismo. ¿No es genial?... Es tan genial como simple; resulta ser un puro axioma.

— Sí, en efecto, en teoría es algo perfecto... Ahora bien: la dificultad está en lograr que el enemigo se destruya a sí mismo.

— Exactamente; ahí es necesario el arte, un arte superior al de Aníbal o Napoleón, pero no crea necesario el milagro. El Capitalismo es en sí contradicción, una contradicción económica; por tanto, el principio de su destrucción está ya latente en él; basta con potenciar esa su Contradicción y elevarla a un orden superior, al orden nacional y al internacional, y se dará la Revolución, la guerra civil o la guerra entre naciones. ¿Lo ve ahora claro?... Revolución y guerra son la destrucción del enemigo, la destrucción del Capitalismo; él se destruye a sí mismo cuando en la lucha no interviene la U.R.S.S.

¿Comprendió?...

— La teoría es clarísima; pero vuelvo a repetir que! no veo dónde y cómo se realiza.

— ¿No lo ve, doctor? ¡Si está usted dentro de su misma realización!... Hace un momento se ha sobresaltado al escuchar ese trueno lejano del bombardeo... ¿Quién muere allá? No me diga que mueren leales o rebeldes. Sólo mueren españoles... Sepa ya de una vez que todo hombre, toda clase, toda nación, en tanto no se hallen integrados por el Comunismo en la U.R.S.S., es enemigo; enemigo en acto o potencial, da igual, Y el enemigo sólo existe para ser destruido. Es un axioma tan elemental que no puede ser ni discutido.

— ¿Entonces esta guerra sólo tiene como fin que los españoles se maten entre sí?...

— Si reducimos la cuestión a un simplismo infantil, así es; pero nunca existe un fin absoluto; un fin, un efecto, siempre es en sí medio para otro fin más elevado. Hay otro fin aquí, un fin internacional, un fin universal.

— ¿No será un secreto ni una paradoja de las suyas?— interrogué queriendo herir su vanidad.

— Se ha ganado usted la confidencia por su lealtad y acierto. Además, usted, por sus circunstancias, es un sepulcro cerrado para cualquier secreto. No teorizaré más a fin de que me comprenda.

— Gracias; escucho con mis cinco sentidos— le agradecí y estimulé.

— Esta pequeña guerra, guerra y revolución a la vez, ha sido un "salto de caballo" de Stalin en el tablero de ajedrez europeo. Sepa, doctor, que ha, sido provocada por nosotros.

— ¿Cómo? Debe ser curiosa la técnica de la provocación de guerras.

— No hubo necesidad de una técnica demasiado ingeniosa. La situación nos fue dada, y ella era perfecta para provocar la guerra.

— ¿Situación creada previamente por Moscú?

— No; fue una situación que nos fue gratuitamente brindada.

— ¿Por quién?

— Por el Capitalismo, y si usted quiere un nombre más preciso, por su forma democrática.

— Si no precisa más, no alcanzo a comprender.

— Quiero abreviar; No sabe usted algo de Historia Universal en relación a España?

— Lo elemental o poco más.

— Algo es. Ha de saber usted quién fue y quién es España. Ella llegó a ser el primero y más grande Imperio moderno. Esto ya es algo extraordinario en un pueblo. Si al Imperio español se le quiere hallar el más exacto paralelo sólo puede señalarse la U.R.S.S.

— Increíble; la Historia lo define como lo más opuesto.

— Por eso mismo; lo diametralmente opuesto resulta ser igual, pero a la inversa. Si España, en lugar de servir al Cristianismo, se sirve del Comunismo, su Imperio, que casi llegó a ser universal, hubiera sido planetario y eterno.

— Es demasiado audaz la conclusión a mi entender.

— En absoluto no. España tuvo fuerza para descubrir y dominar casi tocia la tierra conocida; pero el Cristianismo engendró una dualidad de poder ... Quien se rebelaba contra el rey, hombre o pueblo, aunque hubiera sido cristianizado por ella, seguía siendo cristiano. Y esto le fue fatal. ¡Ah si el rey español hubiera sido a la vez Sumo Pontífice de la Iglesia Católica!...

— Hubiera sido un César divino, un Alejandro, un Nerón.

— Pero eso se lo impedía, su propia fe, su Cristianismo. De ahí que con el Comunismo, negador racional de todo lo religioso, no puede haber dualidad, y quien contra la U.R.S.S. se rebela deja de ser comunista, por muy ortodoxo que sea. En su lenguaje, doctor, comete la herejía de atentar contra los dogmas de unidad y universalidad. ¿Lo entiende ahora?...

— Sí, pero seguimos generalizando.

— ¿Y qué culpa tengo yo de que sea usted con todos los respetos, un analfabeto político integral?... Abrevio; esta dualidad intrínseca del Imperio español sirvió a naciones y enemigos más débiles para lograr su destrucción. El Cristianismo era el vínculo real del Imperio español. En el momento que subsistía él a través de otro poder, el poder Papal, fue fácil romper el débil vínculo político. Quedaba ya sólo por resolver la cuestión de tipo bélico. No era fácil, porque por testimonios de Aristóteles hasta Napoleón, pasando por Federico y Wellington, se sabe que el español es el mejor guerrero. No es casualidad que haya huesos españoles en todos los meridianos del planeta.

— Menos en el meridiano de Moscú.

— Sí, pero fue porque fueron los únicos que se le sublevaron a Napoleón; pero no asegure nunca que no son capaces de llegar. No vea en cuanto digo el menor signo de un orgullo racial; el español es un mal soldado, va llorando al cuartel, pero es un guerrero estupendo, va cantando y riendo a la guerra. Soy imparcial. Y siendo así el español, hubo necesidad de inventar una nueva estrategia para batirle. La estrategia que aludí fue ya empleada contra el Imperio español y contra la misma España. Los españoles llevan ya más de dos siglos guerreando entre sí; es decir, derrotándose a sí mismos. ¡2 siglos ininterrumpidos de guerras civiles!

— ¿Por qué y para qué?

— Por y para el extranjero. Toda guerra civil, colonial o de metrópolis cualquiera que sea el resultada, es una victoria de la nación rival.

— ¿En este caso?...

— La permanente y total: Inglaterra.

— ¿Por qué medio y con qué técnica?

— Inglaterra también tuvo a su servicio una Komintern, mejor dicho, dos.

— No las he oído nombrar.

— Llámele así a aquello de que le habló Novachin.

— ¿Masonería?

— Sí; probablemente la Masonería es una Komintern política, favorable a la nación que la crea y la utiliza, y también a sus aliadas en tanto lo sean.

— ¿Y la otra Komintern?

— La Internacional de la Finanza. Entre ambas, por conspiración y corrupción, en alianza con la congénita estupidez; política del español, el hacer que España se derrotase a sí misma no fue hazaña, extraordinaria. Vea, en un siglo apenas, han sufrido cinco guerras civiles y, revoluciones y golpes de estado casi cien: salpicados por una guerra internacional suicida y otras tres coloniales, la última de las cuales les duró, por traiciones interiores y exteriores, veinte años. Como ve, la estrategia no la hemos inventado; la hemos mejorado y elevado a escala mundial.

— ¿Y en este instante?...

— Ahora, cuando en España seguían su maniobra secular las naciones imperialistas burguesas ...

— ¿Cuál?

— Ahora, no satisfechas con tenerla ya dividida en tres, intentaban partirla en cinco, por lo menos.

— No estoy bien de Geografía política.

— Sí, doctor; España, una; Portugal, dos; Gibraltar, tres. Ahora iban a separarse dos partes más, la República de Cataluña y la República dé Euzkadi o Vasca; estas dos últimas, con su correspondiente irredentismo en Francia.

— Lo ignoraba.

— Pues tal fue la propicia situación que nos fue dada. Como es natural, este nuevo intento de otras dos secesiones provocó un reacción patriótico-militar. En sí, todo ello importaba muy poco al Kremlin. Nuestra posición aquí, francamente, era muy débil. Nuestro partido en España era tan poco numeroso relativamente como el bolchevique lo era. en Rusia en el 1917. Aquí, como allí, fue un factor decisivo la situación que nos fue dada, vista entonces genialmente por Lenin y ahora por Stalin.

— ¿Tan importante es lo de aquí que lo equipara en nuestra Revolución?

— Sí; esto de aquí, podía y puede darnos el triunfo internacional absoluto.

— Es ciertamente algo increíble,

— Créalo; aquí, en España, vio Stalin, con una visión que lo acredita como el mayor genio de la Era, la solución de su doble problema, el interior y el exterior. Para lograr la doble solución bastaba con provocar otra guerra Civil.

— ¿Una guerra civil en España solución de un problema interior de la U.R.S.S. y de otro internacional?... Permítame creer una hipérbole su afirmación o, al menos, una exageración.

— No, doctor. Provocar esta guerra en función de transformar el peligro potencial fascista en un peligro actual, sería tanto como hacerle al Capitalismo luchar contra sí mismo. Y permítame ratificar una vez más nuestra fidelidad al axioma vertebral de nuestra estrategia guerrera y revolucionaria.

— ¿Y no puede ser una ilusión?

— En absoluto, no. Ha tenido usted ocasión de leer estos días pasados la prensa burguesa, y hasta la fascista; escuche si quiere sus radios. La tensión entre Inglaterra y Francia y Alemania e Italia es enorme, la guerra entre las cuatro puede estallar en cualquier instante.

— Y envolver a la U.R.S.S., ¿no?

— No; eso depende sólo de nosotros. Nada vital se juega para la Unión Soviética en España.

— ¿Y para las otras naciones?

— Para ellas, sí; al menos, así lo creen ellas, y a sus efectos es igual. En fin, quiero terminar. Sepa, doctor, que uno de los axiomas seculares de la política internacional británica es hacer la guerra si una primera potencia continental domina las márgenes del Estrecho de Gibraltar; como es natural, tiene sobradas razones para ser fiel a tal axioma desde Pitt a Chamberlain.

— Pero España no es una gran potencia.

— Sí, ya lo sé. No es España quien se halla en el Estrecho, son Alemania e Italia; no una primera potencia, sino dos.

— ¿Y también están allí cumpliendo una orden de Stalin?...

— No haga fácil ironía, doctor. Sí, están allí porque así lo ha querido Stalin.

— ¡Algo maravilloso!... Pero increíble, si me lo permite.

— No me deja usted terminar con sus constantes interrupciones y me desvía del fin. La reacción patriota-militar, como ya le decía, existía; bastaba provocar a los kornilovianos españoles para que estallase la guerra civil.

— ¿Y cómo se provocó?

— Permítame decirle primero algo mucho más importante: días antes, el jefe político español del partido más importante del Frente Popular, pronto primer ministro, declaró la guerra a Italia y Alemania desde Londres. Esta declaración se tomaría aquel día como una quijotada. No lo era, aunque también lo creyera el mismo que hizo la declaración.

Fue inspirada por dos de los nuestros, insertados en su partido e íntimos del leader socialista, a quien halagaban llamándole el "Lenin español", aunque sólo era un imbécil masón, con un cerebro relleno de cemento, residuos de su antigua profesión. Hecha esta declaración de guerra a las naciones fascistas, a los tres o cuatro días hicimos la provocación.

— ¿Y cómo?...

— Una célula nuestra de la policía militar entró en la casa donde vivía el jefe de la oposición y se lo llevó; a la mañana siguiente lo hallaron con, un tiro en la nuca de lo más clásico.

— ¿Y bastó?

— ¿Y cómo no?... En realidad, los militares kornilovianos españoles habían encajado muchas otras provocaciones; pero ésta los lanzó, ¿cómo no?... si aquella noche soñaron muchos generales y jefes españoles con que llegaba una sección de la milicia, policíaca y que aparecían al siguiente día con un balazo en la nuca enteramente clásico. Bastó. A los pocos días, creo que a los cinco o a los seis, se sublevaron las tres cuartas partes de los militares.

— ¿Y no veo la solución de los dos importantes problemas?

— Fácil; Francia, por afinidad de Frente Popular, suministró armamento al Gobierno legal. Alemania e Italia, no mucho después, ayudaron a los rebeldes, como era natural.

— ¿Natural?

— Sí. ¿No le dije antes que aquel leader español había declarado la guerra en Londres a las naciones fascistas? Era natural que ayudasen al enemigo de su enemigo. Lo teníamos previsto, y no falló nuestra previsión. He ahí como Stalin colocó, no a una primera potencia, sino a dos, en ambas márgenes del Estrecho de Gibraltar, y se producía el secular casus belli británico. Sólo restaba ya esperar el estallido de la guerra universal, premisa infalible de nuevo avance o de triunfo' total de la Revolución Mundial.

— Pero la guerra no ha estallado aún.

— Es verdad; por ello mantenemos el equilibrio entre ambos bandos, dosificando nuestra ayuda y tomando el mando directo del Ejército y del Estado legal, porque en tanto esta guerra dure subsiste la posibilidad de transformarla en europea y universal.

— Ya veo la corrección del plan en lo internacional, ¿pero y en el problema interior de la U.R.S.S.?

— De esto tiene usted mayores pruebas. La tensión provocada por la guerra española entre las naciones enemigas, demócratas y fascistas, permitió a Stalin empezar a liquidar físicamente a la Oposición. No puede usted olvidar lo que ya sabe, la conexión del trotskismo con la democracia y la Finanza. Por eso, debe usted meditar en la coincidencia de que sólo cuando estalla esta guerra podemos fusilar a los primeros trotskistas, Zinoviev, Kamenev y compañía, y eso que el motivo incidental, el asesinato de Kirov, databa de dos años. Esta guerra estalla sobre el 20 de julio, y los fusilamientos son un mes después, allá por el 20 de agosto. A medida que la tensión por España crece y todas las naciones enemigas se hallan obsesionadas por la guerra, y sin poder reaccionar, también la depuración crece; aunque no estalle la guerra internacional ahora, ya valía el que se matasen medio millón de españoles y los que aún se matarán, el que nosotros pudiéramos asegurar la retaguardia del Ejército Rojo y de la U.R.S.S., campo atrincherado de la Revolución Mundial.

— Si he de ser sincero, la rápida sucesión de sus argumentos y la enormidad de los hechos han superado mi capacidad de comprensión; ahora mismo tengo una pequeña confusión en la cabeza.

— Olvide los razonamientos; retenga sólo la dialéctica de los hechos. Fíjese: primera decena de julio, "declaración de guerra" a las naciones fascistas por el "Lenin español" en Londres; cinco días después, la provocación, se liquida al jefe de la oposición; cinco días más, estalla la guerra civil; un mes después, son fusilados Zinoviev, Kamenev y compañía; en X días, meses o años, esta guerra provocada provocará la guerra europea y la mundial. El Capitalismo se matará a sí mismo; el Comunismo triunfará... Como ve, doctor, la estrategia es tan genial como simple; la dialéctica de los hechos es perfecta, irreprochable. Y sólo expongo las dos dimensiones principales del hecho capital, la Revolución, para no aturdirle; pero hay otras en conexión, también enormes.

— He quedado estupefacto, créame; yo he leído en las últimas semanas alguna prensa burguesa y no he hallado en toda ella, plagada de noticias y opiniones sobre los problemas internacionales, ni una que aluda o insinúe siquiera nada de cuanto me ha dicho.

Le dije esto, aun siendo verdad, con la intención de halagarle y así estimularle para que continuase.

— Sí— añadió— la prensa burguesa calla por su invencible ignorancia, y la nuestra, por cálculo interesado; está explicado.

— Pero decía usted que todo esto tenía otras dimensiones, otras consecuencias favorables.

— Desde luego, pero sería muy largo el índice de todas. Tan sólo aludiré a las genuinas españolas, ya que tenemos el escenario español frente a nosotros. Desde luego, la eliminación de esta nación como factor militar en la guerra europea que ha de estallar en los próximos meses es cosa hecha,. Las bajas definitivas españolas son tremendas.

— ¿Tan grandes son las batallas libradas?

— Sí, son grandes y cruentas; pero las mayores bajas se producen en ambas retaguardias. La depuración republicana y fascista es algo muy serio; naturalmente, nosotros las fomentamos en todo lo posible.

— ¿Y no sería más útil para nosotros el triunfo republicano, que nos daría un aliado?...

— No tenemos aliados. En la opción de un aliado vivo o muerto, lo preferimos muerto. No queremos aliados, queremos repúblicas integradas en la U.R.S.S.

— ¿Ni aun siendo repúblicas comunistas?

— Aun así; tan sólo las toleraríamos por razón estratégica elemental si tienen frontera con la U.R.S.S. Tenga en cuenta, doctor, que toda colonía, si la metrópoli no domina en absoluto aire y mar, es un handicap de su potencia. Esta verdad evidente la ignoran casi todas las naciones burguesas, porque su imperialismo es un dictado económico, no estratégico. Y su absoluta realidad es evidente; Inglaterra no tiene escuadra porque tiene colónías, sino que tiene colonias porque tiene escuadra.

— Desde un punto de vista militar, la doctrina es irreprochable, pera también la economía juega en la guerra.

— Sí; pero a condición de que la economía colonial pueda beneficiar a la bélica de la metrópoli, sin que su defensa sea una merma. Convénzase: para Inglaterra, por ser superior en el mar, juega en su favor la economía y la demografía colonial; para Italia jugará en contra; perderá todo lo invertido y el ejército que posea en las colonias, el triunfo mussoliniano es una victoria regalada a su adversario de antemano. No haremos nosotros idéntico regalo.

— Parece muy evidente, pero choca tanto con las ideas clásicas...

— Naturalmente; pero si no le convence por completo, no aumentaré razones, hay otras particulares en el caso español; muy típicas, casi milagrosas, como diría usted.

— ¿Cuáles son?...

— Lo español no es sólo esto. ¿Ignora usted que lo español suma casi tantos hombres como la U.R.S.S.? Esto, en potencia, es algo muy serio, Son muchos millones; además, ocupan lo mejor y lo más intacto de América; el peligro de unión bajo el signo cristiano a efectos de defensa es posible. Lo tuvo siempre presente Inglaterra. ¿No estima importante destruir en potencia ese peligro de unión?... Pues ese peligro está precisamente aquí, en la llamada por todos patria madre.

— ¿Y no sería más útil conquistar esa masa para el Comunismo?

— Aunque la razón estratégica no se opusiera, no sería útil, porque jamás es útil lo imposible.

— ¡Herejía!... ¿Hay algún imposible para el Marxismo?

— Sí, doctor, y no es herejía. Existen imposibles subjetivos... ¿Por que si no las liquidaciones personales y de masas? Y si hay un imposible masivo es el español.

— ¡Es asombroso!

— Sí, doctor; lo cristiano, en su más potente proyección, en el Cristianismo uno y, por tanto, universal y católico, ha sido el factor decisivo en la formación nacional e individual de lo español. Es una realidad lamentable pero con la cual hay que contar. Lo cristiano es, como usted sabe por experiencia rusa, lo más difícil de. extirpar; liquidada la Oposición trotskista, sólo restará en la U.R.S.S. la religiosa; difícil, porque aun cortando o corrompiendo las cabezas, siempre resta lo individual e inaprehensible soterrado. Si así es en Rusia, con una Iglesia estatal, zarista, ¿qué sería en España profesando un Cristianismo internacional?...

— ¿Es que su religión los inmuniza del Comunismo?

— En parte, sí; pero, además, esa formación cristiana produce un raro tipo de hombre. Aun rompiendo él con la religión, tiene reacciones muy extrañas. Esa su cara libertad individual cristiana frente al Estado, aun degenerada o transformada, produjo en España un efecto único en el mundo.

— Científicamente, resultará digno de estudio,

— Sí; creo haberle dicho que nuestros efectivos propios aquí eran muy exiguos; el hecho le habrá inducido a creer que no había comunismo en España, ¿no es eso?....

— En efecto.

— Pues ha de saber que España es el país que tiene más comunistas organizados en el mundo. En absoluto más que ningún otro país donde no haya Estado comunista; más que la U.R.S.S., muchos más, en proporción a su población. Claro es, un Comunismo absurdo; el comunismo anarquista o Comunismo libertario. No es una reacción española; es genuinamente; rusa. Su apóstol y jefe, llamémosle jefe, aunque al jefe lo niegan, fue aquel hombre fabuloso que se llamó Bakunin, el que se atrevió a enfrentarse con Marx. Tolstoi, Kroprotkin, Netschaiev y toda esa humareda de anarquistas y nihilistas moscovitas, fracasados allí, fracasados por carecer de masas y de organización, tienen aquí más de un millón y medio de hombres en la más potente organización obrera. ¿Qué me dice?...

— Digo que sería mejor atraérselos, ya que admiten lo más difícil de admitir, el Comunismo, y la Komintern tendría en el acto esa masa que le falta.

— Sueña usted, doctor; los atraeríamos aquí como los atrajimos en Ucrania, tirando de una cuerda que les atásemos al cuello. Debía usted tener ya más experiencia. Convénzase, para el Comunismo lo único peligroso es no ser único, con una unidad absoluta y total en todos los órdenes, económica, política y social. ¿Por qué cree usted que ponemos tan gran énfasis hoy contra el nacionalsocialismo?... ¿Por lo que tiene de opuesto?... No; por lo que tiene de Comunismo en su forma estatal. Con la Iglesia Católica nos sucede igual; no la consideramos como enemiga predilecta por ser una filosofía opuesta, sino por ser tan una y universal como la U.R.S.S. ha de ser. Con el Comunismo anarquista nos sucede igual, ha de ser enemigo, precisamente, por ser Comunismo. En fin, ¿quién es hoy nuestro enemigo de primera línea? el Trotskismo, el Comunismo más peligroso, porque tiene idea moral y estructura idéntica... Y, si no lo cree usted una paradoja más, le afirmo con toda sinceridad que nuestra sentencia de muerte al Capitalismo no la dicta nuestro odio de clase, sino el hecho de que el Capitalismo es en su esencia y en su consecuencia finales tan Comunismo como el Bolchevismo.

Una vez más me dejó Gabriel sin respirar y haciéndole dar vueltas al mundo en torno a mi cerebro, pero hice un esfuerzo por replicarle haciendo una frase.

— Cierta vez me dijo usted que Nietzsche, en contradicción con Hegel, había dicho de los españoles que "eran absurdos y, sin embargo, reales", ¿no fue así?... Pues bien: ¿sabe usted lo que le digo?... Que lo creo.

— ¿Por lo que le conté de ellos?...

— No; por conocerlo a usted.

— ¿Usted cree?... ¿Usted cree conocerme?

— Ahora creo que sí— afirmé.

— Le felicito, doctor, usted me conoce, yo no... Pero ¿qué hora es?... ¡Más de las cuatro!..

¡Y este doctor atentando contra mi salud! Yo aquí hablando y hablando y muriéndome de sueño...

Y dando un bostezo salió del comedor.

XXXVI

TRAGEDIA EN EL MAR

Yo me quedé allí plácidamente sentado; pero, sin saber cómo, debí dormirme y me desperté cuando anochecía. Salí al hall. Cuando ya se llenaba de sombras, entró Gabriel hablando en ruso con un desconocido. Me lo presentó como "camarada". Y los tres pasamos juntos al comedor, del cual, había huido aquella alegría del mediodía, pues tan sólo estaba iluminado por unas velas que dejaban los rincones en muy espesa penumbra, dando claridad sólo a la mesa. Nos sentamos los tres y empezaron a servir la cena. En compensación a la tristeza que nos rodeaba, era muy buena. Yo no tenía un gran apetito, pero la calidad de todo aquello era capaz de provocar el hambre en un muerto. Un plato al parecer vulgar, de judías con tocino y diversos embutidos lo recordaré siempre cuando padezca el hambre más terrible. La novedad fue tal plato, los demás eran parecidos a los del almuerzo.

Ahora bien: aunque paladeé con gratitud aquellos manjares sabrosísimos, mi atención la embargó la conversación de los otros dos comensales. Gabriel y aquel ruso, cuyo nombre no recuerdo, pero que, por lo escuchado pertenecía él a la N.K.V.D., hablaron sin descanso.

Entraron en conversación pasado el primer plato, y hablaron al principio de la situación en que se hallaba la guerra española. Intentaré reproducir su diálogo en lo esencial.

— La situación aquí, en este frente— decía el chekista— es muy mala; es un frente que se acaba. Fracasada la diversión realizada en el frente de Madrid, esto no se ha podido sostener.

— ¿La causa principal?— preguntó Gabriel.

— Falta de armas; el armamento es deficiente y escaso, tan sólo fusiles hay en cantidad bastante; artillería siempre hubo poca y la aviación es casi nula. ¿Qué hacer así?...

— ¿Motivos de tanta carestía?

— No sé si sabrás, camarada, que los envíos soviéticos no han llegado a este frente; al principio de la guerra llegó algo, muy poco, luego cesó completamente.

— ¿Y tú qué opinas?..., ¿no será un sabotaje?...

— No, creo que no. Algo tan importante como este frente no podía pasar advertido en Moscú; además, yo sé que los jefes de las demás fuerzas del Frente Popular han hecho esfuerzos enormes por lograr encauzar hacia el norte lo más posible de la ayuda soviética. Te puedes imaginar lo mucho que habría yo investigado la posibilidad de un sabotaje de tal género. Si he de serte franco, hasta los trotskistas de aquí han hecho lo indecible por lograr armas en toda la Europa occidental y en América; esto me consta. En verdad no consiguieron mucho, pero hasta tuvieron la desgracia de que les capturasen varios barcos los fascistas con grandes cargamentos de armas. Los separatistas, esos católicos, nuestros aliados, cuya república ya desapareció, han hecho esfuerzos infinitos y han gastado el dinero a raudales, consiguiendo apreciables resultados en Francia e Inglaterra y, sobre todo, en América; pero no ha bastado. Más el sabotaje no ha existido, estoy convencido.

— ¿No adivinas, camarada, otras razones de fracaso?

— Francamente, no.

— Entonces, si no hallas un motivo en los demás, por exclusión, se deduce que la culpa es nuestra, de Moscú, ¿no es así?...

— Yo no he dicho tal cosa— dijo con energía el chekista, poniéndose muy serio.

— No, camarada, no lo has dicho; pero si absolvemos a tres de los cuatro que han intervenido en un hecho punible, el cuarto, Moscú, es el culpable. ¿Es o no es así?...— concluyó Gabriel, suave, pero cortante.

Su interlocutor se demudó, y a la tenebrosa luz de las velas me pareció que se había empolvado su cara, con ceniza. Con torpeza se bebió de un golpe una gran copa de vino que halló cerca, y habló:

— Camarada— dijo con gravedad e inseguridad— yo hablé con sinceridad la verdad de los hechos; esta era mi obligación hablándote a ti, un jefe mío; yo me abstengo de obtener conclusiones por mi cuenta. Es más, en todas mis actuaciones oficiales y públicas yo he denunciado el sabotaje de trotskistas, anarquistas y burgueses como la causa única de todos los fracasos. Yo he liquidado gentes de esos partidos, pública o secretamente, bajo acusación de sabotaje. Si yo hubiera estado en Madrid o Barcelona me hubiera comportado igual.

— Bien, dejemos este aspecto del asunto. No he venido como fiscal tuyo, y además te conozco. Me interesa más otra cosa. Como sabes, lo más próximo a Inglaterra y al occidente de Francia son estas costas de España; cierran ellas por, el sur un triángulo estratégico aéreo-naval importante. En situación de ser cerrado por los fascistas el Estrecho de Gibraltar, y así bloqueado el Midi, la eliminación de los republicanos de esta costa es algo muy grave para Francia e Inglaterra. ¿Por dónde podría ser abastecido el frente francés en caso de guerra europea? El Mediterráneo lo cerrarán, y el Atlántico por aquí se pondrá intransitable... ¿No has logrado saber nada sobre la reacción de Londres y París?...

— Sí, algo sé. Como ya sabrás, tanto los separatistas como los socialistas y anarquistas, tienen íntimas relaciones en Londres y París. Tengo mis hombres bien situados junto a los dirigentes de esas fuerzas, hasta son jefes importantes algunos. Pero sobre la reacción gubernamental de Londres, que siempre es la grave, sólo saben vaguedades. A los vascos, por católicos y bestias, los tratan allí peor que a los caballos; en realidad nada saben; hablarles de cosas delicadas en lo internacional es tanto como si nos escucharan ahora hablar el ruso. Los socialistas, desde que perdieron la dirección del Gobierno, ha disminuido la confianza en ellos; aunque Negrín (¿un ruso?— me pregunté —) figura como socialista y es el Presidente, saben que es nuestro. Quien debe tener información es el ministro de Defensa, un aburguesado socialista y de siempre agente del Intelligence Service; yo sólo puedo vigilar a sus agentes aquí; pero como es tan autoritario y grosero, no les comunica nada de interés. Según mis informes, el tal ministro de Defensa conspira por encargo de Londres para lograr una paz negociada con los fascistas.

— ¿Y por qué no se le ha liquidado aún?

— Es el único agente inglés que aún ocupa un alto cargo; también me pregunto yo por qué vive aún. Acaso, por razón internacional, dejándole a Londres la esperanza de que aún puede dominar aquí y así conservar nosotros su ayuda diplomática.

Me parece bien visto.

— La información de más valor la he logrado a través del sector anarquista, de antiguo muy poderoso aquí. Hay un jefe anarquista viejo, insignificante y pacífico en apariencia, casi apostólico, un tipo a lo Kropotkin, del cual fue amigo; él manda como quiere sobre los jefecillos anarquistas; pero lo interesante es que también manda en los burgueses de izquierda. Es masón de la más alta categoría y nos odia con un odio manso, hipócrita, pero feroz. Tiene relaciones internacionales directas, lo sabe todo. Te hago su ficha para que puedas valorar su información. El habla de reacción en París y Londres, pero no de reacción guerrera; no predice la guerra de Francia e Inglaterra contra Italia y Alemania; sabe que habrá reacciones políticas y diplomáticas, presiones y ayudas materiales a los republicanos; pero guerra no, de ningún modo.

— ¿Lo funda en algo?

— No; si no fuera porque tantas veces los hechos confirmaron sus palabras, yo ni siquiera hubiese tomado nota. Tal tipo masónico-anarquista ha estado preocupadísimo con la última "purga" militar. El, tan manso y evangélico, sufrió un ataque de furor al recibir la noticia del fusilamiento de Tujachevsky y los demás generales. ¡Es paradójico!... El, que se ha ensañado aquí con los fascistas locales, protesta y se enfurece cuando son liquidados los generales fascistas rusos, espías y cómplices de Hitler, y él, por anarquista, feroz antimilitarista, que ha hecho fusilar a todo militar que ha caído en sus manos, ahora se transforma en defensor de los mariscales soviéticos. ¡Todo desconcertante! Con añadir al cuadro que con gran reserva le ha dicho al informador, también masón, que Franco, el jefe del Fascismo español no es fascista..., y lo disparatado, después de afirmar que el jefe del Fascismo español no es fascista..., exclamó con grandes carcajadas: "¡Stalin se cree muy listo!"... Comprenderás, que con lo verdadero se mezcla lo absurdo. ¿Qué opinas tú, camarada?

— ¿Yo?... Nada— respondió Gabriel, para después de una pausa añadir—; A veces, en estos tiempos, es lógico lo absurdo y lo absurdo lógico... lo que pueda valer, tomaré nota de todo eso.

Sacó un carnet y con su estilográfica llenó una hoja, por lo que pude alcanzar a ver, con signos taquigráficos.

Gabriel quedó unos momentos meditando, en tanto que agitaba el café con la cucharilla; pero ya no dijo ni preguntó más.

Luego, al levantarnos, se interesó por el regreso de los que se habían, marchado. Serían casi las once cuando me preguntó si tenía yo sueño. Denegué y me dijo:

"Mejor, acaso nos vayamos esta misma noche de aquí." Yo callé,, como era mi costumbre, cuando me comunicaba sus inesperadas decisiones. Paseó un gran rato, y luego aconsejó al chekista que marchara para saber si habían averiguado algo sobre nuestro viaje y que se lo comunicase por el medio más rápido. El chekista se fue y quedamos solos. Entonces Gabriel me habló, diciéndome que acaso yo embarcase aquella misma noche con dirección a la U.R.S.S., si llegaba un barco soviético que esperaba, y que él regresaría en avión a Francia, donde tenía que ultimar algo; así podría utilizar los días que tardase yo en llegar a Leningrado; pero que él me recibirá allí a mi llegada. "Vamos ahora los dos a conversar con Müler— agregó—; quiero cerciorarme de su estado de ánimo antes de que se quede a solas con usted en este largo viaje."

Entramos ambos en la pieza donde se hallaba el general. Gabriel le dijo en español al centinela del interior que saliera y éste obedeció. Después, miró fijo a Miller, y al sentarse, le preguntó:

— ¿Qué tal lo tratan, general?... ¡Ah!... ¿Aún sabe hablar ruso?... ¿O quiere que hablemos en francés?

— Hablo ruso, señor; y con mejor acento que usted— respondió Miller con gran serenidad.

— Lo celebro, Excelencia; es una suerte inapreciable poderme perfeccionar en el idioma escuchando hablar el ruso que se hablaba en el Palacio de Invierno, cuando se habló, pues, según mis noticias, sólo se hablaba francés, y a veces alemán.

— Yo no— dijo con firmeza el general.

— Mejor; el hecho puede ser indicio de que podamos llegar a entendernos.

— ¿Aceptaría una copa?...

— Gracias, no.

— En fin; lo supongo, general, deseoso de saber dónde está, ¿no?... Bien, está en España, frente a una hermosa playa, bien tratado y. bien guardado.

— Es igual.

— No, general; no es igual. Su situación no es tan desesperante como las primeras apariencias le pueden hacer deducir.

— No hay diferencia posible hallándome preso de la G.P.U.

— N.K.V.D., general; no es lo mismo, hay cierto progreso y alguna posibilidad.

— No discutiré, usted debe saberlo.

— Vamos, general; yo quisiera que desapareciera esta tensión en nuestra conversación no oficial. Verá, si quiere contestar: ¿A qué cree que se debe su secuestro, general? Le ruego una respuesta.

— No es difícil, dado mi cargo de jefe de los rusos anticomunistas.

— Ve, general, cómo se halla equivocado. En absoluto, no es el motivo, No quiero herir su orgullo; la peligrosidad de su organización para la Rusia Soviética es nula, es la de una pulga para un elefante situado a dos mil kilómetros de distancia. Podrá estar, general, satisfecho de sí mismo, desde luego; ha hecho cuanto ha podido contra la U.R.S.S., ha derrochado valor e inteligencia y el poco dinero de que ha dispuesto. Lo reconocemos, general, pero... ¿y qué?... Francamente, ¿se halla usted satisfecho?... ¿Puede suponer que sus éxitos antisoviéticos nos han lanzado al riesgo y al escándalo de su secuestro?... No se sienta humillado; pero reconozca que nuestras Embajadas no son voladas, nuestros embajadores no son asesinados, no hay terrorismo blanco en la Unión Soviética, no hay sabotaje monárquico en el Plan Quinquenal, no están los generales blancos al servicio del Estado Mayor alemán, ni son consejeros de Hitler ni del Mikado; tenemos alianzas, relaciones diplomáticas normales, vamos y venimos, en fin, nos movemos con entera libertad sin tropezarnos nunca con sus terribles guardias blancos... Ya, ya sé que usted cree contar allá con secretas organizaciones, con hombres decididos que sueñan con la llegada de su hora. Sí, general, hay sueños; sueños en usted.

— Aunque así fuera, yo no puedo discutir con usted; yo he cumplido con mi juramento y con mi deber, y si he caído, he caído con honor.

— Reconocido, general, reconocido. Es, créalo, grato para un bolchevique oír a un hombre hablar de todo eso cuando le consta que no es farsa, como casi siempre sucede, oírlo de usted, que nos consta es un hombre de honor. Por ello, le quiero tranquilizar; no lo hemos secuestrado, y digo "hemos" porque los dos que aquí nos hallamos hemos tomado parte activa en el hecho, no lo hemos secuestrado, repito, para obtener de usted confesiones respecto a sus amigos y a su organización; aquí entre nosotros y palabra de honor, nada puede ya descubrirnos; de su organización conocemos más que usted, porque nosotros conocemos hasta los espías... ¿Qué me dice usted de su querido Skoblin?... Que aun sospechando, no lo podía usted creer, ¿no es verdad?... Son ustedes estupendos, general. ¿Recuerda que hace un año debía usted visitar a un tal doctor Zielinsky?... ¿Sí?... Pues aquí lo tiene usted— y me señaló—; le libró del secuestro entonces, no un blanco, sino un trotskista. Desconfiaba usted, y con motivo de Skoblin; ha dejado usted una carta acusándolo si no volvía usted de la cita, ¿no?... Y toma usted esa precaución y no toma ninguna en relación a usted mismo. ¡Es absurdo!... ¿Qué ha conseguido? Sí, que no pueda ser su inmediato sucesor, ha salvado la ya perdida e inútil organización. ¿Y usted, general, qué? ...

— Antes que yo estaba la Organización; yo no podía demostrar miedo personal ante mis subordinados. ¿Acaso no lo comprenderá?

— Sí; ya contamos con su orgullo militar, pero en fin, todo eso ya pasó y no tiene remedio. Veamos si nos podemos entender. Yo no dudo, general, que usted, a su manera, ama a Rusia. Lo creo, sí; pues bien: a base de su sentimiento, yo le voy a proponer un servicio a esa Rusia, contando con que sabrá eliminar toda cuestión de gobierno. Usted, sin duda, conoce más o menos bien lo sucedido con varios generales soviéticos; me refiero al hecho, no a los motivos y razones del fusilamiento. Queremos de usted, general, que represente un papel de patriota; como es un papel muy adecuado para usted, quisiéramos que lo llegase a aceptar.

— Es todo ello muy extraño; ya me explicará.

— Sí, le explicaré; no es necesario que decida en el acto, tiene bastantes días para pensarlo, tantos como tarde un barco en llegar a la U.R.S.S. Verá, general; usted sabrá que Hitler planea la invasión de la U.R.S.S., para usted siempre Rusia; lo ha sabido porque se pidió a usted su colaboración militar y política; en el plan hitleriano estaban complicados los generales fusilados en Moscú y otros que ya se le indicarán, y con ellos Trotsky y otros políticos que ya se le dirán. Al saberlo por el Estado Mayor alemán, que sigue decidido a realizar el plan, usted, superando los prejuicios políticos y su odio al Comunismo, denunció a los generales fusilados y ahora se presenta espontáneamente en la U.R.S.S. para delatar a los traidores que aún viven y a sus cómplices internacionales.

— ¡Pero todo eso no es verdad!...— exclamó el general.

— Todo no; en lo subjetivo no es verdad; pero los hechos son reales. ¿Qué importa lo accidental?... No, no me conteste ahora nada; debe meditar, general; no tiene más remedio. Hablará con el doctor de todo esto. Por su bien, acepte la propuesta. Le soy sincero, no se lo digo por aterrorizarle, pero ahórrese..., bueno, evite lo que sea; de cualquier manera, declarará lo que le sea ordenado. Piénselo, general; y en tanto, puede pedir cuanto necesite, que se le concederá, siempre que lo permita su situación. Y una pregunta para terminar. Es posible que dentro de unas horas debamos embarcar; ¿lo deberemos llevar atado o dormido?... Me bastaría su palabra de honor de que no intentará suicidarse para que le sea evitada toda incomodidad. ¿Qué me responde, general?

— No me suicidaré; no sólo por darle mi palabra, sino porque me lo impide mi religión.

— Al menos, en algo nos hemos podido entender ya. No lo molestaremos más, general.

Salimos ambos y volvió a entrar el centinela.

Sería, más de la una cuando regresó el ruso que había cenado con nosotros. Dijo que se había establecido comunicación con el barco en el que debíamos embarcar, el cual se hallaba dando bordadas frente a nuestra costa.

Pasamos a recoger al general. Gabriel, antes de salir del cuarto, le recordó su promesa y le hizo resaltar que ni siquiera lo atábamos. Ratificó Miller su palabra y, sin más, emprendimos la marcha. A mi lado, un muchacho llevaba mi maletín.

Llegamos en poco tiempo a la playa. La claridad era muy escasa; pero pude distinguir un pequeño embarcadero de madera, que resonaba bajo las fuertes pisadas de los hombres. Una embarcación se hallaba atracada, sin una luz; sólo delataba su tripulación las ascuas de sus cigarrillos, qué se movían en la oscuridad como luciérnagas.

Gabriel, Miller y yo subimos a bordo; al poco, el motor se puso en movimiento con su acompasado popo. Despegamos y pronto nos hallamos rodeados de oscuridad. Frente a mí vi el bulto de aquel muchacho que había, transportado el maletín; me miraba quieto, brillando en la tiniebla sus ojos muy abiertos. Una voz le hizo ponerse de pie y marchó hacia proa, deslizándose como un gato. El mar estaba tranquilo, las olas eran amplias, bajas y no rompían. Alguna vez vimos brillar intermitente alguna luz; debían ser otras embarcaciones; una pasó casi rozándonos, era pequeña y, en su cubierta se agitaban las sombras apretadas de muchas personas. Pregunté a Gabriel si eran embarcaciones de pesca, pero me dijo que se dedicaban a evacuar hacia Francia las familias republicanas que no querían caer prisioneras de los fascistas. Duraría la travesía más de tres horas; el general iba entre Gabriel y yo, y no pronunció ni una palabra. De repente, surgió ante nosotros la figura del muchacho que, tocándome con una mano en el hombro, señaló con la otra, dando pequeños gritos. Miramos en la dirección que señalaba y vimos una luz débil que parpadeaba. "Debe ser nuestro barco, dando a conocer su situación"— me dijo Gabriel, y habló con el muchacho en español— . "Sí, es él"— me ratificó. Advertí cómo virábamos enderezando el rumbo en dirección a donde se habían visto las luces, que a los pocos instantes volvieron a repetirse. Yo intenté encender un cigarrillo y fracasé por el viento que hacía, después de haber gastado varias cerillas. De pronto, frente a mí, se hizo la luz; era el muchacho que encendía con habilidad un cigarrillo que me ofreció para que me pudiera encender el mío. A la luz de la cerilla que iluminó un instante sus facciones, vi en ellas tan aguda expresión, listeza y simpatía que me cautivó. Al volverse a hacer la oscuridad yo seguí viendo, casi, adivinando, su mirada sobre nosotros y un poco la chispa de su sonrisa. Reflexioné sobre la extraña dedicación de aquel muchacho hacia nosotros; acaso, pensé, la motivaría el "prestigio" soviético suscitado por la propaganda, viendo en mi persona un ruso auténtico. Algo lo confirmé cuando vi que, señalándome con su dedo, dijo:

— ¿Ruski?

— Sí, ruso— le respondió Gabriel.

— ¡Camarada, camarada! — exclamó, golpeándome cariñosamente con su mano el hombro. Y no dijo más; allí continuó frente a mí, quieto, sin apartar de mí sus ojos.

El telégrafo de luces era más preciso a medida que nos acercábamos. Por fin, atracamos al costado de una masa negra. Oí voces en ruso, y nuestra lancha recorrió unos metros pegada al costado del buque. El chiquillo, imitando a los hombres, se puso de pie junto a la borda para impedir con sus manos, que apoyaba en la estructura del barco, el choque de nuestra lancha. Llegamos a la escala, subimos, ayudados por la tripulación; Miller nos imitó en silencio. El muchacho había tomado mi maletín y trepó delante.

Al llegar al puente nos esperaba el capitán junto a la escala; Gabriel y yo lo saludamos. El preguntó por los camarotes que nos destinaban, y el capitán mismo nos acompañó al otro lado de la cubierta. No había ni una sola luz y nos guió un marinero que nos alumbraba el suelo con una linterna eléctrica. "Quédese con Miller, doctor; ahora volveré yo"— me ordenó Gabriel al marcharse con el capitán. El general y yo entramos en un oscuro camarote; sólo al cerrar la puerta hizo luz el marinero, y entonces nos sentamos. En seguida llamaron, volvió a ser apagada la luz; antes de abrir la puerta; eran los que traían mis maletas; por su pequeña talla reconocí en la oscuridad al muchacho que me llevó hasta allí el maletín. Salieron al momento y se hizo de nuevo la luz.

No tardaría Gabriel más de un cuarto de hora en volver; con él vino el capitán y, en cuanto llegaron, hicieron salir al general, que marchó con el capitán.

Gabriel me habló con prisa, diciéndome que me había descargado de la custodia de Miller, la cual quedaba por entero a cargo del capitán.

— Así — añadió— está usted a salvo de toda responsabilidad; queda usted obligado a ser el único que con él hable; ni el capitán ni nadie podrá cambiar una palabra con él; ya tienen la orden. Cuando Miller quiera decir algo, deberá pedir que lo llamen a usted y con usted hablará. Especialmente queda usted responsable del trato y de que conserve intacta su salud. Puede usted hablarle, quedarse a solas con él y, en fin, disponer cuanto estime conveniente, salvo en la cuestión de su seguridad. Cuando llegue a Leningrado, donde yo le recibiré, deberá usted redactarme un informe de cuanto de interés hable con el general. Y nada más doctor. Buen viaje.

Salimos ambos a cubierta y allí nos esperaba el capitán, que nos guió hasta la escala, descendiendo por ella Gabriel Un momento después se oyó el motor de la lancha que nos trajo. El capitán se apartó y yo lo seguí marchando ambos hacia mi camarote. Antes de acostarme quise ver al general. Entramos, después de dar unos golpes en la puerta del capitán, y también allí había oscuridad, y, como antes, sólo dieron la luz cuando la puerta se cerró. Entonces vi a Miller acostado; le habían atado ambas manos con una cuerda que pasaba por bajo de su litera. Quise cerciorarme de si la ligadura estaba demasiado apretada y tanteé la presión de la cuerda en sus muñecas; no me pareció excesivamente ajustada; pero pregunté al general si le molestaba y me dijo que no. Por si luego sentía dolor, le advertí que podía llamarme sin reparo si sentía presión en la circulación. Y, dicho esto, volvimos a salir tomándose las mismas precauciones con la luz. Sin duda, no se quería dar a conocer nuestra posición.

Entré en el camarote contiguo al ocupado por Miller, que era el mío. El capitán debía ser un taciturno, pues siguió en su silencio. Sólo deseó que descansara bien y se marchó. Cerré la puerta y me acosté; dormí bastante bien, ya que no había dormido durante unas veinticuatro horas.

* * *

Pasé el primer día de navegación solo, yendo de un lado hacia otro; aunque no sentí los efectos del mareo, pues el mar se hallaba relativamente tranquilo, experimentaba cierta anormalidad. Visité varias veces a Miller, no hallando novedad.

Llegó al fin la noche, y el barco encendió sus luces; ya no necesitaba disimularse en la oscuridad. España y sus peligrosas costas quedaban muy atrás.

Hacía cierto tiempo que me había yo acostado; no tenía sueño y fumaba incorporado en la cama. Creí oír un leve ruido en la puerta, pero como no se repitió, supuse que había sido una ilusión o un crujido de las maderas. Pasaría un minuto y volví a escuchar un ruido más acusado, como si un perro arañase la puerta. Me levanté y abrí quedando sorprendido. El muchacho español estaba pegado al marco; me miró y sonrió con duda, y con temor. Le vi con deseos de pasar al camarote y le di paso. Entró rápido, como si huyera, y yo cerré la puerta, volviéndome a la cama, pues me hallaba en pijama Me dijo algunas palabras en voz baja, de las cuales tan sólo entendí la de "camarada". Miró fijamente a la botella de agua y me la señaló, asentí yo y él la tomó y bebió un gran trago de agua. Debía estar sediento. Esto me hizo sospechar que su presencia no era muy legal. Su manera de presentarse y su sed me indicaban que había estado en alguna parte oculto; sin duda, por haberse quedado en el barco sin autorización de nadie. Ahora era yo el azorado; no sabía qué hacer con aquel simpático muchacho, el cual me miraba sonriente y con temor a la vez. Su sed me hizo deducir que también se hallaría él hambriento. El instinto de acaparar comestibles que hay en cualquier hombre soviético, me había impulsado las dos veces que salí al extranjero a proveer mi maleta de alimentos. Allí llevaba yo un repertorio de jamón, embutidos y frutas en almíbar y también galletas. Bendije mi previsión soviética; salté de la cama y extraje rápido mis reservas. Las puse ante el muchacho, que se negó en un principio a tomar nada, aunque sus ojos desmentían su negativa. Hube de animarle con unas palmaditas en el hombro y se puso a comer afectando indiferencia.

Quería disimular su necesidad. Había comido muy poco cuando dió por terminada su cena y le debí animar reiteradamente para que continuase comiendo. Al terminar definitivamente, extrajo de un bolsillo un estuche de papel de fumar y tabaco picado, me ofreció un papel para que yo me hiciese un cigarro; no acepté y él, pegando una esquina del papel a su labio inferior, se puso a manipular en su tabaco en la palma de la mano, al fin, lió con gran destreza el cigarrillo, lo encendió y se puso a fumar echando con gravedad el humo por la nariz. Yo le observaba con gran curiosidad; tendría doce a catorce años, más bien pequeño para esta edad, su rostro, muy moreno y atezado, negros y vivos ojos, dotados de gran movilidad; el pelo, brillante y ensortijado, le caía con gracia sobre la frente, y sus movimientos eran rápidos y decididos, cual si fueran los de un hombre. Vestía una chaquetilla de cuero marrón y llevaba en la cabeza una boina oscura, pequeñita, terminada en lo alto por un rabillo tieso de unos dos centímetros que le daba una gracia singular. Mientras fumaba, examinó el camarote con gran atención; cerca de la cabecera de mi cama se hallaba el reglamentario retrato de Stalin con su consabida pipa. El chiquillo lo miró fijamente, con gran respeto, cual si fuera un icono venerado por él. Luego habló, al parecer de sí mismo, y sólo pude yo entender las palabras "partido", "pioner", "comité", "ruski" y muy pocas más, mezcladas con la de "guerra".

Debí darle a entender como pude que se debía marchar; lo entendió al momento y, estrechándome la mano, se marchó, no sin antes mirar a su venerado Stalin y saludarle militarmente, llevándose a la sien derecha su puño cerrado. Salió rápido, sin olvidar dirigirme una mirada sonriente de gratitud.

Pensé que se iría él a esconder en cualquier ignorado rincón para soñiar en el maravilloso paraíso de la U.R.S.S. con la ilusión de ver un día de lejos a su dios fumando en pipa. Miré a Stalin antes de apagar la luz y, como nunca, resaltó en su retrato el guiño burlón e irónico de sus ojos asiáticos.

En sueños vino a visitarme aquel chiquillo español; no sé cómo, ya le podía entender; hablaba y hablaba sin cesar, alegre, saltarín, teniendo al fondo un fabuloso y radiante Kremlin.

A la mañana siguiente, en mis idas y venidas pasé frente al camarote de Miller; un tirón de mi conciencia me hizo decidirme a entrar. Todo estaba igual. El general atado y su centinela indiferente. Un impulso incontenible me hizo que le ordenase al marinero desatarlo. Yo mismo me asombré de su obediencia, ya que aquella vez era la primera en la cual ejercía mi autoridad en relación al prisionero. Me sentí ser alguien, y mi euforia de mando me dio ánimo para mandarle al marinero que saliese y esperase afuera. Quedé a solas con Miller, un tanto embarazado, pues, en realidad, yo no sabía bien para qué lo había dejado en libertad de movimientos ni tampoco el fin de quedar a solas con él. Recordé que yo era responsable de su salud, y torpemente, me dediqué a su reconocimiento. Ausculté su corazón poniendo mi oído sobre su pecho; nada grave advertí, sin duda, no había lesión, pero era evidente su cansancio cardíaco. No podía saber de momento en qué proporción influía en su estado el desgaste nervioso que le debieron causar sus emociones últimas. Me prometí vigilar asíduamente aquel corazón y hasta pensé que sí continuaba decaído lo reanimaría con digital. Pregunté al general si comía bien; me respondió afirmativamente, asomé la cabeza al exterior interrogando al guardián si se alimentaba el general y me dijo que había comido muy poco. Al interesarme yo por el motivo de su abstinencia, el general me dijo que no tenía ningún apetito. Me informé de la clase de comida que le habían servido y, en verdad, no era su calidad muy adecuada para suscitárselo. Decidí cambiar su régimen, valido de mi reconocida autoridad, proporcionando a Miller alimentación más delicada, y así lo encargué después.

Pero lo que yo necesitaba no lo hallé: yo deseaba inconscientemente hallar medio de establecer una relación cordial con alguien, mejor con Miller, cuya dignidad ejercía sobre mí gran atracción. Mas todos mis intentos fracasaron; a las tentativas de entablar conversación sólo correspondió con monosílabos.

Cené pronto y volví a pasear cuando las sombras de la noche se iniciaban. Un faro lanzaba su haz de luz desde lejos barriendo la superficie del mar e iluminaba tenuemente a intervalos regulares la estructura del barco.

Estaba yo ensimismado cuando escuché ruido de pisadas en dirección a popa. Sentí curiosidad y me deslicé a lo largo de la borda y pude ver tres siluetas humanas a la opaca luz del anochecer. Dos eran de estatura normal e iban a los costados de otro mucho más pequeño. En esto, la luz del faro lamió un instante la cubierta y reconocí en el más bajo a mi protegido, el muchachito español. Creo que también me vio él, y hasta creí percibir la sonrisa que me dirigió; pero siguieron los tres hasta la borda, muy cerca de la cual se detuvieron. Fue instantáneo: los dos hombres tomaron en sus manos al muchacho, elevándolo a la altura de sus cabezas; la luz del faro iluminó como un relámpago la escena y vi el cuerpo del chico salir proyectado hacia el espacio. Un grito desgarrado se oyó. Ya no vi más, porque cerré los ojos y me encogí como si yo mismo hubiera sido el lanzado al mar. Escuché; escuché ávido, queriendo percibir gritos o algo más, pero el implacable chocar de las olas de aquel mar indiferente no me dejó percibir más. Reaccioné; como loco salté hacia los dos hombres que ya se retiraban. Grité y apostrofé y ellos se miraron azarados. Creí una solución ir a denunciar el crimen al capitán, y cuando furioso me lancé en dirección a su camarote, casi choqué con él, que debía venir atraído por mis gritos. Agitado, fuera de mí, balbuciendo, le denuncié aquel feroz asesinato. No me contestó ni una palabra y se limitó a tomarme por el brazo, llevándome hasta su camarote. Allí procuró tranquilizarme. Luego me habló; me habló mucho, él que me pareció tan taciturno. Pero sólo recuerdo que de mil formas me dijo que aquel polizón, introduciéndose sin ser visto en su barco, había comprometido a dos hombres de su tripulación, a dos hombres casados, responsables de controlar quién salía y entraba en el barco. Que llegar a Leningrado con aquel polizón a bordo suponía sufrir una investigación que les costaría ir a Siberia a los dos hombres y a él mismo podía costarle su mando. Esto, en el mejor de los casos, porque ocurriendo aquello cuando el barco cumplía una misión política, como era la de llevarme a mí y al preso, era incalculable lo que podía ocurrir si aquel polizón se le consideraba como espía. Todo esto me lo repitió de maneras distintas una y otra vez; me hizo beber whisky para calmar mi excitación, y como le dijera que yo daría cuenta en Leningrado a la N.K.V.D. de todo lo sucedido, tembló aquel rudo y corpulento hombretón. Luego llegó a resignarse como si fuera una desgracia de la. fatalidad, y sólo me hizo la reflexión respetuosa de que ya no podría salvar al muchacho y que sólo conseguiría el hacer desgraciados a los dos hombres de la tripulación y a sus familias, y, acaso, también a él y a la suya. Terminó diciéndome que lo pensase, y que si yo me ponía en su caso y situación vería el hecho de muy distinto modo.

Me marché, dejando al capitán entregado a beber -whisky a grandes tragos, como si quisiera emborracharse como única solución.

Entré loco de indignación en mí camarote. Fue peor; allí sobre la tabla estaba el pan que guardé para el muchacho y también la botella llena de agua. La imaginación me lo representó bebiendo con gran sed y luego en aquella su actitud de prepararse el cigarrillo con el papel pegado a su labio inferior. No, aquel crimen era imperdonable— pensé—; no podía yo disculparlo y no me callaría cuando llegase a Leningrado.

Me revolvía furioso en la estrechez del camarote y ya me veía delatando en el informe el asesinato cometido. No sé cuánto tiempo pasaría, pero debió ser bastante.

Con sorpresa para mí, dada mi concentración, llamaron a la puerta; creí que la llamada se relacionaría con el general. Al abrir yo, entró el capitán seguido de dos hombres. El capitán se sentó en la única silla y yo lo hice sobre la cama, permaneciendo en pie los otros dos desconocidos. Como era tan estrecho el camarote, casi no cabíamos los cuatro. Creí reconocer a los dos marineros; uno traía la mejilla cruzada por dos profundos arañazos paralelos. Pronto salí de dudas, al hablar al capitán.

— Estos dos hombres de la tripulación son los que han intervenido en el asunto del polizón. Siendo nosotros tres a quienes cabe la responsabilidad de su presencia en el barco, después de usted marchar, los he llamado yo para que hablásemos y enterarlos de la situación.

Así habló el capitán, al cual yo encontré, a pesar de sus palabras correctas, muy excitado; seguramente, por el exceso del alcohol. Los otros dos me miraban sin pestañear, fijos sus ojos en mí. Si he de ser sincero, deberé decir que a su entrada mi furor se apagó y que, al cerciorarme de quiénes eran ellos, se apoderó de mí cierto malestar. Yo los había amenazado con mi futura delación y, sin sospecharlo, también al capitán. De su catadura moral tenía yo una prueba imborrable; por miedo, habían lanzado al mar al muchacho español..., y esta reflexión hizo que surgiera con el ímpetu de un surtidor esta interrogación: "¿Y por miedo no podían entre los tres arrojarme a mí al mar también?"... Algo me subió del estómago a la garganta y mi vista se nubló viendo las tres caras difuminadas y amenazantes Debí ponerme muy pálido en aquel momento. Cuando digo que pasó en mi cerebro lo discurrí en menos tiempo que tardo en escribir una línea. Su duración fue tan sólo el tiempo que tardó el capitán en tomar aliento y dar dos chupadas a su pipa después de su introducción, y él prosiguió:

— Ya le rogué, camarada doctor, que lo pensase, que tuviese usted en cuenta la situación personal y familiar de estos dos marineros, honrados, trabajadores y padres..., y veníamos para saber si lo había usted pensado mejor.

Hubo un silencio absoluto, en el cual sólo escuchamos los cuatro el batir de las olas contra los costados del barco. Yo sentía una gran dificultad para expresarme. Me vi, si no cedía yo, arrastrado por aquellos seis brazos robustos hacia fuera y lanzado a la oscuridad como un pelele. Midió mi imaginación la distancia que mediaba entre la cama y la borda y acusó unos tres metros; tres metros había entre mi vida y la muerte. Lo vi como evidencia instantánea. Es inmenso cuanto puede pasar dentro de nosotros en solo unos segundos cuando el terror se adueña de la mente.

— Tengo tres hijos, doctor; tenga compasión— escuché que decía el hombre de la mejilla herida.

Y la súplica me dio valor.

— Camaradas— y tosí falsamente—: he meditado las palabras de vuestro capitán; comprenderán la humana indignación que se adueñó de mí al presenciar un...— crimen iba yo a decir— hecho que para mí no tenía ninguna justificación; después, al saber que habían obrado tan sólo por temor a un castigo tremendo, a un castigo que los separaría de los hijos, yo, camaradas, también tengo hijos, lo he pensado mejor, y precisamente— mentí— iba en el instante que llegaron a visitar al capitán para decirle que había cambiado de opinión, que yo no sabía nada, que no había visto nada...

Los dos hombres se abalanzaron hacia mí muy emocionados.

— Gracias, gracias, camarada doctor— repitieron una y otra vez.

Se habló más, mucho más; pero sólo fueron explicaciones y reiteraciones de cuanto ya se había dicho.

Al salir, los tres me estrecharon efusivamente las manos. Cuando se marcharon reflexioné sobre la escena: yo estrechando las manos criminales que lanzaron al vacío a aquel chiquillo como hubieran lanzado al hijo mío. Una hora antes no lo hubiera creído. Y allí me veía yo a mí mismo unido a los asesinos por el terror. La lógica brotó en esta interrogación . ¿Pero acaso era yo distinto a ellos?... ¿No era yo también un asesino aterrorizado?...

XXXVII

EL GENERAL MILLER Y YO

Nunca me sentí más miserable. Por una vez había yo gozado de libertad para decidir y hasta de un poco de autoridad; y en tan privilegiada situación se comete un repugnante asesinato ante mi vista, puedo y quiero castigar el crimen, la justicia soviética caerá sobre los culpables si hablara. Es todo sencillo y claro; pero aquí estoy yo, mudo, más callado que si una mordaza de hierro me cerrase la boca. Y no cose mis labios el miedo a ser yo también asesinado. En la noche de absoluta vigilia, la imaginación caldeada por la fiebre me ha brindado el recurso de burlar el peligro de mi muerte; no es un recurso de caballero, desde luego; si miento y finjo hasta llegar a Leningrado, aparentando ser fiel a mi promesa de no decir nada ni haber visto nada, no atentarán contra mi vida; muy al contrario, me quedarán eternamente agradecidos, y yo podré denunciarlos a la N.K.V.D. con toda impunidad.

El sentirme un miserable como nunca no procedía de tales cálculos. Nacía mi desprecio hacia mí mismo al verme tan envilecido como el medio soviético. En el orbe aquel en el cual me debatía, el bien y la justicia eran un imposible moral; es más, la justicia y el bien se transformaban objetivamente en un mayor mal. Pensé dentro de mi desesperación en la realidad del mundo satánico. Sí, satánico; porque yo, superando por astucia y simulación el peligro de la muerte, insuperable por mi propia cobardía, no me pedía decidir a la denuncia. El castigo del crimen caería sobre seres inocentes; no en una soportable medida de ejemplaridad, sino en un grado atroz, mortal. Y lo más grave, la justicia soviética no castigaría el crimen en sí, el castigo sería por la negligencia en cumplir una orden; es decir, como refuerzo de la tiranía en la dictadura soviética. ¿Debía yo colaborar en el terror? ¿No era el motivo auténtico del crimen ese mismo terror?

¿Acaso lo hubiesen cometido sin padecer un miedo insuperable?... ¿Por qué habían de ser ellos peores que yo mismo? ¿No era yo también un criminal solo por miedo?... No denunciaría yo. El castigo del crimen era un crimen mayor. Ya cometía yo bastantes por la coacción del terror para sumar uno más, aunque fuera bajo las apariencias hipócritas de una justicia mil veces más criminal.

Estas paradojas trágicas hacían mi vivir insoportable.

* * *

Debíamos haber pasado la noche ultima el Canal de la Mancha, pero ni siquiera me di cuenta. Bien entrado el día, me dijeron que ya navegábamos en pleno Mar del Norte.

Recordé que debía visitar al general. Entré en su camarote y le saludé, afectando la mayor naturalidad. El general, según había ordenado yo, se hallaba desatado. Mandé salir a su guardián y quedé, como siempre, sin saber qué decir o hacer. La embarazosa situación la quise resolver maquinalmente fumando. Sin darme cuenta, por hábito, le ofrecí un cigarrillo al general, que no aceptó, dándome las gracias. Algo vi en sus ojos al rechazar el cigarrillo, pero no me di cuenta en el primer instante; luego, sí; era esa mirada típica del fumador hambriento de tabaco, una mirada tantas veces vista y lanzada por mí durante los largos años soviéticos. Insistí:

— Fume, por favor.

— Gracias, no— volvió a denegar.

— ¿Pero es que no fumaba usted?

— Sí, ... soy fumador.

— Entonces... ¿debo interpretar que se niega por ser yo quien le ofrece un cigarrillo?...

Le vi titubear antes de responder.

— ¡Oh!..., no; es que no me conviene por motivos de salud— disimuló.

— Sí, en efecto, a nadie nos conviene; pero yo, como médico y por propia experiencia, creo que causa mayor estrago en determinadas circunstancias verse privado de tabaco..., perdone si hasta en este momento no he pensado que podía usted ser fumador, de haberme dado cuenta, desde el primer día dispondría de los cigarrillos necesarios... Sé bien lo insufrible del martirio que resulta el verse privado de fumar. Tome, general; tendré un placer en evitarle esa tortura, ya que no me sea posible ahorrarle las demás...

Y subrayando con el acento y con el gesto estas palabras le aproximé mi pitillera.

Tomó un cigarrillo el general, que yo mismo le encendí. Cuando le vi aspirar la primera bocanada, sentí como si todo mi ser aspirase una droga eufórica y placentera; respiré amplia y gozosamente. Y me recreé cual si yo mismo saborease aquel cigarrillo después de un mes de abstinencia. Una voz queda me decía en la intimidad de mi conciencia:

"así, hombre, sí; al fin has podido realizar algún bien".

No pude hacer ni decir nada más. Me marché musitando no sé qué. Necesitaba yo aire y soledad para desahogar mi pecho que parecía estallar.

* * *

Estamos ya en el Báltico. Ignoro por qué, pero desde que me sé navegando en este mar, me siento más dentro de la U.R.S.S. Todo se me antoja más triste, la luz más opaca; hasta diría que respiro con dificultad. Este fenómeno último, puramente imaginativo, desde luego, me ha hecho preocuparme por el corazón del general. Lo he auscultado muy detenidamente, y, no es ilusión mía, estoy seguro, su corazón cae día por día. Decido administrarle unas gotas de digital diariamente y lo hago con perfecta regularidad. Sería estúpido— pienso— exponerme a sufrir un disgusto por no hacerle un bien atendiendo a su salud; otra cosa sería si yo corriera el riesgo por atentar contra ella. Por una vez, mi conciencia podía estar de acuerdo con la orden recibida. ¡Era el primer caso!

Una tarde me arriesgué a iniciar con el general una conversación de gravedad.

Después de varias alusiones y rodeos me decidí a interrogarle así:

— Qué, general, ¿ha meditado sobre lo que se le sugirió cuando salimos de España?

— Naturalmente, lo he pensado.

— ¿Seré indiscreto si le pregunto la conclusión a que ha llegado?...— no le dejé contestar y agregué—: Créame, no es curiosidad; sólo pretendo hallar la forma de ayudarle a resolver lo que necesariamente ha de ofrecerle a usted una gran dificultad. Pero si estima, en uso de su derecho y basado en apariencia, que hablarme a mí puede perjudicarle, cállese. Le anticipo que mi trato y mi comportamiento para con usted ha de ser el mismo que hasta, hoy, y lo será hasta llegar a Leningrado, igual si habla que si guarda silencio. Como ve, por pocas que sean sus noticias, no está mi actitud dentro de las normas de la N.K.V.D.

Guardó el general silencio prolongado, durante el cual advertí en él interior agitación, y haciendo un esfuerzo habló:

— No sé si yo habré retenido bien cuanto me dijo el otro señor. De mí desea, según creo, una declaración; una confesión falsa exactamente, ¿no es así?...

— En efecto— respondí— una declaración; ahora bien: calificarla con tal precipitación...

— ¿Precipitación?— me interrumpió— . ¿Acaso plantear ante todo la cuestión previa y principal es precipitado?...

— Para usted, general, ¿es la cuestión previa?...

— Naturalmente, la cuestión principal es la moral.

Y lo expresó sin trémolo, ni afectación, como la cosa más natural.

— ¿Qué cuestión moral?

Me miró el general con la misma extrañeza que yo lo contemplé, y respondió:

— ¿No la ve usted?... Es extraño. Debo mentir, doctor, ¿sí o no?...

— ¡Ah!... Se trata de que ha de ser falsa su declaración...— subrayé yo.

— Naturalmente, deberé jurar por mi honor..

Reaccioné ante tan arcaico lenguaje, que me sonaba como si me hablase en arameo...

— ¿Dónde se halla usted, general?... ¿Se. ha dado cuenta de que pisa territorio soviético? Por lo que advierto, es usted incapaz de adaptarse al medio. Más aún, su incapacidad es tal, que hasta lo ignora; pero el ignorarlo no implica su inexistencia. Lo soviético existe; nos envuelve, satura y determina...

— ¿Cree usted, doctor?— me interrumpió— . ¿Tan total y absoluto es el poder soviético?...

¿Es capaz él hasta de dictar nuestra moral?

— Sencillo me sería decirle sí, general; podría yo aducir ejemplos mil; pero bien sé yo que no serían argumento para usted, dada su incapacidad para evadirse de su moral absoluta, según he podido advertir.

— Sigo sin poderle comprender, doctor; ¿acaso hay para usted dos o más morales?

— Sí, general; y hablo en hipótesis; más exactamente, como si yo fuera usted, con su personalidad y en su circunstancia.

— ¿Podrá en realidad sustituirse?...

— No lo dude; podré, con mucha más facilidad de lo que usted puede suponer.

— Escucho con interés.

— No creo difícil de imaginar la existencia de un régimen inicuo, inicuo en absoluto; ¿no es así para usted el soviético?... No, no me responda, general; yo no estoy haciéndole un interrogatorio. Un régimen es inicuo en grado absoluto cuando en él la moral individual, el bien subjetivo, es en realidad un mal objetivo. Ser leal a un régimen inicuo, ser veraz, honesto, defenderlo, luchar y morir por él, tan sólo por cumplir un juramento, es, potenciar su maldad. ¿No es así?

— En efecto.

— Ve usted, general, cómo la moral absoluta y subjetiva falla según la circunstancia.

— Es usted, doctor, muy hábil polemista. Ya tenía yo noticia del gran progreso de la dialéctica en la U.R.S.S.; pero, créame, cuando una política o una filosofía produce grandes dialécticos, yo desconfío; porque toda mentira, para sostenerse, necesita de una sofística. No le discuto el caso singular expuesto por usted, porque me hallo impaciente por saber adónde se dirige.

— Sencillamente, general, a que una fuerza mayor e insuperable le impone a usted optar. Debe usted obedecer o rebelarse al mandato soviético. ¿Y qué hace usted? Por lo que yo veo, aferrarse a un imperativo moral que para nada se halla en juego.

— Perdone, doctor, si le digo que, según creo, se halla usted contradiciéndose.

— ¿En qué, general?...

— Decía usted que servir a un régimen inicuo era tanto como fortalecerlo.

— Y así es.

— ¿Entonces?

— ¿Y qué tiene que ver ello con su caso? Yo expuse tal verdad para quebrantar su decisión de subordinado todo a una moral; pero sólo a tal efecto. Nada tiene que ver su caso con la bondad o iniquidad del régimen soviético.

— Realmente, me deja usted perplejo.

— No tiene motivo, general. En suma, ¿qué se le pide a usted?... El declarar en contra de unos conspiradores enemigos del régimen soviético...

— Para mí, un régimen perverso.

— ¿Y qué?

— ¿Cómo que "y qué"?..., doctor, según su propia tesis, servir a un régimen perverso es potenciarlo, ¿y no es servirlo el combatir a sus enemigos?

— Con una condición, general.

— ¿Cuál?

— Que esos enemigos a los cuales el Estado bolchevique le ordena que ataque sean ellos buenos...

— Lo contrario a lo malo es lo bueno...

— Alto, general. Desde su propio punto de vista moral, eso es un error tremendo; no único en usted, es cierto; pero la generalización de tan gran error no atenúa su gravedad. Lo que usted afirma es verdad, pero sólo invirtiendo los términos.

— ¿Cómo?...

— Lo contrario a lo bueno es malo; esto es cierto sin excepción, pero afirmar que todo lo contrario a lo malo es bueno necesariamente es un absurdo. Enemigo de lo malo puede ser lo malo. Enemigo de un asesino puede serlo un asesino. Los enemigos del Régimen soviético no han de ser necesariamente buenos, pueden ser tan perversos o más... ¿Cree usted mejor a Trotsky que a Stalin, o a la inversa?... Reduciendo a la mayor simplicidad la cuestión, para usted sólo se trata de que se decida entre Trotsky y Stalin ... Como ve, algo a extramuros de su moral individual.

Creí haber triunfado en toda la línea viendo que no me replicaba el general. Y, dando por conclusa la conversación, le ofrecí un cigarrillo disponiéndome a salir. Lo aceptó y yo me marché, bastante satisfecho de mí mismo.

Anduve de uno a otro lado el resto del día, seguro de haber convencido al general. Mi alegría íntima era grande. Al evitar a mi víctima vejaciones y torturas en la N.K.V.D. me creía casi redimido de mi culpa.

Al día siguiente retrasé mi visita. Me quise dedicar antes de ver al general a construir en mi memoria los temas que a mi entender comprendería su declaración. Sobre todo, hilvanaba las mentiras en forma de asignar a Miller un papel de patriota ruso, impulsado a obrar sólo por amor al pueblo, elevado él por encima de todo partidismo y ansioso de salvar la Rusia eterna de una nueva invasión.

Recreado en el rosado panorama, penetré en el camarote. El general se hallaba sentado en la cama y fumando. Lo examiné con la mirada y lo hallé en perfecta calma.

Me animó su aspecto y pronto hice uso de la palabra. Y como yo daba por conseguido su asentimiento, entré sin siquiera interrogarle en los detalles. Ante todo, le dije que debería negar su secuestro; su viaje a la Unión Soviética se presentaría como voluntario. Su entrevista con los militares alemanes había sido cierta y, precisamente, el plan que les descubrieron en ella, un plan de invasión y desmembración de Rusia, fue lo que le impulsó a delatar el complot forjado de antiguo por los generales fusilados.

Todo esto lo adorné con muchos más detalles y sugerencias. Hablé y hablé sin ser interrumpido. Luego hice algunas pausas en espera de que hablara el general; pero, ante su silencio, debí reanudar mis explicaciones, en la creencia de que podía no haberme comprendido bien. Pero, al fin, hube de callar, invitándole con mi silencio a que hablase.

Lo debió comprender y empezó por hacerme una pregunta:

— ¿Mi declaración ya no puede perjudicar a los militares fusilados?

— Evidentemente, no.

— Y si están ya fusilados, ¿cómo mi declaración puede contribuir a evitar la invasión?...

— Acaso haya más generales en el mismo complot.

— ¿Y los políticos traidores también serán fusilados si declaro yo?

— Serán fusilados tanto si declara como si no.

— ¿Puedo saber quiénes son?...

— No conozco exactamente los que han de comparecer, pero, desde luego, Yagoda, el antiguo jefe de la N.K.V.D.; Bujarin, el ex-presidente de la Komintern; Rikov, antiguo Presidente del Consejo de Comisarios; los restantes han de ser de su misma o parecida categoría. Como ve, desde su propio punto de vista, se trata de gentes que fueron jefes de la Revolución, que jugaron en ella un papel muy superior al de muchos de sus jueces; por tanto, debieron ser verdugos de los suyos...

— Es decir, que, como usted dijo, los enemigos de los perversos también son perversos.

— Yo, general, hablé en teoría; hablé desde su punto de vista... Yo soy leal a Stalin y al régimen.

Me miró con atención Miller, y con palabra sosegada, lenta, como si pronunciase palabras muy pensadas, dijo:

— Siento defraudarle, doctor; no mentiré... Si mis adversarios bolcheviques, trotskistas y stalinistas son igualmente abominables, no será este general del Zar quien haga el juego a ningún bando de asesinos. Puedo aún rendir un servicio a mi causa y a Rusia. Mostraré al mundo y a mis soldados que aún hay honor y valor en el pecho de un ruso. El morir es el último servicio que puedo rendir a mi Patria y a mi Zar. No moriré vil.

No hubo énfasis ni siquiera un solo trémolo en las palabras del general. Yo, en la intimidad, me complacía cual si oyese una música celeste. Mi padre, aquel viejo coronel, hubiera dicho igual. Sin parecerse físicamente al general, vi el rostro de mi padre trasparentarse en el de Miller y me emocioné.

Hubo un penoso silencio. No podría nunca el general adivinar lo que pasaba en mí; acaso, pensaría que yo sufría en mi amor propio de chekista viéndome fracasado. Hubiera cometido la locura de abrazarle y de confesar al mismo tiempo que yo era también un prisionero aterrorizado, sin su valor para resistir la coacción. Y que yo, con todas mis razones, no tenía razón frente al absurdo de su honor...

Me sentí sin fuerzas para discutir. Abandoné sobre la cama una cajetilla de tabaco y salí sin decir una palabra.

Fui a ocultar mi alegría y mi vergüenza en el último rincón del barco.

* * *

Dos días de navegación faltaban para llegar a Leningrado No tuve ya valor para insistir. Sólo podía permanecer junto al general breves momentos. Diariamente le administraba digital.

No recuerdo más ni sé más de aquellos dos últimos días de navegación.

* * *

Escribo cuando han pasado meses de nuestra llegada a Leningrado; pero aquellas escenas están aún en mi retina imaginativa como si las viviera hoy.

Aun cuando aquejado de insomnio aquellos últimos días, no pude dormir la noche anterior a la llegada ni un solo momento. Muy de madrugada ya oí a la tripulación moverse por cubierta; las voces y los ruidos me anunciaban la proximidad de la llegada. Encendí la luz y vi en mi reloj que eran las cuatro. El capitán me había dicho que atracaríamos a las ocho aproximadamente. Me vestí, lavándome con agua fría, y me sentí despejado.

El camarote de Miller me atraía. Intenté retrasar mi visita distrayéndome en adivinar los perfiles de Leningrado, sumidos en la oscuridad. Delataban la ciudad las luces del alumbrado, difuminadas por la neblina de la madrugada. Creí antes precisar la masa sombría de Cronstad. El frío y la humedad se hacían sentir y me rechazaban de la cubierta.

Después de muchas idas y venidas, me decidí a entrar en el camarote del general; abrí la puerta y metí la cabeza, y al verme se puso de pie el guardián. Miré a Miller y lo vi acostado; le habían atado, y su brazo pendía fuera de las ropas de la cama; pero dormía con toda tranquilidad. Hice un ademán al centinela para que no lo despertara ni se moviera y me retiré, cerrando la puerta con cuidado para no despertar al general.

Volví a mi camarote, pero salí de nuevo, pues no podía permanecer quieto. Intenté alegrar mi ánimo pensando en el primer encuentro con mi mujer y mis hijos; quise gozar con su asombro ante los pequeños tesoros en ropas y las demás cosas que de Occidente que les había traído en mis dos viajes. Pero las ideas felices me huían, barridas por la macabra escena del fin del general. Tan bárbara y feroz se me mostraba en la tiniebla de la costa soviética, que, apoyado en la borda, hube de apretarme las sienes con las palmas de mis manos. Nada era capaz de aplacar mi tortura moral.

Él premeditado secuestro del general pasaba por mi cerebro, empezando por mi primera entrevista con Yagoda, hasta terminar en la próxima tragedia en un sótano de la Lubianka; y luego, para volver a empezar...

Pensé en inyectarme alguna droga, y decidido me fui hacia mi camarote; pero me arrepentí al llegar. Sólo intenté calmar el motín de mis pensamientos bebiéndome un gran trago de coñac. Me serené un tanto y discurrí con mayor lucidez. Ahora me acusé de no haber tenido el valor de evitar el secuestro de Miller, según tantas veces pensé. Y mi miedo chocó con la serenidad y el valor del general, a quien había visto hacía unos momentos durmiendo como un niño, en tanto que yo estaba hecho un guiñapo. Volví a beber.

La lechosa luz del día entraba por el tragaluz de mi camarote, y yo la-miraba sin ver a través del redondo cristal.

Una idea que me pareció genial en el instante vino a mí. Era la de administrar al general antes de desembocar la cotidiana dosis de digital. Su corazón debía estar firme para su primer encuentro con la N.K.V.D., que se le presentaría rodeada de todo su aparato escenográfico. Esto, tan sencillo y simple, se me antojó en aquel momento algo casi sublime; un último-favor inestimable.

Tomé mi pequeño maletín de medicamentos y fui hasta el inmediato camarote. Al pasar, ya vi barcos anclados; el nuestro mugía con su sirena de cuando en cuando.

Entré, y al ver aún atado al general sentí una gran indignación dentro de mí. Casi llegué a increpar al marinero de guardia cuando le mandé que lo desatara. Cuando lo hizo, le ordené salir, cosa que hizo con mansos ojos de borrego.

— Estamos llegando, general— le hice saber.

— Lo suponía por el sonar de la sirena. ¿Deberé levantarme ya, si le parece?...

Aquella demanda de autorización del general me sonrojó. Asentí con un movimiento de cabeza y le volví la espalda para que se vistiera.

Cuando comprendí que había terminado de vestirse Miller, me volví. Entonces, al imaginármelo saliendo al exterior, vistiendo su ropa de París, pensé que pasaría frío. La temperatura era muy baja y anunciaba el invierno aquella mañana.

— ¿Siente frío, general?— le pregunté.

— Advierto que la mañana es bastante fresca— me respondió, frotándose las manos.

Sin decirle nada salí, pasando a mi camarote. Rápido, abrí una maleta y extraje una gruesa camisa interior y un jersey muy bueno de lana, y con ambas prendas bajo el brazo volví junto al general. De nuevo a solas con él, le hice ponerse ambas prendas. Se resistió a ponerse la camisa interior, pretendiendo guardarla para ponérsela luego en Leningrado. Hube de advertirle que no respondía de que se la dejaran en su poder si no la llevaba puesta. Esto le convenció y se la puso.

El barco avanzaba muy lentamente y la claridad aumentaba. Pedí que me sirvieran mi desayuno allí, a la vez que el del general. Le hice desayunar lo más posible, después de haberle suministrado las gotas de digital.

Poco después de terminar, me di cuenta de que paraba el barco. Se oyó el estrépito ruidoso y breve del ancla y luego las voces de la marinería.

El general tiró sin acabarlo el cigarrillo que fumaba. "¿Me permite?", dijo, levantándose, y se aproximó al cristal de la ventana. Quedó inmóvil y con la mirada fija. La ciudad va se veía; borrosa, pero acusándose cada vez más. Yo miré también, sin poder identificar el panorama, y dejé toda la pequeña ventana al general. Siguió sin pestañear mirando hacia fuera. Estaba pálido, inmóvil, rígido. ¿Qué vería y qué recordaría él ahora?... Pensé que la evocación de aquel su San Petersburgo de oficial, de la Corte del Zar, acaso de su primer amor, atormentaría su imaginación. Su ilusión de penetrar en la añorada ciudad al frente de sus tropas libertadoras por las hermosas avenidas imperiales cruzaría como un desvanecido sueño por su imaginación, corno si se despertase frente a la realidad atroz. Sería horrorosa la tormenta silenciosa dentro de su corazón.

Yo me mantenía muy atento, sin casi respirar, unido a su emoción con toda intimidad, queriendo captaría en cualquier gesto. Pero algo hirió de través mi retina y aparté la mirada del general, atraído por el brillo. Era mi maletín de instrumental y de productos químicos, que había dejado abierto sobre la tabla al lado de la cama. Me estremecí. Recordé instantáneamente haber dejado allí el estuche abierto, con ampollas y frascos, cuyo contenido en cierta dosis era mortal de necesidad. El galope de los pensamientos pateó mi cerebro. "Sí, el general podía ... Sí, era posible sólo en un momento". Sentí en mi columna vertebral la helada ducha del miedo. "No— me repetí una y otra vez— tenía su palabra de honor de que no se suicidaría. Pero ¿y si la emoción de la llegada, el peligro inminente y el espanto lo habían turbado?" Aproximé mis ojos a las ampollas y los frascos queriendo hallar rastros de la violación. "¿Acaso el digital?" ...

"¿No me parecía que debía haber más?" Quise medir el contenido por cálculo, y tomando el frasquito lo miré al trasluz. Intenté calcular las dosis que había suministrado al general, queriendo adivinar...

Miré de nuevo al general. Seguía en la misma actitud. Se diría un cadáver de pie. Se me antojó muerto, rígido, por un milagro erguido aún... Mi angustia me ahogaba; yo veía ya desplomarse al general a mis pies.

El fuerte chirriar de algo como una rueda me sacó de mi estado de estupidez, crispándome los nervios. Hubo una pausa en los chasquidos y pude mirar más sereno el perfil del general. Quedé suspenso, como hipnotizado. Por su mejilla se deslizaban dos lágrimas.

Ignoro por qué, pero me invadió la placidez. El miedo se evaporó en mí. Me sentí en perfecta lucidez. No; el general no se había envenenado. No había ninguna razón para tener yo aquella seguridad que me invadía en repentina mutación. Pero ahora me sentía tan seguro del general como de mí mismo.

Cuando mi vista volvió a chocar con el frasquito de digital, me limité a calcular con toda frialdad que la mitad del poco que aún contenía bastaba para matar a las pocas horas a quien lo ingiriera.

Tenía yo la boca seca y me decidí a servirme una taza de té, pues la tetera del desayuno estaba en la tabla. Me serví y, maquinalmente, llené también la taza del general...; pero, al dejar la tetera, una idea me arañó en el cerebro, precisamente aquí, en una circunvalación frontal... Al propio tiempo, el general volvió la cabeza y me dijo:

— Estamos atracando; ya ponen la pasarela— y volvió a mirar hacia fuera.

La película de la tortura y fin del general me pasó veloz por el cerebro, hiriéndome como si tuviera los dientes de una sierra. Y no sé si en mi razón o sonámbulo, preciso, sin titubeo y rápido, vi el frasco de digital entre mis dedos. Vertí la mitad o más de su contenido en la taza. Como un autómata guardé la droga y cerré con fuerza el maletín.

Sentí fuertes pasos que se aproximaban. Tomé una taza en cada mano, y con voz que me pareció extraña, invité:

— ¿La última taza, general?...

— Gracias— y la tomó en su mano.

Yo bebí con los ojos cerrados.

Cuando los abrí, el general dejaba ya la taza vacía sobre la tabla.

— ¿Un cigarro, además?

— Gracias, doctor; gracias.

Se lo encendí sin temblarme la mano.

Escuché rumor de palabras en la puerta, y vi a través del cristal las pellizas de cuero chekistas. La puerta se abrió, y penetró un soplo helado

— ¿Tene frío, general?...

— No doctor; le agradezco sus prendas. Sin ellas, hubiera temblado de trío, y ellos hubieran creído que temblaba de miedo.

Un instante pasó aún sin que nadie se mostrase en la puerta. Unos fuertes pasos, rotundos, autoritarios, resonaron llegando. Y la maciza silueta de un jefe de la N.K.V.D., tapó la puerta.

— ¿El detenido? ... — inquirió...

— A su disposición, señor— respondió el general avanzando un paso al frente.

La silueta del chekista se puso de costado. El general levantó su pie para salvar el alto peldaño de la puerta, y al hacerlo volvió la cabeza y me miró.

No se describir aquella última mirada. Quiero creer que leí en ella perdón y gratitud.

XXXVIII

YAGODA QUEBRADO

Aquí estoy de nuevo. Todo está inalterado; parece inconmovible. Ea poco más de un mes, he vivido una película. Sus escenas reales, a una velocidad fantástica, se atropellan unas a otras como las ficciones en la cinta cinematográfica. Y aquí está la U.R.S.S., inmóvil, pétrea, eterna ... La Revolución, "eterno devenir" para sus filósofos, es en estos instantes para mí el centro inmóvil del acontecer universal. Aviones raudos, raptos, dinámicos, asesinatos, guerra, intriga, espasmo planetario ... ¿Y qué? La U.R.S.S. es aquí envuelta en el sudario blanco de la nieve, como ayer, como hace un año, como la Eternidad...

Así la veo yo, al ser encerrado de nuevo en mi cárcel-laboratorio, a través de la cuadrícula férrea del amplio ventanal. Sala, frascos, matraces, aparatos, casa, gentes, campo, todo está igual. Es la Eternidad.

* * *

He vuelto a Moscú con Duval. (No sé por qué, durante todo el tiempo de mi último viaje, y ahora en mi regreso, Gabriel ha vuelto a ser para mí aquel "Duval", como lo conocí primeramente.) Hemos hecho el viaje en tren. Me ha dejado aquí y se ha marchado. Deberé redactar el informe de mi viaje con el general. Procuraré acentuar la gravedad de su estado cardíaco. Salimos de Leningrado a la media hora de haber llegado. Gabriel ya se hallaba esperándome dentro de un automóvil, en el mismo muelle. Durante nuestro viaje, me he preguntado en todos los minutos si Miller habría muerto ya. Casi no he podido mirar de frente a Gabriel. Mi temor a que leyese mi "asesinato" en, los ojos me ha hecho pretextar necesidad de sueño, y ha debido fingirlo. Ahora estoy muy sobresaltado. La noticia del fallecimiento debe haber llegado antes que nosotros a Moscú. Gabriel vendrá o me llamará. Lo espero con impaciencia. No puedo hacer nada, ni siquiera leer. Sólo fumar y pasear.

La carencia de noticias del general me haría temer— escribo "temer"— que viva, si el digital fuera de procedencia soviética. Pero no, procede de Alemania y su pureza está comprobada por mí, aquí en este mismo laboratorio. Estimo infalible su eficacia. Sería una desgracia que fallara en este caso la famosa técnica germana. Sería una desgracia para Miller, porque vivir es la tortura y morir liberarse. Como siempre, la permanente paradoja soviética. El bien es un mal y el mal es un bien.

* * *

Sí, ha muerto el general. Me lo ha comunicado Gabriel por teléfono a hora muy avanzada Estaba yo en la cama, profundamente dormido, cuando me llamó. No sé si será una aberración. He rezado, dando gracias a Dios. "Al fin, pensé, yo he podido hacer un bien a un semejante. Un bien asesinándolo."

* * *

Han pasado muchos días. Remití a Gabriel con el intendente el informe sobre Miller, al siguiente día. Esperé ser interrogado por él o por otros; pero no, nadie se ha ocupado de mí. El acopio de valor y serenidad que yo había hecho fue inútil

El invierno ya está aquí. Un invierno que, aun estando yo inmunizado contra su frío, me agarrota el alma. La esperanza mía, latente siempre dentro de mi pecho, de volver a los míos, es ahora desesperación. Nada; no sé nada. El final del asunto Miller, que me animó a creer en mi libertad, más o menos atenuada, no produce ningún cambio. No veo a Gabriel desde nuestro regreso. Ni nadie se ha tomado la molestia de decirme aún nada. Cuando lo vea, si lo vuelvo a ver, le plantearé la cuestión con toda entereza. Es ya un año de aislamiento. Un siglo para un padre. ¿Nadie lo ve? ¿Nadie lo piensa?

* * *

Ha venido Gabriel. Sólo ha permanecido aquí unos momentos.

— ¡Qué pena lo de Miller!... ¡Todo un año de trabajos perdido!...

Este ha sido todo su comentario.

Ya junto a la puerta, le he abordado. Le he pedido que se haga cargo de mi situación; de mi absoluta necesidad de ver a los míos. No he podido desplegar la elocuencia que tenía, ensayada. Me ha escuchado con prisa, impaciente. Por toda respuesta, él me ha dicho:

— Lo haré presente al Comisario; él me está esperando ahora. Me hago cargo, doctor. Pero tenga presente que usted ya sabe demasiado para andar libremente por la U.R.S.S.

Y se ha marchado sin mirarme siquiera.

* * *

Año nuevo: 1938. ¡Dios mío!... ¿Qué me espera?

No he visto a nadie durante estos tres meses. Gabriel no ha vuelto por aquí. Como siempre, temo y deseo su regreso.

Al fin, pude vencer mi flaqueza y he vuelto a escribir. Ahora llego en la sucesión de los acontecimientos al suicidio de Lidya. No estoy satisfecho de cómo he podido describirlo. Me faltan alientos literarios para dar una pálida idea de su tragedia. Cuando yo vivo el dolor ajeno, él se refleja en mí. La pluma halla fácil la rima. Más cuando no intervengo en los hechos, o ni siquiera los presencio, v sólo veo el desenlace, por feroces que sean, no vibran mis palabras; me parecen sin emoción y sin intensidad.

Ha venido Gabriel. Se ha quedado a cenar en mi compañía. Ha traído golosinas riquísimas; según él, de Alemania. Cenar conmigo en esta noche señalada y brindar al empezar el año nuevo, es atención que le agradezco en el alma. No la esperaba. Me disponía yo a pasar aquella noche como una de tantas. Bien es verdad que mi familia y yo jamás hemos celebrado el fin de año bolchevique. Para nuestra pobre festividad familiar, siempre regía el año ortodoxo. Era una muda e íntima protesta contra la tiranía.

Cenamos espléndidamente. Me ha hecho beber algo más de lo debido. Aunque bebió tanto como yo, no sufrió alteración. Le vi hacer esfuerzos por hallar alegría en el alcohol; pero sospecho que no lo consiguió. Ha durado la cena mucho tiempo. Las doce han sonado en el gran reloj del comedor, a los postres. Hemos brindado por nuestra felicidad personal y familiar. He creído en la sinceridad de sus palabras, a pesar del pasado, y me ha emocionado. Casi he estado a punto de llorar; acaso, alguna lágrima rebelde se haya deslizado por mi mejilla.

Hemos hablado a todo lo largo de la cena. Gabriel ha hecho alarde de gran conversador. Habló y habló sobre mil temas distintos, alegres, pintorescos e irónicos a la vez; tuvo algún destello de humor y hasta rozó lo sentimental; pero ni una sola vez aludió a "lo nuestro", a "lo profesional".

Prolongamos la sobremesa casi hasta la madrugada. Me saludó efusivo cuando nos separamos.

Feliz esta primera noche del año.

* * *

Serían casi las doce cuando salí de mi habitación. Gabriel se me reunió al momento. Me hizo beber en su compañía un vermouth y luego me llevó con él al laboratorio.

— Un pequeño favor, doctor— me dijo al llegar.

— Dígame.

Buscó en el bolsillo de su chaleco y extrajo entre los dedos algo envuelto en un papel de seda blanco. Lo desenvolvió, mostrándomelo. Era una cápsula niquelada, no más grande que una bala de pistola.

— ¿Qué es ello?— le pregunté.

— Lo que usted ve; un recipiente ovoide, platino.

— ¿Y qué quiere?... ¿Lo analizo?

— No, doctor; estoy bien seguro del continente y del contenido. Sólo quiero saber si sería difícil introducir esto debajo de la piel.

— ¿De qué piel? ...— pregunté perplejo.

— De la mía.

— ¡De la de usted!...— exclamé admirado, sin saber qué cosa extraña pretendía.

— Sí, doctor, no se asombre usted. Según creo, hay mucha gente con balas alojadas mucho más profundamente, en los paquetes musculares, hasta en pulmones, y viven como si nada durante muchos años... ¿Es o no cierto?

— Sí, desde luego.

— Entonces, si una bala puede ser insertada por un fusil o una pistola, no creo haya dificultad alguna en que usted, con toda asepsia, mi sitúe esta cápsula en una región superficial.

— En efecto; no es una operación arriesgada.

— Pues vamos a realizarla... ¿A qué espera?"

No me supe ya oponer, ni creí correcto preguntar más, y me dirigí a traer el peco instrumental necesario.

Cuando volví, le pregunté:

— ¿Dónde ha de ser?

— Aquí precisamente— y me señaló su muñeca izquierda, quitándose el reloj de pulsera— . Aquí— repitió— un poco más arriba de la articulación.

Me preparé para la anestesia local, yendo hacia Gabriel con la jeringuilla cargada y dispuesta.

— Pero ¿qué va usted a hacer?— me preguntó con tono de sorpresa.

— Anestesia— respondí yo.

— ¿La cree usted necesaria?...

— Naturalmente. ¿O es que quiere usted sufrir dolor sin ninguna necesidad?

— No será tan grande, doctor; no me matará... Pero, en fin, sea; al fin, es usted técnico del "antidolor"... Ensaye usted una de sus famosas drogas. Vamos, pinche ya.

Pinché e inyecté. Esperé unos minutos.

— ¿Dónde, precisamente?

— Aquí, doctor— y trazó con la uña del índice una línea en su piel—; lejos de la arteria donde ustedes toman el pulso, no sea que algún médico perciba por el tacto la cápsula y quiera saber de qué se trata... ¡Es tan curiosa la ciencia! ¿Verdad, doctor?...

— Como quiera... ¿Preparado?...

— Sí, doctor; no le dé tanta importancia.

Hice la incisión, despegué un poco la piel e introduje la cápsula, que había tenido sumergida en un desinfectante. Hice la sutura y vendé. La cosa fue muy rápida.

— Perfectamente— aprobó, poniéndose sobre la venda la correa del reloj— . Gracias, doctor. ¿Cuánto es la factura de la operación?...

— ¿Quiere usted bromear?... Nada, Gabriel; supongo que se trata de servicio oficial... ¿O es particular?...

— Ve, doctor, como sí quiere cobrar...

— ¿Yo?...

— Sí, usted quiere que yo satisfaga,..

— ¡Por Dios, Gabriel!

— Que yo satisfaga su curiosidad.

— ¡Yo!— protesté.

— No lo niegue, doctor; se muere usted por saber de qué se trata. Se lo diré; y hasta es más: le ofrezco a usted otra cápsula de mi vacuna.

— ¿Pero es una vacuna?— pregunté con asombro.

— Sí, doctor; una vacuna de su especialidad, pero no inventada por usted. Es una vacuna contra el dolor.

Me parecía que hablaba con seriedad o yo no percibía su ironía.

— ¿Es verdad?. — pregunté con muchas dudas.

— Se lo digo con toda seriedad.

— ¿Una vacuna encerrada en una cápsula?... ¿Y obra ella a través del metal? ... ¡Qué cosa más rara! ¿O es el mismo metal profiláctico?... Sospecho que sea víctima de alguna superchería taumatúrgica.

— Bueno; le hablaré a usted en serio. ¿Cuál es para usted, doctor, la anestesia más larga y perfecta?...

Iba yo a responder en términos científicos, cuando me contuvo con un ademán, prosiguiendo:

— Calle, nos pondremos de acuerdo. La anestesia más larga y perfecta es la muerte, doctor; ¿no es total y es eterna?... Estamos de acuerdo. Alguna vez me ha oído decirle a alguien que la muerte, más exacto, el suicidio, es aquí un lujo imposible..., ¿no? Por una buena bala en el cerebro hubieran dado muchos todas sus riquezas, sus mujeres, sus hijos y sus hijas. El hecho me ha inspirado una idea feliz; idea que usted me ha ayudado a poner en práctica. Ya tengo yo alojada en mí esa bala de lujo, esa imposible bala...

Y, al decirlo, brilló una sombría alegría en sus pupilas. Yo creí que seguía burlándose de mí o que se había vuelto loco. Y le argüí:

— Pero esa bala no mata; goza usted de la misma salud después de tenerla alojada, ¿no?

— Sí, doctor; sí. Porque mi bala sólo matará según mi voluntad.

— ¿Está encantada?

— No le intrigo más. Contine esta famosa bala cianuro en la más alta concentración. Si usted, doctor, no lo denuncia, nadie me la podrá quitar. Por muy atado que yo esté, será muy difícil que yo pueda llevarme la cápsula a la boca y allí triturarla; he probado antes entre mis muelas su resistencia, con otra idéntica; claro está, vacía.

— ¿Y si no tiene algo cortante para extraerla?...

— Siempre me dejarán los dientes... No suelen arrancarlos apresuradamente. Un mordisco decidido bastará.

— Sí; en efecto, ha pensado usted en todo... ¿Pero para qué todo eso, Gabriel?...

— ¡Oh!... por nada. Una simple precaución. Ya sabe usted que paso algunas temporadas en Alemania... La Gestapo, ¿comprende?... No es que tengan allí una gran perfección en la tortura, no; sólo apalean furiosos, como bestias. No, no tienen los "negros" ningún refinamiento. Si matan, matan relativamente rápidos..., aunque motiven ellos ahora está mi autovacunación contra el dolor, casi más tomo la precaución por una razón local.

— ¿Por razones de aquí?...— pregunté con asombro absoluto.

— Sí, doctor, sí. Precisamente aquí puede ser mi vacuna más absolutamente necesaria. Ya sabe usted un poco, no mucho, de nuestros métodos... Nosotros, que los aplicamos, ¿no es natural que pensemos en la posibilidad de ser nosotros los atormentados?

— ¿Cómo es posible?...

— ¿Qué cómo?... Pregúnteselo a Yagoda.

— ¿También a él?...

— Es natural. Y si él. Comisario del Pueblo, Mariscal, está hoy sometido al delicado trato de sus antiguos discípulos, ¿por qué yo, por qué usted mismo, no hemos de hallarnos en el mismo peligro?...

— ¿Teme usted? ..

— Yo no temo nada.

— ¿Acaso algún cambio?...

— No; no lo creo. Pero Stalin no es inmortal. Ni yo ni nadie conoce aquí el porvenir. Si un jefe de la N.K.V.D. ha podido pasar de su alto y omnipotente sitial a una celda del tamaño de un ataúd, del ataúd puede saltar de nuevo a su trono de terror... ¿Se imagina, doctor, hoy en manos de aquel Yagoda que usted conoció?... ¿No siente frío en su médula vertebral?...

— Sí; siento frío y algo más.

— Entonces— dijo, llevándose índice y pulgar al bolsillo del chaleco — ¿su cápsula, doctor?...

— No, Gabriel, no. Gracias, ya sabe usted que yo no puedo...

— ¡Ah! ..., sí; su Dios, el prejuicio religioso... Sí, acaso usted no necesite anestesia como yo... La religión es opio, como dijo Lenin. ¿Cree usted que le bastará esa droga frente al dolor... Creo que no, doctor; le pesará.

— No puede usted comprender...

— Lo que comprendo yo es el consuelo, no experimentado por usted, que proporciona en las largas horas de peligro hacer jugar con el pulgar el seguro o sentir casi como latir en la falange del dedo el disparador de una pistola en lo profundo de un bolsillo; pero la pistola es algo elemental, quien ignora su sentencia es fácil de desarmar. Esto mío no hay quien lo arrebate. Debe ser algo maravilloso en el supremo trance de verse arrastrado al tormento. Yo imagino la loca alegría de un padre al sentir bajo su dedo palpitar el pulso de un hijo a quien creyó muerto. Debe ser una cosa así... Cuando yo toque el pequeño relieve, sentiré un valor y alegría sin igual. Más, mucho más que al sentir latir un pulso amado... Eso, al fin, sólo es vivir, y esto mío es morir..., y nada igual, nada más ansiado que morir antes de ser atormentado como nosotros sabemos atormentar...

Se calló Gabriel. Se había expresado casi con unción, con un profundo convencimiento. Sus ojos no me veían. Debían ver al Espanto...

Reaccionó al instante. Su frente cobró en el acto serenidad y tersura. La mutación en su interior debió ser instantánea.

— ¿Y si almorzáramos, doctor?... ¡Tiene usted el arte consumado de hacerme hablar! Recoja todo eso; vamos ya.

Almorzamos con rapidez.

El coche de Gabriel había llegado y él se dispuso a marcharse. Ya en el hall, cual si se le hubiese olvidado, me dijo:

— ¡Ah!... Doctor, Adentro de unos días deberá usted enfrentarse con Yagoda en un careo del sumario. Algo de puro trámite; no se alarme. Tendrá usted ocasión de satisfacer su odio...

— ¿Mi odio?...— pregunté con sorpresa.

— ¿Acaso no siente usted odio contra él? cogerme cualquier otro... ¿Por qué odiarle precisamente a él?

Calló Gabriel unos instantes y me aconsejó:

— Pues sí, doctor; ódiele, ódiele...

— ¿Por qué?... Si Yagoda me eligió como instrumento, igual pudo escogerme cualquier otro ... ¿Por qué odiarle precisamente a él?

No me dijo más, y salió ajustándose las orejeras de su gorro de piel.

* * *

Otros diez días de soledad. Escribo, como y leo dentro de una monotonía que me agota.

Me ha llamado Gabriel para decirme que vendrán esta misma noche a recogerme para reunirme con él.

Sobre las diez vinieron, llevándome en un coche. Hacía un frío tremendo. Marchamos en dirección a Moscú. "¿Dónde me llevarán ahora?"— me pregunto sin poderme contestar.

Nos detuvimos frente a una puerta de la Lubianka; en la misma por la que penetramos en la noche de la ejecución de Tujachevsky. Entré con uno de mis acompañantes, dándose sólo él a conocer al centinela. Entramos en una habitación; algo así como el cuerpo de guardia y llamó por un teléfono interior. Debió de recibir orden de llevarme a cualquier parte, porque salimos al momento acompañados de un solo soldado de la N.K.V.D. Mi compañero llevaba su tarjeta en la mano y la mostró varias veces, según era costumbre inveterada. Se veía que él era muy conocido y se hacía la identificación por pura fórmula, pero se cumplía el reglamento.

Recorrimos pasillos y trepamos por escaleras hasta perder toda orientación. Al fin, nos detuvimos frente a una puerta, custodiada por un soldado. Llamó éste y entró, sin duda para anunciar nuestra llegada. Tardó un par de minutos en volver y yo inspeccioné con la mirada el corredor. Estaba limpio, cuidado; no había salivazos ni puntas de cigarrillos por el suelo; tenía varias puertas uno y otro lado, barnizadas y con los metales relucientes. Debían estar instalados allí despachos de altos jefes de la N.K.V.D. Dos soldados armados estaban de plantón en los extremos de aquel corredor; serios, tiesos, con gran aspecto militar.

Salió el centinela 3 me invitó a entrar.

Un antedespacho; mesa, máquina de escribir.

Abrió el soldado la puerta que había frente a mí; con un ademán respetuoso me invitó a entrar. Gabriel se hallaba en el centro de la habitación, fumando y como si él me esperase a mí.

Nos saludamos y me llevó hasta un canapé, con traza de cama turca, dada su confortable amplitud, invitándome a que me sentara. Lo hice, y él permaneció de pie frente a mí. Estaba en uniforme de oficial de la N.K.V.D., con el cual se hallaba muy elegante; lo hubiera envidiado cualquier militar alemán. Pasé una mirada por el despacho; era limpio, discreto; los muebles, sin presunciones excesivas, eran sólidos, nuevos y casi elegantes. Sin el fatal retrato de Stalin en colores litográficos, el conjunto no tenía nada de aterrorizador.

— ¿Qué, doctor? ¿Qué tal de ánimo y valor?... ¿Se halla usted dispuesto a enfrentarse con el temible Yagoda?

— Si es inevitable..., ¿qué remedio?

— Trataremos tan sólo del envenenamiento del Comisario. No creo que haya dificultades, pero he querido yo mismo actuar de instructor en esto, por precaución...

— ¿Qué debo hacer y qué decir?...

— Sencillamente, sostener lo que le ordenó y luego atestiguar que las. mismas ampollas que usted le envió las halló rotas bajo la alfombra de Iéjov.

— ¿Y sobre su contenido?...

— Esa es otra cuestión. Aún no se ha decidido si el atentado ha de ser con los supuestos bacilos de usted, porque convendría variar algo...

— ¿En qué sentido?...

— En un sentido de más verosimilitud.

— ¿Y cómo?

— Es un hecho, doctor, que nuestro respetado Comisario, afortunadamente, no se halla tuberculoso; es decir, que no está contagiado. Si, como es natural, este atentado de Yagoda contra él ha de figurar en el proceso público, la verdad, aun confirmada por el acusado, resultará inverosímil, amañada o inventada. Sería necesario que el medio fuese de tal índole que, aun matando al Comisario, le hubiese dejado huellas de la enfermedad en su salud; huellas visibles, comprobables... ¿No me sugiere usted nada en tal sentido?...

— De momento no se me ocurre nada.

— Es una verdadera lástima.

— Yo pensaré; me parece que necesitaría para empezar la historia clínica del Comisario, conocer su actual estado...; sólo sé de su sífilis añeja.

— Y, naturalmente, la sífilis no es una enfermedad decente para cometer con ella un atentado... Sería muy jocoso hacerle declarar a Yagoda que había contagiado él mismo a su inmediato sucesor... ¡por vía genésica!... ¡No!...

No pude contener la risa. Sin duda, la estancia no habría escuchado el eco de muchas carcajadas. La sonrisa del retrato de Stalin era muy silenciosa.

— En fin, le prometo pensar.

— Bien; se lo recordaré. Voy a mandar que nos traigan a Yagoda. Se aproximó a su mesa v habló por uno de los teléfonos.

— Que suban al 322— diio— y después me llamó.

— Acérquese, doctor; siéntese aquí, en esta silla, a mi derecha.

Obedecí, sentándome donde me indicó, y esperé impaciente por ver de nuevo aquel Yagoda, que un día fuera para mí algo así como un semidiós mitológico...

Pasó algún tiempo hasta que se oyó ruido en el antedespacho. Llamaron, y Gabriel dio su autorización en alta voz. Entró el soldado que me había introducido.

— El 322 ha llegado.

— Que pase— ordenó Gabriel.

Salió el Asoldado y la puerta se volvió a abrir del todo. En el marco se recortó la figura de Yagoda sobre la silueta de dos soldados. Dio tres pasos y se detuvo, quedando en posición de firme, cual un recluta. La puerta volvió a cerrarse tras él. Yo no apartaba mi vista del antiguo Comisario. Gabriel se había echado hacia atrás, apoyando la espalda en el respaldo de sil sillón, y sin altanería, con toda naturalidad, le dijo:

— Avanza, Yagoda.

Obedeció y vino a situarse frente a Gabriel, quedando firme a poco más de un metro de la mesa. Lo examinaba yo, sin atreverme a mirarle a los ojos, cuando Gabriel me tendió su pitillera, invitándome:

— ¿Quiere un cigarrillo, doctor?...— y al tomarlo yo y cuando él encendía el suyo, agregó, dirigiéndose a Yagoda—: ¿Conoces al camarada?...

Me miró y yo también lo miré a él. Ciertamente, no era la misma su mirada. No había en ella fijeza, ni tampoco altanera suficiencia, y mucho menos aquel destello de amenaza fría que me había llenado de pavor.

— Contesta— exclamó Gabriel con firmeza.

— No recuerdo...— respondió Yagoda con insegura voz.

— ¿No?... ¡Es extraño!... Fui yo quien te recomendó al camarada para un asunto de servicio... ¿No recuerdas?...

— ¿Asunto oficial?... Fueron tantas, camarada...

— ¡Atención, Yagoda!... Que ni una vez más padezcas la distracción de llamarnos camaradas... ¿Camaradas en qué?... Esa palabra la ensucia tu boca, Yagoda.

— Perdone, la involuntaria...

— ¡Basta! ¿Con que no conoces a mi camarada?... ¿No recuerdas haberlo mandado liquidar el último día de tu mando?...

— ¿Yo? No...

— El cinismo es tu especialidad. Vamos a ver y a ultimar. ¿No recuerdas el asunto Miller?... ¿No es este camarada el especialista que debía colaborar para evitar que sucediese igual que con Kutiepoff?

— Si, ahora lo recuerdo; me había olvidado de su fisonomía.

— También mientes ahora en eso... ¿No recuerdas que le pediste un servicio personal?...

¿No recuerdas que te lo prestó?... ¿No recuerdas las veces que te has interesado antes de tu detención por la salud del camarada Iéjov?... Y, te repito, ¿no recuerdas haberle mandado a Mironov liquidar al doctor?...

Hubo una mutación en el rostro de Yagoda, e interrumpió a Gabriel.

— No se moleste más. Sí, todo lo recuerdo. Como con el instructor ordinario, podemos llegar a un acuerdo. Puede prescindir de todo interrogatorio. Dígame simplemente el asunto de que se trata. Supongo que es el de la liquidación del actual Comisario. Confieso. Si quiere todos los detalles, yo se los daré, se los escribiré yo mismo; si desconoce algunos, yo se los diré. Si, además, quiere otras declaraciones en relación a distintos asuntos, dígame; confesaré, lo confesaré todo. Esta es mi posición en el proceso...

— Sí, ya lo sabía, Yagoda; por eso me extrañaba tu actitud ante mi... ¿a qué se debía?...

— Era una tontería, lo confieso, un escrúpulo estúpido... Tú, digo, su presencia me ha sorprendido. No creía interviniera en lo mío; el recuerdo de la gran confianza que tenía en... usted depositada, los asuntos importantes que realizó; en fin, su fanatismo y lealtad bolchevique me han hecho avergonzar ... Comprenda el cambio de situación; es difícil adaptarse en cualquier momento...

— Bien, bien. Yagoda: el pasado no existe entre tú y yo, tenlo presente. Si me ufano de algo profesionalmente es de haber conocido tu trotskismo desde nuestro primer contacto. ¿Sabes en qué te lo conocí?... En la saña misma que ponías en exterminar a los trotskistas que caían...; ese disfraz de crueldad te delató a mí. En fin, es inútil hablar ya de lo pasado. Has caído, ya era hora, y en paz. Quedamos en que te hallabas dispuesto a confesar todo cuanto yo quería saber. Bien; por esta noche me limitaré a tratar del atentado contra nuestro jefe Iéjov... ¿No volverás a intentar la ocultación de nada? ...

— En absoluto, no. Lo comprenderá; como quien más, sabe usted que debo conocer la inutilidad de intentar resistir y negar...

— Hablas con perfecta inteligencia. Tú, profesor, autor de muchos medios para interrogar, conocedor experimental de tu infalibilidad, incurrirás en una estupidez fuera de serie si nos provocases a hacerte conocer en tu propia carne las excelencias de tu especialidad ... Créeme, maestro, has dejado allá abajo discípulos muy aventajados ... y tan amantes de tu propia ciencia que se hallan impacientes por que les des el doctorado haciendo los ejercicios en ti mismo ...

Yagoda enmudeció, mirando al suelo.

— ¿Qué me dices?...

— Nada ... que yo no he de dar ningún motivo para eso.

— Bien; acerca esa silla y siéntate.

— Gracias, gracias...— y obedeció.

— Aproxímate, para que puedas escribir. No te interrogaré. Cuenta según te parezca, pero sin omitir ni el menor detalle.

Se aproximó Yagoda; Gabriel puso ante él unos folios de papel y le alargó la pluma. Yagoda quedó con ella en la mano titubeando.

— ¿Qué te pasa?

— Que no tengo mis gafas... las tengo que usar para leer.

— ¿Por qué no lo dijiste?...— le reprendió Gabriel al mismo tiempo que tomaba el teléfono, y habló: "Las gafas del 322 que las traigan aquí"...

Llamó y entró al poco rato el soldado introductor con las gafas envueltas en un papel. Gabriel se las entregó a Yagoda y ordenó al soldado que se quedase allí, diciéndole: "Ponte aquí, a su lado, que no intente quitarse las gafas de la nariz."

— No intentaré nada— prometió Yagoda, que debió entender el significado de la orden.

— No te pido tu palabra... sabes como yo lo fácil que resulta seccionarse una arteria principal con un cristal... y para qué vamos a dar trabajo al doctor, siendo tan fáciles de ligar.

Yagoda se puso a escribir. Gabriel se levantó dispuesto a pasear.

— Venga, doctor, siéntese por aquí— dijo, señalándome la cama turca— ¿querrá tomar un buen café?...

Acepté, y él pidió para los dos por el teléfono.

Yo me volví a sentar en aquel canapé. Las reservas de energía que había yo hecho para la tremenda escena presentiva las tenía intactas. En verdad, hasta el momento, aquel interrogatorio del famoso Yagoda no resultaba nada truculento.

Nos trajo un correcto y limpio cocinero el café. Daba gloria ver al hombre blanco todo él, con su alto gorro almidonado. Era un singular capricho tener allí, en la Inquisición proletaria, el tipo aquel con tal atuendo, suscitando idea de la más refinada cocina burguesa. Debía ser aquel representante de la gastronomía invento irónico de algún oculto enemigo de la dictadura proletaria, porque hasta parecía seleccionado el hombre; era rubio, redondeado, lustroso, brillante, colorado, imberbe, un tipo eunucoide, arrancado de la página de una revista francesa.

Depositó su bandeja con la mayor delicadeza, nos sirvió nuestro café y, pidiendo licencia, se marchó contoneando sus opulentas caderas.

Tomamos el café, y después de fumar un cigarrillo, Gabriel me invitó a descansar descuidado: "hasta puede usted dormir ahí recostado; esto puede aún durar dos o tres horas", y él se puso a pasear.

Creo no haber dormido, pero con los ojos cerrados debí perder la noción del tiempo. Los abrí soñolientos al escuchar un ruido. Era Yagoda, que había terminado y retiraba un tanto su silla de la mesa. Vi a Gabriel tornar el último folio de papel y leerlo; debía él haber leído los anteriores antes. Al terminar la lectura, hizo retirar las gafas a Yagoda, y se las devolvió al soldado, que se marchó con ellas.

Yagoda lo miraba expectante, y Gabriel le habló a él:

— En principio, la confesión es aceptable. Ya la estudiaré más en detalle, y si es necesario ampliar algo ya te llamaré. Una pregunta, Yagoda; el intentar liquidar a tu sucesor, ¿qué fin tenía?... ¿era pura venganza personal?... ¿era con la esperanza de volver a ocupar el cargo?... ¿o era para dejarlo vacante con el fin de que fuese nombrado algún cripto- trotskista?...

— Sólo despecho y venganza personal— respondió Yagoda sin detenerse a pensarlo.

— No es verdad; mientes ahora.

— Digo la verdad; ¿para qué mentir, confesado ya lo principal?...

— También puede ser por postuma venganza..., si el candidato está bien situado aún, si tienes esperanza de que muera, pronto nuestro Comisario, que ocupase su puesto un trotskista no identificado, podría ser la última esperanza que tuvieras de salvación... ¿Es o no lógico, Yagoda?

— Confieso que yo, como fiscal, discurriría de igual modo, pero créame...

— Yo no creo nada— le interrumpió Gabriel— . ¿Niegas la existencia de un candidato tuyo para sucederte en el mando de la N.K.V.D?...

— Sí, niego.

— Pruébalo; si no...

— ¿Cómo puedo probarlo?...

— Tú sabrás, maestro de fiscales.

Guardó silencio Yagoda, bajando al suelo la mirada. Yo pensé qué pasaría en estos momentos por aquel cerebro criminal. Me lo imaginé recobrando de repente todo su antiguo poder y temblé por mí y temí más aún por Gabriel. Ahora me pude explicar yo aquello de la cápsula de cianuro metida dentro de su carne.

Habló de nuevo Gabriel:

— No insistiré por esta noche. Te dejaré pensarlo algunas horas. Espero que discurrirás algo. Si no, mal principio para tratar conmigo. Ya sabes bien lo que te ha de suceder...

¡Es lástima!... Y yo que tenía la esperanza de llegar un acuerdo contigo...— e hizo una transición, para dirigirse a mí—: Tiene algún apetito, doctor?...

Ciertamente, yo había bostezado; miré mi reloj, eran las cuatro y veinte de la madrugada. No me sentaría mal el tomar algo. Acepté.

Gabriel pidió por teléfono caviar, huevos cocidos en salsa tártara, jamón — algo espectacular, que provocó una gran insalivación en mi paladar—; preguntó luego por ciertas marcas de vinos extranjeros, haciendo gestos de disgusto, y accedió a que le trajeran dos botellas de Burdeos.

Volvió a presentarse al cabo de diez minutos aquel suntuoso cocinero. Gabriel le ordenó que dispusiera la "pequeña cena" sobre la misma mesa de trabajo, dejando el vino y lo que no cabía sobre un par de sillas próximas. Al empezar Gabriel a manipular con cierta petulancia y solemnidad y, sobre todo, cuando al probar el vino chasqueó la lengua en su paladar me di cuenta. Recordé cuando interrogó a Kramer, aquel alemán. Naturalmente, Yagoda, chekista con la mayor antigüedad y experiencia en el oficio, conocía el truco y no aquel alemán; pero también era distinta su situación estomacal.. ¿A qué régimen estaría sometido el antiguo Comisario?... Desde luego, lo hallé muy escuálido; bajo su poca y deteriorada ropa, yo adivinaba las aristas de sus huesos Varias veces había bostezado, no sabía yo si de hambre o sueño o de ambas cosas a la vez.

Me animó Gabriel y empezamos a comer. Sin ser un glotón, aquello era capaz de hacer quebrantar su ayuno al mismo Gandhi, pensaba yo. Sin querer, yo también debía constituir un espectáculo para el cuitado Yagoda. Gabriel, desde luego, hacía el papel de un glotón parvenú a la perfección. Yo, avergonzado, bajaba mi cabeza sobre el plato, bajo el peso de una gran vergüenza, pero ¡qué rico estaba todo aquello!. . Y ¡qué estómago de mala bestia tiene uno!

¡Pero qué pasa! Una silla es derribada y una mano se apodera de un cuchillo que Gabriel, distraído, ha puesto al alcance de Yagoda; éste se ha levantado de un salto y retrocede de espaldas. Una risa fría, silenciosa, extraña, cruza su rostro.

— ¡Alto! ... ¡Que te mato!

— ¡Tira, c ... ¡Esto se ha terminado, mira!...

Y como un relámpago se tirą un tajo en el cuello capaz de seccionárselo. Yo cierro los ojos y me enojo. Creo escuchar una carcajada estrepitosa.

Cuando, aterrado, abro un poco los párpados, creyendo ver a Yagoda lanzando un surtidor de sangre por su seccionada carótida, lo veo aniquilado, caída la cabeza sobre el pecho y con los brazos colgando. El cuchillo doblado, se halla sobre la alfombra.

Gabriel ha guardado su pistola y aun ríe. Es asombroso, no le había visto reír desde que Lidya murió.

— Ven aquí, desdichado..., ven aquí. Había que conocer tu estado y era difícil tratándose de ti. El truco de la ventana, el del cómplice con el veneno, etc., etc., te lo sabes de memoria y fue necesario inventar para ti algo nuevo e inédito: el. cuchillo de plomo...

Yagoda no se movió.

— Ven aquí— repitió Gabriel— . ¿Quieres que llame?...

Avanzó unos pasos, lento, feble, arrastrando los pies. Y cuando yo creí que Gabriel se desataría en improperios y amenazas, aunque sólo fuese por el grosero insulto recibido, sin alterarse, con voz agradable, le dijo:

— Ahora podremos llegar a un acuerdo..., ¿no es eso? Bien sabes tú que quien quiere matarse se halla dispuesto a todo... ¿Un cigarrillo, Yagoda?...

Le tendió amable su pitillera y le ayudó a encender. Allí no había pasado nada. Sólo yo tenía la comida en la garganta y mi estómago era una bolsa que una mano poderosa estrujaba. Me había estropeado Yagoda mi banquete suculento. No podía intentar tomar ya nada; me veía expuesto a dar el espectáculo de devolverlo.

— Siéntate, Yagoda... Si mal no recuerdo, hablábamos de un presunto sucesor tuyo, ¿no era eso?...

Yagoda fumaba, dando grandes chupadas al cigarrillo, que se consumía muy rápido. Aun guardó silencio y Gabriel insistió:

— ¿Llegaremos a un acuerdo?... Podríamos hablar terminando con todo esto— y dirigiéndose a mí—; ¿pero ya no quiere más de nada, doctor?... Y tú, Yagoda..., ¿no quieres tomar algo?...— y le aproximó en un plato unos trozos de jamón.

No se hizo rogar; al principio se vio que intentaba disimular; pero después de los primeros bocados, el instinto animal debió superar su voluntad; comía con prisa, con ansia, como un can temeroso de que le robase otro perro más fuerte su alimento. Gabriel le llenó un gran vaso de vino, y estuvo muy atento durante los momentos que Yagoda lo tuvo entre sus manos, como si temiese que intentase romperlo y con un trozo de. cristal volver a querer degollar. Pero no hubo tal intento; devolvió el recipiente ya vacío sin hacer ningún movimiento sospechoso. Debía estar totalmente vencido.

— ¿Otro cigarrillo?

Lo empezó a fumar Yagoda Noté algo como un rejuvenecimiento repentino en sus mejillas. Había en ellas un. destello de vitalidad y se aminoró en su piel el color terroso y mate que tenía.

— Si quieres, Yagoda, puedo llamar para que te lleven abajo. Yo debo marcharme; pero antes, por tu propia conveniencia, quisiera establecer una cabeza de puente contigo. Por ejemplo, si me dieras un nombre..., sólo el nombre.

— ¿El nombre de mi sucesor?...

— Naturalmente.

— Sea: Zhdanov.

— ¡No!

— Sí, Zhdanov o algún Kaganovich.

— Creí que podíamos llegar a un acuerdo, Yagoda; pero va veo que no. Eres malo, sí, malo; quieres vengarte, quieres asesinar a enemigos tuyos hasta después de morir.

— ¿No me quiere creer?... ¿Qué puedo hacer?...

— Nada; no ves que ni te pido pruebas. ¿No dirás que las posees?... Sólo se trata de una venganza. Parece que tienen la predilección para tus odios nuestros jefes del Partido en Leningrado. Ya que no puedes atentar contra Zhdanov como contra Kirov, lo intentas liquidar con tu falsa delación. En cuanto a los Kaganovich, tú, Gamarnik y los demás trotskistas de tu raza parece como si quisierais castigarlos por lo que para vosotros es traición imperdonable... ¡Lo sé bien!... No puedes engañarme, Yagoda.

— ¿Escucho al fiscal o al defensor?...— tuvo el valor de ironizar— . Si yo en el mando hubiera escuchado por un micrófono a un juez instructor esa defensa de cualquier denunciado, culpable o no, lo hubiera hecho liquidar en el acto o acaso algo peor...

— A condición, naturalmente, de que el denunciado en una declaración no fuera un compañero tuyo de conspiración.

— Naturalmente ...

— Pues yo, si un instructor o un interrogador se guardase, por creer o no creer, por ser o no ser culpable o por cualquier razón, el nombre de un denunciado, sábelo, yo lo fusilaría. No; yo no esconderé tu acusación por el hecho de creerla una venganza. Te obligaré a probar y demostrar y me firmarás todo, pero en pieza separada. No, Yagoda, no; yo no tengo creencia ni prejuicio sobre la culpabilidad de nadie. Para mí, hombre de la N.K.V.D., todos los acusados son culpables. Todos, menos dos; porque hay una imposibilidad absoluta de que lo sean... ¿Sabes quiénes son?

— No.

— El primero, Stalin...; el segundo, naturalmente, yo. Pero tenlo en cuenta: si al interrogarte sobre cuál era el hombre que tú esperabas que te sucediera, en vez de nombrar a Zhdanov o a los Kaganovich, das mi nombre, igual, exactamente igual, te hubiera hecho firmar.

— Es una conducta singular.

— La única propia de un perfecto bolchevique. Tú no puedes entender eso... Pero terminemos: vas a marcharte ahora, escribe ahí, concisa, mi pregunta sobre el hipotético sucesor, caso de tener éxito tu atentado contra Iéjov, y tu respuesta. Vamos, hazlo pronto.

Yagoda tomó la pluma y escribió. Como ya no tenía las gafas, se puso a escribir retirando mucho la cabeza del papel; su letra era grande ahora, casi desmesurada.

Debió Gabriel haber llamado a la guardia, pues antes de terminar Yagoda de escribir, pidiendo permiso desde la puerta, entró un soldado. Quedó firme esperando.

Pronto terminó Yagoda, Gabriel se lo entregó al soldado, y volviendo a su mesa recogió sus anteriores declaraciones y la última, las revisó con cuidado se fue hacia una caja fuerte, las guardó en ella y la cerró.

— Volvió hacia mí; en el camino se inclinó para recoger del suelo el falso cuchillo con el que quiso degollarse Yagoda; lo miró con gesto irónico y le dijo, cual si fuese una persona:

— ¡Por malo, lo que tú te has perdido!...

XXXIX

¿HOMBRES?

Después de una noche tan interesante y hasta emocionante, me han traído al laboratorio.

Gabriel, que se hallaba rendido de sueño me ha encargado que discurra o invente una enfermedad para Iéjov. No tengo idea de lo que pretende. Intentaré complacerlo; se trata de resolver un verdadero acertijo, pero estas tareas resultan apropiadas para todo preso.

Han pasado unos ocho días sin que se acuerden de mí. Muchos ratos he pensado en Iéjov; paro nada se me ocurre. Cien veces he recapacitado sobre: lo que desea Gabriel: "una enfermedad capaz de ser provocada voluntariamente y, a ser posible, que ofrezca traza visible."

Pienso que si pudiera resolver este laberíntico problema, Iéjov se alegraría, Tener en su haber un atentado de trotskistas es un honor único entre los jefes stalinistas. Según he oído, han sido muchos los proyectados contra ellos, pero ninguno ha llegado a consumarse y la prueba de los frustrados es demasiado sospechosa, ni una herida, ni un tiro en lugar público ¡nada. Para los escépticos será todo inventado. No dudo que, por eso, Gabriel quiere regalar a Iéjov tan singular honor. Si yo pudiera, le obsequiaría con esta pequeña cicatriz que llevo en la espalda, hecha por aquella bala trotskista en París.

"Trotskista", según el inapelable dictamen "oficial", pero que cada bando acusa al otro de haberla disparado. Como es trotskista mi bala oficialmente, ahora caigo en que tengo un mérito bolchevique superior a los de Iéjov y a los del propio Stalin. ¡Qué honor!...

Estas eran mis digresiones, tratando de avivar la imaginación. Y así pasaron días y más días. Dos veces me ha llamado por teléfono Gabriel para preguntarme si se me ocurre algo, y al saber que no, me ha instado con gran interés. Pero ¿qué puedo hacer?

He acariciado la idea de fingir que se cometió el atentado con un líquido inflamable o cáustico, fabricándole estigmas en algún miembro, mejor en manos o cara. Pero he desechado la idea. Debe haber pasado mucho tiempo desde la detención de Yagoda, y resultaría estúpido que ahora se mostrase Iéjov exhibiendo unas cicatrices invisibles antes.

También un veneno que le quemase los labios al ingerirlo no era difícil de hallar, ni tampoco simular su traza; pero ¿cómo podría Yagoda lograr suministrárselo, hallándose ya preso?... Acaso, debería inventarse un cómplice obediente en libertad. Que confesase no parecía cosa difícil para los hombres de la N.K.V.D. Esto casi lo acepté, aun cuando previamente yo debiera convencerme a mí mismo sobre si era lícito hacer un nueva víctima para fabricar el necesario cómplice. Pude acallar mis escrúpulos al considerar los miles y miles que caían liquidados cada día. ¿Qué importaba que fuera uno u otro el motivo de su muerte?

Hasta llegué a proponer este recurso a Gabriel en una nota que le remití con un enviado suyo Lo rechazó, diciéndome que la fecha del atentado debía ser del tiempo en que Yagoda gozaba todavía de libertad y poder.

Mi aprieto era tremendo. Hacía ya la cosa cuestión de amor propio profesional. Me asombraba yo de mí mismo al verme obsesionado por aquella que tanto tenía de técnica criminal. Pero así era, una vez que yo había hallado una razón para tranquilizar mi conciencia.

Si el recurso que propuse a Gabriel no tuvo éxito ni fue aceptado, a través de él vino la solución perfecta a mi cabeza. Los labios de Iéjov, martirizados por una droga corrosiva, al ingerirla, y con la cual su enemigo pretendía perforar su estómago, me sugirieron algo bastante atinado. Recordé su estomatitis producida por el cianuro. Sí, allí estaba la solución, ya tenía yo el estigma visible y publico necesario. Yagoda lo habría pretendido intoxicar con algo mercurial ... Pero ¿cómo? ¿Por qué vía?

Discurrir algo verosímil ya era fácil. Propondría varios métodos. Ya eligirían ellos el más conveniente.

He redactado una nota bien provista de fórmulas y términos científicos detallando cómo puede realizarse una intoxicación por vía bucal, venenosa, intramuscular y respiratoria. En síntesis dice así: [7] ... ...

Ahora, ellos elegirán.

Sólo me restaba ya decírselo a Gabriel. Fui al teléfono, diciéndole que ya tenía resuelto el problema. Me felicitó y me previno que vendrían para llevarme junto a él, aquella misma noche.

En efecto, antes de las once vinieron y me reuní con Gabriel en el mismo despacho de la Lubianka en que fue interrogado Yagoda.

Sin casi saludarme, me pidió detalles apresuradamente. Le alargué mi informe y se lo leyó en un instante.

---

[7] El editor estima oportuno suprimir esta parte, por las mismas razones que fué cambiada la fórmula que propuso a Yagoda para suprimir a Iéjov. No queremos hacer de este libro un manual del intoxicador. En las "Actas taquigráficas" del proceso en que fue juzgado Yagoda se detalla el método de envenenamiento mercurial discurrido por Landowsky Páginas 95-612 y 658. ("Acta" editadas por el Comisariado de Justicia de la U.R.S.S. Moscú 1938.)

— No comprendo muy bien todo esto— dijo al dejar el papel sobre su mesa— ¿Lo ha reflexionado bien?... ¿Puede resistir su método de intoxicación una crítica técnica?... Entiéndame bien, un examen de técnicos, no sólo neutrales, sino de técnicos enemigos del régimen soviético...

— Sí, desde luego— afirmé yo.

— Tenga usted en cuenta, doctor, que se ha de ceñir a su método el Procurador de la U.R.S.S.; que su acusación ha de ser escuchada por embajadores extranjeros, que la prensa mundial repetirá millones de veces por qué procedimiento Yagoda intentó intoxicar a Iéjov... ¿No tiene usted ninguna duda?...

— Ninguna, en absoluto. El medio es de efectos más o menos lentos, según el, procedimiento intoxicador que se elija; por la vía respiratoria, desde luego, no produce una muerte fulminante; el destinado a la intoxicación ha de ser sometido al vapor mercurial durante bastantes días. Nadie podrá negar que una persona debe morir si esta intoxicación dura, el tiempo necesario .., y la dosis del tiempo puede ser fijada por ustedes libremente.

— ¿Y si no está durante los días necesarios, qué?....

— Entonces, si se suspende la intoxicación, la persona puede continuar viviendo.

— ¿Sin sufrir en su salud?...

— Desde luego, con su salud quebrantada, en proporción al grado de su intoxicación...

— Bien, perfectamente; tal puede ser el caso del Comisario... ¿Síntomas externos?...

— Aún suspendida la intoxicación, después de mucho tiempo, padecerá estomatitis aguda, sus encías sangrarán...; precisamente, el caso del Comisario Iéjov, aún cuando en él proceda de una intoxicación sanguínea efectuada; con fines curativos. El estigma visible es en ambos casos idéntico.

— ¡Afortunada coincidencia!... Le felicito, doctor, le felicito.

— Sí, hay coincidencia en el estigma; precisamente, tal efecto es el que me ha llevado a discurrir el medio.

— ¡Espléndido!... Beberemos algo para celebrarlo...¡Qué satisfecho quedará con usted el Comisario!— exlamó Gabriel, hallándose ya dentro de una habitación que comunicaba con su despacho, desde la que me llegaba ruido de cristal; salió con unas copas y me mostró en triunfo una botella.

— ¡Coñac "Napoleón"!

— Voy a llamar a Yagoda— dijo Gabriel, paladeando aquel excelente coñac—; es necesario convenir con él otra declaración que se ajuste al nuevo procedimiento de su atentado contra el Comisario.

— ¿Y él accederá?— pregunté, al advertir la seguridad con que hablaba Gabriel.

— Desde luego, ¿qué remedio?... Con Yagoda la cosa es fácil. Está quebrado de antemano, sin necesidad de recurrir a la violencia. No en vano tiene una experiencia personal y técnica no igualada por nadie. Hay en su memoria escenas tales que, sólo evocarlas en su imaginación bastan para dominarle y hacer de él cuanto se quiera.

Diciendo esto, había tomado comunicación telefónica y ordenó que le trajeran al 312. No tardaron mucho en traer a Yagoda. No sé si sería ilusión mía, pero me pareció aún más decaído que cuando lo vi la última vez. Los dos soldados se retiraron a una señal de Gabriel.

— Acércate, Yagoda.

Yagoda se aproximó

— Veamos— empezó Gabriel— si llegamos a un acuerdo rápido. Aquí, eí doctor, por una orden superior, ha ideado un método distinto de realización del atentado cometido por ti contra el camarada Iéjov. ¿Tienes inconveniente en confesar que no fue con aquel procedimiento, sino con otro tu atentado?...

Parpadeó Yagoda, como si quisiera concentrarse y como si no hubiese comprendido bien, y preguntó:

— ¿Otro procedimiento?... ¿Cuál?...

— Responde; no preguntes. ¿Sí o no?...

— En principio...

— En principio— interrumpió Gabriel— en principio, sí. ¿Qué más te da el haber cometido tu crimen con bacilos de Koch o con pistola?... La pena .es la misma. Si hay diferencia es en lograr tu confesión pacíficamente o por la violencia, ya lo sabes. Mi pregunta es que si quieres hacer tu confesión en la nueva forma o si debo esperar a que abajo te convenzan... ¿Lo sabes o te has vuelto idiota?

— Estoy dispuesto, ¿qué debo firmar?...

— Aún nada. Siéntate.

Se sentó Yagoda, y Gabriel releyó el informe mío.

— ¿Qué le parece, doctor, la vía respiratoria?

— ¿En qué sentido?...

— Por ejemplo, en sentido de la rapidez y gravedad de su efecto.

— Es la fórmula más lenta y la que necesita de más tiempo para producir una intoxicación mortal.

— ¿Pero la más discreta?

— Sí, en efecto.

— ¿Cómo diríamos?... ¿La más refinada?

— Puede así considerarse.

— Ahora bien: creo haber visto aquí— y señaló el informe— que las pulverizaciones y las aspersiones deberán reiterarse, ¿no?...

— Sí; al pretender un efecto más rápido y seguro, así debería ser.

— Por tanto, sería conveniente que las manipulaciones hubiesen continuado tiempo después de haber sido alejado Yagoda de la N.K.V.D. No debemos olvidar que aún gozó durante cierto tiempo de libertad, que su atentado con efecto retardado sólo fue descubierto poco antes de su detención, al advertir los síntomas de intoxicación en el camarada Iéjov.

— Pero— intenté oponer un poco de verdad.

— Hablo en terreno puramente procesal, doctor; no me interrumpa. Quiero ir a la conclusión de que necesitamos un cómplice o dos de Yagoda.

— ¿Para qué?...

— Sencillamente, Yagoda sólo pudo realizar la maniobra para la intoxicación aquí, en la Lubianka, cuando supo su. destitución; es decir, durante un día..., ¿sería suficiente o no? No, a no mediar circunstancias muy anormales.

— Por tanto, se requiere que Yagoda dejase cómplices aquí encargados de realizar nuevas pulverizaciones. ¿No es así, doctor?...

Yo estaba estupefacto. Aquella manera de discurrir con lógica perfecta, partiendo de una mentira total, era un asombro. Y más aún me asombré cuando le oí decir:

— Y tú, Yagoda, ¿qué nombres me sugieres?

— ¿Para cómplices?... ¿Muertos o vivos?...

— Vivos, naturalmente. Hombres que por su amistad contigo, por su trotskismo y por su situación hagan verosímil la comisión de su delito.

— Debo pensar.

— Sí, pero rápido .. Ayúdate, toma— y le dio un cigarrillo.

Yo se lo encendí. A la luz de la cerilla vi las pupilas dilatadas, con estrías amarillas, de aquella mirada que me hizo estremecer con sólo su recuerdo. Ahora eran huidizas, mates, apagadas.

Dio con ansia la primera chupada y tardó tiempo en expeler el humo, y habló:

— ¿Artusov?

— El suizo, no— replicó Gabriel.

— ¿Slutski?

— ¿Mi antiguo jefe?... No.

— ¿Moltchanov?

— Sigue dando nombres. .

— ¿Pauker?... ¿Volovitch? ¿Jukov?... ¿Savolainen?... ¿Bulanov?...

Hizo una pausa Yagoda.

— ¿Nada más?...

— Eran los más próximos a mí. Serían los más adecuados para el caso...

— Pero hay ciertos inconvenientes respecto a casi todos. Varios no podrían comparecer...

— ¿Liquidados?

— No sé. Me informaré.

Tomó Gabriel el aparato telefónico; pidió comunicación con un número y preguntó por varios; creo recordar que por Pauker, Volovitch y Savolaïnen. Dejó el aparato y agregó:

— Sean Bulanov, tu secretario, y Savolamen... ¿De acuerdo?...

— Como quiera.

— Asunto terminado. Ahora sólo resta redactar la declaración sumarial. Ya; te comunicarán para que te la aprendas...

Yagoda iniciaba ya una respuesta cuando el timbre del teléfono sonó. Se puso al habla Gabriel y su rostro denotó preocupación.

— Un momento— dijo, y pulsó un botón de timbre. La puerta se abrió y entraron los dos soldados que habían traído a Yagoda— . Llevadlo abajen— les ordenó— . Salió con ellos Yagoda, y Gabriel se disculpó:

— Perdone, camarada Comisario; tenía en este momento aquí a Yagoda... mándeme.

Escuchó un rato. Yo podía oír el rumor de la persona que le hablaba, pero sin entender sus palabras.

— Lo tengo aquí... No sé si él será capaz; no está entrenado, pero, en fin, obedecerá ...

¿La hora aproximada?... Bien, bien, camarada Comisario.

Colgó, y quedó unos momentos ensimismado. Se puso en pie y encendió maquinalmente un cigarro; luego empezó a pasear.

Yo le miraba con disimulo queriendo adivinar; pero sus idas y venidas se prolongaban.

Al fin, se volvió hacia mí.

— ¿Qué, doctor, podrá usted actuar para cortar una gran hemorragia?...

— No veo ningún inconveniente.

— Es que, verá: el herido ha de tener un aspecto lamentable. No quisiera que usted se me desmayase... Es una fatalidad la de tener que recurrir a usted a estas horas... Lo hubiera querido evitar...

— Yo sentía extrañeza por aquella preocupación de Gabriel, no veía motivo para su evidente alarma.

— No se preocupe usted; aunque no actúo con asiduidad, mis nervios y mi mano me responden... Cuando quiera podemos ir para realizar esa cura de urgencia.

Hice ademán de ponerme en pie; pero Gabriel me contuvo con un ademán.

— No se precipite usted; el herido no... no ha llegado aún..., hay tiempo. Aún falta más de una hora... ¿Qué hora es?...— miró su reloj— . Es la una y media; hasta las tres, por lo menos, deberemos esperar.

Animó su rostro y vino hacia mí.

— Tenemos tiempo; ¿un buen café?...

Lo pidió por teléfono y esperamos.

— Un cigarrillo... ¡Anímese, doctor!

— Si yo estoy animado.

Me alarmaban precisamente las atenciones y los ánimos que daba Gabriel.

Cuando llegó aquel suntuoso cocinero, tan evocador, trayendo un café cuyo aroma daba gozo, y lo tomamos, completándolo con repetidas copas de coñac

"Napoleón", mi euforia llegó al colmo.

— ¿Una operación?...— pensé para mí— . ¡Qué importancia!... Ya veía yo todo más luminoso y brillante. La botella fenece. Gabriel me sigue animando a beber. Terminado el coñac, me incita él a probar el contenido de un gran vaso, donde ha mezclado licores de muy distintas clases. Aquello está muy rico; lo hubiera yo apurado de un solo trago de no aconsejarme que lo bebiera despacio.

En mi reloj eran las dos y media. Yo seguía paladeando aquel brebaje tan excitante. No había en mi cabeza ni sombras ni problemas; todo se me antojaba fácil, claro, casi bueno.

Gabriel miró una vez más su reloj. Fue hacia unas cortinas que debían, cubrir una ventana, corrió una y tiró de una correa vertical; la persiana se alzó y se hizo transparente el cristal. Gabriel lo limpió con la mano y miré fuera con atención; yo, con desenvoltura impropia de mi timidez habitual, también me acerqué a mirar. Al pronto, sólo vi la luna empañada por una ligera niebla, que parecía huir estando quieta. Bajé a tierra la mirada y abarqué la superficie de una plaza. Debía; ser la Lubianka y, cosa extraña en hora tan avanzada, el movimiento de automóviles era inusitado. Constantemente llegaban y se iban. Hasta me parecía mayor la claridad, como si su alumbrado fuera más fuerte que cuando yo la atravesé aquella misma noche. Soldados en pelotones hacían guardia en todas las esquinas, inmóviles dentro de sus largos capotones, como petrificados allí. De unos a otros iban y venían rápidos y dinámicos otros hombres uniformados, que debían ser oficiales.

El teléfono sonó y Gabriel fue a tomarlo. Yo seguí mirando en tanto hablaba él. En el mismo instante desembocaba en la plaza una fila de automóviles iguales, grandes, negros. Conté cuatro; no sé si llegarían más, pues Gabriel me llamó con acento de urgencia.

— Vamos, vamos, doctor... No, deje aquí su abrigo; venga así como está.

Él se tiró de la guerrera y se miró a sí mismo, como pasándose revista; después me miró a mí con aire analítico, teniendo en la mano el pomo de la puerta.

Salimos y marchamos juntos. El llevaba en su izquierda una tarjeta que mostró al solidado que hacía guardia en la puerta del ascensor. Entramos en él y sentí la extraña sensación de descender; ignoro a qué profundidad. Lo abandonamos y salimos a un largo corredor. Los centinelas en él eran muy espesos. Un oficial, identificado Gabriel y consultada una lista, nos guió, marchando delante de nosotros. Ya no nos molestaron más, a pesar de recorrer un largo trecho.

Llegamos a una puerta guardada por dos centinelas. El oficial quedó fuera y penetramos ambos. No sé por qué yo esperaba ver alguna cosa extraña; pero no, aquella pieza sólo era un botiquín. Después lo reconocí, era el mismo donde me uní a un compañero para formalizar la autopsia de la pobre Lidya.

— Póngase una bata, doctor; pero dése prisa.

Tomé una de una percha, y a la vez que; me ayudaba Gabriel a vestirla, me dijo en voz baja y rápida.

— Yo hubiera querido evitarle la escena..., pero ha sido una decisión muy rápida, imprevista. No había disponible otro médico de garantía... Se da la ironía de que el médico que hasta la fecha reciente prestaba sus servicios en estos casos, es ahora paciente... Serenidad, doctor; no debiera decírselo, y si se lo digo es por estimarlo; tenga coraje, porque aun cuando usted a nadie vea, lo estarán viendo a usted y no me pregunte quién. Vamos, vamos; ya tiene allí lo necesario.

Volvimos a salir. El oficial marchó delante; torcimos por otra galería. También solos, Gabriel y yo penetramos en otra habitación.

— Creí que no llegaban nunca— nos habló una voz clara y precisa

— Salud, camarada Reichmann... El doctor— me presentó Gabriel.

Aquel hombre pulcramente uniformado me miró.

— Ahí debe tener lo necesario— y me señaló el extremo opuesto de aquella grande habitación— . Vea si se halla todo en orden y dígamelo.

Avancé hacia el rincón que me había señalado, no sin cierta turbación; pero estaba sereno, mi alcohol me hacía superar las palabras de Gabriel en las cuales se traslucía algo de suma gravedad. En el trayecto me crucé con otros dos uniformados que iban hacia Reichmann.

En tanto examinaba gasas, algodones, agujas, pinzas, hilos, tenacitas, corchetes, etc., escuchaba la voz de aquel jefe dando órdenes; otros oficiales iban y venían, entrando por una puerta lateral. Me pareció hallarlo todo en orden y volví junto a Gabriel, que hablaba con Reichmann muy animadamente. Al verme éste llegar me preguntó:

— ¿En orden todo?...

— Todo completo— aseguré con cierto aplomo, aunque ignoraba yo aún la importancia de la cura.

— Veamos si ya debemos empezar.

Me dio la espalda y se dirigió con Gabriel hacia una gran mesa, y habló por un teléfono que había sobre ella. Yo quedé un poco alejado y ya pude hacerme cargo con una mirada de la sala. Era una pieza grande y rectangular; desnuda, blanco sucio el color de las paredes. En uno de los lados mayores, la mesa ya indicada; tras ella, tres sillones. En el lateral opuesto, a un metro de la pared y paralela, una, barra horizontal de madera o hierro, apoyada en varios soportes clavados en el suelo, a una altura como de un metro o algo más; su longitud casi era la misma de aquella sala. En el centro, una mesa estrecha y baja, colocada en sentido vertical a la barra y a la gran mesa, pero separados sus extremos más de un metro de ambas. Una puerta a la izquierda de la mesa, en uno de los laterales menores y otra en el opuesto, por donde yo había entrado.

No advertí más de momento.

Reichmann había dejado el teléfono y hablaba en voz baja con Gabriel.

Yo los miraba desde seis o siete metros de distancia, cuando a mi espalda oí fuertes pisadas; me volví, era un hombre corpulento que llegaba enfundado en un magnífico abrigo que le llegaba hasta los pies. A medida que avanzaba se iba desabrochando los múltiples botones; las orejeras de su gorra, ya sueltas, oscilaban a uno y otro lado de su enrojecida cara, como las orejas de ciertos perros.

— Creí que no llegaba ... Estaba en la "dacha" cuando me avisaron; solo disponía de un automóvil descubierto, que ha tenido en el camino tres paradas...

Ya despojado de guantes y gorra; saludaba con grandes ademanes a Gabriel y a Reichmann; luego, ayudado por ellos logró despojarse de su abrigo, quedando en uniforme de la Milicia de la N.K.V.D. Tanto éste como Reichmann tenían insignias de general.

Aprovechando que hablaban los dos altos oficiales, Gabriel vino hacia mí.

— ¿Qué tal, doctor?.. ¿Hay valor?...

— Hasta el momento . ¿Por qué no? ..

— Lo de usted ha sido cosa del camarada Iéjov; estoy seguro que con ello ha querido dispensarle una honrosa distinción... Ya sabe usted cuánto le aprecia. Por cierto que aún ignora esa inteligente idea que ha tenido usted en relación a su atentado. Ya verá cómo se lo agradece y recompensa...

Yo no escuchaba todo aquello, pues mi alarma iba en aumento; tanto, que me atreví a preguntar:

— Pero puedo saber lo de aquí...

— Nada, doctor; no se preocupe. Yo estaré a su lado. Para usted será algo impresionante, pero si siente flaquear sus nervios un momento, recuerde que todo lo que vea es invento de Yagoda y de un médico sádico, amigo suyo... Llamaron a Gabriel y se fue junto a los generales. Algo le debieron decir, al pasar a sentarse a los sillones, pues me llamó junto a él con un ademán. Yo avancé pasando frente a la mesa que tenía traza de tribunal, sentados ya los generales y Gabriel en los sillones. Al pasar, me pareció que una figura blanca también avanzaba por la pared, tras los generales. Miré y vi a otro vistiendo una bata blanca que marchaba en mi misma dirección. Era yo, reflejado en un espejo pegado a la pared. El espejo tendría unos dos metros de largo por casi uno de alto, y la parte inferior terminaba a la altura del respaldo de los sillones. Me aproximé a Gabriel, que me indicó:

— Tráigase aquella silla del rincón y siéntese aquí, a mi lado.

— Luz— ordenó Reichmann, inclinándose un poco sobre una pequeña caja que tenía la mesa frente a él.

En el acto, una intensa luz iluminó la sala.

De la caja surgió un ruido como de un timbre telefónico, pero mucho más opaco y

a la vez se encendió un botón de luz.

Volvió a dar una orden Reichmann a través de la caja.

— El primero.

La puerta lateral de la izquierda se abrió. Entraron dos hombres a la vez; el de allá, de uniforme, el de acá..., ¡cómo venía aquel hombre!... parecía un clown de circo, Traía caídos los pantalones hasta los tobillos. Su traza era grotesca. Los pantalones lo trababan y su andar era ridículo El guardián tiraba de su mano izquierda, con una cadena. Tras la pareja entró otra con idéntica traza y otra después. La fila avanzaba, lenta, con pasos Desiguales. Aquella escena en una pista hubiera provocado una tempestad de carcajadas. Yo no reí; algo funesto delataban las fisonomías avergonzadas y fúnebres de aquellos hombres. Por fin, llegaron al extremo de la barra, donde se detuvieron. Sus guardianes les hicieron apoyar en ella la espalda; maniobraron con sus brazos y quedaron sujetos. La barra les pasaba por las articulaciones de los brazos a la espalda y ambas manos separadas quedaban atadas por una cadena que las unía pasando sobre su estómago. Su forzada posición los obligaba a tener alta la cabeza y el pecho saliente.

Salieron los guardianes y volvieron con más presos y se repitió aquella marcha estrafalaria.

En la tercera tanda creí reconocer en un viejo a persona vista por mí antes. No aparté la mirada de él. Cuando atado lo vi de frente, dándole de lleno la cruda luz en la cara, reconocí al doctor Levin.

En la cuarta serie llegó Yagoda. Sólo hacía un par de horas que yo lo había visto, pero parecía otro ser. Caminaba con la cabeza baja. Forzado a andar de prisa por el hombre que de él tiraba, hacía esfuerzos por mantener el equilibrio, trabado por el pantalón que le arrastraba. No pude mirar a los demás; cuando quedó sujeto a la barra en su postura obscena, su mirada quedó fija, obsesiva, dirigida por encima de nuestras cabezas. Era como si en el espejo viera él a la persona más odiada. Su mirada de odio estremecía.

— Contemple a su amigo Yagoda... Vea cómo mira— me susurró Gabriel al oído.

— ¿Qué ve él?... ¿A qué mira?...— pregusté con voz queda,

— Se lo imagina, doctor; piense que él ha estado en el mismo sitio donde adivina que lo están contemplando.

— ¿Aquí, en estos sillones?...

— No, doctor; más atrás. Pero calle.

No me pude reprimir y miré de soslayo. Sólo vi el espejo, y en él reflejada la fila estrambótica y grosera. ¿Qué me quiso decir Gabriel?...

La operación había terminado. Conté hasta veintisiete hombres apretados, de las edades más distintas y de las más opuestas trazas.

Era un enorme y ridículo guignol.

— ¿A cuántos conoce, doctor?...

— Creo que sólo a dos, Yagoda y Levin.

— ¿Y al de la barba que está junto a Yagoda, tampoco?... Es Rikov, todo, un ex presidente del Consejo de Comisarios, sucesor de Lenin.

— Creo recordar sus fotografías.

— ¿Y al que ha estornudado, ese tan rubicundo y calvo?... Es Bujarin, ex presidente de la Komintern; el siguiente, a la izquierda, Rakovslci, embajador en Londres y París; el otro Grinko, Comisario de Finanzas de la U.R.S.S.; Roseugloz y Krstinski, ambos Comisarios adjuntos de Relaciones Exteriores; a la derecha de Rikov, el de la barba, Karakhan, también Comisario adjunto; pegado a él, Bulanov, el secretario de Yagoda, el intoxicador; aquellos dos del extremo, dos mariscales, Blücher y Egorov...

Fija mi atención en las palabras de Gabriel, no me había dado cuenta de los movimientos en la sala. Tres o cuatro hombres se movían por detrás de los amarrados. Solo uno joven, colorado, con el cráneo rapado, sonriente y simpático, pasaba frente a nosotros delante de la fila. Llevaba en una mano una varita fina, como un junco, de tres palmos de larga, cimbreándola con soltura y gracia. Un gran perro de pequeñas orejas puntiagudas lo seguía en todos sus movimientos mirando muy atento.

Volvió a resonar en la pequeña caja el repiqueteo en madera de su oculto timbre, y también brilló el rojo botoncito.

Ahora quiero abreviar, hijo mío. Cuanto vi después no sé si te lo debería yo contar. Pero creo que debes saber de lo que son capaces los hombres... ¿Hombres?...

A una leve señal de Reichmann, el hombre aquel de la varita fue hacia el extremo. No vi bien lo que hacía. El primer amarrado lanzó un reprimido grito prolongado. Pasó al siguiente; ahora me fijé bien. El junco batía los órganos genitales y arrancaba alaridos al hombre torturado. Tres o cuatro golpes, no más; pero la sádica tortura debía causarle un dolor atroz.

Me extrañó que ninguno alzara una pierna para defenderse; pero al ser batido el tercero ya me lo expliqué. Antes de ser azotado cada prisionero, un soldado, por detrás, pisaba entre ambas piernas el pantalón, impidiendo todo movimiento.

Seguía batiendo a uno tras otro con la vara y dejaba tras sí una fila de hombres bramando y retorciéndose como posesos.

El gran perro lo seguía muy atento.

Yo me movía en mi silla, como si me pinchasen. Los efectos del-alcohol habían desaparecido. Ya no quise mirar. Ahora debía llegar frente a nosotros, donde se hallaban los antiguos grandes jefes. Cerré los ojos. Apoyé la cabeza entre ambas manos, tapándome a la vez los oídos. Los gritos desgarrados se atenuaron, los oía como en la lejanía. De haber seguido mirando y escuchando, creo que me hubiera desmayado. El pensarlo, aún me llena de pavor. Si no perdí el conocimiento fue porque me parecía sentir en mi espalda el tacto de dos ojos, como si me la perforaran dos balas heladas.

Apelé a todas mis fuerzas y recuerdos. Me representé a Yagoda ordenando mi muerte; me vi conducido igual que Tujachevsky... Apelé a más: vi a mi mujer y a mis hijas ultrajadas y a mi hijo martirizado igual que ahora él... La imaginación me pintó las espantosas imágenes en carne viva. Mi espanto interior venció al espanto que llenaba la sala, y sin pensarlo, abrí mis párpados.

El suplicio terminaba. Sólo faltaban tres o cuatro. Casi toda la fila estaba movida por las más extrañas contorsiones, como epiléptica. Tres o cuatro se habían desmayado y colgaban de la barra como trapos.

— Fume, doctor— y Gabriel me ponía frente a la cara su pitillera.

Fui a tomar un cigarrillo, y sin pensar destapé mis oídos; el clamor de alarido me hirió desgarrador. Volví a obturármelos.

— Gracias, no— rehusé.

Insistió y hube de acceder. Cuando me encendía el cigarrillo, Gabriel me susurró al oído:

— Tome— y noté que me tocaba con algo por bajo de la mesa— . Váyase un momento junto a su mesa de instrumentos y beba; beba fuerte... Ande, ande.

Obedecí. Fui al rincón; como pude, llevé a mis fabios un frasquito metálico, aplanado, y bebí, queriéndolo vaciar de un solo trago; pero no pude, aquello era vodka muy bueno, pero de muchísimos grados. Sentí quemada mi garganta y luego como fuego en el estómago. Fue para mí un tónico precioso; pude volver con nuevas fuerzas a la mesa. Todas y más me iban a ser necesarias.

El tormento había terminado. Al menos, así lo creía yo. El verdugo acabó con, el último de la larga fila. Respiré más a gusto yo, cuando lo vi dirigirse hacia nuestra mesa, donde al poco tiempo se le reunieron los hombres que habían estado tras la barra.

Los más de los azotados aún se quejaban, aunque más débilmente, y la mayoría se contorsionaba. Sólo algunos conservaban su postura correcta, no manifestando su terrible dolor más que en su absoluta rigidez. Estos más enteros, según me pareció, no era ninguno de los grandes jefes Levin, aquel sádico y científico judío que con tanto entusiasmo me hizo la elocuente apología del tormento, colgaba inerte de la barra, desmayado.

Yo me imaginaba, viéndolo ahora como muerto, al gran doctor Levin Lev Grigoriévich, de pie, sobre aquella otra mesa del centro de la sala, correctísimo, elocuente y expresivo, haciendo gala de la viva esgrima mímica de sus manos aristocráticas. Él explicaba la razón y efecto patológico y psíquico de todo aquello a un aula de verdugos siniestros. Primero, razonaba la humillación del ridículo en la marcha grotesca, su efecto en quien cayó tan bajo desde tan alto... Un complejo de la íntima libido; el dolor, verse un exhombre. Sólo fue un instante en el que así galopó mi excitada imaginación. Los chekistas reanimaban brutalmente a los que sufrían el desmayo.

— ¡Silencio!...— gritó avanzando el verdugo que cimbreaba el junco— .¡Silencio ya! O volveremos a empezar...

El silencio se hizo; sólo el jadeo de las respiraciones sofocadas llegaba hasta nosotros. Hasta los desmayados parecieron resucitar al dejarse oír aquella voz imperativa.

Sólo el can se permitió algunos breves gemidos.

El chekista se volvió y vino hasta rozar el borde de nuestra mesa, mirando a Reichmann.

— Karakhan— dijo Reichmann.

El hombre de la varita se fue con los otros hacia la fila. Desataron al que debía ser Karakhan y lo trajeron sujeto de una mano con la cadena. Era un hombre alto, bien proporcionado; de facciones correctas y con gran barba oscura. Se dejaba llevar. Estaba demacrado y tenía una gran palidez. Muy rápidos, le despojaron de su ropa, salvo de los pantalones, que siguieron, arrugados abajo. Luego lo derribaron sobre la baja mesa, y cuando me quise dar cuenta ya estaba tendido cuan largo era y sus manos y pies atados a las cuatro patas. Sus órganos genitales los mostraba completamente al descubierto. Tendido, sus pies eran los más próximos a nosotros. El perro, sentado sobre sus patas traseras, lo miraba con extraña fijeza. El verdugo miraba a Reichmann.

Este hizo un ademán con su mano. Se aproximó el hombre a Karakhan por uno de los laterales de la mesa, dando cara a nosotros. Levantó la vara y veloz le golpeó en los testículos... Lo que más me hirió fue aquel ligero silbido de la fina vara al cortar el aire... Uno..., dos..., tres..., cuatro... La varal silbaba y silbaba una y otra vez. Parada, gritos histéricos del atormentado. Uno..., dos..., tres..., cuatro..., cinco... Gritos, gritos y desmayo...

Los otros extrajeron de debajo de la mesa del tormento una pequeña manga, lanzando sobre el desmayado un fuerte chorro de agua que debía hallarse helada. Tiembla y se estremece; grita de nuevo. La vara silba otra vez, una, dos, tres ..

Yo no puedo más. A cada silbido se contrae todo mi ser. Mis muslos se juntan en defensa instintiva. Mis nervios se tensan cual si me tirasen con pinzas de ellos. Recurro a no ver ni oír... ¿Qué tiempo ha durado aquello?

Me siento agarrado y pellizcado en un brazo; debe ser Gabriel. Entreabro mis párpados y veo como entre brumas que aquello aún sigue implacable, asqueroso y obsceno... Vuelvo a cerrar con fuerza mis párpados hasta hacerme daño.

— Vamos, vamos... No sea niño, doctor— me dice Gabriel al oído— que pronto ha de actuar.. Tome, vaya, beba...— y me vuelve a dar el frasco.

Hago un esfuerzo con brazos y piernas para levantarme, pero no puedo; debo intentarlo tres veces hasta lograr despegarme de la mesa. Ya en el rincón, bebo hasta quedar sin respiración. Cobro algo de fuerza y valor, atreviéndome a mirar. Me atrevo a mirar al cuerpo torturado. Es un espanto. Sus órganos genitales están negros, deformes, abultados... La orquitis traumática parece una monstruosa elefantíasis.

Ya no debe tener fuerzas para lanzar gritos; sólo un sordo ronquido se le escapa de su boca. De cuando en cuando le lanzan a la cara el chorro de agua.

La fila de sus compañeros está inmóvil, silenciosa, cual si fueran espectros.

Ya no tengo ni fuerzas para volverme o para cerrar los párpados. Debo estar como imbécil, absorto... "¿Lo querrán matar así?"— me interrogo..., pero aun puedo raciocinar un poco—: "No..., cuando a mí me han traído..." Pero vuelvo a argüirme: "¿Y si es a otro al que debo curar?"

No sé si duró todo aquello minutos u horas. El final borró en mí toda noción humana.

El golpeador paró al fin. Lanzó un grito gutural, y su perro se arrojó sobre el hombre inerme. Lo mordió recto, decidido, entre las ingles, arrancándole totalmente sus órganos genitales. La sangre brotó a borbotones.

No me desmayé. Una rara lucidez me invadió. Algo maquinal me animaba. Me lancé a la mesa del instrumental. Tomé a puñados gasas y algodones y volví hacia el mutilado. No sé cómo, apliqué una burda y gruesa compresa, presionando con mi mano. Iba yo a pedir que me aproximasen la mesa del instrumental, cuando ya la vi junto a mí. Uno de aquellos hombres me ayudaba, no sin cierta destreza.

Mi atención, concentrada en la precipitada cura, me impidió ver nada. Ligué las principales arterias y venas, desinfecté, comprimí, suturé, vendé... Yo sudaba cual sí, me tostaran.

No podía responder de mi cura. Creía haber hecho cuanto me fue posible en aquella situación.

Cuando terminaba de vendar, me pude dar cuenta de que Gabriel se hallaba de pie junto a mí.

Al enderezarme, puso su mano sobre mi hombro y me animó.

— No se ha portado del todo mal, doctor, teniendo en cuenta que es la primera, vez. Lo miré a los ojos. Estaba él inalterado y fumaba.

— ¡Por Dios, Gabriel, que sea la primera y la última vez!— le supliqué.

— Lo procuraré, doctor— y dirigiéndose a, uno de los otros, les ordenó llevárselo. Y ellos alzaron sobre el tablero el cuerpo inerte del desdichado Karakhan, desapareciendo de mi vista.

Entonces advertí que nos habíamos quedado solos. Las fuerzas me faltaron. Unos discos amarillos, morados y blancos, empezaron a girar frente a mis ojos.

Cuando me volví a dar cuenta, me hallé tendido en la cama turca del despacho de Gabriel. Todo estaba en penumbra. Me moví y llegó hasta mí su voz:

— Duerma, doctor, duerma...

Como una bruma me envolvió; ahora, caliente, plácida. No sentí nada más.

XL

RADIOGRAFÍA DE LA REVOLUCIÓN

He vuelto al laboratorio. Mi sistema nervioso se ha resentido y me he impuesto un reposo absoluto. Casi todo el día lo paso en la cama. Ya llevo cuatro aquí completamente solo. Gabriel ha preguntado por mí diariamente. Debe apreciar mi estado. Me agito y tiemblo sólo al pensar que de nuevo me pueden hacer ir a la Lubianka para presenciar una nueva escena de terror Me avergüenzo de pertenecer a la especie humana. ¡Qué bajo han caído los hombres! ¡Qué bajo he caído yo!

* * *

Las líneas precedentes son las únicas que yo pude llegar a escribir a los cinco días de mi vuelta, cuando intenté, saltando el orden cronológico, reflejar en el papel aquel Espanto. No pude; sólo ya pasados meses, rozando ya el verano, conseguí con cierta serenidad exponer con laconismo aquel hediondo, salvaje, lúbrico...

A través de los meses pasados, una pregunta me hice mil veces: ¿Quiénes eran los personajes incógnitos que presenciaban la tortura? He apelado a todos mis recursos deductivos e intuitivos. ¿Sería Iejov?... Es probable, pero no hallo razón para su ocultación. Él es oficialmente responsable; no es lógico un temor en él que le impulse a ocultarse. Es más, si yo me precio de ser algo psicólogo, este fanático amo de la N.K.V.D., con su estigmas de anormal, debe pecar de exhibicionismo criminal. Mostrarse ufano a sus enemigos humillados, hechos un pingajo psicológico y físico, ha de ser para él un insano placer. Aun analizo más. La falta de preparación era evidente; la decisión de celebrar aquella satánica sesión debió ser precipitada. Sólo un repentino acuerdo pudo ser la causa de ser yo designado. De tener Iéjov libertad para elegir la hora, la preparación se hubiera anticipado. Ni yo hubiera sido el designado, ni aquel general de la

N.K.V.D. lo hubiera ignorado hasta el último instante, ya que apenas pudo llegar para presenciar el suplicio. Y si no fue Iéjov quien dispuso la hora..., ¿Qué otro jefe pudo acordarla?... Por escasos que sean mis conocimientos de la jerarquía soviética, sobre Iéjov— en asuntos de la N. K.V.D.— solo hay un hombre en la U.R.S.S., uno solo: Stalin.

¿Sería el?

Interrogándome yo al final de mi deducir, recordé algo que respondí sí. Recordé que, cuando contemplaba la plaza, minutos antes de bajar al "espectáculo", vi desembocar en ella cuatro automóviles grandes iguales. Todos los soviéticos sabemos que Stalin viaja en una caravana de coches idénticos, para que se ignore cuál ocupa él y así sea más difícil un atentado... ¿Sería él?...

Con otra incógnita topo: por los detalles, aquellos ocultos espectadores de que me habló Gabriel, debían hallarse situados a nuestra espalda. Más yo sólo pude ver allí un gran espejo alargado, a través del cual nada se podía ver. ¿Desde dónde presenciarían el espectáculo repugnante?... Yo me advertí un solo resquicio por el cual pudiera atisbar...

¿Sería el espejo transparente?... No lo creo; la imagen mía se reflejó en él normal. Esto era para mí un misterio más.

* * *

Sólo habían pasado siete días cuando una mañana me sorprendió la presencia de Gabriel en la casa. Lo hallé dinámico, animado y optimista. Sin embargo, aquel destello de alegría que iluminaba sus facciones en los primeros tiempos no asomaba en ningún momento. Parecía como si quisiera él ahuyentar la sombra que empañaba su semblante a fuerza de actividad y tensión espiritual.

Me habló después del desayuno.

— Tenemos un huésped

— ¿Quién es?— le pregunté.

— Rakovski, ex embajador en París.

— No lo conozco.

— Es uno de aquellos, que le mostré la otra noche; un antiguo embajador en Londres y París... Por cierto, un gran amigo de su conocido Navachin... Sí, éste debe ser mi hombre. Lo tenemos aquí, bien atendido y tratado. Ya lo verá usted.

— ¿Yo?... ¿Para qué?... Ya sabe usted bien que no tengo curiosidad ninguna por asuntos de esta índole... Yo le ruego que me prive de nuevos espectáculos; no me hallo bien de salud después de lo que me hicieron presenciar. Mi sistema nervioso y hasta mi corazón no me responden.

— ¡Oh!... No se preocupe. No se trata de violencias ahora. El hombre ya está quebrado. Nada de sangre o violencia... Sólo hay que drogarlo en comedidas dosis Ahí le traigo el dictamen: es de Levin, que aún nos sirve con su ciencia. Al parecer, hay en alguna parte de su laboratorio cierta droga capaz de hacer milagros.

— ¿Cree usted en todo eso?...

— Hablo en forma figurada. Rakovski se halla dispuesto a confesar en relación al asunto cuanto sabe. Ya hemos tenido allí una conversación inicial y no se presenta mal.

— Entonces, ¿para qué drogas milagrosas?

— Verá, doctor, verá. Es una pequeña precaución, dictada por la experiencia profesional de Levin. Se tiende a lograr que nuestro interrogado se sienta optimista y dispuesto a tener esperanza y fe. Ya ve la posibilidad de vivir en lontananza. Este será el primer efecto a conseguir; luego, se debe obtener que se mantenga en una especie de trance feliz, pero sin perder sus facultades mentales, mejor dicho, debemos lograr agudizarlas... Hay que colocarlo en un estado de embriaguez muy particular..., ¿cómo diría yo?... un estado de embriaguez lúcida, exactamente.

— ¿Una especie de hipnosis?...

— Eso es, pero sin sueño.

— ¿Y debo yo inventar una droga capaz de todo eso?... Me temo que sobrestima mis talentos científicos. Yo no puedo lograr tanto.

— Si no hay que inventar nada, doctor. Si, según Levin, el problema ya lo ha resuelto él...

— Siempre me ha parecido un tanto charlatán...

— Acaso sí, pero yo creo que la droga indicada por él, si no es de un efecto tan prodigioso, puede ayúdame a conseguir nuestros deseos; al fin, no se trata de ningún prodigio. El alcohol, contra nuestra voluntad, nos hace decir estupideces. ¿Por qué otra cosa no puede impulsarnos también a decir verdades razonables y no sandeces?... Además, Levin me ha citado casos anteriores, al parecer auténticos...

— ¿Por qué, no le hace usted actuar una vez más?... ¿O es que le desobedecerá?...

— ¡Oh no! Si él está deseando. Salvar o prolongar su vida por ese u otro medio ya es bastante para que no se niegue. Quien no quiere utilizarle soy yo. Él no debe oír nada de lo que me diga Rakovski. Ni él ni nadie.

— Entonces, yo...

— Usted es diferente, doctor; usted es una persona fundamentalmente honrada..., y no soy Diógenes para lanzarme a buscar otra por la nevada U.R.S.S.

— Gracias..., pero creo que mi honradez...

— Sí, doctor, sí; diga usted que su honradez la estamos utilizando en canalladas. Sí, doctor, es así...; claro está que desde su absurdo punto de vista. ¿Pero quién halla hoy un absurdo decente?... Un absurdo como ese de su honradez... En fin, me hace usted siempre patinar sobre las más amenas divagaciones... ¿por qué será?... Sepa usted que sólo me ha de ayudar a dosificar la droga de Levin. Parece que se halla en la dosis esa fina línea que separa la vigilia del sueño, lo lúcido de lo estúpido, la razón de la demencia en esta embriaguez artificial.

— Si sólo es esto...

— Y aunque fuera más... Hablemos ahora en serio. Estudie usted las instrucciones de Levin, aquilate, aplíquela racionalmente al estado, personalidad y vigor del detenido. Tiene usted tiempo hasta la noche para estudiar; puede usted reconocer a Rakovski cuantas veces quiera. Y nada más por ahora. Aunque no lo crea, tengo un sueño espantoso. Dormiré muchas horas. Si no hay nada extraordinario hasta la noche, ya he dicho que no me llamen. A usted le aconsejo una buena siesta, puede que la velada sea muy larga.

Salimos al hall. Y despidiéndose, subió con agilidad los escalones. Pero en medio del tramo se detuvo:

— ¡Ah doctor...— exclamó; — se me olvidaba. Muchas gracias de parte del camarada Iéjov. Espere usted un regalo, puede que hasta una condecoración.

Me hizo un ademán de despedida con la mano, y rápido desapareció por el rellano del piso superior.

* * *

La nota de Levin era corta, pero clara y explícita. Sin esfuerzo pude hallar la droga. Estaba dosificada por miligramos en diminutas grageas. Hice la, prueba y, según indicaba, eran muy solubles en agua y aún más en alcohol. No incluía la fórmula y pensé realizar un análisis detenido cuando dispusiese de tiempo.

Sin duda, se trataría de un compuesto de la especialidad de Lumenstadt, aquel sabio del cual me habló Levin en la primera entrevista. No esperaba yo hallar en el análisis nada sorprendente o nuevo. Acaso, alguna base más del opio en apreciable cantidad y de calidad más activa que la misma tebaina. Las diecinueve principales y alguna más las conocía yo muy bien. Dentro de la limitación material en que se movieron mis experiencias, estaba satisfecho de las investigaciones por las enseñanzas que me proporcionaron. Aunque orientados mis trabajos en muy distinta dirección, me podía mover en el área de los estupefacientes con perfecta orientación. Recordé que Levin me habló de la destilación de raras variedades del cáñamo índico. Entre el opio y el hachich debía moverme para conocer los secretos de la tan ponderada droga. Me alegraría topar con una o más bases nuevas, en las cuales radicase la virtud "milagrosa". En principio, yo aceptaba la posibilidad. Al fin, el investigar sin limitación de tiempo y medios, superando toda valla mercantil, como era el caso en los asuntos de la N.K.V.D., ofrecía posibilidades científicas ilimitadas. Acaricié la ilusión de hallar en el resultado de aquellas investigaciones enderezadas a producir el mal un arma nueva para mi lucha científica contra el dolor.

No pude recrearme mucho tiempo en tan grata ilusión. Volví en mí para pensar en cómo y en qué grado debía yo administrar a Rakovski aquella droga. Según las instrucciones de Levin, una gragea produciría el efecto deseado. Prevenía sobre la existencia de alguna debilidad cardíaca en el paciente, pues, en tal caso, se podía provocar su somnolencia y hasta un letargo completo, con el consiguiente embotamiento de su inteligencia. Según todo esto, yo debía examinar a Rakovski previamente. No esperaba yo hallar víscecra cardíaca en estado normal; si no lesión, sufriría caída de tono, por afección nerviosa, pues no podía estar inalterado su sistema después de su prolongada y terrorífica tortura.

Aplacé para después del almuerzo el reconocimiento. Quería pensar, sobre todo, en cómo desearía Gabriel que le fuese administrada la droga, si sabiéndolo Rakovski o sin que pudiera darse cuenta. Y en ambos casos, me preocupaba el por qué debía ser yo precisamente quien se la diera, pues así me lo expresó concretamente. Siendo por vía bucal, para nada era necesaria; la intervención de un profesional.

Después de almorzar pasé a visitar a Rakovski. Lo tenían encerrado en una habitación del piso bajo y un hombre lo vigilaba sin perderlo de vista Por todo mobiliario sólo había un viejo butacón, una estrecha cama turca y una pequeña y tosca mesa. Estaba Rakovski sentado al entrar yo. Se. Puso de pie instantáneamente. Me miró al rostro con fijeza y en su mirada leí la duda y creo que pánico también. Acaso, me debía él reconocer por haberme visto sentado junto a los generales en aquella noche memorable.

Hice salir a su guardián, después de hacerle traer una silla para mí. Tomé asiento y también le hice sentar al prisionero. Tendría unos sesenta años, era un hombre de una estatura media, calva frontal, con nariz carnosa y abundante. Cuando joven, debió tener agradable fisonomía; no tenía rasgos semíticos de caricatura, pero sí se acusaban ellos bien en sus facciones. En tiempos, debió estar casi obeso; ahora no; le sobraba la piel por todos lados, su rostro y su cuello parecían una vejiga desinflada. El "cubierto" de la Ltubianka debía ser una dieta demasiado rigurosa para un ex embajador en París. No analicé más, de momento.

— ¿Fuma?...— le pregunté, abriendo mi pitillera, en un intento de establecer con él algo de cordialidad.

— Había dejado de fumar por motivos de salud— me respondió con un tono de voz muy agradable— pero se lo agradezco; creo estar ahora bien repuesto de mis trastornos gástricos.

Fumó sin ansia, comedido y no sin cierta elegancia.

— Soy médico, me presenté.

— Sí, ya lo sé; lo vi actuar... allí— sufrió un entorpecimiento en la voz.

— Vengo a interesarme por su estado de salud... ¿Cómo se halla? ¿Sufre alguna, enfermedad?...

— No, ninguna.

— ¿Se halla seguro? ... ¿El corazón?...

— Salvo las consecuencias de la dieta obligada, no advierto ningún síntoma anormal en mí.

— Los hay que no pueden ser advertidos por el mismo paciente, sólo el médico...

— Yo soy médico— me interrumpió.

— ¿Médico?...— le repetí sorprendido.

— Sí; ¿no lo sabía usted?...

— Nadie me lo ha advertido. Lo celebro; me será muy grato poder ser útil a un colega y acaso a un condiscípulo. ¿Dónde estudió usted? ¿En Moscú, en Retrogrado?...

— ¡Oh, no! Yo no era entonces ciudadano ruso. Estudié en Nancy y en, Montpellier, en esta última me gradué.

— Pudimos entonces coincidir; yo hice unos cursos en París ¿Era usted francés?...

— Lo estuve a punto de ser. Yo nací búlgaro; pero sin pedirme permiso me convirtieron en rumano. Mi provincia natal, la Dobrudja, pasó a ser rumana en un tratado de paz.

— Permítame auscultarle— y me puse el fonendoscopio en los oídos.

Se despojó de su rota y mugrienta chaqueta, poniéndose de pie. Lo ausculté.

Nada de anormal; como había previsto, debilidad, pero sin fallos.

— Estimo que debemos alimentar su corazón.

— ¿Solo el corazón, camarada?— ...— y su ironía resaltaba.

— Creo— dije, como si yo no la advirtiera— que su dieta deberá también ser reforzada.

— ¿Me permite a mí explorar?

— Con mucho gusto— y le pasé el fonendoscopio.

Rápidamente se auscultó.

— Esperaba que se hallase mucho peor. Muchas gracias. ¿Puedo ya ponerme la chaqueta?...

— Desde luego... Quedamos entonces en que le convienen unas gotas de digital, ¿no es eso?

— ¿Lo estima usted absolutamente necesario?... Yo creo que mi viejo corazón resistirá sobradamente los días o meses que me restan...

— No tengo entendido eso; yo creo que vivirá usted mucho tiempo más.

— No me alarme, compañero... ¡Vivir más! ¡Vivir más aún!... La instrucción debe hallarse para terminar; el proceso no puede ya tardar... Luego, luego a descansar.

Y al llegar aquí, al pensar en el descanso final, pareció como si sus facciones reflejasen casi la bienaventuranza. Yo me estremecí. Aquel ansia de morir, de morir pronto, que en sus ojos vi, me dio un escalofrío. Quise por compasión animarle.

— No me ha entendido, compañero. He querido decir que su caso aún puede tener solución, que puede aún vivir, pero vivir sin sufrimiento... Por algo le han traído aquí.

¿Acaso no tiene ahora mejor trato?

— Esto último, sí, desde luego. Lo demás ya me lo han insinuado, pero...

Le di otro cigarrillo, y al dárselo agregué:

— Tenga esperanza. Por mi parte, y en cuanto el jefe lo permita, haré todo lo que me sea posible por evitarle cualquier daño. Empezaré desde ahora por alimentarle; con moderación, teniendo en cuenta el estado de su estómago; empezaremos por régimen lácteo y algo más sustancial. Daré las órdenes ahora. Puede fumar, tome...— y dejé a su alcance el resto de mi cajetilla.

Llamé al guardián y le ordené que encendiese el cigarro al detenido cuando quisiese fumar. Después me marché, y antes de retirarme para descansar un par de horas, dispuse, que le sirvieran a Rakouski medio litro de leche azucarada.

* * *

Hemos dispuesto para las doce de la noche una entrevista con Rakovsky Su carácter "amistoso" se matiza en todos los detalles. Alta calefacción, fuego en la chimenea, luz discreta, selecta pequeña cena, vinos de calidad; todo con estudiada improvisación. "Como para una cita de amor", ha definido Gabriel. Yo debo asistir; mi principal misión es administrar la droga sin que se aperciba el drogado. A tal fin. las bebidas las colocarán "por azar" a mi lado y deberé yo escanciar. También deberé hallarme atento a la depresión del efecto, para suministrar una nueva dosis en el instante preciso. Esto es lo esencial en mi cometido. Gabriel desea, si la experiencia prospera, lograr en esta primera sesión un avance a fondo sustancial. Tiene buenas esperanzas; después de su descanso se muestra en plena forma; ya tengo deseos de ver cómo se bate con Rakovski, el cual se me antoja un buen adversario para él.

Han instalado tres butacas frente al fuego; la más próxima a la puerta soy yo quien la ocupa, Rakovski la del centro y en la tercera está Gabriel, que hasta en su atuendo ha puesto una nota de optimismo, pues viste una, ruskaya blanca.

Han dado ya las doce cuando nos traen al prisionero. Lo han vestida decentemente y está bien afeitado. Le dirijo una mirada profesional, hallándolo con mayor vitalidad.

Se excusa de tomar más de una copa y alega su debilidad estomacal. No se la he drogado y me arrepiento.

La conversación se inicia banal. Gabriel debe saber que Rakovski domina mucho mejor el francés y ha empezado por expresarse en esta lengua. Hay alusiones al pasado. Rakovski se ve que es un gran conversador. Su palabra tiene precisión, elegancia y hasta discreta gracia. Debe ser culto, erudito; alguna vez alega citas con toda naturalidad, y siempre son ajustadas. En cierto momento hace alusión a sus múltiples evasiones y expulsiones, a Lenin, a Plejanov, a la Luxemburgo, y hasta dice haber estrechado la mano del viejo Engels de muchacho.

Bebemos whisky. Cuando Gabriel le ha hecho hablar una media hora, como sin darme cuenta, le pregunto: "¿El de usted con mucha soda?"... "Sí, ponga bastante", me responde maquinalmente. Manipulo la bebida y dejo caer la gragea que tenía sujeta desde el principio en el vértice de mis dedos índice y medio. Le doy un whisky primero a Gabriel, haciéndole conocer con la mirada que la cosa está consumada. Le paso el suyo a Rakovski, pasando después a beberme el mío. Lo paladea con deleita. "Soy un pequeño canalla", me digo. Pero es una idea fugaz, que se quema en las alegres llamas de la chimenea, que fingen ser de un honrado hogar.

Ha sido largo pero ameno, el diálogo antes de que Gabriel se lance a fondo.

He tenido la suerte de lograr el documento que reproduce mejor que la taquigrafía lo tratado entre Gabriel y Radovski. Y ahí está:

INFORME

INTERROGATORIO DEL ACUSADO CRISTIAN GUEORGUIEVICH RAKOVSKI POR G. G. K. EN EL DÍA 26 DE ENERO DE 1938

Gabriel G. Kuzmin — Según convinimos en la Lubianka, he solicitado el brindarle una última oportunidad; su presencia en esta casa le indica que lo he conseguido. Veamos si nos defrauda.

Cristian G. Rakovski — No lo deseo ni lo espero.

G.— Pero antes, una advertencia de caballero. Ahora se trata de la pura verdad. No de la "verdad oficial", esa que ha de resplandecer en el proceso. a la luz de confesiones de todos los acusados. Algo que, como sabe, se subordina por entero a la razón política, a la "razón de Estado", como se diría en Occidente. Los imperativos de la política internacional nos harán ocultar la verdad total, la "verdad verdadera"... Será lo que sea el proceso, las naciones y las gentes conocerán lo que deban conocer..., pero el que debe saberlo todo, Stalin, lo ha de saber... Ahora bien: sus palabras aquí, sean como sean, no pueden agravar su situación. Sabe que no admite agravación. Sólo puede producir efectos en su favor. Puede ganar su vida, en este momento ya perdida. Dicho esto, vamos a ver: todos vosotros vais a confesar que sois espías de Hitler a sueldo de la Gestapo y del O.K.W., ¿no es así?

R.— Sí.

G.— ¿Y sois espías de Hitler?

R.— Sí.

G.— ¡No, Rakovski, no! Diga la verdad verdadera, no la procesal.

R.— No somos espías de Hitler; odiamos a Hitler tanto como pueda odiarlo usted, tanto como pueda odiarlo Stalin; acaso más aún. Pero la cosa es muy complicada...

G.— Le ayudaré... Acaso yo sepa también algo. Vosotros, los trotskistas tomasteis contacto con el Estado Mayor alemán. ¿No es así?

R.— Sí.

G.— ¿Desde cuándo?...

R.— No sé la fecha exacta; pero no mucho después de la caída de Trotsky. Desde luego, antes de tomar Hitler el poder.

G.— Entonces, exactamente, no sois unos espías personales de Hitler ni de su régimen.

R.— Exacto; ya lo éramos antes.

G.— .¿Y con qué fin?... ¿Con el fin de regalarle una victoria y unos territorios rusos a Alemania?

R.— No, de ningún modo.

G.— Entonces, como espías vulgares, ¿por dinero?

R.— ¿Por dinero?... Ninguno hemos recibido ni un marco de Alemania. No tiene bastante dinero Hitler para comprar, por ejemplo, a un Comisario de

Asuntos Interiores de la U.R.S.S., que tiene a su libre disposición un presupuesto mayor que las fortunas de Ford, Morgan y Valderbilt juntas, sin obligación de justificar sus inversiones.

G.— Entonces, ¿por qué razón?...

R.— Puedo hablar con entera libertad?...

G.— Se lo ruego; a eso le invité.

R.— ¿Es que Lenin no tenía una razón superior al recibir la ayuda de Alemania para llegar a Rusia? ¿Se han de aceptar las calumnias que fueron entonces lanzadas contra él? ¿No le llamaron también espía del Kaiser?... Su relación con el Emperador y la intervención alemana para que llegasen a Rusia los bolcheviques derrotistas, es evidente...

G.— Esa verdad o esa falsedad son extrañas a la cuestión...

R.— No; permítame terminar... ¿Es o no cierto que la acción de Lenin benefició en un principio al Ejército alemán?... Permítame... Ahí está la paz separada de Brest, en la cual se le cedían a Alemania inmensos territorios de la U.R.S.S. ¿Quién proclamó el derrotismo como arma bolchevique en 1913?... Lenin: me sé de memoria las palabras de su carta a Gorki: "La guerra entre Austria y Rusia sería una cosa muy útil para la Revolución, pero no es muy posible que Franz-Josef y Nickita nos brinden esa oportunidad"... Como ve usted, nosotros, los llamados trotskistas, los inventores del derrotismo en 1905, que luego profesa Lenin en 1913, seguimos hoy aquella misma línea. La línea de Lenin...

G.— Con una ligera diferencia, Rakovski: que hoy existe en la U.R.S.S. el socialismo y no un Zar.

R.— ¿Cree usted?...

G.— ¿En qué?

R.— En la existencia del socialismo en la U.R.S.S.

G.— ¿No es socialista la U.R.S.S.?

R.— Para mí, tan sólo de nombre. Ahí está la verdadera razón de la Oposición. Concédame, y en pura lógica lo ha de conceder, que teóricamente, racionalmente, nosotros tenemos el mismo derecho a decir no que tiene Stalin a decir sí. Y si el triunfo del Comunismo justifica el derrotismo, quien estime al Comunismo frustrado o traicionado por el bonapartismo staliniano, tiene tanto derecho como Lenin a ser un derrotista.

G.— Creo, Rakovski, que su gran estilo dialéctico le hace teorizar. En público, claro está, yo le argüiría; es bueno, lo reconozco, su argumento, el único posible, dada su situación; pero creo que le podría demostrar que sólo es un sofisma... Quede para otra ocasión; ya tendremos una oportunidad... Espero que me conceda la revancha... Por el momento, sólo esto: si su derrotismo, si las derrotas de la U.R.S.S. sólo tienen como razón la instauración del socialismo, del auténtico socialismo, según usted, el trotskismo, una vez liquidados sus jefes y sus cuadros, como ya los hemos liquidado, el derrotismo, la derrota de la U.R.S.S., ya no tiene objeto, ni razón... La derrota sería hoy la entronización de un Führer o un Zar fascista... ¿No es eso?...

R.— En efecto. Sin adulación, su conclusión es perfecta.

G.— Sí, según creo, lo afirma con sinceridad, ya hemos logrado mucho: yo stalinista, y usted, trotskista, hemos remontado un imposible. Hemos llegado a un punto de coincidencia; coincidimos en que hoy no debe ser derrotada la U.R.S.S.

R.— No creía yo, lo confieso, hallarme frente a persona tan inteligente ..., En efecto, por ahora, y acaso durante años, no podemos desear ni provocar la derrota de la U.R.S.S., porque hoy, es cierto, no estamos situados en posición de aprovecharla para la toma del Poder. No seríamos nosotros, los comunistas, los beneficiados. Esta es la situación exacta, y coincido con usted. No puede interesarnos hoy la destrucción del Estado stalinista; y lo digo afirmando a la vez que este Estado es el más anticomunista. Vea si hay en mí sinceridad.

G.— La veo; así es la única manera de llegar a entendernos. Le ruego, antes de más, una explicación de lo que yo tomo por contradicción: si para vosotros es el Estado soviético el más anticomunista, ¿por qué no deseáis hoy su destrucción?... Otro cualquiera sería menos anticomunista; por tanto, menor obstáculo para que vosotros instauraseis vuestro comunismo puro...

R.— No; ésa es una deducción demasiado simplista. Aun siendo el bonapartismo staliniano tan opuesto al Comunismo como lo fué Napoleón a la Revolución, es un hecho evidente que la U.R.S.S. continúa teniendo aún dogma y forma comunista; tiene un comunismo formal, no real. Y así como la desaparición de Trotsky permitió a Stalin transformar automáticamente el comunismo real en formal, la desaparición de Stalin nos permitirá transformar su comunismo formal en comunismo real. Nos bastaría una hora. ¿Me ha comprendido?...

G.— Sí, naturalmente; nos ha dicho una clásica verdad, la de que nadie destruye aquello que desea heredar. Ahora bien: todo lo demás es artificio sofístico. Se basa en un supuesto que la evidencia repudia; el supuesto anti-comunismo staliniano... ¿Hay propiedad privada en la U.R.S.S.?... ¿Hay plusvalía personal?... ¿Hay clases?... No continuaré aduciendo hechos, ¿para qué?...

R.— Ya he concedido la existencia del comunismo formal. Todo eso que cita son meras formas.

G.— ¿Sí?...¿Con qué fin?... ¿Por un capricho banal?...

R.— No, desde luego. Es una necesidad. La evolución materialista de la historia es imposible detenerla; todo lo más, se la frena... ¿Y a qué costa!... A costa de aceptarla en teoría para frustrarla en la práctica. Es tan invencible la fuerza que lleva a la Humanidad al Comunismo, que sólo esa misma fuerza torcida, oponiéndola a sí misma, pueden lograr disminuir la velocidad de la evolución; más exactamente, disminuir el avance de la revolución permanente...

G.— ¿Un caso?

R.— Hitler; el más evidente. Él ha necesitado del socialismo para vencer al socialismo. De ese su socialismo antisocialista que es el Nacional-Socialismo. Stalin necesita de un comunismo para vencer al comunismo. De ese su comunismo anticomunista que es su Nacional-Comunismo... El paralelo es evidente... Pero, a pesar del antisocialismo hitleriano y a pesar del anticomunismo staliniano, ambos, a su pesar, contra su voluntad, objetivamente, trascendentalmente, hacen Socialismo y Comunismo..., ellos y muchos más. Quieran o no quieran, lo sepan o no lo sepan, construyen un Socialismo y un Comunismo formal que nosotros, los comunistas de Marx, hemos fatalmente de heredar...

G.— ¿Heredar?... ¿Heredar quién?... La liquidación del trotskismo es absoluta.

R.— Aunque usted lo dice, no lo cree. Por gigantescas que las "purgas" sean, nosotros, los comunistas, sobreviviremos. No todos los comunistas están al alcance de Stalin, por muy largos que sean los brazos de su "Ochrana"...

G.— Rakovski, le ruego, y si es necesario se lo mando, que se abstenga de hacer alusiones ofensivas... No abuse de su "inmunidad diplomática".

R.— ¡Yo plenipotenciario! ¿Embajador de quién?...

G.— Precisamente, de ese inalcanzable trotskismo, si así acordamos llamarle...

R.— Del trotskismo a que usted alude, yo no puedo ser su diplomático; no me ha concedido su representación ni me la he tomado yo; es usted quien me la da.

G.— Empiezo a confiarme. Anoto en su haber que al yo aludir a ese trotskismo, no me ha negado su existencia. Ya es un buen principio.

R.— ¿Y cómo negar?... He sido yo quien ha hecho la mención.

G.— Reconocida la existencia un trotskismo muy particular, por mutua conveniencia, yo deseo que usted me haga ciertas sugerencias tendentes a explotar la coincidencia señalada.

R.— En efecto; yo puedo sugerir cuanto estime pertinente, pero por propia iniciativa, sin asegurar que sea siempre el exacto pensamiento de "Ellos".

G.— Así lo he de considerar.

R.— Hemos convenido que, por ahora, no puede interesar a la Oposición las derrotas y la caída de Stalin, por hallarnos en la imposibilidad física de reemplazarlo. Es en lo que coincidimos ambos. Ahora un hecho indiscutible. El atacante en potencia existe. Ahí está ese gran nihilista, Hitler, apuntando la peligrosa pistola de la Wehrmacht contra todo el horizonte. Queramos o no, ¿disparará contra la U.R.S.S.?... Convengamos que para nosotros ésa es la decisiva incógnita... ¿Estima usted bien planteado el problema?

G.— Está bien planteado. Ahora bien: para mí no tiene ya incógnita. Estimo infalible el ataque hitleriano a la U.R.S.S.

R.— ¿Por qué?...

G.— Sencillamente, porque así lo dispone quien manda en él. Hitler sólo es un condotiero del Capitalismo internacional.

R.— Le concedo la existencia del peligro; pero de ahí a proclamar como infalible su ataque a la U.R.S.S., media un abismo.

G.— El ataque a la U.R.S.S. lo determina la misma esencia del fascismo; además, lo impulsan a él todos los Estados capitalistas, que le han autorizado su rearme y la toma de todas las bases económicas y estratégicas necesarias. Es la evidencia misma.

R.— Olvida usted algo muy importante. El rearme de Hitler y las facilidades e impunidades que le dieron hasta hoy las naciones de Versalles, fíjese bien, se las dieron en un período singular..., cuando la Oposición aún existía, cuando aún podíamos heredar a un Stalin derrotado... ¿Estima el hecho casual o mera coincidencia temporal?...

G.— No veo ninguna relación entre que permitieran las potencias de Versalles el rearme alemán y la existencia de la Oposición... La trayectoria del Hitlerismo es una trayectoria clara y lógica en él. El ataque a la U.R.S.S. se halla de muy antiguo en su programa.. La destrucción del Comunismo y la expansión hacia el Este son dogmas en Mi Lucha, ese Talmud del nacionalsocialismo..., y que vuestro derrotismo haya querido aprovechar esa conocida amenaza contra la U.R.S.S., es natural dada vuestra mentalidad.

R.— Sí, todo eso, a primera vista, parece lógico y natural, demasiado lógico y natural para que sea verdad.

G.— Para que no lo fuera, para que Hitler no nos atacase, deberíamos confiar en la alianza francesa..., y esto sí que sería ingenuidad. Sería tanto como confiar en que el Capitalismo se sacrificaría por salvar al Comunismo.

R.— Discurriendo sin más nociones políticas que las propias de un mitin de masas, tiene usted toda la razón. Pero si es usted sincero hablando así, perdóneme, yo estoy decepcionado; creí más elevada la cultura política de la famosa policía staliniana.

G.— El ataque del hitlerismo a la U.R.S.S. es, además, una necesidad dialéctica; es tanto como elevar al plano internacional la fatal lucha de clases. Junto a Hitler, por necesidad, estará todo el capitalismo mundial.

R.— Así, con su dialéctica escolástica, créame, yo me formo una idea más pobre aún sobre la cultura política del stalinismo. Le oigo hablar como podría escuchar Einstein a un alumno de liceo sobre la física cuatrodimensional. Veo que sólo saben del Marxismo lo elemental; es decir, lo demagógico y popular.

G.— Si no es muy larga y oscura su explicación, le agradecería que me revelase algo de esa "relatividad" o "quanta" del Marxismo.

R.— Nada de ironías; estoy hablando animado del mejor deseo. En ese mismo Marxismo elemental, que aún les enseñan en la Universidad stalinista, puede hallar una razón que contradice su tesis sobre la infalibilidad del ataque hitleriano a la U.R.S.S. Aún les enseñan como piedra angular del Marxismo que la contradicción es la enfermedad incurable y mortal del Capitalismo..., ¿no es así?

G.— En efecto.

R.— Y siendo así, aquejado el Capitalismo de la contradicción permanente en lo económico, ¿por qué no la ha de padecer también en lo político?... Lo económico y lo político no son entidades en sí; son estados o dimensiones de la entidad social, y las contradicciones nacen en lo social, repercutiendo en la dimensión económica o política o en ambas a la vez... Sería un absurdo suponer falibilidad en lo económico y, a la vez, una infalibilidad en lo político, algo necesario para que sea fatal ese ataque a la U.R.S.S. que usted cree necesario en absoluto.

G.— Entonces usted fía todo a la contradicción, a la fatalidad, al error ineludible que ha de padecer la burguesía que impedirá el ataque de Hitler a la U.R.S.S. Yo soy marxista, Rakovski, pero aquí, entre nosotros, sin escandalizar a ningún militante, le digo que, con toda mi fe en Marx, no fiaría yo la existencia de la U.R.S.S. a una equivocación de sus enemigos ..., y creo que Stalin tampoco.

R.— Pues yo sí... No, no me mire así, que no me burlo ni estoy loco.

G.— Permítame, por lo menos, tener mis dudas, en tanto no me demuestre su afirmación.

R.— ¿Ve usted cómo tenía yo motivo para calificar de mediocre su cultura marxista?... Sus razones y reacciones son las mismas que las de un militante de base.

G.— ¿Y no son las verdaderas?

R.— Sí; las verdaderas para el pequeño dirigente, el burócrata y la masa… Las convenientes para los que sean luchadores de fila... Ellos las deben creer y repetir al pie de la letra... Escúcheme usted en el terreno confidencial. Con el Marxismo sucede igual que con las antiguas religiones esotéricas; sus fieles debían saber sólo lo elemental y hasta grosero si se quería suscitar la fe, algo absolutamente necesario, tanto en religión como en Revolución.

G.— No querrá usted revelarme ahora un Marxismo misterioso, algo así como una masonería más.

R.— No; nada de esoterismos. Al contrario, se lo presentaré con meridiana claridad. El Marxismo, antes que sistema filosófico, económico y político, es una conspiración para la Revolución. Al ser la Revolución para nosotros la única realidad absoluta, filosofía, economía y política son verdad en tanto y cuanto llevan a la Revolución. La verdad intrínseca, subjetiva llamémosla así, en la filosofía, economía y política y hasta en la moral no existe; será verdad o error en abstracción científica; pero al ser para nosotros subordinadas a la dialéctica de la Revolución— únicamente realidad y, por tanto, la única verdad— para todo auténtico revolucionario, como lo fue para Marx, ha de ser así, debiendo obrar en consecuencia. Recuerde usted aquella frase de Lenin cuando alguien le dijo como argumento que su intento se oponía a la realidad: "Lo siento por la realidad", respondió. ¿Cree usted que Lenin dijo una sandez? No; para él, toda realidad, toda verdad, era relativa, frente a la única y absoluta: la Revolución. Marx fue genial. Si su obra sólo fuera una crítica profunda del capital, ya sería una labor científica sin par; pero donde alcanza la categoría de obra maestra es como creación irónica. "El Comunismo— dice— ha de triunfar, porque le dará el triunfo su enemigo el Capital." Tal es la tesis magistral de Marx ... ¿Cabe más grande ironía?. Para ser creído le bastó con despersonalizar a Capitalismo y Comunismo, trasmutando al ente humano en ente de razón, con un arte de prestidigitador maravilloso. Tal fue su ingenioso recurso para decirle a los capitalistas que son la realidad del Capital, que triunfaría el Comunismo por su congénita idiotez: porque sin idiotez perpetua en el homo económicus, no puede haber en él la contradicción permanente proclamada por Marx. Lograr que el homo sapiens se trasmute en homo stultun es poseer un poder mágico, capaz de hacerle descender al hombre en la escala zoológica a su primer peldaño; al de bestia. Sólo dada la existencia del homo stultun en esta época del apogeo del Capitalismo puede Marx formular su axiomática ecuación: Contradicción+Tiempo=Comunismo. Créame, cuando nosotros, los iniciados, contemplamos una efigie de Marx, aunque sea la que se ufana sobre la puerta principal de la Lubianka, no podemos reprimir una carcajada interior, y es que Marx nos contagia; le. vemos a él reírse de toda la Humanidad tras sus barbazas.

G.— ¿Será usted capaz de burlarse del más prestigioso sabio de la época?

R.— ¿Burlarme yo?... ¡si es admiración! Para lograr Marx engañar a tantos hombres de ciencia era necesario que él fuera superior a todos. Ahora bien, para juzgar a Marx en toda su grandeza, debemos contemplar al Marx auténtico, al Marx revolucionario, al del Manifiesto. Es decir, al Marx conspirador, ya que durante su vida la Revolución vivía en estado de conspiración. No en vano, sus avances y victorias ulteriores los debe la Revolución a aquellos conspiradores.

G.— ¿Niega usted entonces el proceso dialéctico de las contradicciones del Capitalismo en el triunfo final del Comunismo?

R.— Tenga usted la seguridad de que si Marx hubiera creído que la victoria del Comunismo sólo llegaría gracias a la contradicción capitalista, jamás hubiera nombrado la contradicción ni una sola vez en los miles de páginas de su obra científico- revolucionaria. Hubiera sido un imperativo categórico de la real naturaleza de Marx, no científica, sino revolucionaria. Un revolucionario, un conspirador, jamás revela él a su adversario el secreto de su triunfo. Jamás le da información; le da desinformación, como usted sabe hacer en la contraconspiración, ¿no es así?

G.— Pero, en fin, llegamos a la conclusión, según usted, de que no hay contradicciones en el Capitalismo, y que si Marx las señala, sólo es como recurso estratégico revolucionario... ¿No es esto?... Pero las contradicciónes colosales, en ascenso constante, del Capitalismo ahí están... A que ahora resulta que Marx mintiendo dijo la verdad...

R.— Es usted peligroso como dialéctico cuando rompe usted el freno de la dogmática escolástica y da rienda suelta a su propio ingenio. En efecto, Marx dijo la verdad mintiendo. Mintió al proclamar el error, la contradicción, como "constante" de la Historia económica del Capital y al declararla "natural y fatal"; ahora bien: a la vez dijo la verdad, ya que sabía que las contradicciones se producían y aumentarían en progresión creciente hasta llegar a su apogeo...

G.— Entonces..., resulta usted antitético.

R.— No hay antítesis. Marx engaña, por razón táctica, sobre el origen de las contradicciones del Capitalismo, no sobre su evidente realidad. Marx sabía cómo se producían, como se agudizarían y cómo llegarían a crear la anarquía total de la producción capitalista, como prólogo del triunfo de la Revolución comunista... Sabía que ocurrirían porque conocía él a los que las producían.

G.— Es una novedad extraña el venir ahora a descubrir que no es la esencia y ley innata del Capitalismo la que lo lleva a "matarse a sí mismo", como dijo en frase feliz, ratificando a Marx, un economista burgués, Schmalenbach. Pero me interesa, me interesa, si por ahí llegamos a lo personal.

R.— ¿No lo había usted intuido?... ¿No advirtió usted cómo en Marx se contradicen la palabra y la obra?... El proclama la necesidad, la fatalidad, de la contradicción capitalista, evidenciando la plusvalía y la acumulación. Evidenciando una realidad. A mayor concentración de los medios de producción— discurre con acierto— corresponde mayor masa proletaria, mayor fuerza para instaurar el Comunismo, ¿no?... Pues bien: a la vez que así lo proclama, funda la Internacional. Y la Internacional en la lucha de clases diaria es "reformista"..., es decir, una organización destinada a limitar la plusvalía y, si puede, a suprimirla. Por tanto, la Internacional es objetivamente una organización contrarrevolucionaria, anticomunista, según la teoría marxista.

G.— Ahora resulta que Marx es un contrarrevolucionario, un anticomunista.

R.— Ya ve usted cómo se puede explotar una cultura marxista primaria. El poder calificar de contrarrevolucionaria y de anticomunista la Internacional con rigor lógico y doctrinal es no viendo en los hechos más que su efecto visible e inmediato, y en los textos, la letra. A tan absurdas conclusiones, bajo su aparente evidencia, se llega por olvidar que palabras y hechos están subordinados en el Marxismo a las reglas estrictas de la ciencia superior a la que sirven; a las reglas de la conspiración y la Revolución.

G.— ¿Llegaremos, al fin, a una conclusión definitiva?...

R.— Desde luego. Si la lucha de clases en el área económica es, en su primer efecto, reformista y contraria por ello a las premisas teóricas determinantes del advenimiento del Comunismo, en su auténtica y real trascendencia es puramente revolucionaria. Pero, vuelvo a repetir, subordinándose a las reglas de la conspiración; es decir, a la disimulación y ocultación de su verdadero fin... La limitación de la plusvalía y, por tanto, de la acumulación, en virtud de la lucha de clases, tan sólo es apariencia, un espejismo creado para provocar el movimiento revolucionario primario en las masas. La huelga es ya un ensayo de movilización revolucionaria. Independientemente de si triunfa o fracasa, su efecto económico es anárquico. Al fin, este medio para mejorar el estado económico de una clase es en sí un empobrecimiento de la economía general; sea cual sea el volumen y el resultado de una huelga, ésta es una merma en la producción. Efecto general: más miseria, de la cual no se libra la clase obrera. Ya es algo. Pero no es el único efecto, ni siquiera el principal. Como sabemos, fin único de toda la lucha de clases en el ámbito económico es ganar más y trabajar menos; traducido a efectos económicos, es consumir más produciendo menos. Tal absurdo económico— en nuestro léxico, tal contradicción— inadvertido por las masas, cegadas de momento por un aumento de salario, es automáticamente anulado por un aumento en los precios, y si éstos se limitan por coacción estatal, ocurre igual, la contradicción de querer consumir más produciendo menos es remediada con otra: la inflación monetaria. Y así, se provoca ese círculo vicioso de huelga, hambre, inflación, hambre.

G.— Menos cuando la huelga es a costa de la plusvalía del capitalismo.

R.— Teoría, pura teoría. Para entre nosotros, tome usted cualquier anuario de la economía de un país y divida las rentas y utilidades totales entre los asalariados y ya verá qué cociente tan extraordinario logra. Es ese cociente lo más contrarrevolucionario, y debemos guardarlo en el mayor secreto. Porque del teórico dividendo restamos los salarios y gastos de dirección que se producen al suprimir al propietario, resulta casi siempre un dividendo pasivo para los proletarios. Pasivo en realidad siempre, si computamos la disminución del volumen y la baja de la calidad en la producción. Como usted ve, proclamar que la huelga es lucha por el bienestar inmediato del proletariado sólo es un pretexto; un pretexto necesario para lanzarlo al sabotaje de la producción Capitalista; sumando así a las contradicciones del sistema burgués la del proletariado; doble arma de la Revolución... que, como es evidente, no se producen por sí mismas, porque hay organización, hay jefes, hay disciplina y, sobre todo, ninguna estupidez...
¿No puede sospechar usted que las famosas contradicciones del Capitalismo, de la Finanza específicamente, sean también organizadas por alguien?... Como base de inducción, le recuerdo que la Internacional Proletaria en su lucha económica coincide con la Finanza Internacional, produciendo la inflación..., y donde hay coincidencia puede haber acuerdo. Son sus propias palabras.

G.— Entreveo un absurdo tan enorme o un intento de tejer una nueva paradoja, que no quiero ni siquiera imaginar. Parece como si usted quisiera insinuar la existencia de una especie de Internacional capitalista, una otra Komintern..., naturalmente, opuesta.

R.— Exactamente, al decir Finanza Internacional yo personalizaba igual que si dijera Komintern; pero al reconocer yo la existencia de una "Kapintern", no digo que sea la enemiga...

G.— Si pretende usted que perdamos el tiempo con ingeniosidades y fantasías, le debo advertir que ha elegido un mal momento.

R.— ¿Acaso me cree usted aquella favorita de las Mil y una noches derrochando imaginación velada tras velada para salvar su vida?... No; si estima que divago, es un error suyo. Para llegar adonde ambos nos hemos propuesto, si yo no quiero fracasar, debo ilustrarle antes sobre cosas esenciales, dada su incultura total en lo que yo llamaría "marxismo superior". No puedo prescindir de la explicación, porque sé bien que la misma incultura hay en el Kremlin... Dígame si prosigo...

G.— Puede proseguir, pero le soy leal; si todo resulta luego un mero recreo imaginativo, su diversión tendrá muy mal epílogo. Queda usted advertido.

R.— Prosigo cual si nada hubiese oído. Como usted es un escolástico de El Capital y quiero despertar sus dotes inductivas, le recordaré algo muy particular. Advierta con qué agudeza deduce Marx, frente al rudimentario industrialismo inglés de sus tiempos, todo el futuro y gigantesco industrialismo contemporáneo; cómo lo analiza y fustiga; cómo pinta al repulsivo industrial... La imaginación de usted, como la de las masas, cuando evoca la encarnación humana del monstruoso Capital, lo ven tal y como lo pintó Marx: un panzudo industrial, puro en boca, eruptando satisfecho y violando a la esposa o a la hija del obrero... ¿No es así?... A la vez, recuerde usted la, moderación de Marx y su ortodoxia burguesa cuando estudia la cuestión moneda. En el dinero no aparecen sus famosas contradicciones... La Finanza, como entidad en sí, no existe para él, y el comercio y la circulación del dinero son consecuencia del malvado sistema de producción capitalista, que lo subordina y determina en absoluto... En la cuestión dinero es Marx un reaccionario; y lo era, para mayor asombro, teniendo a la vista, llenando toda Europa con un brillo, aquella estrella de cinco puntas— como la soviética— de los cinco hermanos Rothschild, dueños con sus Bancos de la mayor acumulación de riqueza hasta entonces conocida... Este hecho, tan enorme, que alucinaba las imaginaciones de la época, pasa inadvertido para Marx. Algo extraño. ¿No es verdad?... Acaso, de aquella ceguera tan particular de Marx proceda un fenómeno común a todas las revoluciones sociales ulteriores. Todos podemos comprobar que cuando las masas se adueñan de ciudad o nación muestran siempre una especie de temor supersticioso frente a Bancos y banqueros. Han matado reyes, generales, obispos, policías, sacerdotes y demás representantes del odiado privilegio; han saqueado e incendiado iglesias, palacios y hasta centros de enseñanza; pero, siendo revoluciones económico-sociales, respetaron la vida de banqueros y han resultado intactos los soberbios edificios de los Bancos... Según mis noticias, hasta ser yo preso, el mismo hecho se repite ahora...

G.— ¿Dónde?...

R.— En España... ¿No lo sabe?... Pues pregunte usted; y ahora, dígame: ¿no le parece todo muy extraordinario?... Induzca, policía... No sé si habrá usted observado la extraña semejanza que hay entre la Finanza Internacional y la Internacional Proletaria. Se diría que una es la contrafigura de la otra; y, de haber contrafigura, será en la Proletaria por ser más moderna que la Finanza

G.— ¿Dónde ve una semejanza en cosas tan opuestas?...

R.— Objetivamente, son idénticas. Si, como ya he demostrado, la Komintern, secundada por la Reformista y por todo el sindicalismo, provoca, la anarquía de la producción, la inflación, la miseria y la desesperación de las masas, la Finanza, sobre todo la Finanza Internacional, secundada consciente o inconscientemente por las finanzas privadas, crea las mismas contradicciones pero multiplicadas... Podríamos ya intuir la razón por la cual Marx encubrió las contradicciones financieras, que a su aguda visión no pudieron ocultarse, si tuvo en la Finanza una aliada, cuya acción, objetivamente revolucionaria, era ya entonces de una trascendencia extraordinaria.

G.— Coincidencia inconsciente; no alianza, que presupondría inteligencia, voluntad, pacto...

R.— Si le parece, aplazaremos ese aspecto... Ahora es mejor pasar al análisis subjetivo de la Finanza, y, aún más, veamos también la personalidad de sus hombres. La esencia internacionalista del dinero es demasiado conocida; de tal realidad procede que la entidad que lo posee y lo sublima sea Cosmopolita. La Finanza, en su apogeo, fin en sí, la Finanza Internacional, niega y desconoce todo lo nacional. No reconoce al Estado; por tanto, es ella objetivamente anarquía, y lo sería en absoluto si ella, negadora de todo Estado nacional, no fuera por necesidad Estado en su esencia. El Estado puro es tan sólo Poder. Y el Dinero es Poder puro. El Dinero es Estado. El Super-estado Comunista que desde hace un siglo construimos y cuyo esquema es la Internacional de Marx, analice y verá su esencia. El esquema, la Internacional, y su prototipo, la U.R.S.S., son también puro Poder. La identidad esencial es absoluta entre ambas creaciones. Algo fatal; porque la personalidad de sus autores también era idéntica; tan internacionalista es el financiero como el comunista. Los dos, por pretextos distintos y con distintos medios, niegan y combaten al Estado nacional burgués. El marxismo, para integrarlo en el Superestado comunista; de ahí que sea el marxista un internacionalista; el financiero niega al Estado nacional burgués, y su negación parece ser fin en sí; propiamente, no se muestra internacionalista, sino como anarquista cosmopolita... Esta es su apariencia hoy, pero ya veremos lo que él es y quiere ser. En lo negativo, como ve, hay una identidad individual entre comunistas internacionalistas y financieros cosmopolitas; como natural efecto, también la hay entre la Internacional Comunista y la Finanza- Internacional.

G.— Casual semejanza subjetiva y objetiva en los contrarios, borrada y rota en lo radical y trascendental.

R.— Permítame no responder ahora para no romper el orden lógico. Sólo quiero ratificar el axioma fundamental: El dinero es poder. El dinero es hoy el centro de la gravitación universal... ¿Creo que se hallará de acuerdo?

G.— Prosiga usted, Rakovjki; se lo ruego.

R.— Saber cómo llegó la Finanza Internacional a ser dueña del dinero, ese mágico talismán que ha venido a ser lo que Dios y nación fueron para las gentes, sucesivamente, hasta la época contemporánea, es algo que supera en interés científico al mismo arte de la estrategia revolucionaria; porque también es arte y también Revolución. Se lo expondré. Cegados los ojos del historiador y de la masa por el clamor y fausto de la Revolución francesa, embriagado el pueblo por haber logrado arrebatar al Rey, al privilegio, todo su poder, no advirtieron que un puñado de hombres, sigilosos, cautos, insignificantes, se habían adueñado del auténtico poder de la realeza, de un poder mágico, casi divino, que ella, sin saberlo, poseía. No advirtieron las masas que otros tomaron para sí ese poder que pronto las reduciría a una esclavitud más feroz que la del mismo Rey, porque él, por sus prejuicios religiosos y morales y su estupidez, fue incapaz de usar de tal Poder. Así resulta que se adueñaron del mayor Poder del Rey los hombres cuya calidad moral, intelectual y cosmopolita les permitía ejercerlo. Naturalmente, fueron aquellos que de nacimiento no eran cristianos y sí cosmopolitas.

G.— ¿Cuál pudo ser ese mítico poder de que se adueñaron?

R.— Ellos tomaron para sí el real privilegio de acuñar moneda... No se sonría usted, que me va a hacer creer que ignora lo que la moneda es... Yo le ruego que se ponga en mi caso. Mi situación frente a usted es igual que la del camarada doctor si se viese obligado a explicar bacteriología a un médico resucitado anterior a Pasteur. Pero me explico su ignorancia y la disculpo. El lenguaje, utilizando palabras que suscitan ideas falsas sobre cosas y hechos, gracias al poder de la inercia mental, no proporciona nociones reales y exactas. He nombrado la moneda; naturalmente, su imaginación ha reflejado en el acto la figura de la moneda física, de metal y papel. Pues no. El dinero no es ya eso; la moneda física circulante es un verdadero anacronismo. Si existe y circula es por un atavismo; sólo porque conviene para mantener una ilusión, hoy pura ficción imaginativa...

G.— Es atrevida y hasta poética tan brillante paradoja...

R.— Será brillante si quiere, pero no es paradoja lo que digo. Ya sé— y eso le hizo sonreír— que aún acuñan los Estados en trozos de metal y papel los bustos reales o los escudos nacionales; pero ¿y qué?... La gran masa del dinero circulante, el de las grandes transacciones, la representación de toda la riqueza nacional, moneda, sí moneda, la empezaron a emitir aquellos pocos hombres a que aludí. Títulos, letras, cheques, pagarés, endosos, descuentos, cotizaciones cifras y más cifras, cual catarata desatada, invadió las naciones... ¿Qué fue a su lado ya la moneda metálica y el papel moneda?... Algo intrascendente, mínimo, frente a la creciente marea que todo lo inundaba de moneda financiera... Ellos, finísimos psicólogos, en la impunidad de la ignorancia general, llegaron a más. Sobre la inmensa serie abigarrada de moneda financiera, a fin de darle un volumen rayano en infinito y la velocidad del pensamiento, crearon la moneda crédito..., abstracción, ente de razón, cifra, guarismo; crédito, fe... ¿Ya comprende usted?... Estafa; moneda falsa dotada de curso legal... En otros términos, para mejor hacerme comprender, Bancos y Bolsas y todo el sistema financiero universal es una máquina gigante para cometer la monstruosidad contra natura, como Aristóteles la calificó, de hacerle al dinero producir dinero, algo, que si ya es un delito de lesa economía, en el caso de los financieros es un delito de Código penal, por ser usura. Ya sé cuál es el argumento defensivo: que cobran ellos un interés legal... Aun concedido, que ya es mucho conceder, la usura existe igual, porque si el interés cobrado es el legal, ellos fingen, falsificándolo, un capital inexistente. Los Bancos tienen siempre, prestado o en movimiento productivo, una cantidad de moneda-crédito, moneda en números, cinco y hasta cien veces mayor que la cifra de moneda física emitida. No diré las veces que supera la moneda-crédito— la moneda falsa fabricada— a la moneda desembolsada como capital. Teniendo en cuenta que devenga interés legal, no el capital real, sino el capital inexistente, el interés ha de ser tantas veces ilegal como la falsificación veces multiplique al capital real... Y tenga en cuenta que el sistema que detallo es el más inocente de los usados para fabricar moneda falsa. Imagine, si puede, a unos pocos hombres con un poder infinito de posesión de bienes reales, y los verá dictadores absolutos del valor en cambio;

por tanto, dictadores de la producción y la distribución, y, en consecuencia, del trabajo y del consumo. Si le alcanza su imaginación, eleve su acción a la escala mundial y ya verá su efecto anárquico, moral y social; es decir, revolucionario... ¿Ya comprende usted?...

G.— No, aún no.

R.— Naturalmente, resulta muy difícil comprender los milagros.

G.— ¿Milagro?...

R.— Sí, milagro. ¿No es un milagro ver a un banco de madera transformarse en catedral?... Pues tal milagro lo han visto mil veces sin pestañear las gentes durante todo un siglo. Porque milagro prodigioso fue que los bancos donde los mugrientos usureros se sentaban para comerciar con su dinero sean hoy esos templos que ufanan sus columnatas paganas en cada esquina de la urbe moderna, donde la muchedumbre va, posesa de la fe, que ya no le inspiran las deidades celestiales, para ofrendar fervorosa todas sus riquezas a la deidad Dinero, que habita, según cree, dentro de la férrea caja fuerte del banquero, dedicada a su divina misión de multiplicarse hasta el infinito metafísico...

G.— Es la nueva religión de la podrida burguesía. R.— Religión, sí; la Religión del Poder.

G.— Resulta usted un poeta de la economía.

R.— La poesía es necesaria si se quiere dar idea de la Finanza, la obra de arte más genial y más revolucionaria de todas las épocas.

G.— Es una visión equivocada. La finanza, como Marx y, sobre todo, Engels la refinen, está determinada por el sistema de producción capitalista.

R.— Exacto, sólo que a la inversa: el sistema de producción capitalista es el determinado por la Finanza. El que diga lo contrario Engels, y hasta que intente demostrarlo, es la prueba más evidente de que la Finanza reina sobre la producción burguesa. Siendo, como es, la Finanza, desde antes de Marx y Engels, la máquina más potente de la Revolución— la Komintern a su lado es un juguete— no la iban a descubrir y delatar Engels y Marx. Al contrario, sirviéndose de su talento científico, debieron camouflar otra vez la verdad en beneficio de la Revolución. Y eso hicieron ambos.

G.— No es nueva la historia; me recuerda todo eso algo de Trotsky escrito hace más de diez años.

R.— Dígame...

G.— Cuando proclama él que la Komintern es una organización conservadora comparada con la Bolsa de Nueva York; señalando a los grandes banqueros como forjadores de la Revolución.

R.— Sí, él dijo esto en un pequeño libro en que vaticinaba el derrumbamiento de Inglaterra... Sí, decía eso y añadía: "¿Quién empuja a Inglaterra por el camino de la Revolución?"... Y se contestaba: "No Moscú, sino Nueva York".

G.— Pero recordará usted que también afirmaba que si forjaban la Revolución los financieros de Nueva York era inconscientemente.

R.— La explicación que ya he dado para razonar por qué camouflaron la verdad Engels y Marx es igualmente válida para León Trotsky.

G.— Sólo aprecio en Trotsky una visión, con cierto estilo literario, de un hecho ya de sobra conocido,.., con el cual ya se contaba; porque, como bien dice Trotsky mismo, esos banqueros "cumplen irresistiblemente, inconscientemente, su misión revolucionaria".

R.— ¿Y cumplen su misión a pesar de que Trotsky se lo avisa? ¡Qué cosa más extraña que ellos no rectifiquen!...

G.— Los financieros son revolucionarios inconscientes, porque lo son sólo objetivamente... por su incapacidad mental para ver los últimos efectos.

R.— ¿Lo cree usted sinceramente?... ¿Cree usted unos inconscientes a esos verdaderos genios?... ¿Cree usted unos idiotas a los hombres a quienes obedece hoy el mundo entero?... ¡Esta sí que sería una contradicción estupenda! ...

G.— ¿Qué pretende usted?...

R.— Sencillamente, afirmo que son revolucionarios, objetiva y subjetivamente; totalmente conscientes.

G.— ¡Los banqueros!... ¿Se ha vuelto usted loco?...

R.— Yo, no... ¿y usted?... Reflexione. Esos hombres son hombres como usted y yo. El poseer ellos el dinero, por ser sus creadores, sin conocido límite, no puede determinar el fin de todas sus ambiciones. Si crece algo en los hombres en razón directa a su satisfacción es la ambición. Y de todas, la qué más, la ambición del Poder... ¿Por qué no han de sentir el impulso al dominio, al dominio total, esos hombres banqueros?... Igual, exactamente igual que usted y yo.

G.— Mas si, según usted y creo yo, ya tienen el poder económico universal. ¿qué otro pueden ellos desear?

R.— Ya lo he dicho: el poder total. Un poder como el de Stalin sobre la U.R.S.S.; pero universal.

G.— ¿Un poder como el de Stalin? Pero con fin contrario...

R.— El poder, si en realidad es absoluto, sólo pude ser uno. La idea de absoluto excluye la de pluralidad. Por tanto, el Poder al cual aspira la "Kapintern" y la Komintern, por ser absoluto y por ser ambos en un orden mismo en el político, han de ser un solo e idéntico Poder. El Poder absoluto es fin en sí o no es absoluto. Y hasta hoy no se inventó otra máquina de poder total más que el Estado Comunista. El poder capitalista burgués, aun en su más alto grado, el cesáreo, es un poder restringido, porque si lo hubo en teoría con la encarnación de la divinidad en los Faraones y Césares de la antigüedad, el tipo económico de vida en aquellos estados primitivos y el atraso técnico del aparato estatal dejaban siempre un margen de libertad individual. ¿Comprende usted que los que dominan ya relativamente sobre las naciones y los gobiernos de la tierra pretendan el dominio absoluto?... Comprenda que es el único no alcanzado por ellos...

G.— Esto es interesante; al menos, como un caso de locura...

R.— Inferior, desde luego, a la locura de un Lenin soñando con dominar al mundo entero en una buhardilla de Suiza o a la de un Stalin soñando igual en su destierro dentro de una choza siberiana... Me parece más natural tal ambición acariciada por los señores del dinero desde lo alto de un rascacielos neoyorkino.

G.— Acabemos; ¿quiénes son ellos?...

R.— ¿Es usted tan ingenuo que cree que si supiera quiénes son "Ellos" estaría yo aquí prisionero?...

G.— ¿Por qué?...

R.— Por la sencilla razón de que quien los conoce a "Ellos" no lo ponen en situación de que sea obligado a denunciarlos... Es una regla elemental de toda conspiración inteligente, como usted puede comprender muy bien.

G.— ¿No ha dicho usted que son banqueros?...

R.— Yo no; recuerde que siempre le he dicho la Finanza Internacional y que al personalizar he dicho siempre "Ellos" nada más. Si he de informarle con sinceridad, sólo le diré hechos, no nombres, porque no los sé. No creo equivocarle si le digo que "Ellos" no son ninguno de los hombres que aparecen ocupando cargos en la política o en la Banca mundial. Según tengo entendido, desde el asesinato de Rathenau, el de Rapallo, no emplean en la política y en la fianza más que hombres interpuestos. Naturalmente, hombres de toda su confianza, con una fidelidad garantizada por mil medios distintos; así que cabe asegurar que los banqueros y políticos, tan sólo son sus "hombres de paja"..., por grande que sea su rango, y aun cuando aparezcan personalmente como autores de los hechos.

G.— Aunque comprensible y lógico a la vez, ¿no pudiera ser su razonada ignorancia sólo un subterfugio de usted?... A mi parecer, y según mis noticias, ha tenido usted demasiada categoría en esa conspiración para no saber ¿Ni siquiera induce usted la personalidad de alguno de ellos?

R.— Sí; pero acaso no me crea. He llegado a inducir que debe tratarse de un hombre u hombres con una personalidad..., ¿cómo le diría?... mística, un Gandhi o algo así, pero sin su espectacularidad. Místicos del Poder puro, despojado de sus groseros accidentes. No sé si me comprende usted. Ahora bien; saber yo su nombre y residencia, eso no... Imagine usted hoy a Stalin dominando realmente en la U.R.S.S., pero sin estar rodeado de murallas ni de su guardia personal, sin más garantía legal para su vida que la de cualquier ciudadano. ¿Cuál sería su recurso para librarse de atentados?... El de todo conspirador, por grande que sea su fuerza: el anonimato.

G.— Hay lógica en cuanto dice; pero no lo creo a usted.

R.— Pues créame; nada sé; si lo hubiera sabido ¡qué feliz sería!... No estaría yo aquí defendiendo mi vida. Comprendo perfectamente sus dudas y la necesidad que debe sentir su vocación policíaca de averiguar algo personal. En honor a usted, y también por ser necesario al fin que perseguimos ambos, haré lo posible por orientarle. Sepa usted que la historia no escrita, sólo conocida por nosotros, nos señala como fundador de la primera Internacional Comunista— naturalmente, secreta— a Weishaupt. ¿Ya recuerda su nombre?... Fue el jefe de aquella masonería conocida bajo el nombre de Iluminismo, cuyo nombre lo tomó de la segunda conspiración anticristiana y comunista de la Era, el Gnosticismo. Previsto por aquel gran revolucionario, semita y ex-jesuíta, el triunfo de la Revolución francesa, decidió él, o le fue ordenado — hay quien señala como jefe suyo al gran filósofo Mendelssohn— fundar una organización secreta que impulsase la Revolución francesa más allá de sus objetivos políticos, a fin de transformarla en Revolución social para instaurar el Comunismo. En aquellos tiempos heroicos, era un enorme peligro tan sólo mencionar el comunismo como meta; de ahí, todas las precauciones, pruebas y misterios de que debió rodear al Iluminismo. Aún faltaba un siglo para que, sin peligro de prisión o muerte, se pudiera declarar comunista un hombre públicamente. Esto es más o menos conocido. Lo que se ignora es la relación de Weishaupt y sus secuaces con el primero de los Rothschild. El misterio del origen de la fortuna de los más famosos banqueros pudiera explicarse siendo tesoreros de aquella primera Komintern. Indicios hay de que cuando los cinco hermanos se reparten en cinco provincias el Imperio financiero de Europa, algo también oculto les ayuda a formar aquella fortuna fabulosa; pueden ser, aquellos primeros comunistas de las catacumbas de Baviera, esparcidos ya por Europa entera. Pero dicen otros, creo que con mayor razón, que no fueron los Rothschild tesoreros, sino jefes de aquel oculto comunismo primero. Se apoya esta opinión en el hecho cierto de que Marx y los más altos jefes de la I. Internacional, ya pública, entre ellos Herzen y Heine, obedecieron al Barón Lionel Rothschild, cuyo retrato revolucionario, hecho por Disraeli, premier inglés y también criatura suya, nos lo legó pintado en el personaje Sidonia, el hombre que, según el relato, conocía y mandaba, siendo un multimillonario, en más espías, carbonarios, masones, judíos secretos, gitanos, revolucionarios, etc., etc. Parece todo fantástico; pero está demostrado que Sidonia es el retrato idealizado del hijo de Nathan Rothschild, como también consta la batalla que libró contra el Zar Nicolás en favor de Herzen. Batalla que ganó. Si todo lo que se puede adivinar a la luz de estos hechos es realidad, como yo creo, ya podríamos hasta personalizar quién es el inventor de la formidable máquina de acumulación y de anarquía que es la Finanza Internacional, el cual sería, a la vez, el mismo que creó la Internacional Revolucionaria. Algo genial: crear con el Capitalismo la acumulación en el más alto grado, empujar al proletariado al paro y a la desesperación y, a la vez, crear la organización que debía unir a los proletarios para lanzarlos a la Revolución. Sería éste el capítulo más sublime de la Historia. Más aún: se recuerda una frase de la madre de los cinco hermanos Rothschild: "Si mis hijos quieren no habrá guerra". Es decir, que eran ellos árbitros, señores, de la paz y la guerra, y no los Emperadores. ¿Es usted capaz de imaginar un hecho de tan cósmica trascendencia?... ¿No se ve así ya la guerra en función revolucionaria?... Guerra-Commune. Desde entonces, toda guerra fue un paso de gigante hacia el Comunismo. Como si una fuerza misteriosa diera satisfacción al anhelo que Lenin expresó a Gorki. Recuerde: 1905-1914. Reconozca usted, por lo menos, que dos de las tres palancas que llevan al mundo hacia el Comunismo no son ni pueden per manejadas por el Proletariado. Las guerras no fueron provocadas ni dirigidas por la III Internacional ni por la U.R.S.S., que no existían aún. Tampoco pudieron provocarlas, aunque las ansiasen, y menos dirigirlas aquellos pequeños grupos de bolcheviques que languidecían en la emigración. Esto es una evidencia meridiana. Y menos aún pudo ni puede la Internacional ni la U.R.S.S. conseguir esa tremenda acumulación de Capital y la anarquía nacional e internacional de la producción capitalista. Anarquía capaz de hacer quemar ingentes cantidades de alimentos antes que darlos a las gentes hambrientas; capaz de lo que con frase gráfica escupió Rathenau: "Hacer que medio mundo se dedique a fabricar mi... y hacer que el otro medio se dedique a consumirla". Y, por último, no podrá el proletariado sostener que se debe a él esa inflación en progresión geométrica creciente, desvalorización, robo permanente de la plusvalía y ahorro del capital no financiero, no capital-usura, por ello, incapaz de recobrar la baja constante de su poder adquisitivo, produciendo así la proletarización de la clase media, la enemiga verdad de la Revolución... No es el Proletariado quien maneja la palanca económica ni la palanca de la guerra. Es él, sí, una tercera palanca, la única visible y espectacular, que da el golpe definitivo a la fortaleza del Estado capitalista y la toma... Sí, la toma, cuando "Ellos" se la entregan...

G.— Vuelvo a repetirle que todo eso, tan literariamente relatado por usted, tiene un nombre que ya hemos repetido hasta la saciedad en esta inacabable conversación: "contradicción natural del Capitalismo", y si, como pretende, hay una voluntad y una acción ajena a la del Proletariado, le desafío a que me señale concretamente un caso personal.

R.— ¿Sólo con uno se conforma?... Pues escuche una pequeña historia: "Ellos" aislaron diplomáticamente al Zar para la guerra ruso-japonesa, y los Estados Unidos financiaron al Japón, exactamente, Jacob Schiff, jefe de la Banca Kuhn, Loeb y Cia., la sucesora, superándola, de la Casa Rothschild, de la cual procedía Schiff. Fue tal su poder, que logró que las naciones con imperio colonial en Asia apoyaran la creación del Imperio xenófobo nipón, cuya xenofobia ya la está sintiendo Europa. De los campos de prisioneros vinieron los mejores luchadores a Petrogrado adiestrados por los agentes revolucionarios que desde América se introdujeron en ellos, con permiso conseguido del Japón por sus financiadores. La guerra ruso-japonesa, con la organizada derrota de los ejércitos zaristas, provocó la Revolución de 1905, que, aun siendo prematura, estuvo a punto de triunfar, y que si no llegó a triunfar, creó las condiciones políticas necesarias para la victoria de 1917. Aún hay más. ¿Ha leído usted la biografía de Trotsky?... Recuerde su primera época de revolucionario. Es un jovenzuelo, ha permanecido con los emigrados algún tiempo en Londres, Paris y Suiza, después de su evasión de Siberia; Lenin, Plejanor, Martov y demás jefes lo consideran sólo como un neófito que promete. Pero se atreve ya, cuando la primera escisión, a quedar independiente, intentando ser árbitro de la unificación. En 1905 acaba de cumplir veinticinco afios, y vuelve a Rusia solo, sin partido ni organización propia. Lea usted los relatos no "purgados" por Stalin de la Revolución de 1905; los de Lunatcharski, por ejemplo, que no es trotskista. Trotsky es la primera figura dé la Revolución en Petrogado; esta es la verdad. Sólo él sale de ella prestigiado y con popularidad. Ni Lenin, ni Martov ni Plejanov la ganan, la conservan o disminuye, ¿Cómo y por qué se alza el ignorado Trotsky, ganando de golpe autoridad superior a los más viejos y prestigiosos revolucionarios?... Sencillamente, se ha casado. Junto a él viene a Rusia su mujer, Sedova. ¿Sabe usted quién es ella? Es la hija de Givotovsky, unido a los banqueros Warburg, socios y parientes de Jacob Schiff, grupo financiero que, como he dicho, financió al Japón, y, a través de Trotsky, financió a la vez la Revolución de 1905. Ahí tiene el motivo de que Trotsky, de un golpe, pasase a la cabeza del escalafón revolucionario. Y ahí tiene la clave de su personalidad verdadera. Demos un salto a 1914. Tras el atentarlo del Archiduque se halla Trotsky y el atentado provoca la guerra europea. ¿Cree usted de veras que el atentado y la guerra sólo son casualidades?..., como dijo en un congreso sionista Lord Melchett. Analice usted a la luz de la "no-casualidad" el desarrollo de la campaña de Rusia. El "derrotismo" es una obra maestra. La ayuda de sus aliados al Zar está reglada y dosificada con tal arte, que sirve de argumento a los embajadores aliados para conseguir de la estupidez de Nicolás ofensivas-masacres una tras otra. Las masa de carne rusa era gigantesca; pera no inagotable. Las organizadas derrotas traen la Revolución. Cuando amenaza por todos lados, el remedio que se halla es instaurar la República democrática. La república— como Lenin la llamó— "de las Embajadas"; es decir, aseguran la impunidad de los revolucionarios. Aún hace falta más. Kerenski debe provocar otra ofensiva-masacre, y la realiza, para que sea desbordada la revolución democrática. Y más todavía: Kerenski debe hacer la entrega total del Estado al Comunismo y la consuma... Trotsky puede ocupar "invisiblemente" todo el aparato estatal. ¡Qué ceguera más extraña!... Esta es la realidad de la Revolución de Octubre, tan cantada... Los bolcheviques tomaron lo que "Ellos" les entregaron.

G.— ¿Se atreve usted a decir que Kerenski fue un cómplice de Lenin?...

R.— De Lenin, no; de Trotsky, sí; mejor dicho, de "Ellos",

G.— ¡Absurdo!...

R.— ¿No puede usted comprender..., precisamente usted?... Me extraña. Si usted, como espía que es, bajo el secreto de su personalidad, consiguiese llegar a ser jefe de una fortaleza enemiga..., ¿no abriría usted las puertas a las fuerzas atacantes, a las que realmente servía?..., ¿No sería usted un derrotado y un prisionero más?... ¿Acaso no correría usted el peligro de morir al ser asaltada la fortaleza, si un asaltante, ignorando que sólo era un disfraz su uniforme, lo creía enemigo? Créame; sin estatuas ni mausoleo, le debe más el Comunismo a Kerensky que a Lenin.

G.— ¿Quiere usted decir que fué Kerenski un derrotado consciente y voluntario?

R.— Sí; me consta. Comprenda que ya intervine yo personalmente en todo esto. Pero aún le diré más. ¿Sabe usted quién financió la Revolución de Octubre?... La financiaron "Ellos", precisamente, a través de los mismos banqueros que financiaron al Japón y la Revolución de 1905. Jacob Schiff y los hermanos Warburg; es decir, la gran constelación bancaria, una de las cinco de la Federal Reserve, la Banca Kuhn, Loeb y C.ª; interviniendo otros banqueros americanos y europeos, como Guggenheim, Heneawer, Breitung, Aschberg, de la "Nya Banken", ésta de Estocolmo... Yo estaba, "por casualidad"... allí., en Estocolmo, e intervine en las transferencias de fondos. Hasta llegar Trotsky, yo fui el único que intervino del lado revolucionario. Pero Trotsky llegó al fin; debo subrayar que los aliados lo expulsaron de Francia por derrotista y los mismos aliados lo libertaron para que fuera derrotista en la aliada Rusia... "Otra casualidad" ¿Quién la conseguiría?... Los mismos que consiguieron hacer pasar a Lenin a través de Alemania. Si "Ellos", los de Inglaterra, consiguen sacar a Trotsky, el derrotista, de un campo canadiense y hacerle que llegue, dándole paso franco todos los controles aliados, a Rusia, otros "Ellos", uno Rathenáu, consiguen el paso de Lenin a través de la Alemania enemiga. Si estudia usted la historia de la Revolución y de la guerra civil sin prejuicios y con el espíritu inquisitivo que sabe usted emplear en cosas menos importantes y de menor evidencia, tanto en el conjunto de los acontecimientos como en los detalles y hasta en lo anecdótico, hallará usted una serie de "casualidades" asombrosas.

G.— Bien, aceptemos como hipótesis que no sea todo suerte. ¿Qué deduce de ahí a efectos prácticos?...

R.— Déjeme terminar esta pequeña historia, y luego ya deduciremos ambos ... Trotsky, desde su arribo a Retrogrado es admitido sin reservas por Lenin.

Como sabe demasiado bien, las disensiones entre ambos fueron profundas durante el tiempo que media entre las dos revoluciones. Todo se olvida y Trotsky es el artífice del triunfo de la Revolución, quiera Stalin o no quiera. ¿Por qué? ... El secreto lo tiene la mujer de Lenin, la Krupskaya. Ella sabe quién es realmente Trotsky; ella es quien convenció a Lenin para que aceptase a Trotsky. Si no lo acepta, Lenin hubiera seguido bloqueado en Suiza; ésta ya era una poderosa razón para él y también lo fue el saber que ayuda traía Trotsky a la Revolución. Supo Lenin, desde luego, que Trotsky traía el dinero y poderosas ayudas internacionales; el vagón precintado fue la demostración. Luego, la unidad en torno al insignificante Partido bolchevique de toda el ala izquierda revolucionaria, socialistas revolucionarios y anarquistas es obra de Trotsky, no de la intransigencia férrea de Lenin. No en vano, el antiguo Bund de proletarios judíos, del cual nacieron todas las ramas revolucionarias moscovitas, a las cuales dio el noventa por ciento de sus jefes, era el verdadero partido del "simpartido" Trotsky. Naturalmente, no el Bund oficial y público, sino el Bund secreto, insertado en todos los partidos socialistas y cuyos jefes están casi todos bajo su disciplina.

G.— ¿También Kerenski?

R.— Kerenski también..., y algunos jefes más no socialistas, jefes de fracciones políticas burguesas...

G.— ¿Cómo así?...

R.— ¿Olvida usted el papel de la Masonería en la primera fase democrático-burguesa de la Revolución?...

G.— ¿También obedecía al Bund?...

R.— Como inmediato escalón, desde luego; pero, en realidad, obedecía a "Ellos".

G.— ¿A pesar de la marea marxista que se alzaba, la cual también amenazaba sus privilegios y sus vidas?...

R.— A pesar de todo eso: naturalmente, no veía tal peligro. Tenga usted en cuenta que todo masón ha visto y ha creído ver más de lo real con su imaginación, porque imaginaba lo que le convenía. La presencia en aumento de masones en los gobiernos y jefaturas de Estado de las naciones burguesas es para ellos una prueba del poder político de su asociación. Tenga en cuenta que, en aquellas fechas, todos los gobernantes de las naciones aliadas eran masones, con muy contadas excepciones... Esto era un argumento de gran fuerza para ellos. Tenían absoluta fe de que la Revolución se detendría en la República burguesa, tipo francés.

G.— Según el cuadro que me han pintado de Rusia en 1917, se necesitaba que fueran muy ingenuos para creer eso.

R.— Lo eran y lo son. Los masones no han aprendido aquella primera lección que fue la Gran Revolución, en la cual jugaron un enorme papel revolucionario, y devoró a la mayoría masónica, empezando por su Gran Maestre, el Orleáns; mejor dicho, por el masón Luis XVI, para continuar con girondinos, hebertistas, jacobinos, etc., y si sobrevivieron algunos fue gracias al Brumario.

G.— ¿Quiere usted decir que los masones están destinados a morir a manos de la Revolución, traída con su ayuda?...

R.— Exacto... Ha formulado usted una verdad encerrada en un gran secreto. Yo soy masón; ya lo sabría usted, ¿no?... Pues bien: le diré a usted cuál es ese gran secreto que se promete descubrirle al masón en el grado inmediato superior..., pero que no lo descubre ni en el 25, ni en el 33, ni en el 93, ni en el más alto de ningún rito... Naturalmente, yo no lo conozco por ser masón, sino por pertenecer a "Ellos"...

G.— ¿Y cuál es?...

R.— Toda la formación del masón y el fin público de la Masonería tiende a que logren y concedan todas las premisas necesarias para el triunfo de la Revolución Comunista; naturalmente, bajo pretextos muy varios; pero que se cubren bajo su conocido trilema.
¿Comprende?... Y como la Revolución Comunista supone la liquidación como clase de toda la burguesía y la física de todo diligente político burgués, el secreto auténtico de la Masonería es el suicidio de la Masonería como organización y el suicidio físico de todo masón algo importante... Ya comprenderá usted que tal fin reservado al masón, bien merece misterios, escenografía y tantos y tantos "secretos"... interpuestos para ocultar el auténtico... No se pierda, si usted tiene ocasión, el presenciar en alguna futura Revolución el gesto de asombro y la estupidez reflejada en el rostro de un masón cuando se convence de que él va a morir a manos de los revolucionarios... ¡Cómo grita y quiere hacer valer sus servicios a la Revolución!... Es un espectáculo como para morir uno también..., pero de risa.

G.— ¿Y aún niega usted la estupidez congénita en la burguesía?...

R.— La niego en la burguesía como clase; no en sectores determinados. La existencia de manicomios no indica una locura general. La Masonería puede ser también un manicomio, pero en libertad... Más prosigo: ha triunfado la Revolución; la toma del Poder se consumó. Se presenta el primer problema: la Paz y con él la primera disención dentro del Partido, en la cual toman parte las fuerzas de la coalición que disfruta el poder. No le relataré lo que ya es de sobra conocido sobre la lucha que se libra en Moscú entre los partidarios y adversarios de la paz de Bret. Sólo le indicaré que lo llamado después Oposición trotskista, los liquidados y los por liquidar, ya se definieron allí; todos eran contrarios a firmar el tratado de paz. Aquella paz fue un error, traición inconsciente de Lenin a la Revolución internacional. Imagínese a los bolcheviques sentados en Versalles en la conferencia de la Paz y en la Sociedad de Naciones después, con el Ejército Rojo, acrecido y armado por los Aliados, dentro de Alemania. Hubiera sido soldar por las armas el Estado Soviético a la Revolución Alemana. Muy otro sería hoy el mapa europeo. Pero Lenin, un ebrio del poder, secundado por Stalin, que ya había probado el alcohol del mando, seguidos del ala nacional rusa del Partido, se impusieron por la fuerza material. Y entonces nació el "socialismo en un solo país"; es decir, el nacional-comunismo, que llega él a su apogeo con Stalin hoy. Naturalmente, hubo lucha; pero sólo en forma y extensión que no destruyese al Estado Comunista; condición con vigencia para la Oposición en su lucha ulterior hasta hoy. Esta fue la causa de nuestro primer fracaso de todos los que se han seguido. Pero hubo lucha feroz, aunque disimulada, para no comprometer nuestra participación en el Poder. Trotsky organizó por sus enlaces el atentado de la Kaplan contra Lenin. Por su orden, Blumkin mató al embajador Mirbacli. El golpe de Estado de la Spiridonova y sus socialistas revolucionarios fue de acuerdo con Trotsky. Su hombre para todo esto insospechado; fue aquel Rosenblum, un hebreo lituano, que usaba el nombre de O'Reilly, conocido como el mejor espía del Intelligence Británico. En realidad, un hombre de "Ellos". La razón de haber elegido a este famoso Rosenblum fue porque, conocido solamente como espía inglés, Inglaterra, no Trotsky ni nosotros, cargaría con la responsabilidad de atentados y complots en caso de fracaso. Y así fué. La guerra civil hizo abandonar el método conspirativo y terrorista; porque nos brindó la oportunidad de tener en nuestras manos la fuerza real del Estado, al llegar Trotsky a ser el organizador y jefe del Ejército Rojo. El ejército soviético, que retrocede sin cesar frente a los "blancos" y deja el territorio de la U.R.S.S. reducido al antiguo Ducado de Moscú, como por arte de magia, se torna victorioso. ¿Por qué cree usted?... ¿Por magia o casualidad? Se lo diré: al tomar Trotsky el mando supremo del Ejército Rojo, ya tiene él en sus manos la fuerza necesaria para tomar el Poder. Las victorias acrecerán su prestigio y su fuerza; los "blancos" ya pueden ser derrotados. ¿Cree usted verdadera la historia oficial, que atribuye todo al prodigio de la victoria soviética al mediocre, desarmado e indisciplinado Ejército Rojo?...

G.— ¿A quién, pues?...

R.— En un noventa por ciento se lo debe a "Ellos". No debe usted olvidar que los "blancos" eran, a su manera, "democráticos". Con ellos estaban los mencheviques y los restos de todos los viejos partidos liberales. Dentro de tales fuerzas han tenido "Ellos" siempre muchos nombres a su servicio, conscientes o inconscientes. Al tomar Trotsky el mando, recibieron orden de traicionar a los "blancos" sistemáticamente y, a la vez, la promesa de participar más o menos pronto en el gobierno soviético. Maiski fué uno de aquellos hombres; uno de los pocos que vio cumplida en él la promesa, pero sólo pudo lograrlo convenciendo a Stalin de su lealtad. Unido este sabotaje a la disminución progresiva de la ayuda de los aliados a los generales "blancos", ellos que, además, eran unos pobres idiotas, sufrieron derrota tras derrota. Por fin, Wilson, en sus famosos 14 Puntos, introdujo el punto 6, lo cual bastó para que acabara para siempre todo intento de los "blancos" en la U.R.S.S. Durante la guerra civil se afianza para Trotsky la sucesión de Lenin. Era cosa indudable. Ya podía morir glorificado el viejo revolucionario. Si salió con vida de las balas de la Kaplan, no saldría él vivo de la disimulada eutanasia a la cual se le sometió.

G.— ¿Abrevió su vida Trotsky?... ¡Gran clou para vuestro proceso!.., ¿Sería Levin que asistió a Lenin?...

R.— ¿Trotsky? ... Acaso interviniera, que lo supiera es bien seguro. Ahora bien, la realización técnica..., lo accidental, ¿quién sabe? Tienen "Ellos" demasiados, canales para llegar adonde quieran.

G.— De cualquier manera, el asesinato de Lenin en algo de primerísima categoría para llevarlo al próximo proceso... ¿Qué le parecería a usted, Rakovski, ser esa cosa accidental, el autor?... Naturalmente, si fracasa usted en esta conversación... El caso técnico es muy adecuado para usted, como médico....

R.— No se lo aconsejo. No toque usted ese asunto; es demasiado peligroso para Stalin mismo. Podrán ustedes con su propaganda hacer cuanta quieran; pero también tienen "Ellos" la suya, más poderosa, y un argumento superior a todas las confesiones arrancadas a Levin, a mí o a cualquier otro. El que podestá hará ver en Stalin al asesino de Lenin.

G.— ¿Qué quiere decir?...

R.— Que la regla clásica e infalible para descubrir a un asesino es averiguar a quién beneficia el asesinato..., y en el de Lenin el beneficiado fue su jefe, Stalin. Piénselo usted, y le ruego no haga estos incisos, que me distraen, sin dejarme terminar.

G.— Bien, prosiga usted; pero ya sabe...

R.— Es de dominio público que si Trotsky no sucedió a Lenin no fue por fallar nada humano en el plan. La suma de poderes en las manos de Trotsky durante la enfermedad de Lenin era superior a la necesaria para conseguirlo. Hasta estábamos provistos de la sentencia de muerte contra Stalin. La carta que a su esposo le arrancó la Krupskaya contra su actual jefe bastaría en manos de un Trotsky dictador para liquidar a Stalin. Pero un estúpido accidente, como ya sabrá, frustró todos nuestros planes. Trotsky cae enfermo con una dolencia que adquiere casualmente, y en el momento decisivo, cuando Lenin muere, lleva meses incapacitado de toda actividad. Inconveniente, dentro de sus grandes ventajas, de nuestra organización: la centralización personal. Naturalmente, que un Trotsky formado para la misión que debía realizar no se improvisa repentinamente. Ninguno de nosotros, ni siquiera Zinoviev o Kamenev, teníamos la formación ni el alcanee necesario, que, por Otra parte, Trotsky, celoso de ser suplantado, no quiso facilitar a ningún otro. Así que, cuando al morir Lenin, nos enfrentamos con Stalin, que ha desplegado actividad febril, pero secreta, prevemos la derrota en el Comité Central. Debemos improvisar una solución y la que se adopta es unirse a Stalin, ser más stalinista que él, exagerar; por tanto, sabotear. El resto ya lo conoce usted. Nuestra lucha subterránea permanente y su continuo fracaso frente a un Stalin que se revela como un genio policíaco, sin precedentes en todo el pasado. Más aún: Stalin, acaso por un atavismo nacionalista, que no pudo, extirpar en él su incipiente marxismo, acentúa su panrusismo, suscitando tras él una clase que nosotros deberíamos exterminar, la del nacional-comunismo, en oposición al comunismo-internacional que somos nosotros. El coloca la Internacional al servicio de la U.R.S.S., y a ésta obedeciéndolo a él. Si queremos hallar un paralelo histórico, debemos señalar al bonapartismo, y si queremos hallar otro personal a Stalin, no encontramos un personaje histórico par. Pero yo creo hallarlo en lo esencial fundiendo dos: Fouché y Napoleón. Quitémosle a éste su segunda mitad, lo accesorio, uniforme, jerarquía militar, corona, etc., cosas que a Stalin parecen no tentarle, y sumados nos darán un Stalin idéntico en lo capital: en yugular la Revolución, no sirviéndola, sino sirviéndose de ella; en identificarse con el más viejo imperialismo ruso, como Napoleón se identificó con el galo; en crear una aristocracia, si no militar, ya que no tiene victorias, sí burocrático- policíaca...

G.— Basta ya Rakovski, que no está usted aquí para hacer propaganda trotskista. ¿Llegará usted alguna vez a lo concreto?...

R.— Naturalmente que llegaré; pero cuando logre que forme usted un ligero concepto sobre "Ellos", con los cuales habrá que contar para lo práctico y concreto. Antes no; me importa más que a usted no fracasar, como usted comprenderá.

G.— Pues abrevie cuanto pueda.

R.— Nuestro fracaso, que se acentúa de año en año, implica dejar sin objetivo inmediato cuanto en la post-guerra impusieron "Ellos" para el nuevo salto de la Revolución. El tratado de Versalles, tan inexplicable para políticos y economistas de todas las naciones, porque ninguno adivinó su real proyección, fue la premisa más decisiva para la Revolución.

G.— Es muy curiosa la teoría. ¿Cómo la explica?...

R.— Las reparaciones y las limitaciones económicas de Versalles no las determinó la conveniencia de ninguna nación. Su absurdo aritmético era tan evidente que hasta los más eminentes economistas de las naciones vencedoras lo denunciaron pronto. Sólo Francia reclamó para reparaciones mucho más de lo que valía todo su patrimonio nacional, más que si hubiera sido hecho un Sahara todo el suelo francés. Peor fue acordado aquel absurdo de hacerle pagar a Alemania muchas veces más de cuanto podía pagar, aun vendiéndose por entero ella y entregando la producción de todo su trabajo nacional. Al fin, en realidad, se llegó a la consecuencia práctica de imponerle a la República de Weimar hacer un dumping fantástico si quería pagar algo de las reparaciones. Y el dumping ¿qué era?... Subconsumo, hambre en Alemania y paro en la misma medida en las naciones importadoras. Si no importaban, paro en Alemania. Hambre y paro en una u otra parte; he aquí la primera consecuencia de Versalles... ¿Era o no el Tratado revolucionario?... Se hizo más: se intentó una reglamentación igual en el plano internacional... ¿Sabe usted lo que la medida representa en plan revolucionario?... Es imponer el anárquico absurdo de hacer producir lo suficiente y propio a cualquier economía nacional, estimando que para lograrlo es indiferente su clima, sus fuentes naturales de riqueza y hasta la educación técnica de directores y de obreros. Siempre fue un recurso para compensar las desigualdades naturales en calidad del suelo, clima, minerales, petróleo, etc., etc., entre las economías nacionales el trabajar más los países más pobres; es decir, explotar más a fondo su capacidad de trabajo para suplir la deficiencia motivada por la pobreza del suelo, a la cual se deben agregar otras desigualdades, que también se compensaban por tal medio; por ejemplo, la diferencia en los utillajes industriales. No quiero extenderme más; pero la reglamentación del trabajo impuesto por la Sociedad de Naciones, evocando un principio abstracto de igualdad en la jornada, era en realidad, dentro de un sistema de producción y cambio internacional capitalista no modificado, imponer una desigualdad económica; porque ello era despreciar el fin del trabajo, que es la producción suficiente. El efecto inmediato fue una insuficiencia de la producción, compensada con las importaciones de los países natura e industrialmente autosuficientes, pagadas en oro, en tanto hubo en Europa oro. Prosperidad ficticia en Estados Unidos, que cambiaban su fabulosa producción, por oro y el oro en billetes, que abundaban. Como toda anarquía de la producción, y la del período fué como no se vio jamás, la Finanza, "Ellos" la explotan a pretexto de remediarla, con otra anarquía mayor: la inflación de la moneda oficial y cien veces más con la inflación de su propio dinero, la moneda-crédito, la moneda falsa. Recuerde las devaluaciones sucesivas en muchas naciones; la desvalorización alemana, la crisis americana y su efecto fabuloso... un record de paro: más de treinta millones de parados sólo en Europa y Estados Unidos. ¿Era o no premisa revolucionaria el Tratado de Versalles y su Sociedad de Naciones?...

G.— Podría serlo sin quererlo; no me podrá usted justificar por qué retroceden ante la consecuencia lógica, la Revolución, el Comunismo; es más, le hacen frente con el Fascismo, triunfante en Italia y Alemania... ¿Qué me dice?...

R.— Que sólo excluyendo la existencia y el fin de "Ellos" tendría usted toda la razón..., pero no debe olvidar su existencia y su fin y tampoco el hecho de que ocupa el poder en la U.R.S.S. Stalin.

G.— No veo la relación.

R.— Porque no quiere: le sobran dotes inductivas y elementos de juicio. Le repito una vez más: Stalin es para nosotros un bonapartista, no un comunista.

G.— ¿Y qué?...

R.— Pues que las grandes premisas que impusimos en Versalles para el triunfo de la Revolución Comunista en el mundo, y que, como ha visto, fueron una realidad gigantesca, no quisimos que sirvieran para dar el triunfo, al bonapartismo staliniano...
¿Está bien claro?... Otra cosa hubiera sido si es Trotsky entonces el dictador de la U.R.S.S.; es decir, si son "Ellos" los jefes del Comunismo internacional.

G.— Pero el Fascismo es un anticomunismo integral, tanto del trotskista como del staliniano..., y si tan grande es el poder que les atribuye a "Ellos", ¿cómo no lo han evitado?...

R.— Porque son "Ellos" quien han hecho triunfar a Hitler.

G.— Bate usted todas las marcas del absurdo.

R.— Lo absurdo y lo prodigioso se confunden por incapacidad cultural. Escúcheme. Ya he reconocido el fracaso de la Oposición. "Ellos" vieron al fin que no podía ser derribado Stalin por un golpe de Estado. Y su experiencia histórica les dictó una solución. La reprís con Stalin de lo hecho con el Zar. Una dificultad había que nos parecía insuperable. No existía en toda Europa un país invasor. Ninguno poseía situación geográfica o ejército bastante para invadir la U.R.S.S. Al no haberlo, debieron "Ellos" inventarlo. Sólo Alemania tenía población y posición adecuada para invadir la U.R.S.S. y para infligirle derrotas a Stalin; pero, como comprenderá, la República de Weimar no fue ideada, ni política ni económicamente, para ser invasora, sino para ser invadida. En el horizonte del hambre alemán empezó a brillar la fugaz estrella hitleriana. Un ojo perspicaz se fijó en él. El mundo ha presenciado su ascensión fulminante. No le diré que ha sido todo obra nuestra, no. Le dio sus masas, cada vez mayores, la economía revolucionario-comunista de Versalles. Aunque no fuera dictada para provocar el triunfo de Hitler, la premisa que impuso Versalles a Alemania fue la de su proletarización, de paro y hambre, y su consecuencia debió ser el triunfo de la Revolución Comunista. Pero frustrada ésta por la presencia de Stalin en la jefatura de la U.R.S.S. y de la Internacional, y no queriendo entregar Alemania al nuevo Bonaparte, los planes Dawes y Young atenuaron las premisas sólo en parte, a la espera del triunfo en Rusia de la Oposición..., pero como no llegaba, las premisas revolucionarias existentes debían tener sus consecuencias. El determinismo económico de Alemania imponía a su proletariado la Revolución. Al deber ser contenida la revolución social-internacionalista por culpa de Stalin, el proletariado alemán se lanzó a la revolución nacional-socialista. Fue un hecho dialéctico. Pero con toda su premisa y su razón, la revolución nacionalsocialista jamás hubiera podido triunfar. Hizo falta más. Fue necesario que, obedeciendo consignas, los trotskistas y los socialistas dividiesen a las masas que tenían una conciencia de clase despierta e intacta. En esto ya intervinimos nosotros. Pero fue necesario más: en 1929, cuando el Partido Nacional-Socialista sufre la crisis de crecimiento y sus recursos financieros le fallan, "Ellos" le envían un embajador; hasta sé su nombre, fue un Warburg. Se conviene la financiación del Partido Nacional-Socialista en negociaciones directas con Hitler, y éste recibe en un par de años millones de dólares, enviados por Wall Street y millones de marcos de financieros alemanes, éstos a través de Schacht; el sostenimiento de las S. A. y de las S. S. y la financiación de las siguientes elecciones que dan el poder a Hitler se hace con los dólares y los marcos que le envían "Ellos".

G.— Los que aspiran, según usted, a un comunismo perfecto, arman a Hitler que jura exterminar al primer pueblo comunista... Esto sí lo creo, es algo lógico en los financieros...

R.— Vuelve usted a olvidar el bonapartismo staliniano. Recuerde usted que frente a Napoleón, el estrangulador de la Revolución francesa, el que le robó sus fuerzas, eran objetivamente revolucionarios Luis XVIII, Wellington, Metternich y hasta el autócrata Zar... Esto es de un rigor doctrinal stalinista de veintidós quilates. Se sabrá usted de memoria sus tesis coloniales en relación a las naciones imperiales. Sí, según él, es objetivamente comunista el emir de Afghanistán y el rey Faruk por su lucha contra Su Graciosa Majestad Imperial, ¿por qué no puede ser objetivamente comunista Hitler por su lucha contra el autócrata zar "Koba I"?... En fin, sin digresiones; ahí tiene usted a Hitler creciendo en poder militar, extendiendo su III Reich, y lo que aún lo aumentará... lo necesario hasta que tenga potencia en acto suficiente para poder atacar y derrotar copiosamente a Stalin... ¿No ve la mansedumbre general de aquellos lobos de Versalles, que se limitan a débiles gruñidos?... ¿También es otra casualidad?... Hitler invadirá la U.R.S.S. y, así como en 1917 las derrotas del Zar nos sirvieron para derribarle, las derrotas de Stalin nos servirán para derribarle y suplantarle... Volverá a sonar la hora de la Revolución Mundial. Porque las naciones democráticas, adormecidas hoy, en el instante que Trotsky ocupe de nuevo el Poder, como cuando la guerra civil, realizarán una mutación general. Hitler será entonces atacado por el Oeste; sus generales se sublevarán y lo liquidarán... ¿Habrá sido Hitler objetivamente comunista, sí o no?...

G.— No creo en fábulas ni milagros...

R.— Pues si no quiere creer que "Ellos" son capaces de realizar lo que han realizado, prepárese usted para presenciar la invasión de la U.R.S.S. y el fin de Stalin antes de un año. Lo crea milagro o casualidad, prepárense a presenciarlo y a sufrirlo... ¿Pero será usted capaz de negarse a creer cuanto le he dicho, aunque sólo sea en hipótesis?... Aguardando a obrar en consecuencia sólo cuando empiece a ver las pruebas a la luz de cuanto convengamos.

G.— Bien, hablemos en hipótesis... ¿Qué sugiere?...

R.— Fue usted quien señaló nuestra coincidencia. A nosotros no nos interesa el ataque a la U.R.S.S. ahora, porque la caída de Stalin supondría el derrumbamiento de este comunismo, que, aún siendo formal, nos interesa exista, por tener la seguridad de que lograremos regirlo para transformarlo en Comunismo real. Creo haber sintetizado exactamente la situación del momento actual.

G.— Perfectamente; solución...

R.— Ante todo, debemos hacer que desaparezca el peligro potencial de un ataque hitleriano.

G.— Si, como afirma, fueron "Ellos" quienes lo hicieron Führer, han de tener poder sobre Hitler para que los obedezca.

R.— Por no haberme yo expresado bien, dada la rapidez, no ha entendido usted bien. Si es cierto que "Ellos" financiaron a Hitler, no quiere decir esto que le descubrieron ni su existencia ni su fin. El enviado, Warburg, se presentó a él con una falsa personalidad, ni siquiera parece que Hitler adivinó su raza, y también mintió sobre quiénes eran sus representados. Le dijo ser enviado de un círculo financiero de Wall Street, interesado en financiar el movimiento nacional-socialista con el fin de crear una amenaza contra Francia, cuyos gobiernos seguían una política financiera que provocaba la crisis económica en Estados Unidos.

G.— ¿Y lo creyó Hitler?...

R.— Lo ignoramos. No era lo importante que creyera en los motivos; nuestro fin era que triunfase, sin imponerle ninguna condición. El fin real, bajo cualquier pretexto, está conseguido, sin pacto, sin condición; porque nuestro fin era provocar la guerra..., y Hitler era la guerra. ¿Comprende ya?...

G.— Comprendo. Entonces no veo yo ninguna otra manera de contenerlo que una coalición de la U.R.S.S. y de las naciones democráticas capaz de intimidar a Hitler. Según yo creo, no es él capaz de lanzarse contra todos los Estados del mundo a la vez... Todo lo más uno a uno.

R.— ¿No le parece a usted una solución muy simplista..., hasta diría yo contrarrevolucionaria?...

G.— ¿Evitar una guerra contra la U.RS.S.?...

R.— Corte su frase a la mitad... y repita conmigo: "Evitar una guerra"... ¿no es una cosa contrarrevolucionaria en absoluto?... Reflexione. Todo comunista sincero, imitando a su ídolo, Lenin, y a los más grandes estrategas revolucionarios, debe anhelar siempre la guerra. Nada como la guerra acelera el triunfo de la Revolución. Es un dogma marxista-leninista que usted debería profesar... Ahora bien: ese nacional-comunismo staliniano, ese bonapartismo, es capaz de ofuscar la razón de los comunistas más puros hasta impedirles ver la inversión en la cual incurre Stalin, la de subordinar la Revolución a la nación y no, como es correcto, subordinar la nación a la Revolución...

G.— Su odio a Stalin le ofusca y le hace contradecirse... ¿no habíamos convenido en que no era deseable un ataque a la U.R S.S.?...

R.— ¿Y por qué la guerra ha de ser necesariamente contra la U.R.S.S.?...

G.— ¿A qué otra nación puede atacar Hitler?... Es cosa demasiado clara que dirigirá su ataque contra la U.R.S.S., sus discursos lo proclaman. ¿Qué más prueba quiere?...

R.— Y si usted, los del Kremlin, lo creen tan firme e indiscutiblemente, ¿por qué han provocado la guerra civil en España? No me diga que por pura razón revolucionaria. No es capaz Stalin de plasmar en hechos ninguna teoría marxista. Si razón revolucionaria hubiera, no sería correcto quemar en España tantas y tan excelentes fuerzas revolucionarias internacionales. Es la nación más lejana de la U.R.S.S. y la más elemental cultura estratégica no aconsejaba malgastar allí las fuerzas... En caso de conflicto, ¿cómo haya guerra contra la U.R.S.S.; segundo, que conviene provocarla entre podría Stalin abastecer y apoyar militarmente una república soviética española?... Pero soy sincero, desde otro punto de vista, la revolución y la guerra en España era correcta. Allí hay un punto estratégico importante, un cruce de influencias opuestas de las naciones capitalistas..., se podía provocar una guerra entre ellas. Lo reconozco, era correcto teóricamente..., pero en la práctica, no. Ya ve cómo no estalla la guerra entre el capitalismo democrático y el fascista... Y ahora le digo: si Stalin se creyó capaz por sí solo de crear un motivo capaz de provocar la guerra que hiciera luchar entre sí a las naciones capitalistas..., ¿por qué no ha de admitir, en teoría por lo menos, que otros puedan conseguir lo que no le pareció imposible lograr a él?...

R.— Entonces, hay otro punto más de coincidencia: primero, que no ..... *¿falta texto?*

G.— Aceptando sus premisas, puede admitirse la hipótesis.

las naciones burguesas.

G.— De acuerdo. ¿Lo dice usted como una opinión personal o como de "Ellos"?...

R.— Como una opinión mía. No tengo poder ni contacto con "Ellos"; pero puedo afirmar que coincidirán en esos dos puntos con el Kremlin.

G.— Esto es importante fijarlo previamente, por ser lo capital. Por tanto, quisiera yo saber en qué se basa usted para tener la seguridad del asentimiento de "Ellos".

R.— Si yo hubiera tenido tiempo de trazar su esquema completo, ya sabría usted los motivos de su aceptación. Por ahora, los reduciremos a tres.

G.— ¿Cuáles son?...

R.— Uno, que, como ya enuncié, Hitler, ese inculto elemental, por intuición natural y hasta en contra de la opinión técnica de Schacht, ha instaurado un sistema económico de tipo peligrosísimo. Analfabeto en toda teoría económica, obedeciendo sólo a la necesidad, eliminó, como nosotros hicimos en la U.R.S.S., a la Finanza Internacional y a la privada. Es decir, recobró para sí el privilegio de fabricar moneda, no sólo la física, sino la financiera; tomó la máquina intacta de la falsificación y la hizo funcionar en beneficio del Estado. Nos aventajó, porque nosotros la suprimimos en Rusia y no se ha sustituido aún más que con ese grosero aparato llamado capitalismo de Estado; fue un triunfo muy caro pagado a la necesaria demagogia pre-revolucionaria. Estas son las dos realidades comparadas. Hasta favoreció la suerte a Hitler; se halló casi exhausto de oro, por lo cual, no cayó en la tentación de crear su "patrón". Como sólo disponía por toda garantía monetaria de la técnica y del trabajo colosal de los alemanes, técnica y trabajo fueron su "encaje oro"... algo tan genuinamente contrarrevolucionario, que, ya lo ve usted, suprimió radicalmente aquel paro de más de siete millones de técnicos y obreros como por arte de magia.

G.— Por el rearme acelerado.

R.— ¿Qué más da su objeto?... Si Hitler ha llegado a eso en contra de todos los economistas burgueses que lo rodean, sería muy capaz, sin peligro de guerra, de aplicar su sistema a la producción de paz... ¿Es usted capaz de suponer lo que sería ese sistema contagiando a un número de naciones y llevándolas a formar un ciclo autárquico?... Por ejemplo, a la Commonwealth.

Imagínelo en función contrarrevolucionaria, si es usted capaz... El peligro no es inminente aún, porque hemos tenido la suerte de que, no habiendo instaurado Hitler su sistema sobre ninguna teoría precedente, sino empíricamente, no se ha formulado de manera científica. Es decir, que, como él no ha discurrido por ningún proceso racional deductivo, no hay ni siquiera tesis científica, ni se formuló doctrina. Pero el peligro está latente; porque puede surgir en cualquier instante una formulación gracias a la deducción. Esto es muy grave... Mucho más que todo lo espectacular y lo cruel del Nacional-Socialismo. Nuestra propaganda no lo ataca, porque con la controversia teórica podríamos nosotros mismos provocar la formulación y la sistematización de tan decisiva doctrina económica contrarrevolucionaria. Sólo hay un recurso: la guerra.

G.— ¿Y el segundo motivo?...

R.— Si triunfó el Termidor de la Revolución soviética fue por la existencia de un nacionalismo ruso anterior. Sin tal nacionalismo, hubiera sido imposible el bonapartismo. Y si ocurrió así en Rusia, donde el nacionalismo sólo era embrionario, personal, el Zar, ¿qué obstáculo no hallara el Marxismo en el nacionalismo en plena forma de la Europa occidental?... Marx llegó a equivocarse respecto a la prelación del triunfo revolucionario. No triunfó el marxismo en la nación más industrializada, y sí en la Rusia casi carente de proletariado. Se debe nuestro triunfo aquí, entre otros motivos, a que Rusia carecía de un nacionalismo verdadero y las demás naciones lo tenían en su pleno apogeo. Véase cómo resurge en ellas con esa potencia extraordinaria del fascismo y cómo se contagia. Comprenderá que, sin mirar si hoy ha de beneficiar a Stalin, la yugulación del nacionalismo en Europa bien merece una guerra.

G.— En resumen, ha expuesto usted, Rakovski, una razón económica y una razón política, ¿cuál es la tercera?...

R.— Es fácil de adivinar. Tenemos una razón religiosa. Sin abatir al Cristianismo superviviente le ha de ser imposible triunfar al Comunismo. La Historia es elocuente: costó a la Revolución permanente dieciséis siglos lograr su primer triunfo parcial, al provocar la primera escisión de la Cristiandad. En realidad, el Cristianismo es nuestro único enemigo, porque lo político y económico en las naciones burguesas tan sólo es su consecuencia. El Cristianismo, rigiendo al individuo, es capaz de anular por asfixia la proyección revolucionara del Estado neutral, laico o ateo y, como vemos en Rusia, hasta logra crear ese nihilismo espiritual que reina en las masas dominadas, pero aún cristianas; obstáculo no superado aún en veinte años de marxismo. Concedemos a Stalin que no ha sido bonapartista en lo religioso.

Nosotros no hubiéramos hecho ni más ni otra cosa que él... ¡Ah!... si Stalin también se atreve como Napoleón a cruzar el Rubicón del Cristianismo; su nacionalismo y su potencia contrarrevolucionaria se habrían multiplicado por mil. Y, sobre todo, si así fuera, una incompatibilidad tan radial hubiera hecho imposible toda coincidencia entre nosotros y él, aunque fuera temporal y objetiva... como la que ya debe usted ver que ante nosotros se perfila.

G.— En efecto; mi opinión personal es que ha definido usted los tres, puntos fundamentales sobre los cuales pudiera trazarse la línea de un plan... Esto es cuanto hasta el momento le concedo. Pero le ratifico mis reservas mentales; exactamente, la incredulidad absoluta mía sobre cuánto ha expuesto en el terreno de hombres, entidades y hechos. Pero, en fin, sugiera ya de una vez las líneas generales de su plan.

R.— Sí, ahora sí; es el momento. Sólo una salvedad previa: que yo hablo bajo mi propia responsabilidad. Yo respondo de interpretar en los tres puntos precedentes el pensamiento de "Ellos", pero admito que "Ellos" pueden estimar más eficaz a los tres fines propuestos un plan de acción actual totalmente distinto al que voy a sugerir. Tenga esto en cuenta.

G.— Se tendrá. Diga ya.

R.— Simplifiquemos. Carente ya del objeto para el que fue creada la potencia militar alemana— darnos el Poder en la U.R.S.S. — ahora se trata de lograr una inversión de frentes; dirigir del oriental al occidental el ataque hitleriano.

G.— Exactamente. ¿Ha pensado en un plan práctico de realización?

R.— Sobraban muchas horas en la Lubianka. He pensado. Vea usted: Si lo difícil ha sido entre nosotros hallar un punto de coincidencia, y lo demás ha fluido de manera natural, el problema se reduce a descubrir algo donde Stalin y Hitler coincidan también...

G.— Sí; pero reconocerá que es todo un problema.

R.— No tan insoluble como cree. En realidad, sólo hay problemas insolubles cuando implican oposición dialéctica subjetiva... y, aún así, nosotros creemos siempre posible y necesaria la síntesis, superando el "imposible moral" de los metafísicos cristianos.

G.— Vuelve a teorizar.

R.— Es en mí necesario por mi disciplina mental. La gran cultura prefiere venir a lo concreto desde la generalización y no lo contrario. Hitler y Stalin pueden coincidir, porque, aun siendo muy distintos, son idénticos en su raíz; si Hitler es un sentimental en grado patológico y Stalin es normal, ambos son egoístas; ninguno es un idealista; por eso son ambos bonapartistas; es decir, imperialistas clásicos. Y siendo así, ya es fácil una coincidencia entre ambos... ¿Por qué no si también fue posible entre una Zarina y un Rey prusiano:

G.— Rakovski, es usted incorregible...

R.— ¿No adivina?... Si Polonia hizo coincidir a Catalina y a Federico, cada uno modelo del "Zar y del Rey" actual de Rusia y Alemania, ¿por qué no puede Polonia ser causa de coincidencia entre Hitler y Stalin? La línea histórica zarista-bolchevique y monárquico-nazi así como la personal de Hitler y Stalin pueden coincidir en Polonia. La nuestra, la de "Ellos", también: es una nación cristiana y, para mayor agravante, católica.

G.— ¿Y dada la triple coincidencia?...

R.— Si hay coincidencia, es posible un acuerdo.

G.— ¿Entre Hitler y Stalin?... ¡Absurdo! ¡Imposible!

R.— No hay absurdos ni tampoco imposibles en política.

G.— Imaginemos en hipótesis: Hitler y Stalin atacan a Polonia...

R.— Permítame interrumpirle: su ataque sólo puede provocar esta alternativa: guerra o paz..., debe admitirla.

G.— Sí; pero ¿y qué?...

R.— ¿Estima usted a Inglaterra y a Francia, con su inferioridad en ejército y aviación frente a Hitler, capaces de atacar a Hitler y a Stalin unidos?...

G.— En efecto, me parece difícil..., a no ser que América...

R.— Deje usted por el momento a los Estados Unidos. ¿Me concede que no puede haber guerra europea por un ataque de Hitler y Stalin a Polonia?...

G.— En lógica, no parece muy posible.

R.— En ese caso, el ataque, la guerra, sería casi inútil. No provocaría la destrucción de las naciones burguesas entre sí: la amenaza hitleriana contra la U.R.S.S., realizando el reparto de Polonia, seguiría subsistiendo, porque, teóricamente, Alemania y la U.R.S.S. se habrían fortalecido por igual: prácticamente, Hitler más, porque ni tierra ni materias primas necesita la U.R.S.S. para fortalecerse más y Alemania sí.

G.— Está bien visto..., pero no parece haber otra solución. R.— Sí hay solución.

G.— ¿Cuál?...

R.— Que las democracias ataquen y no ataquen al agresor.

G.— ¡Desvaría usted!... Atacar y no atacar a la vez..., eso sí que es un imposible absoluto. R.— ¿Cree usted?... Serénese... ¿No serían dos los agresores?... ¿No hemos convenido que no se produciría el ataque, precisamente por ser dos?... Bien..., ¿qué inconveniente hay para que sólo ataquen a uno de los dos?...

G.— ¿Qué quiere usted expresar?...

R.— Sencillamente, que las democracias sólo declaren la guerra a un agresor; precisamente, a Hitler.

G.— Sólo es una hipótesis gratuita.

R.— Hipótesis, pero gratuita no. Reflexione usted, toda nación que debe luchar contra una coalición de Estados enemigos tiene como su máxima aspiración estratégica el batirlos separadamente, uno a uno. Es regla tan conocida y racional, que sobra toda demostración. Pues bien; esa oportunidad, convendrá usted conmigo, no hay ningún inconveniente de brindarla. Conque Stalin no se sienta ofendido por el ataque a Hitler y no se una con él, creo resuelta la cuestión. ¿No es así?... Además, la geografía lo impone y, por tanto, la estrategia. Por estúpidas que fueran Francia e Inglaterra pretendiendo luchar a la vez contra dos potencias, una de las cuales quiere ser neutral y la otra por sí sola ya es mucho adversario para ellas..., ¿por dónde iban ellas a realizar el ataque contra la U.R.S.S.?... No tienen frontera, si no la atacan por el Himalaya... Si, queda la frontera aérea..., pero, ¿con qué y desde dónde podrían atacar a Rusia?...Están en inferioridad en el aire frente a Hitler. Todo esto que arguyo no es ningún secreto, es demasiado público. Como ve, todo se simplifica mucho,

G.— Sí; circunscribiendo el conflicto a las cuatro potencias parecen, lógicas sus deducciones; pero no son cuatro, sino muchas, y la neutralidad no es cosa muy fácil en una guerra de tal envergadura.

R.— Desde luego, pero la posible intervención de más naciones no modifica la correlación de fuerzas. Haga su balance mental y verá cómo subsiste el equilibrio aunque intervengan más o todas las naciones europeas. Además, y esto es lo importante, ninguna otra nación que pudiera entrar en la guerra junto a Inglaterra y Francia les podría quitar a ellas la dirección; por tanto, seguirán siendo válidas las razones que les impidan atacar a la U.R.S.S.

G.— Olvida usted a los Estados Unidos.

R.— Ya verá usted cómo no los olvido. Limitándome a estudiar su función en el problema previo que ahora nos ocupa, le diré que América no podrá obligar a que ataquen Francia e Inglaterra simultáneamente a Hitler y a Stalin. Para lograrlo tendrían los Estados Unidos que entrar en la guerra desde el primer día. Y ello es imposible. Primero, porque América no ha entrado ni entrará jamás en una guerra si no es agredida. Pueden sus dirigentes lograr ser agredidos cuando les convenga. Esto se lo concedo. Cuando no ha tenido éxito la provocación y el enemigo la ha encajado, la agresión ha sido inventada. En su primera guerra internacional, la guerra contra España, cuya derrota no era dudosa, ya fingieron la agresión, o se la fingieron "Ellos". En el 1914, tuvo éxito la provocación. Se discutirá técnicamente si la hubo, es cierto; pero es regla sin excepción que quien comete agresión sin convenirle, la comete por provocación. Ahora bien; esta magnífica táctica americana, que yo aplaudo, se subordina siempre a una condición: a que la agresión ocurra "oportunamente", cuando conviene al agredido, a los Estados Unidos; es decir, cuando están militarmente armados. ¿Estamos hoy en ese caso?... Evidentemente, no. América tiene hoy poco más de cien mil hombres en armas y una mediocre aviación militar; sólo posee una respetable escuadra..., pero comprenderá que no podría convencer con ella a los aliados para un ataque a la U.R.S.S., cuando Inglaterra y Francia en lo único que tienen superioridad es en el mar. He vuelto a demostrar que no puede haber por ese lado alteración en la correlación de fuerzas en presencia.

G.— Aun admitido, explíqueme la realización técnica.

R.— Como ha visto, dada la coincidencia de intereses entre Stalin y Hitler para su ataque a Polonia, todo se reduce a lograr formalizar la coincidencia y a pactar su doble agresión.

G.— ¿Y lo cree usted cosa muy fácil?...

R.— Sinceramente, no. Sería necesaria una diplomacia más experta que la Staliniana. Tendría que hallarse en servicio la que ha decapitado Stalin o la que se pudre ahora en la Lubianka. Litvinov, en pasados tiempos, con ciertas dificultades, hubiera sido capaz, aunque su raza hubiera sido un gran handicap para tratar con Hitler; pero ahora es un hombre acabado, lo consume un pánico espantoso, le tiene un miedo cerval, más que a Stalin, a Molotov. Todo su talento está embargado en lograr que no lo crean trotskista... Oír él que debería iniciar una aproximación a Hitler, sería tanto como decirle que fabricase por sí mismo la prueba de su trotskismo. No veo el hombre capaz; desde luego, debería ser un ruso puro. Yo me ofrecería para orientar. De momento, sugiero que quien inicie las conversaciones, que deberán ser en un terreno estrictamente confidencial, derroche sinceridad... Sólo con la verdad, dado el muro de prejuicios existente, se podrá engañar a Hitler.

G.— Vuelvo a no entender su lenguaje paradójico.

R.— Perdone, pero sólo en apariencia lo es; me obliga la síntesis a ello. Quería decir que debe jugarse limpio con Hitler en lo concreto e inmediato. Hay que demostrarle que no se trata de una jugada de provocación para envolverle en una guerra de dos frentes. Por ejemplo, se le puede prometer y demostrar en el momento pertinente que nuestra movilización se limitará sólo a las pocas fuerzas necesarias para la invasión de Polonia, que, en realidad serán pocas. Nuestro dispositivo real deberá situar sus gruesos dispuestos a repeler una supuesta agresión anglofrancesa. Stalin deberá ser espléndido en los abastecimientos previos que Hitler solicite, principalmente en petróleo. Esto es le que se me ocurre de momento. Surgirán mil cuestiones más del mismo género, que deberán ser resueltas dando a Hitler la seguridad práctica de que sólo vamos a tomar nuestra parte de Polonia. Y como así ha de ser en el orden práctico, será engañado con la verdad.

G.— Pero, en ese caso, ¿dónde se halla el engaño?...

R.— Le dejo unos instantes para que usted mismo descubra dónde se halla el engaño de Hitler. Antes quiero subrayar, y usted debe anotarlo, que hasta el instante yo he dibujado un plan lógico, normal, por el cual se puede llegar a conseguir que se destruyan entre sí las naciones capitalistas, haciendo chocar a sus dos alas, a la fascista contra la burguesa. Pero, repito, es normal y lógico mi plan. Como ha visto, no intervienen factores misteriosos ni extraños. En una palabra, no intervierten "Ellos" para que sea posible su realización... Desde luego, creo adivinar su pensamiento: está usted pensando en este mismo momento que ha sido estúpido el haber perdido el tiempo en demostrar la indemostrable existencia y potencia de "Ellos"..., ¿no es así?...

G.— En efecto.

R.— Séame sincero. ¿De verdad no ve usted su intervención?... Le advierto, en ayuda de usted, que su intervención existe, y es decisiva; tanto, que la lógica y naturalidad del plan sólo es aparencia pura... ¿No los ve a "Ellos" de verdad?...

G.— Francamente, no.

R.— Es tan sólo apariencia la lógica y, la naturalidad de mi plan. Lo natural y lógico sería que Hitler y Stalin se destruyeran entre sí. Una cosa sencilla y fácil, para las democracias si su objetivo fuera el proclamado por ellas, aunque muchos demócratas lo crean, porque les bastaría con permitirle, fíjese bien, "permitirle", a Hitler atacar a Stalin. No me diga que podría vencer Alemania. Si el espacio ruso y la desesperación de Stalin y los suyos bajo el hacha hitleriana o frente a la venganza de sus víctimas no era suficiente para lograr que agotasen la potencia militar de Alemania, ningún obstáculo habría para que las democracias ayudasen sabiamente, metódicamente a Stalin, si lo veían flaquear, prolongando su ayuda hasta el total agotamiento de los dos ejércitos. Esto sí que sería fácil, natural y lógico, si los motivos y fines de las democracias, que la mayoría de sus hombres creen verdaderos, fueran una realidad y no lo que son: pretextos. Hay un único fin: el triunfo del Comunismo; que no se lo impone a las democracias Moscú, sino Nueva York; no la "Komintern", sino la "Kapintern" de Wall Street... ¿Quién si no sería capaz de imponer a Europa una contradicción tan patente y absoluta?... ¿Cuál puede ser la fuerza que la lleve al suicido total? Sólo hay una capaz: el Dinero. El Dinero es Poder; el único Poder.

G.— Seré sincero con usted, Rakovski. Le concedo yo dotes de talento excepcional. Hay en usted una dialéctica brillante, agresiva, fina; cuando ella le falla, su imaginación tiene recursos para tender su telón multicolor fingiendo luminosas y claras perspectivas...; pero todo eso, si me deleita no me basta. Paso a interrogarle, tal como si yo creyera todo cuanto me ha dicho. R.— Y yo le daré la respuesta, con la única condición de que usted no me atribuya ni más ni menos de cuanto yo haya dicho.

G.— Prometido. Afirma usted que "Ellos" impiden e impedirán la guerra lógica desde un punto de vista capitalista, la guerra germano-soviética. ¿Interpreto bien?...

R.— Exactamente.

G.— Pero la realidad actual es que permiten la expansión y el rearme alemán. Esto es un hecho. Ya sé que, según usted, ello lo motivaba el plan trotskista, fracasado por las "purgas" hoy; por tanto, ya sin objeto. Frente a la nueva situación, sólo sugiere usted que Hitler y Stalin pacten y se repartan Polonia. Y yo le pregunto: ¿cómo se nos garantiza de que con pacto o sin pacto, con reparto o sin reparto, no atacará Hitler a la U.R.S.S.?...

R.— No se garantiza.

G.— Entonces, ¿para qué hablar más?...

R.— No se precipite usted; la formidable amenaza contra la U.R.S.S. es práctica, real. No es hipótesis ni amenaza verbal. Es un hecho, un hecho que dicta. "Ellos" ya tienen una superioridad sobre Stalin; una superioridad que no han de abdicar. A Stalin se le brida sólo una alternativa, una opción; no una plena libertad. El ataque de Hitler se producirá por sí mismo; nada deben "Ellos" hacer para que se produzca; tan sólo dejarlo a él obrar. Esta es la realidad básica y determinante, olvidada por usted con su mentalidad muy Kremlin... Introversión, señor, introversión.

G.— ¿La opción?...

R.— Se la definiré una vez más, pero escueta: ser atacado Stalin o realizar el plan que yo he trazado, haciendo que se destruyan entre sí las naciones capitalistas europeas. Yo he llamado a esto alternativa; pero, como ve, sólo es alternativa teórica. Stalin se verá obligado, si quiere sobrevivir, a realizar el plan propuesto por mí, una vez ratificado por "Ellos".

G.— ¿Y si se niega?...

R.— Le será imposible. La expansión y el rearme alemán continuarán. Cuando Stalin lo vea frente a sí, gigantesco, amenazador..., ¿qué ha de hacer?... Se lo dictará su propio instinto de conservación.

G.— Sólo parece que los acontecimientos se han de realizar según la pauta trazada por "Ellos"...

R.— Y así es. Naturalmente, en la U.R.S.S. no sucede hoy así; pero tarde o temprano sucederá igual. No es difícil predecir y hacer realizar algo cuando ello conviene al que debe realizarlo, en este caso, Stalin, al que no creemos un suicida. Es mucho más difícil vaticinar e imponer la ejecución de algo que no conviene a quien lo ha de ejecutar, en este caso, las democracias. He reservado para este momento concretarle la verdadera situación. Abdique usted de la idea equivocada de que son ustedes árbitros en esta situación dada, porque los árbitros son "Ellos".

G.— "Ellos" una y otra vez... ¿Deberemos tratar con fantasma"?...

R.— ¿Son fantasmas los hechos?... Será prodigiosa la situación internacional, pero no fantasmal; es real y bien real. No es un milagro; ahí está determinada la política futura... ¿La cree usted obra de fantasmas?...

G.— Pero, vamos a ver; supongamos que se acepta su plan... Algo tangible, personal, deberemos conocer para tratar.

R.— ¿Por ejemplo?...

G.— Alguna persona con representación, con poderes...

R.— ¿Y para qué?... ¿Por el placer de conocerla?... ¿Por el placer de hablar?... Tenga en cuenta que la supuesta persona, caso de presentarse, no les traerá credenciales con sellos ni escudos, ni vestirá casaca diplomática, por lo menos, la de "Ellos"; cuanto diga o prometa, cuanto pacte, no tendrá ningún valor jurídico ni contractual... Comprenda que no son "Ellos un Estado; son lo que fue la Internacional antes del 1917; lo que aún es ella oficialmente: nada y todo a la vez. Imagínese usted a la U.R.S.S. tratando con la Masonería, con una organización de espionaje, con los comitaljis, macedonios o con los ustachis croatas... ¿Habría nada oficial, escrito jurídicamente contractual?... Esos pactos, como el de Lenin con el Estado Mayor alemán, como el de Trotsky con "Ellos", se realizan sin escritos ni firmas. La garantía única de su cumplimiento radica en que cumplir lo pactado contiene a los pactantes..., garantía que es la única real en todo pacto, por grande que sea su solemnidad.
G.— En ese caso, ¿cómo empezaría usted?

R.— Sencillamente, yo empezaría mañana mismo a sondear Berlín...

G.— ¿Para convenir el ataque a Polonia?

R.— Yo no empezaría por ahí... Me mostraría transigente, algo desengañado de las democracias, aflojaría en España... Esto sería un hecho alentador; luego, se aludiría a Polonia. Como usted ve, nada comprometedor; pero lo suficiente para que los elementos del O.K.W., los bismarckianos, como se llaman ellos, tengan argumentos para Hitler...

G.— ¿Nada más?...

R.— Por el momento, nada más; ya es una gran tarea diplomática.

G.— Francamente, dadas las ideas reinantes hasta el momento en el Kremlin, yo no creo que nadie se atreva hoy a sugerir siquiera un viraje tan radical en la política internacional. Yo le invito, Rakovski, a sustituirse mentalmente en la persona que deba decidir en el Kremlin... Sin más que sus revelaciones, sus razones, sus hipótesis y sus sugerencias..., me concederá que nadie puede convencerse. Yo mismo, que lo he oído a usted, que no debo negarlo, he sufrido su gran sugestión verbal y personal, ni por un momento me he sentido bajo la tentación de considerar prácticamente lo de un pacto germano-soviético.

R.— Los acontecimientos internacionales obligarán con fuerza incontratable...

G.— Pero será perder un tiempo precioso. Discurra usted algo tangible, algo que yo pueda presentar como prueba de veracidad... De lo contrario, yo no me atreveré a elevar el informe de nuestra conversación; lo redactaré con toda fidelidad, pero irá él a dormir en un archivo del Kremlin.

R.— ¿Bastaría para la toma en consideración que alguien, aunque fuese extraoficialmente, hablase con alguna persona de categoría?...

G.— Sería, según creo, algo sustancial. R.— Mas... ¿con quién?...

G.— Sólo es mi opinión personal. Rakovski, habló usted de personas concretas, de grandes financieros; si mal no recuerdo ha citado usted algún Schiff por ejemplo; también citó a otro que les sirvió de enlace con Hitler para su financiación. Habrá también políticos o personas de rango que sean uno de "Ellos" o, si quiere, que les sirvan. Alguno así podría servirnos para iniciar algo de tipo práctico... ¿No sabe usted de nadie?...

R.— Yo no veo la necesidad... Reflexione: ¿de qué van ustedes a tratar?... del plan que yo sugiero seguramente, ¿no?... ¿Para qué?... En ese plan, por ahora, nada tienen "Ellos" que hacer; su misión es "no hacer"... Por tanto, ninguna acción positiva pueden ustedes convenir ni exigir... Recuerde, medite bien.

G.— Aún siendo así, nuestro estado de opinión personal impone la necesidad de una realidad, aunque sea innecesaria... Un hombre cuya personalidad haga verosímil el poder que usted les atribuye a "Ellos".

R.— Le complaceré, aun convencido de la inutilidad. Ya le dije que yo ignoro quién sean "Ellos". Con seguridad, por habérmelo dicho persona que debía saberlo.

G.— ¿Quién?...

R.— Trotsky. Por habérmelo dicho Trotsky, sólo sé yo que uno de "Ellos" fue Walter Rathenau, el de Rapallo. Vea usted al último de "Ellos" que ocupa un poder político y público, cómo es él quien rompe el bloque económico de la U.R.S.S., a pesar de ser él uno de los más grandes millonarios. Desde luego, lo fue Lionel Rothschild. Con seguridad no puedo decirle más nombres. Ahora sí, puedo nombrar muchos más, cuya personalidad y hechos me los definen coincidentes en absoluto con "Ellos", que manden u obedezcan esos hombres es algo que no puedo yo afirmar.

G.— Dígame algunos.

R.— Como entidad, la banca Kuhn, Loeb y C.ª, de Wall Street; dentro de esta casa está la familia Schiff, Warburg, Loeb y Kuhn; digo familia, al señalar diferentes apellidos, porque se hallan todos enlazados por matrimonios entre sí, Baruch Frankfurter. Altschul. Cohén, Benjamín; Straus, Steinhardt, Blum, Rosenman, Lippmann, Lehman, Dreifus, Lamont, Rothschild, Lord; Mandel, Morgenthau, Ezechiel, Lasky... Supongo que serán suficientes nombres; si atormento más mi memoria podría recordar más; pero, repito, yo no sé quién puede ser uno dé "Ellos" y ni siquiera puedo afirmar que necesariamente alguno lo es; quiero salvar toda mi responsabilidad. Pero sí creo firmemente que cualquiera de los citados por mí, aun no siéndolo, haría llegar a "Ellos" una proposición de tipo sustancial. Desde luego, tanto si se acierta o no en la persona, no debe esperarse una respuesta directa. La contestación la darán los hechos. Es una técnica invariable, que respetan y hacen respetar. Por ejemplo, si ustedes deciden hacer una gestión diplomática, no deberán emplear un lenguaje personal, dirigido a "Ellos"; limítese a expresar una reflexión, una hipótesis racional, subordinada a incógnitas precisas. Luego sólo resta esperar.

G.— Comprenderá que no tengo ahora un fichero para identificar a todas las personas que usted ha mencionado; pero supongo que deben hallarse muy lejos. ¿Dónde?...

R.— La mayoría, en los Estados Unidos.

G.— Comprenderá que si decidiéramos una gestión invertiríamos en ella mucho tiempo. Y hay urgencia, una urgencia no nuestra, sino de usted, Rakovski....

R.— ¿Mía?...

G-.— Sí, de usted; recuerde que su proceso ha de celebrarse muy pronto. Yo no lo sé, pero no creo aventurado suponer que si lo tratado aquí pudiera interesar al Kremlin, convendría interesarlo antes de que usted compareciera ante el Tribunal, sería cosa muy decisiva para usted. Creo que, por su propio interés, debe brindarnos algo más rápido. Lo esencial es lograr, mejor en días que en semanas, una prueba de que usted ha dicho algo de verdad. Yo creo que si brindase usted esto casi le podría yo dar seguridades relativamente grandes de salvar la vida... De otra manera no respondo yo de nada.

R.— En fin, me aventuraré. ¿Sabe usted si está en Moscú Davies?... Sí, el embajador de Estados Unidos.

G.— Sí, creo que sí; debe haber vuelto. R.— Sería un conducto.

G.— Creo que, si es así, debió usted empezar por ahí.

R.— Sólo un caso tan extraordinario creo que me autoriza, contraviniendo reglas, a usar un conducto oficial.

G.— Entonces, podemos pensar que el Gobierno americano se halla detrás de todo eso... R.— Detrás, no; bajo eso...

G.— ¿Roosevelt?...

R.— Yo qué sé. Tan sólo puedo inducir. Sigue usted con su manía del espionaje novelístico. Yo le podría fabricar para complacerle toda una historia; me sobra imaginación, datos y hechos verdaderos para darle apariencia de Verdad rayando en la evidencia. ¿Pero no son más evidentes los hechos públicos?... Y ponga usted con su imaginación el resto si le place. Vea por sí mismo. Recuerde aquella mañana del día 24 de octubre de 1929. Un tiempo llegará en que será para la Historia de la Revolución un día más importante que el 25 de octubre de 1917. El día 24 es el krach de la Bolsa de Nueva York; principio de la llamada "depresión", auténtica Revolución. Los cuatro años de Hoover son de, avance revolucionario: doce a quince millones de parados. En febrero de 1933 es el último golpe de la crisis con el cierre de los Bancos. Más no pudo hacer la Finanza para batir al "americano clásico", aun encastillado en su Reducto Industrial, y esclavizarlo económicamente al Wall Street... Sabido es que todo empobrecimiento de la economía, sea social o animal, es un florecer de lo parasitario y la Finanza es el gran parásito. Pero aquella Revolución americana no tenía sólo el fin usurario de acrecentar el Poder del Dinero; ambicionaba más. El Poder del Dinero, aunque poder político, sólo se había ejercido de manera indirecta, y ahora debían convertirlo en un poder directo. El hombre a través del cual lo ejercían sería Franklin Roosevelt. ¿Ha comprendido?... Anote usted esto: En este año de 1929, el año primero de la Revolución americana, en febrero, sale Trotsky de Rusia; el krach es en octubre... La financiación de Hitler es acordada en julio de 1929. ¿Cree usted todo casual?... Los cuatro años de Hoover son los empleados en preparar la toma del poder en Estados Unidos y en la U.R.S.S., allí, por medio de la Revolución financiera; aquí, por la guerra y el derrotismo subsiguiente... ¿Tendrá más evidencia para usted una buena novela imaginativa?... Comprenderá que un plan de tal envergadura requería un hombre excepcional rigiendo el Poder Ejecutivo en Estados Unidos, destinados a ser la fuerza organizadora y decisiva: ese hombre fue Franklin y Eleanor Roosevelt, y permítame decirle que ese ser bixesual no es ningúna ironía... Había que huir de posibles Dalilas.

G.— ¿Roosevelt uno de "Ellos"?

R.— Yo no sé si es uno de "Ellos" o si sólo les obedece a "Ellos"... ¿Qué más da?... Lo creo consciente de su misión, pero no puedo afirmar si obedecerá por chantaje o si será uno del Mando; pero es cierto que cumplirá su misión, realizará la acción a él asignada con toda fidelidad. No me pregunte más, que yo no sé más.

G.— En caso de que se, decidiera dirigirse a Davies, ¿qué forma sugiere?...

R.— Primeramente, deben elegir la persona... Un tipo así como el "barón"; él podría servir... ¿Vive aún?...

G.— No lo sé.

R.— Bien, queda la persona para vuestra elección. Deberá mostrarse vuestro enviado confidencial e indiscreto, mejor como cripto-oposicionista. La conversación será llevada con habilidad hacia la situación contradictoria en que las llamadas democracias europeas colocan a la U.R.S.S. con su alianza contra el Nacional-Socialismo. Es aliarse con el Imperialismo británico, y

Francés, un imperialismo real, actual, para destruir a un imperialismo potencial... Un eslabón verbal servirá para engarzar la falsa posición soviética con una idéntica de la democracia americana... También ella, por defender una democracia interior en Francia e Inglaterra, se ve impelida a sostener un imperialismo colonial... Como usted ve, puede plantearse la cuestión sobre una base lógica fortísima... De ahí a formular hipótesis de acción es facilísimo. Primera: que ni a la U.R.S.S. ni a los Estados Unidos les interesa el imperialismo europeo, ya que la disputa se reduce a una cuestión de dominio personal. Que ideológica, política y económicamente, conviene a Rusia y a América la destrucción del imperialismo colonial europeo, sea directo o indirecto. Más aún a los Estados Unidos. Si Europa perdiera en una nueva guerra toda su fuerza, Inglaterra, que no la tiene propia y sí como nación hegemónica europea, desaparecida Europa como potencia, su imperio de habla inglesa, en un solo día, vendría a gravitar hacia los Estados Unidos, como es política y económicamente fatal... Vea lo que usted empezó a escuchar bajo aquel aspecto de conspiración siniestra, como puede ser dicho sin escandalizar a cualquier inefable burgués americano. Al llegar aquí, puede hacerse un paréntesis de días. Luego, vista la reacción, se debe avanzar más. Hitler está lanzado; puede ser imaginada cualquier agresión, él es un agresor integral, no cabe una equivocación... Y pasar a interrogar: ¿Qué actitud común deberían adoptar Estados Unidos y la U.R.S.S. frente a Una guerra a la luz de que, bajo cualquier motivo, será siempre una guerra entre imperialistas que poseen e imperialistas que ambicionan?... La respuesta ser: neutralidad. Nuevo argüir: sí, neutralidad, pero ser neutral no depende sólo de la voluntad de uno, depende también del agresor... Sólo puede existir la seguridad de ser neutral cuando al agresor no le conviene o no puede agredir. A tal fin, lo infalible es que el agresor ataque a otra nación; evidentemente, a otra imperialista... De ahí a pasar, por razón de seguridad, a sugerir la necesidad y la moralidad de que si el choqué no se produce por sí mismo entre los imperialistas, debe ser provocado, ha de resultar facilísimo... Y, aceptado en teoría, como se aceptará, concertar prácticamente las acciones es ya pura mecánica. He aquí el índice: 1.° Pacto con Hitler para repartirse Checoslovaquia o Polonia; mejor ésta. 2.° Hitler aceptará. Si él es capaz del bluf en su juego de conquistas, tomar algo en unión de la U.R.S.S. lo creerá, infalible garantía de que las democracias transigirán. No puede creer él en sus amenazas verbales, sabiendo, como lo sabe, que los belicistas son a la vez desarmistas y que su desarme es real. 3.° Las democracias atacarán a Hitler y no a Stalin; dirán a las gentes que, aun siendo igualmente culpables de agresión y reparto, la razón estratégica y logística les impone el batirlos por separado. Primero, Hitler; luego Stalin.

G.— ¿Y no nos engañarían con la verdad?...

R.— ¿Y cómo?... ¿Es que no queda Stalin en libertad de ayudar en la medida necesaria a Hitler?... ¿No dejamos en sus manos el prolongar la guerra entre los capitalistas hasta el último hombre y hasta la última libra?... ¿Con qué lo iban a poder atacar?... Ya tendrían suficiente las naciones agotadas de Occidente con la Revolución comunista interior, que triunfaría...

G.— ¿Pero y si Hitler triunfase rápidamente?... ¿Y si movilizase, como Napoleón, a toda Europa contra la U.R.S.S.?

R.— ¡Es increíble!... Olvida usted la existencia de los Estados Unidos; desecha usted el factor potencia más importante... ¿No es natural que América, imitando a Stalin, ayude por su parte a las naciones democráticas? Concertar "contra el reloj" las dos ayudas a los dos bandos combatientes asegura infaliblemente la duración indefinida de la guerra.

G.— ¿Y el Japón?...

R.— ¿No tiene ya bastante con China?... Que le garantice Stalin su "no intervención". Los japoneses son muy dados al suicidio; pero no tanto que sean capaces de atacar a la U.R.S.S. y a China a la vez. ¿Más objeciones?...

G.— No; si de mí dependiera, probaría... Pero... ¿cree usted que el embajador?...

R.— Creer, sí creo. No me han dejado hablar con él; pero fíjese usted en "un detalle: el nombramiento de Davies se hace público en noviembre del 36; debemos suponer que Roosevelt pensó y gestionó mandarlo mucho antes, todos sabemos los trámites y el tiempo que requiere dar estado oficial al nombramiento de un embajador; más de dos meses. Debió ser acordado su nombramiento allá por agosto... ¿Y qué pasa en agosto?... Que son fusilados Zinoviev y Kameney. Yo juraría que su nombramiento sólo tiene como fin "el articular de nuevo la política de "Ellos" con la de Stalin. Sí, lo creo firmemente. Con qué ansiedad ha debido ir viendo caer uno tras otro a los jefes de la Oposición en las "purgas" sucesivas... ¿Sabe usted si asistió al proceso de Radek?...

G.— Sí.

R-— ¡Lo ve usted!... Háblenle. Se halla esperando desde hace muchos meses.

G.— Por esta noche, debemos terminar; pero antes de separarnos quiero saber algo más. Supongamos que todo es verdad y que se realiza con pleno éxito. "Ellos" impondrán ciertas condiciones. ¿Adivina cuáles puedan ser?...

R.— No es difícil suponerlas. La primera será que cesen las ejecuciones de comunistas; es decir, de trotskistas, como ustedes nos llaman. Se impondrá, desde luego, fijar unas zonas de influencia... ¿cómo diría yo?..., los limites que han de separar al comunismo formal del comunismo real. En lo esencial, no será más. Habrá compromisos de ayuda mutua durante el tiempo que dure la realización del plan. Verá usted, por ejemplo, la paradoja de que una muchedumbre de hombres, enemigos de Stalin, le ayuden; no, no serán proletarios precisamente, no serán espías profesionales... En todos los rangos de la sociedad, por muy altos que sean, surgirán hombres valiosos, que ayudarán a este comunismo formal staliniano cuando pase a ser, si no comunismo real, un comunismo objetivo... ¿Me ha comprendido?...

G.— Un poco; pero envuelve usted la cosa con tan oscuro casuísmo...

R.— Si hemos de terminar, sólo así puedo expresarme. Veamos si puedo aún ayudarle a comprender. Sabido es que se ha llamado hegeliano al Marxismo. Así fue reducida la cuestión a la vulgaridad. El idealismo hegeliano es la vulgar adaptación a la grosera inteligencia occidental del misticismo naturalista de Baruch Spinoza. "Ellos" son spinozistas; acaso sea lo inverso y que el spinozismo sea "Ellos", siendo aquél sólo versión adecuada para la época de la propia filosofía de "Ellos", muy anterior y superior... En fin, Marx, hegeliano y, por tanto, spinozista, fue infiel a su credo, pero sólo temporalmente, tácticamente. No es, como el Marxismo propugna, por el aniquilamiento de un contrario el devenir de la síntesis. Es por integración superadora de tesis y antítesis como la síntesis se hace una realidad, una verdad en un acorde final de lo subjetivo y objetivo. ¿No lo ve usted ya?... En Moscú, Comunismo; en Nueva York, Capitalismo. Igual a tesis y antítesis. Analice ambas. Moscú: Comunismo subjetivo y capitalismo objetivo, capitalismo de Estado. Nueva York: Capitalismo subjetivo y comunismo objetivo. Síntesis personal, real, verdad: Finanza Internacional, capitalismo-comunista. "Ellos".

* * *

La entrevista duró unas seis horas. Yo drogué a Rakovski una vez más. La droga debe ser eficaz, aun cuando sólo en ciertos síntomas de euforia lo he podido advertir. Pero creo que Rakovski hubiera hablado igual en estado normal. Sin duda, el tema de la conversación era de su especialidad y debía estar ansioso de revelar cuanto ha dicho. Porque, si es todo verdad, resulta un eficaz intento para que triunfe su idea y su plan. Si mentira, resulta su fantasía prodigiosa y sería una maniobra de maravilla para salvar su vida ya perdida.

Mi opinión sobre cuanto he oído no puede tener ningún valor. Yo carezco de la preparación necesaria para comprender su dimensión universal.

Desde que Rakovski entró a fondo en el tema, tuve la misma sensación que cuando me asomé por primera vez a una pantalla de rayos X. Algo impreciso, difuminado y oscuro, pero real, vieron mis ojos asombrados. Algo de apariencia fantasmal, pero acorde su figura, movimiento, relación y efecto con cuanto una lógica inducción podía dejar adivinar.

Creo haber contemplado durante muchas horas la ((radiografía de la Revolución)) a escala mundial. Acaso, en parte, se halle truncada, falseada o deformada, debido a la circunstancias y a la personalidad de quien la refleja; no en vano la mentira, el fingimiento es arma lícita, moral, en la lucha revolucionaria. Y Rakovski, un dialéctico apasionante, de cultura y verbo de primera fuerza, es, ante todo y sobre todo, un fanático revolucionario.

He leído muchas veces la conversación; pero cada vez he sentido agrandada mi sensación de inferioridad. Lo que hasta hoy a mí me parecían, y también al mundo entero, verdades y realidades evidentes, cual bloques de granito, donde un orden social tiene su base roquera, inconmovible y eterna..., se transforma en bruma. Fuerzas ingentes, imponderables, invisibles, aparecen con un imperativo categórico indomable..., sutiles y titánicas a la vez; algo así como el magnetismo, la electricidad o la gravitación universal. Frente a la fenomenal revelación, yo me veo igual a un hombre de la edad de piedra, teniendo aún en su cabeza todas las supersticiones ancestrales sobre los fenómenos de la naturaleza, trasladado una noche al París cíe hoy. Yo estoy aún más estupefacto que se hallaría él.

He reaccionado muchas veces. Me he convencido previamente de que cuanto Rakovski ha revelado sólo es producto de su imaginación prodigiosa. Pero ya convencido de haber sido juguete del más grande novelista conocido, he intentado en vano hallar las fuerzas suficientes, las causas lógicas y hasta los hombres con personalidad bastante que me pudieran explicar este avance gigantesco de la Revolución.

Y, lo confieso, si las fuerzas, las causas y los hombres sólo son los que la Historia oficial escrita me señala, proclamo que la Revolución es el milagro de nuestra Era. No; escuchado Rakovski, ya no puedo aceptar que un puñado de judíos emigrados de Londres hayan logrado que aquel "fantasma del Comunismo", evocado por Marx en la primera línea del Manifiesto, sea hoy esta gigantesca realidad y este Espanto universal.

Será o no será verdad cuanto Rakovski ha dicho; será o no será la secreta y verdadera fuerza del Comunismo la Finanza Internacional...; pero que no bastan para explicar el prodigio Marx, Lenin, Trotsky ni Stalin es para mí una verdad absoluta.

Serán realidad o fantasía esos hombres a quien Rakovski llama "Ellos", con trémolo casi religioso en su voz, más si no existen "Ellos", debo decir lo que Voltaire de Dios: "Habría que inventarlos"..., si también queremos explicarnos la existencia, dimensión y fuerza de este universo de la Revolución.

En fin, yo no espero verlo. Mi situación no me permite mirar con un gran optimismo la posibilidad de presenciar en vida el próximo futuro. Pero ese suicidio de las naciones burguesas europeas, que Rakovski razona y demuestra como infalible, sería para mía, que me hallo en el secreto, una prueba magistral y decisiva.

Cuando a Rakovski se lo llevan a su encierro, Gabriel queda unos momentos abstraído.

Yo le miraba, casi sin verlo; en realidad, mi discernimiento personal había perdido pie y flotaba un poco al azar.

— ¿Qué le ha parecido a usted todo esto?— me preguntó Gabriel.

— No sé, no sé— repliqué, y decía la verdad; pero agregué— Pienso que es un hombre asombroso, y si se trata de un falsario, resulta prodigioso...; en ambos casos, es genial.

— En fin..., si disponemos de tiempo, ya cambiaremos impresiones... Me interesa siempre mucho su opinión de profano, doctor. Pero ahora debemos convenir nuestro programa. Le necesito a usted, no como profesional, sino como un hombre discreto. Cuanto ha escuchado, por razón de su peculiar función, puede ser humo, viento que al viento irá, o puede ser algo cuya importancia nada podrá superar. No caben términos medios. Una precaución imperativa, dada esta última posibilidad, me impone la necesidad de reducir el número de los enterados. Hasta este momento, sólo usted y yo lo sabemos. El hombre que ha estado manipulando en el aparato para impresionar la conversación ignora el francés en absoluto. No ha sido un capricho mío no hablar el ruso. Con brevedad; le agradeceré a usted que sea el traductor. Duerma usted unas horas. Daré al momento las órdenes precisas para que el técnico se ponga de acuerdo con usted, y lo antes posible deberá usted traducir y escribir la conversación, que él le hará escuchar. Será un trabajo pesado; no es usted taquígrafo y habrá de marchar muy lento el aparato, y hasta volver a repetir párrafos y frases cuando la máquina le tome ventaja; pero no hay otro recurso. Cuando tenga usted hecho el borrador francés, yo lo leeré. Serán necesarios algunos epígrafes y notas; yo se los agregaré... ¿Escribe usted en máquina?...

— Muy mal, muy lento, sólo con dos dedos. Escribí por entretenimiento algunas veces en el laboratorio donde yo trabajaba antes de venir aquí.

— Ya se arreglará usted; lo siento porque invertiremos más tiempo del necesario; pero no hay otro remedio. Lo esencial es que no cometa usted muchas faltas.

Gabriel hizo venir al hombre. Nos pusimos de acuerdo para empezar nuestro trabajo a las once; ya eran casi las siete. Nos separamos para dormir todos un rato.

Puntualmente me llamaron. Nos instalamos, según habíamos convenido, en mi pequeño despacho. Y empezó mi suplicio. Sobre todo al principio, debía el mecánico hacer frecuentes pausas para darme tiempo a escribir. A las dos horas ya había yo adquirido cierta práctica. Trabajamos hasta cerca de las dos, para ir a almorzar. El técnico quedó allí mismo, sin separarse de su máquina, y yo no abandoné mis cuartillas, llevándomelas metidas en un bolsillo.

Luchando con el sueño, escribí hasta las cinco de la tarde. Pero no podía más; yo calculaba que había escrito la mitad. Despedí al hombre, indicándole que podía descansar hasta las diez, y me tiré sobre mi cama.

Terminé de escribir sobre las cinco de la madrugada. Gabriel, al que no vi durante aquel día (no sé si saldría), me había dicho que cuando terminase yo el trabajo se lo entregase, cualquiera que fuera la hora.

Así lo hice. Se hallaba en su despacho y se puso inmediatamente a leer mis cuartillas. Me autorizó para que me fuera a dormir, y convinimos que podría yo empezar a escribir a máquina, ya descansado, después del almuerzo.

Tardé dos días en escribir a máquina el informe, con los paréntesis de las comidas y unas doce horas que dormí.

Gabriel me había encargado hacer dos copias; hice tres para guardarme una. Me atreví porque él se marchó a Moscú después del almuerzo. No me arrepiento de haber tenido tanto valor.

XII.

NUEVO TRATAMIENTO A IEJOV

Desde aquí, las memorias de Landowsky se transforman en apuntes. No son la redacción definitiva; son como notas hechas a la ligera, reflejando lo esencial; sin duda, como en alguna parle dice, la toma para conservar sus recuerdos, en espera de poder realizar la redacción definitiva.

Rakovski salvó la vida. Sólo fue condenado a veinte años de prisión. ¿Será esto señal de que se tomó en consideración algo de lo dicho por él?... Realmente, ha sido extraña tanta benignidad. Rakovski se declaró culpable, tan culpable por lo menos como el que más, de traición y de crímenes horrendos. La sentencia es inexplicable, si no tiene como fin obtener de él algo aún.

* * *

El verano ha transcurrido tranquilo. He tenido tiempo de escribir con toda tranquilidad. Algunos pasajes he vuelto a rehacerlos. Yo sigo igual. De los míos no sé nada en absoluto. Me resigno; aun cuando hay momentos en que me ahogo. A Gabriel sólo le he visto unos días a finales de abril; debe hallarse ocupadísimo. Acaso, viaja por el extranjero. Estuvo afable y cariñoso conmigo, pero nada me dijo de interés.

* * *

A la mitad de octubre me han llevado a ver a Iéjov. Las mismas precauciones de costumbre. El Comisario se me muestra como un caso patológico cada vez más claro.

¡Qué mirada la suya!... Debo inyectarle de nuevo. Como Gabriel no está, me traen y me llevan a mí solo unos tipos graves, silenciosos, pero que me tratan con respeto y cierta solemnidad. Gabriel aparece en los primeros días de noviembre.

EL MISTERIOSO "RUDOLF"

Me acompaña Gabriel a la dacha de Iéjov. Como siempre, la visita es nocturna. Iéjov lleva varios días en cama; está muy decaído. Además de la depresión que le producen las inyecciones, padece una fuerte bronquitis, agravada porque no deja un momento de fumar. Nos recibe a Gabriel y a mí con gesto muy duro. Su actitud la debe motivar Gabriel, y pronto lo confirmo. Su diálogo, en síntesis, es así:

IÉJOV.— Fracaso en Alemania, ¿no es así?...

GABRIEL.— No se avanzó mucho, pero hay esperanzas; ya verá, camarada Comisario; tengo muy avanzado un informe.

I.— ¡Papeles, papeles!... ¡Palabras, palabras!... ¿Qué hay de Rudolf?... ¿Quién es?... No lo sabe... Ignora lo que hace. Acaso hasta crea que no exista siquiera.

G.— Tenemos en la mano a todos los hombres que han salido de la U. R. S, S. Especialmente, a cuantos trabajan en Alemania. Ninguno parece tener personalidad y menos actividad para realizar una misión tan extraordinaria. Nuestro servicio dentro del Partido, del Ejército y del Estado alemán no señala ningún contacto. Acaso yo haya fracasado, pero no he sido solo...

I.— ¡Es un gran consuelo!... Le desconozco; habla como cualquier estúpido de los que pululan por ahí...

G.— Puede que se trate de cualquier aventurero de los que tanto abundan en torno a los jefes nazis...; ya sabrá, camarada Comisario", que junto a Hitler y Hess y junto a muchos más, pues el Führer lo ha puesto de moda, pululan astrólogos, adivinos, magos, quirománticos; toda una fauna pintoresca y extraña, de cuyos movimientos y maniobras nadie sabe nada, y que todo eso me parece muy "Intelligence Service"... Pero si fuese verdad...

I.— Es verdad, no cabe duda.

G.— Pues si es verdad, yo me permitiría sugerir... I.-¿Qué?...

G.— Investigar en el origen. Si la cosa es en serio, más aún, si es peligrosa, debe arrancar de algún Comisariado; acaso del mismo Kremlin...

I.— Vuelve a discurrir con algún acierto... ¿Pero cree que yo he aguardado a recibir su consejo?... Necesito a ese "Rudolf"; lo necesito para lograr su confesión como prueba; porque yo sé quién lo ha mandado a Alemania...

G.— En ese caso, ya no me parece tan necesario el "Rudolf"... Con interrogar a cualquiera de los que se hallan detrás de; él...

I.— Ahora, una estupidez... ¿Le parece que no soy capaz de pensar una cosa tan sencilla?... El camarada Stalin es aún escéptico; pero, caso de ser cierto, está seguro de que el pacto con Hitler tiene como base su liquidación y la mía. De tramarse algo, supone que debe venir del lado militar... Parece ganar terreno en el Jefe la, idea de que el mando del Ejército y de la N.K.V.D. deben estar en una sola mano. Se debe de acabar con la idea de que los mariscales son inviolables; parece ser que la liquidación de Tujachevsky les ha hecho ver algo muy desagradable para ellos... El asunto tiene una importancia enorme. Sería muy fácil de resolver, pero existe la dificultad de que debo convencer con pruebas al camarada Stalin. Tengo la orden de no tocar a los comprometidos sin orden expresa suya.

G.— Siendo personas tan importantes, se deberían emplear otros medios indirectos y discretos para lograr las necesarias pruebas para convencer al camarada Stalin... Ya sabe, camarada Comisario, que puede disponer de mí; por elevada que sea la personalidad, yo, como siempre, si así lo decide, actuaré..., asumiendo yo toda la responsabilidad en caso de fracaso. Recuerde el caso de Gamarnik...

I.— Sí; pero entonces teníamos en, nuestro poder al alemán...; por cierto, ¿qué tal actúa él ahora,...

G.— Bien, muy bien. Está lanzado; dentro de la conspiración antihitleriana es jefe de un grupo de exaltados... Si las circunstancias favorecen, podríamos llegar a tener en todo momento la vida de Hitler en nuestras manos.

I.— Es algo... Pero volviendo a su propuesta..., debemos pensarlo muy bien. No puede usted, camarada, imaginar de qué personas se trata. Se hallan tan altos que cuando yo pueda demostrar su traición no será posible celebrar un proceso público. Deberemos ensayar nuevos métodos. Nada de procesos ni ejecuciones. Funerales grandiosos, discursos, flores... Nuestro doctor se ocupará en el debido momento de su preciosa salud. Tráigame a "Rudolf" y ya verá cómo enferman Mehilis, Bulganin, Vorochilov y .ese ambicioso Molotov...

G.— Es usted formidable, camarada Comisario... ¡Los hombres que mayor confianza gozan de nuestro camarada Stalin!... Naturalmente, ya no. Supongo que la confianza absoluta la disfrutará usted, camarada Comisario... Créame, pondré todo mi entusiasmo en lograr descubrir a ese "Rudolf", clave de todo el complot.

I. — Hablaremos mañana sobre esto. Me hallo muy cansado. Vamos, doctor. Inyecté y nos marchamos al instante.

En el trayecto no me habló Gabriel; pero yo diría que se hallaba muy alegre en su interior, lo cual trascendía, según me pareció, en un leve matiz irónico pintado con visible trazo en sus ojos.

Me ha dejado en el laboratorio, marchándose de nuevo, sin abandonar el automóvil.

MI REBELIÓN

He tardado cinco días en volver a ver a Gabriel. No me acompañó en mi última visita a Iéjov. Ha llegado a la hora de cenar. Nos han servido; el café y el coñac después de la cena en su despacho. Este detalle ya me preocupa. Sin duda, intenta él algo. No me engaño. En cuanto hemos tomado un sorbo de café, Gabriel irrumpe:

— ¿Qué tal, doctor, de nervios?; ...— Yo no sé contestar a tan rara pregunta, y él prosigue:

— Supongo que bien, ¿no?... Está usted hecho todo un burgués... ¿Se halla usted dispuesto a una pequeña intervención?,..

— ¿De qué género, Gabriel?... ¡No me alarme!

— Intervención profesional, naturalmente.

— ¿En favor o en contra de quién?

Doctor, por primera vez debo apelar a su confianza en mí.

— ¿Confianza en usted?... ¿Cómo persona o como profesional?...

— En ambos aspectos.

— Tiene usted toda mi confianza, ya lo sabe. Además, ¿puedo no tenerla con mi vida por entero entre sus manos durante ya dos años?... Para mi tranquilidad, es mejor tener confianza en usted que dudar. Ya lo comprenderá usted.

— En los dos años... ¡Cómo pasa el tiempo!... Creo que no ha tenido usted una sola ocasión de arrepentirse por haber confiado en mí... ¿No es así?...

— En efecto.

— Pues bien, ahora he de poner a toda prueba su confianza en mí.

— Me alarma usted un poco, Gabriel.

— No se alarme; no debe usted matar a nadie.

— Si he de serle franco, lo había sospechado.

— ¡Qué mala opinión tiene usted de mí!... Veamos. ¿Recuerda usted nuestra última visita a Iéjov?... Entre otras cosas, expuso hablando conmigo algo ingenioso... No hubiera sospechado un rasgo tan fino en aquel cerebro esquizofrénico...

— ¿Qué fue?... No recuerdo.

— Sí, doctor; aquella su idea de suprimir procesos cuando debiera ser liquidado un gran personaje soviético... Defunción natural, hermosos funerales, primera guardia de honor al cadáver por Stalin y por todo el Politburó... Recuerda ya, ¿no?...

— Sí, recuerdo; pero no es propiamente una invención suya; es de su antecesor, que quiso adelantarle precisamente a Iéjov el funeral... Recuerde usted que fui yo el elegido para que abreviase el tiempo que faltaba para el sepelio de nuestro actual Comisario del Interior.

— Tiene usted razón; lo había olvidado. Así, la cuestión se simplifica. Se requiere que usted, doctor, haga enfermar a un personaje soviético.... No, no ponga usted esa cara; sólo enfermar, no es necesario que muera...; por lo menos, de momento. Recuerde que Iéjov le aludió precisamente a usted para adelantar los funerales de algunos jefes cuando lograse la prueba de su traición, y usted ni pestañeó. Debo suponer que no tienen usted ninguna objeción... ¿no es así?

— Mi confianza, en usted me hace no intentar ocultarle mi repugnancia, y, además, sería estúpido el intento, ya que usted me conoce demasiado bien; pero, dada mi situación, no tengo ninguna opción... Si el Comisario lo dispone...

— ¿Iéjov?... ¿Entonces para qué apelo yo a su confianza en mí?... Con haberle acompañado a visitar al Comisario y darle él la orden me habría evitado esta conversación tan prolongada.

— ¿No debe él saberlo?...

— No.

— Permítame que le expresé mi asombro. Recuerdo muy bien que me ha repetido usted muchas veces algo muy distinto. Si en algunos casos he demostrado dudas en obedecerle, siempre me dijo que podía yo pedir confirmación de sus órdenes al Comisario; aún recuerdo más: me agregó que si yo fuera interrogado por quien tuviera autoridad para ello sobre todo lo que supiera de usted, que yo debía decir toda la verdad de cuanto usted hubiera hecho... ¿Recuerdo mal?...

— Muy exactamente.

— Comprenderá que ante caso tan excepcional me atreva yo a preguntarle qué motivo hay para ocultar su orden al Comisario.

— Una razón muy poderosa: que a quien debe poner usted enfermo es al propio Iéjov.

He debido agarrarme a los brazos de la butaca para no dar un salto, Gabriel ha seguido impávido.

— No se alarme, doctor. Es un dolor tener que perder así el tiempo, para luego verle a usted transigir; pero no hay más remedio. En fin, no será tanto, porque se da la, coincidencia de que ya sabe usted lo principal. ¿Recuerda usted la conversación con Rakovski?... ¿Sabe usted que no fue condenado a muerte? Bien; sabiendo todo eso, no se puede usted asombrar de que el camarada Stalin haya considerado razonable un ensayo de aquel, al parecer, increíble plan... Nada se arriesga y se puede ganar tanto... Si esfuerza su memoria, podrá usted comprender algo.

— Recuerdo con bastante detalle todo aquello; no debe olvidar que yo escuché dos veces la conversación, la escribí otras dos y también la he traducido... ¿Podría saber si han sabido quiénes son... los que Rakovski denominaba "Ellos"?...

— Para demostrarle mi confianza, le diré que no. Quiénes son "Ellos" fijamente no lo sabemos; pero, hasta el momento, se han comprobado muchas cosas de las dichas por Rakovski; por ejemplo, es cierta la financiación de Hitler por banqueros del Wall Street. Esto es verdad, y mucho más. Todos estos meses que no le he visto a usted los dediqué a investigar sobre el informe de Rakovski. Ciertamente, no he podido identificar qué personas puedan ser tan estupendos personajes, pero sí la existencia de una especie de entourage de personalidades financieras, políticas, científicas y hasta eclesiásticas con rango, riquezas, poder y situación cuya posición auténtica, considerada en su efecto, mediato casi siempre, resulta, por lo menos, extraña, inexplicable a la luz de un razonamiento vulgar..., porque, realmente, tienen con la idea comunista gran afinidad; claro es, con una idea del comunismo muy particular... Más eliminadas todas esas cuestiones de matiz, línea y perfil, objetivamente, como diría Rakovski, plagiando a Stalin, por acción u omisión hacen Comunismo.

— Cuanto escuché y escribí y lo que ahora me ilustra me hace recordar aquellos períodos oratorios que me dirigió Navachin cuando me pedía mi concurso para eliminarlo a usted.

¿Lo recuerda?...

— Sí, desde luego. Hasta he pensado que hubiera sido más útil secuestrarlo a él que secuestrar al cuitado Miller. En fin, ya no tiene remedio la cosa, y lo dicho por Navachin queda reducido, al lado de todo esto, a vana oratoria de logia.

— ¿Y el embajador?...

— Se siguió el consejo de Rakovski casi punto por punto. Nada concreto. Pero no hubo repulsa ni se rasgó las vestiduras. Al contrario, mostró una gran comprensión para todo. No, no es él un enamorado de Inglaterra ni de Francia... Debe reflejar en ello la secreta opinión de su gran amigo Roosevelt. Discretamente, aludió a los pasados procesos y hasta llegó a insinuar cuánto se ganaría en la opinión americana con la clemencia en el próximo, en el de Rakovski. Cómo es natural, fue bien observado durante las sesiones del proceso de marzo. Asistió a todas solo; no le permitimos llevar ninguno de sus técnicos, para impedir todo "telégrafo" con los procesados. Él no es diplomático profesional y no debe conocer ciertas técnicas. Se vio precisado a mirar, queriendo expresar mucho con los ojos, según nos pareció, y creemos que animó con la mirada a Rosengolz y al mismo Rakovski. Este último ha confirmado el interés mostrado en las sesiones por Davies, confesando que, disimuladamente, le hizo el saludo masónico. Aún hay una cosa más extraña y que no puede ser falsa. El día 2 de marzo, en la madrugada, se recibió un radio de una estación muy potente, pero ignorada, claro es, del Oeste, dirigido al mismo Stalin, que decía: "Clemencia o crecerá la amenaza nazi".

— ¿No sería broma o maniobra?...

— No. El radiograma llegó cifrado con la clave de nuestra propia Embajada en Londres. Comprenderá que es algo importante.

— Pero no ha sido verdad la amenaza.

— ¿Cómo que no?... El día 12 de marzo terminaban los debates en el Tribunal Supremo, y a las nueve de la noche se retiraba el tribunal a deliberar. Pues bien, aquel mismo día 12 de marzo, a las 5,30 de la mañana, Hitler había dado orden de avanzar a sus divisiones acorazadas sobre Austria. Naturalmente, fue un paseo militar, y Europa entera guardó un silencio sepulcral... Dígame sinceramente: ¿había motivos para meditar?..., o ¿debíamos ser tan estúpidos que creyésemos los saludos de Davies, el radiograma, la clave, la coincidencia de la invasión con la sentencia y el silencio europeo sólo casualidad?... No, en efecto, no los hemos visto a "Ellos", pero hemos escuchado su voz y hemos entendido su lenguaje... Por cierto, una voz y un lenguaje demasiado claros.

— No se ha pecado de precipitación. La sentencia fue la que debía ser. ¿No aseguró Rakovski que el ataque alemán era inútil si no había Oposición?... Pues acabamos con ella. Se salvó él, de momento. Hechos tan claros no hicieron perder a Stalin la cabeza. Se limitó a ordenar una información y a la vez dispuso un muy ligero sondeo diplomático; pero nada lo podrá demostrar. En todo caso, "Rudolf", que carece de toda jerarquía oficial en la U.R.S.S. y que ni es ruso siquiera, podrá pasar, si es necesario, por un aventurero audaz o por un repórter americano a la caza de algo sensacional.

— ¿Pero no dijo usted a Iéjov que no sabía nada de "Rudolf"?...

— Nadie sabe más que yo sobre él. Pero Iéjov nada debe saber. Es orden.

— ¿De quién?...

— ¿Quién puede ordenar algo por encima de Iéjov?... Terminemos. Sí escuchamos el lenguaje de "Ellos" en marzo, el día último del proceso, ahora, hace un mes nada más, en primero de octubre, nos han hablado por segunda vez. No menos alto, no menos claro. Hitler ha tomado parte de Checoslovaquia. Ahora no hubo silencio en Europa. Ha sido peor: Inglaterra y Francia, en forma pública, expresa y firmando, dieron su autorización a Hitler. Aún hay algo más elocuente. Alemania y Polonia se han unido para morderle a los checos. Ya han cometido juntos un delito. Esto es lo que más une a, los ladrones. Han gustado la carne humana... "Ellos" nos han demostrado cómo es posible unir a dos, por mucho que se odien, si la unión es con el fin de saciar un apetito... ¿No pueden haber querido avisarnos de que con la misma facilidad unirán a Polonia y a Alemania para devorar a la U.R.S.S.?...

— Interpretando así los hechos, se justifica toda suspicacia y alarma.

— ¿Y qué otra interpretación resta?... Además, cuando un jugador se halla perdiendo, y perder para la U.R.S.S. es una tan rápida potenciación de Alemania, si se le ofrece la oportunidad de un desquite, permitiéndole jugar sólo de palabra, ¿qué arriesga?... ¿Qué pierde?... Sería estúpido no probar. Pero exagero. Hay riesgo. No exterior ciertamente, sino interior. El juego puede ser peligroso. Nuestra mentalidad, tanto en masas como en dirigentes, es de un antifascismo feroz. Hemos fusilado a toda la Oposición y hemos

"purgado" a todo el Ejército Rojo acusando a los ejecutados de perros fascistas y espías de Hitler. ¿Se imagina usted qué arma sería contra Stalin demostrar que él ha pactado con el Führer... ¿Es nadie capaz de imaginar una explicación inteligible? ... Considere nuestro propio caso. Por causa excepcional, conocemos el origen, razones y hechos del asunto... ¿Podríamos nosotros dar una explicación satisfactoria?.... Comprenderá la necesidad absoluta de que todo esto sea un secreto. Un secreto auténtico. Un secreto de uno.

— ¿Y usted y yo?...

— Usted y yo no contamos. Ambos callaremos por las mismas rabones. Además, ni usted ni yo tenemos personalidad ni mando militar o político. Estamos incapacitados para explotar por la violencia este secreto... No es el caso de Iéjov precisamente.

— ¿Pero es que por sistema no puede confiar nadie en nadie?...

— Una técnica depurada por una experiencia muy copiosa impone no confiar en ningún hombre. Sólo se confía cuando no hay otro remedio pero tratando de obtener garantías previas muy precisas, en las cuales entra en juego la vida. Todo jefe que confía en un hombre en libertad para traicionarlo, deja de ser jefe pana pasar a ser su prisionero. Si es un axioma de tipo general, comprenderá la importancia de tenerlo presente cuando un hombre se juega un poder tan grande y absoluto como es el de Stalin; un poder tan parecido al del Dios bíblico..., y recordará que, aun siendo Dios, Luzbel se le rebeló para destronarle. Si así pudo ser fue porque a Luzbel lo dejó en libertad. No; no incurrirá Stalin en aquella divina ingenuidad.

— Concretamente, ¿qué quiere usted de mí?...

— Que ponga usted fuera de combate a Iéjov durante una temporada... Sí, que le haga ponerse más enfermo, incapacitado para trabajar y para ocuparse de nada.

— Pues no; lo siento. Aún tengo ante mis ojos la imagen de Levin y de aquel otro médico. Sin duda, ellos obedecieron a Yagoda cuando gozaba de autoridad plena..., y ya ve dónde han llegado... ¿Qué riesgo correré yo al obedecerle a usted, cuya autoridad oficial me es ignorada y, además, cometiendo un atentado contra la salud de un Comisario de la U.R.S.S., nada menos que el de Interior? No me arguya más. No, por última vez.

— ¿Quién debería darle la orden? Elija usted. ¿Vorochilov?

— No; es uno de los señalados por Iéjov como conspirador.

— ¿Molotov?...

— Está en el mismo caso.; no.

— ¿Kalinin?...

— ¿Quién obedece a Kalinin?...

— Entonces..., ¿quién deberá darle la orden para que usted la obedezca?

— Stalin; comprenda que para este caso ninguna otra me vale. Se levantó Gabriel y, con afectada firmeza, exclamó:

— Stalin se la dará.

No dijo más y se marchó.

DUDAS Y TEMORES

No he podido conciliar el sueño. Al marcharse Gabriel he quedado un instante tranquilo y satisfecho de mí mismo. Ya en mi habitación, reflexiono una hora tras otra. Mi situación puede ser gravísima. Es la primera vez en la cual yo me atrevo a rebelarme. Tengo motivo, un motivo poderoso..., ¿pero es bastante para no temer?... No. Si en realidad se trata de un atentado contra Iéjov decidido por Gabriel, sólo por él o en unión de cómplices, mi vida está en peligro; porque, viviendo yo, él y los demás están en mis manos..., y ya me ha expuesto su teoría radical en relación al caso. Si es asunto decidido por personajes tan altos como el propio Iéjov, interesados en pactar con Hitler a espaldas de Stalin, corro igual peligro. Yo debo ver a Iéjov... ¿Cuándo?... Mañana, para ponerle la inyección; temerán que pueda yo hablarle, y han de procurar evitar el peligro eliminándome físicamente antes. Tengo el recurso de llamar ahora mismo al Comisario y denunciarle la maquinación en el acto... Puedo hacerlo..., pero el teléfono ha de estar controlado, como tantos, desde aquí, ahora con mayor motivo. Lo pienso mucho; pensándolo, llega la madrugada. Cuento las horas: las siete, las ocho, las nueve. Me visto. Decido intentarlo. Bajaré para, telefonear. Tiemblo al tomar el pomo de la puerta. No gira el pestillo; insisto una y otra vez. Estoy encerrado. Esto es nuevo; desde que volví de mi primer viaje, ya no me encerraban. Mi temor aumenta. La imaginación me atormenta y me hace ver ya escenas macabras... Alterna la escena de muerte violenta con la de un fin plácido, no percibido, natural; pero no sé cuál me espanta más. "¿Será realmente cosa de Stalin?", me pregunto, contestándome que sí. No está prendida la idea muy fuerte en mí, pero me agarro a ella como un desesperado. Es natural, ninguna otra solución favorable hay para mí. Si no es así, lo reconozco, nada puedo hacer o intentar, Decido no darme por enterado de mi encierro.

Me llaman a las doce para que baje a almorzar. Lo hago con cierta confianza y alegría; es volver a la normalidad. Cuando termino, un impulso repentino me hace ir al aparato telefónico del hall. Descuelgo, llamo a uno de los números que me dio Gabriel cuando lo de Kramer, pero no hay respuesta, ni siquiera señal de llamada. El intendente, que ha surgido a mi espalda, me informa que tiene avería el aparato...

— ¿Con quién quiere hablar?— me pregunta.

— Con el camarada Gabrilo Gabrilovich— respondo.

— ¿Es urgente?— vuelve a. preguntarme...

— No, no— deniego— . Ya le hablaré cuando lo arreglen, Estoy incomunicado con el exterior, no tengo duda.

HE VISTO AL "DIOS"

He pasado el día entero en alarma permanente. Mi estado de ánimo debe parecerse al de un condenado a muerte. No conozco, claro es, la sentencia; tengo esperanzas, no lo niego; pero también debe tenerla el reo de ser indultado hasta el último instante de su vida.

Sobre las once suena el timbre; una, dos, tres llamadas; nadie acude... Yo no me atrevo. Alzo la voz llamando a gritos; por fin, acude el intendente. A unos pasos de él, trato, sin conseguirlo, de saber lo que le hablan. Cuelga y se vuelve hacia mí.

— El camarada Kuzmin le ruega que no se acueste.

— ¿Nada más?— pregunto.

— Nada más— me replica.

Una, dos, tres, cuatro largas horas. He bebido con exceso; floto, pero sin optimismo. Lejano ruido percibe mi oído atento; sí, se aproxima, trepidación de motor que crece... ¿Parará?... ¿Se detendrá?... Mi corazón golpea...

Sí; es Gabriel. Lo veo al entrar. Mi ansiedad es tremenda. Le miro a la cara con ansia. Está normal. Me saluda indiferente, haciéndome un ademán para que le siga. Entramos en su despacho, y sin preparación:

— ¿Qué, doctor, lo ha pensado bien?... ¿Sigue negándose a obedecer?...

— Sí— digo con voz opaca.

— ¡Qué hacer!... Lo siento personalmente; sufro una decepción con usted, créame. Me había hecho la ilusión de poseer su entera confianza. En fin, abríguese. Vamos al Kremlin.

Me flaquearon las piernas; quedo atontado, sin saber decir nada ni siquiera moverme.

— ¿Qué le pasa?... Ande, ande.

Marchamos a gran velocidad hacia Moscú. La gran claridad que entra pasada media hora por los cristales empañados me hace comprender que ya hemos entrado en la ciudad "¿Será verdad?...— me pregunto una y otra vez— o me llevará engañado a otra parte." Gabriel fuma y calla.

Una parada corta. Siluetas a través del cristal empañado. Seguimos marchando unos momentos. Parada definitiva. "Póngase usted esto"... Son unas grandes gafas.

"Vamos", y Gabriel abre, la puerta y se apea. Le sigo. Un oficial. No veo bien a través de mis gafas oscuras. "Súbase el cuello del abrigo"— me vuelve a ordenar. Una doble puerta; entramos los tres en una estrecha cabina, donde hay otro de uniforme. Se cierran las puertas. Ascendemos.-"¿Será el Kremlin?"..., me pregunto. No lo creo; he oído hablar mucho de las grandes precauciones y controles que hay para lograr entrar. Parada. Salimos. Un amplio corredor, casi monumental. Su arquitectura no parece moderna. Puertas a uno y otro lado. Centinelas imponentes cada diez o doce metros. Avanzamos sin dificultad, sin detención. Entramos en un departamento. No hay nadie. Al instante, por una puerta lateral", entra otro con aire decidido. Se advierte que él debe ser un alto jefe; parece estar en su propia casa. Saluda con deferencia dirigiéndose a Gabriel, pero sin perder su aire de superioridad. "¿Vamos?"..., dice simplemente. Gabriel debe ya entender el significado. Saca de su axila una pistola y la deposita sobre la mesa.; Yo no sé qué hacer.

— Usted, camarada— me invita el que supongo jefe.

— No llevo armas...

— Deje aquí todo.

Comprendo. Vacío mis bolsillos sobre la mesa, sin dejar en ellos ni un papel ni un cigarrillo. Igual ha hecho Gabriel sin que le digan nada y él mismo invita al de uniforme que nos acompañó: "Cuando quiera, camarada". Se deja registrar con toda naturalidad. El registro no es pura fórmula, se lo hacen a fondo. Después soy registrado yo.

"Un momento, camarada", y el jefe sale por donde ha entrado. No han pasado más que segundos, cuando se oye un timbre opaco. El de uniforme abre la puerta por donde había desaparecido el otro y nos hace pasar. Gabriel avanza delante. El espesor del muro debe ser muy grande. Hay como metro y medio entre la puerta que hemos pasado y otra que se halla cerrada. La empuja Gabriel, entra en otra estancia y yo lo hago pegado a él. Es de regulares dimensiones. En ella está solo el mismo jefe. Con un ademán nos indica esperar. Al momento, por otra puerta, entra otro, con una carpeta bajo el brazo. Saluda muy correcto a Gabriel; a éste le oigo llamarle "camarada Beria". Se apartan ambos de mí unos pasos y hablan animadamente, pero en voz baja. Advierto en Gabriel, por su mímica, que habla con franqueza y confianza. El otro le escucha, en apariencia sonriente, pero no se mueve un solo músculo de su cara, redonda, llena, pulcramente rasurada, que le brilla. Viste correctísimo, bien planchada la ropa, y sus zapatos parecen espejos. Su nota personal es esa: reflejos. Esta es la impresión que me resta. "Atención, camaradas", advierte el jefe, que parece ser el dueño de aquel despacho, cuando se levanta, consultando su reloj de pulsera. Atraviesa la habitación y desaparece por una puerta, por la parte de allá guateada. Surge de nuevo al instante. Llama con la mano a Gabriel y éste con otro ademán me indica que le siga. Sostiene la puerta el jefe aquel y pasamos adelante Gabriel primero, yo detrás y el jefe a nuestra espalda. También hay allí dos puertas. Gabriel abre la segunda. La pieza está en penumbra, un espacio más iluminado se divisa cerca de la pared opuesta, a nosotros. Me siento nuevamente empujado, para que me coloque al lado de Gabriel; quien lo hace es el jefe, que continúa situado a nuestra espalda. Ahora veo. Allá, a unos metros hay dos hombres. Uno leyendo en voz alta, bajo una lámpara de mesa; tras ésta, en un sillón, se distingue otro, pero fuera del foco. Lo veo bien: es "El". Se halla con la cabeza muy echada hacia atrás, como mirando al techo. Entre los pulgares paralelos sostiene un lápiz o una pluma horizontal. La voz del lector continúa clara... ¿Qué lee?... ¿Quiero recordar?:

"Una mano surge por entre ambas cortinas..., se oye rechinar metal y un anillo de acero se ciñe a su muñeca... Rasga el silencio un juramento infernal..." "El" se ha movido. Calla el lector, que se levanta y se retira. Se hace más luz y toda la estancia se ilumina. Sí; es "El". Ya nos mira. Sujeta el lápiz con una mano y con él nos hace señal de avanzar. Siento una mano que me empuja. Sin ello, creo que no me hubiese movido. Gabriel, más decidido, se me adelanta y yo le sigo.

Stalin se ha incorporado y ya sale de detrás de la mesa, pausado, con movimientos tranquilos. Se detiene junto a la esquina del tablero. Viste igual que lo he visto en tantas fotografías. No da tiempo para el saludo. Dirigiéndose a Gabriel, habla:

— ¿Asunto Nicolai Ivanovich?... ¿,El doctor necesita una orden directa?... ¿No?...— me mira—: En el asunto Nicolai Ivanovich se ordena incapacitarlo temporalmente, doctor...— ahora se apoya en el filo de la mesa y agrega—: Y si el camarada Gabrilo Gabrilovich le ordena un día liquidarlo, liquídelo; es orden del Partido.

Por entre sus párpados, casi juntos, como en guiño irónico, vi asomar las puntas de dos cuchillos. Sentí como si me pincharan las pupilas.

Se volvió hacia Gabriel:

— ¿Será hombre leal..., con garantías?... ¿Sí?... Ya conoce, camarada, su propia responsabilidad.

Y hubo una mutación en su tono y ademán. Echó una mano sobre el hombro de Gabriel, como atrayéndolo hacia él, pues Stalin es más bajo y hasta creo que sonrió de verdad.

— ¿Sigue Iéjov tan decidido a coger a Rudolf?...

— Más cada día que pasa.

Golpea Stalin el hombre con su mano grande.

— ¿Más cada día?... pues, camarada, obedezca y deténgase a sí mismo...

Stalin rió ahora, sin ninguna duda, y Gabriel le acompañó como si le hubiera hecho mucha gracia.

Se oyó abrir la puerta. Yo volví la cabeza maquinalmente. En el marco, discreto e insignificante, se detuvo Molotov; aquella cabeza era inimitable y le reconocí a primera vista. Fue un momento. Stalin reparó después en él. Nos despidió sin ceremonia.

Salimos. Nos volvemos a detener en la secretaría. El llamado Beria espera todavía. Vuelven a hablar aparte Gabriel y él durante unos minutos. Luego se despiden y salimos. Nos devuelven nuestras cosas. Y sin obstáculos, siempre acompañados por aquel oficial, llegamos al paraje cubierto donde nos espera el automóvil. Subimos a él y partimos. Sólo un instante paramos en la puerta.

Gabriel no pronuncia palabra. Yo tengo la cabeza como si no fuera mía. La escena viene a la imaginación. Veo de nuevo a Stalin. Es vulgar en tipo y frase. Siento como si aquella estatura gigantesca que le daba mi terror hubiera bajado a menos de la normal. Pero sólo fue así por un momento, debido, sin duda, a la presión de los sentidos. De repente, lo vuelvo a ver inmenso, infinito, señor de vida y muerte... Sí, un "dios".

ENFERMO A IÉJOV

Gabriel fiene mucha prisa. Debo decidir a mi regreso del Kremlin cuándo y cómo he de enfermar a Iéjov. Tan incrédulo fui que no había pensado en forma ni medio. Debo poner a presión mi cerebro. Gabriel espera en silencio, y mira su reloj de cuando en cuando; en tanto, yo paseo imaginando. Me decido por el paludismo.[8] Se lo digo. "¿Dónde obtener eso?"— inquiere. "Aquí, en el Laboratorio, no hay cultivos"— le respondo.

"Mañana es día de inyección, veremos si dentro de cuatro, puedo traérselos".

* * *

[8] Por razones ya indicadas, se cambia el método infeccioso empleado por Landowsky. -N. del T.

Lo ha cumplido. Yo me traje cuando mi última visita una ampolla vacía. Debo llevar los cultivos palúdicos en una igual a las del cianuro y hacer allí el cambio. Tengo miedo.

Me acompaña Gabriel; inalterable como siempre. En tanto yo preparo la inyección, él habla vivamente con el Comisario, distrayéndolo. Inyecto sin novedad. No siente la taquicardia que es habitual; pero no se extraña Iéjov. Nos marchamos impasibles, como dos veteranos del crimen.

NUEVO COMISARIO

Diciembre, 15.— Gabriel me ha visitado. Me comunica la destitución de Iéjov; hace tiempo lo habían mandado al Cáucaso para curarse de su paludismo. Lo sucede un tal Beria. Me recuerda que es aquel con quien habló en la secretaría de Stalin. Sí, lo recuerdo, atildado, reluciente, impasible, como un director de Banco, acaso, como un médico a la moda.

Navidades y Año Nuevo solo. Mis recuerdos me atormenta "como nun" ea. ¡Dios mío, hasta cuándo!... ¿no los veré más?...

HABLA STALIN

(Parte de un discurso de Stalin, sobre política internacional, pronunciado el día 10 de marzo de 1939, ante el Comité Central del Parlido Comunista de la U.R.S.S. de un recorte de "Pravda", hallado entre los, papeles del Dr. Landowsky).

"He aquí los acontecimientos más importantes del periodo mencionado, en el cual surge la nueva guerra imperialista. En el 1935, Italia ejecuta la agresión contra Etiopía y la conquista. En el verano de 1939, Alemania e Italia intervienen militarmente en España, instalándose Alemania en el Norte de España y en el Marruecos español, e Italia en el Sur de España y en las Islas Baleares. En 1937, el Japón, después de haberse apoderado del Manchukuo, invade la parte septentrional y central de China, ocupa Pekín, Tientsin, Shanghai y empieza a echar de las zonas ocupadas a los, competidores extranjeros. A principios de 1938, la región de los Sudetes de Checoslovaquia. Al final de 1938, el Japón ocupa Cantón, a principios de 1939, la Isla de Hainan.

De esta manera, la guerra, acercándose a los pueblos de forma inobservada, abraza en su círculo más de 500 millones de hombres, ampliando la esfera de su acción a unos territorios enormes, desde Tientsin, Shanghai y Cantón, pasando por Etiopía, hasta Gibraltar.

Después de la primera guerra imperialista, los Estados vencedores, sobre todo Inglaterra, Francia y Estados Unidos, de América, habían creado un nuevo régimen de relaciones entre ellos, el régimen de paz de la post-guerra. Este sistema tenía por bases principales, en Extremo Oriente el tratado de las nueve potencias, y en Europa el Tratado de Versalles y una serie de tratados. La Sociedad de Naciones era la reguladora de las relaciones entre los distintos países dentro de este sistema, sobre la base de un frente único de los Estados, para la defensa colectiva de su seguridad. No obstante, los tres países agresores con la nueva guerra imperialista por ellos desencadenada han destruido de arriba abajo todo este sistema de paz de la post-guerra. El Japón ha hecho pedazos el tratado de las nueve potencias. Alemania e Italia han destruido el Tratado de Versalles. Para tener las manos libres los tres países se marcharon de la Sociedad de Naciones.

Así ha llegado la nueva guerra imperialista a ser un hecho.

* * *

Lo característico de nueva guerra imperialista es que no ha llegado a ser todavía una guerra general, una guerra mundial. Los países agresores hacen la guerra hiriendo de todas las maneras los intereses de los países no agresores; ante todo, los de Inglaterra, Francia y Estados Unidos de América, mientras estos últimos se echan para atrás y ceden, haciendo a los agresores una concesión después de otra.

Así se está realizando bajo nuestra mirada, de una manera clara, un reparto del mundo y de sus esferas de influencia, a costa de los intereses de los países no agresores, sin ningún intento de resistencia y hasta con alguna condescendencia por parte de estos últimos.

Es increíble, .pero es un hecho.

¿Cómo explicar este carácter unilateral y extraño de esta nueva guerra imperialista?

¿Cómo ha podido ser que los países no agresores, que disponen de enormes posibilidades, hayan renunciado tan fácilmente y sin resistencia a sus posiciones y a sus compromisos, para complacer a los agresores?

¿Es debido esto a la debilidad de los países no agresores? ¡Evidentemente que no!... Los Estados democráticos no agresores, tomados en conjunto, son sin discusión más fuertes que los Estados fascistas, tanto desde el punto de vista económico como desde el punto de vista militar.

¿Cómo explicar entonces las concesiones sistemáticas de estos Estados a los agresores?

Se podría explicar este hecho, por ejemplo, por su miedo a la Revolución, que puede estallar si los Estados no agresores entraran en guerra y la guerra llegase a ser mundial. Los hombres políticos burgueses saben, naturalmente, que la primera guerra imperialista mundial dio la victoria a la Revolución en uno de los más grandes países.

Ellos tienen miedo de que una segunda guerra imperialista también pueda dar la victoria a la Revolución en uno o más países.

Pero esto, por el momento, no es el principal motivo ni el único. El motivo principal está en la renuncia por parte de la mayoría de los países no-agresores, y ante todo Inglaterra y de Francia, a la política de seguridad colectiva, a la; política de la resistencia colectiva a los agresores; está en el pasar a una política de "no intervención", a la postura de "neutralidad".

En líneas generales, la política de no-intervención se podría sintetizar de manera siguiente: "Que cada país se defienda de los agresores como quiera y como pueda; nosotros no intervenimos y, mientras tanto, haremos negocios tanto con los agresores como con sus víctimas. Pero en realidad, la política de no-intervención significa complicidad con el agresor, en el desencadenamiento de la guerra, y, por consecuencia, con su trasformación en guerra mundial. En la política de no-intervención se hace evidente la voluntad, el deseo de no molestar a los agresores en su acción tenebrosa. No impidiendo, por ejemplo, al Japón hacer la guerra a China o, todavía mejor, a la Unión Soviética. No impidiendo a Alemania intervenir en los asuntos europeos y dejándola ir a una guerra en contra de la Unión Soviética, dejando a todos los beligerantes hundirse en una guerra, alentándolos bajo mano, dejando que se debiliten y se desgasten recíprocamente, y después, cuando estén lo suficientemente cansados, entonces ponerse de pie, presentándose con fuerzas frescas y no desgastadas, y... actuar, naturalmente, "en favor de los intereses de la paz" ¡Dictando a los beligerantes debilitados sus propias condiciones!

¡Elegante y muy barato!

Tomemos, por ejemplo, al Japón. Es muy sintomático que, antes de su invasión de China del norte, todos los diarios franceses e ingleses influyentes gritaran a los cuatro vientos que China era débil, incapaz de resistir, que el Japón con su ejército podía subyugarla en dos o tres meses. En consecuencia, los políticos europeos y americanos se dedicaron a esperar y a observar. Cuando, más tarde, el Japón desarrolló sus operaciones militares, le dejaron Shanghai, corazón del capital extranjero en China; le cedieron Cantón, centro de la influencia monopolizadora inglesa en la China meridional; le dieron Hainan, le permitieron cercar Hong-Kong. ¿No es verdad que todo eso parece alentar la agresión? Era como si dijera: "Comprométete más a fondo en la guerra, después ya veremos". O bien tomemos como ejemplo a Alemania. Le han cedido Austria, no obstante el compromiso aceptado de defender su independencia; le han cedido los sudetes, han dejado a su suerte a Checoslovaquia, violando todo compromiso, y después han empezado a mentir con gran ruido en toda la prensa sobre una pretendida "debilidad del ejército ruso", sobre la "descomposición de la aviación rusa", sobre los "desórdenes" acaecidos en la Unión Soviética, empujando los alemanes hacia el Este, prometiéndoles un fácil botín y repitiéndoles: "Es suficiente con que vosotros empecéis la guerra contra los bolcheviques; después todo irá bien." Hay que reconocer que todo esto también es alentar al agresor.

Es aún más sintomático el ruido hecho por algunos hombres políticos y representantes de la prensa angla-francesa y norteamericana que tiene por objeto excitar el furor de la Unión Soviética en contra de Alemania y, de envenenar la atmósfera y de provocar una conflagración sin motivos evidentes con Alemania.

* * *

Todavía más sintomático es el hecho que algunos hombres políticos y representantes de la prensa de Europa y de los Estados Unidos de América, habiendo perdido la paciencia en la espera de la "campaña en contra de la Ucrania soviética", empiezan ellos mismos a rebelarse y a retroceder entre los bastidores de la política de no-intervención. Ellos dicen francamente, y ponen negro sobre blanco, que los alemanes los han desilusionado cruelmente, porque, en lugar de empujar todavía más hacia el Este, en contra de la Unión Soviética, se han vuelto hacia Occidente y piden y reclaman las colonias. Se podría pensar que se han dejado a los alemanes las regiones de Checoslovaquia como compensación por el compromiso contraído de iniciar una guerra en contra de la Unión Soviética, y que ahora los alemanes rehúsan pagar su letra y despachan a los acreedores.

* * *

Este es el verdadero aspecto de la política de no-intervención que hoy está de actualidad

Esa es la situación política de los países capitalistas.

* * *

He leído el discurso de Stalin de 10 de marzo. No me han traído los periódicos durante unos días, como sucede frecuentemente, y ahora recibo varios, hasta el del 17.

Hitler ha invadido Checoslovaquia. Si uno el discurso de Stalin a este hecho, no sé qué pensar. ¿Se sigue cumpliendo lo anunciado por Rakovski?... ¿Siguen las democracias permitiendo a Hitler fortalecerse para que ataque a la U.R.S.S.?... Stalin así lo denuncia claramente.

Pero su declaración es la que me deja escéptico. Viendo, como he visto, sus mentiras en los procesos, debo creer que jamás dice la verdad. Gabriel, haciendo de "Rudolf" con toda libertad..., ¿qué habrá hecho en estos meses?... ¿No habrá tomado Hitler Checoslovaquia con la autorización de Stalin y no con el permiso de las democracias?... Me inclino a creer capaz de todo a este lector de novelas policíacas. ¿Por qué denuncia él ahora a las democracias como cómplices de los agresores, si eso hace más de un año que lo sabe?... Me pierdo en un mar de confusiones. Con qué gusto discutiría todo esto con Gabriel.

Lo cierto es, al parecer, que la guerra es fatal. ¿Será entre Alemania y la U.R.S.S. o entre las democracias y Alemania?... ¿Se cumplirá totalmente el plan de "Ellos"?...

Será cierta o no esa sutil identidad entre Capitalismo Financiero y Comunismo proclamada por Rakovski; pero lo que parece inmediato y cierto es que toda Europa se inmolará y se destruirá.

Tiemblo. En las naciones europeas que quieren destruir, con todo su derroche, podredumbre y vicio, no podría ser yo un criminal esclavizado, como lo soy. Habrá criminales de todas clases ganados para el crimen por dinero; pero nadie será forzado al asesinato bajo amenaza de ser él, su esposa y sus hijos exterminados sufriendo suplicios del infierno.

Sólo quiero ver la catástrofe mundial desde tan concreto punto de vista personal; porque, dentro de mí, ante todo, se halla la interrogación permanente que me ahoga hora tras hora: ¿Me devolverá mi esposa y mis hijos esa espantosa guerra que amenaza?... Porque, ya loco, grito: si es así, ¡bendita guerra!

1ºDE MAYO 1939

Cuando me hallo en el ventanal de la sala del laboratorio, contemplando el ir y venir de las bandadas de aviones que atruenan con sus motores el espacio, una mano se apoya en mi hombro. Es Gabriel..., es Gabriel, pero parece otro. Me saluda con afecto. Yo no puedo dejar de mirarle. Me recuerda su fisonomía grave, atormentada, los momentos aquellos del suicidio de Lidya. No es igual; había entonces en él rabia, contenido furor, ansia de matar. Ahora no; dolor sí, pero contenido, tenaz; se diría capaz de durar una eternidad. Lo miro sin acertar a decir nada. Las preguntas pugnan por salir de mis labios,; pero el temor me invade y no me atrevo. Ha pasado el día entero aquí. Hemos hecho las dos comidas juntos; pero sólo me habla lo más imprescindible. Ha comido muy poco y sus ausencias mentales las percibo muy frecuentes.

* * *

Gabriel se ha marchado el día dos. Ha vuelto el cinco. Su aspecto es el mismo. No puedo adivinar el motivo de su dolor o su tragedia. Porque algo inmenso le apena. Lo adivino; nadie como yo podrá jamás leer en el rostro de este hombre. No en vano llevo casi tres años estudiando el menor gesto de su rostro con el ansia de un reo condenado a muerte, queriendo saber si fue indultado.

Sin venir a qué, me ha comunicado el relevo de Litvinov por Molotov en el Comisariado de Negocios Extranjeros.

— ¿Es la guerra?— le pregunto sin poderme contener.

— Sí.

— ¿Entre qué naciones?... ¿Ha triunfado usted?

— Hasta hoy he triunfado..., si esto le complace. Ha triunfado Stalin,

— ¿Reparto de Polonia?

— Está pactado.

— ¿Y "Ellos"?... — Hasta hoy han cumplido. La independencia de Polonia la garantizan Inglaterra y Francia... desde que fue tomada Checoslovaquia.

— ¿La garantía les obliga contra cualquier agresor?...

— Sí, naturalmente; no hay distinción.

— En ese caso, aún es pronto para poder asegurar que no atacarán, a los dos agresores.

"Ellos" estarán en todo momento en libertad.

— Teóricamente, sí. Prácticamente, no.

— ¿Cómo así?...

— Francia e Inglaterra están hoy en inferioridad militar en tierra y aire frente a Hitler. Lo sabemos bien.

— ¿Es posible?...

— Tan verdad es, que el bien comprobado desarme de Francia e Inglaterra ha sido la garantía real que nos decide a pactar con Hitler el reparto de Polonia. Comprenderá que si se ataca no es fiando en palabras.

— ¿Tan absoluta es su falta de preparación militar?

— Tanta, que si en la U.R.S.S. hubiera un culpable de la mitad de impreparación, ya hubiera recibido una bala en la Lubianka..., pero allá no; los culpables mandan, disfrutan de todos los honores y riquezas. Es increíble aun viéndolo. El desarme general franco- inglés obedece, según "Ellos", al antiguo plan de hacerle a Hitler atacar a la Unión Soviética. Armadas Francia e Inglaterra, él no se hubiera jamás atrevido a tomar las bases de ataque— Austria, Checoslovaquia, Memel— que ha tomado, y menos al ataque contra la U.R.S.S. Por muy megalómano que sea Hitler, no hubiera dejado a retaguardia un respetable ejército franco-inglés.

— Pero ahora ...

— La situación que se creó contra Stalin se torna favorable a él. Sí, como se ha pactado, atacamos a Polonia, no hay coalición posible capaz de hacerles la guerra a la Unión Soviética y al Reich.

— ¿Ni aun entrando América?...

— También se halla desarmada. Los Estados Unidos son una letra a varios años a la vista. En total, puede haber un dilema, pero sus dos términos han de resultarnos favorables.

— ¿Cuál?...

— Que la invasión de Polonia provoque la guerra general o que no la provoque. Si hay guerra general, no pueden las democracias atacar a los dos agresores, cuando resulta un absurdo militar que ataque a uno solo; en caso de atacar, han de elegir, y la geografía les impone atacar a Hitler; esto, aun no creyendo en los "imponderables" señalados por Rakovski. Otra posibilidad: que no se atrevan al ataque contra los dos ni contra uno. En este caso, comprenderá que también nos es favorable la situación. Media Polonia, Lituania, Estonia y Latvia es algo demasiado sustancial en relación al riesgo.

— ¿También las tres naciones bálticas?...

— Es natural. El pacto se ha negociado en un plano de igualdad. La Unión Soviética debe recibir compensación adecuada por lo que ya tomó Alemania. No equivalen los tres países bálticos exactamente a Checoslovaquia y Austria; pero aún queda la Besarabia para equilibrar.

— ¿No le parece todo demasiado perfecto?... ¿Quiere usted, si puede, darme su opinión personal?

— Creo, como Hitler, que no habrá, por ahora, guerra general.

— En este caso, reparto y paz...

— Naturalmente, salvo un caso que no tenemos en cuenta.

— ¿Cuál?

— Que las democracias nos estén engañando y que nuestro pacto con Hitler esté por ellas amañado.

— ¿Cómo podría ser?...

— Demasiado sencillo: que Stalin, creyendo atacar con Alemania a Polonia, tuviera la sorpresa de ser atacado por Polonia y Alemania.

— ¿Lo cree usted posible?

— Es posible todo... ¿Quién puede pensar en este instante que son aliados Stalin e Hitler?... Si fascismo y comunismo pueden unirse, ¿por qué ha de ser imposible la unión entre capitalismo y capitalismo?... Dentro de la lógica política en uso, la unión de los burgueses parece mucho más natural.

— ¿Y no hay ningún recurso frente a tal peligro?...

— Sí; ya se ha discurrido: Hitler debe atacar primero.

— ¿Y lo acepta él?...

— Es natural. El parte del hecho de que no cree en la guerra general. Por tanto, el atacar primero, aunque sea más cruento, le supone una ventaja y una garantía... contra su aliado Stalin. Ventaja en la movilización y avance de sus líneas, para el caso de tener Stalin la veleidad de atacarle.

— ¿Comprende usted?...

— Sí; e derrocha confianza entre aliados...

— Se derrocha diplomacia... Pero convendrá usted en que si el plan Rakovski se cumple hasta el final y se destrozan entre sí las naciones europeas, dejando en paz a Stalin, a pesar de su quíntuple agresión— ¿es quíntuple', no?— la existencia y fin de "Ellos" resulta ser una evidencia...

¿Quién podría ser capaz de prodigio tan colosal?... Veremos el final... En tanto, más vale no vaticinar.

— Lo único que no llego a explicarme es lo que han de ganar "Ellos", al menos inmediatamente... ¿No lo intuye usted tampoco?...

— Algo, sí: "Ellos", al igual que Stalin, esperan que la guerra europea, llevada hasta el extremo del exterminio, como la experiencia enseña, haga triunfar la Revolución comunista en Occidente...

— Es decir, que Stalin llevará las fronteras de la U.R.S.S. ¿hasta dónde?... ¿Hasta el Rhin, hasta el Sena o hasta Gibraltar?

— Oficialmente, sí... pero intuyo que no es tanto el altruismo de "Ellos". Si en la U.R.S.S. hemos decapitado al trotskismo, es decir, al comunismo que obedece a la Finanza, en Europa, a favor de tan enorme matanza y convulsión, esperarán poder situar al frente de las nuevas repúblicas comunistas sus testaferros, que integradas en la U.R.S.S. y en la Komintern, les servirán como "caballo de Troya"..., ¡su sueño!..., para intentar de nuevo apoderarse del Poder de la U.R.S.S.

— Y nuevos procesos, nuevas depuraciones...

— Naturalmente..., pero aún hay otra hipótesis. Realmente, me pregunto yo, frente a todo lo que parece siluetarse: ¿no restará en lo más alto algún hombre de "Ellos", desconocido en absoluto, al cual lo crean situado en posición de ser el heredero de Stalin?... Stalin es mortal. Aun siendo difícil que muera en atentado, y "Ellos" han de intentarlo con la misma tenacidad que hasta hoy, es siempre una oportunidad; pero lo probable es que muera de muerte natural. No es él aún muy viejo, pero su fin le ha de llegar... ¿Esperan "Ellos" ese momento con un secreto "zarevitch"? Como ve, son problemas reales, que merecen los desvelos del camarada Beria...

No pude obtener más explicaciones de Gabriel.

Pensé con horror en la frialdad y en la inteligencia diabólica que se desplegaba para provocar la guerra, y cometer este gran crimen de lesa Humanidad. Y yo me preguntaba: Qué resultaban ser al lado de tal crimen los horrores de la Lubianka?... Diversiones de niños jugando a criminales y asesinos...

FIN

EPÍLOGO

Aquí terminan propiamente las memorias del doctor José Landowsky. Siguen muchas páginas indescifrables, sin orden ni sentido, en las cuales los nombres de su esposa, de sus hijas y de su hijo se repiten mil veces.

Debió perder la razón después de haber leído la carta que sigue:

-0-0-0-0-0-0-0-

Mi buen amigo:

Acabo de leer cuanto ha escrito. Pero no tema, doctor. Su amor por su esposa y sus hijos es algo muy grande y hermoso. Créalo, me ha conmovido. Este mi corazón, al cual creía yo muerto ya para toda humana emoción, ha latido en piadoso acorde con el suyo.

Al abandonarle a usted, debo brindarle una repartición. Veo todas sus horas atormentadas por la implacable acusación de su conciencia. Se cree usted un asesino miserable, indigno de perdón ante Dios y los hombres. No, doctor. No es usted un maldito criminal. Sin saberlo, ha sido un hombre que ha luchado contra las fuerzas del mal.

Mucho ha visto y mucho adivinó; pero no alcanzó jamás a sospechar quién era usted en realidad, porque fue incapaz de concebir quién soy yo...

Recuerde usted cuanto le dije aquella noche en París; todo lo que creyó mentira y prueba. ¿Lo recuerda?... Pues todo era verdad. Mi furor, cuando frustró mi plan, haciéndome seguir amarrado a la galera del Terror por la cadena de mi madre, me llevó a matarle. Se lo confieso y le pido perdón, como yo le perdoné a usted luego, al considerar que ambos éramos esclavos por el mismo amor.

No ha sido usted un asesino. Le debo ésta explicación. Si creyó siempre obrar mal, fue por ignorar la finalidad real de cuanto yo le ordené. Si hubiera yo podido revelarle motivo y consecuencia, usted hubiera obrado igual que obró. Ha sido usted mi camarada en la lucha más loca y audaz de un hombre que fue capaz de luchar él solo contra todo el Infierno.

Sí, amigo. A mí me transformaron en demonio. Dios, amor, conciencia y patria en mí mataron..., pero cuando a mi madre arrastraron a este Infierno, el demonio que de mí ellos hicieron se rebeló contra todos con un odio satánico, infinito... En la lucha intestina del Partido halle una oportunidad maravillosa para mi venganza insaciable. ¡Cómo los torturé!..., ¡cómo los asesiné!...,¡cómo les hice que se mataran unos a otros!... Pero en este orbe del mal, asesinato, crueldad e inteligencia criminal son los grandes méritos para escalar las más altas cimas del Poder. Y yo las escalé. Al no ver en mí ambición de jerarquía, Stalin me creyó un místico enamorado de su implacable "divinidad"... Y fui ese a quien usted vio en algunos momentos... Imagíneme igual, pero siempre, día tras día, año tras año...

En un principio, mi venganza sólo fue deporte, gozo, alegría..., pero al escalar las vertiginosas cumbres del Horror, el odio ciego devenía lúcido dialéctico: satánico.

Mi lucidez me hizo ver que no eran dioses los divinizados jefes comunistas. El secreto de su fuerza y clave de sus triunfos era el odio, un odio infinito contra todo, que, por ser infinito, hacía que el comunista odiase también a todo comunista. En esta verdad fundamental se basó mi plan de acción. Exploté el odio y la ferocidad de los comunistas para que se destruyesen entre sí. Esta lucha feroz entre marxistas debe ser algo consustancial con la naturaleza del propio Comunismo... Se libra ya cuando nace la Internacional (Bakunin-Marx) y siguen exterminándose sin piedad, con infinita sed de sangre.

"El mal es mal para el mal", me dijo usted una vez. Es, verdad. Yo no lo niego, he sido un criminal..., un asesino de asesinos.

Yo soñé con ser el más grande asesino asesinando al asesino máximo: Stalin. Pero son "Ellos" los progenitores de toda revolución y de toda guerra. Sin "Ellos"

no existiría hoy este Horror del Comunismo. Sin "Ellos" no se lanzaría hoy la Humanidad a una matanza planetaria; a la guerra y a la revolución permanente, nuevo diluvio universal de fuego.

Sí, doctor, eso han pactado Stalin y Roosevelt... ¿Triunfará su maquinación?...

Hasta, hoy, sí.

Se diría que a "Ellos" no los anima ya un ansia de poder absoluto sobre todos los hombres de la Tierra, sino un designio satánico de destruir la Creación...

Yo quiero, yo debo impedirlo, aunque pierda mi vida en el intento. Diré a los hombres responsables de la Europa sentenciada por "Ellos" a morir, cuál es el plan de Roosevelt y Stalin... Esos hombres aún tienen en sus manos la oportunidad de salvar a sus patrias. Que Hitler y Stalin se destruyan entre sí..., que no inmolen a sus pueblos en una estúpida matanza para ser luego esclavizados por Stalin o por "Ellos"...

Sí; ya sé cuánta es la idiotez y la corrupción de la Europa sentenciada... pero el Terror no reina todavía en ella, existe aún Cristianismo: aún es posible el Amor.

Si la estupidez, en alianza con la traición de tantos, logra que se destruyan entre sí las naciones de la Cristiandad, aunque parezca la más loca paradoja, la única esperanza de salvación para los supervivientes está en que Stalin viva. Que viva Stalin garantiza la división de las fuerzas del Mal. Su equilibrio y neutralización. Su cheque, al fin..., y su auto-destrucción. Fue, sin duda, providencial que usted me impidiera matar a Stalin. Viviendo él habrá división entre las fuerzas del Mal... "Y todo reino dividido será destruido", como dijo Créame, siento gran pesadumbre al dejarle aquí; si es preciso y puedo, volveré para llevármelo. Ahora es imposible. Es usted la única persona de mi afecto dentro de la U.R.S.S.

Lidya, la pasión de mi vida, se destruyó a sí misma creyéndose inmolada por mí al Moloc del Comunismo. Y su muerte me demuestra que es imposible un amor en este Infierno.

Mi madre también ha muerto hace unos días. Dios quiso premiar a mi santa dejándola morir en la ignorancia. Cuando yo cerré sus párpados a besos, sentí sobre mí su mirada eterna. Ya me verá siempre cual yo soy. He jurado ante Dios y ante ella que ya jamás se avergonzará de su hijo...

Y, por reflejo, ello motiva esta carta para usted, mi amigo. No he querido que usted se sienta avergonzado ante su esposa y sus hijos, que hace mucho tiempo lo ven cual es... ¡Valor, mi buen amigo!... Su mujer y sus hijos fueron asesinados por mandato de Yagoda cuando mandó asesinarlo a usted. Dios le dé fuerzas y se apiade. No sé decirle nada para consolarle en su inmenso dolor.

Adiós, doctor. Ahí le dejo medios, divisas, llaves, por si la guerra llega y quiere huir. Si se libera por sí mismo, yo lo hallaré.

Consuélese. Para usted ha tenido fin esta "sinfonía en rojo mayor".

Adiós, doctor; hasta nunca o hasta la libertad. Valor y resignación le desea su amigo.

GABRIEL

ADVERTENCIA

Esta es la penosa traducción de unos cuadernos hallados sobre el cadáver de Landowsky, en una isba del frente de Leningrado, por el voluntario español A. I.

Él nos los trajo. Su reconstrucción y traducción fue lenta, trabajosa, dado el estado de les manuscritos. Duró años. Aún más tiempo estuvimos dudando para su publicación. Eran tan maravillosas e increíbles sus revelaciones del final, que jamás nos hubiéramos decidido a publicar estas memorias si los hombres y los hechos actuales no les dieran plena autenticidad.

Antes de que vieran estas Memorias la luz, nos hemos preparado para la prueba y la polémica.

Respondemos personalmente de la verdad absoluta de sus hechos capitales. Veremos si hay alguien capaz de refutarlos con evidencias o razones...

Esperamos.

El traductor,
MAURICIO CARLAVILLA

www.ingramcontent.com/pod-product-compliance
Lightning Source LLC
Chambersburg PA
CBHW060311230426
43663CB00009B/1658
9781910220467